日本史雑学大辞典

阿部　猛

同成社

日本史雑学大辞典 目次

◇あ 行

◇か 行

◇さ 行

分類索引

分類索引　時代別

◇古　代

分類索引　項目別

Ⅰ　政治・経済あれこれ

◇政　治

◇経　済

◇制度・法

◇思　想

◇文化さまざま

Ⅲ　社会あれこれ

◇家

◇行事・信仰（民俗・慣わし）

◇あそび

Ⅳ　ことばあれこれ

◇万葉の歌

◇方　言

◇ことばアラカルト

日本史雑学大辞典

あ　行

合　鍵　あいかぎ

いわゆるスペアー・キーである。この言葉『応仁記』に所見し、『日葡《にっぽ》辞書』に「同じ錠前用の鍵」とあり、室町時代からの用語のように思われる。しかし、「鍵」の語は中国の戦国時代（紀元前四〇三―二二一年）の「書経《しょきょう》」に初見する。

相変わらず　あいかわらず

人と会ったときの挨拶の一つに「相変わらずお元気で何よりです」というのがある。変わることなく、いつもお元気で結構の意であるが、もとは「相替」（あいかわる）という動詞の用法が否定の表現にかたよって副詞として固定したものだろうという（山田俊雄『詞苑間歩』上、三省堂、一九九九年）。

相替の語は『万葉集』（巻二十）中の防人《さきもり》歌の題詞に「天平勝宝七歳乙未の二月に相替わりて筑紫に遣はさゆる諸国の防人等が歌」と見える。

「相替」の「あい」は接頭語であるから除外して、「替」は交代とか変化の意であり、右の『万葉集』の場合は交代の意で用いられていることは明らかである。

「相かはらず」という副詞の用例は近世初頭の狂言「昆布柿」が早い例とされている。「替」から「変」にかわったのは近代に入ってからかもしれない。

合口がいい　あいくちがいい

「彼とは合口がいいんだ」などという。話がよく合うとか、気が合う間柄をいう。『日葡辞書』は「他人の気に入ること、自分に一致すること」と解説する。これからすると、「合口」は自然体だけではなく、努力して相《あい》手《て》に合わせる側面があるようだ。

一方、「あいくち」といえば鍔《つば》のない短刀のことである。懐刀《ふところがたな》で九寸五分《くすんごぶ》ともいい、「匕首」の字を宛てる。柄の縁と鞘の鯉口とのところに描いた紋所などが、互いに合うように作った短刀である。合端《あいば》という語も同様で、たとえば石を積むとき、石と石の接合部分をいい、これを合口ともいう。接合部分がぴったりと合っている良い状態をいうのである。おそらく、近世初めからの用語であろう。

愛国　あいこく

文字通り、国を愛することである。「愛」という言葉は古くから用いられた。「愛する」とは、可愛がる、愛撫する、愛玩する、心から大切に思う、愛好する、賞味する、（こどもを）あやす、などの意である。

現代では、「愛する」というと男女の間の愛情、恋愛関係を想起するが、本来この言葉は、親が子を愛する、兄が弟を愛する、人が動物や植物を愛するの意で用いられ、愛撫、愛玩が原義であったらしい。近世初頭のキリシタン文学では、「愛」に当たる箇所には「大切」という訳語が宛てられている。大切に思うもの、いつくしむべきものというほどの意であろう。加えて、本来「愛」には寵愛・肉愛的な意味がつきまとう。宣教師たちが「愛」と訳さず「大切」と訳したのは、そうした肉欲的な印象をさけたからであろうという（新村出『日本の言葉』創元社、一九四〇年）。

明治三年（一八七〇）の西周《にしあまね》の講演「百学連環」では、**patriotism** に「愛国の誠」の訳語を与え、「唯だ自然に己れが生国を恋ひ思ふが如き」と注釈している。愛国の語が多用されたのは、第一には明治期である。明治七年に副島種臣らによって結成された愛国公党、また同名のものは明治二十三年に旧自由党の土佐派を中心に創立された。自由民権運動が起こるや、全国的に運動を指導したのは愛国社で、同名の結社は、昭和三年（一九二八）、右翼の運動家岩田愛之助・片岡知良らにより創立されている。この結社の社員の一人佐郷屋留雄は、同五年に首相浜口雄幸を狙撃した。結社の機関紙も『愛国志林』『愛国新誌』『愛国新聞』などといった。

右翼的な結社としては、津久井龍雄・天野辰夫らの国家社会主義団体の統一を図った愛国勤労党（昭和五年〔一九三〇〕）・愛国学生連盟（同六年）・愛国労働組合全国懇話会（同十一年）などがあった。第二次世界大戦中には、右翼的な国家社会主義運動の結社が「愛国」を多用した傾向があり、戦後の政治運動の中でも、右翼団体がこれを称している。

戦後半世紀以上を経て、日本国民の「愛国心の欠如」が問題とされ、とくに韓国・北朝鮮・中国との関係において、しきりに「愛国心」なる言葉が飛び交う。総じて、対外的に国民の意思統一を図るスローガンとして「愛国心」が掲げられ、「君が代」「日の丸」が踏み絵とされるのである。

愛国百人一首　あいこくひゃくにんいっしゅ

第二次世界大戦中に、日本文学報国会が選定した『愛国百人一首』なるものがあった。昭和十七年（一九四二）九月に企画され、情報局（認定）、毎日新聞社（協力、事実上の主催）、陸軍省、海軍省、文部省、大政翼賛会、日本放送協会（後援）などにより作られたものであった。毎日新聞社は、国民の投票によって百人一首を選ぶとし、葉書に推薦歌を書いて応募するよう読者に求めた。直接選定に当たった委員は次の人々であった。

佐々木信綱、斉藤茂吉、北原白秋、尾上柴舟、太田水穂、窪田空穂、土屋文明、斉藤瀏、川田順、折口信夫、吉植庄亮、松村英一

また選定顧問には次の人びとが名を連ねていた。

川面隆三（内閣情報局第五部長）、井上司朗（同第五部第三課長）、相川勝六（大政翼賛会実践局長）、高橋健二（同文化部長）、生悦住求馬（文部省社会教育局長）、大岡保三（同国語課長）、谷萩那華雄（陸軍省報道部長・大佐）、平出英夫（海軍省報道部課長・大佐）、関正雄（日本放送協会業務局長兼国際局長）、久松潜一（東京帝国大学文学部教授）、平泉澄（同）、徳富蘇峰（日本文学報国会会長）、下村海南（同理事）。

なお、幹事には、久米正雄（文学会事務局長）、甲賀三郎（同総務部長）が、また協力者として辻善之助、井野辺茂雄の名が見える。(1)

毎日新聞社に寄せられた応募はがきは二万枚をこえた。

選考の過程では、優秀な短歌の観点から選定するか、国民の指導精神となるようなものを選定するかが問題とされたというが、選定されたのは次の人々の歌であった(五十音順)。

足代弘訓、安倍女郎、海犬養岡麻呂、荒木田久老、有馬新七、有村次左衛門、石川依平、今奉部與曾布、上田秋成、梅田雲浜、大倉鷲夫、大隈言道、大田部荒耳、大舎人部千文、大伴家持、大伴旅人、大中臣輔親、小沢芦庵、小野老、尾張浜主、香川景樹、柿本人麻呂、笠金村、荷田春満、揖取魚彦、加納諸平、神人部子忍男、蒲生君平、鹿持雅澄、賀茂季鷹、賀茂真淵、菊池武時、北畠親房、紀清人、久坂玄瑞、楠木正行、栗田土満、遣唐使人母、宏覚禅師、児島草臣、西行法師、佐久間象山、佐久良東雄、坂田部麻呂、三条西実隆、渋谷伊予作、下河辺長流、成尋阿闍梨母、菅原道真、鈴木重胤、僧月照、高杉晋作、高橋多一郎、高橋蟲麻呂、高山彦九郎、武田耕雲斎、多治比鷹主、橘曙覧、橘枝直、橘千蔭、橘諸兄、田中河内介、田安宗武、津田愛之助、津守国貴、徳川斉昭、徳川光圀、伴林光平、中臣祐春、長奥麻呂、新納忠元、野村望東尼、丈部人麻呂、林子平、平賀元義、平田篤胤、平野国臣、葛井諸会、藤田東湖、藤原定家、藤原為氏、藤原為定、藤原俊成、藤原範兼、藤原師賢、藤原良経、真木和泉、松本奎堂、源実朝、源常信、源俊頼、源致雄、源頼政、本居宣長、森迫親正、山上憶良、山部赤人、雪宅麻呂、吉田松陰、吉村寅太郎

そして、投票数上位五首は次のとおりであったという。

君が代はいはほと共に動かねばくだけてかへれ沖つしら浪　伴林光平(2)

今日よりはかへりみなくて大君のしこの御楯と出で立つ吾は　今奉部與曾布《いままつりべのよそふ》(3)

山はさけ海はあせなぬ世なりとも君にふた心わかあらめやも　源実朝(4)

御民吾生ける験あり天地の栄ゆる時に遇へらく念へば　海犬養岡麻呂《あまいぬかいのおかまろ》(5)

君のため世のためなどか惜しからむ捨ててかひある命なりせば　中務卿宗良親王(6)

但し、最後の宗良親王作は、「臣下の作と限定すること」という選定方針要項に基づき除外された。また、作

者で推薦の多かったのは、次の六人であった。

佐久良東雄(7)

天皇に仕へまつれと我を生みし我がたらちねぞ尊かりける

大伴家持(8)

天皇の御代栄えむと東なるみちのく山に金花咲く

柿本人麻呂(9)

皇《おおきみ》は神にしませば天雲の雷の上に廬せるかも

吉田松陰(10)

身はたとひ武蔵の野辺に朽ちぬとも留め置かまし大和魂

本居宣長(11)

しきしまのやまと心を人とはば朝日ににほふ山ざくら花

平野国臣(12)

青雲のむかふす極すめらぎの御稜威かがやく御代になしてむ

ここに採り上げられた歌は、第二次世界大戦中の中学生以上の生徒・学生ならば知らぬ者のない、著名なものばかりである。なお、解説書、釈書も出版され、『定本愛国百人一首』(大日本文学報国会)、『愛国百人一首註釈』(川田順)、『愛国百人一首』(窪田空穂)などがある。

注

(1)　この件の経緯についての大略は、桜本富雄『日本文学報国会』(青木書店、一九九五年)に明らかにされている。

(2)　幕末の国学者で、文久三年(一八六三)の天誅組の乱に加わり斬罪となった。

(3)　天平勝宝七年(七五五)に下野国から筑紫に遣わされた防人で火長。

(4)　鎌倉幕府三代将軍。承久元年(一二一九)鎌倉鶴岡八幡官で同宮寺別当公暁のために暗殺された。

(5)　伝未詳。天平六年(七三四)の歌。

(6)　後醍醐天皇の皇子。信濃国に拠り活動した。

(7)　幕末の国学者で、桜田門外の変に連坐して、万延元年(一八六〇)獄死。

(8)　旅人の子。古代の名門大伴氏の氏上。延暦四年(七八五)陸奥国多賀城で没す。従三位持節将軍。『万葉集』の編者に擬される。

(9)　初期万葉歌人のうち最も名高いが、身分が低く伝未詳の人物。七〇七年前後に没したか。

(10)　幕末の尊王思想家。萩藩士。いわゆる安政の大獄により安政六年（一八五九）刑死。私塾松下村塾からは有為の人物が輩出し、幕末・維新の政治・社会に多大の影響を与えた。

(11)　江戸中期の国学者。『古事記伝』の著作で名高い。伊勢松坂の医師。多くの門人を擁し、後世への影響は多大であった。享和元年（一八〇一）没。

(12)　福岡の人。幕末の尊攘派の活動家。生野の変に参加。元治元年（一八六四）の禁門の変に新撰組によって殺された。

(追記)　なお、私蔵の『愛国百人一首』は「日本骨牌製造合資会社謹製」の「冨士印普及版」で、「日本玩具統制協会」のラベルが貼ってあり、昭和十七年十二月八日発行、定価は一円である。ボール箱入りで、箱の表の図柄は、桜本氏著書の掲げる写真のものと少し異なる。普及版の故であろう。

あいさつ

「挨拶」と宛てる。たぶん室町時代からの用語であろう。帰朝の挨拶、当選御礼の挨拶、時候の挨拶等、社交的な儀礼としての行動を指す言葉であるが、いずれにせよ、人間関係を維持する行為の一つである。だから、「挨拶を切る」といえば絶交する、縁を切ることであり、「挨拶を上げる」といえば争いの仲裁、とりなしを止めることである。「挨拶は時の氏神」ということわざもある。

もと「挨」も「拶」もともに「押す」の意であり、複数で押し合うことである。禅家の語で押問答のことをいい、「ものいい」の意の方言もある。「物申す」である。

辞典によると、手紙の往復、応答の言葉、受け答え、人と人が仲良くなるよう働きかけること、仲介・紹介役で「挨拶人」の語もある。「挨拶の良い人」とは客あしらいのよい人である（『日葡辞書』）。交際、（不良仲間の隠語で）仕返しの意で使われるなど、幅広く用いられる。「挨拶抜きで本題に入る」といえば前置きなしに本論に入ること、「挨次」とは後から後から続いて、順にの意である。ちなみに、エルガーの名曲に「愛の挨拶」というのがある。

相性がいい　あいしょうがいい

合口に似た言葉であるが、こちらはもっぱら男女の間柄をいうことが多い。主従関係や友人関係にも用いるが、もともと、性格が合うことを意味する。中国漢代に盛んになった陰陽五行説で、人の生まれを五行《ごぎょう》（木火土金水）に宛てて、木と火、火と土、土と金、金と水、水と木は性が合うなどとして縁組を定めたのに由来する。

夫婦の離婚原因の第一は「性格の不一致」らしいが、長続きの要因は「相性がいい」ことであろう。江戸時代に始まる言葉であろうと思われる。

アイス・クリーム

「乳製品と香料・鶏卵・砂糖などを混ぜ合わせながら凍らせた食品。食品衛生法では、冷凍乳菓という。乳脂肪分三パーセント以上を含むもの」

これがアイス・クリームの定義である。現在のようなアイス・クリームは、十五世紀半ばイタリアで考案され、フランス・イギリスを経てアメリカに広まり、十九世紀に工業生産化され世界に普及した。わが国では五月八日はアイス・クリームの日とされているが、バレンタインデーのようには定着していない。明治二年（一八六九）のこの日、横浜の氷屋町田房造がシャーベット風のアイス・クリームを売り出したのだという。

明治二十年代になると、アイス・クリーム製造機についての広告も増え、雑誌にも家庭での作り方を解説した記事が目につくようになる。しかし二十七年のコレラの流行でアイス・クリームは悪者にされ、危険だとして敬遠された。それにもかかわらず根強い人気は衰えず、三十一年に三円から五円程度の値段のアイス・クリーム製造機が売り出されている。三十五年銀座資生堂がアイス・クリームの販売を始めたが、値段は一五銭であった。大正十年（一九二一）極東練乳会社が工業的に量産を始めたが、この年の資生堂での値段は二〇銭だった。

第二次世界大戦後、昭和三十九年（一九六四）アイス・クリームの成分が「乳成分三パーセント以上」から「乳脂肪分三パーセント以上」に改められ、同四十六年には、アイス・クリーム類がアイス・クリーム、アイス・ミルク、ラクト・アイスに分けられ、アイス・クリーム類は「氷菓」と改められた。そしてこの年、明治乳業会社はアメリカのボーデン社と提携し「レディー・ボーデン」を発表、アイス・クリームの高級化が始まった。四十九年サーティワン・アイス・クリーム第一号店が東京目黒に、五十九年ハーゲンダッツ・ジャパン第一号店が東京青山に開店した。日本人はアイス・クリーム好きで、生産高はアメリカについで世界第二位である。

愛想がいい　あいそがいい

人当たりのよいことをいう。態度・顔つき・話し方・応対の仕方などを総合的に評価する言葉である。お世辞、愛嬌にも似るが、他人に対する親愛の情を表し、努力の要るしぐさ・態度である。「あいそがつきる」といへば、すっかり嫌いになることで、やがて見限り「あいそをつかす」すなわち破局である。

『日葡辞書』は「ヒトノアイソニユウ」と訳して「人を魅了し引きつけるように話す」としている。狂言にも見える言葉であるから、中世末からの用語であろう。

良好な人間関係の中では、茶菓などのもてなしや、使いの者へのこころづけなど気を利かせることも「おあいそ」という。

起源は関西地方にあるらしいが飲食の勘定・支払をも「おあいそ」という。また、近頃は廃れた風習であるが、かつては、隣家から貰い物をしたとき、その容器にマッチの小箱一つでも入れて答礼するのが習わしで、その品物を「おあいそ」とか「おうつり」などといった。

相槌を打つ　あいづちをうつ

相槌とは、鍛冶屋が師弟向かい合い、師の打つ合間に弟子が槌を打ち入れること、また互に槌を打ち交わすことである（『塵袋』）。狂言で、シテの相手方をアドといい、「あどをうつ」ともいう。アドはアトトモナヒ（後伴）から起こった語で、部下を統率するの意、また他人の話に調子を合わせることをいう。舞台の上での言葉のやり取りの巧みさ面白さが売りであるから、緊張感ある問答ということになる。『日葡辞書』は「語ること、話すことについての適当な返事」と記す。

しかし、相槌の打ち方にもふた通りあって、真面目に相手の話に聞き入るものと、うわの空で、ろくろく聞きもせず、「ふむ、ふむ」と相槌を打つこともある。

中世以来の用語だが、鍛冶屋の仕事など見ることもなくなった現今では、やがて忘れられていく言葉となるのであろう。

アイデンティティー

元は英語の identity で、もちろん外来語であるが、日常よく使われる。自己同一性、存在証明、主体性などと訳される。

一九六〇年にアメリカの心理学者Ｅ・Ｈ・エリクソンが使い始めてから広く用いられるようになった言葉である。

但し、『日本国語大辞典』によると、夏目漱石が「スコットは浪漫主義で浪漫主義はスコットであると云ふ風にアイデンチファイされる様になります」と書いているという。この場合は「同一視する」の意である。

官庁文書には、やたらに横文字用語が使われ、このアイデンティティーなどその最たるものであろう。永六輔氏流に言えば、近頃の役人は日本語を知らないから翻訳できないのだということになる。幕末・明治初期に、外来語を翻訳した先人の苦心に学ぶべきであろう。それについては、柳父章『翻訳語成立事情』（岩波新書、一九八二年）を参照されたい。

あいにく

「あいにくのお天気で」とか、「主人はあいにく不在で」などと用いる。もとは「あやにく」で、具合の悪いこと、「おりあしく」などの意である。『日本書紀』皇極紀に「咄嗟《やあ》」という慨嘆の語として見え、アヤ・ニクシである。

杜甫の詩に「生憎、柳絮《りゅうじょ》ハ綿ヨリモ白シ」とあり、漢字では「生憎」と書かれる。文字通り憎らしさが生ずる＝アヤニクダツで、『枕草子』も「あなたこなたにすむ人の子の、四つ、五つなるは、あやにくだちて、もの取り散らし」と記している。古代以来の用法であり、たいへん寿命の長い言葉である。

江戸時代、小山田与清《ともきよ》の『松屋《まつのや》筆記』は「あやにくと云詞」の項で『源氏物語』以下諸書の用例を掲げて、最後に「与清曰、あやにくと云詞は『いぢわろく』『あいにく』『いかがしく』『にくらしく』『思の外』『ふしぎ』

『殊の外』などと云心に用たり、これかれを考わたして思ひわくべし」と説いている。

曖昧　あいまい

本義は「くらいこと」で、そこから、「物事がはっきりしないこと」「あやふやである状態」を指す語となる。なお、曖昧模糊《もこ》という熟語がある。

平安時代、小野篁《たかむら》（八〇二―五二）の「早春侍二宴清涼殿一翫二鶯花一詩序」（『本朝文粋』十一）に、

故栄凋之動レ人、猶二色象之在一レ鏡、事随レ化而暗遷、心無レ主而虚映、況在二曖昧之中一、思二瑩払之道一、借託二風月一、記二其鬱陶一、

とある。「曖昧」は中国伝来の用語である。

あやふやな状態から、疑わしい、うしろめたい、いかがわしいの意となる。中村正直（一八三二―九一）の『西国立志篇』では「曖昧」を「うすぐらき」と読む。素人を装って売春する女を曖昧女といい、売春婦を置いて、ひそかに客を取らせるいかがわしい料理茶屋を曖昧茶屋・曖昧屋・曖昧宿という。古代から現代まで用いられてきた漢語である。

相持山　あいもちやま

入会山のことである。「相持」とは共有の意であり、負担を等分に分けあう「ワリカン」のことでもある。競技で引分けることは「持《もち》」ともいう。領地の接触部分、堺についての争いは古代からあり、山の場合は山論、河川の場合は水論となる。

アイロン

衣服や寝具の布地のしわのばしには、ふつうアイロンが使われる。アイロンはIRON（鉄）に由来する呼称である。現在はニクロム線を内蔵する電気アイロンが普通であるが、ガスアイロンもある。しかし、幕末に輸入されたときは炭火アイロンで、洗濯屋では、炭火おこしは新参店員の仕事であった。一方、江戸時代から、小型のコテを炭火で熱してしわのばしに用いることがあり、わが家でも昭和十年（一九三五）頃まで、母は半襟《はんえり》とか

足袋《たび》のしわのばしに使っていた。

電気アイロンは明治三十四年（一九〇一）頃からあり、同三十六年の千歳商会の広告によると、蒸気アイロンの中型は二円八〇銭、小型は一円二〇銭であった。国産アイロンは芝浦製作所が明治末年に作り始め、大正四年（一九一五）から本格的生産に入った。結婚祝いにアイロンを贈るようになり、昭和二年頃、「三ポンドアイロン」は三円二〇銭と安価であったから急速に一般家庭に普及した。

繊維の種類によってアイロンの適温というものがあり、一覧すると次のようである。現在ではアイロンには温度調節機能がついており、またスチームアイロンが普通になっている。

アクリル ナイロン アセテート	一二〇～一四〇度
ポリエステル レーヨン	一二〇～一六〇度
絹	一二〇～一四〇度
羊毛	一四〇～一六〇度
木綿	一六〇～一八〇度
麻	一八〇～二〇〇度

青　あお

青という語には、若い、未熟で経験に乏しい、新人・新米、青くさいの意がある。あるいはまた身分が低い、身分が卑しいの意もあり、青女・青女房・青侍・青道心（出家したばかりの修行の足りない僧）などの語も古代・中世からある。青二才という語はアオニセに由来するが、ニセとは薩摩の方言で若者のことである。また、魚のボラなどの生後二年めの稚魚をニセ（二才）魚という。

このほか、「青」を冠する語には「青田」がある。青田とは稲の葉が青々としている水田のことで、すでに『平家物語』に見える。秋にどれほどの収穫があるか予想もつかないうちに先物買いするのを「青田買い」という。昭和三十年代末から四十年代、いわゆる高度経済成長期に企業は事業を拡大し従業員を増やした。学卒者不足ということで企業は青田買いに走った。大学は四年制だが、学生は三年生のときから企業につばをつけられて勉学に身が入らず、事実上二年制大学だなどと嘆かれた。

なお関西では、料金を払わずに芝居見物をすることを「青田の見物」という。江戸時代からの用語であろう。また中世以来、実際に青田を刈ることがあり、これは、実る前の稲を刈って馬の飼料としたのである。『平家物語』（巻八）に「凡そ京中には源氏みちみちて、在所にいろどりおほし、八幡の御領ともいわず、青田を刈りてま草にす」と見える。

関連して「青息吐息」という熟語がある。苦しみ嘆くときに出す溜め息であるが、顔が青ざめているからとの説がある。近代では「青電車」がある。東京の市内電車（路面電車）で、最終電車の一つ前の電車をいう。行先表示の窓に青色の電灯が点ったのでこう呼ばれる。

青屋　あおや

染色業者、藍染め業者である。紺屋《こうや》ともいう。青物屋ともいうが、これは野菜売りと紛らわしい。また青屋にはいまひとつ別の意味がある。山城国の地誌である『雍州府志』（八）は「青屋元穢多之種類也」といい、藍染めを業とし、京都町奉行所に属して断罪、牢屋の掃除などを行う賤民を称した。

赤　あか

「赤」は「明」と同源の言葉とされる。「赤」字を冠した言葉は多い。赤汗といえば古代・中世に血の忌み言葉であった。さらに「赤」字を冠した用語を見ると、赤飯は小豆飯、古代・中世に、赤米は大唐米・唐法師ともいわれた外来米の一品種であり、近世、赤鰯は赤くさびた鈍刀、近代、赤紙は召集令状の俗称、赤新聞といえば暴露記事やセックス記事を売り物にする低俗新聞、赤線とは売春防止法実施以前の赤線地帯すなわち特殊飲食店街として営業した公娼街のこと、「赤電車」は終電車のことである。東京市内の電車で、最終電車の行先表示の窓には赤電球が点った。赤旗は平家の旗ではあるが、近代では革命派のシンボルである。

「今月も赤字だ」といえば、支出が収入を上回り、家計簿の締めくくりが赤のインクで書かれていることをいう。会社の赤字が続くとボーナスは出ないし月給も上がらず、最悪の場合は会社が潰れて失業する。校正原稿に「赤」（朱）を入れているうちはいいが、収支決算書の赤はいただけない。

なお、家計簿は明治時代からあったが、一九三〇年代に女性雑誌の付録として一般家庭に普及した。

赤城下　あかぎした

地理に詳しい東京の人間は、「あかぎした」と聞けば牛込神楽坂の赤城神社を想起する。ＪＲ中央・総武線飯田橋駅の西口から神楽坂を登りつめると北側に赤城神社がある。この辺を今は赤城元町という。元町の台地の下、西北に連なるのが赤城下町であり、赤城明神下ともいった。江戸時代には大御番組、御持筒組の組屋敷のあったところである。牛込赤城下町と称したのは明治五年からで、同十一年に牛込区、昭和二十二年から新宿区に入った（角川・地名大辞典『東京』）。

さて、根岸鎮衛《やすもり》の『耳嚢《みみぶくろ》』中（岩波文庫）に「吝《りん》翁迷心の事」がある。

「文化元年四月の頃、赤城下に翁ありしが、子もなく独住にて、いささか商ひをなして、聊の利を以たつきを送りしが、飽まで吝心にて、朝夕の食事をもおもふ侭にせず（下略）」と始まるが、文庫本の校注者は「新宿区東北部に町名残る」と注記している。私はこの注に賛意を表する。

ところで、三〇年も前の刊行物であるが、小林豊著『説話のなかの民衆像』（三省堂、一九八〇年）を見ると、前掲の話をとりあげて「死に金哀話―耳袋」と題する一文を載せている。そこで小林さんは「『赤城下』とあるから、赤城山のふもとあたりのできごとであろうか」と書かれている。私には、上州の赤城山などまったく思い浮かばなかったので、少し驚いた。小林さんは大阪生まれの大阪育ちらしく、しかも大阪の学校にお勤めの方らしいので、牛込赤城下町を想起しなかったのは当然かもしれない。

しかし、私が牛込赤城下と直感したからといって直ちにそれが正しいと主張するつもりはない。この「赤城下」が「牛込赤城下町」であると主張するためには少し手続きが必要である。それは『耳嚢』で根岸鎮衛が地名を掲げる際の「くせ」を見ることである。彼が江戸の地名を

挙げるときは、

「駒込辺にて……」「赤坂とや糀町《こうじまち》とやらん……」「牛込最勝寺門前に……」

「小日向水道端に……」「浅草蔵前辺の……」

というように、直ちに小地域の地名を掲げる。それに対して、江戸の町以外の地名の場合は、

「肥後の熊本にて……」「肥後国天草郡井出村にて……」「武州旗羅郡下奈良村に……」「野州鹿沼在石橋邑に……」「上州館林の……」「泉州境にて……」

「和州郡山にて……」

というように、国名を冠して掲げるのが癖であるらしい「赤城下に……」と直接小地域の地名を挙げるのは江戸の町の場合に当たる。

あかぬける

容姿、態度、技芸などが洗練されて、すっきりイキになることであるが、「垢抜ける」と宛てる。これからすると、垢を落して清潔な様子をあらわしている。江戸時代の辞書『俚言集覧』も「清潔ナル義ナリ」という。しかし、もとは「灰汁《あく》抜け」ではないかという説がある。垢は落すもので抜けるものではなく、灰汁ならば「抜ける」が正解だというのである。

江戸時代から「あくぬけ」の語も「あかぬけ」とまったく同意に用いられたことは、『日本国語大辞典』からもうかがわれるが、用例が仮名垣魯文《かながきろぶん》『安愚楽鍋』、齋藤緑雨『門三味線』、正宗白鳥『泥人形』など近代のものばかりであるのが気になる。

赤のそほ船　あかのそほふね

旅にして　もの恋しきに　山下の　赤のそほ船　沖に漕ぐ見ゆ（『万葉集』巻三—二七〇番）

右の「赤のそほ船」について、「魔除けの朱色の赤土を塗った船」とし、さらに「官船」のことだとする説がある。*その根拠は、荒木田久老の『万葉考槻落葉三之巻別記』に「赤乃曽保船」として『万葉集』（巻十六—三八六八番の歌（沖行くや　赤ら小舟に　つと遣《や》らば　けだし人見て　解抜《ひら》き見むかも）にふれ、左注から「赤ら小舟」が「公船」（官船）であることは明らかだとする。

確かにその船は対馬送粮船である。しかし、だから官船だというのは早計である。仮に官船だとしても、私船は朱を塗らないという証明ができなければこの主張は成立しない。

海神は朱を禁忌とするとし、船に朱を塗るのは、やはり魔除けのためであり、官私船を問うことはなかったと思われる。

＊ 荒木田久老の『槻落葉別記』に「『集解に或人古記を引て公船ハ朱塗之』といへり（中略）官船は朱塗なること、この古記にて知られたり」といい、官船は朱塗であるという説を述べる。山田孝雄はこれを批判して、『令集解』には右にいうような古記の文は見えず、根拠はないとしりぞける（『万葉集講義』巻三）。最近の伊藤博『萬葉集釈注 二』なども荒木田久老説をとっているが、私は山田説に与同する。

商じこり　あきじこり

西の市に　ただひとり出でて　目並べず　買ひてし絹の　商《あき》じこりかも（『万葉集』巻七―一二六四番）

古代の商業交易に関する歌は『万葉集』中でも多くはない。それだけにこの歌は貴重である。さて「目並べず」については「よく見て商品を吟味する」（渡瀬昌忠『万葉集全注』巻第七）、「他の品とよく見比べもしないことをいうのであろう」（伊藤博『萬葉集釈注』四）というのが通説である。しかし武田祐吉『万葉集』上巻（角川文庫）は、「大勢で見ないで」と注をつける。次に「商じこり」について「しこりは四段動詞しこるの名詞形で、買い損ないの意と見られるが、しこるの語義は未詳」（伊藤前掲書）、「不明、不良商品を高く買うこと、買いぞこない、買いかぶりか」（渡瀬前掲書）とする。日本古典文学全集『万葉集』二（小学館）は「不正な商行為をいうか」として少し理解が異なる。

五十嵐篤好『雉岡《ちこう》随筆』（日本随筆大成二期―六）を見ると、『略解』（橘千蔭『万葉集略解』か）曰くとして「めならずは云々、見くらぶるもののなき也、きぬのはきぬしともよむべし、按るに、しこるはみしこるにて、物に執する意なるべし。是は他心なく只ひとりに心をよするに、市にて絹を買ふ見くらぶる事もせで、初めに目につきたるおもひこりて、買ふといふもてたとへたるならん」を挙げる。これに対して五十嵐は「是はめならべずとよみ、絹しとよむべし、さて商じこりといふは、絹のことなるを、是までの見る所の説、みな商人のこととしたるは、詞のつずきかなはず（中略）商じこりとは、此絹を一度売得ざりしかば、売そこなひに成りて、そののち売れざるをいふなり（中略）一首の意は、絹を数多く出させて見くらべもせず、ふと見つけたるを、其まま買て来しかば、それはネキモノ（売れ残り商品）デ有タカ、サテモサテモといへる也」という。

あきらめる

古い用例では、なにか事柄についてはっきりさせる、見定めるの意であった。『日葡辞書』は「アキラメ」を「あることがあきらかになる、確かめられる」と説明する。この用法は『日本書紀』以来である。たとえば、皇極四年（六四五）六月条に蘇我入鹿の言葉として「臣不レ知レ罪、乞垂審察《あきらめたまえ》」とある。

中世には、「あきらめ申す」といえば、訴訟関係の用語で、訴えに対して被告（論人）がその件について弁明することをいう（あきらめ沙汰）。また中世の売券上の文言で、売買の正当性を弁ずることである。石井良助『中世武家不動産訴訟法の研究』（弘文堂書房、一九三八年）にその用例が多く掲げられている。

しかし、普通は、あきらめるといえば何かを断念することであり、この用法はたぶん江戸時代からであろう。『大言海』は、道理を明らかにして断念するのだと説明している。一寸飛躍があるようにも思われるが、一考であろう。

悪逆無道　あくぎょくぶとう

甚だしい悪事をいう。悪逆とは古代の律に規定された八虐の一つで、祖父母・父母を殴り謀殺し、伯叔父姑・兄妹・外祖父母・夫・夫の父母を殺す大罪である。

後半の「無道」とはなにか。道理に外れていること、人の道に背いた非道な振舞をすることだと辞典には見える。私は学生時代から思い違いをしていたらしく「あくぎゃくむどう」と読んでいた。しかし『国語辞典』によると、「アクギャクブト（ド）ウ」が正しいらしい。『平家物語』（三）に「入道相国の体を見るに悪逆無道にして、ややもすれば君を悩まし奉る」とあり。

あくせく

漢字で書くと「齷齪」であるが、正しくは「あくさく」であり、あくせくは慣用読みである。漢字の意味は、歯と歯の間が詰まっていることで、心が狭いこと、目先のことに眼を奪われ、小さなことに関わることをいう。戦国時代の百科辞典『塵添壒嚢抄《じんてんあいのうしょう》』（一五三二年）に見えるが、漢語としての齷齪は『説文』『魏志』などに見え、わが国にも古代以来知られた言葉であった。

有名な、歌舞伎の「世話情浮名横櫛《よわなさけうきなのよこぐし》」に「アアコレ、此のやうに齷齪するも恋ゆえ」とあり、「筑丈評万句合」に「あくせくかせいだ暮の餅の重」とある。

あくどい

色や味、またやり方が度を越えていてしつっこい感じ、またどぎついことをいう。「同じ事、老の咄《はなし》のあくどくて」（『炭俵』）などと用いる。

江戸時代語であろうが、語源については、「くどい」に接頭語の「あ」がついたとの説、「あくつよい」の略とする説、「灰汁鋭」説、「灰汁クドイ」説などがある。「くどい」は、しつっこいの意で、中世末以来の用語であり、「あく（灰汁）」は布を洗ったり染色に用いるが、「あくが抜ける」といえば、人の性質の、いやみがなくなり、さっぱりしていることをいう。

悪党　あくとう

正史における初見は『続日本紀』霊亀二年（七一六）五月二十一日条の勅の「鋳銭《じゅせん》の悪党、多く奸詐《かんさ》を肆《ほしいまま》にし、連及《れんごう》の徒《ともがら》、罪に陥《おちい》ること少からず」にある。ここで「鋳銭」というのは私鋳銭のことである。私鋳銭の罪は養老律では徒《ず》三年に当たるが、銭貨の私鋳は絶えず、和銅四年（七一一）には、首犯は斬《ざん》、従犯は没官、家口《かこう》は流罪とされた。のちにやや軽減されたものの、私鋳銭の罪は重かった。ここでの「悪」は悪い、悪事の意で用いられている。

ついで平安末期の永万元年（一一六五）三月二十一日

占部安光文書紛失状案（『平安遺文』三三五五号）に、下総国葛西御厨《かさいみくりや》の領家（伊勢神宮）口入職《くにゅうしき》について「寄文《よせぶみ》次第証文等悉皆紛失」したが、これは「去年中世上牢籠《ろうろう》之刻、悪党乱妨」によると述べている。渡辺浩史「悪党」（『「鎌倉遺文」にみる中世のことば辞典』東京堂出版、二〇〇七年）は「中世においては宗教的なイデオロギー支配の破壊者のこと」という。そして弘安年間（一二七八—八八）頃から荘園内の悪党の活動は本所の手に負えなくなる。播磨国では、正安・乾元の頃（一二九九—一三〇二）から悪党の行動が目立つようになったが、この頃の悪党は「所々ノ乱妨浦々ノ海賊寄取強盗山賊追落シヒマ無ク異類異形ナルアリサマ人倫ニ異ナリ、柿帷ニ六方笠ヲ着テ烏帽子袴ヲ着ス、人ニ面ヲ合セス忍タル躰《テイ》ニテ数々不具ナル高シコヲ負ヒ、ツカ　サヤ　ハゲタル大刀ヲハキ、竹ナカエサイハウ杖ハカリニテ、鎧腹巻等ヲ着マテノ兵具更ニ無シ、カヽル類十人二十人、或ハ城ニ籠リ寄手ニ加ハリ、或ハ引入返リ忠ヲ旨トシテ更ニ約諾ヲ本トセス、博打博《バクチバク》エキヲ好テ忍ヒ小盗ヲ業《ワザ》トス」といわれたが、正中・嘉暦の頃（一三二四—二八）には「吉キ馬ニ乗リ列レリ、五十騎百騎打ツヽキ、引馬・唐櫃・弓箭・兵具ノ類ヒ金銀ヲチリハメ、鎧腹巻テリカヽヤク計也、論所ニ非サレトモ本人ノ方人《カタフト》ト称シテ所々ヲ押領シ、党結ヒ契約ヲ成シ、与力契号ノ類等、城ヲ落シ城ヲ構フル、故実屏《こじつべい》ヲ塗リ出シ、矢倉ヲカキ、ハシクヲツカヒ飛礫ヲナケ、勢楼《せいろう》モタテ、屏風楯箱楯竹ヲヒシキ、皮ヲノへ、種々ノ支度ヲ廻シ無尽ノ方便ヲ構へ、如此ノ輩ヲ多ハ但馬丹波因幡伯耆ヨリ出来ノ間、兼日ノ賄賂《マイナイ》ヲハ山コシト称シ、後日ノ属託《ソクタク》ヲハ契約ト号ス、人目ヲ憚リ恥恐ル、気色更ニ無シ」という状況となった（『峰相記』）。

　元弘三年（一三三三）五月都を追われた六波羅探題北条仲時の軍隊は東へ逃れる途中、近江国で悪党らに途をふさがれ、番場の蓮華寺《れんげじ》で四三〇余人が自殺した。なお、後醍醐天皇側にあって奮闘した楠木正成も河内国の悪党といわれている（佐藤和彦『日本中世の内乱と民衆運動』校倉書房、一九九六年）。

欠伸堤　あくびつつみ

景色に変化乏しく、あくびが出そうなさまを長い土手道にたとえていう。「淀より伏見へ一里、ここよりやはた《八幡》へ一里、此あいだのつつみ《堤》なみ木松たちならびてながし、諺にあくびづつみといふよしに候」（浮世草子「好色旅日記（二）」）とある。ついでに、花器に欠伸型なるものがある。竹筒の節《ふし》と節《ふし》の間の中央に長方形の穴をあけたものをいう。その形が人のあくびをした形に似ているところから名づけた。

あぐらをかく

あぐらは、かく、くむという。「かく」とは組む、構える、構築するの意である。いうまでもなく、人の座り方の一つである。元来、あぐらというのは大陸伝来のイスのことである。胡床とか呉床の字を宛て、『古事記』『日本書紀』以来所見する。

胡床に腰を下ろし両足を組んで座る、その座り方で平らに座る座り方が、あぐらをかくというのだとは、本居宣長の説である。「あぐら」は『竹取物語』『枕草子』『源氏物語』『栄華物語』などにも見え、平安貴族の座った様子は絵巻物に見える。

現代と同様の意味で用いられるようになったのは江戸時代からであろう。なお、関西方言では、あぐらをかくことをジョラクムというが、これは丈六仏が膝を組んでいる座り方からきた言葉であろうという。『日本国語大辞典』は小杉天外の『はやり唄』の「胡座《あぐら》を組《か》いたままでお点頭《じぎ》して」を引いている。「組」を「かく」と読ませるのである。

揚げ足をとる　あげあしをとる

現在では、相手の言い損ないを取り上げて非難・攻撃をすることをいうが、ほかにもいろいろな用い方があった。

上足・挙足・揚足の字を宛て、揚げ足をすくうともいう。①けものや鳥が、地面をひっかいたり、休んだりするとき足をあげること。『日葡辞書』は、馬が休むときあげた方の脚をいうとしている。②相撲で宙に浮いた足。『日葡辞書』は、足をとって、相手を倒すとしている。③相場の上昇傾向のこと。④あげ足をうつといい、あぐらをかくことをいう。この用語、おそらく室町時代以来のものであろう。

「足を棒にする」という表現もある。足がひどく疲れるほど歩きまわる、奔走することをいう。

あげくのはて

「あげく」は「揚句」とか「挙句」と書く。ただちに想像されるように連歌の用語である。連歌・連句の最後の七・七の句をいうが、転じて物事の終わり、またその結果についていう言葉である。しかもこの言葉は、良くない結果について用いることが多い。「さんざん迷った挙句に、やめにした」「思案の挙句に身を投げた」「挙句の果てに倒産した」などである。

連歌は、和歌の上句と下句とを交互に詠み連ねるもので、鎌倉時代に鎖連歌が発展し、百韻《いん》を基準とする長連歌形式が基本となり、南北朝期以降普及した。長享二年（一四八八）正月の宗祇《そうぎ》・肖柏《しょうはく》・宗長《そうちょう》の師弟三人が摂津水無瀬《みなせ》川宮において興行した連歌の一部を掲げる。

雪ながらやまもとかすむ夕かな　宗祇
行人遠く梅にほふさと　肖柏
河かせに一むらやなきはるみえて　宗長
舟さすおともしるきあけかた　祇
月やなをきり渡る夜に残るらん　柏
しもおく野はら秋はくれけり　長
鳴むしのこころともなく草かれて　祇
かきねをとへはあらはなるみち　柏
山ふかきさとやあらしにをくるらん　長
なれぬすまゐそ寂しさもうき　祇

ついでに、和歌の終わりには過去と詠嘆の助動詞「ケリ」を用いることが多い。

嵐吹く三室の山のもみぢ葉は龍田の川の錦なりけり
（能因法師）

という具合である。そこで、物事の結末を見る意で、「けりがつく」というのである。もっとも近頃は、「サラダ記念日」以来、伝統的な「けり」「かな」を使わない短歌が大流行である。

上田の稗　あげたのひえ

打つ田に① 稗②はしあまた　ありといへど　選《え》らえし

我れぞ③　夜をひとり寝《ぬ》る（『万葉集』巻十一―二四七六番）

水を多み　上田④に種蒔き　稗を多み⑤　選《え》らえしわざぞ⑥　我《あ》がひとり寝《ぬ》る（『万葉集』巻十二―二九九九番）

①「打つ田」は鍬で耕すことであるが、両様の理解が可能である。（a）春の田打ちとして、稲作の準備の段階、（b）稲の育っている田の状況の中での二つである。②稲田の中に生える稗は抜き取る。籾に混じって稗の種子が蒔かれている。③「択らひたる我ぞ」とも読む。この部分、「選《よ》り除かれた私は」とも「稗を除去した私は」である。配偶者に恵まれない者のひがみといえば前者であろう。④上田は土地の高い所にある水田。低い所にあるのは下田《くぼた》である。上田は水はけがよくどちらかといえば乾田。下田は湿地、水はけがよくない。この部分については二説ある。（a）「上田には水が多いので種を蒔くと」（日本古典文学大系）、（b）（下田では水が多いと冠水するので）水の多いときは高地に種を蒔き（直蒔《じかまき》?）、水の少ないときには低地に種を蒔く（武田祐吉『万葉集全註釈』）の二説である。小野寛『萬葉集全注　巻第十二』（二八二頁）はb説をとる。⑤稗が多く出るので。⑥田に出た稗を拭き取ること。田植えを経ない直播だと稗などの種が混在しやすい事情もある。

水田稲作では「除草」が重要である。とくに田植後三週間ほど経た時期の除草は肝心だとされている。「除草」は水田の温度を上昇させるのである（小池基之『水田』日本評論社、一九四二年）。

〈付記〉稗はインド原産の穀物である。わが国での生産量は少ないが、アジア・アフリカでは数千万トンの生産があり、主食補助食料とされている。

麻手　あさて

『万葉集』巻四―五二一番は、

庭に立つ　麻手刈り干し　布曝《さら》す妻を　忘れたまふな

である。「麻手」の「手」については、ふつう「原料として刈り取ってきたばかりの麻」「テは素材を表わす語」と説明している。「手」は「乎」の誤写ではないかとし、「麻を刈り干し」と読む説もある。澤瀉久孝（『万葉集注釈四』）は、古い写本から「手」となっていることを認め「手」説をとる。『日本国語大辞典』は「材料の意を表わす」として「抓手《つまて》」を倒証としている。

　抓手とは荒削りした角材のこと、また削りくず、切片の意で、ここから「原材料」の意とする理解は、いささか強引ではないか。「手」は、中世では、山手・河手・野手・関手などというように、租税のことを指している。『日本国語大辞典』は「あさで（麻手）」の項で、①では接尾語、②麻の葉の形状から「手」とする、③麻栲《あさたえ》の変化したもの、その他があるとする。無理に意味を探る要はなく、「麻」とすればよいのではないか。

〈付記〉麻を素材とする麻織物は、現在では化学繊維におされてふるわない。麻の欠点は、折り曲げに弱くしわになりやすく、またしわのとれにくいことである。

あさとり

『大乗院寺社雑事記』（二）長禄二年（一四五八）十二月二十九日条につぎのような記事がある。

一、近日村鳥共トヒチリ了、不レ知二其数一〔アチムラ云々又アサトリト云々〕、希代事也、火事兵乱先表云々、珍事〳〵

　多数の鳥が空を乱舞し、これは凶事の兆しだというのである。そのことじたいは、よくあることで、特別にとりあげるほどのことではあるまい。ただ気になるのは「アサトリ」である。

　前掲記事の中に「鳥」が三種出てくる。まず「村鳥」である。これは「むらとり」で「群鳥」すなわち、むらがっている鳥の意であろう。『日本国語大辞典』はそのように説明し、『色葉字類抄』の「雥　ムラトリ」をひいている。つぎに「アチムラ」である。これは「あぢむら」（味群）で、鴨類の総称とすることもあるが、「あぢがも」の群れのことであろうか。「あぢがも」は巴鴨の異称であるという。問題はつぎの「アサトリ」である。『日本国語大辞典』は「あさどり」に注して、朝ねぐらから飛び立つ鳥、朝鳴く鳥のこととする。しかし、前掲の『大乗院寺社雑事記』の記載では、「アサトリ」は「アチムラ」と対比されている。ということは、「アサトリ」が、たんに朝ねぐらから飛び立つ鳥とか、朝鳴く鳥の意で用いられていないことは明らかであろう。

そこで思い出すのは鳥追い行事である。わたしの父が生まれ育ったのは、山形県飽海郡一条村（現、酒田市八幡町）というところであるが、明治末年から大正初年のムラの年中行事のなかに、父は鳥追いを記憶していた。

「元旦の午前一時、男だけ戸外に出て『アサドリーホイ』と唱えながら、歩いてムラはずれまで行く。これは、各家みなやる。アサドリは悪病のことだという。」「七草の朝、年男が若水を汲む。また『アサドリーホイ』と唱えてムラのはずれまで行く。これは元旦と同様である。」「十五日が小正月で（中略）晩ごはんがすむと『ヨドリーホイ』と唱えながらムラはずれまで歩く。ヨドリ（夜鳥）はアサドリ（朝鳥）と同様に、悪病だという。」「十六日、明けがた、年男や子どもたちが『アサドリーホイ』と唱えてムラはずれまで歩く。」（阿部猛編「聞書・明治～大正のムラのくらし—山形県飽海郡一条村—」『帝京史学』三号）

いうまでもなく、これは各地で行われてきた鳥追い行事と同様である。鳥追いは「朝鳥ほいほい、夜鳥ほいほい」とか、「朝鳥ほほほ、夕鳥ほほほ」とかいう共通の歌詞を持っている。菅江《すがえ》真澄《ますみ》も秋田で鳥追い歌を採集している（『菅江真澄遊覧記』、柳田國男「こども風土記」〈全集二十一巻〉、鈴木棠三《とうぞう》『日本年中行事辞典』）。七草に行われてきた、菜をたたきながら「タンタンタン、たらただき、たらただき、唐土の鳥の、日本の国にわたらぬ先の、たらただき、たらただき、タンタンタン」という唱えごとも、もとを尋ねると、鳥追い行事のそれであったと思われる（和歌森太郎「一月十五日という日—民間の正月さま—」〈著作集14〉）。

折口信夫は「唐土」は「常世」であり、鳥追いは、もと常世の稀客や魂を呼び迎える行事であろうと考え（「常世浪」全集十六巻）、和歌森太郎も、七夕—七月七日—に祖霊迎えの意味を認め、正月七日の行事も、正月神（＝祖霊）迎えであろうとの考えを示している（「七夕習俗の展開」著作集9）。

鳥追いは古い行事であって、中国の場合すでに六世紀の『荊楚《けいそ》歳時記』（平凡社・東洋文庫）に「正月の夜、鬼鳥の度《わた》るもの多し。家々、床を槌《う》ち戸をうち狗《いぬ》の耳を捩じ、燈燭を滅し、以て之を禳う」とある。すなわち、床や戸をうちならし、また犬を吠えさせて鬼鳥を追い払ったのである。この鳥は姑獲《こかく》といい、天帝女・穏飛鳥・夜行遊女・鬼車鳥などともいわれた凶鳥であった。七草をたたく行事は、わが国では少なくとも十五世紀から行われていたものと思われ、その唱えごとも「唐土の鳥と、日本の鳥と、渡らぬ先は……」と、のちのそれと同じであったと見られる（中村義雄『魔よけとまじない』塙新書、一九七八年、一八頁以下）。

さて、いろいろ遠まわりしたが、結論的推測はこうである。元来、鳥追いは夜から翌日の朝にかけて行われたものであったが、それが分離して、夜の鳥追いと朝の鳥追いの二つになった。そこで、鳥も「夜鳥」と「朝鳥」の二種になったのである。『大乗院寺社雑事記』のいう「アサトリ」はすなわち「夜鳥」とも同じであり、追わるべき「凶鳥」「悪鳥」の意なのであろう。

朝飯まえ　あさめしまえ

「そんなことは朝飯まえだ」という言い方は、たぶん江戸時代以来のものであろう。朝飯前の空腹状態でも、短い時間でもできるような、たやすいことをいう。

まず、文字通り朝飯どきの前の時間をいい、「朝飯前に家を出る」はこれである。「朝飯前に知っている」とは、ずっと以前から知っていたの意である。

なお、現代では、食事は朝・昼・晩の三食を基本とするが、かつては朝・晩の二食であったという。三食の習慣が定着したのは江戸時代であろう。但し、農民など重労働に従事するものは二食ではなく、間食を摂り、実質的には一日に三食どころか、五食・六食に及ぶこともあった。

「めし」というのは現在では下品な言い方であるが、もとは「召しあがりもの」からきたものであろうという。

あし

足、脚である。「あし」には、いろいろな意味があるが、その一つは銭（ぜに）の異称としての用法であろう。中国晋代の南陽のひと魯褒《ろほう》の『銭神論』の「翼なくしてとび、足なくして走る」よりでた言葉というのが定説らしい。

「足が地につく」とは、行動や気持が落ち着いてしっかりしていること、「足がつく」は逃亡者の足取りがわかることで、隠したことの現れることをいう。「足がでる」は予算超過、「足の裏に目薬」は見当違いで役に立たぬこと、「足を洗う」とは、悪事や悪い仲間から抜け出すこと、「足を抜く」ともいう。

また、「あしきり」というあそびがある。『日本国語大辞典』によると、第一は子どもの遊戯の呼び名で、二人が長さ二メートルほどの棒か綱の端を両膝の高さに持ち、大勢のものが一列縦隊に並んだ前から後ろに向かって走り列の者の膝を打つ。列中の者は打たれまいとして飛び上がり、やり過ごす。もし足を打たれた者があれば、代わってあしきり役をつとめるというものである。

第二は、選抜入学試験で、受験者が多いとき行う予備選抜で、簡単な試験、あるいは書類審査などで、一定条件に満たぬ者を不合格とするのである。また大蔵省の隠語で、一定額以下の細かい経費を切り捨てることを「あしきり」といった。なお、本書「指切り」の項を参照。

足軽　あしがる

江戸時代、武士の最下層に位置づけられた足軽は、五両二人扶持くらいの待遇で、門番や雑役をつとめていた。この足軽も、さかのぼって戦国時代には、いわゆる歩兵部隊の構成員で、弓足軽・槍足軽・鉄砲足軽に編成されていた。それぞれ、弓大将・槍大将・鉄砲大将などの足軽大将にひきいられて戦場に赴いた。

足軽は、足白《あししろ》・足弱《あしよわ》・疾足《しっそく》などとも称されるが、足軽の呼称は『平家物語』に初見する。寿永二年（一一八三）木曽義仲の固めた越前国火打が城について、平泉寺長吏斎明威儀師《さいめいいぎし》の情報により平家方が足軽に命じて柵《しがらみ》を切り落とし攻撃の手だてを得たという話がある。戦いに際して足軽は放火など、敵陣の撹乱に働いたものと思われる。十二世紀末からの存在であるが、機能的には、平安時代の検非違使の下部《しもべ》が足軽の原型であったと思われ、鎌倉半ばまでは、騎馬武者の個人戦を基本としたから、後方支援的あるいはゲリラ戦などの働きが主であったらしい。南北朝期以降、戦闘様式の変化に伴い、歩兵部隊として組織されるようになった。足軽の兵装は初期には比較的重装備であったが、時代とともに軽装となった。足軽の供給源は農村であって、かれらはいわゆる農兵と呼ぶべきものであった。

〈参考文献〉小野武夫『日本兵農史論』（有斐閣、一九三八年）

あした

漢字では「明日《みょうにち》」である。しかし、古い用例では間違いなく「朝《あさ》」のことである。

現在では、一日とは、夜中の午前零時に始まり、二四時間経った真夜中に一日が終わることになる。しかし昔は、一日とは、夕方日が暮れてから次の夕方までという認識であった。* 現在のような意味に使われるようになったのは江戸時代からであろうか。

「あした」を冠する語は多いが、「明日の霜」ははかなく消えて跡形もなくなる譬えであり、「明日の露」も消えやすく短くはかないことの譬えである。珍しいところでは、江戸時代、天皇が朝食（朝餉《あさがれい》）の前に召し上がる粽や菓子を「あしたの物」という。「あしたはあしたのかぜがふく」といえば、今日はいかにあれ、あすは別の成り行きとなり、くよくよすることはないということわざである。

＊　このような考え方に対して、田中元『日本人の時間意識』（吉川弘文館、一九七五年）は、多くの史料を掲げて疑問を呈している。

馬酔木　あしび

『万葉集』巻二―一六六番は左の歌である。

磯《いそ》の上《うえ》に　生《お》ふる馬酔木《あしび》を　手折《た》らめど　見すべき君が　在りと言はなくに

作者は大伯皇女《おおくのひめみこ》。大津皇子の同母姉である。馬酔木は「あせび」とも。双子葉類・ツツジ科の常緑低木。日あたりのよい丘陵地に生える。葉はササの葉状で厚く、無毛で光沢がある。四～五月頃白色でつぼ状の小型の花が咲く。葉や茎に有毒成分のアセボトキシンが含まれ呼吸中枢をマヒさせる。馬がこれを食べると脚がマヒするので、この名がついた。

『下学集』は「アセボ」と訓み、「馬食二此葉一則死、故云二馬酔木一」と記す。『壒嚢抄（六）』も同様である。『倭訓栞』（中）は「あせみ」と訓む。黒川春村「硯鼠漫筆」（続日本随筆大成・7）は「アシミ」と訓み、橘泰「筆のすさび」（日本随筆大成・三期・2）は『万葉集』異本の「馬酔木《あせみ》」の訓「ツ、ジ」を採りあげて、「蓮華つ、じなり、木葉倶に大にして、花赤褐色《かばいろ》なり、凌霄花《りうぜんかづら》に似たり、甚毒あり（中略）又南都春日の森にあせみ多し、故に杜鵑《ほととぎす》来らず、あせみは物理小識の山砒葉か、虫を殺すに此葉を用ゆとあり」と記している。

梓弓　あずさゆみ

『万葉集』巻十一―二五〇五番は、

　梓弓　引きて許さず　あらませば　かかる恋には
　あはざらましを

である。弓といえば梓弓と相場はきまっている。アズサは、日本列島特産のカバノキ科の落葉高木である。材質は固く、これで作ったのが梓弓である。

　『万葉集』では、「引く」「春（張る）」などの枕詞・序詞として多用される。三番から四二一四番まで三二の歌に用いられている。古い梓弓の実物は正倉院にも収められていて、アズサが弓の材料となったことは確かである。しかし、奈良・平安時代に実用の梓弓があったかというと疑わしいとの説もある。梓弓は神事・呪術などに用いられるものであり、猟や戦闘用ではないというのである。

　梓の木で作った小弓の弦をたたきながら死者の霊を呼びよせる口寄せ巫女《みこ》を「あずさみこ」という。吉凶や失《う》せ物の判断をする場合もある。

遊　あそび

「遊ぶ」の名詞化したものである。今ふうな感じでは、仕事や勉強を一生懸命するのではなく、怠けてぶらぶらしている状態や、好きなことを気ままにやっていること、酒色にふけることなどを表す言葉となっている。

　しかし、もとは少し違っていた。国語辞典的解説をすると、元来は神事に伴い舞楽を行うことであったらしく、遊女《あそびめ》の本義もここにあり、また古代の部民の一つである遊部が、天皇の葬礼に歌舞を奏して鎮魂の義を行う者だったことなどからもうかがわれる。

言葉じたいは『古事記』『日本書紀』以来のものであるが、江戸時代、ばくちをして世を渡る者を遊び人といい、近代では、工業用語で、機械の結合部分がぴったりついていないで、いくらか動く余地のあることを「あそび」といった。

敵討禁止令　あだうちきんしれい

明治六年（一八七三）二月七日の大政官布告（第三十七号）で「復讐ヲ禁ス」すなわち、いわゆる敵討禁止令の出されたことはよく知られている。しかし、太政官布告の本文を見た人は意外に少ないのではあるまいか。もちろん近代史専攻の方には今更と思われるものではあるが、以下に全文を掲げる。

人ヲ殺スハ国家ノ大禁ニシテ人ヲ殺ス者ヲ罰スルハ政府ノ公権ニ候処古来ヨリ父兄ノ為ニ讐ヲ復スルヲ以テ子弟ノ義トナスノ風習アリ右ハ至情不得止ニ出ルト雖トモ畢竟私情ヲ以テ大禁ヲ破リ私義ヲ以テ公権ヲ犯ス者ニシテ固擅殺ノ罪ヲ免レス加之甚シキニ至リテハ其事ノ故誤ヲ問ハス其理ノ当否ヲ顧ミス復讐ノ名義ヲ挟ミ濫リニ相構害スルノ弊往々ニ有之甚以相済事ニ候依之復讐厳禁被　仰出候条今後不幸至親ヲ害セラルル者於有之ハ事実ヲ詳ニシ速ニ其筋ヘ可訴出候若無其儀旧習ニ泥ミ擅殺スルニ於テハ相当ノ罪科ニ可処候条心得違無之様可致事

敵討は仇討とも書かれる。主君や近親者が殺されたとき、家臣や一族の者が復讐することをいうのである。敵討を当然とする思想があり、古代から行われてきた。しかし鎌倉幕府法では「関東御成敗式目」第一〇条に「或子或孫於殺害父祖之敵者、父祖縦雖不相知被処其罪、為散父祖之憤忽遂宿意之故也」とあつて、敵討は禁じられていた。江戸時代には資料の増加とあいまって多くの例が認められ、平出鏗二郎《ひらいでこうじろう》『敵討』（中公文庫）には約一〇〇例が表示されている。

なお、菊池寛の小説「仇討禁止令」は同令をめぐる悲劇を描いたものであるが、太政官布告第三十七号の全文が引用されている（名作歴史文学『仇討禁止令』聖紀書房、一九四三年）。

あだな

子どもの頃、友人をあだなで呼び合うことが多かった。しかし、私は特徴のないつまらない子どもだったのか、あだながなかった。

中学校に入ると先生をあだなで呼ぶことが多く、ちょっと驚いた。「デコノマエ」（歴史担当）、「ルンペン」（図画担当）、「パイスケ」（博物担当）、「アゴ」（国語担当）、「テンツ」（体操）など、先生方には申し訳ないことであった。

あだ名の本義は浮名のこと、すなわち男女関係のうわさ、色好みの評判のことである。漢字では徒名、虚名とあてる。『源氏物語』『梁塵秘抄』にも見える平安時代以来の用語である。第二の意は、事実と違うという評判、事実無根の悪評のことである。

次に、友人や先生につけるあだなの方は渾名、綽名の字をあてる。これは、親しみを込めたり、反対に、からかい、あざけって呼ぶのである。江戸時代初期十七世紀の「慶長見聞集」に、「頭に毛なきを、年寄りのキンカツブリ（ツブリは頭のこと）と綽名に言ひて、若き人たち笑う」と見える。

頭　あたま

「あたま」とは、本来は、幼児の頭頂の部分の、骨と骨がまだ接合していない部分のことをいう。顖門《ひよめき》である。脈拍のたびに、ひよひよと動く。『和名抄』は「顖會《アタマ》のこと、一名天窓（阿太万）」とし、『和訓栞』は「天玉の義、玉は円形をいふ成べし、俗にいふをどりの所也」と記す。

現在いう「あたま」の部分は、古くは「かしら」といったのであろう。『和名抄』は「首頭」について「一云賀之良」と記し、『万葉集』（巻二〇—四三四六番）も「父母が可之良《かしら》かき撫で」といい、『源氏物語』（夕顔）も「かしらいと痛くて苦しく侍れば」と書く。

あたりまえ

「当然」とか、ごく普通の「ありふれたこと」をいう。語源については二説ある。第一は、漁獲物など共同労働の成果を分配するとき、一人当たりの配分を「当たり前」といったとの説。第二は、「当然」の宛て字「当前」を訓読みしたものとの説である。

江戸時代の用例を見ると、身分・職業にふさわしい、分に応じたというのが原義であり、また、一人当たりの取り分、割当ての義であったらしい。

明治初期の中村正直訳『西国立志篇』には、「世人つねに法度を信ずることは、分外《アタリマエノホカ》に多く、人民を信ずることは、分外に少きことなり」とあり、また「許多の国の語言に通じたるも尋常《アタリマヘ》の学芸に疎《おと》りければ」と見える。なお、夏目漱石の『吾輩は猫である』には「先は商売だよ、当たり前にあしらってりゃたくさんだ」とある。

あつかましい

「厚」と「かまし」からできた言葉。かましとは「……のきらいがある」「……しすぎる感じ」の義で、ずうずうしいとか厚顔無恥の意となる。江戸時代にできた語であろう。

方言では、乱暴に取り乱しているさま、粗末である、ぞんざいである、やかましい（岡山の方言では、「あつかましや」は、よく喋る人、うるさい人のこと）、わずらわしい、いかめしいの意で用いる。

圧巻　あっかん

『日本国語大辞典』は、石橋忍月の『色懺悔』の「満篇の紙上到る処悲惨哀悼の情充満せざるはなし、吾人は本著第一回を読むに当って是点こそは圧巻の傑作ならんと思へり」を文例として挙げる。

圧巻はもちろん外来語である。『文章辨体』「辨詩」に、「山谷嘗云、老杜贈二韋左丞一詩、前輩録為二圧巻一」とある。山谷《さんこく》は宋の詩人黄庭堅のこと、老杜は杜甫のことである。『大漢和辞典』も例文として『文章辨体』を挙げている。

元来、ここにいう「巻」は、科挙試験の答案のことで、答案中の最優秀のものを他の答案の上にのせたことから、巻中・集中の傑作という意味をもつようになった。「圧」は「抑」と同義で、断然他を抑える最優秀作ということになる。

悪口　あっこう

一般には「あっこう」だが、「あっく」とも読む。鎌倉幕府の『関東御成敗式目』一二条に悪口のことが見える。訴訟の場で相手に悪口を浴びせると裁判は負けとなる。訴訟の対象になっている土地は没収され、所帯の所領のない者は流罪に処された。

悪口の内容を検討すると、相手に対して「盗人」「乞食」「非人」「若党」「甲乙人」「恩顧の仁」などの言葉を浴びせると有罪とされる。相手の社会的地位を不当に貶《おとし》めるような表現が問題とされたのである。

正安二年（一三〇〇）七月一日高野山領備後国太田荘雑掌陳状案（『鎌倉遺文』三十七巻二〇四七四号）に「既号二盗人一、過分悪口也、尤可レ被レ行二罪科一者也」とあり、正和四年（一三一五）六月二日鎮西下知状（同上、三十三巻二五五二七号）に「以二本主子孫弘高一、称二代官一、以二行覚一、号二当浦住人一之状、貞不レ遁二悪口之咎一之旨」とある。盗人、代官、浦住人などの表現が問題視されたのである。「あっこう」は現代の「わるくち」などとは比較にならぬ重みをもつ言葉だったのである。

あっぱれ

この言葉、もとは「あは（わ）れ」という古語に発する。嬉しいにつけ、悲しいにつけ、心にしみじみ感じる思いを示す言葉である。『古事記』や『源氏物語』以来所見する。これを強く発音すると「あっぱれ」となり、こちらは、見事だ、立派だというほめ言葉になる。『平家物語』などは強い感動を表す「ああ」という意味で用いられている。

「あっぱれ、この世の中は只今乱れ、君も臣もほろびうせんずるものを」と慨嘆したかと思うと、「あっぱれ剛の者かな、これをこそ一人当千の兵といふべけれ」と、賞賛の言葉として用いている。「天晴」はもちろん宛て字である。

あっぱれ　あなおもしろ
あなたのし　あなさやけ　おけ

これを見て、なつかしさや恥ずかしさを覚えるのは、敗戦時に小学校高学年以上だった老人だけであろう。若い方でこれを知っているとすれば、神官の修業をした人か、日本神話に興味をもつ人たちであろう。出典は『古語拾遺』の天岩戸神話の行《くだり》で、八百万神が天照大神を賛美する言葉である。

第二次世界大戦中、茨城県東茨城郡の内原《うちはら》に「満蒙開拓青少年義勇軍訓練所」というのがあった。通称「内原訓練所」であるが、所長加藤完治の名とともに記憶している人も多いと思う。この訓練所は、旧満州・蒙古（現在の中国東北部）への開拓移民を送り出す訓練施設であった。もと、日本高等国民学校と称し、昭和二年（一九二七）二月に設立された。そこで訓練生たちが唱えていたのが前記の文言である。当時の東京帝国大学教授で神道学者の筧克彦が作った「日本体操」（「やまとばたらき」と読む）と称する体操の中での「かけごえ」でもあった。一風変わった体操で、最後は「天皇陛下、弥栄　弥栄　弥栄」（すめらみこと、いやさか　いやさか　いやさか）で終わる。*

訓練生は普通二カ月の教育を受けて大陸に渡った。昭和十三年度から敗戦の二十年度まで計八万六〇〇〇余人であった。最後の一隊は新潟県出身者二一四名の小川隊で、渡海したのは六月八日であった。敗戦によって、かれらが、いかに悲惨な境遇に置かれたか想像するに余りあり、また多くの証言がある。

＊　この奇妙な体操を私は「いやさかたいそう」と称して、中学校で教わった。進学した師範学校にも狂信的な教育哲学の先生がおり、教えられた。なお、内原訓練所については、櫻本富雄『満蒙開拓青少年義勇軍』（青木書店、一九八七年）が詳細に記録しているので参照されたい。

あて

「あてがはずれる」という。辞典によると、ぶっつけようとした目当ての物に当たらず、はずれることとか、見込みが外れる、予期に反する、当てが違うこととある。そもそも「あて」とは、目的・見込みのことであり、頼みとするもの、当てにするものの意がある。「あての辻が違う」といういい方があり、やはり期待外れ、見込み外れのことをいう。「あてをつける」といえば、こうだろうと見当をつけることである。

「あて」を冠した言葉には「あてずっぽう」がある。江戸時代以来の用語で、何の根拠もなく勘だけでいうこと、当て推量である。アテズイリョウ、アテズイ、これを擬人化してアテズイ坊となり、さらにアテズッ坊になったという。

当て字　あてじ

『詞苑間歩』（上・下）の中で山田俊雄は、何度か当て字のことに触れている。「ある人が、夏目漱石の文章について」「無雑作に当て字を用い」「卒然と誤字を記した作家として定評がある」と記した部分について、さまざまな例を挙げて「ある人」の言い分をたしなめている。私なども、自らの無学のほどを思い知らされ、文章を書くにも臆するようになる。

「ある人」が例示した当て字とは、「寸断々々《ずたずた》」「地烈《じれっ》たい」「蚊弱《かよわ》い」「鈍栗眼《どんぐりまなこ》」「洗湯《せんとう》」「烏鷺々々《うろうろ》歩行《ある》いて」などである。これらの当て字は、漱石が恣意的に用いたものではなく、明治時代あるいは江戸時代からの用法であったことを山田は考証するのである。

なお「当て字」のことは「世話字」ともいう。世話とは、ふつうの、日常の、「俗な」の意である。『日本国語大辞典』を引いてみると、「ふつうに用いられる、俗なあて字」と説き、「適（あっぱれ）」「慥（しかと）」「兎角（とかく）」などを例示している。

後講釈　あとこうしゃく

以前勤務していた大学の理事長は、よく「実学」「虚学」という言葉を口にしていた。ご本人は臨床医学が専門で、〝医学は実学だが〟歴史学は虚学だというのである。なるほど、医者は病気を治してくれるかもしれないが、歴史の知識を持っているからといって、世のため人のため、いかほど役に立つのか自信は持てない。歴史学だけではない。人文・社会科学なるものは、たいていは「後講釈《あとこうしゃく》」の学である。結果が出たあとで解説をするに過ぎないのだから、とやかく言うほどの代《しろ》ものではない。

理事長は「歴史は虚学だ」といいながら「歴史は好きだ」という。要するに、趣味として歴史が好きだということだ。そして毎年、入学試験の時期になると、「なんで史学科は志願者が多いんですかね」とのたもうのである。確かに文学部の中では史学科は人気がある。世の中には「歴史好き」が多いということである。

理事長の考えに基づけば、歴史学は人びとの趣味に奉仕するものであり「経世済民の学」などではありえない。天下国家のために役にも立たぬものならば、学校の授業科目から「歴史」をはずせばよかろう。授業時間削減で「学力低下」が懸念されているいま、学校が「趣味」のお手伝いをするほどの余裕はあるまい。いっそのこと、カリキュラムから「無駄な」教科をはずせばよかろう。

しかし、世に歴史好きが多い限り「史学科」が消滅することはあるまい。大学にとって受験料収入は一大財源だからである。

あとのまつり

ふつう、六日の菖蒲（あやめ、菖蒲の節句は五月五日）、十日の菊（きく、菊の宴は九月九日）のように、時機を失したこと、効果のないもの、無駄な骨折りをいうことわざである。しかし、元来は死後の葬祭のことであり、いかに盛大に行われようとも、死んだ当人にとっては無駄なことである、という意に用いる。また、祭りに神に捧げた供物を下げて、祭りの後に行う宴のことをも「あとのまつり」という。

但し、これについては異論もある。祭りの初日には山車も出て賑やかなのに、あとの祭りでは山車も出ずに残念だという意であるというが（『大言海』）、萩谷朴『語源の快楽』（新潮文庫、二〇〇〇年）は、少し無理な説だと異議を唱え、死後葬祭説を述べる。いずれにせよ、江戸時代以来の用語であろう。

アドバルーン

ad-balloon アド（広告）とバルーン（気球）の合成語。気球の下に文字網をつけて空に浮かばせ広告とする。気球はビニール製で水素やヘリウムガスを充填する。揚げる高さは四五メートルまでで、風速三メートル以上のときは掲揚禁止となる。
わが国には明治二十四年（一八九一）軍用（偵察、観測用）として輸入された。広告用としては明治三十六年（一九〇三）に考案され、東京日本橋の中山太陽堂が使ったといい、あるいは大正五年（一九一六）大阪の福助足袋会社が大型の宣伝用アドバルーンを揚げたのが最初ともいわれる。同十年には広告気球会社も設立され、宣伝用アドバルーンは都会の風物詩ともなった。

昭和八年（一九三三）に作られた流行歌「ああそれなのに」には、

「今日も空にはアドバルーン、さぞかし会社で今頃は、お忙しいと思ったに、ああそれなのにそれなのに」

と歌い込まれるほどで、私たちが子どもの頃は、天空に浮かぶアドバルーンをよく見かけたものであった。

第二次世界大戦後は、昭和二十四年、東京郵便局が年賀郵便宣伝用に揚げたのが最初であった。現在でもたまに見かけるが、何となく懐かしさを覚える光景である。

鐙　あぶみ

馬に乗るとき、足を固定させる装置が鐙である。「足踏み」あるいは「相い踏む」からきた語かという。紀元前すでに中国の戦国時代から見られる。

わが国では五世紀から輪鐙が用いられ、のち奈良時代になると壺鐙にかわり装飾性が強くなった。平安時代には壺鐙の後方に足をかける板（舌という）を設けた。舌の長さはしだいに増し、舌長といい、大和鞍には舌長が具備されるようになった。一方、ヨーロッパであるが、意外にも、ギリシア・ローマでは「あぶみ」に相当する言葉も見当たらず、乗馬具としての「あぶみ」は存在しなかったものと思われる。西欧での最初の記録は六世紀のマリリキウスの戦争技術に関する書物といわれるが、鐙の普及は十三世紀以後のことである。

「あぶみ踏ん張る」という言葉がある。「できるかぎり頑張る」の意で、鐙に踏ん張り立ち上がることからきた言葉である。鐙の形状からきたものには「鐙瓦」「鐙鍬」などがある。建築現場で用いる「あぶみいた（足踏板）」は「あゆみいた（歩み板）」が起源で、古代以来の言葉である。

炙り出し　あぶりだし

誰に教わったかは記憶していないが、小学校に入る頃「あぶりだし」の遊びを覚えた。白紙に溶液で絵や文字を書いて乾燥させると絵や文字が見えにくくなる。しかし、これを火鉢の炭火にかざすと再び絵や文字が現われてくる。のちの知識によれば、酸化コバルト溶液で書くと青色、希硫酸では黒、手近なミカンの絞り汁や明礬液《みょうばんえき》で書くと黒褐色で再現される。

炙り出しに関する記述で古いのは、一六一九年に刊行されたカネバリウス「インクについて」のそれで、一六五七年のペテル・ポレルの『医学の歴史と観察』、一七八三年刊ル・モールの『あぶりだしインク』にも炙り出しインクについての記述があるという。

わが国では、いつ頃から行われていたか明らかではないが、江戸時代に遊里で始まったともいわれる。天保元年（一八三〇）頃の『嬉遊笑覧』に子どもの遊びとして所見する。おみくじや辻占《つじうら》などに用いられたこともある。

あべこべ

物事の順序や位置、関係などが、本来のあり方と逆になっていることである。谷川士清《ことすが》（一七〇九—七六）の「和訓栞《わくんのしおり》」は「彼辺此辺」の意であるとしている。

大坂の堂島の米相場についての用語で、米を売ったあとに相場が上がり、買ったあとに下がって損をすることを「あべこべ」といった。式亭三馬（一七七六—一八二二）の「浮世風呂」では、「あの人も若い内苦労したから老て楽をする。今の若者は老てから苦労する。身持ちが大きにあべこべだ」と書かれている。

近代では、島崎藤村は『破戒』で、また夏目漱石は『門』の中で「反対」を「あべこべ」と読ませている。

方言に「あげこげ」（和歌山県）、「あっぺこっぺ」（北海道）、「あぺこぺ」（茨城県）がある。

雨戸　あまど

和様建築物にとって雨戸は必須の建具《たてぐ》である。しかし、雨戸が出現したのは古いことではない。近世初期桃山時代、いわゆる書院造建築においてはじめて出現したものであった。

旧《ふる》い寝殿造やその同類である武家造建築では、外廻り部分は蔀戸《しとみど》によっていた。昼間は半蔀《はじとみ》の上部半分を釣り上げて軒にかけ、下半分はとり片づけて広間を吹き放ちとする。風雨の際は上半分を開け、夜は上下とも閉めて室内は真っ暗になる。採光をまったく無視した構造であった。ところが、書院造となりその点が改良された。書院造では外廻りの建具は引遣戸《ひきやりど》にかわった。板戸二枚のうち一枚は明障子で、柱間《はしらま》の半分は開放できるようになり、さらに外に一本引の溝《みぞ》をつくり一端に戸袋をつけて板戸を収納できるようにするという構造で、画期的な着想だったといってよい。

雨戸は関西に始まり、戸締り、保温という点からも便宜であるということで、関東にも普及していった。

あめつちの袋　あめつちのふくろ

『万葉集』巻四―七四六番は、

生《い》ける代に　我はいまだ見ず　言絶へて　かくおもしろく　縫へる袋は

である。ここに見える「袋」とは何か。「あめつちの袋」であるにちがいない。『蜻蛉日記』中巻冒頭の文章である。

「あめつちを、袋に縫ゐて」とずするに、いとおかしくなりて、「さらに、身には、「三十日三十夜は、我もとに」といはむ」といへば、まへなる人〳〵わろひて、「いとおもふやうなることにも侍るかな。おなじくは、これを書かせたまひて、殿にやはたてまつらせ給はぬ」といふに、ふしたりつる人もおきて、「いとよきことなり、てんげのえほうにもまさらん」など、わらふ〳〵いへば、さながら書きて、ちゐさき人してたてまつれたれば、このごろ時の世の中人にて、人はいみじくおほくまいりこみたり、内裏へも「とく」とて、さはがしげなりけれど、かくぞある。ことしは五月二《ふたつ》あればなるべし。

年ごとにあきればこひる君がためうるう月をば
おくにやあるらん

とあれば、いはゐそしつとおもふ。

とある。「あめつちの袋に縫いて」は年頭の言寿歌《ことほぎうた》の断片で、「袋の上下を縫って、幸福を縫い込み」と歌ったうえ、さらに興に惹かれて「いっそわが夫をつめ込んで、離さず我が許に置いておきたい」と語ることで人びとの笑いを誘ったのである。日本古典文学大系本の注が、「ねていた妹さえ起きなして笑いころげたとあるからよほどの興言利口であり多少下がかっていたのでもあろう」

としている。

あやかる

漢字を宛てると「肖」、肖像画の肖である。似ていること、先生に似ていない劣る弟子は「不肖の弟子」という。これは自らをへりくだっていういい方で、先生から弟子を「不肖の弟子」とはいわない。

あやかるの本義は、動揺する、揺れ動く、変化するで、中世以来の用語である。そして、感化されて同様な状態になるの意に用い、易林本『節用集』は「似　アヤカル」と注し、「綾」を「借」て美しい錦を織る義とか、「奇仮」（あやかる）の義、「和仮」（あえかる）、かわる事により似るの義など、諸説がある。

現代では、湯川秀樹博士のような優れた人になって欲しい、偉人にあやかるようにと、わが子に「秀樹」と名づけることがある。優れた者に関係づけておくと、自然にその能力がのり移ってくるという原始的信仰のながれである。

あやまる

漢字で書くと「謝」で、「誤」と同源という。過失をわびること、謝罪することである。少し意味は異なるが、降参する、閉口する、恐れ入るの意であり、そこから更に、辞退する、ご免を蒙る、となる。

「誤」は「あやまつ」すなわち「過ちを犯す」であるが、現在ではあまり用いられない。芥川龍之介の『邪宗門』の中に「過てるを知って憚る事勿れとは」とあるが、これは少しおかしい。『論語』の「過則勿レ憚レ改」が元の形であるが、これは自らの過ちを認めて改めるのだが、芥川の文章では、居直りの不貞腐れを奨めるように聞えて、耳に入りにくいと山田俊雄は述べている（『詞苑間歩』上、二五四頁）。

『日本国語大辞典』が引く用例から見ると、この語は江戸時代以後のものであろう。

荒れたる家　あれたるいえ

『万葉集』巻三―四四〇番は、

都なる　荒れたる家に　ひとり寝ば　旅にもまさり
　て　苦しかるべし

で、作者は大伴旅人である。旅人は養老五年（七二一）正月従三位に叙され、神亀四年（七二七）の後半か同五年のはじめに大宰帥として九州に赴く。天平二年（七三〇）大納言に任じ、同年十二月に帰京した。翌年正月には従二位にのぼっている。

冒頭に掲げた歌は、妻を失ったあと、九州で詠んだものである。旅人は大宰帥に任ぜられて赴任したとき、都の邸宅はどのようにしたのであろうか。留守は約三年である。都の「荒れたる家」での暮らしを想い、「苦しいだろうなあ」という。妻を失った淋しさもあって、「苦し」というのであろう。

のちの史料となるが、紀貫之が土佐から帰ると、邸宅は「きゝしよりもまして、いふかひなくぞこぼれやぶれたる」ありさまであった。（『土左日記』）。『蜻蛉日記』でも、藤原倫寧邸は「雨もり」がしたと記されている。また、十世紀後半の周防守某の家司と思われる清胤王は、留守宅二条殿について、寝殿や東対屋は雨もりがして人の住める状態ではない、このままでは柱も朽ちてしまうと手紙を書いている（『平安遺文』第一巻）[1]。赴任に当たって旅人がいかなる措置をとったか明らかではないが、邸宅の荒廃は当然予想されたであろうし[2]、妻を失った淋しさだけではなかったろう[3]。

注

（1）　阿部猛「国司の交替」（『平安貴族社会』同成社、二〇〇九年）参照。

（2）　「楽浪の　国つ御神の　うらさびて　荒れたる都見れば　悲しも」（『万葉集』巻一―三三番）について、注釈した伊藤博は「荒」について、「人気《ひとけ》のなくなる意」とする。しかし「荒」とは「荒廃」のことであり、たしかに結果としては「人気がなくなる」には違いないが、拡張解釈であり過剰解釈ではないか。

（3）　西宮一民は『万葉集全注　巻第三』（三五五頁）で、「旅人は中納言で大宰帥は兼官だから、奈良の佐保の自宅はさほど荒廃していたわけではなく」と記しているが、誤解があるのではなかろうか。

安　堵　あんど

現在「安堵する」といえば、「やれやれこれで安堵した」というように、思いが叶って安心したの意である。もと「堵」は「垣」で、垣の内で心安らかにいるというのが本義である。その土地に安心して住むこと、家業に安んずることである。『続日本紀』（巻四）和銅二年（七〇九）十月庚戌条に「比者、遷レ都易レ邑、揺二動百姓一、雖レ加二鎮撫一、未レ能二安堵一」とあり、天喜五年（一〇五七）正月二十六日丹波国後河荘司解（『平安遺文』三巻八四九号）に「而件人等召返給て、御庄被レ令二安堵一者、生前面目也」とあり、『保元物語』（下）に「今度の合戦、思ひのほか早速に落居して、諸人安堵の思ひをなして」とある。『日葡辞書』は「願っていたことから生ずる安らぎ」と記す。以上はいずれも「安心する」の意である。

一方、中世では、将軍や領主が所領の領有を承認することを安堵と称した。『吾妻鏡』（巻一）治承四年（一一八〇）十月二十三日条に「或安二堵本領一、或令レ浴二新恩一」と見え、「沙汰未練書」に、

安堵事、於二関東一有二其沙汰一、奉行人三方也（中略）無二支申仁一之由、請文無二相違一者、被レ成二安堵一（中略）又於二沽却地安堵一者、於二問注所一有二其沙汰一

とある。また『日葡辞書』は「かつて持っていた領地を自分のものにする」と注している。

行灯　あんどん

照明具のひとつ。底板《そこいた》に油皿《あぶらざら》を置いて、その周囲に立方形の枠《わく》を作り紙を貼って風を防ぐ。もとは携行用照明具で、「行」の字がつけられている。「行灯」を宋音でアンドンと読むのは室町時代の禅僧に始まるものであった。

ふつう行灯といえば江戸時代のものと考えるほど一般的な照明具であったが、その明るさは電灯の何十分の一かで、きわめて暗かった。携行灯火としては手燭《てしょく》や提灯《ちょうちん》が普及して本来の行灯は姿を消し、もっぱら置行灯《おきあんどん》が使われるようになった。江戸時代、灯油や蠟燭《ろうそく》は高価だったから、下層の庶民は暗くなったら寝るよりほかなかった。油にも菜種《なたね》油と安価な魚油（鰯油）があった。化け猫映画などで、猫が行灯の油をなめる話はそれが魚油だからである。なお、行灯の種類としては、①置《おき》行灯（縦長の箱型）、小型のものは雪洞《ぼんぼり》という。就寝時枕元に置く小型行灯を、また有明《ありあけ》行灯とも呼ぶ。②掛《かけ》行灯（店の

軒先にかける。屋号や商品名を書いて看板とする)。③釣《つり》行灯。④辻《つじ》行灯(道ばたに置く街路灯)などがあった(『古事類苑』器用部二)。

案内 あんない

旅行案内とか観光案内所などは、その土地の地理・風俗、とくに名所・旧跡などを説明することを内容とする。いわゆるガイドである。しかし、この言葉の本義は、案すなわち机で官庁文書のこと、内は内容で、保存して後日の参考とする写しを意味し、また下書き、草案の意となる。訓は「あんない」であるが、中世では「あない」と訓まれることが多い。

道案内という言葉もあるように、地理的な事情を意味するが、もう少し広く事情、様子というくらいの意味でも用いる。「つらつら案内を検するに」など、事情をよく考えてみると、ほどの意である。案内には、取りつぎ、また取りつぎを頼むことをもいい、「案内を請《こ》う」「案内を申す」といういい方をする。この用法は平安時代以来であろう。

「案内」と冠する語には、「案内顔《かお》(地理・事情を知っている素ぶり)、案内記(ガイド・ブック)、案内業(旅行案内、通訳)、案内者《じゃ》(土地の地理などに通じた人)などがある。

あんばい

「今日は雨もあがって、いいあんばいだ」とか「食卓に皿をあんばいよく並べた」などと用いる。塩梅・案配・按排と宛てる。もと、塩と梅酢で食物の味を調える意と、ものごとを程よく配列する意が混同されて近世初頭から用いられたものという。『色葉字類抄』や『節用集』など中世の字書では「エンバイ」との訓みがついている。まさに「塩」と「梅」であるが、一方『温故知新書』(一四八四年成立)では「按梅」と記され、易林本『節用集』(一五九七年成立)では「按排　味」とされ、『日葡辞書』(一六〇三年成立)は「アンバイまたはエンバイ　すなわちレウリ(料理)ノカゲン」と述べる。

塩梅と按排の混同は中世に起こったものであろうが、按排の訓が塩梅の訓を呑み込んだかたちとなった。

あんパン

パンの老舗《しにせ》木村屋の本店は東京銀座四丁目交差点に近い一等地にある。いつも多くの客がつめかけ、繁盛は慶賀のいたりである。

　パンがわが国の一般の人々の口に入るようになったのは、もちろん明治以後である。

　パンは、小麦粉またはライ麦粉などを主原料とし、水と膨化剤《ぼうかざい》を加えて焼き上げた食品ということができる。パン焼きの歴史は紀元前四千年エジプトに始まるが、これがローマに伝わり、専門のパン焼き業者も出現した。のちに製法はヨーロッパ各地に伝わり、特にフランスで著しい技術的進歩を遂げた。イギリスではローマ伝来の山高の食パンがあり、現在のアメリカパンの基になった。

　日本には戦国時代、天文十二年（一五四三）にポルトガル人によって持ち込まれた。一般に販売されるようになったのは幕末の慶応三年（一八六七）からであった。明治三年（一八七〇）木村安兵衛が木村屋を創設し、同六年にあんパンを考案し売り出した。一個五厘であった。丸く扁平で、上部中央に桜の花、乾葡萄、けしのみなどを添えた。これは大ヒットであった。明治三十八年には全国の駅であんパンが売られるようになり、一個一銭であった。子どもの頃、母と一緒に田舎へ行くとき、上野駅で網袋入りのみかんとお茶とあんパンを買ったものであった。

　あんパンの値段は大正時代は二銭から二銭五厘、昭和十三年（一九三八）には一個五銭となっていた。

　第二次世界大戦後の日本人の食生活の変化は著しく、学校給食の影響もあって、パン食が大いに普及したが、あんパン、チョコレートパン、クリームパン、ジャムパン、メロンパンなどの菓子パンの人気は高い。

いかがわしい

現代では、「疑わしい」「あやしげである」とか「よくない」の意で用いる。語源は「いか」にある。

　行く船を　振り留みかね　いかばかり　恋しくあり
けむ　松浦佐用姫（『万葉集』巻五―八七五番）

　この「いか」をもとにして「いかに」という疑問の副詞が成立し、これに助詞の「か」がついて「いかにか」

が成立する。

ふたり行けど　行き過ぎかたき　秋山を　いかにか
君が　ひとり越ゆらむ（『万葉集』巻二―一〇六番）
うちなびく　春の柳と　わが宿の　梅の花とを
いかにか別かむ（『万葉集』巻五―八二六番）

「いいかにか→いかんが→いかが」と変化するというのが国語学的な説明である。「いかが」の用法は、『伊勢物語』『源氏物語』『蜻蛉日記』『平治物語』などから見える。現代でも「ご機嫌いかがですか」と用いるのはこれである。「いかが」が近世に形容詞化して「いかがし」となり、「いかがしく候う」とか「是は如何《いかが》しうござりますれども」のように用いられ、「うたがわし」のような語形に引かれて「いかがわし」ができたと見られる。

軍市　いくさいち

徴発・掠奪　古代・中世の戦いのなかで、民衆はつねに犠牲者であった。戦争は厖大《ぼうだい》な浪費をともない、その負担は直接・間接に民衆の肩にかかってくる。食料をはじめとする多くの物資が徴発され、掠奪され、あるいは民衆は陣夫《じんぶ》として動員される。

軍隊が通過し、あるいは戦場となれば、一村はほとんど荒廃のうきめをみなければならないこともあった。建武三年（一三三六）正月、北畠顕家軍は足利軍を追って西上したが、軍勢は、道すがら「民家ヲ追捕《ついぶ》シ、神社仏閣ヲ壊《こぼ》チウリ、惣而《そうじて》此勢之打過《うちすぎ》ケル跡塵《あとちり》ヲ払《はらい》テ、海道二三里カ間ニハ家ノ一宇《いちう》モ不レ残《のこらず》、草木ノ一本モナカリケリ」（『太平記』）というありさまであったという。戦争は民衆に多大な犠牲を強《し》いながら展開されてきたのである。[1]

なぜ、このようなことになるのか。大軍を動かすには、かなりの用意が必要である。兵士たちの武器・武具・食料その他生活必需品は自弁を原則とする。しかし、携帯できる量はきわめて限られる。移動するのに追随して人夫・馬で物資を運ぶにも限界がある。当然、現地調達方式をとらなければならない。しかし、大量消費に対応する商品流通機構が存在しないところで「現地調達」を行うとすれば、それは暴力的な調達、すなわち「掠奪」とならざるをえない。

源平の合戦、承久の乱、あるいは南北朝内乱期の輜重《しちょう》・

兵站《へいたん》の問題については、ほとんどその実態を明らかにすることはできない。しかし、さすが戦国期になると、商業・交易のネット・ワークは前代とは比較にならぬほど格段の発達を示し、それだけに大軍を移動させることも容易になってきたことが、うかがわれる。

軍　市　天正九年（一五八一）六月、羽柴（豊臣）秀吉は二万余の大軍をひきいて姫路を発《た》ち、因幡国に進攻する。在所郷々を一宇も残らず焼払い、やがて鳥取城を囲んだ。城には吉川隆久《きっかわたかひさ》・森下道与《どうよ》・中村春継らがたてこもっていた。秀吉は例のごとく包囲持久策をとり、あらかじめ若狭の商人たちに命じて、因幡の土民らから五穀類を買い占めさせた。商人らが高価で買い入れたので、城中に貯えた穀類をも手放したという。『陰徳太平記』のかたるところである。(2)

『太閤記』や『信長公記』によると、秀吉は附城《つけじろ》を普請し、また「陣取之後にも高く築地《ついじ》をつき回し」周囲すべて二里（約八キロ）に及んだ。城をすっかりとり囲んでしまったのである。外部との連絡を絶たれた城方は、「心ぼそげに成て、身の行末の日数せまりけるこそ哀れなれ」という状態に陥った。

秀吉方は、高く築き回した築地の内に「十町計《ばかり》町屋を立並べ、因幡・伯耆之商人軍市《いくさいち》を立《たて》、をのがさまざまの営、転多《いとなみうたた》くして軍資乏き事なし」という様子であった。御用商人はもちろんであるが、在地近郷の商人たちも、めざとく便乗し、たちまち「市」が成立する。

一方、城内は飢《う》え、ついに人肉を喰う惨状を呈し、籠城四か月で道与らは降伏を決意し、十月二十五日鳥取城は開城した。

戦場の商人たち　戦場に群がる商人たちの様子は、さまざまな戦記物語などに描かれている。天正十八年、豊臣秀吉は後北条氏の小田原城を攻める。守る北条方では、「松原大明神の宮のまえ、通町十町ほどは、毎日市立《いちだて》して、七座の棚をかまえ、与力する物、手買、振り売りとて、百の売物に千の買物ありて群集す」とその賑いが語られ、領主氏直は高札をたてて、村々の備蓄米を陣中の市で売れと命じた。攻める豊臣方では、町人は小屋がけして諸国の名産を売買し、あるいは見世棚を構えて唐・高麗の珍物、京・堺の絹布また五穀・塩・肴・干物・生魚を並べ、何でもここで調達できた。

弘治二年（一五五六）石見の山吹城での尼子晴久と毛

利元就の戦いでは、毛利方が安芸から多くの「兵糧売買の者ども」を軍隊護衛のもとで送り込んだが、尼子方はこれを阻止するため大軍を出した。尼子方は石見の在地小領主たちに命じて山吹城に兵糧を運ばせ、酒・醤。菜・肴などを売る商人を城に送った。尼子軍が籠城する富田城の兵糧は、但馬・丹波・若狭の各地へ手配して、船で安木《やすぎ》に着け、これを尼子方が買い取ったという（『陰徳太平記』）。

いずれにせよ、大軍の動くところ商人ありで、莫大な食糧・物資の買いつけには豪商の働きがあった。巨大な戦争による消費は物価の高騰を招く。とくに米価が急騰するのである。たとえば、大坂夏の陣の影響で京都の米価は一石銀五〇匁になったといい、土民は米糠をたべてしのいだ。世間の相場が銀一七、八匁というから、人口密集地である都市の深刻さがうかがわれる。(3)

注

（1）佐藤和彦「内乱期の諸一揆」（『中世民衆史の方法』校倉書房、一九八五年）、福田豊彦編『いくさ』（吉川弘文館、一九九三年）参照。なお、藤木久志『雑兵たちの戦場』（朝日新聞社、一九九五年）は戦国時代を対象とした著述であるが、そこでは、掠奪・暴行をうける悲惨な民衆が、同時に、戦場を稼ぎ場として掠奪を事とする加害者としても立ちあらわれる側面を明らかにし、新しい「戦国社会像」を提示している。

（2）花見朔巳『安土桃山時代史（一）』（内外書籍、一九三九年）参照。

（3）藤木久志『戦国の村を行く』（朝日新聞社、一九九七年）参照。

異口同音　いくどうおん

多くの人がみな口を揃えて同じことを言う、で多くの人の意見が一致することである。平安時代後期十一世紀半ばの大江匡房の「為仁康上人修五時講願文」（『本朝文粋』十三）に「異口同音、讃二嘆如来之相好一」とあり、『今昔物語集』（巻一―三八）に「我等異口同音に仏の御名を唱へて此苦を済《すく》ひ給へと申さむ」とあり、『平家物語』（巻七）に「雲のはて海のはてまでも、行幸の御供仕って、いかにもなり候はんと、異口同音に申しければ」とある。古代以来の用語である。

出典は『宋書』庾炳之《ゆへいし》伝の「異口同音、便是彰著」にあるとされる。『普賢経』に「異口同音、教於行者清浄六根」とある。「異口同音」も同義であるが、こちらは余り用いられない。

牀　いげた

「牀」について『大漢和辞典』を引いてみると、
一、ねだい、こしかけ、　二、ゆか、とこ、すのこ、
三、道具を懸け置く台、　四、ゐげた
などと見える。

さて、一海知義ほか『漢語四方山話』（岩波書店、二〇〇五年）を見ると「井筒」の項があって、興味深い記述がなされている。まず、李白の「長干行」の一部が引用されている。

　妾の髪の初めて額を覆いしころ
　花を折りて門前に劇《たわむ》る
　郎は竹馬に騎《の》りて来たり
　牀を遶《めぐ》りて青梅を弄《もてあそ》べり

「牀」は「井げた」のことだという。これについて『伊勢物語』第二十三段の文章が引き合いに出されている。

むかし、田舎わたらひしける人の子ども、井のもとに出でてあそびけるを、成人になりにければをとこも女も、はぢかはしてありけれど、をとこは、この女をこそ得めと思い、女も、このをとこをこそと思ひつつ、親のあはすることも聞かでなむありける。さてこの隣のをとこの許よりかくなむ。

　筒井つのゐづつにかけしまろがたけ生ひにけらしなあひ見ざるまに

女、返し、

　くらべこしふりわけがみも肩すぎぬ君ならずしてたれかあぐべき（以下略）

『伊勢物語』のこの文章は李自の「長干行」の影響を受けているとの説があるという。その当否は私には判断しかねるが、「長干行」の「牀」が「井げた」であることは間違いないと思われる。しかし、私が興味を持ったのは、「妾の髪の初めて額を覆いしころ」の部分である。島崎藤村の「初恋」を思い出すのである。

　まだあげ初めし前髪の
　林檎のもとに見えしとき

前にさしたる花櫛の
花ある君と思ひけり

但し、これをもって李白の詩と藤村の詩の間に何らかの関係があると主張するものではない。

居酒屋　いざかや

会社の帰りに、ちょっと一杯、といえば格式ばらない居酒屋、赤提灯《あかちょうちん》、縄暖簾《なわのれん》ということになる。居酒屋の起源はおそらく江戸時代にある。酒の流通についていえば、中世には造酒屋《つくりざかや》→請《うけ》酒屋（小売店）となる。請酒屋は酒の小売り店であるが、やがてその場で酒を飲ませるようになり、それを「居酒《いざけ》」と称した。ついで、酒を飲ませるだけでなく、酒の肴《さかな》も出すようになった。軒下に赤提灯を吊るしていたところから「赤提灯」、入口に縄のれんをかけているので「縄のれん」と称されるようになった。

居酒屋を題材とした小説に、わが国では山口瞳の「居酒屋兆治」があり、フランスのゾラの **L'Assommoir**（居酒屋）もある。

板につく　いたにつく

「課長ぶりが板についてきた」などという。身なり、服装・物腰・態度が、課長職にぴったりして、それらしくなってきたことをいう。この言葉、元来は芝居の用語である。板というのは舞台のことで、新入りの役者が、修業、経験を積んで、その芸がしだいに磨かれ、舞台に調和してきたことをいう。それが一般社会にも使われるようになったのである。服部幸雄によると、「板付き」という言葉もあり、歌舞伎で、幕があいたときすでに舞台に出ている腰元や奴など端役《はやく》のことをいう（『歌舞伎ことば帖』岩波新書、一九九九年）。

板碑　いたび

中世の石塔で、秩父産の青石（緑泥片岩）で作られ、長さは三〇センチメートルから大きいものは五メートルに及ぶ。頭部は山型に造り、二条の線が刻まれ、上部に中尊種子《しゅじ》、ついで脇侍種子、紀年、偈、供養者銘、造立趣旨が書かれる。全国に分布するが、関東地方は量的にも多い。南北朝期を中心とするが、終末は十七世紀前半である。

日蓮宗系や時宗系の板碑もあるが、多くは天台・真言系の浄土信仰を背景としている。板碑造立者は、鎌倉時代には在地領主である武士層であるが、十五世紀後半以降、月待や庚申待の民俗行事にともなって農民たちが一結衆《いっけつしゅう》を構成して造立する例が多くなる。

〈参考文献〉千々和実『板碑源流考』（吉川弘文館、一九八七年）

一里塚　いちりづか

道路の両側に一里（＝三六町≒三・九二キロメートル）ごとに印《しるし》として木を植えた塚のこと。制度としての起源は中国にあり、古代の国堺の標をわが国の始源とする説もあるが、ふつうは近世の制度をさしていう。

天正年中（一五七三―九二）織田信長が、一里塚を築いて榎《えのき》を植えたというが、史実か否か疑わしいとされている。制度的には徳川家康が秀忠に命じて慶長九年（一六〇四）江戸日本橋を起点として東海道・東山道・北陸道に榎を植えさせたのに始まる。しかし、幕府がこの制度を積極的に推進した様子はない。

一里塚は五間《けん》（約九メートル）四方で、その上に一本ないし数本の榎（ところにより松・杉・欅《けやき》・さいかち・檜《ひのき》）を植えた。経費の関係で、弘前藩では一里ごとに杭《くい》を打ったという。また一里塚は一里山・一里松・一里林・一本松などとも呼ばれる。

一里塚は十八世紀後半には荒廃し、明治に入って鉄道網が敷かれると無用のものとなり、史跡として保存されるのみとなった。東京では、板橋区に志村一里塚が保存されている。旧中山道ぞいである。

一騎当千　いっきとうせん

一人で一〇〇〇人にも相当する力や勇気をもつ兵《つわもの》のこと。古くは「いっきとうぜん」と読んだらしい。『太平記』（巻五）に「其の勢僅か三十二人、是皆一騎当千の兵とはいえ共」とあり、のちの『日葡辞書』は「（イッキタウゼンノ）ツワモノ」と記す。この語は十四世紀以後の用語らしく、古くは「一人当千」と言った。十世紀半ばの『将門記』は「将門が一人当千の兵有て」と記し、『平家物語』（巻四）も「これこそ一人当千のつは物ともいふべけれ」と書いている。

一向一揆　いっこういっき

真宗本願寺教団に組織された門徒らの一揆は、北陸加賀では守護富樫氏を倒し、三河では徳川家康を追いつめ、石山本願寺の一揆は織田信長と一〇年以上の長きにわたって戦いをくりひろげた。

一向一揆の発現をいつに求めるかについては異見もあろうが、文正元年（一四六六）の一揆に起源を求めるべきかと思う。

真宗のうち本願寺派は八世蓮如のとき教線を伸ばし、大和・近江・北陸で勢力拡大が著しかった。大和では興福寺六方衆が門徒を襲い（一四五八年）、寛正六年（一四六五）延暦寺の山法師が祇園社の神人らとともに京都大谷の本願寺を破却した。これに反発して、翌文正元年に湖東の門徒が蜂起し金森にたてこもったのである。以後、門徒集団は、あるときは非門徒農民とともに年貢対捍闘争を展開し、ついには加賀のごとく、「門徒領国」をも実現させた。その闘いは、天正八年（一五八〇）顕如が石山を退去するまでつづいたのである。

〈参考文献〉井上鋭夫『一向一揆の研究』（吉川弘文館、一九六八年）

一紙半銭　いっしはんせん

一枚の紙と半銭（＝五厘《ごりん》）で、わずかなことをいう。寺への寄進の額の少ないことをいう場合が多い。『平家物語』（巻五勧進帳）に「風聞聚沙為仏塔《ほのかにきくじゅしゃにぶっとう》、功徳忽《くどくたちまち》に仏因を感ず、況哉《いわんや》一紙半銭の財宝においてをや」とある。のちの『日葡辞書』は「（イッシハンセンノ）ジヒヲモホドコセ」と書いている。現代ではあまり用いられない用語である。

一銭職　いっせんしょく

髪結の由緒に、徳川家康の髪結いのとき一銭と笄《こうがい》一対を賜わったが、以後一銭職と唱えよと仰せられた故に、髪結いを一銭職と称したという。同類の言葉に「一銭剃《ぞ》り」がある。江戸時代のはじめ、道端に仮屋を建てて男の月代《さかやき》やひげを剃《そ》り髪を結い、その代価一銭（一文）の故、こう称したという。

田舎　いなか

「この夏は田舎に帰りました」というときのイナカは故郷のことである。「田舎のことですから、なんのおもてなしもできなくて」というときは、幾分謙遜した物言いである。

平安京では、条坊の区画の外はイナカであった。平安末期、大和国の地方の市を「田舎市」と呼び、室町時代、奈良の岩井河以南を田舎といった。鎌倉も京都から見れば田舎であり、荘園領主が荘園を田舎という例もある。

語源は田居中であろう。丘陵部に住むことを村居というのに対して、田の存在する平地に住むことを田居といった。賑やかなところに対して、人家もまばらなところが田舎であった。『万葉集』巻三―三一二番は藤原宇合の歌で、

昔こそ　難波田舎といわれけめ　今は都引き　みやびにけり

とある。都以外はイナカなのである。

近世初頭の『日葡辞書』は、五畿内以外を「田舎」と総称している。イナカという語には、そこに住む人、風習・言語などについて評価するとき軽侮を以てし、この意識は現代にまで及んでいる。

稲作　いなさく

われわれは米を主食とする。主食生産、すなわち水田稲作は基幹産業であり、われわれの社会のあり様を規定している。

稲作の起源は中国大陸にあり、朝鮮半島を経由して北九州に伝えられたことは、ほぼ明らかにされている。問題はその時期である。

かつては、教科書や概説などでは、「弥生時代」と「農耕」は強く結びついて述べられていた。以前の書物ではたとえば「列島社会において、その名にふさわしい最初の農耕は、弥生時代にはじまり、それは水稲栽培を

基本としていた。」（『講座日本人　1』東京大学出版会、一九七〇年）と記された。またたとえば「水稲農業が定着し、発達するのは、弥生最前期の板付式の時代からである」（『日本の歴史　第1巻』小学館、一九七三年）ともいう。最近の書物を見ると、縄文時代後期（四五〇〇年前～三二〇〇年前）「中国地方で稲作が始まる（陸稲か？）」とし、弥生時代前期（前八世紀～前四世紀なかば）「北九州に朝鮮半島からの渡来者が流入。水稲農耕が行われる（佐賀県菜畑遺跡）」「東北地方でも稲作が行われる（弘前市砂沢遺跡）」とある（『全集日本歴史　第一巻』小学館、二〇〇七年）。

研究の進展に従って、稲作開始の時期が少しずつさかのぼる傾向にある。

いなりずし

煮しめた油揚豆腐のなかを割いて酢《す》メシをつめた食物であるが、簡易でけっこうおいしい。俗にオイナリサンという。『守貞謾稿』（六）に、

天保末年江戸にて油あげ豆腐の一方をさきて袋形にし、木茸《きのこ》・干瓢《かんぴょう》等を刻み交へたる飯を納れて鮨として売巡る。日夜これを売れども夜を専とし、行燈に華表《とりい》を画き、号《なづけ》て稲荷鮨或は篠田鮨《しのだずし》と云ふ

とある。江戸では名の知られたいなり鮨の物売りに稲荷屋次郎左衛門——町の人びとからは治郎公と呼ばれたものがいたという。その風躰は三谷一馬『明治物売図聚』（中公新書、二〇〇七年）に描かれている。

犬《いぬ》

いうまでもない、家畜としての犬である。犬は最初に家畜となった動物といわれる。賢い動物として知られ、世界に一六〇種ほどいるという。わが国では『古事記』以来文献に見え、人との付き合いも古い。

聴覚・嗅覚にすぐれているところから、人の秘密をかぎつけて報告する密偵、スパイを「イヌ」と呼ぶ。テレビ映画でおなじみの鬼平長谷川平蔵は数人の密偵を使って情報収集をしている。現代、盗人仲間の隠語で「イヌ」といえば警察官のことである。

ペットとして可愛がられる反面、犬には悪いイメージ

もあり、「犬侍《ざむらい》」とは武士道を弁えぬ武士をののしる言葉であり、「犬侍者《じしゃ》」はニセの仏道修行者のこと、「犬死」はむだな死のこと、「犬畜生」といえば人非人のこと、「犬糞説教」は他人の説をそのまま自説の如く用いることで、中世以来の用語である（『宇治拾遺物語』五―一）。

犬についてのことわざも多い。「犬犬三年人一代」は本居宣長の『玉勝間』（十四）にも見えて著名であるが、はじめは犬畜生のように卑しめられていても、がまんして過すうちに、残りの一生はなに不自由なく送ることができる。反対に、はじめは贅沢な暮らしをしていても、あとで惨めな暮らしに陥る者もあるという譬えである。

「犬が西向きゃ尾は東」とは当たり前のこと、猫に小判と同意で「犬に小判」の譬えもある。「犬に伽羅を聞かす」は馬の耳に念仏と同義である。「犬の遠吠え」は臆病者の譬え、「犬の長啼」は不吉の前兆、「犬は三日飼えば恩を忘れない」といって忘恩の徒を戒める。「犬も歩けば棒に当たる」とはイロハカルタの読み札だが、このことわざには二種の解釈がある。何かことをしようとすれば、それだけ災難に遭うという、これが本義であるが、なにやかや、やっているうちには幸運にめぐり合うこともあるという、正反対の理解である。最近はこちらの意味で使う。「犬打つ童」という言葉がある。「犬を追いかけて遊ぶような幼いもの」、と辞典には出ている。「幽斎公の御俗名は、犬打つ童も存じたる」（『戴恩記』）、「神は非礼を受玉はず、と犬打つわらべもしりたるに」（『愚雑俎』）などと用いる。

『万葉集』（巻七―一二八九番）に、

垣超しに　犬呼び越して　鳥猟する君　青山の　葉茂き山辺に　馬休め君

鳥猟とは鷹狩のことである。狩に犬を使う。犬は『万葉集』中では巻五―八八六番、巻十三―三二七八番にも出てくるが、犬そのものを歌ったものではない。

犬死　いぬじに

半世紀前に終わった戦争――「十五年戦争」「太平洋戦争」「アジア太平洋戦争」「大東亜戦争」どう呼ぼうとも――それがアジア諸国への「侵略」戦争であったことは否定できない。ところが、これに対して直ちに、こういう物言いがある。「では、あの戦争で死んだ兵士たちは

『侵略』に加担し、正義のない戦いで『犬死』したのか」というのである。

この「犬死」論は、結構効果的な物言いになっている。身内や、友人や、恋人を戦場で失った、残された人びとの心情を想えば、かれら兵士の死を「犬死」とは思いたくないし、死者に「侵略者」の汚名をきせたくないのは当然であろう。そこで出てくるのが「防衛戦争論」や「アジア諸民族解放戦争論」や帝国主義国家間の「相打ち論」である。しかし、「犬死論」を否定するために戦争の性格を論ずるというのは筋道が違っている。もし「侵略戦争」で死んだことが「犬死」だというのなら、その無念さをはらすために、今後、生き残った者は何をなすべきか考えなければならないだろう。犬死とは「徒死」—むだな死ということである。かれらの死をむだにしないためには、私たちはどうすればよいのか。それを考えるのが筋というものであろう。

近藤洋太『〈戦後〉というアポリア』(思潮社、二〇〇〇年三月刊)なる書を読んだ。正直いって、この論集を読みとおすには忍耐が必要であった。文章の端々にゴマカシや勝手な思い込みが露呈していて、しかもそれが、自己の主張を通すための、批判をゆるさない根拠になっている、いやらしさがある。そのひとつが「犬死論」にかかわる。近藤は「侵略戦争—犬死」という物言いをするが、重ねて、とんでもない「要約」をする。「海を隔てた米英との『太平洋戦争』を担ったのは、主に海軍で、海戦が中心だった。一方で東アジアを主戦場とした『大東亜戦争』を担ったのは主に陸軍で、陸戦が中心だった。このうち海軍の戦闘員の死はいうまでもなく『犬死』ではない。たとえ『義』のない戦争であっても、彼らは祖国を守るため米英と戦ったのである。彼らは侵略者という汚名を着ずにすんだのだ。」

これは、まやかしの文章である。このような歴史認識で評論を書かれてはたまらない。

桜本富雄が、住井すゑや金子光晴・中桐雅夫らの戦時中の言動を明らかにした仕事について、近藤はこれを「精神的リンチ」といい、「他人の過去を暴くという、思想的にもっとも卑しい行い」だと非難する。かくしだてする他人の過去を暴くのはいやな仕事だが、事実を明らかにすることは必要なのだ。それを、近藤は「リンチ」だとか「卑しい行い」だとかいい拒否するのである。過去への批判なくして、どうして未来を語りうるというのか。しかも近藤は「とっくに無効を宣言されている虚妄の戦後」を拠りどころとする「桜本や浅薄なジャーナリズム」と闘うのだなどという。「虚妄の戦後」などと勝手にきめつけられては困る。近藤のいやらしさは、戦う前から論敵を排除するやり方にもある。

伊東静雄の戦争論をめぐる川村二郎・磯田光一の議論の中で、伊東の「大詔」という詩を採りあげているのにふれ、「大詔」は「つまらない戦争詩だ。どうしてこんなつまらない戦争詩だけを相手にして、伊東の戦争詩を否定するのかが私にはわからない」と斬って捨てる。そして伊東の「つはものの祈」を採りあげ、なぜこの「傑作」について論じないのかと非難する。まことに身勝手である。こうした「評論」のまかり通る世界の愚かさには言葉もない。

今川焼　いまがわやき

人気の衰えぬ菓子である。子どもの頃通学していた中学校が青山通にあって、渋谷駅から宮益坂《みやますざか》を登り青山学院前、明治神宮表参道口を経て学校まで歩いて通った。宮益坂の途中に御嶽神社があり、ここに明治天皇休憩の地跡という碑が建っていた。神社の本殿は少し位置を変えたが現存している。

御嶽神社の左となりに小さな店があり、夏は氷の旗のひらめくかき氷屋であり、秋になると今川焼屋になった。中学校では通学途中での飲食は禁じられていた。しかし、食べ盛りの中学生のこと、下校時はハラペコであった。小学校時代からの同級生のTと二人で、ある日、人目を盗んで今川焼を買い神社の本殿の裏で食べた。校則違反にスリルは感じたが、今川焼の味はほとんど覚えていない。

今川焼は小麦粉に砂糖と水を混ぜて練り、胡麻油をひいた銅板の円い窪みの中に流し込み、中に餡《あん》を落とし込み、さらに小麦粉を流し込んで、裏返して焼き上げる。

今川焼の名称は、江戸神田今川町付近の店で焼き始めたのによるという。『七十五日』（天明七年刊）という書に、

江戸一流　　椿餅
今川焼

花まんちう
両国回向院前出店
神田三河町一丁目　　那須屋

とある。明確ではないが、十八世紀後半の安永・天明頃から始まったものである。明治五年（一八七二）から七年頃の流行歌に「このころのはやりもの」として、「今川焼に紅梅焼」と歌われている。

移民《いみん》

労働目的で海外に移住すること、これを移民という。慶応四年（一八六八）に砂糖竹植付のために三年契約で三〇〇人がハワイへ渡航したのが最初であるが、本格的な移民は明治十八年（一八八五）に始まる。二十七年までの間に二万八〇〇〇人あまりが、三十二年から四十三年までの間に約一五万人がハワイに移住した。

しかし、その後日本人排斥運動が盛んになり、排日法案がくり返し提出され、大正十三年（一九二四）日本人移民は全面禁止となった。

アメリカ合衆国・カナダへの移民が阻まれるとブラジルへの移民が盛んになった。大正末から昭和初期の一九二〇年代の経済恐慌期、政府の奨励もあって、ブラジルへの移民は一八万人以上に及んだ。アジアでは、フィリピンへの移民が多く、旧植民地の満州・朝鮮への移民も多くなった。

移民を多く送り出したのは西日本の各県で、広島・山口・和歌山・福岡・熊本・沖縄が中心であった。各国在留の日系人数は、ブラジルの一三〇万人、アメリカ合衆国の一〇〇万人をはじめとして計二五〇万人をこえる。

いらいら

「いら」とは「とげ」のこと。とげが沢山出ているさま、また皮膚がちくちくするさまをいう。十三世紀の『名語記』に「海老はいらいらとして角ありて」と見える。中世以来の用語である。

夏目漱石の『草枕』に「刺（とげ）に手を触れて見ると、いらいらと指をさす」とあり、『それから』では、光が人を刺激する意味で、「外は猛烈な光で一面いらいらと畳のはしへ射し入っている日影」と書き、「いらいら」の用法がわかる。

あせっていらいらするさまは中世以来のもので、『古今著聞集』（十六の五六三）に「いらいらしきもの」と見え、これは「せっかちなもの」の意であり、『十訓抄』（七）にも「いらいらしくねがひ求めて」とある。

イルミネーション

夏目漱石の「虞美人草」に、博覧会のイルミネーションについて、「あっと驚かざるべからず」と記したが、現代と異なり暗い夜の生活のなかにあった明治人にとっては、その輝きは驚異だったのである。

イルミネーション illumination は電球やネオン管を用いた装飾をいうが、訳語の「電飾」はほとんど用いられず、「イルミネーション」のまま呼ばれる。ネオン管には封入するガスによってさまざまな色を出し、また点滅によりいっそう効果を挙げる。文字や絵をあらわしたりし、照明によって建物を浮きあがらせる効果もある。町で見かける電光ニュースもこの一類である。

明治五年（一八七二）の鉄道開通式に新橋駅を提灯《ちょうちん》で飾ったが、提灯が電球に変わればイルミネーションである。同九年の明治天皇が函館港に入港したとき、諸艦は白灯をつけ、三十三年に行われた神戸沖の観艦式でも諸艦は灯火を点《とも》した。三十六年に大阪で行われた第五回内国博覧会に六七〇〇個の電球の照明が行われた。四十年代に入り電力料金が下がると、大量の電球を用いた装飾が盛んになった。四十年の勧業博覧会では三万五〇八四個の電球を点し、一夜の電気料金は一三〇〇円にのぼったという。

インキ

インクともいう。オランダ語の Inkt の転という。古代エジプトのパピルスに書かれたインキがもっとも古いが、これは煙墨であるとされる。十一世紀の書物に、バラの木の樹脂粉末と緑ばんとを溶かしてインキを作ったとの記事がある。十八世紀に没食子酸《もっしょくしさん》が発見されて、かびのない沈澱の少ないインキが製造されるようになった。現在のブルー・ブラックインキに近いものは一八三六年（天保七）イギリスのステフェンスによって作られたとされる。

わが国には、江戸時代中期にオランダ人によってもたらされたが、筆墨を常用していた日本社会のなかには普及しなかった。青木昆陽の『昆陽漫録』（一七〇六年）には「阿蘭陀墨《おらんだすみ》」として紹介されている。

インキの一般への普及は明治五年（一八七二）にフランスから輸入され、翌年国産インキが製造されてからである。同九年に政府は布令で、公文書に書写する場合にインキを用いることを禁じ、これはのち長く遵守された。しかし、しだいに筆墨にかわってペンとインキの使用がふえ、十七年に篠原又兵衛は帝国インキ・はかり印インキを製造発売し始めた。

印地打　いんじうち

ひとくちにいえば石合戦である。しかし本来は作物の豊凶を占う手段であって、十世紀以降の文献に頻出する。習俗としての石打ちは古くからあったと思われるから、その起源を極めることはできない。

『小右記』の寛弘九年（一〇一二）五月二十四日条につぎのような話がある。藤原道長が叡山に登ろうとしたところ、山僧らが行列に石を投げた。この事件について天台の座主は「飛礫三宝所為」と述べたという。鎌倉時代に入って、御成敗式目・追加二八条によれば、「諸社祭之時、非職之輩、好二武勇一之類、礫飛之次、刃傷殺害之条、固可レ被レ加制二止一也」と印地打を禁じたところ、「依レ令レ禁二遏此事一、世間飢饉」と京中の雑人らがうわさしたという。飢饉は印地打禁止のせいだというのである。幕府は「於二礫飛一者、非二制之限一、至二武芸一者、可二停止一」と武闘による刃傷殺害は禁ずるものの、印地打禁止令は撤回せざるをえなかったのである。投石が実戦に用いられたことは『平家物語』や『源平盛衰記』などに見られる。

しかし、いかに農耕にかかわる民間行事に淵源するものといえども、応安二年（一三六九）四月二十一日に雑人らが京の一条大路で石を打ち合い死者四五人に及ぶ大事となるとこれは別である。この合戦は「俗是ヲ伊牟地ト称ス」といわれている。

禁令にもかかわらず、石合戦は後世まで行われたが、しだいに遊戯的なものとなった。

印税・原稿料　いんぜい・げんこうりょう

印税とは、書籍など著作物を出版する際に、出版者から著作権者に支払われる著作権使用料をいう。わが国では、定価に対する一定比率（五〜一五％）を定め、販売部数または発行部数に応じて支払われる。書籍の奥付に検印を捺すことで部数を確認するが、検印を省略する場合も多い。

原稿料とは、執筆した原稿の量に応じて支払われるもので、掲載雑誌・書籍などの部数にかかわりなく、ふつう買切り原稿などといわれ、原稿用紙（四〇〇字詰）一枚でいくらと対価を定める。

前近代社会では文筆で生計をたてうる保障はなく、多くは趣味か副業として執筆に携わったにすぎなかった。原稿料で生計をたてた最初の人は江戸時代の滝沢馬琴（一七六八〜一八四八）といわれるが、事情必ずしも明らかではない。明治二十五年（一八九二）森鴎外は自著『水沫集』の出版に際して出版社春陽堂に対して印税制を主張し二五％の印税契約を結んだ。これを著者印税のはじめとする説がある。

鵜川を立てる　うかわをたてる

大御食に　仕へ奉ると　上つ瀬に　鵜川を立ち　下つ瀬に　小網さし渡す（『万葉集』巻一―三八番）

鵜飼の歴史は古い。元来は中国南部から南アジア一帯に分布する漁法で（可児弘明『鵜飼』中公新書、一九六六年）、わが国でも古くから行われ、鵜をつかって捕らえた魚を大王／天皇に貢進する人々がいた。養老令によると、宮内省大膳職に属する三七戸の鵜飼がいた（網野善彦『日本中世の非農業民と天皇』岩波書店、一九八四年）。しかし、ここで云う鵜川とは、鵜を川に放ち上流から下流に魚を追わせ、あらかじめ設置しておいた網で捕らえる方法である。吉野川上流では最近までこの漁法が行われていたという。大伴家持は国在任中、越中国の布勢の水海で鵜川立を見ている（『万葉集』巻十七―三九九一番）。但しこれは三月十日頃で、鮎漁の季節ではない。橋本達雄『万葉集全注』十七（有斐閣、一九八五年）は「他の魚を対象に季節に関わらず行う場合もあったのであろう」というが。鵜川立を本文の如く解すれば素直に理解できる。

現在では、鵜飼といえば岐阜県の長良川のそれが名高いが、かつては全国各地で盛んに行われていたことは網野の研究で明らかである。

浮島　うきしま

中島嘉春の『中陵漫録』（日本随筆大成二期―三）に、

> 紀州熊野の新宮と云に井の土と云処あり、其処に三五丁方の内に隅の浮きたるあり、杭を諸処に打て此浮きたる沼を止む、しからざれば流て苗を植る事ならず、苗を植る時、長竿をあみて其上に乗りて植るなり、按に所謂葑田《ほうでん》なるべし、武州のくほんぶつ（九品仏）の田も人往来すれば振動す

とある。記述から知られるように、浮島である。葑は真菰の根で、葑田とは「水上の菱が聚って、長い間に泥土となり、幅員数尺になると、其の上に蔬稲を種えることができる、之を葑田といふ、常に水中に浮かんでゐる」（『大漢和辞典』）。

うさぎ馬　うさぎうま

山上憶良の「沈《ちん》痾《あ》自《じ》哀文《あいぶん》」（『万葉集』巻五）に、つぎのようにある。

> 布に懸《か》かりて立たんと欲《おも》へば、折翼の鳥のごとし、杖に倚りて歩まむとすれば、跛足《ひそく》の驢《うさぎうま》のごとし

山上憶良は関節リウマチにかかっていたらしい。「立ち居には天井から吊るした紐を頼りにし、歩行には杖に縋って足を引きずったという」（伊藤博『萬葉集釈注三』二一〇頁）。

例に引かれたのはウサギウマである。兎馬とも書く。ふつうの馬よりも小型（肩高一・一～一・三メートル）で、耳が長く兎の如くであり、たてがみが短かい。小型ながら粗食にたえ、力はつよい。東アフリカのロバが家畜化されたものという。わが国ではロバはあまり飼育されない。

推古天皇七年（五九九）九月、百済からラクダ一疋、ウサギウマ一疋、羊二頭と白雉一隻が貢献された。その後にも日本に入ってきたという記録はあるが、わが国では飼育されることはなかったといわれている。しかし、

平安時代かの菅原道真は、少壮の頃、ウサギウマに乗って出勤していたという。つぎは、道真が民部少輔になったとき、島田忠臣に送った詩という。

案牘《あんとく》　初めて慙《は》ず　政理に従うことを
風雲　暫く謝《しゃ》せん　文章を属《しょく》することを
知《し》んぬ　君が近く公卿の識に侍りしを
功過昇降　報《へ》げて忘るることな

と。下級官人としての小心翼々たる様がよく示されている詩であるとされる。そしてつぎの詩は、かれの出勤時の様子を示すものである。

燈《ともしび》を廻して束帯す　早衙《そうが》の初め
倦《う》まず　街頭に蹇《な》えたる驢《うま》を策《むちう》つことを
暁の鼓は鼕鼕《とうとう》として　何《いず》れの処にか到る
南は吏部《りほう》にして　北は尚書《しょうじょ》

夜の明けぬうちに、灯火の許で身支度をして、足のおそいうさぎ馬にのって出勤する道真の姿が眼にうかぶ。

なぜウサギウマの飼育がわが国では普及しなかったのか不可解だとされている。

氏神　うじがみ

通っていた小学校の近くに八幡神社があり、そのお祭りの日は半ドンで、午後からの授業はなかった。私たち子どもは、祭神が何であったか知らず、もちろん信仰心があったわけではなく、半日休暇になるのがうれしかっただけである。

私どもは、単に八幡さまといったが、鎮守さま、氏神さんとも呼んだ。

氏神とは、氏の祖先神、守護神をいうが、藤原氏の春日神社、橘氏の梅宮神社、源氏の八幡神社、平氏の厳島神社などは著名である。同じ神を祀る同一血縁にある者が氏子であり、氏子以外の者は祭祀にかかわることはできなかった。鎮守はその土地に鎮《しず》まり、その土地やその土地の者を守る神であり、産土神《うぶすながみ》ともいった。産土神は産（生）まれた土地の神をいい、本来は別の概念であった。しかし中世末期から近世初頭にかけてムラ共同体が形成され、社会的基盤が血縁共同体から地縁共同体へと重心を移すと、産土神・鎮守神・氏神は混同されるようになった。いわば、氏の神から土地の神へと性質をかえたのである。

〈参考文献〉和歌森太郎『中世協同体の研究』（弘文堂、一九五〇年）、義江明子『日本古代の氏の構造』（吉川弘文館、一九八六年）

卯杖　うづえ

正月上卯の日（最初の卯の日）に、天皇・東宮・皇后に杖を献ずることである。中国漢代に桃の枝で杖を作り、鬼気を祓った故事に基づく。わが国では持統天皇のときにはじまるという（『日本書紀』巻三十）。杖の形状は、『延喜式』（十三）に示されている。曽波木《そほぎ》・比々良木《ひいらぎ》・棗《なつめ》・毛保許《むぼこ》・桃・梅・椿・榠櫨《からぼけ》などの木を五尺三寸に伐り、二株から四株を一束とする。

天皇は紫宸殿に出御し、まず皇太子と春宮坊《とうぐうぼう》官人らが杖を案（机）にのせて参入し、簀子敷の上に立てる。ついで大舎人寮官人らが参入し杖を庭中の案（机）の上に置く。同様に右兵衛府官人も行う。その後、行事蔵人以下が杖の案を持って仙華門から殿上にのぼり、御座の広庇に置く。のちの『江家次第』には、作物所が生気《しょうげ》の方の獣（馬・兎・龍・猪・牛など）の形をつくり、杖を持たしめるなど風流をつくしたとある。

乳母車　うばぐるま

石川啄木の「雲は天才である」に、「両眼また明を失った敗残の軍人の、輝く金鵄勲章《きんしくんしょう》を胸に飾って乳母車で通るのを見た時」という一節がある。国木田独歩の「初孫」、田山花袋の「妻」にも乳母車が登場する。

乳母車は乳幼児を乗せて押して歩く、三輪または四輪の手押し車である。一人用の標準サイズと双子用の大型のものとある。また乳幼児を横に寝かせて乗せる大型四輪と座った形でのせる小型三輪がある。ふつう、前者を乳母車、後者をベビーカーと呼んでいる。車を押すために柄がついており、直射光や風を遮《さえぎ》るために覆《おお》い屋根のついているものが多い。乳幼児を前向きに乗せるものと後ろ向きに乗せるものと二種類ある。

乳母車は一八四八年（嘉永一）アメリカのニューヨークのチャールズ・バートンによって作られた。しかしアメリカではよい評価を得られず、かれはイギリスに渡って工場を作った。

わが国には、万延元年（一八六〇）使節の一員としてアメリカを訪れた福沢諭吉が土産に持ち帰ったとの説がある。明治十二年（一八七九）に輸入された乳母車は木製の簡単なものであったが、のち改良を加えて国産品が作られるようになった。しかし乳母車は一部上流社会に用いられたに過ぎず、一般に普及したのは第二次世界大戦後のことである。

馬筏《うまいかだ》

馬筏　治承四年（一一八〇）の、宇治川をはさんでの源頼政軍と平家の軍との戦いは、五月雨《さみだれ》どきの急流を中にしたため、まず橋上の攻防から始まった。戦況がはかばかしくないので、どうしたものかと思案した平家軍は、下野国の足利忠綱の渡河作戦案に活路を見出した。忠綱はいう。

武蔵と上野の境に、利根川と申す大河候、秩父、足利、中違うて、常は合戦を仕り候ひしに、大手は長井の渡、搦手《からめて》は古我杉の渡より寄せ候ひしに、ここに上野国の住人、新田入道、足利に語らはれて、杉の渡より寄せんとて、設けたりける舟どもを、秩父が方より皆破《わ》られて、申しけるは、「唯今ここを渡さずは、長き弓箭の疵《きず》なるべし、水に溺れて死なば死ね、いざ渡さう」とて馬筏《うまいかだ》を作って渡せばこそ渡しけめ、坂東武者の習ひ、敵《かたき》を目にかけ、川を隔てたる軍《いくさ》に、淵瀬嫌ふ様やある、この河の深さ早さ、利根川に幾程の劣り勝りはよもあらじ、続けや殿ばら

こうして忠綱は真っさきに馬を宇治川に乗り入れた。利根川での経験を宇治川で試みたのであるが、馬筏を作るとはどういうことか。馬を寄せあって並べるのを筏にたとえたもので、上流に強い馬を並べて流れをせくようにし、下流には弱い馬を並べて渡河するのである。

足利忠綱のいうところによると、馬の脚が川底につく間は手綱をゆるめて馬を歩ませ、深みにかかったならば手綱をひきしめて泳がせる。流されそうになるものがあれば、弓の弭《はず》に取りつかせて引き、手に手を取り、肩を並べて渡る。馬の頭が沈んだら引きあげるが、強く引いてはならない。鞍の真中に乗り、鐙《あぶみ》を強くふむ。水中で

は馬の尻に乗るようにして渡る。川の中では、敵から矢を射かけられても応戦するな。兜《かぶと》の錣《しころ》を傾けて矢を防ぐようにするが、あまり傾けすぎて兜の頂上の穴（＝天辺《てへん》）を射られぬようにせよ。万事、馬には弱く、水には強く当たれ。流れに直角に渡ってはならぬ。流れに逆らわぬように渡れ、というのである。こうして足利忠綱を先頭とする三百余騎は、一騎も流さず渡河に成功した。忠綱は弱冠十七歳であったという（『平家物語』巻四）。

先陣争い　宇治川をはさむ戦いは、このあとにもある。寿永三年（一一八四）正月、西上した源義経軍と木曾義仲軍の対戦である。雪どけで水量の多い宇治川を前に義経が思案すると、畠山重忠（＝当時二十二歳）が、治承の合戦に足利忠綱が弱冠十七歳でここを渡したのであるから、われらにできぬことはあるまいと、武蔵七党の一である丹党を中心とする五百余騎を並べて、いざというとき、佐々木高綱と梶原景季の二人が激流に馬を乗り入れて先陣争いを展開する。続いて畠山のひきいる五百余騎が渡河する。馬筏のことは『平家物語』（巻九）には書かれていないが、同様な方法をとったのであろう。

　この渡河に重忠は乗馬を射られ、弓を杖にしておりたち、激流に押されたが水の底をくぐって向こう岸にたどり着いた。重忠の烏帽子子《えぼしご》の大串次郎重親は馬を流され、重忠のうしろにすがりつき、ようやく岸に着き、重忠の強力に、岸の上に投げあげられた。重親はそこで太刀を抜き額《ひたい》に当てて、「武蔵国の住人、大串次郎重親、宇治川の歩立《かちだち》の先陣ぞや」と大音声《だいおんじょう》に名乗ったので、敵も味方もいちどにどっと笑ったという。

瀬ぶみ　渡河するにさいしては瀬ぶみを行う。渡河可能な場所を探るのである。承久の乱のとき、美濃国大井戸の渡《わたり》（＝木曾川）を渡河するさい、武田信長は、水練に達者な十九歳の武士荒三郎に「瀬踏《せぶみ》」をさせた。かれは水の底をはうようにして向う岸まで行き、川の深さを測った。帰ってきた荒三郎は、川の中で馬の足の立つところは二段ばかりあるといい、渡河の要領を説く。

「河を渡すには、強き馬をば上手に立、弱き馬をば下手にたて、水をよどませて（水勢を弱めて）、甲《よろい》の袖《そで》あらばすがり（緒の結び目）に引懸《ひきかけ》て、弓のうらはず（弓の上部の弭〈弦をかけるところ〉）馬の首に引副《ひきそえ》て、手綱・鞍の輪口（前輪）に引附て、渡させ給へ」といった。

　宇治川は、承久の乱のときにも天然の防禦線となった。

宇治橋をはさんでの合戦は激烈で、鎌倉方も容易にこれを渡ることはできなかった。北条泰時は、騎馬で渡河可能な地点を探らせる瀬踏を行わせている。大雨のあとで水量が多く、渡河は困難をきわめた。

「若き者共の馬強《うまづよ》なるは、河を守らへて能渡あひだな、子細なし」「関左衛門尉入道、身は老耆なり、馬は弱し、被二押落一、下頭に成にければ、聟《むこ》の左島四郎見捨がたく思て取て返し、押双《ならべ》て馬の口に付たりけるが、被二押入一二目共不レ見、共に流れて失にけり」というわけで、流れに抗しえず、濁流にのまれるものが多かった。『吾妻鏡』は、一〇人に二、三人は流され死んだと書いている。宇治川渡河に、鎌倉勢は実に八百余騎を失ったという。泰時は、鎌倉への戦況報告書に、

「東国より都へ向《むかい》し人々の、水に流るゝともなく討《うた》るゝともなく、一万三千六百廿人は死《しに》たり」と書いた。これほどの犠牲を出したのは、武士たちが功名にあせり、抜《ぬけ》がけし、馬筏を組んで斉々と渡るセオリーを無視したことによるのではないかと思う。

（付記）『宇治拾遺物語』（巻十五）に、安倍頼時が、胡国において、胡人が馬筏を組んで川を渡るのを見た記事がある。馬筏は北方騎馬民族の慣いであったかと思われる。

馬のくつ　うまのくつ

馬の脚に蹄鉄を打つことは現代では常識である。ひずめを保護するためには、蹄鉄は必須であるが、我が国でこれが常識になったのは近代にはいってからである。シーボルトの『江戸参府紀行』（東洋文庫、平凡社）は、日本の牛馬のひずめには稲藁で作った靴が着装されていると記している。要するに、馬のわらじである[1]。馬の沓、わらじについて、近世初頭、ルイス・フロイスは『ヨーロッパ文化と日本文化』（岩波文庫）第八章「馬に関すること」で、「われわれの馬はすべて釘と蹄鉄で装鋲する。日本のはそういうことは一切しない。その代わり、半レグア[2]しかもたない藁の沓を履かせる」と記している。

黒田日出男は「馬のサンダル」[3]という文章でこの問題に触れ、『春日権現験記絵』（十四世紀初頭の成立）に描かれた馬の沓を示して、これが初見かとしている。しかし、「鎌倉遺文」（古文書編第一巻）を見ると、「文覚書状」とされる四五五号文書には、

大津々料ニ馬のくつ五十足許、宇都やつはらにかかせて可遣候也。酒事尚々三瓶子神妙候者、酒肴なと
　さかつきくして可給候也

と見える。この文書は日付を欠き、右の引用部分の意も必ずしも明らかではないが、「馬のくつ」とあるのは看過できない。[4] 文覚は生没年未詳の人物とされるが、鎌倉初期に活躍した真言僧である。[5]

注

(1) 鈴木健夫は「平安時代における農民の馬」(『日本歴史』三二九号、一九六八年四月)で馬のわらじに言及している。

(2) ポルトガルの単位レグアは六・一八三キロメートル。但しここでは日本の里《り》を指しており半里すなわち約三キロメートル。

(3)『月刊百科』二六三号(一九八四年九月)、のち『姿としぐさの中世史』(平凡社、一九八六年)所収。

(4) 黒田も言っているが『日本国語大辞典』は「うまの沓」の項で「小笠原入道宗賢記」(続群書類従)のつぎの文を引いている。「馬のくつをばうつといふなり。又かけ候とも申候なり」と。「文覚書状」の「かかせて可遣候也」は、馬の沓をはかせることを言うのであろうか。

(5) 朝鮮の役のとき、黒田長政の旗奉行毛屋主水《けやもんど》は物見役をつとめ、小川を流れてきた馬の沓草鞋《わらじ》を見て、友軍すでに渡河してきたと判断して渡河進軍を勧めたという(『常山紀談　中』)。

裏・表　うら・おもて

ものの「正面と裏」をすぐに考えるが、この語には多様な用法がある。

『日本国語大辞典』は「うら」として(1)内部、うち、(2)内幕、内情、(3)正式でない技術や方法、(4)鎧などの内側、(5)物事の裏面、(6)衣服の内側、(7)葉の裏、(8)二つに折った懐紙の裏面、(9)家屋の裏側、(10)裏通り、(11)遊里の言葉で、二回目、二度目のこと、(12)逆、反対のこと——などとある。

「裏を打つ」といえば、紙・布・皮などの裏に、補強のために紙や布を貼ることをいう。

「裏を返す」とは、(11)の例で、遊里で、最初に呼んだ(初会《しょかい》という)遊女を二度目に呼ぶこと。

「裏をかく」は(4)の例で、矢・槍・刀などで裏ま

で突き通すこと、また、相手の計画を出し抜くこと。

「裏を封ずる」とは、中世武家の裁判で、和与状・紛失状などの裏に、その事実を証明するために判（裏判）を捺《お》すことである。

「裏を破る」といえば証文に記載されている事実を否定するために、文書の裏に「毀」の文字を記すことである。文書の表に書くときは「面《おもて》を毀《こぼ》つ」という。

うらやましい

ふつう「羨」の字を宛てる。語根は「うらやむ」で、「心（うら）病（や）む」の意という。嫉妬（しっと）である。『日本霊異記』（上・十二）の興福寺本訓釈に「妬忌　二合宇良ヤ見」とあり、『徒然草』（八十五）に「人の賢を見てうらやむは尋常《よのつね》なり」とある。右の動詞「うらやむ」の形容動詞化したのが「うらやましい」である。この用語も『日本霊異記』『伊勢物語』『徒然草』に見え、中世の記録・文書などには「浦山敷」などと宛てられている。

「心」（うら）は「裏」「浦」と同語源であるが単独の使用例に乏しい。「うらこひし」（心に秘めて恋しい）、「うらがなし」（ものがなしい）などと用いられるのである。

売声　うりごえ

第二次世界大戦以前、私どもが小学生だった頃には、朝は牛乳配達の牛乳瓶のふれあう音や、納豆売りの売声に始まった。貝売りは「あさァり、むきみョー」、納豆売りは「なっと、なっとォー」、夏の昼にくる金魚売りは「金魚ォー、金魚ォー、金魚」と呼ばわって売り歩くのであった。

労賃の安い時代であったから、あるいは天秤棒をにない、肩に背負い、あるいは荷車・リヤカーをひき、自転車・オート三輪車などに荷をのせて商人たちはやってきた。職人たちも同様で、鋳掛屋《いかけや》・雪駄直《せったなお》し・羅宇屋《らおや》（煙管《きせる》の掃除・修理を行う）などはそれぞれ独自の呼声や特徴のある音を響かせてやってきた。

売り声については、安藤鶴夫『昔・東京の町の売り声』（旺文社、一九七八年）や、興津要『江戸商売往来』（プレジデント社、一九九三年）などがあって、懐旧の念を催させるが、この売り声なるものは古くからあった。

河内国の利苅《とかり》の優婆夷《うばい》が奈良の東市で人を待っていると、賤しき者が市のなかで、経巻をみせびらかしながら「誰か経を買はむ」と呼ばわり売っていた。優婆夷は売り手を呼びとめて経を見ると梵網経二巻と心経一巻で、むかし書写し盗まれたものであった。この盗人めと思ったものの、一巻五〇〇文、計一貫五〇〇文で買い取った。

店舗を持たぬ振売《ふりう》りの場合は、商品名を呼ばわりながら売るのが慣いで、後代の「狂言」にも、これが見え、「七十一番職人歌合」にも、たとえば豆腐売りが、「とうふめせ、ならよりのぼりて候」と呼ばわるのが見える（豊田武『日本商人史―中世篇―』東京堂出版、一九四九年）。

うるさい

『日本国語大辞典』によると、①すぐれた人物をいい、「うるさき人」「うるさき兵《つわもの》*」と用いる。②技芸がすぐれている。③いかにもわざとらしく、いやみである。「見苦しとて人に書かするは、うるさじ」（『徒然草』）と用いる。④虫・煙・音について、多くつきまとい煩わしいの意に用いる。⑤めんどうだ、煩わしい。⑥きたない。『宇治拾遺物語』に、「仏師、うるさきことかなとは思ひけれど、物おほくとらせたりければ、いふままに、仏つくりたる程に」とある。めんどうだ、煩わしいの意の用法である。

この言葉、古代以来のものであるが、「五月蝿い」と字を宛てることが多い。現代でもやかましいと同義に用いられるとともに、「あの人はクルマにうるさい」などといい、自動車について知識があり、一家言あるという意味で用いる。

＊『今昔物語集』（巻二十八―四十二）に「和御許《わおもと》ハウルサキ兵《つはもの》ノ妻《め》トコソ思ツルニ、目ヲゾ極《いみじ》ク弊《つたな》ク見ケレ」とあり、日本古典文学全集（小学館、一九七六年）は、「『ウルサキ』は万事にぬかりのないの意と解すべきか、または『ウルセキ』と同義で、りっぱでうるわしいの意か」と注する。「ウルセキ」については「才智のまわるしっかり者の意」と注する（巻二十三―十六）。

うれ

木の梢《こずえ》のことをウレという。四国や九州地方の方言である。静岡県の一部では山の頂上付近をウレといい、岐阜県では村の奥の方をいう（『全国方言辞典』東京堂出版、一九五一年）。いずれにせよ、先端部分を示すことばである。

この言葉、古く『万葉集』に見える。

後《のち》見むと　君が結べる　岩代の　小松がうれを　また見むかも（巻二―一四六番）

「うれ」とは華の葉や木の枝などの末端をいうが、語源説については、のうえ（枝）の約とか、ウヘ（上）の転とするものがあるが明確ではない。

運動会　うんどうかい

朝七時、ドーン、ドーンと花火があがる。「運動会実施」の合図である。運動会といえばお天気が気になった。花火まであげて合図をするのは、運動会が単なる学校行事ではなく、地域（学区域）の行事だとの認識があったからである。児童はもちろんであるが、家族も朝からそわそわして、ゴザを持って学校の運動場の父兄観覧席に場所取りをする。第二次世界大戦前、私が小学生だった頃までは東京でもこんな様子だった。この日ばかりは、昼食も父兄席で家族とともにご馳走を食べた。

運動会という行事も欧米から入ってきたものであった。運動会は十九世紀中頃イギリスのオクスフォード大学ではじめて行われたとされる。わが国では、明治七年（一八七四）三月二十一日、東京築地にあった海軍兵学寮でイギリス人教師の指導で競闘遊戯と称して行われたのが最初である。競闘遊戯会とは athletic sports の訳語とされる。十一年には北海道の札幌農学校、十九年には横浜小学校、二十年には東京荏原郡の一三の小学校の連合運動会が行われ、二十年代半ばから各地で行われるようになった。徒競走、幅跳びなどのほか、スプーン競走、玉入れなども種目に入り、借り物競走など見物の父兄・来賓を意識したものであった。

云々　うんぬん

ふつう「うんぬん」と読む。「うんうん」の連声。辞典によると、

（一）「引用文あるいはそれに類する一続きのことばを記し、それ以下を省略したり、ぼかしたりするときに、その末尾に添えることば」、（二）「省略でなく、普通の文末を間接話法の形で結ぶことば」

とある。「五斗を一俵とさだめられし事は、神亀五年諸兄大臣の所為と云々」（『名語記』）と用いる。

多くは変体漢文で、「……とうんぬん」と読むが、「といへり」「てへり」と読む読み方もある。学生時代に教わった先生によっては「しかじか」と読まれる方もおられた。私は、学生にはずっと「……とうんぬん」と教えてきたのだが。

映画館　えいがかん

渋谷の円山町は、いまはラブホテルの立ち並ぶ街となっているが、昔は芸者置屋の町であった。渋谷寄りの出口の坂の上に映画館があった。名前は忘れてしまったが、小さな映画館が二つだか並んでいたように思う。いわゆる場末の三流館で、映画館というより「活動写真館」といったほうが似つかわしい。

小学校の一、二年の頃、近所のお兄ちゃん、といっても小学校五年か六年の子に連れられて、何度かこの映画館へいった。入場料は三銭であった。母親から五銭貰って、二銭で小箱のキャラメルを買い、残る三銭で映画を見た。映画館には、毛氈を敷き詰めた二階席があり、私たちは、いつも二階の中央に陣取り、キャラメルをなめながら映画を見た。

興行はたいてい三本立てで、一本は三〇分ほどのドラマ、一本はいわゆる活劇で、「突貫小僧の冒険」[1]などという類であり、他の一本は短い洋物かニュース（ドキュメンタリー？）だったように記憶する。もちろん無声映画[2]で、向かって左手の舞台の上に弁士席があり、楽隊の奏でる音楽に乗って、独特の節回しで映画の解説をするのであった。当時すでにトーキーはあったのだが、この映画館でトーキーを見た覚えがない。映画の前にアトラクションがあり、男や女が交互に出てきて歌を歌ったりし

た。[3] 昭和九年（一九三四）頃のことである。

注

（1）二〇〇四年一月二十五日「朝日新聞」朝刊によると、突貫小僧こと青木富夫さんは、二十四日に亡くなられた。八十歳。二〇〇〇年の映画「忘れられぬ人々」で、フランスのナント三大陸映画祭の男優賞を獲得したという。

（2）楽団というほどのものではなく、ヴァイオリンとクラリネット、それに打楽器だけの、いわばチンドンヤ規模の演奏だったかもしれない。

（3）ついでながら、私の父方の叔父は東京足立に住んでいたが、近所の映画館に頼まれて、アトラクションの歌をうたっていたという。のど自慢ではあったが、勿論素人で、本職は菓子問屋であった。

英雄《えいゆう》

知能また胆力すぐれた者をいう。「今夜左近将曹中臣近友頓滅、年六十余、故兼武男也、容顔美麗、所能勝他、舎人中英雄者也」（『中右記』）と用いる。『日葡辞書』は「スグレタブシ」という。英雄はまた英雄家の略で、久我《こが》家・花山院家・閑院家の三家を指す。摂関家につぐ家柄である。公達《きんだち》・花族《かしょく》・清花《せいが》とも呼び、閑院家は三条・西園寺・徳大寺・菊亭の四家、花山院家は花山院家と大炊御門家の二家、これに久我家を加えて「七清花（華）」と呼ばれる。

駅弁《えきべん》

汽車が駅に着くと、窓越しに駅弁を買う風景はとんと見られなくなった。近頃の電車では、だいいち窓が開かないのだし、停車時間も短い。万事せわしい世の中である。旅の楽しみがひとつなくなったといってよい。

はじめ駅弁は握り飯で、明治十八年（一八八五）宇都宮駅で売り出した。その後、信越線横川駅・高崎駅、東海道線国府津駅でも売るようになり、握り飯二個にたくあんを添えて代価は五銭であった。

二十二年に山陽鉄道の姫路駅ではじめて折詰弁当が立ち売りされ、三十七年京都駅でも売り出された。三十九年頃には、駅弁のおいしい駅として静岡駅と大阪駅が挙げられている。四十年小牛田駅で初のウナギ弁当が発売された。

大正六年（一九一七）当時、上《じょう》駅弁三〇銭、並《なみ》駅弁一五銭であったが、大正後期には上駅弁三五～四〇銭、並駅弁二〇銭、煎茶五銭であった。

戦争期に入ると品数は制限され、「事変弁当」「日の丸弁当」「イモ弁当」などが売られ、割箸も廃止になった。第二次世界大戦後は、昭和三十三年（一九五八）横川駅の釜飯が大人気になったりしたが、売り上げは四十六年の八七五四万個がピークで、以後減少の一途をたどる。

エスカレーター

東京では、エスカレーターに乗るとき左側に乗り、右側を空けておく。ところが大阪では反対で、右乗り左空けのヨーロッパ・アメリカ型である。さてそれでは、左乗りと右乗りの境目はどこか。「天下分け目の関ヶ原」の言葉どおり、やはりここが境目であるという。ただし、JR関ヶ原駅にはエスカレーターはなく、東隣の垂井《たるい》駅にはあるという。では、垂井駅では人々はどのようにエスカレーターを利用しているだろうか。ここでは片側を空けることなく、二人並んで立つ。そして関ヶ原の西隣の柏原駅からは右乗り・左空けである。なんともできすぎた話である。

「中央構造線―フオッサマグナ」という言葉は中学生でも知っているが、ここを境にして、東と西では生活上で大きな相異のあることは広く認識されている。*エスカレーターの乗り方でも東と西では歴然たる差があったのである。こうなると、東日本人と西日本人はやはり異民族なのではあるまいかと、冗談を言いたくなる。

なお、エスカレーターの片側を空ける「きまり」というものはなく、JRでは、左右に一人ずつ並んで乗ってくださいといっている。いうまでもないが、エスカレーターに乗ったら動いてはいけない。エスカレーター上で歩いてはいけないのである。まして、かけのぼったり、かけおりたりするのはルール違反なのである。

エスカレーターは現在では駅やデパートなどに設置されていて、老人や身体の不自由な人には有り難い設備であるが、現代の若者たちの脚腰を弱くする役割をも確実に果たしている。

さてこのエスカレーターが出現したのは十九世紀の最末期であり、日本人がその恩恵に浴したのは二十世紀に入ってからである。一八九九年（明治三十二）アメリカのオーチス社が踏板式エスカレーターを作り、翌年のパリ万国博覧会に出品された。その三年後には東京の万世《まんせい》橋《ばし》駅（中央線の起点駅）にエスカレーターが設置された。大正三年（一九一四）の上野公園での東京大正博覧会に登場し、日本橋三越デパートにも設置された。昭和に入って急速に普及するが、戦争の時代になると使用が禁止されたり、設備が回収されたりするようになった。

エスカレーターにはいろいろな制限がある。傾斜は三〇度以下、スピードは毎分三〇メートル以下、踏板の幅は六〇～一二〇センチである。輸送能力はエレベーターよりはるかに大きく、一時間に四〇〇〇人から八〇〇〇人に及ぶ。

＊ 東日本と西日本を対比的に見ることは、民俗学の分野では早くから行われていたが、第二次世界大戦後に、農村社会学の福武直による「東北日本型農村」と「西南日本型農村」の対比を始めとする一連の社会学的・歴史学的研究があり、それらを基礎とする、網野善彦の積極的発言が学界をおおい、常識的な分析視角として定着している。多くの著作があるが、さしあたり、網野善彦『東と西の語る日本の歴史』（そしえて、一九八二年）、大野晋・宮本常一他著『東日本と西日本』（日本エディタースクール出版部、一九八一年）、加藤秀俊『習俗の社会学』（PHP研究所、一九七八年）などを参照。

絵葉書　えはがき

旅行先で記念に絵葉書を買うことが多い。展覧会などイベントがあると記念絵葉書が売られる。博物館や美術館のミュージアム・ショップでもセットあるいはバラで販売している。表の上半分に宛名を書き、下半分に通信文を書く。普通の形状の絵葉書ならば五〇円切手を貼れば投函できる。

友人のフランス人は、旅先で日本人がパチパチ写真を撮るのを不思議がっていて、ヨーロッパ人は写真を撮るのではなく、絵葉書を買うといっていた。本当だろうか。世界で最初に郵便葉書を発行したのは、一八六九年オーストリアで、一八七五年にはドイツのオルデンブルクで絵葉書が販売された。わが国では明治三十三年（一九〇〇）私製葉書が認められており、切手代は一銭五厘であった。同三十五年には万国郵便聯合二十五年記念絵葉書が販売された。石版二色刷りで、最初の官製絵葉書であった。官製記念絵葉書は昭和四年までに一七種発行された。第二次世界大戦後は昭和二十一年に日本国憲法公布記念絵葉書が出されている。

日露戦争のときは、兵士慰問用の美人絵葉書が大いに売れ、三十九年の凱旋《がいせん》記念切手（一銭五厘と三銭の二種）と絵葉書（三枚一組）も大人気で、万世橋郵便局と京橋郵便局には前日から人が押しかけ、怪我《けが》人の出る騒ぎであった。

エプロン

仕事のとき、また食事のとき汚れを防ぐために衣服の前面をおおう布のことである。英語の apron からの外来語で、英語では、もとは napron であったが、不定冠詞 a のついた anapron が anapron となり apron になったものという。napron の nap は古フランス語のテーブル・クロスを意味する。nappe ラテン語でナプキンを意味する nappa に由来するという。エプロンは十六世紀に始まる。

わが国では、衣服の汚れを防ぐために工夫されたのは前垂《まえだ》れであった。幅五〇センチ、長さ六〇センチくらいの布に紐をつけて腰に捲く。起源は室町時代という説もあるが定かではない。江戸時代のはじめには確実に用いられていたらしいが、上方では花色木綿または茶木綿、関東では紺木綿であったという。酒樽などを扱う者の場合は、薄い布ではすぐに破れてしまうので厚手の前垂れを用いた。家庭で台所に立つ女性たちにも必須の前垂れは前掛《まえかけ》と呼んだ。前掛も死語化し、いまではエプロンと呼ばなければ通用しないかもしれない。

明治の末年、一九一〇年頃から割烹着《かっぽうぎ》と称する衣類が普及し始める。首から下の全身をおおうかたちの白色の前垂れである。紐がついていて背中で結ぶようになっていた。子どもの頃の母の姿は、思い出せばいつも割烹着姿であった。

明治・大正時代から繁盛したミルクホールやカフェの女給たちが、この白エプロンを着用し、一種制服のように思われていた。戦争の時代に入ると、愛国婦人会や国防婦人会などの婦人団体が割烹着を制服として採用したため、いっそう家庭婦人の間に普及した。

絵馬　えま

神社や寺院に絵馬を奉納して何事かを祈願する風習は現代でも盛んである。参詣人の多い寺社では、合格祈願や家内安全を祈る絵馬がたくさん奉納され、あふれんばかりに吊り下げられている。

絵馬というように、もとは本物の馬であったに違いない。もとは馬を神に奉げたが、馬は高価であるし、一般の者にはたやすく貢納できるものではなかった。そこで、木や紙や土で作った馬の像で代用し、さらに板に描いた馬の絵が出現した。

絵馬の直接の起源は馬形・板立馬で、これが簡略化されて絵馬になったものと思われる。文献では、『本朝文粋』（巻十三）所収の寛弘九年（一〇一二）六月二十五日の目録に「色紙絵馬」と見え、『本朝法華験記』（一二八）に板絵馬の記載がある。これらにより、絵馬は十一世紀以降のものと考えられてきたが、昭和四十七年（一九七二）静岡県浜松市の伊場遺跡発見の檜材の絵馬によって、奈良時代からの存在が確認された。

絵馬は室町時代末期以降多様化し、馬だけでなく、さまざまなものが描かれるようになる。

〈参考文献〉岩井宏実『絵馬』（法政大学出版局、一九七四年）

絵巻　えまき

辞典によると「絵巻」とは、横長に展開する巻物に描いた絵画作品であるが、とくに内容に一定の筋のあるものを指していう。絵巻は内容によって一〇種に分類される。

①経典絵…奈良時代および鎌倉時代の「絵因果経」など。

②六道絵…「地獄草紙」「餓飢草紙」「病草紙」など（平安末期…鎌倉初期の作）。

③社寺縁起・霊験絵…「当麻曼荼羅縁起」「粉河寺縁起」「北野天神縁起」など。

④高僧伝絵…「華厳宗祖師絵伝」「東征絵伝」「法然上人絵伝」「一遍聖絵」「融通念仏縁起」など。

⑤物語絵…「源氏物語絵巻」「紫式部日記絵巻」「西行物語絵巻」など。

⑥戦記絵…「平治物語絵巻」「蒙古襲来絵詞」など。
⑦説話絵…「信貴山縁起」「伴大納言絵巻」「男衾三郎絵巻」など。
⑧肖像・行事絵…「随身庭騎絵巻」「駿牛図」「年中行事絵巻」など。
⑨歌仙・歌合絵…「三十六歌仙絵」「東北院職人尽歌合」など。
⑩風刺・戯画…「鳥獣戯画巻」「天狗草紙」など。

「絵巻」「絵巻物」という呼名は江戸中期以降のもので、中世では「源氏絵」「平治絵」「一遍聖絵」と称していた。現存する絵巻に関するかぎり、平安末～鎌倉初期が一つのピークをなし、南北朝期以降は、お伽草紙など簡便な冊子形式のものに移り、絵巻は衰退する。

撰銭　えりぜに

律令国家が発行した銅銭、いわゆる皇朝十二銭の最後は、天徳二年（九五八）三月発行の乾元大宝で、以後江戸時代に至るまで公権による貨幣の鋳造は行われなかった。したがって、平安後期から中世にかけての流通貨幣は、私鋳銭と中国からの輸入銭であった。もっとも私鋳銭は古くからあった。銭の私鋳は罪科として処罰の対象となり重罪であった。流通貨幣の質が均一でなく区々であれば、その授受に際してトラブルが起こりうる。

銭を受取る側は精（良）銭を要求し、支払い側は悪銭も支払に使おうとする。早くも和銅七年（七一四）九月に「自レ今以後、不レ得レ択レ銭」とし、もし嫌択の者あれば杖一百に処するとした（『続日本紀』巻六）。貞観七年（八六五）六月にも、悪銭を択び棄て、文字不全・輪郭有欠を理由として嫌うことを禁じた（『三代実録』十一）。

大陸から輸入した銅銭は、宋銭《そうせん》ついで明銭《みんせん》であるが、南北朝期以降、とくに商業の発達が著しくなると、鋳造貨幣不足の状況が生じ、粗悪な銭貨をも流通路に載せざるをえないことになった。

織田信長の永禄十三年（一五七〇）の「定精銭条々」（「四天王寺文書」）に、

一、ころ、せんとく《(宣徳)》、やけ《(焼)》銭、下々の古銭　以二一倍一用レ之

一、ゑみやう　おほかけ（大缺）　われ（割）すり（磨）　以二五増倍一用レ之

一、うちひらめ　なんきん（南京）　以二十増倍一用レ之

此外不レ可レ撰事　（下略）

とある。当時行われていた悪銭を列挙し、それぞれの価値を規定し、一定の比価を以て流通せしめたのである。

〈参考文献〉小葉田淳『改訂増補日本貨幣流通史』（刀江書院、一九四三年）

エレベーター

立体駐車場というものがある。狭いスペースに多数の自動車を置くことのできる便利なものである。これはエレベーターと天井クレーンを組み合わせた装置であり、ボタンひとつで自動車を収納してくれる優れものである。

エレベーターは高層の建物はもちろん駅にも設置されて障害者や老人の便をはかる。近頃は個人住宅にもホーム・エレベーターと称する昇降機が設けられるようになった。

エレベーターにはロープ式と油圧式とがあるが、わが国では前者がほとんどである。ロープ式は最上階に巻上げ機を置くもので、装置としてはシンプルである。

エレベーターの発想は古くギリシアにあり、人力エレベーターが存在したともいわれる。蒸気機関エレベーターは十九世紀の三〇年代鉱山で用いられたが、電力エレベーターは一八五四年（安政一）アメリカのオティス（エレベーターの名付け親）によって発明され、一八八〇年（明治十三）ドイツのマンハイム博覧会に出品され、その九年後にはニューヨークのビルに設置されている。

わが国では明治二十三年（一八九〇）有名な浅草凌雲閣《りょううんかく》（いわゆる十二階）の八階まで昇るエレベーターが設置された。所要時間は一分、大人八銭・子どもと軍人四銭の料金で、一時に一五～二〇人を乗せた。モーターはアメリカ製の一五馬力だった。しかし、落下防止装置が不完全であるということで翌年五月にはエレベーターは撤去された。

明治二十九年には日本銀行本店や明治生命保険会社に設置され、三十五年大阪の日本生命保険会社に毎分二四メートルの速さのエレベーターが設置された。デパートでは四十四年日本橋白木屋に、オフィスビルでは四十五

年三井貸営業所に設置された。その後各地のビルやデパートなどに普及していったが、「昇降機取締規則」なるものができたのは大正十五年（一九二六）であった。戦争の時代に入り昭和十三年（一九三八）商工省は乗用エレベーターの製造を禁止し、翌年閣議で興亜奉公日のエレベーター利用を禁止、十七年には金属供出の対象となった。第二次世界大戦後は、建物の高層化に伴いエレベーターの速度も上がり、四十三年の霞ヶ関ビルでは毎分三〇〇メートルの高速度となった。

円寂　えんじゃく

『太平記』の作者は誰か。昔からさまざまな意見が出されてきたようだが、結局は確定できないというのが妥当なようである。しかし、史料が全くないわけでもない。『洞院公定日記《とういんきんさだ》』の応安七年（一三七四）五月三日条に、

　伝聞、去廿八九之間、小嶋法師円寂云々、是近日翫二天下一太平記作者也、凡雖レ為二卑賤之器一、有二名匠聞一、可レ謂二無念一

とあるのはよく知られている。小嶋法師が死没したときの記事である。「円寂」とは僧が死ぬことをいうのであり「円寂す」と読む。「太平記作者」と明記しているが、「卑賤之器」とあるとおり、この人物については史料がない。明治時代には児島高徳に比定する説もあったが、その後彼は山伏であるとの説が出され、和歌森太郎に至り、本山派系統の山伏であろうとされた（『修験道史の研究』弘文堂、一九八〇年）。また『難太平記』（上）には法勝寺の恵珍上人と玄恵法印が何らかのかたちで『太平記』の成立に関与したかも知れぬと思わせる記事があるが、委細は詳らかではない。

　ところが、『洞院公定日記』の文に誤読が生じ、小嶋法師は円寂という僧であるとの説が一部に行われていたらしい。「らしい」というのは、私は小学校や中学校で「太平記の作者は小嶋法師円寂である」と教わり、はずかしながら大学に入るまでそう信じていたのである。

鉛筆　えんぴつ

　少し以前、子どもたちが鉛筆を削れないことを嘆く文章があった。しかし、われわれの子ども時代にも鉛筆削

りはひと仕事だった。小学生・中学生は小刀・切り出し・肥《ひ》後守《ごのかみ》などを持っていて、あるものは器用に鉛筆を削ったが、不器用なものも多く、芯《しん》を折ってしまうこともしばしばであった。小学校の教室には手回しの鉛筆削り器が備えてあり、これだと誰でも上手に削れたのである。

　鉛筆のもとは十四世紀のイタリアで芯を鉛と錫で作ったのに始まる。十六世紀イギリスのカンバーラント州のポロダール鉱山の黒鉛が使われて芯とされた。一七六〇年ドイツ人カスパー・ファイバーによるババリア鉛筆の製造が始まり、一七九五年にはフランス人コンテが粘土と黒鉛で芯を作り高温で焼く方法（コンテ法という）を発明した。

　わが国には、江戸初期オランダから徳川家康に鉛筆が献上されたが、毛筆の普及していた社会には鉛筆は広まらなかった。重要な文房具となるのは明治以後である。明治六年（一八七三）ウィーン万国博覧会に派遣された藤山種広・井口直樹は鉛筆製造を研究し、この技術を学んだ小池卯八郎が製造に乗り出したが、後に倒産してしまう。本格的な鉛筆生産は真崎仁六に始まる。彼は明治十一年パリ万国博覧会で鉛筆を見た。帰国後、鹿児島県加世田の黒鉛と栃木県烏山の粘土を原料とした芯を作り、まず挟み鉛筆を作った。先が三叉の軸木に芯を挟んだものであった。そして後に北海道産のアララギを軸木として作ることに成功した。真崎大和鉛筆と称し、これが後に三菱鉛筆となる。わが国は屈指の鉛筆生産国となり、第一次世界大戦後はドイツにかわり輸出国となった。

　第二次世界大戦中の昭和十八年（一九四三）敵性語追放運動の一環として鉛筆の硬度を示す「Ｈ」「Ｂ」が追放され、Ｂは1軟、2Ｂは2軟、Ｈは1硬、2Ｈは2硬、ＨＢは中庸と言い換えられた。そのときの解説文は「私たちの鉛筆から敵の文字を撃滅しました」という。戦後昭和二十七年トンボ鉛筆から一本三〇銭の高級鉛筆「ホモ」が売り出され、四十一年三菱「ハイユニ」、翌年トンボ「モノ１００」（各一〇〇円）という高級品が出た。しかし、五十八年頃からシャープペンシルの普及により鉛筆生産は減少した。

遠慮　えんりょ

「何も遠慮することはない、ずっとこちらへお出でなさい」などというとき、「遠慮」とは言葉や行動を控えめにする、気がねして出しゃばらないという意で使う。現代の用法は、このあたりにあるが、もともと「遠慮」とは文字通り、遠くまで見通して深く考えることで「深謀遠慮《しんぼうえんりょ》」という熟語もある。「追討ニ可レシ廻ニス遠慮一ヲ」(『吾妻鏡』)という用法である。そしてここから、「双方令ニ内談一上、以可ニ言上一、如ニ先例一老中者可レ有ニ遠慮一事」(『長曽我部氏掟書』)というように、辞退する、断わるの意に用い、また、江戸時代には刑罰の一種で、軽い謹慎刑《きんしんけい》をいう。『日葡辞書』は「トヲキヲオモンバカリ(中略)エンリョヲメグラス」と説明し、『吾妻鏡』的な用法を示している。意味の転換は中世末期にあるのかと思われる。

追銭　おいせん

「盗人におひ」(『狂言記』『世間胸算用』)、「盗人におひをうつ」(『毛吹草』)などの言葉がある。追銭について『日本国語大辞典』はつぎのように説明している。

①代価の異なる品物を交換したとき、その不足額を埋め合わせるために支払う金額。
②いったん損失を受けた上、そのこととのかかわりあいで、更に余分に取られること。

『大言海』は「おひ」に「負」の字を宛て「高価なる物と、低価なる物と交易する時、低価なる方より、不足を補ひわたすことを言う。負ひを打つと言ひ、追銭と言ふ、是なり」とし、『万葉集』(巻十三)のつぎの歌を掲げる。

つぎねふ　山背道を　他夫《ひとづま》の　馬より行くに　おの
夫し　徒行《かち》より行けば　見るごとに　音《ね》のみし泣か
ゆ　そこ思ふに　心し痛し　たらちねの　母が形見
と　我が持てる　まそみ鏡に　蜻蛉領布《あきつひれ》　負い並《な》め
持ちて　馬買へ我が背《せ》(三三一四番)

そして、「鏡の価、馬におよばず、領布をも負に打ちて、馬と替へよとなり」と注する。金子武雄は『日本のことわざ』(現代教養文庫、一八一頁)で、

「『大言海』のこの見解は、鹿持雅澄の『万葉集古義』に、

宮地春樹翁、此の負は価のことなるべし、俗におひを出すと言事あるは、譬は直拾匁ほどのものを買ふ

に、七匁ほどにあたる物を此方より渡して、残三匁たらざる所を添へわたすを、三匁のおひをだすと言り、此の歌もその意ならば、鏡にては、馬のあたひに足らざるゆゑに、その負い、領布を添て出す意なるべしと言り。」

とあるのに拠っていると述べている。金子は、「おひ」の原義は「負」「債」であろうという。「連歌盗人」（『狂言記』）に、

それ世のつねのならひには、ぬす人をとらへては、
斬るこそ法と聞くものを、此の盗人はさはなくて、
連歌に好《す》ける徳により、太刀・かたな、たびにけり、
これや、ことのたとへにも、盗人に債と言ふことは、
かかることをや申すらん〳〵

とある。西鶴の『世間胸算用』（一―四）に、金を盗まれた人が、金が出てくるように山伏に祈祷を頼んだところ、仕掛山伏にだまされて一二〇文とられた。それを「盗人に追ひ」といっている。

さて先の『万葉集』の歌（三三一四番）について伊藤博は『萬葉集釈注』七（集英社、一九九七年）で、「むつかしく考えることなど、無駄な手続きにすぎないのではあるまいか」とし、「負ひ並め持ちて」を「負ふ」は袋に入れ背負うの意、「並」は多くの物を連ね並べての意で、「まそみ鏡」「蜻蛉領布」を他の品々に連ね添えての意とする。また日本古典文学全集『万葉集』三（小学館、一九七三年）は、「負ヒ」は未詳としながら「紐をつけて肩にかつぐ意か」とし、「また追ヒと解して、代金の不足分の補いをする意と解する説もある」と注記している。

王様のプライバシー　おうさまのぷらいばしー

王様にプライバシーのなかったことは、よく知られている。十七、八世紀、フランスでは、「ルーブルと言はず、ヴァンサンスと言はず、フォンテンブローと言はず、全て有りとあらゆる王宮に、市民は朝でも晩でも遊山・見物に入って居た。その結果、宮殿は人民の押しあひ、へしあふ物音に、盛り場同然の騒ぎであった」し、ルイ十四世は「観客の好奇心を満すため、死の前週まで、公開の食事を摂らされ」、一七七〇年頃、マリー・アントワネットの化粧の様子が公開されていた。ルイ十三世は、

サン・ジエルマンの新しい宮殿で病床についたとき「王の病室は群衆によって立入られ、王は人いきれの中に苦吟し」人民の視る中で死んだのである（戒能通孝『近世の成立と神権説』）。

明治四十五年（一九一二）七月二十日、明治天皇は重態に陥った。新聞は号外で、天皇は尿毒症のため昏睡状態にある旨を報じた。

「従来、宮中のことは全く雲の上の生活であって、国民はそれについて、何事も見聞するの機会を与えられていなかった。然るに今度は旧来の風習を破って、陛下の御容態が毎日発表せられた」（生方敏郎『明治大正見聞史』）のである。

大正十年（一九二一）十一月、皇太子裕仁が摂政となったが、このとき宮内省は、大正天皇についてつぎのように発表した。

「天皇陛下は御降誕間もなく、脳膜炎様の御大患に罹からせられ（中略）御脳力は日を逐って衰退あらせらる丶の御容体を拝するに至れり、而して御姿勢其の他外形の御症状も末梢器管の故障より来るものにあらず、総て御脳力の衰退に原因し……」

なぜこれほどまでに詳しく公表せねばならないのか。ある侍従武官は、つぎのように感慨を記した。

「今や統治の大権施行を摂政殿下に托し給ひ、専ら御静養あらせ給はんとする聖上陛下に対し、何の必要ありてか此の発表を敢てしたる。余は茲に至りて宮相の人格を疑はざるを得ざるなり」（四竈孝輔『侍従武官日記』大正十年十一月二十五日条）

そして大正十五年十二月、大正天皇の病い篤くなると、新聞はまた明治天皇のときと同じように報道する。もちろん宮内省が発表するのである。永井荷風は日記の中につぎのように書いた。

「夜銀座に往くに号外売頻に街上を走るを見る。聖上崩御の時近きを報ずるものなるべし。頃日の新聞朝夕陛下の病状を報道すること精細を極む。日々飲食物の分量及排泄物の如何を記述して毫も憚る所なし。是明治天皇崩御の時より始まりし事なり。当時国内の新聞は其筋の許可を得て、明治帝は尿毒症に冒されたまひ、龍顔変して紫黒色になれりといひ、又シャイネストック云々の如き医学上の専門語を交へて絶命の状を記したりき。世上は此等の記事を読

みて徒に其の報道の精細なるを喜びしもの、如し」（『断腸亭日乗』大正十五年十二月十四日条）

これより六〇数年後、昭和天皇の病いについての報道も全く同様であった。昭和天皇の毎日の下血・吐血そして輸血量および血圧などの数字が細かく発表された。その、しつっこさには、いささか辟易した。そこには天皇のプライバシーは全くなかった。というより、必要以上に細かく病状を公表している。

ところが、天皇の病い篤しとなると、それが国民の生活を圧迫し拘束することになる。明治天皇のときの様子を、夏目漱石はその日記につぎのように記した。

「天子いまだ崩ぜず。川開を禁ずるの必要なし。細民これがために困るもの多からん。当局者の没常識驚くべし。演劇その他の興行もの停止とか停止せぬとかにて騒ぐ有様也、天子の病は万臣の同情に価す。しかれども万民の営業直接天子の病気に害を与えざる限りは進行して然るべし。当局これに対して干渉がましき事をなすべきにあらず。もし臣民衷心より遠慮の意あらば営業を勝手に停止するも随意たるは論を待たず。然らずして当局の権を恐れ、野次馬の高声を恐れて、当座の営業を休むとせば表向は如何にも皇室に対して礼篤く情深きに似たれどもその実は皇室を恨んで不平を内に蓄えるに異ならず。」（『漱石日記』明治四十五年七月二十日条）

漱石の言うところ、まさに正論である。両国の川開き（花火大会）に続いて、佃島の住吉神社や深川の富岡八幡宮の祭礼も「歌舞音曲御遠慮」の達《たっし》により「自粛」させられた。劇場も客足が遠のき、大きな被害を蒙った。昭和六十三年、私どもは全く同じ経験を持った。昭和天皇の病いの報出ずるや、「自粛」の声は社会を圧した。テレビ・コマーシャルなど些細な点にまで「自粛」が波及し、異様な光景であった。マスコミの責任は重い。

横柄　おうへい

無礼で人を見下すような態度をいう。自分中心に世界がまわっていると心得る、いやな奴《やつ》である。傲慢で尊大な人間、『日葡辞書』は「放縦、わるいしつけと無作法」と説明している。

この言葉の起源は「押柄《おしがら》」にある。『今昔物語集』（巻二十八—二十三）に、藤原朝成《あさひら》について、「思量《おもばか》リ有リ肝太《きもふと》クシテ、押柄ニナム有ケル」とある。押柄とは、押しのつよい性質、強引なことをいう。よくいえば、意志強固な人ということになる。押柄を音よみすると「オウヘイ」で、押に横の字を宛てた。「横」の字には、横車《よこぐるま》をおすとかの印象もあって、力ずくで、強引にという意味が付加される。『好色一代男』に「女房共を横平によびける」とある。

鸚鵡　おうむ

鸚鵡のことははやくわが国にも知られていた。大化三年（六四七）新羅から孔雀とともに献上され（『日本書紀』巻二十五）、斉明天皇二年（六五六）西海使佐伯連栲縄《たくなわ》らが百済からの鸚鵡を献じ（同・巻二十六）、天武天皇十四年（六八五）新羅王から（同・巻二十九）、天平四年（七三二）新羅使から献上された（『続日本紀』巻十一）。

のち清少納言は『枕草子』（三九）に、

　鳥は、異所のものなれど、鸚鵡、いとあはれなり、人の言ふらむことをまねぶらむよ

と記し、藤原頼長は「これを見るに、舌は人の如し、能く言うは是《こ》の故か」（『台記』）と書いた。嘉禄二年（一二二六）十月鎌倉将軍藤原頼経は鸚鵡を見ている（『吾妻鏡』）。

文明元年（一四六九）七月、琉球王から献上された諸物のなかに鸚鵡一隻があった。その後『大乗院寺社雑事記』（七十四）文明七年三月八日条に、「仏地院来る、公方より預け下さるる小鳥持ち来る、近比《ちかごろ》見事なる物なり、王加ト云鳥也、流久国ヨリこれを進む、八ケ年ニ及ぶと云々」とある。「王加」とは鸚鵡のことだろうか。

「おうむがえし」という言葉がある。鎌倉初期の『八雲御抄』に「あふむ返しと云物あり、本歌の心詞をかへずして、同事をいへる也、あふむといふ鳥は人の口まねをするゆゑにかく名付たり」とある。鸚鵡がそれほどポピュラーな鳥でなかったにもかかわらず、「おうむがえし」という言葉ができるほどに知られていたということである。この言葉、現在と同じ意味で使われるようになったのは江戸時代からだという。

往来物　おうらいもの

平安末期から明治初年まで行われた書簡文体の初等教科書を総称する。往・返一対の消息文をあつめた模範文例集というべきものである。平安時代に七種、中世に四五種、近世にはじつに七〇〇〇種にも及ぶ往来物が流布した（石川謙『日本教科書大系』講談社）。中世以前の往来物は貴族や僧侶によって書かれ、近世のものは手習いの師匠の手になるものが多かった。

現在知られているもっとも古いものは、藤原明衡《あきひら》（九八九—一〇六六）撰の『明衡往来』（『雲州往来』『雲州消息』ともいう）である。明衡は不遇の官人で、五四歳で正五位下、五八歳で式部少輔・左衛門尉、出雲守を経て文章博士に任じたのは七四歳のときであった。極位は従四位下、没したとき七八歳であった。

請㆓案内㆒事

右明日於㆓白河院㆒可㆑翫㆓小弓㆒也。可㆓相伴㆒状。

昨日頭中将所被示也、其事同及㆓高聴㆒歟。路過㆓蓬門㆒忝扣㆓花駕㆒、為㆑従㆓後乗㆒也、下僕雖㆑居㆓虎賁之職㆒猶猿臂之射、今有㆓招引㆒、似㆑恩如㆑罰。事是難㆑遁、慭企㆓追従㆒而已。心事期㆓面談㆒謹言

三月十一日　左近少将平

右京大夫殿

弓会之事

右今朝頭中将被㆑投㆓消息㆒、仍可㆓予参㆒也。如㆑命先可㆑参㆓幕下㆒、令㆓相侍㆒給耳、貴下継㆓没石之跡㆒伝㆓穿柳之藝㆒、今有㆓謙下之詞㆒、還似㆑表㆓雄張㆒歟如何、謹言

乃刻　右京大夫

このように、往書状に対する返事の消息が一対になり、計二〇〇余通を収めている。

大野と小野　おおのとおの

柿本人麻呂の長歌（『万葉集』巻一—四五番）に、

み雪降る　安騎の大野に　旗すすき小竹《しの》を押しなべ
草枕　旅宿りせす　いにしへ思ひて

とある。また、巻十一—二四六六番には、

浅茅原　小野に標結不　空言を　以下也と言ひ手

君をし待たむ

とある。

この「大野」「小野」の称は『万葉集』中に多く見られる。『日本国語大辞典』は「大野」について「広大な原野」と説明し、「小野」については「(おは接頭辞)野、野原」という。

安騎の大野について伊藤博『萬葉集釈注』一、一五二頁)は、

「奈良県宇陀郡の山野。明日香朝廷の狩猟地であったらしい。長歌に『大野』、反歌に『荒野』といっている。長歌では朝廷直轄の地として『大野』といい、反歌では亡き皇子への思いから『荒野』というか」

と記す。同じく伊藤は巻一の四番の「宇智の大野」について「人里離れた原野。人里の野をいう『小野』の対」(『万葉集全注』一、三七頁)と注を付している。また二巻一九一番の「大野」について「荒野」と注する(『萬葉集釈注』一、四一七頁)。この理解は『播磨国風土記』(飾磨郡)に「大野と称ふは、本、荒野なりき、故、大野と号く」とあるのに拠るらしい。

小野については、「小」は「愛称の接頭語で、鹿や猪のよくとれる野を言い、必ずしも小さいわけではない」という。阿蘇瑞枝は二一一八番の「朝霧の　たなびくおも」に注して、「荒野と等質の観念を含む大野に対し、小野は、人間の日常的な生活と親しい空間」とする。

思いつきにすぎないが、大＝公、小＝私という理解はいかがであろうか。古代では、東大寺、西大寺など「大寺」というのは単なる美称であるとか、大きな寺であるとかの意味しか持たないのであろうか。おそらく「大」には「官」の意が含まれている。

公　おおやけ

「公私の別」などとあるように、私的なことに対して公的なことをいう。オオヤケは大家で、皇居を尊んでいう呼称である。ミカド(御門)と同様、天皇の尊称となる。やがて意味が拡大されて、朝廷、官庁をもオオヤケと呼んだ。

『枕草子』(二六八)に、

容貌《かたち》いとよく、心もをかしき人の、手もよう書き、歌もあはれに詠みて、恨みおこせなどするを、返り

ごとはさかしらにうちするものから、寄りつかず、らうたげにうち嘆きてゐたるを、見捨てて行きなどするは、あさましう、公腹立《おおやけばらた》ちて、見証《けんそ》のここちも心憂く、見ゆべけれども

とある。理想的な妻を持ちながら、寄りつかず、果ては見捨てていったりする男を見ると、オオヤケバラタツというのである。他人事ながら腹が立つ、いわゆる義憤である。この表現は『栄華物語』にも見える。

また、「論公なり」というように、その論が公平であるとの意にも用いられ、さらに、資産家であることを「おほやけ」という。いずれも、近世からの用語である。

おおわらわ

「大童」と宛てる。現代では、夢中になって仕事をする様子とか、いっしょうけんめいに何事かをなす有様をいう。

昔は、男が成人に達すると理髪・加冠したが、加冠しないまま幼童の髪型でいるものを大童と称した。中世、武士が戦場で兜《かぶと》を脱《ぬ》ぎ髪を乱して戦うさまをも大童といった。『平治物語』や『曾我物語』などに「大わらは」と見える。近世初頭の『日葡辞書』は「ヲウワラワ」として「結び目のほどけた髪や衣服のように乱雑なこと」と説明している。

髪の乱れという点から「髪の如くものの乱れているさま」を意味し、戦場で奮戦する様子から、夢中になって仕事に臨むことをいうようになった。

おこがましい

「問われて名乗るもおこがましいが……」とは、歌舞伎に登場する白浪五人男のひとり日本駄右衛門のせりふである。「思い上がっているようで気恥ずかしいが」という、へりくだった意味で用いられるのである。この「さしでがましい」というように用いられるようになったのは近世以降のことであろう。

語幹の「おこ」は「烏滸」「尾籠」「痴」の字を宛て、愚かなこと、ばかげたこと、思慮の足りないことをいう。『古事記』『源氏物語』以来見られる言葉である。『日葡辞書』は「オコノモノ」を「ならずもの」と訳している。

「おこがましい」の「がましい」は接尾語である。江戸時代の浄瑠璃や読本類では、さしでがましい、思いあがっているの意で用いられる例も見える。

おこし

干菓子のうち「おこし」は古くからあった。江戸では浅草雷門前の雷おこしが著名である。おこしは、米に蜜を混ぜ合わせながら煎って作る。中国起源で、粔籹の漢字をあてる。『延喜式』では粰粇《ふりゅう》という。これは神前に供える雑物の一つで、大膳職が用意する。オコシは興米《おこしごめ》であり、熬《い》った米の義であり、米・粟・麦などを蒸して作った「興し種」を炒《い》り、砂糖・水飴で固めたものである。『古今著聞集』（巻第十八、六二三）に、

法性寺殿、元三に皇嘉門院へ参らせ給ひたりけるに、御くだ物を参らせられたりけるに、おこしごめをとらせ給ひて、参るよしして御口のほどにあてて、にぎりくだかせ給ひたりければ、御うへのきぬのうへに、ばらばらとちりかかりけるを、うちはらはせ給ひたりける、いみじくなん侍りける。

とある。法性寺殿（藤原忠通〈一〇九七―一一六四〉）のときの話となっているが、『古今著聞集』の成立は十三世紀半ばである。しかし『延喜式』に神供として見えることから、その存在はかなりさかのぼるであろう。

お仕立ていたします　おしたていたします

小学校の三年まで住んでいた東京世田谷の下代田は、郊外の新興住宅地といえば聞こえはいいが、やっと井の頭線が渋谷から吉祥寺まで開通した頃で、東京の場末の「田舎」であった。南は陸軍獣医学校、北には東京帝大農学部の実習農場が広がっていた。東の方には近衛騎兵連隊の練兵場があり西の方、池の上駅の近くには殖民貿易学校の牧場があったりした。

小学校の同級生Kの家は、私の家から数軒を隔てたところにあったが、玄関に「お仕立ていたします」という札がかかっていた。私は子供ながらに、Kの家がかなり暮らしに詰まっていたらしいことを察していた。Kの父親が「カブヤ」だとは近所の大人たちの話から知ったが、いつも和服着流しで、ぶらぶらしている人であった。今

思えば、Kの母親は苦労が身についた所帯じみた人で、私の母よりはかなり年上のように見えた。

ふた間しかない長屋住まいだったから、私たちはたいてい外で遊んだが、雨の日などKの家に行くと、おばさんは、せっせと縫い物をしていた。後に母から聞いたところでは、呉服屋やデパートの下請けをしていたといい、かなり腕がよかったのであろう。Kは真面目で成績抜群の優等生であり、また親孝行な少年であった。母は「K君を見習いなさい」といって私を叱ったものだった。

おしゃか

第二次大戦中、いわゆる学徒動員で、工場で働いた。私たちが造っていたものが、モーター・ボートの部品だという説もあったが、定かではない。とにかく、私が担当していたのは、三〇センチ四方ほどの金属板に直径一五ミリほどの円い穴をあける作業であった。これがやさしいようで結構むずかしく、検査で製品の六割ほどが不合格になった。慣れると少し成績は向上したが、それでも二割くらいは不合格であった。この不良品を工場では「おしゃか」と呼んだ。

『日本国語大辞典』は、金属の溶接などするときに火が強すぎて失敗したとき、「火が強かった」を「四月八日だ」としゃれたのがもとであるとか、地蔵を造ろうとして誤って釈迦像を鋳てしまったことから、ともいうがいずれも一〇〇パーセント信じうるものではなかろう。

お節介　おせっかい

以前、新聞に、ある外国人の投書が掲載されているのを読んで、なるほどと思ったことがある。その趣旨は、東京で電車に乗ると、混んでいるから席を譲り合って座れだの、降りるときは忘れ物をしないよう順序よく降りろだのと、何ともやかましいことで、余計なお節介だというのである。駅の放送でも押さずに順序よく乗れ、足元が危ないから注意せよと、まるで小さな子に注意を与えるようで驚いたというのである。私どもは慣れてしまっていて気づかないが、言われてみるとなるほどと思う。

駅員は親切のつもりだろうし、車掌も本心気遣ってくれているのかもしれないが、余りうるさいと親切の押売りで、まさに余計なお世話だ、ほっといてくれといいたくなる。えてして、職務に忠実で使命感に燃える人ほど、こうした傾向があるようである。お役所も同じで、市の広報など読んでいると、こまごましたことがらを、随分ていねいに教えてくれているし、いささか閉口するときもある。

だいぶ以前のことであるが、文部省（文部科学省）が家庭教育の手引きのようなものを出したときも、両論があった。家庭教育、子育て、しつけなどというものは、それぞれの家で独自に行うものであり、文部省が口を出すようなものではないとする意見と、いや家庭の教育力は極端に落ちている、自分の子のしつけ方さえわからない親も多いのだから、まことに時宜を得たものだとする意見と、ふた通りあった。

近ごろの親どもは甘く見られたもので、お役所から子どものしつけの方法まで教えてもらわなければならないかと、口惜しく思う。もっと大上段の議論をすれば、歴史的には、権力が親権に直接介入することは余りなかったことであり、文部省の行為は異常なことであり、世論への悪乗りとしか思えない。

しかし、学校の教師も他人を笑ってばかりいられない。教師もかなりお節介だからである。よく指摘されることであるが、学校が出している「生徒心得」などを見ると、実に細かく規則を定めていて驚くのである。私の住まいの近くの公立中学校の「心得」には、

「男子の頭髪は、耳に、目に、えりにかからない長さとする」

「上衣は、ブレザー型（紺色、切ポケット、三つボタン）を着用する」

「スカートの長さは、椅子に座ってひざと足首の中間を越えないものとする」

「寒い時はセーター、カーデガン等（紺・黒・グレイ）を着用してもよいが、セーター、カーデガン等での登下校は禁ずる」

「防寒衣類は原則として必要としない。病気等で着用する場合は、派手なものを避ける」

「男子の靴下は無地の白か紺か黒とする。女子は白のハイソックス、ソックスとする。模様はワンポイント、三本までの線入りでもよい」

等と書いてある。私は、なぜ近所の中学生がポケットに

手を突っ込んで寒そうな恰好で歩いているのか、やっとわかった。校則で防寒衣類の着用は禁じられていたのであった。

　このように、私が不思議そうに書くと、学校の先生方は、おそらくかえって不思議に思われるかもしれない。しかし、学校を外から眺める者にとっては、「校則」は実に不思議な、面白い物に見えるのである。どうして学校の教師というものは、かくもお節介なのかと思う。私自身教師の端くれだから、もちろん自戒、反省を込めて書いているのであるが、教師というのは、物をいうにもお説教じみて、いかにも押しつけがましく、自分だけが正義で、道徳の標準のように振舞う傾向がある。しかも、熱心な使命感に溢れた教師ほどこの傾向が強い。他から見れば実にいやらしく、臭気芬々とするのだが、悲劇は、教師自身がそれに全く気づいていないところにある。反省したい。

遅まきの唐辛子　おそまきのとうがらし

　久米邦武の著名な論文「神道は祭天の古俗」は、はじめ『史学会雑誌』に掲載され、のち『史海』第八巻に転載された。そして、これがきっかけになって、久米に対する非難の声が起こることになる。この論文に注目した田口卯吉は、転載に当たって、つぎのような紹介の文を書いた。

　久米邦武君の史学に於ける古人未発の意見実に多し、而して余は此篇に於て最も敬服せり、故に既に史学会雑誌に掲載せしものなりと雖も君に請ひて左に之を掲載し以て読者の瀏覧《りゅうらん》に供す。余は此篇を読み、私に我邦現今の或る神道熱心家は決して緘黙《かんもく》すべき場合にあらざるを思ふ、若し彼等にして尚緘黙せば、余は彼等は全く閉口したるものと見做さざるべからず

そして、論文のうしろには「鼎軒妄評」として以下の文章が載せられている。

　神道を以て「只天を祭り攘災招福の祓を為すまでなれば、仏教と並行はれて相戻らず」と云ふ、卓見と云ふべし、若し仏法にして渡来せざりしならんには、神道は或ひは宗教とまで発達したらんも知るべからずと雖も、中途にして仏教渡来し且つ之と共に文学

移入したりければ、我神道は半夜に攪破せらるたる夢の如く、宗教の躰を備ふる能はざりしなり、後世に至り之を以て、宗教となさんと欲するものありと雖も是れ遅まきの唐辛にして国史は之を許さざるなり、而して其事実を証するもの著者に若くなし

先の紹介の文章とともに、かなり挑発的な文章である。文中の「遅まきの唐辛（子）」ということわざは近頃聞かないが、時期おくれの唐辛子は辛味も乏しく気が抜けているの意で、時機を逸する、間の抜けたことをいうのである。「遅蒔唐辛子」の語は、江戸時代に始まるものらしく、洒落本《しゃれぼん》や滑稽《こっけい》本、浮世草子などに所見する。

唐辛子は熱帯アメリカ原産のナス科の一年草で、十五世紀末にスペインにもたらされ、わが国には十六〜十七世紀に将来された。はじめは、南蛮《なんばん》コショウとか高麗《こうらい》コショウと呼ばれた。十七世紀には京都伏見あたりが産地として知られていた。江戸では新宿が主産地で、十八世紀には張子《はりこ》の大唐辛子を背負った振り売りが街をめぐっていた。その姿は、三谷一馬『彩色江戸物売図絵』（中公文庫、一九九六年）に描かれている。

おちる

先ごろ中国の香港に滞在した。気づいたことがいくつかあったが、一つは「地滑小心」で、なんでこんなところで「地滑」（ジスベリ）だと思うと、さにあらず。路面や床が滑りやすいから注意せよという標示なのである。

いまひとつは「落」である。バスの降車口に「落」と書かれている。中国語で、「落」はＬＡＯで、「落船」といえば船から降りる意である。わが国で「下船」というのに当たる。これで思い出したのだが、わが国でも、バスから降りることを「おちる」というところがある。『全国方言辞典』（東京堂出版、一九五一年）によると東北地方・新潟県や北関東の一部で使われてきたらしい。以前ある落語家がこれをネタに小話をしていたことがあった。バスから「早く降りよ」と促すのに「早く落ちれ」というのだそうである。『日本国語大辞典』は、下船・下車の意に関する「おちる」については解説がなく、方言の「おちる」のみ採りあげている。

他に「おちる」といえば試験に不合格になることをいう。東京言葉ではオッコチルであるが、江戸時代から使

われてきた。茨城県や福島県あたりでは不合格はハズレルといい（合格はアタル）、大阪では合格をカカルという（鈴木棠三『日常語語源辞典』東京堂出版、一九九二年）。また、恋におちるという用法は現在でも通用するが、江戸時代、惚れることをもオッコチルといい、これは明治時代までは使われていたらしい。

おでん

屋台のおでん屋で一寸いっぱい、おでんを肴《さかな》に飲む酒の味は下戸の私にはわからないが、おでんは嫌いではない。

おでんのもとは田楽《でんがく》である。豆腐を長方形に切って串にさし、味をつけた味噌をつけて火に炙《あぶ》ってたべる。その形が、田楽法師が高足にとりついて踊る姿に似ているのでその名がある。

元来、田楽は田植えのとき笛や鼓を鳴らして歌い踊るものであったが、社寺の芸能として発展し鎌倉時代から室町時代に大流行した。

味噌田楽は『宗長手記』『言継卿記』『鷹筑波集』などに見えるが、寛永二十年（一六四三）の『料理物語』によると、豆腐のみならず、何でも串ざしにして焼いて食べるのが田楽であるとある。

おでんは田楽から派生したものであるが、はじめは煮込みコンニャクの類を称し、その時期は江戸時代半ばすぎの安永（一七七二―八〇）以後であろうという。三角に切ったコンニャク、串にさしたヤツガシラ、焼き豆腐、竹輪などをだし汁で長時間煮るのである。関西ではおでんのことを関東だきというから、元祖は関東だろうといわれている。

おとがいで蠅を追う　おとがいではえをおう

おとがい（頤）とは、いうまでもなく、「あご（下あご）」のことである。

「（寝たままで、手を動かす気力もなく、ようやく、あごを動かして蠅を追い払う意から）空腹や体力の消耗などで、体力が衰弱して元気のない様子をいう」と『日本国語大辞典』はいう。

狂言「鍋八撥」に「朝夕の供御《くご》を参らずは、おとがいで蝿を逐ふて御ざろう」とある。

乙女の祈り　おとめのいのり

作曲家のバダジェフスカ（一八三四―）は、ポーランドのアマチュアの音楽家であった。彼女は警察官の家に生まれ、十八歳で結婚して五人の子を得たが、わずか二十八歳で世を去った。ふつうなら、歴史に名をとどめることもなかった、ただのお母さんに過ぎない。それが、「乙女の祈り」一曲で、彼女の名は不朽のものとなった。*

人がこの世に生まれてきたことの意味はなんだろうか。「仕事」によって「名」を残すというが、死んでしまったバダジェフスカにとって、残った「名」とは、いかなるものなのであろうか。

* 「乙女の祈り」は十七歳のとき作曲され、楽譜はのちにパリの音楽雑誌の付録となり、ヨーロッパで一〇〇万部以上売れたという。しかし十九世紀の音楽事典は浅薄な素人くさい作品で芸術性に欠けると酷評した。手近な音楽史の本を見ると、「ショパン風だが平板で過剰に感傷的な旋律、ペダルによって砂糖菓子のように増幅された情緒、安手のドレスよろしくアルペジオや装飾音で飾り立てられたパッセージ、そして『夢見る気分』をいやがうえにもかきたてるような詩的なタイトルなどが」この種の「簡易版サロン音楽」の特徴であると書かれている（岡田暁生『西洋音楽史』中公新書、二〇〇五年）。バダジェフスカは祖国では忘れられた作曲家であり、生家のあとも定かではないが、宮山幸久の努力により墓も確認され、古い楽譜をあつめてCDも出版されている（『朝日新聞』二〇〇七年十月十三日夕刊）。

おどろく

大伴家持の歌である。

夢の逢ひは　苦しくありけり　おどろきて　掻《か》き探れども　手にも触れねば（『万葉集』巻四―七四一番）

いうまでもなく、「おどろきて」は、目覚めての意である。さらに一つ藤原敏行の歌、

あききぬとめにはさやかに見えねども　風のをとにぞおどろかれぬる（『古今和歌集』四―一六九）

これは中学校の教科書に載っていた。題は「秋立つ日よめる」で、風に秋の到来を感じる、気づくの意であろ

う。

「おどろく」には、いまひとつ、びっくりするの意でも用いる。これも『日本書紀』以来の古い用法である。鈴木棠三の『日常語語源辞典』（東京堂出版、一九九三年）は、西行の歌「小山田の庵近く鳴く鹿の音におどろかされて　おどろかすかな」をあげて、目覚めると驚かすの二つの意味の使い分けをしていると説いている。

お歯黒《おはぐろ》

私が子どもの頃、第二次世界大戦前には、歯を黒く染めた、いわゆるお歯黒の女性を見ることができた。近所に三味線のお師匠さんが住んでいて、お歯黒のおばさんだった。その頃には、もうお歯黒は珍しくなっていたのか、私は歯を染めていたのをその人以外に見たことはない。

「鉄漿」と書き「かね」と読む。鉄のくずや釘を焼いて濃い茶の中に入れ、粥・酒・飴などを混ぜ加えて発酵させ、さらにつきをよくするために五倍子《ふし》（ヌルデの葉茎にできる虫こぶ）の粉を用いた。

お歯黒は、古墳に埋葬された人骨や埴輪にも認められ、いわゆる『魏志倭人伝』にも黒歯国の記載があり、古くから行われていたことが確認される。平安時代には女性のお歯黒が行われ、平安末期には男性貴族・一部の武士や寺院の稚児《ちご》などの間でも行われるようになった。戦国時代には武家の間で故実化され、江戸時代には成人のしるしとして女性の間で一般化した。しかし、若い女性の間ではこれを嫌う者が多く、既婚者のしるしとなり、ついには遊女・芸妓を除いて行われなくなり衰退していった。

おふくろ

母親のことを「おふくろ」というが、「お」は接頭語であるから、これを除いて意味を考えることになる。『貞丈雑記』二は、

> 御ふところと云事也、母は懐妊の時子はふところにある故也、ふところを略してふころといひ、ふころと云詞転じてふくろに成たる也

という。

『日本国語大辞典』は『康富記』享徳四年（一四五五）正月九日条の「今日室町御姫君御誕生也、御袋大舘兵庫頭妹也」を掲げる。小山田与清『松屋筆記』（九十五）は、右の『康富記』のほか、『鎌倉年中行事』『永享六年御産所日記』を挙げ、林笠翁の『仙台間語』（日本随筆大成一期—一）は「后宮名目抄」をひいて「鎌倉少シ前ヨリ御袋ト云」と書いている。『日葡辞書』はフクロの訳として「母、ふつうはVOFUCURO（ヲフクロ）と言い、これは女性たちの間でも、また、他の人々（男性）の間でも用いる」としている。

おぼえ

「腕におぼえあり」といえば、腕前（技術）についていて自信のあることをいう。とくに武芸についていうようである。『宇治拾遺物語』（二—一三）に見えるから、中世以来の言葉と思われる。

「おぼえ」には、①人びとから思われること、②人から気に入られること。「おぼえめでたし」という用法がある。③記憶とか心当たりの意、④そして「すこしおぼえたるところあれば、子なめりと見給ふ」（『源氏物語』若紫）は、似ているの意である。⑤身にしみて感じる、こたえるの意。これは中世末以来の語法であろう。

古代以来、多様な使われ方のある語であるが、「おぼえを取る」といえば、よい評判をとること、「おぼえうかぶ」とは思い出すこと、「おぼえがき」は、のちのためのメモのことである。人を責め叩いたりするとき「おぼえたか」というのは、身にしみて感じるの意、「おぼえておれ」とは、あとで仕返しをする意を込めての捨てぜりふである。

おむつ

昔は、赤ちゃんのおむつには、ほどいた浴衣《ゆかた》の布が最適とされたが、現在では使い捨ての紙おむつが多用される。

おむつには「襁褓」の漢字があてられる。これについて保立道久は「中世の子供の養育と主人権」（『中世の女の一生』洋泉社、一九九九年）で、史料上しばしば「襁褓の中より」養育してきたという表現があらわれることについて、「襁褓」＝「おむつ」との理解を示している。

辞典を見ると、襁褓とは①産衣《うぶぎ》のこと、赤子に着せる衣。②おむつ、おしめ。③ふんどし、などと出ている。ほとんどの史料は「襁褓の中より……」などとあるのは「乳幼児の頃から……」の意で用いられている。保立の理解に従えば「おむつをしていた乳幼児の頃から……」ということになる。しかし、保立の示した史料の襁褓が「おむつ」であるとはなぜいえるのか。③の「ふんどし」は論外として、①の「産衣」ではなぜいけないのか。「産衣を着ていた頃から……」では不都合なのだろうか。

保立は「襁褓とはいっても、貴族のそれは『古事類苑』礼式部の『誕生祝』の項が示すように、綾・絹でできた豪華なものであった」という。『古事類苑』を参照してみると、襁褓＝おしめ説を明示するのは「伊勢家秘書誕生之記」であって、

襁褓〔書入云、二字共ニムツキトヨム、下々ニ云、シメシノコトナリ〕

とある。しめしとはおしめの古語である。その他の史料は、生まれた赤子の衣料として「御衣《おんぞ》」「産衣《うぶぎ》」「襁褓《むつき》」を挙げている。しかし、襁褓をおしめとしたのは先の「伊勢家秘書」のほかには見当たらない。

『紫式部日記』に「源中納言藤宰相は、御衣、御襁褓、衣筥の折立入帷子包覆下机など……」とあり、『小右記』（長和二年〈一〇一三〉七月九日条）も「御衣」と「御襁褓」を書き分け、『忠教卿記』（保安五年〈一一二四〉三月十四日条）も「織物御衣」「綾御衣」と「綾襁褓」「絹襁褓」を併記している。襁とは字義からすると、幼児を背負う帯のことであり、褓とは産衣であり、襁褓とはまだ仕立てていない布のことである。『園太暦』（延慶四年〈一三一一〉二月二十五日条）に、「御衣」「御襁褓」を書き分け、後者について、「二帖白小亀甲綾〔両面練張〕／一帖平絹〔両面練張〕／以上、弘二幅長五尺」とある。『装束抄元』には、細長二領、単二重、襁褓二帖、帯二筋、裏二帖、衣筥一、案一脚、花足二脚が見える。『基量卿記』（延宝六年〈一六七八〉十二月十二日条）には「襁褓」として「一ツハ白綾、紋亀甲裏平絹両面、長サ五尺、ハゞ二尺五寸」と見える。

布状の襁褓で赤子をくるむのである。新生児を布でくるむ風は以前には一般的であった。「幼児は長方形の布でくるまれたり、布を裂いただけの襁褓と称される衣服

を着せられていた」のである（宮田登「幼児風俗」『日本風俗史事典』弘文堂、一九九四年）。

私の父は明治二十八年（一八九五）三月山形県庄内の農家の生まれであったが、幼時に妹（私の叔母）が生まれたとき、すっかり布にくるまれて、壁にたてかけられている様を見たと語っていた。新生児を布でくるむ風は、かつてヨーロッパでも行われていたことだったという（『産育と教育の社会史　4』新評論、一九八四年）。

以上いくつかの史料を眺めると、たぶんつぎのようにいえるのではないか。産養《うぶやしない》にお祝いとして贈るのは、仕立てた産衣（御衣）と襁褓であるが、後者むつきは、長さ五尺で二幅《ふたの》の矩形の生地《きじ》である。これは帖で数えられている。むつきは祝い物としての生地であり、おしめに用いられるものではあるまい。だから絹や綾なのである。貴族の子だからといって、絹や綾のおしめをしていたということではない。

「重さ」と「質量」　おもさとしつりょう

新聞投書を読んで驚いたことがあった（『朝日新聞』二〇〇四年二月十一日朝刊）。投書者は小学校の先生で、教育現場では、「質量＝てんびんではかる量」「重さ（重力の大きさ）＝ばねばかりではかる量」と教えられているという。投書者は、これはまるで「時計ではかるのが時間」「温度計ではかるのが温度」と教えるようなものではないかと異議を唱えている。

何でこのようなことになったのか。多くの教科書に「上皿てんびんや電子てんびんではかる物質の量を質量とよぶ」などと書かれているのに拠るのだそうで、三十年前の学習指導要領が「重量は、物体にはたらく重力の大きさを表す量で、たとえば、ばねばかりで測られる量として扱い、質量はてんびんで測った量として定義する」と書いたのに出発点があるらしい。

わが国の代表的な国語辞典『広辞苑』（岩波書店）は、「おもさ」とは「地球上の物体に働く重力の大きさ。物体の質量と重力加速度との積に等しい」と記し、「しつりょう」とは「物体が有する物質の分量。物体の重量とは区別される。力が物体を動かそうとする時に、物体の慣性によって生ずる抵抗の度合いを示す量（慣性質量）として定義され、他方万有引力の法則から二物体間に働く引力が各々の質量（重力質量）の積に比例するとして定義される。実験によれば、両質量は同等である」と書く。

いまひとつ、『大辞泉』（小学館）を見よう。「おもさ」については、「地球上の物体に作用する重力の大きさ。その物体の質量と重力加速度との積に等しい。地球上の場所により重力加速度の値が異なるので、同一物体の重さも異なる」とある。また「しつりょう」については「物体の慣性の大きさを示す量。または重力を生じさせる原因となる量。相対性理論によれば、質量はエネルギーの一形態であるとされる」とある。

二種の国語辞典の記述を引いたが、この文章を児童に理解させることの困難さは明白である。だから、学習指導要領の記述者の苦労も推察できる。

子どもたちに理解させようとするとき、難しい言葉の「言い換え」がよく行われる。しかし、言い換えによって真の意味が損なわれることが多く、「うそ」になってしまう恐れがある。確かに、学術用語などをストレートに子どもに教えることは困難である。

だが、子どもに「定義」を教える必要があるだろうか。「定義」や「定理」ではなく、もっと「現象」の多様さ、面白さを教える方が大切なのではあるまいか。

子どもの頃、内藤卯三郎さんの『物理学実験』という本を教科書として学んだことがあったが、一番初めは、ノギスやマイクロメーターで長さや厚さを測るものであった。なんでこんな子どもだましをと思ったが実はそうではなかった。測るたびに値が異なり、私たちが認識できるのは、結局は平均値に過ぎないことを知ったのである。勉強の入口のところで与えられるショックは大切である。無味乾燥な「定義」や「定理」の羅列は子どもたちの「興味」を削いでしまうのである。

おやつ

昼食と夕食の間に食べる間食がオヤツであるが、「オ」は接頭語であり、本体は「ヤツ」である。ヤツというのは時刻を表す呼称で、現在の一三時から一五時の間である。現在のオヤツの三時は八ツの終わり七ツの始まりに当たる。浮世草子や滑稽本などにも見える言葉であり、江戸時代に始まるものであろう。

京・大坂では本願寺さんの太鼓が八ツの時刻を告げるので、「お」を冠しておやつといったらしい。

および

秋の野に　咲きたる花を　指折り　かき数ふれば　七種の花（『万葉集』巻八―一五三七番）

山上憶良の著名な歌である。「指折」はふつう「オヨビオリ」と詠まれている（『童蒙抄』は「ユビオリテ」と詠む）。万葉以後の例を挙げると、『伊勢物語』（二四）に「おゆびの血して書きつけける」とあり、『拾玉抄』（二）に「およびをおりて数ふれば」とある。林笠翁の『仙台間語』（日本随筆大成一期―一）は、細川幽斎の『伊勢物語疑抄』が「およびは小指なり」としたのを批判して「是亦何事ゾヤ」といい、「小ノ仮名ヲ也、仮名サヘ違ヘリ」と酷評し、さらに『和名抄』を参照している。

指［和名由比云於与比］俗手指也、　［和名於与比乃万太］指間也、拇［於保於与比］大指也、食指［比止佐之乃指］第二指也、中指［奈加乃於与比］第三指也、無名指［奈奈之乃指］第四指也、季指［古於与比］小指、第五指也

加えて、幽斎は『枕草子』や『和名抄』を見なかったのだろうともいっている。

ちなみに、『枕草子』七六「沓の音、夜一夜聞ゆるが、とどまりて、ただ指一つして叩くが、その人なりと、ふと聞ゆるこそをかしけれ」とあり、同一五一「うつくしきもの」に「二つ三つばかりなるちごの、急ぎて這ひ来る道に、いと小さき塵のありけるを目ざとに見つけて、いとをかしげなる指にとらへて、大人などに見せたる、いとうつくし」とある。

折と重箱　おりとじゅうばこ

折箱や重箱に料理を詰めてお花見に行ったのは、ひとむかし以前のことであった。折とは折櫃の略で、木を曲げて作るのでオリというのだとの説がある。折重《おりじゅう》・杉重・ふち高《だか》ともいい、折詰めの場合はフタを水引などで結わえて抑えた。

『看聞日記』永享四年（一四三二）五月十六日条は、

「饅頭折一合、茶子折色々六合〔有レ台、絵色々、殊勝也〕」と見える。脚つきの折であり絵が描かれていたと思われる。

江戸時代、天保十三年（一八四二）の物価書上では、笹折七寸・桜の皮〆（二四文）、同八寸・桜の皮〆（三一文）、同七寸・桜の皮〆なし（二〇文）、同八寸・桜〆なし（二七文）とある。笹折とは、折の底に篠を敷いたものであろうという。

重箱は衝重《ついがさね》や食籠《じきろう》から起こったものであろうという。衝重は古代の食器台で、台の三方に穴をあけたものが三方《さんぽう》で、四方に穴をあけたものが四方《しほう》である。室町中期の『尺素往来』には「重箱」は見えず「食籠」のみ見え、戦国期の『節用集』には重箱が見える。江戸時代には物見遊山が盛んになり、重箱は珍重された。二重から五重までであり、内面は朱漆塗り、外面は黒漆塗りで蒔絵や螺鈿を施したものもあった。

オルガン

オルガン（ORGAN）、正しくはオーガンと呼ぶべきであろうが、わが国ではオルガンと称してきた。また、オルガンといえばパイプオルガンをさすが、わが国ではキャビネット・オルガンやリード・オルガンという小型の箱型オルガンをいう。オルガンは自由弁楽器でアコーディオンやハーモニカと同類である。もとオルガンは器械道具の意で、語源はギリシア語のオルガノン（organon）にあり、ドイツ語はオルゲル（orgel）、フランス語はオルグ（orgue）、スペイン語はオルガノ（organo）である。

オルガンは紀元前二世紀頃アレキサンドリアのテクシビオスによって発明されたが、水力で空気を圧縮するものであった。五世紀はじめに銅または青銅のパイプが作られ、ビザンツ帝国ではオルガン製作や演奏が盛んに行われていた。やがてこれが西ヨーロッパに伝わり、十二世紀にイギリスのウインチェスター寺院に本格的なパイプオルガンが作られた。十三世紀には三オクターブの鍵盤のあるパイプオルガンが作られ、十四世紀には小規模のパイプオルガンが普及した。ポルタティブ・オルガンで、左手で鞴《ふいご》を操作し、右手で演奏する携帯用であった。十六世紀にはリード・オルガンができた。オルガン音楽の最盛期は十七世紀から十八世紀で、バロック・オルガンが用いられた。

わが国には天正七年（一五七〇）巡察師ヴァリニアーノが来日したときはじめて舶来した。有馬・臼杵・安土に設けられたといわれている。そして慶長六年から十八年までの間、長崎の修道院や有馬セミナリオでオルガンが製作されたらしい。

近代に入って明治十三年（一八八〇）音楽取調掛のアメリカ人メーソンがオルガンを将来し、横浜の西川虎吉がリード・オルガンを作り、同十四年には東京の才田光則もリード・オルガンを作った（東京芸術大学に現存する）。二十二年に田中正平が純正調オルガンを作り、二十三年山葉寅楠が内国勧業博覧会にオルガンを出品して一等賞を取り、三十年にいたり日本楽器製造会社（のちの山葉楽器会社）を設立した。かくして三十年頃には小学校の唱歌の時間にはオルガンが使われるようになった。昭和五年（一九三〇）河合楽器もオルガン製造を始めた。私が小学校に入学した九年頃には低中学年の教室にはオルガンがあり、音楽室にはピアノが備えられていた。

第二次世界大戦後、三十三年に日本ビクター会社が国産の電子オルガン（エレクトーン）を発売し始め、オルガンは家庭にまで普及するようになった。

オルゴール

ポルトガル語の Orgel に起源するわが国での呼称。発音訳語は「自鳴琴」、英語では Musical Box である。発音体である振動板（リード）を回転するドラムに植えた長短の針を弾いて音楽を演奏する自動装置である。宝石箱・時計・ドアーチャイム・玩具やネクタイピン・カフスボタンなどのような小さいものに装置されたものもある。

現在のようなオルゴールは二〇〇年あまり前にスイスで作られ、わが国には、寛政十二年（一八〇〇）に来日したヘンドリック・フーズがもち込んだのがはじめといわれる。嘉永五年（一八五二）江戸深川でチャルゴロと称して見世物にされ、文久年間（一八六一～六四）時計師小村伝四郎が日本の曲譜に合わせて作っている。

オルゴールには、電池で小型モーターを動かすものと、バネ仕掛けで動かすものとがある。わが国の主生産地は長野県諏訪地方で、外国へ輸出もしている。

温　室　おんしつ

温室は英語の GREEN HOUSE の訳語である。その発想は古代ローマ時代にあり、雲母《うんも》板を用いた温室があったという。近代の温室誕生の地はイギリスで、一六八七年（貞享四）暖炉で保温するガラス窓つきの温室が作られている。それは将軍綱吉が生類憐《しょうるいあわれ》みの令を出した年に当たる。

わが国では、寛政九年（一七九七）松平久四郎が江戸で温床を作り野菜の促成栽培を行い、将軍に献上した。文化五年（一八〇八）には炭火で暖を取ることも試みられた。明治三年（一八七〇）東京渋谷の開拓使用地内（いまの青山学院大学のところ）にガラス張りの温室が作られた。『新聞雑誌』（八二号）は「邸中煉化石ヲ以テ長サ十五六間、幅三間程ノ室ヲ築キ、ガラスヲ以テ屋根ヲ覆ヒ、室中ヲ二筋ニ分ケ、中ニ鉄樋ヲ通シ外ヨリ湯ヲ焚キ、此温室内ニ満チ恰モ夏日ノ如シ」と報じた。

明治六年、ロンドンで温室を見た成島柳北は『航西日乗』に次のように書いている。

「草木穀菌等の博物場に遊ぶ。中にパアルムストフ有り。其の大なる巨屋の如く、玻璃を以て囲ひ、内に檳榔・椰子・竹等の熱帯産の物を栽培す。室内鉄管に湯を注し、昼夜暖気を通す。」

明治八年東京新宿の農事試験場に一一〇平方メートルの西洋式温室が建てられ、同十二年駒場野農学校には長さ一〇間、幅二間の温室が三四六円かけて建てられた。同二十一年には横浜の植木会社が温室を建てたが、これは営利目的の温室の始まりであった。同三十四年愛知県三河方面で野菜類の温室栽培が始まり、大正七年（一九一八）農商務省は野菜・果実の温室栽培実験に着手した。

こうして温室栽培は定着していったが、個人の住宅でも、観葉植物などの鑑賞のために温室を構えるものが多くなり、一種のステイタスシンボルとなった。第二次世界大戦後、都市における共同住宅（アパート）住まいの人口が増加し、ベランダにささやかな温室を設置する者もあった。しかし、賃貸の公団住宅でのベランダ利用は最高裁判所の判例で否定されている。

温室をウンジツと読むと、これは湯屋《ゆや》・湯殿のこととなる。湯屋は浴場で、釜で湯を沸かしてこれを湯槽に移して入浴するもの、また釜の下から薪をくべて沸かし入浴するもの、——これを水《すい》風呂という、現在私どもがいうオフロはこれに当たる。

しかし、フロにはいまひとつ蒸《むし》風呂もある。これには、釜屋湯を沸かして蒸気を送り込む方式と、すのこの下の石を焼いてこれに水をかけて蒸気を充満させる方式のふた通りある。

かつて大寺院には必ず温室が備えられていたらしいが、今でも東大寺や法華寺に遺構を見ることができる。

温泉療養　おんせんりょうよう

温泉の効能　『出雲国風土記』は、玉造《たまつくり》温泉について記し、多くの人びとが集まり酒宴をひらいているという。「一度温泉で洗うと、容姿は端正となり、再び湯につかると万《よろず》の病はことごとく癒《い》える。昔からその効験は明らかで、土地の人びとは神の湯だという」と風土記は記す。また仁多《にた》郡の漆仁《しつに》川のほとりにある薬湯も効能ある温泉で、男女・老少多くの人がやってくるという。伊予国の道後《どうご》温泉や伊豆国の湯本温泉・伊豆山《いずさん》温泉・湯河原温泉なども古くから著名であった。

万葉歌人山部宿禰赤人は伊予国の石湯《いわゆ》（道後温泉）に赴き長歌をよんでいる（巻三—三二二番）。それより半世紀以上むかし斉明天皇七年（六六一）額田王は石湯で天皇にかわり歌をよんだ。「熟田津《にぎたつ》に　舟乗りせむと　月待てば　潮もかなひぬ　今は漕《こ》ぎ出でな」巻一—八番）という有名な歌である。赤人は、その事実と額田王の歌をふまえて作歌したのであった。紀伊の牟婁《むろ》の温泉や摂津の有間（馬）の温泉も古代には著名であった。天平七年（七三五）新羅からの帰化人である尼理願が亡くなったとき、大伴家の老女主人石川命婦《みょうぶ》は「餌薬《じやく》の事によりて有間の温泉に行きて、この喪に会はず」——病気療養のために有間（馬）温泉に行っていて、葬儀に居合わせなかったという（巻三—四六〇番・四六一番）。

温泉療養願い　天平十年の駿河国正税帳（『大日本古文書』二）に、つぎのような記事がある。

依ㇾ病下二下野国那須湯一従四位下小野朝臣上一口従十二口六

郡別一日食為単柒拾捌日上六口従七十二口

従四位下小野朝臣某が、病気療養のため、下野国那須温泉に赴くべく、従者一二人をともなって駿河国を通過したときの費用が、国の正税から支出されたことを示している。一三人で六日分、のべ七八人分の食料が支出された。その量は不明であるが、当時一般の例では、食稲・酒・塩が給与された。諸国では、国内を通過する公務を帯びた役人たちの食料等を負担することになっていた。たとえば、防人《さきもり》の難波津まで送る防人部領使、某国の正税を調査するために遣わされた使、陸奥国から都に馬を送りとどける部領使、陸奥国から摂津に俘囚を送りとどける部領使、都にのぼる朝集使などの使者、そしてもちろん国内を巡回する役人や僧侶の費用、なかには、亡くなった役人の遺骨を都に送りとどける骨送使の費用もあった。

官人の休暇に関する法律は「仮寧令《けにょうりょう》」で、それによると、六日に一日の休暇と、五月・八月の一五日間の田仮《でんか》（農業休暇）、三年に一度の三〇日間の長期休暇が与えられることになっていた（本書「勤務時間と休暇」の項を参照）。病気も当然理由となる。小野朝臣某は病気療養のため、那須温泉に赴くことを申請したのである。こうした申請に対しては、つぎのような許可証が与えられた。

太政官符　大宰府
応レ聴二往還一某姓某丸向二其国温泉一事
右、得二其人解一偁、云々者、某宣、奉レ勅、依レ請者、府宜承知、依レ宣施行、符到奉行
弁　史
年　月　日
（『朝野群載』巻二十）

これは、大宰府の役人某丸が解《げ》（上申文書、この場合は休暇願）をたてまつり、温泉で療養したいと願ったのにたいして、天皇の許可が出たことを大宰府に通達したものである。病気療養のための温泉行きが公に許可されたのだから、当然その費用も国から支出されることになる。

太政官符　某国
可レ給二正税一千束一事
右、某宣、奉レ勅、某朝臣為レ治レ病向二温泉一、宜以二彼国正税一千束一給レ之、亦充二食四人一具二馬四疋一、令レ得二往還一者、国宜承知、依レ宣行レ之、路次国亦准レ比、符到奉行
弁　史
年　月　日
（『朝野群載』巻二十一）

これは温泉所在の国に正税一〇〇〇束（＝籾一〇〇石＝玄米五〇石）の支出を命じたもので、食料・馬を給与し、また途中の国ぐににも同様に命令を下したものである。

小野朝臣牛養　さて、天平十年、那須温泉に療養にでかけた小野朝臣とは誰であろうか。これを小野朝臣牛養《うしかい》とみる説が有力である。牛養は霊亀二年（七一六）正月従五位下に叙され、神亀元年（七二四）五月従五位上で鎮狄《ちんてき》将軍に任ぜられ出羽の蝦夷の平定を命ぜられたが、十一月末には征夷持節大使藤原宇合《うまかい》とともに都に帰っている。五年五月正五位下に叙され、天平元年（七二九）二月の長屋王事件のときは右中弁（正五位下）で、長屋王邸に赴き窮問している。その八月従四位下を授けられた。九月に皇后宮大夫になり、二年九月葛城王とともに催造司監に任ぜられた。「本官如レ故《もと》」というように兼官であった。催造司という官衙は性格がはっきりしない。平城宮造営に関わる官司かとも思われるが不明である。＊

皇后宮大夫だったかれは、病気になり、特別な計いで温泉療養が認められたのではないかともいわれているが、証拠だてる史料があるわけではない。それにしても、平城京から下野国那須温泉までとは、ずいぶんの長旅である。病気療養のためとすれば、余りにも長旅にすぎる。何か特別な理由があったのだろうか。

＊　催造司は神亀元年（七二四）三月二十三日に創置された（『続日本紀』巻九）。なお、天平四年二月二十二日に薨去した中納言従三位阿部広庭は、「兼催造長官知河内和泉等国事」であったという（同巻十一）。但し、『懐風藻』では「催造宮」と「宮」の字が入っている。

か　行

開襟シャツ　かいきんしゃつ

襟を折り返して開いた型のオープン・シャツで、ネクタイを着用しない略装として用いられる。わが国では昭和六年（一九三一）六月、報知新聞社主催の夏服簡単化座談会が開かれ、同新聞七月一日号に、開襟服選定の懸賞募集を行うと発表した。

犬丸徹三（帝国ホテル支配人）、蜂谷栄之助（三越洋服部長）、新居格（評論家）、東郷昌武（生活改善同盟会代表）、並木伊三郎（文化裁縫女学校長）、永井清（東京大学教授）、今和次郎（早稲田大学教授）その他各界の意見を徴し、三越洋服部と文化裁縫女学校が二〇種余の型を考案し、そのなかから選び決定した。

湿度の高いわが国では開襟シャツ姿は歓迎されたが、しかしこれは略装であって、背広にネクタイという基本は崩れなかった。

第二次世界大戦中は、とくに南方での作戦に、従来の詰襟型の軍服は不向きであり、開襟シャツが採用された。私が入校した陸軍予備士官学校でも普段は開襟シャツ姿であった。

近頃は、省エネルギーの観点からノーネクタイで仕事をすることが多くなった。

海水着　かいすいぎ

水泳・水浴のときに着用する。単に水着《みずぎ》ともいう。十九世紀半ば頃、フランスのドウビル、ベルギーのオスランド、イギリスのバースに海水浴場が開かれ、水着の着用が見られるようになった。女子の水着は膝丈《ひざたけ》の服の下にブルマーをつける形のものであった。

わが国では明治初年に海水浴場が開かれた当初は、男は褌《ふんどし》、女は襦袢《じゅばん》に腰巻であったが、無地や横じまの前ボタンどめの水着も現われた。ドレスの延長のような、上半身は袖の細いシャツのようなもので、腰から下はズボンというかっこうであった。大正から昭和初期には女性の水着は露出部が多くなり、昭和十年（一九三五）頃からは、ブラジャーとショートパンツの二部式のものとなった。

第二次世界大戦後は、ビキニ・スタイルが流行し、トップレスのものまで現われた。男性の水着は上半身裸体のショート・パンツ式が普通となった。

海水浴場　かいすいよくじょう

海水浴場を定義すると、行楽のための海水浴や日光浴、またマリン・レクリエイション設備を持った海浜のこと、ということになる。しかし、海水浴の始まりは病気療養のための潮湯治《しおとうじ》にあった。江戸時代末期の『尾張名所図会』（前六）に「暑気の頃は、遠近の諸人此海浜に出て潮水に浴し、しかして又、巌上に憩ひなど、終日にいく度も出没する事、五日、七日する時は、あらゆる諸病を治す、是を世に大野の塩湯治と云ふ」とある。大野は現在の愛知県常滑《とこなめ》市内にある。

明治に入り、十三年（一八八〇）脚気治療を目的とした海水浴適地として兵庫県須磨一の谷海岸があげられている。十四年には、愛知県立病院長後藤新平が『海水効用論　附海浜療法』を著し、千鳥ヶ浜に海水浴場を開いた。十八年、神奈川県大磯の海水浴場が開かれたが、これはレジャー目的であった。

以後、各地に開かれるが、警察は風紀上の観点から男女の混泳を禁じたりした。昭和四年（一九二九）国鉄は神奈川県逗子海水浴場に海の家を建設し、乗車券と海の家利用券をセットにして売り出した。海水浴が盛んだったのは同十年頃までで、戦争の時代になると下火となり、十九年には海水浴は禁止となった。第二次世界大戦後、二十五年頃から復活してきたが、高度経済成長の蔭で水質汚染の問題が起こり、海水浴に適さない海岸も多くなった。五十一年の調査では全国三九一カ所のうち八三カ所は遊泳不適当とされていた。

懐中時計　かいちゅうどけい

坂本竜馬はしゃれ者で、イギリス製の懐中時計を持っていたという。しかし、彼は単にしゃれて懐中時計を持っていたわけではあるまい。艦船操縦上時計は必需品だったのである。遠洋航海では、艦船の位置を知るためには緯度と経度の測量は不可欠である。経度は子午線《しごせん》上に位置する恒星の観測で行われるが、経度の測定には正確な時計（クロノメーター）が必要であった。テンプバネで制御した時計であるが、現在では水晶発信器を用いた精度の高いものが作られている。

クロノメーターをはじめて作ったのは、ジョン・ハリソン（John Harrison　一六九三〜一七七六）で、懐中時計はその一種であった。文久二年（一八六二）オランダに留学した大野規周は、製作技術を学んで帰った。和時計の生産地であった東京と名古屋で懐中時計の生産が行われた。明治二十五年（一八九二）服部時計店の精工舎が設立され、三十一年から懐中時計の生産が始まった。

懐中時計には銀の鎖などをつけ、一端をボタンに結び時計を胸のポケットに入れるのは、明治・大正の風俗であった。しかし実際に懐中時計を持つ者は少なく、三十五年頃から腕時計が普及すると懐中時計の生産は減少した。

第二次世界大戦後は、懐中時計はほとんど姿を消した。しかも機械による大量生産で時計の価格は急落し、腕時計は小学児童にまで及ぶ時代になった。

回転木馬　かいてんもくば

メリーゴーランドの訳語のひとつである。というのは、明治時代には訳語としていまひとつ「快回機」があったからである。

以前、デンマークのコペンハーゲンのチヴォリ公園に行ったことがあった。公園といっても遊園地であるが、昼は子どもたちの遊び場だが、夜は大人の遊び場になっている。射的やモグラ叩きなどいろいろあったが、回転木馬もあった。大人たちが、恥ずかしげもなく子どもじみた遊びに興じていたのは面白かった。

メリーゴーランドの別名はカローセルである。カローセルは十七世紀に流行した馬上試合のことで、馬を飾り立てて試合に臨むが回転木馬の馬も同様に飾られていたのである。

わが国にはじめて登場したのは明治三十六年の第五回内国勧業博覧会（大阪）のときで、『風俗画報』はつぎのように書いている。

「快回機は、美術館右側、体育会場に隣せる空地に建設せられたる運動機にして、木馬に跨がり、愉快に回転する機械なり。此の木馬は別に据え付けたる発動機によりて、運転するなり。」

と。そして料金は一回五銭であった。

解剖《かいぼう》

学生の頃、医学部に通っていた友人に頼んで解剖室を見学したことがある。その日の強烈な印象というよりショックの大きさは今でも忘れない。その日は夕食がのどを通らなかった。医学教育の初期段階必須の項目というが、素人から見ると、このハードルはなかなかの難関だ。

ヨーロッパでは、ルネサンス以降、人体解剖に基づく記録が流布する。わが国では十四世紀はじめに梶原性全が著した『頓医抄』のなかに内臓図が掲載されているが、これは実際に所見に基づくものではなく、中国の知識に拠るものであった。わが国初の解剖図は、宝暦九年（一七五九）に刊行された山脇東洋の『蔵志』である。山脇は宝暦四年閏二月七日官許を得て京都六角獄舎で処刑屍体の解剖を観察し門人に観臓図を作成させたのであった。

その後各地で屍体の解剖が行われたが、なかでも明和八年（一七七一）江戸の千住小塚原で杉田玄白・前野良沢らが立会って行われたものが名高い。杉田らはオランダ語の解剖書（ターヘル・アナトミア）を携えて臨み、付図と所見の符合に深く感動した。杉田は同志とともに『ターヘル・アナトミア』の翻訳を行い『解体新書』として刊行した。翻訳の苦心や経緯について記述した『蘭学事始』（一八一五年）は著名である。

街路樹《がいろじゅ》

街路樹といえば、パリのマロニエ、わが国では銀座の柳が有名である。東京銀座に柳が植えられたのは明治十三年（一八八〇）のことだといわれる。もっとも、最初は柳ではなく、明治六年に黒松と桜を植えたのが始まりで、それを、のちに植えかえたのだという。しかし、わが国の都市の街路樹の始まりは銀座ではなくて、実は、明治二年か三年に、横浜で松を植えたのが最初である。さすが横浜は日本の玄関といわれただけあって、近代的な都市の装いを早くから持っていたのである。

明治より前、江戸時代には、東海道の松並木とか、日光の杉並木のように、街道に樹を植えることはあったが、町の中の道路に樹を植えることはなく、江戸の町にも街路樹はなかったのである。ところが、意外なことに、古代の都には街路樹があった。

平城京の街路樹　奈良の都より以前、持統・文武天皇時代の都は、大和盆地の南の耳成山の南側につくられた藤原京であるが、この都は、それまでとはちがって、中国の都城制にならった計画都市であった。ここに、街路樹として橘が植えられていたというが、確かなことではない。

元明天皇の和銅三年（七一〇）三月、都は奈良平城にうつる。平城京は藤原京の三倍半の広さを持つ大規模な計画都市であるが、大内裏の正面の門である朱雀門から南端の羅城門まで、三・七キロメートルにおよぶ朱雀大路が延びていた。朱雀大路は、幅二八丈（約八五メートル）というから、二四車線の堂々たる道路である。大路の両端には、幅約四メートル、深さ約一メートルの溝が走っており、街路樹はその溝にそって植えられた。最近の発掘調査によると、朱雀大路には、小石を敷いたり、あるいは瓦を敷くなどの、いわゆる舗装は行われていなかったらしい。したがって、雨がふればぬかるみとなり、反対に晴天が続けば砂ぼこりがたつという代物であった。

——話はとぶが、江戸の町にも舗装道路はなかった。江戸でも、ぬかるみと砂ほこりのくりかえしであった。だから、商店などでは、晴天続きだと、しょっちゅう店の前の道路に水をまかなければならなかった。商店の下女や小僧が水をまく風景は、このような環境から理解できるのである。

さて、朱雀大路のとてつもない広さは、何のために確保されたのか。ひとつには、国家的な儀式、パレードを行う場として構想されたのであり、外国の使節らの一行が行列を組んでやってくる広場としての機能を持たされていたのであろう。(1) その美観のうえからも、街路樹が必要であった。

いうまでもなく、平城京は、東西に走る大路（条）と南北に走る大路（坊）によって方格に区切られていた。東西・南北の大路は幅約二四メートルで、朱雀大路同様に、街路樹を植えた。樹は柳で、これは唐の長安の都で槐（えんじゅ）と柳（楊）を植えたのにならったのであろうか。また、平城京には東の市と西の市という、国立マーケットがあったが、『万葉集』（巻三―三一〇番）にはつぎのような歌がある。

　東の市の植木の木垂るまで　逢はず久しみ　うべ恋ひにけり

東の市（左京八条三坊にあった）には大きな柳があって、枝が垂れ地面に届くほどになっている、成長した柳の枝が大地に届くほど長い間あなたにお逢いしないのですから、恋しく想うのも当然でしょうというのである。

街路樹の管理　平安京の街路樹もやはり柳で、道路の両側に約一五メートル間隔に植えられていたらしい。大路に面している建物は官庁や貴族・官人の邸宅などであるが、柳を植える費用はかれらの負担であった。平安初期の漢詩集『凌雲集』に収められた多治比真人貞清の詩に、柳が邸宅の屋根をかくすほどに繁茂しているとうたい、また『催馬楽』に「新京朱雀のしだりのしだり柳」とあり、承和三年（八三六）七月、朱雀の柳に落雷があったことなどから（『続日本後紀』）、その様子をうかがうことができる。なお、『万葉集』（巻十―一八五〇番）につぎのような歌がある。

　朝な朝な　吾が見る柳鴬の　来るて鳴くべき　森に早やなれ

毎朝わたしが見ている柳の木よ、鴬がきて鳴くような「もり」になれというのである。辞典を見ると、「もり」とは木が多く茂った所とある。ふつうにいう「森」のことという。しかし前掲の歌の場合、どうも落ちつかない。毎朝眺めている柳の木は複数ではなく、一本であるにちがいない。それが「もり」になるとは、どういうことか。この「もり」は一本のこんもり茂った木をさすのである。一本の巨木を「もり」という例は各地に見出されるという。(2)

貞観四年（八六二）三月、政府は、京内の坊門ごとに兵士一二人を置いて警備に当たらせたが、それによって、盗賊の横行を防ぐなどのみならず、柳の枝を折る者を取締ることができると述べている（『類聚三代格』巻十六）。朱雀大路の柳を保守するために四人の植木屋（というべきもの）が雇われた。四人には手間賃（功）と食料（米一升二合と塩一勺）が与えられた。

果樹並木　街道に樹を植えることは、天平宝字三年（七五九）東大寺の僧普照《ふしょう》の献策により始まった。普照は遣唐使にしたがって渡唐し、二〇年もかの地に学び、奈良唐招提寺をひらいた鑑真《がんじん》を日本に招いた僧である。普照は、街道を往来する人びとが、夏は木かげに暑さをさけ、また、のどのかわいたとき果物をとって食べることができるよう、果樹を植えることをすすめた（『類聚三代格』巻七、天平宝字三年六月二十二日乾政官符）。奈良時代、諸国から調庸を都に運ぶ百姓らが、往還に苦労を重ねていたことは周知のところで、普照はそれら運脚の辛苦を救おうとしたのである。『延喜式』（巻五十）には、諸国の駅路のかたわらに果樹を植え、往還の人びとの休息の場とし、もし水のないところでは井戸を掘れといっている。樹を植える一方で、これを無雑作に伐り倒す者もいて、禁制を加えている（『類聚三代格』巻十九、弘仁十二年四月二十一日太政官符）。街道の並木がどれほど普及したものか、明らかではない。(3)

注

（1）　広場といってもヨーロッパの都市の広場とは全く異なる。朱雀大路に面した邸宅は、いずれも高い土塀をめぐらしている。だから道路は塀に囲まれた空間で、昼は馬牛をはなし飼いし、夜は盗賊のたまり場になるなどといわれる（『類聚三代格』巻十六、貞観四年三月八日格）。

（2）　板橋倫行『万葉集の詩と真実』（淡路書房新社、一九六一年）一四九頁。

（3）　瀧川政次郎『日本社会経済史論考』（日光書院、一九四七年）五七頁以下。

顔　かお

顔は人間の看板だから、顔が立ったり、顔が利《き》いたり、売れたりするのは良いが、顔が潰れたり、泥を塗られたりしては困る。相手の顔のようすによって心の動きを察するのを「顔色をうかがう」というが、高貴な人の御意《ぎょい》、思召《おぼしめし》で「御気色《みけしき》を候《うかが》う」という用語は古記録類に頻出する。「けしき」には兆候とか、きざしの意があり、そこから、「少しであること」「わずかであること」の意でも用いられる。「秋風は気色ふく《（吹）》だにかなしきにかきくもる日はいふかたぞなき」（『和泉式部日記』）という使い方である。

案山子《かかし》

〽山田の中の一本足の案山子
　天気のよいのに蓑笠着けて
　　朝から晩までただ立ちどおし
　　　歩けないのか山田の案山子

　これは昔の『尋常小学唱歌（二）』（明治四十四年六月）に収められた唱歌の古典である。『和漢三才図会』（三十五）は「加賀子」の訓をつけ、「僧都俗称　鳥却俗、止利乎止子」と記す。また『物類称呼』（四）「かゝしわら人形なり」とし、各地の方言を紹介している。『古事記』（上）は「山田之曾富騰」と記し、『古今和歌集』（十九）の読人しらずの歌に「山田のそぼづ」、『古事説』（三）に「山田モルソウヅ」とある。

　この「かかし」＝僧都について『下学集』（下）は「在二秋田一驚二水鳥一器也、或搗レ米器也、備中国温川寺玄賓僧都始造焉、故世俗名レ之謂二僧都一、或説曰、有二倭歌一、又云世話者謂二之兎鼓一云々」と解説している。案山子の姿は『一遍聖絵』に描かれており、そこでは弓を持っている。民俗的には、カカシは山の神が田に下ったときの姿であるとする。

架　橋《かきょう》

　『延喜式』（巻五十・雑式）に、山城国宇治橋用に、毎年近江国から一〇枚、丹波国から八枚の板を送れと規定している。板の規格は、長さ三丈（約九メートル）、幅一尺三寸（約四〇センチメートル）、厚さ八寸（約二六・四センチメートル）である。また同じく山崎橋については、摂津国・伊賀国から各六枚、播磨国・安芸国・阿波国から各一〇枚の板が貢上された。こちらの規格は、長さ各二丈四尺（約七・三メートル）、幅一尺三寸、厚さ八寸である。財源には所出国の正税（利稲）を以てあてた。板の請取人は山城国で、おのおの返抄（請取状）を出した。これらの用材は修理用材であって、新造のための用材ではあるまい[1]。

古代令制下では、橋の造築のためには造橋使と称される臨時の官が置かれた。延暦十五年（七九六）八月、内兵庫正従五位下尾張弓張に命じて佐比川橋を造らせ（『日本後紀』巻五）、翌年五月には弾正弼文室波多麿をして宇治橋を造らせ（『日本紀略』前篇十三）、弘仁三年（八一二）六月、使を遣わして摂津国長柄橋を造らせた（『日本後紀』巻廿二）。造橋使の構成がわかるのは貞観十二年（八七〇）五月の造山崎橋使の場合で、散位正六位上臣勢四輔が使に任ぜられ、その下に判官一人・主典二人が置かれた。(2)

山崎橋の保守のためには橋守が置かれた。橋の両端に置き、また橋の近辺の「有勢人」に命じて検校させた。馬に乗ったまま橋を渡る者があり、禁止の牓示を橋頭にたててもききめがなかった。糞土積り橋の損桁の原因となるから禁ずるとし、また「河上蔵屋」(3)や舟が洪水のとき流れて橋にぶつかり、破損の原因となるので、舟は橋の西（橋よりも下《しも》の方）に繋留し、また流散した材木はただちに繋留するようにせよと命じている。夜間炬火《たいまつ》を持って渡橋することも禁じた（『類聚三代格』巻十六、天安元年四月十一日太政官符、同貞観十五年正月二十三日太政官符）。火災を恐れたのである。

注

（1） 小山田了三『橋』（法政大学出版局、一五九一年）は、板の一枚の長さ（三丈と二丈四尺）から宇治橋・山崎橋の全長を推測しているらしいが、これはどうか。一枚の板の幅はわずか四〇センチメートルで、これでは人間が往き交うこともできない。各国から貢上される用材は修理用であることは明白であろう。

（2） 泉河（木津川）にかかる樺井橋（現在の玉水橋付近と推定される）は仮橋で、毎年九月上旬に造り、翌年三月下旬に撤去した。雨期での橋の維持が困難だったためと思われる。架橋の財源は除帳得度田地子稲（一〇〇束）で、山城国司が東大寺の工人らをひきいて築造・撤去を行った（『延喜式』巻五十・雑式）。

（3） 倉庫であろうが存在形態など未詳。

かぎろひ

『万葉集』巻一—四八番は、

東の　野にはかぎろひ　立つ見えて　かへり見すれば　月かたふきぬ

である。右は、伊藤博の訓みによるものであるが、むかし小学校の教科書にこれが掲載されていて、傍線の部分は「東の野にかぎろひの立つ見えて」とあった。この読みは賀茂真淵『万葉考』によるものという。真淵以前は「あづまのの　けぶりのたてる　ところみて」と読んでいたという。「炎」をカギロヒと読み、ふつう「春燃える陽炎」をいうが、「ここは結句との関係から見て、東の空からさしそめる朝日の光りをいう」と伊藤博は注する（『万葉集全注』巻一）。「西度」も「カタブキヌ」のほか「（ツキ）カタブケリ」「（ツキ）ニシニワタル」の訓みもあって確定しない。

格式　かくしき

現代ではカクシキと読む。辞典によると、身分・家柄・地位・資格などをいう言葉である。また、身分や家柄によって公に定められた儀式やきまりをもいう。同様な意味あいで、和歌・文章をつくる上でのきまり、規格のことをもいう。

この用語、元来法律用語であって、「格《きやく》」と「式」の複合語である。格とは「格は則ち時を量《はか》りて制を立て」（弘仁格式序）といい、「格は臨時の詔勅なり」（僧尼令・義解）というように、律令の規定を時勢の推移に従って改訂するものである。そして、式とは、「式は則ち闕《か》けたるを補い、遺《お》ちたるを拾う」（弘仁格式序）といわれることから、式と格を同質と考え、式を律令の施行細則と考えるのがふつうである。しかし、格は律令を改廃補足するもので、式は律・令・格の施行細則と見るのが正しい。式が格と同質ではなく、格に従属するものであったことは、式が格を破りえなかったことでも明らかである。

古代の格《きやく》・式《しき》は、弘仁十一年（八二〇）に格一〇巻、式四〇巻として完成し、その後補訂して天長七年（八三〇）に成った。これが弘仁格式である。ついで貞観十三年（八七一）に施行された貞観格があり、さらに延長五年（九二七）に完成した延喜式がある。以上を三代の格式と呼ぶ。

拡声器　かくせいき

スピーカー speaker の訳。ラウド・スピーカーともいう。電気エネルギーを音響的エネルギーに転換し、音波を放出する装置。ラジオ・テレビ・レコード再生装置などにも用いられる。ただし現在ではラジオのスピーカーはほとんど使われない。携帯用のものはハンド・マイクと呼ばれ、学校の運動会や小集団行動（たとえばデモ行進）などで用いられる。劇場などで用いられるスピーカーは、高音用と低音用に分けてひとつの箱に収めた組み合わせスピーカーを用いることが多い。

　大正十二年（一九二三）三月、東京の品川駅で用いられたのが早い例で、当時はスピーカーを「高声電話機」といった。

角帽　かくぼう

　いうまでもなく、上部が角型の大学生のかぶる帽子であるが、現在、角帽をかぶる学生はほとんどいないから、見たことがないという人もいるかもしれない。帽子の前額部に所属する大学の徽章をつけた。ただし、官立大学はすべて同型の徽章であった。

　明治十八年（一八八五）東京大学の学生の間で、学生の堕落防止のためにと制帽の議が起こった。もっとも当時は大学は東京大学しかなかったのであるが、目印となる帽子をかぶらせて自覚を持たせようとしたのである。学生山口鋭之助と和田義睦によってデザインされ、総理（総長）加藤弘之の許可を得て少数のものがかぶり始めた。そして明治十九年三月の帝国大学令公布により文部省は公式に制帽と定めた。当時は大学予備門の学生もかぶっていたという。

　角帽の値段は大正時代には三〜四円、昭和に入り五〜六円というところであった。ちなみに、大学に入学した昭和二十三年、私は八〇〇円で帽子を買った。

家訓　かくん

　家訓とは、「家」の存続や繁栄を願って書かれるものであるから、「家」意識が稀薄になっている現在では、いまさらという感もある。

　家の意識がたかまるのは平安時代からであるといわれるから、家訓の成立もその辺りにあったと考えられる。天皇家は特別ともいえるが、嵯峨天皇（七八六―八四二）

の遺誡と称するものや宇多天皇（八六七―九三一）のいわゆる寛平御遺誡《ごゆいかい》などがあり、藤原氏では、藤原師輔《もろすけ》（九〇八―六〇）の九条殿遺誡がある。

武家の家訓では、北条重時（一一九八―一二六一）の家訓と称するものが知られている。商家の家訓として初期のものに博多の商人島井宗室（一五三九―一六一五）の遺言状がある。宗室の遺言状は、①一生の間、誠実・律義であるべきこと。②五〇歳までは後生願うこと無用。③博打《ばくち》・双六など賭けごとは無用である。④四〇歳まではぜいたく無用。⑤四〇歳までは、人をもてなしたり、人の招待に応じてはならない。⑥他人の持つ道具を欲しがってはならない。⑦友をえらぶべきこと。⑧用もない所へわけもなく出入りしてはならない。⑨日常必要な物は自分で買いに出かけ、なるべく値切って買うこと。⑩下人・下女はすべて盗人と心得、目を離してはならない。⑪朝夕の飯米を節約せよ。⑫遺産の処置について。⑬商売怠らず、資産をふやすよう努めよ。⑭早寝・早起きを心がけよ。⑮旅行の心得。⑯寄合の心得。⑰夫婦なかよく資産を築くべきこと――などを述べ、最後に「付《つけたり》」として「何事に付ても、病者にては成まじく候、何時成共、年中五度六度不断灸治・薬のみ候ずる事」と加える。

〈参考文献〉小沢富夫『家訓』（講談社文庫、一九八五年）、宮本又次『近世商人意識の研究』（有斐閣、一九四一年）、阿部猛『鎌倉武士の世界』（東京堂出版、一九九四年）

かし

『万葉集』巻七―一一九〇番は、

舟泊《は》てて　かし振り立て、　庵《いほ》りせむ　名児江《なごえ》の浜辺　過ぎかてぬかも

同じく巻二十―四三三一番は、

青波に　袖さへ濡れて　漕ぐ舟の　かし振るほとに
　さ夜ふけなむか

である。問題は「かし」である。「可志」「可之」とあてる。木下正俊（『万葉集全注』二十）は『和名抄』の「我牱、加之、所以繫舟也」を引き、舟をつなぐ棒杭のこととする。「振る」とは、「浅瀬にしっかり突きたてるために、舟の上から勢いよく振り下すこと」という（伊藤博『萬葉集釈注』二、四一四頁）。

元来は船具のひとつであったものが、船つき場に固定

されていた杭《くい》もカシと呼ぶようになり、やがて河川の船着場をカシと称し、「河岸」の字をあてるようになったものと思われる。

菓子　かし

『日本国語大辞典』によると、菓子とは、「食事以外にたべる甘味などの嗜好品」とある。間食、おやつということになる。しかしたとえば、十四世紀の『庭訓往来《ていきんおうらい》』には、

　菓子者、柚柑、柑子、橘、熟瓜、沢茄子等、可二随レ時景物一也、伏兎《ふと》、曲《まがり》、煎餅、粢、興米、索麪、糒等、為二客料一可レ被二用意一

とあり、少し古い『類聚雑要』には、「菓子八種、餅、伏兎、鈎《まがり》、大柑子、小柑子、橘、栗、串柿」とあり、くだものとくだもの以外の食品を併称している。

　平安初期の『続日本紀』（天平八年十一月丙戌条）は「橘者菓子之長上」と記し、『日葡辞書』は「Quaxi クワシ」を「果実」と説明し、江戸時代、西鶴の『好色一代女』は「菓子の胡桃を床のぬり縁にて割りくひ」と書いている。

　もと菓子といえば木の実を指していい、のちに餅菓子類が加わる、さらに後世になると、菓子といえば餅菓子のこととなり、本来の菓子（くだもの）は水菓子《みずがし》と呼ばれるようになった。十九世紀後半に成立した『守貞謾稿』は「［桃・柿・梨・栗・柑子・橘］の類を京坂にて和訓を以てくだものと云、江戸にて水ぐわしと云也」という。私の父は明治二十八年（一八九五）山形県生まれであったが、「水菓子」といっていた。

下若　かじゃく

「カジャク」又は「ゲジャク」と読む。中国浙江《せっこう》省長興県の地名である。美酒の産地であったので、酒の異称となった。『太平御覧』（宋代の書、十世紀末成立）に所見し、『明衡往来』（『雲州消息』ともいう、平安後期の成立）にも見え、『吾妻鏡』文治二年（一一八六）五月十四日条に「（前略）藤判官代邦通等、面々相二具下若等一向二静旅宿一、玩レ酒催レ宴、鄙曲尽レ妙、静母磯禅師又施レ芸云々、景茂傾二数盃一、聊一酔」とある。『実隆公記』

享禄二年（一五二九）八月四日条に「本覚寺召㆓寄一壺㆒、古酒下若之味也、於㆓帥方㆒各賞翫」とあり、明応六年（一四九七）正月記紙背・押小路師富書状に「雖㆑無㆓上林下若之御儲㆒、聊被㆑追㆓石鼎城南之名疏㆒之条、不㆓楚忽㆒不㆓胡乱㆒、珍重珍重」とある。

酒の異名は多い。三輪《みわ》、三木《みき》、ささ、九献《くこん》、霞、三遅《みめぐり》、般若湯《はんにゃとう》、硯水《けんずい》などともいう。『実隆公記』明応七年三月二十八日条に「宗祇法師送㆓青州一壺㆒、可㆓賞翫之由謝遣了㆒」とある。青州は「青州従事」の略で美酒のことである。文明本『節用集』や『上井覚兼日記』（天正十二年五月二十一日条）などにも所見する。

中世には、酒造りの店の名や寺社名、地名などで呼ばれることが多かった。「柳」は京都の酒屋柳屋に由来し、「天野」は河内国天野山金剛寺、「菩提山」は大和国菩提山寺により、「奈良酒」「南酒」「南樽」「山樽」とも呼ばれた。「百済寺」「百済寺樽」は大和国百済寺による。「豊原」は越前国坂井郡の地名であり、「菊酒」は加賀国の名酒で、地名により「宮越」ともいわれた。「練貫」は筑前博多の名酒、「江川」は伊豆国の名酒、「堺樽」は和泉国堺の名酒、「平野」は摂津国平野郷の名酒であった。

「かじる」ことの効用　かじることのこうよう

「かじる」といっても、リンゴをかじるというような意味ではない。国語辞典を引いてみると、「かじる」の意味のひとつに「物事のほんの一部だけを学ぶこと」とある。この意味である。

「いいえ、一寸かじっただけですから」といえば謙遜の辞だが、「一寸かじったくらいで、何がわかるものか」というのは非難の言葉である。

急に話を変えて申し訳ないが、私は「登山」というものをしたことがない。山といえば家族連れで登るハイキング程度のものしか経験がなく、ザイルやピッケルを使う登山は全く知らない。山が嫌いというのではなく、実は機会がなかったのである。中学生のときに機会があったのだが、どういうわけか都合が悪くてチャンスを失ったのが、そもそもであった。学生時代に登山らしいものを経験しておけばよかったと後悔している。かじり損ねたのである。

大学では歴史学を専攻したが、雑学好みで、雑多な書物をかじり読みした。友人が私の部屋の書棚を見て、「お前の専攻は何だ」というほどであった。辞典のいうように「ほんの一部だけ」学ぶわけだが、いま思うとこれがよかった。

若いときにあれこれかじっておくと、後年きっと役に立つ。雑学とは、よくいえば幅広い勉強であり、むしろ推奨すべきことだと思う。

入口だけでものぞいておくと、あとで本格的に勉強しようとするときに、おっくうがらずに入り込むことができる。若いうちから「専門家」になる必要はない。せまい勉強は「大成」を阻害する。

カステラ

子どもの頃は、病気にならないと食べられない上等なお菓子であった。試みに昭和十年（一九三五）頃の値段を見ると、一斤《きん》入り一箱が一円から一円二〇銭もしたのだから、貧乏人が普段食べるものではなかった。病気になると、おかゆ・たまご・バナナ、そしてお見舞いにいただくのはカステラであった。

このスポンジ・ケーキは、戦国時代にポルトガル人によって長崎に伝えられた、いわゆる南蛮菓子のひとつである。カステラはカステラ・ボーロの略称であろうと思われるが、カステラの名称は、スペイン北部の王国カステラを意味するポルトガル語の Castilla に基づくものという。カスティリアの語源カスティロスは国境の城の意であるという。

「和《わ》漢《かん》三《さん》才《さい》図《ず》会《え》」は加須底羅の製造法について次のように記している。

按ズルニ、浄麺一升、白沙糖二斤、鶏卵八箇ノ肉汁ヲ用ヒ、溲和スルニ銅鍋ヲ以テシテ、炭火ニテ熬リ、黄色ナラシム、竹針ヲ用ヒテ窠孔ヲ為リ、火気ヲ中ニ透ラシム、取リ出ダシテ切リテ用フルヲ、最モ上品ト為ス

江戸時代、京・大坂や江戸に広まったが、京都油小路の菓子商萬屋《よろずや》五兵衛は自家製カステラの効能を次のように書いた。

御用《もち》いやう、御菓子のみにあらず、暑気の節は冷泉にひたして御用い、酒肴には、大根おろしわさびの

類にてご用い、酒の二日酔いによし、旅行に田津さえて水の代りによし、日々これを用ゆるに、五臓を調和して虚損を補理するの功あり、よって老いて衰へず、遂に百余歳の天寿をたもつ。

まさに誇大広告である。カステラには湿り気と卵のにおいがあり、江戸ではこの特徴が好まれず、卵と砂糖を減らした、さっぱりとした味のカステラが作られた。

風の龍田　かぜのたつた

『万葉集』巻九―一七四八番の歌はつぎの如くである。

我が行《ゆ》きは　七日は過ぎじ　龍田彦　ゆめこの花を
　風にな散らし

右の歌は、神亀三年（七二六）～天平四年（七三二）間、藤原宇合に従った高橋虫麻呂が大和―難波往復の間に詠んだものである。『万葉集』では、この歌の前に長歌があり、その反歌として作られた。

龍田彦は、龍田神社の祭神、風の神である。強風の通り道に当たる地に風の神を祀ることは古くからあったと思われるが、天武四年（六七五）に龍田祭は国家祭祀となった。大和川をへだてた地に鎮座する広瀬社の祭祀と一対をなしていた。

現在、龍田神社の例祭は四月四日で、瀧祭と称して、大和川で梁《やな》をかけて魚を捕らえ、それを本社に奉献してのち再び放流する神事が行われる。また六月二十八日から七月四日までは風鎮祭がある。*

「神祇令」には「風神祭」と見え、「令義解」は「亦広瀬龍田二祭也、欲レ令二沴風二不レ吹、稼穡滋登、故有二此祭一」といい、『延喜式』神祇一―四時祭上には、「風神祭二座〔龍田社、七月准レ此〕」とあり、祭の所用の品物などを列挙し、そのあとに「右二社、差二王臣五位已上各一人、神祇官六位以下官人各一人一、充レ使〔卜部各一人、神部各二人相随〕国司次官以上一人、専当行レ事、昂令諸郡別交易、令供進贄二荷、其直并米酒稲、並用当国正税、自外所司請供、但鞍随レ填供進」とある。

また『延喜式』巻八には「龍田風神祭」祝詞が収められている。

＊　阿部猛ほか『平安時代儀式年中行事事典』（東京堂出版、二〇〇三年）参照。

火　葬　かそう

遺体を焼いて骨を葬る葬法。荼毘《だび》に付すという。世界的に見て、葬法には土葬・火葬・水葬・風葬などがあり、わが国では土葬と火葬がふつうであった。中国やインドでは古くから火葬が行われ、この風は仏教徒に継承され、古代朝鮮でも広く行われた。

わが国では『続日本紀』（巻一）文武天皇四年（七〇〇）条に道照の火葬のことを記し、「天下の火葬此より始まれり」というのが文献上の初見である。

しかし、考古学的知見によれば、これ以前に民間で火葬の行われていたことが明らかにされている。しかし本格的な火葬の習いは奈良時代からであろうと思われる。

かたぎ

ふつう「気質」の字を宛てる。「気質」をなぜ「カタギ」と読むのかと久しく疑問に思っていた。「むかし気質」とか「職人気質」などと多用されるが、「カタギ」とは何か。

近世初頭の『日葡辞書』は「カタギ」を「ならわし」と説く。また『甲陽軍鑑』は「形儀」として、顔やからだつき、容姿や身のこなしの意に用い、「容儀」「形気」（『浮世草子』）の字が宛てられる。気質を「カタギ」と訓むのは江戸時代からだという。

おそらく語源的にはカタギとは型の木のことで、布に模様を染め出すときに使う、模様を彫り込んだ板のことである。型木を使えばつねに同じ模様を染めだすことができる。これが規範とか規格の意で用いられ、古く平安時代初期の『日本霊異記』にも「楷模」（カタキ）と見え、『大慈恩寺三蔵法師伝』にも「規」とある。律儀《りちぎ》で堅実な仕事をしている者を「堅気《かたぎ》」と呼び、ばくち打ち、やくざと対比する呼称としたのも江戸時代からである。

片　聞　かたきく

秋の野の　尾花が末《うれ》に　鳴くもずの　声聞くらむか
　片聞け我妹（『万葉集』巻十―二一六七番）

「片聞」については、「ヒトリ」「カタキ」「カタキク」、「カタキケ」などと訓まれる。意味も、ひとり聞く、不十分に聞く、一心に聞くなど幾通りかの理解がある。ふつうは、「よく聞く」「一心に聞く」と理解されているようであるが、確定したものではない。「片」は「一方」で、ひとりであり、また「聞」を命令形で訓まねばならぬ理由は何か、妻が独りで聞いている、では不可なのか。

肩車《かたぐるま》

肩を車に見立てていう言葉であり、方言も、カタクマ（兵庫）・カタクルマ（大阪）・カタンマ（伊豆）・クビコンマ（福島）などが残っている。シャンコ・シャコ（宮崎）は飾り馬の鈴の音に因んでいる。カタクマは『日葡辞書』にも見え、「カタクマニノル」と記されている。文献上の所見は江戸時代以降に限られるが、この語は少なくとも中世後期からのものであろうか。

柳田國男の推理によると、小児が人の肩や馬の背に乗ることは祭りの際に見られる姿であり、神事に参加する子どもは、足を地につけてはいけないという観念が働いており、土を忌む風習は広く見られたという。花嫁を夫の家に迎えるとき、花嫁を抱きあげて戸口から入る風習なども、その点から説明される。

また、肩車をサルコボンボ（石川）・サリャキューキュー（富山）・サルカケ（福井）というのも、肩車が猿曳が肩に猿を据えている様子を模している（『肩車考』柳田國男全集22）。

一手わざ《かたてわざ》

テレビドラマの時代劇で、渡辺謙が演じる御家人松平斬九郎は、名門の家ではありながら微禄であるため、「かたてわざ」と称する内職をしていたという。

『日本国語大辞典』を引くと、「かたてわざ」とは、①片方の手でするわざや仕事、②片手間仕事、とある。この場合は②に近いがちょっと違う。

『万葉集』巻三―四四三番に、

……たらちねの　母の命は　斎瓮を　前に据ゑ置き
て　片手には　木綿取り持ち　片手には　粗栲奉り
平けく　ま幸くませと　天地の　神を祈ひ祷み
……

とある。「片手には」の原文はいずれも「一手者」である。「片（一）手」に対して「両（二）手」は「まで」である。「左右」と書いても「まで」と読む。

刀狩《かたながり》

天正十六年（一五八八）七月八日付で出された豊臣秀吉のいわゆる刀狩令は名高い。

條々

一、諸国百姓等、刀わきざし弓てつほう其外武具のたぐひ所持候事、かたく御停止候、其仔細は、不入たうくあひたくわへ、年貢所当を難渋せしめ、自然一揆を企、給人に対し非儀の働をなす族勿論御成敗あるへし、然は其所の田畠令不作、知行ついゑになり候之間、其国主給人代官等として、右武具悉取あつめ可致進上事

一、右取をかるへき刀わきさしついゑにさせらるべき儀にあらす、今度大仏御建立候釘かすかいに被仰付へし、然は今生之儀は不及申、来世まても百姓たすかる儀に候事

一、百姓は農具さへもち、耕作を専に仕候へは、子々孫々までも長久に候、百姓あはれみをもって如此被仰出候、寔国土安全万民快楽の基也、異国にては唐堯のそのかみ、天下を令鎮撫、宝剱利刀を農具に用いると也、本朝にてはためしあるへからす、此旨を守り各其趣を存知、百姓は農桑を精に入へき事、

右道具急度取集可致進上、不可油断候也

天正十六年七月八日　（秀吉朱印）

この刀狩令以前にも武器没収のことは行われていた。天正十三年四月、秀吉は朱印状を以て高野山について「武具鉄炮以下」を置くことを禁じ、多武峯でも「弓ヤリテツハウ具足甲大小刀」を没収した。さらにさかのぼれば、天正六年に柴田勝家は越前において「農兵共所持する所の兵器を残らず取集め、農具にして渡し」たという。これは一向一揆対策であった。

武器所持の禁令ということであれば、これより以前、古代にも存在したが、秀吉の刀狩に直接つながるのは、既述の事柄に尽きる。

〈参考文献〉藤木久志『豊臣平和令と戦国社会』（東京大学出版会、一九八五年）

かたより

片搓《よ》りに　糸をそあが搓る　わが背子が　花橘を
貫《ぬ》かむと思《も》ひて（『万葉集』巻十―一九八七番）

「片搓り」について阿蘇瑞枝（『万葉集全注』巻第十）は「一本の糸で片方だけから搓りをかけること」とする。伊藤博（『萬葉集釈注』五）は「普通の糸は二本搓りであるのに対して、一本のまま搓りをかけた弱い糸」と解説する。武田祐吉（『万葉集』上、角川文庫）は「一本の糸を搓って」とし、『万葉集全注』中は「一本で糸をよること」とする。中西進（『万葉集』(二)、旺文社文庫）は「糸は二本より合せて作るが、一方だけからよって」とする。小学館『万葉集』二は「普通の糸は二本搓り合わせてあるのに、一筋だけ搓りを入れることをいう」とする。『日本国語大辞典』（小学館）は「糸を縒るとき、片方の糸にだけ縒りをかけること」とする。『古語大辞典』（小学館）は「糸などを、両方からでなく、片方だけから縒りを掛けること」とし、『岩波古語辞典』も同様である。

語る　かたる

「語る」とは、話をする、思うことを述べる、ことである。文章をふしをつけて読むことをもカタルという。同類の言葉にカタラウがある。カタリアウであるが、こちらは少し意味が異なる。

たとえば「不善の類を語らい雇い、昼夜を論ぜず殺害の計を企て」とか「国使を相語らい、寺領に乱入せしめ、住人を凌礫す」など、誘い込んで仲間に引き入れ、悪事をたくらむという悪いイメージを伴う。古代・中世に用いられてきた言葉である。

「カタライック」といえば、うまく言い寄ること、「カタライトル」とは、言いくるめて仲間にすることである。語り合う、相談するという意味合いがないわけではないが、中世以降はマイナスイメージをもって用いられる。

学期　がっき

ラジオの音楽番組を聴いていたらリクエストがあって、

つぎのような歌が流れた。但し、運転中だったので、タイトルや歌詞をメモすることができなかった。「故郷の母」というような題だったかもしれない。

遠く離れた故郷の母をうたったもので、「学び終わりて　秋がきて」こんど故郷に帰ったら二人で月を眺めましょうというような、なんとも感傷的な歌であった。

問題は「学び終わりて　秋がきて」である。おそらく、息子は東京の学校（大学?）で勉強していたのである。それが卒業して故郷へ帰る日のことを想うているわけである。卒業のシーズンが夏ということなのである。解説しているアナウンサーはこのことにふれず、あいまいに話をそらした。これは、かつて大学の卒業の時期がいまとは違っていたことを知らないと理解できない。

明治のはじめ、小学校・中学校・師範学校の入学時期は一定せず区々であったが、大学（帝国大学）は九月を学年始めとしていた。明治二十年に至り、高等師範学校・師範学校が四月入学制を採用し、二十五年になって、小学校が全国的に四月入学制をとった。ただ、学年を四月一日～翌年三月三十一日と明文化したのは実に明治三十三年のことであり（小学校令施行規則）、中学校についてはその翌年に明文化された（中学校令施行規則）。

しかし、明治四十二年には、土地の状況に応じて九月入学も認められたが（小学校令施行規則改正）ほとんど採用されなかったという。四十四年には、中学校の九月入学制も認められた（中学校令施行規則改正）。そして、高等学校・大学の入学期を四月と定めたのは、実に大正十年のことである。これは、同七年の臨時教育会議の答申を受けたものであった。

その後、入学期が変更されたのは太平洋戦争中の昭和十七年で、大学は十月入学となった。これは、その前年、大学・高等学校・大学予科・専門学校・実業専門学校の在学年限を当分の間、六か月以内短縮できるという勅令が出たためで、大学・専門学校・実業専門学校は三か月短縮して十二月卒業となった。高等学校・大学予科は六か月短縮で九月卒業であった。

さて最初に戻って、ラジオの「故郷の母」（?）の場合はどうであろうか。この歌の作られた時期を明らかにしないのであるが、大学の学生であれば大正十年以前のことに属する。

恰　好　かっこう

「あの男、カッコイイ」「あいつカッコつけてさあ」などという。恰好の「恰」は「あたかも」の意であるから、恰好は「あたかもよし」ということになる。姿・かたちをいうのである。『日葡辞書』はgacco アタカモヨシ。すなわち、「ニヤウタ　コト」（似合ったこと）とある。

　現在でも「これは恰好の贈物だ」「彼に恰好の仕事だ」「年恰好が良い」などという。これらは原義にそう用法である。物の値段について、「値段は恰好だ」ともいう。ちょうどころあい、ちょうどいいというのである。姿・かたちの意味での用い方は、近松門左衛門（一六五三―一七二四）の作品にも見えるから、少なくとも江戸初期までさかのぼるであろう。

学校給食　がっこうきゅうしょく

D　学校給食はすっかり定着しているようですが、正直いって私にはよくわからないところがあるんです。そもそも、なんて大上段にふりかぶるつもりはありませんが、衣・食・住というのは生きていくための基本みたいなものでしょう。合宿生活ならば別ですが、衣・食・住は家庭単位で用意されるものですよね。「食べる」ことが何で学校教育の中でこれほど重んじられるのでしょうかね。

Y　私など給食で育ってきたものですから、余り疑ってもみませんでしたが、どういう問題でしょうか。

D　だいぶ前に、「米飯給食を」とまた言われだした頃、ある雑誌（『文部時報』）を見てましたら、「人間形成のための学校給食」「体を育てるための学校給食」「教育としての食事」なんて言葉が眼にとびこんできて、私は少なからず驚きました。しかも、学校給食は勤労体験学習だという文章があるのには全くびっくりしたんです。少し気負いすぎじゃないですか。

Y　現場の教員は、実質はともかく、給食を重要な教育の一部と考えていますし、その在り方をめぐって研究も盛んに行われています。ただ昼食をたべるというふうにはとらえていません。

D　でも、食事のしつけなどというものは本来家庭で行われるものだし、それぞれの家庭での考えやしきたりに従ってやるものでしょう。「人間形成のための学校給食」なんて言われると抵抗がありますね。父親や母親に対する信用がないといえばそれまでですが、しかし学校が家庭の教育権（しつけ権）を奪うというかたちでしょう。

Y　それほど大げさには考えていないと思いますよ。しかし、この頃の母親たちはお弁当を用意できない人が多いし、給食をやめたら大変なんじゃないでしょうか。

D　そうかもしれませんが、それは転倒した議論ですよ。給食は手抜きの母親のためにあるわけではないし。

Y　でも、発育期の子どもたちの栄養のバランスを考えた食事の必要はあるし、その点での功績はあると思いますが。

D　でもねえ、給食は三食中の一食でしょ。逆に言えば、家庭の食生活の体系を給食が破壊しているともいえませんか。

Y　もちろん、家庭と連絡をとりあって考えているわけで、給食が独走しているわけではありません。

D　以前、新聞（『朝日新聞』）に、学校給食は栄養素重視で、それを食べる人間を視野に入れていないという、栄養士さんの反省の言葉が載っていました。「栄養学」を基礎にした主張がつよく、いわば「食事学」がないというもので、なるほどと思いました。その新聞にも出ていたんですが、「オカーサンハヤスメ」という言葉があるそうじゃないですか。

Y　ええ。オムレツ、カレー、サンドイッチ、ハンバーグ、ヤキソバ、スパゲティ、メンチカツですね。いずれも洋風で濃い味つけですね。子どもたちは確かにこういうものが好きですね。安価で大量に作るとなると、とくにヒキ肉を使った料理が多くなるでしょうね。

D　またオーバーなといわれるかもしれませんが、国民の殆どは給食の経験があり、しかも発育期の大切な時の体験はのちの人生に大きな影響を与えると思いますね。だいたい給食の献立にはやわらかいものが多く、固いものがない。あかちゃん・老人食みたいだって言う人もいますよ。「体を育てるための学校給食」なんて言うけれど、逆じゃないですか。

Y　厳しいことをおっしゃいますね。確かに一種の偏食を作りだしている点がありますね。学校内でも意見がないわけではないですが、変えていくのはなかなか困難ですね。いつでしたか、全国一斉にカレーの給食をしようという運動がありました（昭和五七年一月二二日）。言いだしたのが全国栄養士協議会で、文部省もあと押ししたんですが、そのさい協議会と大手食品メーカーとの癒着が云々されました。給食の体制はがっちりと組まれていて、ちょっとの議論では動きませんね。

D　政治や企業の立場が優先するようなことでは、「教育としての食事」というスローガンも空々しく聞こえますがね。

加点《かてん》

「点」といえば訓点を思い浮かべるのがふつうである。いまひとつは「合点」の点である。「加点」について後藤昭雄は、①訓点を施す、②文章を手直しすることの二つの用法を示す。①が常識であるが、②説もあることに注意をうながしている。『日本国語大辞典』を見ると、「点」の解説で「文詞の添削。和歌・連歌・俳諧の各句に批判・評価する記号。またその評価」とある。これから、後藤のいう②説は導くことができる（後藤昭雄「常識の陥穽」『日本歴史』七〇四号、二〇〇七年）。

合点《がてん》

「その件についてはガテンがいかぬ」とか「ガッテン承知」という。「ためしてガッテン」というテレビ番組もある。いうまでもなく、ガッテン・ガテンは了解する、承知したの意である。

「合点」とは、①もとは平安時代の日記などに見え、物品の点検をするときの目録や文字の肩につけるしるしである。②それが和歌・連歌・俳諧などを批評するとき、よしとするものに点をつけることに利用された。ふつう、鈎点ㇾ」をつけるが「点」には評価するという意味もある。③なるほどと承知すること、納得すること。「もっともしかるべきよし、がってん申されけるうへは、子細におよばず」（『保元物語』）。④事情をよく知っていることをいう。⑤心づもりして覚悟する。合点を含む言葉には、「がてんがいく」等の物事の事情がよく理解できるの意。但し用例としては、否定的に「合点がいかぬ」が多い。「がってんしない」というと、へこたれない、みだりに降伏しないの意で用いることもある。また納得づくのことを「がってんづく」ともいう。

蚊取線香　かとりせんこう

蚊遣《かやり》線香ともいう。キク科の除虫菊の乾花の粉末に、ふのりまたは柎《たぶのき》粉を混ぜて練り、渦巻状または棒状にした線香。青色をしているのは、マラカイトグリーンで着色したものである。明治二十三年（一八九〇）和歌山県の上山英一郎（一八六二～一九四三）がアメリカ人H・E・アーモアから除虫菊のたねを譲り受けたのに始まる。上山は渦巻状の線香を作って商品化し、大日本除虫菊株式会社を創立した。

わが国の蚊取線香生産高は昭和四十五年（一九七〇）に一二億巻に達したが、最近は電気蚊取器が普及して、線香の需要は減少した。

〈渦巻き型線香一箱（一〇巻入）の値段〉

大正　十年	二〇銭	昭和五十年	一七〇円
昭和　一	二三	五十三	二〇〇
五	二五	五十四	二三〇
十	二〇	五十五	二六〇
十五	四〇	五十六	二七〇
二十二	一九円	五十七	二八〇
二十五	八〇	五十八	二九〇
三十	一〇〇	五十九	三〇〇
三十五	一〇〇	六十	三二〇
四十	一一〇	六十二	三二〇
四十五	一〇〇		

かな

ひらがな　万葉仮名の草体をもとに作られたかな（「をんなで（女手）」と称した。平安時代女性がおもに用いたので「を表」を参照）。平仮名の称は意外に新しく、ロドリゲスの『日本文典』（一六二〇年刊）に見えるのが古い。個別のかな文字の存在ではなく、文字体系として成立するのは九世紀末～十世紀前半と思われる。

かたかな　万葉仮名の字画の一部分を省略して作った文字。現在の字体は明治三十三年（一九〇〇）の小学校令施行規則で定められた。片仮名の体系ができたのは十二世紀末頃と考えられ、それ以前には異体字が数多く用いられていた。古くは「かたかんな」といわれた。「カタ（片）」は不完全なものの意、字画を簡易化したり、

あ（安）	い（以）	う（宇）	え（衣）	お（於）
か（加）	き（幾）	く（久）	け（計）	こ（己）
さ（左）	し（之）	す（寸）	せ（世）	そ（曽）
た（太）	ち（知）	つ（川）	て（天）	と（止）
な（奈）	に（仁）	ぬ（奴）	ね（祢）	の（乃）
は（波）	ひ（比）	ふ（不）	へ（阝）	ほ（保）
ま（末）	み（美）	む（武）	め（女）	も（毛）
や（也）		ゆ（由）		よ（与）
ら（良）	り（利）	る（留）	れ（礼）	ろ（呂）
わ（和）	ゐ（為）		ゑ（恵）	を（遠）
ん（无）				

偏旁を省略することは古くからあったが（たとえば、部を阝、菩薩《ぼさつ》を卉、醍醐を酉酉、瑠璃を王王とする抄物書《しょうもつがき》）、万葉仮名の行書体や草書体から片仮名が成立した。

〈参考文献〉築島裕『日本語の世界　五　仮名』（中央公論社、一九八一年）

鐘撞免　かねつきめん

中世村落における鐘の意味についてはすでにさまざまな角度から究められている。弘安二年（一二七九）三月八日藤原家氏寄進状（『鎌倉遺文』十八巻一三五〇一号）は築後国西牟田村の一町一段を寛元寺に寄進したものであるが、その内容は修理田・鐘撞免田・鐘つき給田であった。すでに清水三男は『日本中世の村落』（日本評論社、一九四二年）で「村内の代表的な寺院の鐘が村民に時刻を報じ、その堂の維持、堂守の費用がこの鐘撞免田により賄れた事を思はせる。何か村中に異変があると、鐘をついて村民を集め村落会議が行はれるのが、中世末村落に広く見られる」として、鐘撞（突）免田の例を幾つか挙げた。本来、鐘は打楽器であるが、寺院では梵鐘として仏事に、また誓約の場の道具だてとして用いられた（『古事類苑』人部二、千々和到「『誓約の場』の再発見」『日本歴史』四二二号、一九八三年）。鐘を鳴らすのは神おろしの作法であろうが、時報また急を知らせる警鐘の意味もあった。土一揆に鐘をうち鳴らすことは周知のところである。

かびや

朝霞　鹿火屋が下に　鳴くかはず　声だに聞かば
我恋ひめやも（『万葉集』巻十―二二六五番）

「鹿火屋」については二種の説がある。①田畑を荒らす鹿や猪を追い払うために火をたきながら番をするための小屋、②蚊火屋で、蚊を近づけないために火をたく小屋、である。

あしひきの　山田守る翁が　置く蚊火の*　下こがれのみ　余が恋ひ居らく（『万葉集』巻十一―二六四九番）

「鹿火」「蚊火」と文字を宛てているが、意図的に異なる文字を宛てたのか判然としない。猪鹿を追うための小屋については、これを「鹿火屋」と称するならば、他の表現によらず、すべて鹿火屋とあってもよさそうなものである。しかるに、実際にはそうなっていない。

*　この「カヒ」については、「蚊やり」とする説（稲岡耕二『万葉集全注』巻第十一）と、猪鹿を近づけないための焚火とする説（伊藤博『萬葉集釈注』六）の二説がある。

歌舞伎　かぶき

日本を代表する芸能といえば、歌舞伎と能だという。歌舞伎は約四百年の歴史をもつ伝統芸能であるが、いうまでもなく役者はすべて男性である。しかし、かつてはそうではなかった。

十七世紀の初頭、慶長年間に出雲阿国《いずものおくに》（出雲大社の巫女とも、河原者ともいう）による歌舞伎踊りに発したが、「かぶき」とは「傾《かぶ》く」の名詞形であり、異装異様なアウトローをかぶき者と呼んだのである（「当代記」）。阿国の踊りは遊女たちに広まり遊女歌舞伎が大流行を見た。この女歌舞伎は風俗壊乱のかどで寛永六年（一六二九）

に禁止となった。かわって若衆が女役を演じたが、この若衆歌舞伎も男色《なんしょく》の故を以て承応元年（一六五二）に禁止され、結局野郎頭の役者だけで演ずる野郎歌舞伎となり、これが現在までつづいているのである。男性が女役を演ずるいわゆる女形（おやま）の芸が発達するのである。

〈参考文献〉林屋辰三郎『中世文化の基調』（東京大学出版会、一九五三年）、同『歌舞伎以前』（岩波新書、一九五四年）、服部幸雄『歌舞伎ことば帖』（岩波新書、一九九九年）

貨幣　かへい

貨幣には秤量《しょうりょう》貨幣と鋳造貨幣とがある。前者は秤《はかり》で目方をはかって流通させるものであり、ふつう貨幣といえば、後者すなわち硬貨を指していう。世界最初の貨幣は紀元前七世紀頃小アジア西部のリディア王国（紀元前五四六年滅亡）に始まるという。

概説的知識によれば、わが国古代では、一二回の貨幣鋳造が行われたとされるが、それを列記すると一四種

銭　文	銭種	発行年（西暦）
和銅開珎	銅銭 銀銭	和銅元（708）年
万年通宝	銅銭	天平宝字 4（760）年
大平元宝	銀銭	〃
開基勝宝	金銭	〃
神功開宝	銅銭	天平神護元（765）年
隆平永宝	〃	延暦15（796）年
富寿神宝	〃	弘仁 9（818）年
承和昌宝	〃	承和 2（835）年
長年大宝	〃	嘉祥元（848）年
饒益神宝	〃	貞観元（859）年
貞観永宝	〃	貞観12（870）年
寛平大宝	〃	寛平 2（890）年
延喜通宝	〃	延喜 7（907）年
乾元大宝	〃	天徳 2（958）年

で〈表〉のごとくである。従来、わが国初の鋳造貨幣は和同開珎とされてきたが、これ以前、おそらく天武朝に富本銭《ふほんせん》と称する銅銭が発行されたことが確かめられている。

南瓜　かぼちゃ

その呼称のとおり、カンボジアから中国を経てわが国に輸入された。『長崎夜話草』は、「紅毛詞ぼうぶらとい

ふ」とし、「長崎にも天正年中より普ねく農家で造り、唐人紅毛に売て生計とす、しかれども本草綱目等にも、毒ありて人に益なきよし見へたれば、恐れて世に食する人すくなかりし、近世は諸国に流布して、人毎に食す」とあり、『嬉遊笑覧』（十）は「かぼちゃの小なるを唐茄子と名付、はやり出しは明和七八年（一七七〇―七一）の頃なり、唐なすさつま芋の類は、初ものとて賞する人もなし、此二種享保（一七一六―三五）のころ迄は、江戸にはなきものなり、元文（一七三六―四一）のころより近国にて作り出す」と記す。

文化二年（一八〇五）七月、小石川音羽の石川辰之助は、直径二尺四寸、重さ三貫余の大形の南瓜を作った。珍しいということで、この南瓜を将軍の御覧に供したという。

蒲鉾　かまぼこ

蒲鉾・蒲鉾の字は十三世紀末の『名語記《みょうごき》』に見えるが、その文字からも想像されるように、その形は現在の竹輪《ちくわ》に類するものといえる。しかし室町時代のかまぼこは、使用した串が長さ五寸、先の広さ二寸、末の広さ一寸六分ほどで、串というよりバチ型の薄板である。板付蒲鉾に近い形ともいえるのである。現在のような蒲鉾は、十六世紀には作られていたものと思われる（『古事類苑』飲食部十五）。

裃　かみしも

上下とも書く。「かみしもを着《き》る」といえば、礼儀正しいが、堅苦しい様をいい、「裃を着た盗人」といえば、近頃多い汚職役人のことである。

裃は、ふつう、肩衣《かたぎぬ》と袴《はかま》を共布でつくり小袖の上から着た。肩衣の裾《すそ》を狭くして袴に差し込んだ。肩幅を広く取ることが流行し、鯨のヒゲを入れて肩を張らせたりした。応仁の乱の頃から始まったといわれるが、戦国時代には平時の略礼服として用いられた。もと生地は麻であったが、やがて木綿となり、江戸時代に入ると絹織物となり、十八世紀半ば頃には小紋の裃が流行したという。

江戸時代、礼服として長袴を用いるようになると、通常の袴を着けるものを半裃《はんかみしも》といい長袴と区別した。なお、肩衣と袴が共布でないものは継裃《つぎかみしも》と称した。

江戸時代、裃は無官の武士の礼服であり、村役人など身分ある庶民もこれに倣うようになった。現在では、伝統芸能や祭礼のときに用いられるのみとなっている。

髪結い　かみゆい

男女の頭髪を結いあげたり、月代《さかやき》やひげを剃《そ》ったりする職業、すなわち現今の理容師である。江戸時代、一銭職・一銭剃・髪結床《かみどこ》・浮世床などと称した。

髪結いが職業として成立したのは戦国時代からと思われる。もと男は総髪の束髪が冠下の髻《もとどり》であり、女子は下げ髪がふつうであったから、自分で結うか家人の手助けで十分であり、職業としての髪結いは必要がなかった。ところが戦国時代になると、被物《かぶりもの》で頭がむれるので月代をあける風習が定着し、露頂《ろちょう》といって無帽の状態が起こる。はじめは月代の毛を毛抜きで抜いていたが、天正（一五七三―九二）頃から月代を剃るようになった。

髪結いには、①橋詰や町の空地《あきち》で行う出床《でどこ》と②借屋で行う内床《うちどこ》、③そして道具を持って得意先を廻る廻り髪結いの三種があった。

文化十一年（一八一四）に書かれた小川顕道の『塵塚談』は、この二十年来、女髪結いというものが出現した、遊女は女髪結いに髪を結わせていたが、近年は一般庶民も女髪結いに結わせるようになった、万事、上方辺の悪風が世間に広まり、「人気はなはだいやしくなれり」と慨嘆している。女髪結いは十八世紀末頃に出現したらしい。

世に「髪結いの亭主」という言葉がある。稼ぎのいい女房のおかげで楽な暮らしをしている男の代名詞であるが、かくいわれるほど髪結いの収入は多かった。

草　かや

『万葉集』巻十一―二七六三番は、

紅《くれない》の浅葉の野らに刈る草《かや》の束の間も吾《わ》を忘《わす》らすな

である。右のうち「草」をふつうは「かや」と訓み「くさ」とは訓まない。その理由は、「原文『草』は、ここは屋根を葺くものなので意をとってカヤと読む」というのである（伊藤博『萬葉集釈注』一、六九頁）。確たる根拠があるわけではなく、かなり恣意的である。『夫木

抄　二十二』などは「かるくさの」と訓んでいる。『万葉集』巻三―三九六番は「陸奥の　真野の草原《かやはら》　遠けども　面影にして　見ゆといふものを」であるが、これについて西宮一民『万葉集全注』巻第三（三一七頁）は『草原』の『草』はクサ（これは雑草の意）ではなく、カヤ（茅・萱・薄などの総称）と訓む。雑草の原では名所にもならないからである」と注釈する。ふしぎな解説である。

蚊帳　かや

夏に蚊を避けるために蚊帳をつる。蚊帳は絹・紗《うすぎぬ》・麻製が普通であるが、紙製のものもある。

蚊帳はおそらく大陸伝来のものと思われるが、詳《つまび》らかではない。『播磨国風土記』や『日本書紀』に、応神天皇のときの話として見えるが、史実とは認められない。平安時代初期の『太神宮儀式帳』や『延喜式』には調度《ちょうど》として見える。十四世紀初頭の『春日権現験記《かすがごんげんげんき》』に、内部の透けて見える蚊帳が描かれている。

昔は、蚊帳の吊り方も現在とは異なり、竹ざおを井桁に組み布を吊り下げる方式であった。後に、紐をつけ、真鍮《しんちゅう》の環を釣手につけるようになった。おそらく江戸時代はじめからの工夫であろう。

室町時代末には奈良の特産品のなかに蚊帳が含まれ、貴族・武家社会では贈答品として用いられた。江戸時代には近江国の近江八幡が生産地として著名になり、萌黄染色・紅布縁の蚊帳が庶民の生活に浸透していった。しかし、近代になっても蚊帳はかなり高価なものであり、蚊取線香に頼る家も多かったのである。

〈六畳用の蚊帳の値段〉

明治四十五年	三円五〇銭
大正　十年	一六円
十二年	二〇円二〇銭
昭和　十年	一五円三〇銭
二十六年	五六〇〇円
四十二年	五〇〇〇円
六十二年	五万二〇〇〇円

通い大黒　かよいだいこく

大黒は大黒天の略であるが、もと厨に祀られた神であったから、寺院の飯炊き女をいい、また僧の妻のことをいう。通いの飯炊き女とはいうものの、実のところ通いの妾であり売笑婦である。

なお、大黒天は、インドでは三面六臂の忿怒の形相の戦闘神であったが、中国では唐代、柔和な食堂の守護神となった。わが国には護法善神として輸入された。

からかう

ふつう「揶揄《やゆ》」する、じらしてなぶることをいう。しかし、本来の意味は少し違うようである。「千たび心はすすめども、心に心をからかひて、高野の御山にまいられけり」（『平家物語』十）、「いよいよ心のはたらく事しづめがたけれども、猶とかく心にからかひて、其の年も暮れぬ」（『古今著聞集』十六）などと見え、押したり返したりどちらとも決しない状態で争うことをいう。また論争するの意で用いられ、坪内逍遙の『当世書生気質』では「事争（からか）ひながら」と読ませている。

国木田独歩『置土産』や夏目漱石『行人』などでは「からかひ半分」と用い、後者は「調戯」の字を宛てている。

仮校舎　かりこうしゃ

府立第十四中学校は新設校だったから校舎がなかった。普通ならば校地を用意して学校を設立するのであろうが、同一年度に何校も作るというので、あらかじめ用意はしていなかったのであろう。私の入った第十四中学校は、仮の校舎が青山五丁目にあった。それは元の青山師範学校の校舎だったもので、師範学校が世田谷下馬へ引っ越したあとが空いていたのである。青山通りからちょっと奥まって正門があり、東西に伸びた木造の校舎が幾棟か並んでいた。ここに、第十二中学、第十五中学、第十九高等女学校、青年師範学校、そして私たちの中学が居を構えていたのである。

正門は石造りで、てっぺんに電灯が灯るようになっていた。余談だが、毛沢東が勤務していた中国湖南省第一師範学校は青山師範をモデルとしたもので、正門の形までそっくりだと友人の中村義君が教えてくれた。私は一年一組で、正面の建物の一番左の教室がホームルームであった。中央の玄関を入って直ぐ左が職員室で、右の小さい部屋は校長室になっていた。廊下の北側には小使室と宿直室があった。女学校は東の方で、塀で仕切られていた。女学校との境には雨天体操場があったが、中学校の坊主どもは、用もないのにこの辺をぶらぶらし女学校をのぞき見たりした。運動場は中学校共用で、敷地の西側にあり、校舎の建っている土地より一段低く、しかも南に傾斜していて、雨降りの後は、運動場の五分の一ほどは水溜りになった。運動場の西は塀を隔てて善光寺の敷地で本堂の大屋根が聳えていた。

現在この地には都営住宅が建ち昔の面影は全くないが、敷地の東はずれに当たるところに、青山師範学校ありきという記念碑が建っている。

カレイ（加齢）

テレビのコマーシャルで、某医科大学の教員が、関節の痛みを和らげる栄養剤について喋っているが、その中に「カレイトトモニナンコツハ……」の行がある。

「ナンコツ」は「軟骨」と直ちにわかるが、気になるのは「カレイ」である。

「加齢」と宛てるのであるが、なんでこのような言葉を使うのだろうかと気になる。「歳《とし》を重ねるにしたがって」とか、「歳をとると次第に」「年齢とともに」などでは、何故いけないのだろうか。

昔の軍隊用語も「編上靴（あみあげのくつ）」を「へんじょうか」と音読みした。「上衣（うわぎ）」は「じょうい」、「袴下（ズボンした）」が「こした」であった。法律用語や官僚用語にもこのような類が多い。これはヤクザの隠語と同じで、特定の集団内で使われる符丁である。

以前、大学の管理職になって、びっくりしたことが沢山あったが、そのひとつに「シャ」というのがあった。事務部局の課長が来て、新しく制定する学内規定などを説明するのだが、「右の者は…と」いう部分を「ミギノシャハ…」と読む。「ミギノモノハ…」とは読まないのである。耳障りで仕方がないので問うと、「本省ではこう読みます」という。

人事の仕組みでいうと、出先（大学）の事務局の課長以上の人事は本省（文部科学省）が握っており、出先採用の事務官は課長補佐までしか上がれない仕組みになっていた。したがって、大学本部の課長以上の事務官と学部の事務長（課長補佐待遇）以下の事務官とでは文書の読み方も違うというわけである。隠語の使用は差別意識の表れであり、特権意識の表れでもある。軍隊で世間《せけん》一般を「娑婆」と呼んで区別したのもまさにそれであった。

カレーライス

カレーは日本人好みの食事である。子どもから大人までカレーを好む者は多い。CURRY は北インドのタミール語の KARI から転じたものという。もとの意味はソースであるという。カレー粉は、コリアンダー、ナツメグ、シナモンなどの香味料にコショウ、トウガラシ、ショーガなどの香辛料および着色料を加えたものである。明治七年（一八七四）刊の『西洋料理読本』にカレーライスの作り方が説明されており、同十年に東京風月堂がカレーライスをひと皿八銭で売り出した。

いまではカレーといえば中村屋だが、中村屋ははじめ東京帝国大学の正門前に開店し、のち新宿に移り、カレーライスで有名になったのである。同四十三年には京都の西洋料理屋万葉軒がひと皿一五銭で売り、大正八年（一九一九）東京銀座パウリスタでもカレーは一五銭であった。

やがてカレーは家庭の食事のなかに入っていく。大正十五年に浦上商店（のちのハウス食品）がホーム・カレーを発売し、昭和五年（一九三〇）キンケイ食品がカレー粉（ギンザカレーといった）を発売した。その前年、大阪阪急デパートの食堂でカレーの提供が始まり、これが目玉メニューとなった。

昭和六年に起こったC・Bカレー事件は、国産カレーが輸入品に劣らないことを証明した。イギリスから輸入されたC・Bカレーの中味が国産品とすりかえられて安価で売られたという事件であった。購入した人びとは輸入品と国産品の区別がつかなかったのである。

第二次世界大戦後、昭和二十五年には生産過剰に陥り乱売合戦に陥った。即席カレーは人気が高かった。のち昭和六十一年、日本航空はヨーロッパ線機内食にカレーライスを出すようになった。

ちなみに、日本人の好みはマイルド・カレーである。元来、本場のインド・カレーは肉の煮込みで、辛くて日本人向きではない。ところが植民地の本国であるイギリスでルー（小麦粉）を加えてとろみをつけるマイルド・カレーとなり、それが日本に持ち込まれて、肉を減らして野菜を増やし、ルーも増えて、さらに日本人の口に合うようになった。インド直輸入であったら辛すぎて普及しなかったかもしれない。

瓦版　かわらばん

テレビ映画を見ていると、ときどき瓦版売りが出てくる。瓦版とは、新聞あるいは号外のようなものであり、ニュース性のある事件・事柄について報ずる印刷物である。木版または土版木による印刷で、一枚刷りまたは数葉のニュース紙といえる。古くは「読売《よみう》り」といい、瓦版という呼称は幕末十九世紀からである。

伝存最古の瓦版は元和元年（一六一五）の大坂夏の陣を題材としたものというが、現物は存在せず模本しか残っていない。

土版木とは、瓦を造る粘土を干《ほ》し固めて軽く焼き版木として用いたものであるが、これが瓦版の称の起こりとする説もある、土版木印刷による伝存最古のものは天明三年（一七八三）の浅間山爆発のとき江戸で発行されたものである。瓦版の値段はサイズにもより区々であるが、一枚三文ないし四文であった。

漢音と呉音　かんおんとごおん

『漢語四方山話』（一海知義・筧久美子・筧文生著、岩波書店、二〇〇五年）を読んでいて、また漢音と呉音について興味を惹かれた。

元号の「明治」（めいじ）は呉音では「ミョウジ」、漢音では「メイシ」と読む。「メイジ」は呉・漢混合である。「大正」（たいしょう）は呉音では「ダイショウ」、漢音では「タイセイ」で、これも呉・漢混合、「昭和」（しょうわ）は呉音である。「平成」（へいせい）は漢音で、呉音だと「ヒョウジョウ」となる。

古代国家は、延暦十一年（七九二）以後、漢音を正音とし、漢文は漢音で読むよう促してきた。* 最近の元号でも「平成」のみ漢音だが、他はこの原則から外れている。明治の「教育勅語」の「徳器ヲ成就シ」の「成就」は「ジョウジュ」と読むが、これは呉音であり、正しくは漢音で「セイシュウ」と読むべきものであった。

なお、元横綱の「朝青龍」は「アサショウリュウ」と、「青」を呉音で読んでいる。ところが一方、「朝赤龍」は「アサセキリュウ」で、「赤」は呉音ではなく漢音で読んでいる。呉音ならば「アサシャクリュウ」とすべきところである。

＊『日本紀略』前編十三・延暦十一年閏十一月二十日条、『類従国史』百八十七・延暦十二年四月丙子条、『類聚三代格』巻四・延暦二十五年正月二十六日太政官符、その他。

漢学の素　かんがくのもと

中村敬宇。むかし中学校に入学してはじめて「漢文」なるものを習ったが、教科書に中村敬宇の文章があり、この名を覚えた。敬宇中村正直は幕末に昌平黌の教授となり明治に入って東京大学教授、女子高等師範学校長などをつとめた。スマイルスの『西国立志編』、ミルの『自由之理』などの翻訳でも知られる「その中村が、明治十六年（一八八三）四月、つぎのような文章を書いた。

「夫レ方今洋学ヲ以テ名家ト称セラル、者ヲ観ルニ、元来漢学ノ質地有リテ、洋学ヲ活用スルニ非サル者莫シ、漢学ノ素無キ者ハ、或ハ七八年、或ハ十餘年、西洋ニ留学シ、帰国スルノ後ト雖モ、頭角ノ嶄然タルヲ露ハサズ、其運用ノ力乏シク、殊ニ飜譯ニ至リテハ決シテ手ヲ下ス能ハサルナリ、……有用ノ人物ト推サル、者、漢学者ニ非サルハ無シ……」（「古典講習科乙部開設ニ就キ感アク書シテ生徒ニ示ス」『東京学士会雑誌』明治十六年四月）

中村敬宇は慶応二年（一八六六）留学生監督としてイギリスに渡ったことがある。ただ外国語をしゃべれるだけの「新知識」では役に立たない。東京大学に古典講習科を設置せよと主張したのは加藤弘之で、もちろん、西欧文化の急速な輸入による、わが国固有の文化の衰退を危惧したのであるが、前に引いた中村敬宇のような考え方が基礎に在ったのである。古典講習科の教科の中には「作文詠歌」があったが、文学部本科にも「和文学及作文」「漢文学及作文」があり、文章力の養成が重要な課題として考えられていたことが知られる（赤塚行雄『「新体詩抄」前後』第五章）。

知りあいの著名な英文学者がいつも歎いていたのを思い出すのである。「ちかごろの若い英文学研究者の翻訳は、まったくなってない、日本語を知らないいんだから」と言うのである。外国に留学して、日本の歴史や文化についての知識が欠如していることを痛感させられたという人も多い。

学生たちの古典理解力の低下は疑いようもないが、漢文を読む力は確実に落ちている。尤もこの点は、私なども立派な口はきけないのであり、まさに「漢学の素」に乏しいことを自覚している。

鰥寡孤独　かんかこどく

難しい言葉である。鰥は妻のない夫、寡は夫のない妻、孤はみなしご、独は老いて子のない者をいう。鰥寡惸《けい》独という言葉もあり、惸とは兄弟のない者の意。いずれにせよ、身寄りのないひとり者を意味する淋しい言葉である。

もちろん、この出典は中国にある。『漢書』黄覇伝に「鰥寡孤独、有㆘死無㆓以葬㆒者㆖」である。

『続日本紀』（巻三）慶雲二年（七〇五）十月壬申条に「遣使於五道除山陽西海道賑恤高年、老疾・鰥寡惸独、并免㆓当年調之半㆒」とある。

『続日本紀』（巻七）霊亀元年（七一五）九月庚申条に「天下諸社祝部等、賜㆑物各有㆑差、高年、鰥寡独疾之徒、不㆑能㆓自存㆒者、量加㆓賑恤㆒」とある。

『太平記』（巻三十二）に「天下鰥寡孤独の施行」と見え、古代・中世を通じて用いられた用語である。

カンカン帽　かんかんぼう

夏用の帽子で、麦稈帽《ばくかんぼう》、麦藁帽《むぎわらぼう》ともいう。カンカン帽は俗称である。堅く織ってあるので、この称があるという。植物繊維で帽子を作ることは古くからあったが、麦藁帽子は十九世紀後半から。

わが国では、明治五年（一八七二）横浜の町役人河田谷五郎が外国人の帽子を真似て作ったのが最初という。東京大森はみやげ品としての麦藁細工で有名なところであったが、その売れ行きが悪くなったので、考案されたのが麦藁帽だったという。

明治二十年代には婦人帽として流行し、日清戦争後には一般に普及した。普通の麦藁帽は一円五〇銭から四円五〇銭くらいで、一〇円以上のパナマ帽にくらべて、はるかに庶民的であった。

寒暖計　かんだんけい

現在見るような水銀寒暖計（温度計）は一七一四年（正徳四）ドイツ人ファーレンハイト（華氏《かし》）によって発明された。ガラス製の毛細管のなかに水銀を封じ込め、水銀の寒暖に応じて上下する性質を利用して温度を測るものである。一七四二年（寛保二）スウェーデン人セルシゥス（摂氏《せっし》）が、沸点を一〇〇度とする摂氏目盛の方法を創案した。

わが国には明和二年（一七六五）オランダのカピタン、F・ウィレムウィレケが持ち込んだ。これを見た平賀源内はその原理を理解して、明和五年に製作し寒熱昇降器と名づけた。零度から九六度までの目盛があり、二六度を寒、四八度を平、六四度を暖、八〇度を暑、九六度を極暑とした（華氏目盛による）ものであった。

弘化元年（一八四四）には国内で製造されていたと思われるが、幕末にはガラス製造所加賀屋から商品として販売されていた。また文久二年（一八六二）京都の白木某が三条烏丸西に工場をたて製造した。明治十三年（一八八〇）頃、山崎豊太郎はガラス細管作りの技術を外国人からも賞賛され、二十年頃には、その技は各地に普及した。

なお、温度計には、水銀温度計のほか、気体温度計、金属温度計、バイメタル温度計、輻射温度計などがある。

缶詰　かんづめ

食品保存の方法としての缶詰の発明は画期的なものといえよう。原料と調味料を缶に詰め、空気を抜き、密封・加熱（殺菌）したものという定義になるであろう。「空気を抜き、密封・加熱」ということであれば必ずしも「缶」でなくともよいわけで、実際はじめはびん詰めであった。一八〇九年フランスのニコラ・アペールが発明し、彼は一万二千フランの賞金を得た。びん詰保存食はナポレオン一世軍に採用された。一八一〇年イギリス人ピーター・デュランドがブリキ缶を発明したが、ブリキの缶詰は一八七四年（明治七）アメリカ人シュライバーによって完成されたという。

しかし一方わが国では、明治四年（一八七一）に松田雅典が長崎でイワシの缶詰を作ったといわれている。同十年開拓使はアメリカで技術を学んできた関沢明清に石狩工場でサケ・マス・イワシ・アワビ・タラバガニの缶詰を作らせ、松田も長崎に工場を建てた。以後缶詰生産は盛んになり、二十七年の日清戦争に際しては軍用の牛肉缶詰生産は二四時間操業で、屠牛一日一五〇頭に及んだという。缶詰の中味が石や藁であったという、生産者の倫理の問われる醜聞もあった。

日清戦争後、進物に缶詰を贈る風習が広まり、日露戦争で軍需拡大による好景気を迎えたが、戦争終結後は缶詰工場の三分の一が閉鎖に追い込まれた。

昭和二年（一九二七）には工船による缶詰生産も始まった。小林多喜二の有名な小説「蟹工船」が書かれたのは昭和四年である。なお、缶詰に製造年月日や会社名を刻印することは一九一六年（大正五）ノルウェーで始まった。

乾電池《かんでんち》

電池の原理は一七九九年（寛政十一）イタリアの物理学者アレッサンドロ・ボルタ（一七四五〜一八二七）によって明らかにされた。電池は物質の化学変化を利用し、変化の際に放出するエネルギーを直接電気エネルギーとして取り出す装置で、放電だけが可能な一次電池、充電できる二次電池、活物質を補充できる燃料電池、他に光電池、原子力電池、太陽電池がある。一次電池の代表が乾電池で、電解液をデンプンなどでのり状にし、紙や綿に吸収させて液がこぼれないようにして、持ち運び可能なかたちのものとしたのである。

乾電池は、一八八八年（明治二十一）にドイツのガスナー、デンマークのヘレンセンが発明したといわれているが、わが国でもその前年の明治二十年（一八八七）に、屋井先蔵《やいせんぞう》が乾電池を発明している。屋井は時計店の店員で、明治十八年二三歳のとき、液体式の電池を用いた電気時計を発明して特許を取っている。

屋井の乾電池は、日清戦争のとき大陸の寒さのなかで凍ることなく威力を発揮し「軍の勝利は乾電池によるもの」と新聞に書かれたほどであった。なお、早く佐久間象山（一八一一〜六四）が液体式のダニエル電池を作ったといわれるが詳かではない。

勘当　かんどう

最近では、ほとんど死語に近いが、親が道楽息子と親子の関係を断つ処置を「かんどう」といった。この意味での勘当は江戸時代に始まるが、主従関係や師弟関係を断つときにも用いられた。元和本『下学集《かがく》』には「為二君父一所レ擯之義」とあり、『地方凡例録《じかたはんれいろく》』にも「勘当の親より子、師匠より弟子不行跡《ふぎょうせき》故、度々異見を加へても不二相用一難二見ととけ一に付、親子師弟の縁を切、追出遣を云」とある。

この言葉、さかのぼれば、平安時代には、譴責する、勘気を蒙るの意で用いられていた。「奇怪《きっかい》之又奇怪也、月来被二勘当一之者也、勘当者三人、今年蒙二殊賞一」（『小右記』）のごとくである。さらにさかのぼれば、勘当は法律用語であった。

承和八年（八四一）三月一日太政官符（『類聚三代格』巻一）に「若不レ遵二制旨一、猶有二違犯一者、量レ状勘当、不レ得二容隠一」とあり、『延喜式』に「若有二違越一、勘当如レ法」とあるのは、罪を勘案して刑を当てることである。そして本義は、「速告二所在国司一、勘当知レ実、発レ駅奏聞」というように、調査・決定することである。勘案量刑のことの意では、江戸時代の新井白石の『折りたく柴の記』でも用いられていた。農民の草刈場争いについての張本人の処分について、「老中の人々とかやに議定せられたりけむ、まづ伊勢守御勘当の事ありと聞ゆ」とある。

巻頭の歌　かんとうのうた

『万葉集』巻頭の歌（巻一―一番）は雄略天皇の作と

されている。既に指摘されているように、この歌は集中でも、飛び離れて古い時代の歌である。これが雄略天皇（大王）の作であることを積極的に証明するものはなく、『万葉集』編者の手許の資料に雄略の作とあったか、あるいはそのような伝承があったかに過ぎないであろう。周知の歌は三つの部分に分けることができるように思われる。

A「籠もよ　み籠持ち　ふくしもよ　ふぐし持ち　この岡に菜摘ます子　家告らせ　名告らさね」

B「そらみつ大和の国は　おしなべて　我れこそ居れ　しきなべて　我れこそ居れ」

C「我れこそば告らめ　家をも名をも」

通観するとBの部分がACの部分に較べて異質であると感じられる。ACが、どの地・人にも通じる、いわば民謡・俗謡のごときものであり、*Bはのちに挿入された歌詞であろう。雄略の作とするためには欠かせない操作であった。

つぎは「山跡之国」である。雄略のとき「国制」は存在せず、ヤマトノクニがあった筈もない。この表現はいかにも新しい。普通いわれているように、ヤマトは狭い地域の呼称であったが、国制の国の呼称となり、ついにはわが列島の呼称となった。クニという呼称も、本来は県主、国造クラスの首長の支配地域をさすにすぎなかったが、王権の拡大に伴ってひろがり、国制の成立によって大和国になった。しかし、平安時代に至るもクニの用法には広狭があり、必ずしも一定しない。

＊　伊藤博は、この歌は、いわば歌劇の歌曲ともいうべきものであるといい（『萬葉集釈注』一、二五頁）、西郷信綱も同様な理解を示している（『万葉私記』一五頁）。また白川静は神事としての草摘歌ととらえている（『初期万葉論』五二頁）。

鉋　かんな

木の台に平らな刃をつけた木材仕上げ工具として誰知らぬもののないものであるが、この工具、「台鉋《だいかんな》」という。「台」とわざわざいうほどであるから「台」ではない鉋もあるのだろうと予知される。その鉋はヤリガンナである。鉇・鐁・槍鉋の字を宛てる。割り木の表面をチョウナ（釿）で削り、さらにヤリガンナで表面の凹凸を整

〈チョウナで削る〉
（職人尽図屏風）

〈ヤリガンナで整える〉
（大山寺縁起）

え平滑にする。しかし、この工具では、材木の表面に鉛筆を削ったような細長い削りあとができ、きれいに仕上げることはできなかった。

ところが、室町時代から台鉋が用いられるようになって、材木の表面を平らに削れるようになった。確実な遺例は天正五年（一五五七）の安芸国厳島神社の棟札といわれているが、実際の使用はさらにさかのぼるものと思われる。しかし初期の台鉋は「ツキガンナ」と呼ばれ、鉋を現在のように手前に引くのではなくて、先へ押出すように削るのである。では、ツキガンナから引くカンナに変わったのはいつ頃であろうか。たぶん江戸時代中期十八世紀からと考えられ、意外に新しいものだと思われる。

〈参考文献〉中村雄三『増訂図説日本木工具史』（大原新生社、一九七四年）

関白　かんぱく

「亭主関白」という言葉がある。国語辞典によると「亭主が一家で絶対的権威を握っていること。夫が非常にいばっていること」である。対極にあるのは「嬶天下《かかあ》」である。もっとも「―天下」は「殿下」ではないかとも思われる。殿下とは摂政・関白・将軍の敬称であるから、これならば「関白」と同格の語となる（「亭主関白」の項参照）。

それはさておき、関白とは何か。辞典的に解説すれば、「万機に関与する重職。唐名は博陸《はくりく》・執柄《しっぺい》」である。令制に規定された以外の官職という意味では関白も令外官である。元慶八年（八八四）六月五日、光孝天皇が、「奏すべきこと、下すべきことは必ず、まず太政大臣藤原基経に諮稟《しりん》せよ」と勅したのに始まり（『日本三代実録』巻四十六）、ついで仁和三年（八八七）十一月二十一日の宇多天皇詔（『政事要略』巻三十）に基経について、「みな太政大臣に関白（あづかりもう）し、然る後に奏下せよ」とあり、はじめて関白の語が見える。ついで天慶四年（九四一）十一月二十八日、藤原忠平に対して朱雀天皇の詔が下され「仁和の故事の如し」といい、関白の職名が固定した（『日本紀略』後篇二）。

関白には内覧の宣旨が下されたが、関白にならずとも内覧の宣下を蒙ることがあった。この場合、実質は関白と異ならない。内覧の始まりは、醍醐天皇のときの藤原時平と菅原道真である。藤原道長は「御堂《みどう》関白」と呼ばれる。しかし内覧ではあったが関白になったことはない。

頑張る　がんばる

一九三六年（昭和十一）のベルリン・オリンピックの競泳で、実況放送のアナウンサーが「前畑ガンバレ、前畑ガンバレ」と絶叫したことはよく知られている。昔は、運動会などでも、「フレー・フレー」という応援がふつうであったが、いまは「頑張れ」が一般的な言葉になった。

この言葉、語源的にはどのように説明されるのだろうか。ガイハリ（我意張り）→ガニハリ→ガンバリ　というコースを考える説、ガヲハル（我を張る）→ガバル→ガンバル　とする説、ガマンハル（我慢張る）→ガンバル　とする説、ガンバル（眼張る）→ガンバル（頑張る）とする説などがある。新村出はガニハリ説（『語源をさぐる』旺文社文庫、一九八一年）、萩谷朴はガマンハル説（『語源の快楽』新潮文庫、二〇〇〇年）、『日本国語大辞典』（小学館）は眼張る説である。

看板　かんばん

商店に看板はつきものであるが、その種類は多い。現代では、立て看板・屋上看板・下げ看板・野立て看板・壁面看板・広告塔などさまざまである。国を問わず、看板は古くからあり、はじめは商品の模型や絵を掲げるものであったが、次第に文字看板が多くなった。

わが国では、令の規定に基づいて、奈良時代の平城京の東・西の市《いち》で、各肆《し》（店）に標《ひょう》をたて行名を記した。標が看板である。行は中国では同業商店集団を意味する文字で、標に商品名を書くのである。

史料的に明らかにできるのはこの八世紀の標で、それ以前に看板らしきものがあったか否か未詳である。

商店の店頭に看板が掲げられるようになるのは中世後期以降で、金銀箔の派手な看板も多くなった。天和二年（一六八二）幕府は禁令を出し、木地に墨書するよう求め、金具も銅製とせよと命じた。

実物看板・平面看板・立体看板などがあり、軒に下げる下げ看板も多い。大坂は道幅が狭いこともあって、屋根看板が多く、江戸では下げ看板が多かったという。

灌仏会　かんぶつえ

いうまでもなく、四月八日の花祭り、釈迦《しゃか》の誕生日である。四月八日はもちろん旧暦のはずであるが、現在は新暦の四月八日である。四月八日が釈迦の誕生日だと確かにいえるわけではない、伝説である。

草花で飾った花御堂《はなみどう》のなかに誕生仏の像を安置し、柄杓で甘茶をかける。「花祭り」の呼称は明治以来のもので新しい。

灌仏会は、中国では四世紀から見られるが、わが国では推古天皇十四年（六〇六）から始まり、奈良時代にも継続して行われたらしい。承和七年（八四〇）清涼殿で灌仏会が行われ、以後毎年宮中で行われるようになった。これとは別に、民間では四月八日に、卯月八日として農耕の節目の行事が各地で行われていた。多くはこの日山に入り山の神を祭るもので、これが灌仏会と結びついて民間の花祭りの行事としてつづいたのである。

〈参考文献〉和歌森太郎『日本民俗論』（千代田書房、一九四七年）

勘弁　かんべん

「もはや勘弁ならぬ、そこへ直《なお》れ」とか「どうぞこれで勘弁して下さい」というのは、過ちを赦《ゆる》す、こらえるの意で、現在の用法はほぼこれである。しかし、この用法は江戸時代以来のものであって、古くは別の意味で用いられていた。

①まず「勘」は「かんがえる」、「弁（辨）」は「わきまえる」で、物事の是非善悪をよく考えることである。古代以来の用語である。②やりくり算段のことである。『甲陽軍鑑』や人情本などに見えるから江戸時代的用法であろう。禅宗で、修行者の力量・素質を試験することを勘弁というらしいが、これは①の用法である。

がんもどき

私の好物のひとつに「がんもどき」がある。物の本によると、昔は麩《ふ》を油で揚げたものを指していったが、いまいうガンモドキは、豆腐のなかにゴボウ・ニンジン・ギンナン・アサの実などを細かく刻んで入れ、油で揚げたものである。ついでながら、このガンモドキを飛龍頭《ひりょうず》ともいうが、こちらはポルトガル語の filhos に由来し、少し異なる食品である。

さてガンモドキのガンは雁、すなわち雁鴨目《がんかももく》の美味な鳥である。モドキとは、辞書によると、張り合って似せて作ること、まがい物、匹敵するもの、似て非なるものとある。ガンモドキの場合、はじめから雁でないことは明瞭なのだが、味は雁に匹敵するおいしい食品ということである。だから、雁の肉とはまったく別物であることは最初からわかっていて、味だけは雁に劣らない食品だということである。ニセモノで人を騙《だま》そうというのではなく、ひたすらおいしい食品を作ろうとした工夫の成果を賞賛する命名といってよい。

しかし、ガンモドキについての資料は乏しく、いつ頃、誰によって作り出されたか明らかではない。元禄十六年（一七〇三）刊の『広原海』に「雁もどき」とあり、享保四年（一七一九）刊の『それぞれ草』に「鳥もどき」と見えるのが早い例とされる。

漢和辞典　かんわじてん

現在使われている漢字の辞典は大別して二種類ある。第一は、漢字を部首によって分類し、部首の画数順によって配列するもの。第二は、漢字や熟語を五十音順に配列するものである。古い辞典では、熟語は採録されず、いわゆる親字の解説を行う。このような辞典は「字典」であるが、わが国で最古のものは昌住（南都の僧という）が編纂した『新撰字鏡』である。約二万一〇〇〇文字を一六〇〇の部首で配列したもので、そのうち約三七〇〇の漢字については万葉仮名で和訓がつけられている。例をあげる。

甑　子曾反。去。牟須己志支。

銜　戸監反。平。與含字同。含也。久豆和。

〈参考文献〉髙橋忠彦・髙橋久子『日本の古辞書』（大修館書店、二〇〇六年）

規矩準縄　きくじゅんじょう

ものごとの基準・標準、法則などのことである。規はコンパス、矩は曲尺《かねざし》で、直角にまがったものさし、準は水平をはかる器のこと、縄は墨縄である。出典は『孟子』離婁・上の「聖人既竭二目力一焉、継レ之以二規矩準縄一、以為二方円平直一、不レ可二勝用一也」にある。

平安時代の『本朝文粋』（巻三）大江挙周《たかちか》の「弁耆儒」に「博帯繞レ身、規矩之歩継レ踵、高冠理レ髪、荘敬之姿可レ視」とあり、この場合は動作が規則正しく行われることをいう。同じく『本朝文粋』（巻一）の大江以言《もちとき》「視雲知陰賦」に「羣豪時有二退蔵一、五色即垂二規矩一」とあり、これは規準とか規則の意で用いられる。

本来、土木建築用語というべきもので、建築設計技術木割《きわり》（木砕《きくだき》）のことを規矩術と呼ぶ。木割とは、各部材の寸法の割り合い、またそれを決める方式のことである。

菊人形　きくにんぎょう

菊の花や葉を細工して、人形《にんぎょう》の衣裳としたもので、いわば、等身大の人形を花や葉で飾ったものである。はじめは菊細工《きくざいく》といい、文化年間（一八〇四―一八）江戸麻布で、鳥や獣の姿につくったのが最初という。

ついで人の姿に似せて、とくに芝居の当たり狂言の一場面をかたちづくり、興行物となった。安政年間（一八五四―六〇）江戸谷中団子坂《やなかだんござか》の菊人形は有名であった。

近代では、大阪枚方《ひらかた》市、福井県越前市、福島県二本松市、山形県南陽市、茨城県笠間市の菊人形は著名である。ただし、枚方市の菊人形は二〇〇五年を最後に中止となった。

きざわし

すでに死語に類するかもしれないが、私の父（明治二十八年生まれ）はさかんに使っていた。『日本国語大辞典』は「木醂」「木淡」の字を宛てている。「木についたままで熟し、渋味がとれて甘くなる柿」と説明されている。

中世末の『庭訓往来《ていきんおうらい》』は樹木を列記し、そのなかに「樹淡」をあげ、「キザハシ」「コザハシ」と訓んでいる。

『日葡辞書』はCozauaxi, Qizauaxiと二種のよみをつけている。『下学集』では「木練《コネリ》　木淡《コザワシ》二者柿名」と記す。木練については、「親元日記」（文明十三年九月十九日条）にも見え、大蔵永常の『広益国産考』（一八四二―五九年刊）は、「畿内《かみがた》にては木練《きねり》といへる柿甘味強ければ佳品とせり」とある。鶏卵の形をした甘柿である。

気象台　きしょうだい

気象台は、気象の観測・調査・研究・通報・予報などの業務を行う、気象庁管理下の機関である。現在、全国に管区気象台（札幌・仙台・東京・大阪・福岡・沖縄）、その下に地方気象台、測候所があり、ほかに海洋気象台、航空気象台・同観測所がある。

気象観測は紀元前から行われているが、わが国でも古代以来行われてきた。しかし、現代のような、同一基準による定時観測の態勢が整うのは、もちろん明治以後である。

天保六年（一八三五）から気温・気圧の定時観測を行っていた幕府天文台は、明治二年（一八六九）東京府の所管となった。同五年に函館測候所が観測を始め、八年に東京気象台、十二年に大阪でも始めた。十九年には気象台での観測が一日八回だったのを毎時観測とした。同年『気象観測法』（第一版）を出して国内の観測法の統一を図った。二十年、東京気象台は中央気象台と改称された。

十七年から天気予報が出されるようになったが、二十八年には富士山頂での気象観測も始まり、広域予報が可能になってきた。

義絶　ぎぜつ

律令制下の法律用語で、夫婦の関係を絶つ、離婚の意を表す。中世には、親子の関係を絶つ意で用いられた。不教《ふきょう》（不孝）勘当《かんどう》と同義である。『関東御成敗式目』十八条は、「父母亦察下及二敵対一之論上不レ可レ譲二所領於女子一、親子義絶之起也」という。義絶によって、子は相続権を失い、親は子の犯罪に連坐することをまぬがれた。江戸時代には、親族の関係を絶つことをいう。久離《きゅうり》・勘当が目上の者が目下の者との関係を絶つことをいうのに対して、義絶は同等の親族関係を絶つ用語である。しかし、江戸時代後期には、両者は混同して用いられた。

荻生徂徠の『南留別志』（日本随筆大成二期―一五）は、「義絶といふは夫婦・君臣にいふ詞なるを、父子に用ふるは、大きなる誤なり」という。この説は中世的な用法を否定するものである。

鬼畜米英　きちくべいえい

萬屋錦之介主演のテレビドラマ「破れ傘刀舟―悪人狩り―」の主人公医師刀舟は、抜刀し人を斬るときにいう。「てめえら人間じゃあねえ、たたっ斬ってやる」と叫ぶのである。

太平洋戦争中のことである。敵愾心をあおり、闘争心を奮い起こそうとする戦争スローガンのひとつに「鬼畜米英」があった。戦争とは殺し合いに他ならないから、相手を「にんげん」と認識していては、どうしても殺すのを躊躇するだろう。殺す相手が人間でなければ、ウシロメタサなしに殺戮できる。そこで「鬼畜」鬼・畜生である。

最近の、アメリカによるイラク攻撃は、まさに鬼畜を撃つ意気込みであった。サダム・フセインらは「人間」ではなく鬼畜にひとしい、だから、これを撃つことは「正義」なのである。攻撃の口実は何でもいい、「大量破壊兵器」「生物化学兵器」を持つ「ならずもの国家」の存在は許すことは出来ないというわけである。一国の大統領が、独立国の指導者を悪し様にののしり、首に懸賞金をかけるなど、品位に欠ける仕業である。

先の大戦の折、わが国でも、敵愾心を煽る多くの詩歌が作られたが、いま読めば、恥ずかしき限りといわざるをえない、あられもない詩歌があった。その住む郷土山形の厳しい自然を歌っていた竹村俊郎は、時局とともに異質な歌をうたい始める。詩集『麁草』（湯川弘文社、昭和十八年刊）には、そのような詩が幾編か収められている。

あはれ亜米利加　紅毛の暗愚者（しれもの）　牛酪肥（ばたぶとり）せる稚き醜夷（えみし）よ

（「悲歌」）

といい、また「吾等が建設の行方ことごと」に阻むアメリカを、

血まどへるそこな豚ども　その豚屠れ

（「豚」）

と、品位もあらばこそ、血迷った詩を残した。

日本の代表的「抒情詩人」とされる三好達治にしてからが、戦争勃発とともに品位に欠ける低劣な詩を歌い始めたことを私たちは知っている。三好は、ルーズベルト大統領を、「脂肪過多デモクラシー大統領」と歌い（「アメリカ太平洋艦隊は全滅せり」）、イギリスのチャーチル首相を「漂海の賤賈　東亜一百歳の蠹賊　麻薬阿片の押売行商ども」の「家老差配」とののしった（「昨夜香港落つ」）。

新聞や雑誌も同様である。敗色濃厚となった昭和十九年末、婦人雑誌『主婦の友』は「これが敵だ！野獣民族アメリカ」という論説（無署名）を掲げている。

「今や敵アメリカはルーズベルトを先頭に、全国民をあげて獣化せる一大団結もて、わが一億同胞の血潮を喰いつくさんと襲い来る。奴ら自身のあくなきぜいたくと、酒池肉林の淫乱とのために、神国日本の一切をあげてその犠牲たらしめんと襲い来る。奴らを殺すか奴らに殺されるかわれらの前には、ただこの二つの途あるのみ。（中略）奴らをぶち殺せ。一人残らずぶち殺さねばならぬ。」（高崎隆治『戦時下のジャーナリズム』新日本出版、一九八七年）

戦争は人びとに理性を失わせるが、そもそも戦争は理性を失った愚かな指導者が惹き起こすものである。

喫茶店　きっさてん

父は喫茶店のことを「キッチャテン」といっていた。私が中学生になったとき、「キッチャテンなんかに入っちゃいかん」といった。それ以来、私は喫茶店とはよほど悪いところなのだと思い込んでいた。大学の近くに喫茶店がなかったせいもあるが、私が喫茶店に行くようになったのは研究科に入って以後のことである（昭和二十六、七年頃、コーヒー一杯の値段は五〇円程度であった）。喫茶店で友人と話をしたことを語ると、父は「なんだ、お前はキッチャテンなんかいくのか」と詰《なじ》るようにいった。いかにも「キッチャテン」が悪所《あくしょ》であるかのごとくいうのである。久しくその理由もわからなかったが、いま考えてみると、父が若かった頃の「キッチャテン」と、私が知っている「喫茶店」とは性格が違う。

ところで、わが国にコーヒーが入ってきたのは十七世紀末、オランダ人によって長崎出島にもたらされたといわれている。平賀源内らもコーヒーを飲んでいるが、幕末開港以後は、居留地にレストランやコーヒーハウスも開店し、かなり身近なものになった。

喫茶店と呼ぶべきか否か躊躇されるが、明治九年（一八七六）浅草奥山に写真で有名な下岡蓮杖《れんじょう》が油絵茶屋なるものを開いている。パノラマ風の絵画などを見せて、一銭五厘でコーヒーを飲ませたのである。他にも明治十一年には神戸元町に放香堂があり、東京日本橋小網町の洗愁亭は、飲み屋ながら来店者には「珈琲一ぱい無代償にて呈上」のサービスを行っていた。

元来、コーヒーを飲ませる店は「カフェ」と呼ばれた。わが国最初のカフェは明治二十一年（一八八八）東京下谷黒門町にできた「可否茶館（カヒサカン）」で、コーヒーだけでなく軽飲食物も出し、女給さんもいた。それが後に分離し、コーヒー店とバーとなり、とくに第二次世界大戦後には区別がはっきりして、女給さんのいるカフェはキャバレーになり、他は喫茶店となった。父のいう「キッチャテン」とは女給さんを置く店のことであったのだ。

先に記した黒門町の可否茶館についで、明治二十三年の第三回内国勧業博覧会場にダイヤモンド珈琲店が出店し、三銭でコフヒーを飲ませた。ついでに、引札（広告）によれば、同店では、牛乳入コフヒー五銭、アイスクリーム四銭、チョコレート五銭、オムレツ七銭、ビフテキ七銭、ライスカレー七銭となっていた。

カフェは、わが国の近代文学史のなかで、重要な役割を果たしている。明治四十一年開業のメイゾン・鴻ノ巣は日本橋小網町に開店した酒場で、『スバル』『白樺』の文学者や、『近代思想』（大杉栄・荒畑寒村）関係の同人と寄稿家が出入し、大正六年六月二十七日の芥川龍之介の第一短編集『羅生門』の出版記念会もここで行われた。

明治四十四年四月、新橋に近い銀座日吉町にカフェー・プランタンが開店した。経営者松山省三は美術学校出の人で、パリのカフェのような自由なサロンを作ろうとしたのだという。「女給」という言葉はこのプランタンの募集広告ではじめて使われた。コーヒー一杯が一五銭であった。

同じ明治四十四年八月、銀座四丁目に精養軒がカフェー・

ライオンを開いた。一階がビヤホール、二階はレストランと余興室、三階は個室となっていた（林哲夫『喫茶店の時代』編集工房ノア、二〇〇二年）。

　カフェー、バーの全盛時代は大正から昭和の初年で、東京に七千、全国に約三万もあったという。

狐　きつね

「眉唾物《まゆつばもの》」という語がある。真偽の疑わしいものをいう。これは、狐に化《ば》かされないためには眉に唾をつけるとよいとするのに基づく。なぜなら、狐に化かされるのは、眉毛の数を読まれるからだと信じられたのである。また、日暮れに新しい草履《ぞうり》をはくと狐に化かされるともいう。下駄や靴でも、新品は朝おろさねばならぬものとされたのである。九尾の狐*や殺生石の伝説、また狐の嫁入りなど、狐に関する多くの話があるが、どこかユーモラスな面もあることは疑えない。

　狐は稲荷神の使者すなわち農耕神とされ、キツネの嫁入りには雨が降るが、これは農耕にかかわりのある由縁である。狐は油揚げを好むといい、油揚げの入ったうどんは「キツネウドン」と呼ばれ、油揚げで包んだご飯は「オイナリサン」と呼ばれる。

　『日本霊異記』（上巻第二）には、美女に化けた狐が男の妻となるが、飼犬に追われて正体をあらわす。男の「毎《つね》に来りて相寝《ね》よ」という言葉に従った。「来り寝《ね》」がキツネの語源であるという。生まれた子は美濃国の岐都禰直の祖となった。いわゆるキツネの民間語源説である。その四代めの子孫が大力であったことは同じく『日本霊異記』（中巻・第四）にある。

　『今昔物語集』（巻二十六―十七）は、利仁将軍が都の芋粥好きの五位をつれて敦賀の家に帰る話であるが、途中、三津浜（現在の大津市）で一匹の狐が走り出る。利仁は狐を捕らえて客人のある由を家に行き告げよと命ずる。『今昔』は「狐ハ変化有者ナレバ」（神通力あるものだからの意）という。

＊　九尾の狐については溝川晃司「『九尾狐』に対するイメージ」（『日本社会史研究』五七号）参照。

昨日と今日の間　きのうときょうのあいだ

一日はいつから始まるのだろうか。時計の針が夜中の十二時をまわると「今日」が始まるというのが、私たちの約束ごとである。しかし、実はそれほど遠い昔のことではなく、いやむしろ最近まで、庶民生活の中では「今日」の始まりはどこなのか、必ずしも一定しなかった。

公《おおやけ》の時間――律令制下の官人の世界では、「朝政」の語が示すように、政治は夜明けとともに始まる。一日の開始は日の出のときであった。神事・仏事の場合には、いまふうに言えば、前夜から始まって翌日に至るのであり、一日は日没から始まるとしてよい。祭りにおいては「よみや（よいみや。宵宮）」すなわち前夜祭の持つ意味は大きい。日本民俗学の創始者柳田國男は、日本人のむかしの「一日」は夕方から始まるとし、一昨晩というべきところを「きのふ（昨日）のばん」と呼ぶ言い方が多く残っていたことを例示した。実際に多くの文献から、「昨夜」というべきところを「今夜」と記す例が見出されるのであり、過ぎ去った夜と来るべき昼がワン・セットになっているように見える。しかし田中元が『古代日本人の時間意識』（吉川弘文館）で明らかにしたように、およそ日の出から昼ごろまでの間は過ぎた夜を「今夜」と呼び、昼から日没までの間では、過ぎた夜を「昨夜」、来るべき夜を「今夜」と呼ぶのである。

具体的な例を挙げよう。

花山天皇は冷泉天皇の第一皇子で、永観二年（九八四）受禅したとき十七歳であった。しかし、女御の死で気落ちした天皇は藤原兼家の陰謀にのせられて突然皇居を抜け出して出家した。

『日本紀略』は、この事件を寛和二年六月二十三日のこととし「今晩丑刻許、天皇密々出禁中、向東山花山寺落飾」と記す。一方『大鏡』や『扶桑略記』はこれを寛和二年丙戌六月二十二日の夜のこととして記録する。『大日本史料』も二十三日とする。事は丑の刻に起こったのであるから、夜中の一時～三時は現代の感覚では「今日」（二十三日）になるが、かつては未明（寅の刻）より前は「昨日」（二十二日）とする考え方があったのである。

木場　きば

東京江東区にあり、材木問屋の集中で著名であるが、この大規模貯木場は江戸時代に始まる。

木場は、かつては木屋《きや》と称した。古代・中世に大量の材木を消費したのは京都・奈良であって、当然のこととして両都市の近傍には木屋が設けられたと想像される。泉河《いずみがわ》（木津《きづ》川）沿いの木津や京都堀川《ほりかわ》、琵琶湖畔の大津・坂本などには材木の問《とい》が存在していた。山城木津では、天平十九年（七四七）に大安寺木屋や薬師寺木屋が設置され、また東大寺・興福寺・元興寺の木屋も設けられた。各大寺は造営・修理に要する材木を確保するために専属の貯木場を設けたのである。

騎兵隊の中尉さん　きへいたいのちゅういさん

子供の頃住んでいた東京都世田谷区の下代田七〇番の家のとなり、ここは二戸建の長屋だから、同じ棟の隣家に、近衛騎兵聯隊の中尉さんが住んでいた。兵営への往復には従卒が付きしたがっていた。

ところでこの中尉さん、大変な大酒飲みであった。しばしば酔っ払って大声で何か怒鳴りながらご帰還になるのであった。酒癖が悪いらしく、時に道々往来で軍服を脱いでしまい、殆ど裸同然で帰ってくるのであった。従卒は衣服や軍刀を抱えて後ろにつき従ってくるのだが、家に着くとわがことのように中尉夫人に謝っていた。

いま考えてみると、軍縮時代の職業軍人は、将来に希望も持てず、世間の風当たりも強く、酒でも飲まずにはいられなかったんだろうなと同情する。あの中尉さん、その後どうなったのかなと、時おり思い出す。

規模　きぼ

物事の構えやしくみの大きさをいう。規はコンパス、模は「摹」とも書き、文様や物のかたち。八世紀の『懐風藻』序に「憲章法則、規弘遠」と見える。「規範」「模範」というとおり、「規」にも「模」にも模範、手本の意がある。『左経記』長元五年（一〇三二）五月四日条に「当朝以二保憲一為二陰陽基模一」と見え、十四世紀の『徒然草』（九十九）に「累代の公物、古弊をもちて規模とす、たやすくあらためがたきよし、故実の諸官等申しければ、その事やみにけり」とあるのは手本の意。この意味から、名誉・手柄・誇り・面目の意にも用いられる。『太平記』（十）に「多年の所望、氏族の規模とする職なれば、今は冥途の思出にもなれかしと」とある。少し外れた用法では、報い、代償、返礼の意に用い、また根拠、証拠の意にも用いる。これらは江戸時代の用法で、近代になると消滅している。

逆玉　ぎゃくだま

「身分の低い女が婚姻などによって富貴な身分を得ること」を「玉の輿に乗る」という（日本国語大辞典）。その逆に身分卑しく貧しい男が富貴な女と結ばれて裕福になることは「逆玉」である。『日本霊異記』（上―三十一）に見える御手代東人《みてしろのあづまひと》の場合はまさにそれであった。＊

聖武天皇のころ、御手代東人は吉野山に入り苦行して験力を身に着け「銅銭満貫・白米万石と美女を得ることができますように」と観音に祈願して三年を経た。

そのころ粟田三位という者の娘が、大和の広瀬の家におり、病に苦しんでいた。粟田三位は四方に人を走らせて有験の者を求め、東人も招かれた。

但し、粟田氏で三位になったのは真人のみであり、彼は養老三年（七一九）に没しているから年代が合わない。粟田氏はワニ氏の一族で大和の添上郡あたりを本拠としていた。

よくある話であるが、娘は東人を恋するようになり、二人はわりないなかになった。三位は怒り、東人を牢に閉じ込めたが、娘の東人を恋うる心に負けて、ついに二人の仲を許した。二人は晴れて夫婦となり、東人は富貴の身となり五位の位階をも得た。

数年たって女は病死したが、死ぬ間際に、その妹に「私が死んだら東人と結婚してほしい」と遺言した。かくして東人は「修行の験力、観音の威徳」により「大福徳」を得たのである。

「男は妻《め》がらなり」（男の価値は妻しだい）とは藤原道長の言葉だという（栄華物語）。ここで問題とされているのは「尊貴性」であるが「富貴性」と表裏一体をなしている。東人の場合もまさにそれである。

＊　辻善之助『日本仏教史　第一巻』（岩波書店、一九六

九年）は「信仰の堕落」の項で東人の場合を挙げている。ただし、出典を『今昔物語集』と注記する。

キャラメル

子どもの頃によく買ってなめたキャラメル、あれはいったい、いくらだったのだろうかと思い、『値段史年表』を開いてみた。大正九年から昭和十四年までの間、二〇粒入りの大箱が一〇銭であった。子どものお小遣いからすると、けっこうな出費である。

キャラメルは、砂糖・水飴・練乳・牛乳・小麦粉・牛酪・香料などを原料とし、一二〇度から一二四度に煮つめ、これを冷却して一定の厚さにのばして、正方形に裁断したものである。

明治二十一年（一八八八）サンフランシスコに渡った森永太一郎は製菓法を学び、三十二年に帰国して、東京赤坂に会社を設立し、キャラメルの製造を始めた。しかし、このキャラメルはアメリカ式のソフトキャラメルで、日本の風土に合わず、口にも合わなかった。

森永は改良を加えて固形キャラメルの製造に成功し、一粒五厘のばら売りをしていたが、大正三年（一九一四）の博覧会で、はじめて紙サック入り二〇粒一〇銭で売り出した。これはすこぶる好評であったから、森永は、以後大量生産に入ったのである。

牛耳る　ぎゅうじる

「牛耳をとる」というのが本来の表現である。中国古代の紀元前八～三世紀の春秋・戦国時代に、諸侯が同盟を結ぶとき、盟主は牛の耳を割《さ》きその血をすすり合って盟いを固めたという故事による。ここから、同盟の盟主となるべきことを「牛耳を執《と》る」といったのである（『春秋左氏伝』）。

右の故事にならい、組織や団体の長として思いのままに振舞うことを「牛耳をとる」→「牛耳る」というようになった。

付言すると、牛耳を割く所業は卑賤の者の行うことであるから、実際には臣が行い、諸侯はその場にのぞむのみとの説がある。

器用　きよう

この言葉、本来は、物や道具のことを表すものであった。古代の「賦役令」の中に、役に立つ大切な器物の意に用いられ、出典は中国古代の『書経』にあるという。

ついで、物から人へうつる。容貌・人柄を意味するようになり、器量という語も宛てられる。そこからさらに、才知のすぐれた人物、有用な人材となる「器量の仁《じん》」などといわれる。それから少し拡大して、江戸時代にはいさぎよい、上品で優雅なさまをいい、限定的には、技《わざ》が巧みである、上手《じょうず》だの意に用いられ、近代では専ら手先が器用だというようにも用いられる。少し悪い意味では、要領よく立ちまわることを、器用に立ちまわるなどともいう。器用貧乏というのは、いちおう何でもこなすため、他人の役には立つが、自身はかえって一事に集中せず大成しないことであり、「器用貧乏人宝《ひとだから》」などともいう。

饗応　きょうおう

供応とも書く。国語辞典によると、①相手に迎合すること、②ご馳走すること、とある。前者の用例として『大鏡』（四）の「『ふさはしからずにくし』と思はれけれど、その座には饗応し申してとりあらそひけり」を挙げる。後者の用例には『徒然草』（一一三）の「貧しき所に、酒宴好み、客人に饗応せんときらめきたる」を挙げる。ふつうは、饗応といえば②のご馳走するの意で用いる。

しかし、藤原実資の日記『小右記』寛弘八年（一〇一一）七月二十五日条に、

「去夕左相国参内、奏二聞雑事一、主上無二饗応気一、不レ可二撓給一云々」

とあり、源経頼の日記『左経記』寛仁元年（一〇一七）九月二十四日条に、

「渡間遊女数船追従、余興未レ尽、大殿以下各脱レ衣賜レ之、上達部殿上人皆以二饗応一」

とあるのは、同意する、呼応するという意であり、九条兼実の日記『玉葉』の承安三年（一一七三）七月二十一日条に、

「光永申云（中略）今如二衆徒申状一者、已乖二長者宣之本意一、如何、僧綱等饗応云、此状衆徒申状以

外僻事也」

とあるのは、同意とか迎合の意である。

教科書・指導書・参考書

きょうかしょ・しどうしょ・さんこうしょ

三題噺めいて恐縮であるが、教科書・教師用指導書および生徒の学習参考書について、とくに歴史のそれについて考えるべきところがありはしないかと思う。教科書が学校教育のなかで占める位置はかなり重要なものがあって、そのゆえに論議をよぶこと、いまさらいうまでもない。その最たるものは家永訴訟＝教科書裁判である。現今の学校教育は、教師→教科書←生徒　という間柄にある。教師は教科書によって教えたり、教科書を教えたりし、生徒は教科書によって学んだり、教科書を学んだりする。この限りでは教科書は不可欠のもののように思われる。実のところ、教育は教科書なしでも成立するが、少なくともいまの学校教育は教科書中心の形態をとっている。そのことじたいが、実は問題であるが、まず現状をみればそうなっている。だとすると、いろいろな点で、教科書を問題にし、検討しなければならないことは当然で、現に教科書に関する議論は山ほどある。

ところが教師用指導書の問題はあまり論じられることがない。いったい指導書というのは教師が持つもので、生徒や父兄、あるいは一般の人びとの眼にふれることが少ない。したがって関心をひき起こさないということもあるが、ほうっておいてよい問題ではないようだ。各学校がある教科書を採択すると、出版社から一定数の指導書が送られる。聞くところによると、先生たちも多忙だから、十分な教材研究をすることができず、指導書をさっとみて授業に臨むひとも多いという。なかには、教科書の下に指導書をおいて、それをみながら授業をしていて、子供たちにみつかり、「先生ずるいよ」といわれたりするという。嘘か真実か、とにかく指導書がかなり「活用」されていることは事実のようだ。

さて、この指導書、もちろん教科書のような検定をうけるわけではないが、文部科学省に提出される。強制はしないそうだが、提出しないと「意地悪」されるので、出版社は必ず文部科学省に差出すという。修正要求をしたりはしないが、やはり無言の圧力になる。教科書のほうは調査官のいう通りに書いたが、指導書の解説のほうで「実は……」などと書かれては文部科学省も困るだろうから、やはり眼を光らせる。教師に実力があって、指導書を批判的に利用する――真の意味で「活用」すればたいへんよい。ところが、教育「現場」の話を聞いてみると、指導書ベッタリの先生もかなり多いという。そうなると、指導書の記載内容、あるいは組立て方はかなり問題となりうるだろう。少し例を挙げてみる。ある中学歴史の教科書に、「武士」について次のような記述がある。

　十世紀になると律令の体制はくずれ、地方の政治は乱れて社会の不安が増した。このころ農村には、名主とよばれる地主があらわれた。名主は広い耕地をもち、一部は下人などを使って直接に経営し、他は農民に小作させた。また、古くからの地方の有力者や、国司などでそのまま住みつき、土地をひらいて豪族となったものたちは、多くの農民を従えて勢いを増した。これらの豪族や名主には、公領の郡司や、荘園の荘官になったものが多かったが、国司から重い税をかけられたり、土地をとりあげられたりすることもあった。
　そのためかれらは、都の貴族や寺社に土地を寄進して保護を受ける一方、国司に対抗し、また盗賊を防いだり、境界や用水の争いに備えたりするために、一族のものや、下人、めし使う農民らを武装させ、武芸を習わせた。これが武士のおこりである。

これは「自衛のための武装」論で、武力の本質にかかわる記述を欠くが、この教科書には、もう一か所、武力についての記載がある。それは僧兵に関するものであるが、

　白河上皇は深く仏教を信じ、出家して法皇となり、仏事に多くの費用をかけ、荘園を寄進したので、寺院の勢いが強くなった。当時の大寺院は、多くの僧兵を養っていた。僧兵は武装した下級の僧で、寺を守り、荘園からの年貢の取りたてなどを行った。とくに比叡山の延暦寺や、奈良の興福寺の僧兵は勢いが強く、寺の言い分を通すため、たびたび京都におしかけ、乱暴をはたらいた（傍点、著者）。

とあって、わずかに武力の本質を示唆する記載を見出すことができる。さて、右の「武士のおこり」「僧兵」に

関する記述に対応する指導書の部分をみると、前者については、「自分の力で守るため一族、下人・所従を武装させた」と〔板書事項〕中にあり、〔指導の流れ〕の「展開」の項に次のようにある。

〔展開〕2　発問「現在の社会では、道を歩く時に弓や刀を持たなくても歩けるが、この写真では郎等が武器をもって従っている。なぜだろう」——十世紀前後の社会状勢について触れる。

3　発問「社会の秩序が乱れて盗賊などが昼まから出ていたらしいが、これを取りしまる役人はいなかったのか」——国司の性格が変化し、当時の国司は私財を蓄えることが目的だった。だから地方の行政はかなり乱れ、取りしまる力も、気持ちも持たなかった。

4　発問「財産を蓄えるのが国司の目的だったら、国司の政治はかなり乱暴だったろう。どんなことをやったのか」——国司の横暴の例をあげてみる。例、税金を重くする。不正をみつけて土地を公領とする、むりに種もみを貸し、利子をとる、など。

5　発問「国司の政治にもっとも悩まされた人々は誰だったか」——開発領主層だったことに気づかせる。名主、豪族という用語を知る。

6　発問「国司から開墾の許可をもらって土地を開けるような人々とはどんな人たちだったのか」——名主、豪族の系統を明確におさえる。

7　発問「名主や豪族が国司の勝手な政治や、社会の乱れの中で、大切な土地を守っていくためにはどうしたらよいのか、話しあってみよう」——武装して戦う。貴族・寺社に保護される。国司の家来になる、など。

8　出された解答について整理し、三とおりの方法にわけて説明する。武士は、こうした開発領主層の中から自然に発生したことを認識させる。

この記述を読んで、わたしは驚いてしまった。ここでは「開発領主」のことだけが述べられ、耕作農民のことなど、ひとかけらもない。また、武士は「開発領主層の中から自然に発生した」というにいたっては、いうべき言葉もない。教科書が「これらの豪族や名主には、公領の郡司や、荘園の荘官になったものが多かった」と、せっかく書いていることの意味がまったく無視されている。

教科書本文の記述が不備であることはもちろんだが、指導書の「理解」はそれに幾重にも輪をかけた、たいへんな代物である。では僧兵のところはと見ると、〔板書事項〕中に「大寺院―寺や荘園を守るため＝僧兵を養なう」とあり、〔重要語句〕中の「僧兵」の説明に「寺院はこの経済的基盤（＝荘園をさす）を自衛し維持するために、しだいに武力をもった」とある。ここでは、教科書本文に「荘園からの年貢の取りたてなどを行った」と書かれていることの真意はまったく消されている。そして全体として「自衛のための武力」という「神話」を増幅する作用を指導書が果たしている。

さて、教科書・指導書についで生徒に影響を与えるのは参考書である。参考書には、いわゆる学習参考書と受験参考書があるが、両者がごっちゃになっているのがふつうである。実情をいうと、①中学や高校の「現場」の先生の書いたもの、②それを「某社編集部編」としたもの、③著名な大学教授の書いたもの、④それが実際には下請人（現場の先生や大学院生など）が書いて、名義だけのものなど、さまざまである。総じていえば、参考書の記載には守旧性がある。記述は古い学説に拠るものが多く、ある意味では教科書よりも旧い。なぜそうなるか、第一には「受験」を意識するからであり、第二には、たいていの参考書には手本となるものがあって、形式や記述内容を踏襲するからである。それが全部とはいわないが、参考書を書くのは結局は原稿料・印税めあてなのであるから当然である。よい「参考書」を書いて生徒の歴史の考え方・見方を育てようなどと思うのが、そもそも矛盾なのである。内容の良否よりも、著者の肩書と造本上のアイデアを競っているのが現実である。

教科書のほか、指導書・参考書の果たす役割りを思い、これらにも教科書なみに関心を払うべきだというのが結論なのであるが、さらにワーク・ブックや問題集なども、ある意味ではもっと影響が大きく、問題とすべきかもしれない。

狂言　きょうげん

狂言は室町時代に発達した喜劇である。猿楽から能と狂言が生まれたが、能は真面目で幽幻味をもつのに対して狂言は滑稽な物まねの要素の洗練された演劇であった。

狂言という語の本義は、道理に外れた言語や動作のことであり、奈良時代以来この用語があり、また滑稽な言動、物まねなどの用法は中世初期以来である。「狂言綺語《きょうげんきぎょ》」という熟語があり、世阿弥の『風姿花伝』（一四〇〇年）に見える。いつわり飾った小説・物語などをいい、江戸時代に芝居のことを狂言といった。つくられたもの、しくまれたもの、人をだますものとの意味を以て広く用いられ、狂言自殺、狂言強盗など、つくりごとを表す語として現代にも用いられる。

行人坂　ぎょうにんざか

東京山手線の目黒駅から西へ下る広い坂道を権之助坂というが、その南にある細い道、雅叙園の脇を通る急な坂道が行人坂である。明和九年（一七七二）二月二十九日、坂上の大円寺から出火、火は江戸の町を焼き尽くし、遠く千住にまで達した。江戸時代最大の火災といわれている。

私が通っていた小学校は鷹番小学校で、目黒駅まではかなりの距離があるのだが、どういうわけか、行人坂で危険な遊びを二回ほどしている。行人坂はたいへん急な坂で、自転車のブレーキをかけてもずり落ちるのではないかと思われるほどである。子供たちは、自己の勇気を示すために、この急坂をノンブレーキで駆け下るのである。

猛スピードで下るから、途中でブレーキをかけようものならば、自転車は転倒すること間違いなしである。しかも、途中には交差する道路が何本かある。人や自転車などが不意に出てきたら大惨事となる。そうした予想ができるにもかかわらず、私たちは敢て試みるのである。母親が知ったら卒倒するのではないかと思われる。

今と違って昔は交通量が少ないから、何とか無事に済んだのである。それにしても、臆病な私が二回も挑戦したのは、自分でも驚きである。おそらく、「男の見栄」がなせる業であったろう。この危険な遊びは、学校には遂に知られずにすんだ。

玉砕　ぎょくさい

玉が砕けるように美しく死ぬことである。名誉や義のために、いさぎよく死ぬことである。中国の「北斉書」元景安伝に出典がある。

「大丈夫寧可玉砕、何能瓦全」

である。瓦としてなすところなく生きながらえるより、玉の如く砕け散るをえらぶ、それが大丈夫というものだという。

この表現は、『日本国語大辞典』によると、木下尚江の小説「火の柱」（明治三十七年・一九〇四）に「葉末の露もろく散りて空しく地に玉砕す」とあり、梅崎春生の小説「桜島」（昭和二十一年・一九四六）に「どうせ私達は南方の玉砕部隊だと…」、大岡昇平の「レイテの雨」（昭和二十三年）に「これは彼等が受けた玉砕主義の教育と軍隊内の経験に基いた空想であるが…」とあるのを挙げている。

昭和十八年五月、アリューシャン列島のアッツ島を占領していた守備隊の将兵二六〇〇人がアメリカ軍の攻撃を受けて全滅した。五月三十一日付の新聞はこれを報じているが、掲載された大本営発表はつぎのように述べている。

「アッツ島守備部隊は五月十二日以来極めて困難なる状況下に寡兵克く優勢なる敵に対し血戦継続中の処、五月廿九日夜敵主力部隊に対し最後の鉄槌を下し皇軍の神髄を発揮せんと決意し、全力を挙げて壮烈なる攻撃を敢行せり、爾後通信全く杜絶、全員玉砕せるものと認む」

アッツ島をはじめとして、以後太平洋各地で日本軍守備隊の全滅があいつぐ。

○昭和十八年十一月二十一日マキン島
○同十八年十一月二十五日タラワ島
○同十九年二月五日クエゼリン島
○同十九年七月六日サイパン島
○同十九年八月三日テニアン島
○同十九年八月十日グアム島
○同二十年三月十七日硫黄島

綺羅星の如し　きらほしのごとし

綺羅の「綺」は、絹糸で織った模様のある布、すなわち綾《あや》である。「羅」はうすぎぬのこと、合わせて、美しく、きらびやかな衣裳のことである。そして、それで装い飾ること、華やかなことをいう。「きらをつくす」とか「きらを好む」という。第三に、栄華を極めること、威光の盛んであることをいう。第四に、のぼりの一種で、周辺に飾《かざ》り乳《ち》をつけた指物をいう。

　そこで「キラホシ」である。綺羅星、煌星の字を宛てる。「キラホシノゴトシ」と続けて作った言葉という。夜空にキラキラと輝くたくさん並んでいるさまをいい、謡曲『鉢の木』にも見えるから、中世以来の用語とみえる。キラキラシは古代以来の用語であるから、「キラ、ホシノゴトシ」と「キラホシノゴトシ」は併存していたものか。

切り焼く　きりやく

『万葉集』巻四―七五五番は、

　夜のほどろ　出でつつ来らく　度まねく　なれば我
　が胸　切り焼くごとし

である。「切り焼く」の原文は「截焼」で「たちやく」とも訓めるが、木下正俊は『万葉集全注』巻三四で、『遊仙窟』の「腸熱キコト焼クガ如ク」「腸穿ガツコト割クニ似タリ」とか『発心集』巻四の「切焼ガ如クウヅヒ、ラキ」などを挙げて「キリヤク」と訓むとしている。「切り焼く」は古代・中世の常套句であったらしい。『日本国語大辞典』は、右の『万葉集』『発心集』および『玉葉』安元三年（一一七七）五月十五日条の「其譴責之体、如切焼云々」の文を掲げている。

　時代をさかのぼると、永延二年（九八八）の「尾張国郡司百姓等解」は「撰幹了之使、差暴悪之人、令勘責如切焼」という。また文治二年（一一八六）七月の東大寺三綱等解案（『鎌倉遺文』一巻一三三号）に伊勢初斎宮野宮課役が課されたとき、「今度大和・山城・伊□等寺領、皆悉催此役、官使之責、已如切焼」とある。

きる

　吾が背子が　使を待つと　笠も着ず　出でつつぞ見
　し　雨の降らくに（『万葉集』巻十一―二六八一番）

『万葉集』には、笠を着るという表現が多出する。嵐雪の著名な句に「蒲団着て寝たる姿や東山」がある。私など、蒲団は「かける」ものと心得ているので、ちょっととまどう。しかし関西では「きる」という言葉をよく使うのだという（金田一春彦『ことばの博物誌』文藝春秋社、一九六六年）。

『日本国語大辞典』（小学館）を見ると、「着る」として、ロドリゲス『日本文典』の「エボシヲ quiru（キル）トキニ」と、『浪速聞書』の「きる。笠をかむるといわず、笠をきると云」を挙げている。(1) 最近でも、笠などをかぶることを「きる」という地方は、大阪・徳島・香川・高知など各地にある（東條操『全国方言辞典』東京堂出版、一九五一年）。

さてそこで気づいたことをひとつ。かの有名な『峰相記』の一文の読みと解釈である。

異類異形ナルアリサマ人倫ニ異ナリ、柿維（帷）ニ六方笠ヲ着テ、烏帽子袴ヲ着ス

この後半については、従来二種の読み方、解釈がある。

（一）、六方笠をかぶり、烏帽子袴を着用している。
―この場合は「着テ（きて）」「着ス（ちゃくす）」と読む。

（二）、六方笠をかぶり、烏帽子袴を着用していない。
―この場合は「着テ（きて）」「着ス（つけず、きず）」と読むか。

私は（二）の方が正解だろうと思っているが、「キズ」という読みがあるのか、自信はない。(2)

注

（1）応安二年（一三六九）二月二十七日禁制（建武以来追加九九条）に「俗人ノ法師ナリ、同カサヲキル事［付、法師ノホウシ《帽子》ニテ、面ヲカクス事］」とある。

（2）冒頭に掲げた『万葉集』の歌も「着ず」と読む。畏友中村格氏によると「きず」という読み方は可能であるという。

金貨・銀貨　きんか・ぎんか

金は見栄えがいいことはもちろん、加工しやすいこと、化学的に安定しているので、古くから世界中で貨幣の材料として用いられてきた。わが国では昭和六十一年（一九八六）に天皇陛下御在位六十年記念一〇万円金貨、平成三年（一九九一）に天皇陛下御即位記念一〇万円金貨、同五年に皇太子殿下御成婚記念五万円金貨などが発行されている。

さかのぼって、明治初年にも金貨は発行されているが、

記録の上での最初は、天平宝字四年（七六〇）の開基勝宝《かいきしょうほう》という金銭で、一枚で銀銭一〇枚に相当した。

銀貨は銀本位制下では本位貨幣として用いられたが、わが国でも明治時代には貿易決済用に一円銀貨が発行されていた。さかのぼれば、和同開珎の銅銭より先に銀銭が鋳造されていたが、それより先に無文銀銭と呼ばれるものが流通していたといわれている。

金魚　きんぎょ

神社のお祭や、遊園地あるいはデパートの屋上庭園などで、金魚すくいをした経験はみな持っているのではなかろうか。針金に紙を張った容器は水に濡れると破れやすく、容易には金魚をすくいあげることができない。悔しい思いをするのだが、なぜか人はいく度も挑戦する。

金魚の種類は多いが、動物学上の分類でいえば、硬骨魚類・コイ目・コイ科の淡水魚ということになっている。金魚の祖先がフナであることはほぼ疑いないことだといわれている。古く中国で赤いフナが発見され飼育されたのに始まり、世界で、突然変異や交雑によって人為的に選別淘汰されたことによって現れた変種は三十余に及ぶ。

ワキン　ジオン　マルコ　オオサカランチュウ　ランチュウ　ナンキン　リュウキン　テツオナガ　ハナフサ　オランダシシガシラ　トサキン　アカデメキン　サンショクデメキン　クロデメキン　チョウデンガン

（以上の交雑により）

テツギョ　ワトウナイ　キンランシ　シュブンキン

キャリュリュウキン　アズマニシキ　シュウキン　サンショクハナフサ　キャリュワキン　サン

ショクチョウランガン

（近時中国から輸入されたもの）

チュンショウイ　シュイホウニン

（アメリカ産）

コメット

中国明《みん》から日本に金魚が輸入されたのは文亀二年（一五〇二）で、和泉《いずみ》の堺にもたらされたという。ヨーロッパへは一六一一年（慶長十六）中国から運ばれたという。わが国では早くも一六六〇年代には金魚の飼育は全国に広まり専門の金魚屋も生まれた。貞享四年の『江戸鹿子』

に、池の端のしんちゅう屋重左衛門は著名な金魚売りと見える。『金魚養玩草』という、金魚の歴史や養殖法を解説した本も出た。金魚売りは江戸の夏の風物詩となった。また、幕末には金魚の養殖を内職とする下級武士もあった。

維新後には金魚の大量生産が行われ、明治二十七年(一八九四)金魚はアメリカへ輸出され、同四十二年の日英博覧会で日本の金魚は好評を得たという。私の子どもの頃、昭和十年前後には、夏近くなると、賑やかな風鈴の音とともに金魚売りの売り声が聞かれたものであった。第二次世界大戦末期、B29による空襲が激しくなると、金魚を拝むと家に爆弾が落ちないという迷信が広まったと吉村昭は『昭和歳時記』に書いている。私はまったく知らなかったことだが面白い話だ。

現在、国内では、奈良県(大和郡山)、愛知県(弥富)、熊本県(長洲)、東京都(江戸川)などで養殖が行われており、年間の生産は一億二千万匹を超える。

近代競馬　きんだいけいば

競馬—くらべうま—はギリシア以来行われ、わが国でも神事としての競馬は古くからあり、平安時代には華麗な行事として行われていた。しかし、馬券を売る近代競馬は、これとは系譜を異にする。

近代競馬はイギリスに始まる。一七七九年、わが国の暦でいえば安永八年、将軍家治の時代である。ロンドン郊外オークスで、第十二代ダービー卿によってオークス・ステークスが開かれ、翌年ダービー・ステークスが行われた。イギリスは馬の輸出国であったから以後その影響を受けて、ヨーロッパ各地で近代競馬が行われるようになった。

わが国では幕末の文久二年(一八六二)横浜根岸で居留外国人たちによって行われたのが最初である。明治三年(一八七〇)九段の招魂社(後の靖国神社)で兵部省が競馬を開催し、のち陸軍省の時代にも続いて行われた。明治二十九年の秋季大祭には二六八頭の出走があったという。

明治十三年横浜で行われた日本レースクラブによる第

一回競馬では明治天皇花瓶レースが創設された。天皇は二十一年の秋競馬を観覧し、三十二年にも根岸に赴き観覧している。この間、札幌、仙台などで競馬が開催され、各地に競馬場が開かれた。三十九年東京競馬会による第一回競馬が池上競馬場で行われ、このときは馬券を売ることが黙許された。四十一年の九州戸畑競馬のときは馬券を売ることは禁止された。馬券が認められたのは大正十二年（一九二三）の競馬法施行によってであった。明治四十年に設置された目黒競馬場では四十四年に「優勝内国産聯合競争」が開催された。賞金一等三千円、二等千五百円、三等五百円で、いわゆる重賞レースの始まりである。昭和七年（一九三二）目黒競馬場で第一回ダービーが行われ、一等賞金は一万円であった。その翌年競馬場は府中に移り、この頃競馬ブームの観があった。新聞の「競馬欄」設置は読売新聞が最初であった。

余談であるが、移転した競馬場の跡は広大な草原となっていて、子どもたちが野球をするにはもってこいの場所であった。現在は下目黒何丁目かであろうが、バス停にもたしか「元競馬場」というのがあった。私はちっとも上手ではなかったのだが、誘われて野球のチームに入っていた。たぶん人手が足りなかったのと、革製のグローブを持っていたからであろう。さてこのチーム、近所の他の小学校のチームと試合をすることがあった。誰がどのようにつなぎをつけていたのか知らないが、連絡のとおり原っぱに行くと、相手のチームも集まってきてここで試合をするのであった。

戦争が激しくなると、昭和十八年に競馬は中止になった。戦後は二十三年の競馬法改正により公認競馬は国営、地方競馬は地方公共団体の主催とした。二十八年競馬場への動員数は三七八万人にのぼった。競馬場は中央競馬場一〇、地方競馬場二四の計三四であるが、地方競馬の入場者は減少し続けている。

キンヒラ

だいぶ音に流行った歌に「銀座カンカン娘」というのがあった。歌詞からすると、カンカン娘というのは気の強い娘ということらしい。大した意味もなく使われているのだと思われるが、この言葉を聞くとやがて連想されるのは「キンヒラ」という言葉である。

『松屋筆記《まつのや》』（巻七十）に「江戸にて元気娘をキンヒラといひ又金平糖《コンペイ》といふ」とあるによってそれは知られるが、著者小山田与清《ともきよ》は「娘の気の強きをキンヒラ、砂糖の甘味強きをコンペイなど、みなつよきにいへる也」と説明している。

コンペイ糖は、いうまでもなく外来語で、ポルトガル語の confeito オランダ語の konfijt にその語源があるという（荒川惣兵衛『外来語辞典』）。ところで、世にキンピラゴボウと称するものがある。小山田与清が門人渋谷保の言として、「越後には金平午房は必蕃椒を加へて調味」し、「塩味薄きをば金平ナラズ」というと記している。さすれば「金平」は「味が強い」という意味で使われていた。「キンヒラ」がなぜ「強い」という意味を持つかといえば、与清によるとこうである。「キンヒラ」とはかの有名な足柄山の坂田公時の子に金平というものあり、源頼義の四天王の一人であったという。

坂田金平から「キンヒラ」の語が出ていることはおよそ考えられるところである。江戸時代、頼光と四天王の子の時代に取材した詞章をもつ浄瑠璃節の一つに金平節のあったことは周知の通りである。坂田金平を中心人物とする単純幼稚な武勇談であるが、薩摩浄雲の弟子桜井丹波掾の始めたものである。その最盛期は寛文頃であって、元禄頃にはすでに衰亡し、のちはただ金平本といわれる読本として世に残った。

右のような次第であるから、小山田与清の時代には、すでに金平節は江戸では聞くことができなかったのである。ところが、前に述べた彼の弟子渋谷保は、「越後国に金平《キンヒラ》といへる謡《ウタ》あり、その曲節《フシ》、経などよむに似たり」と、金平節がいまだ地方に残存していることを知らせている。

気の強い娘を金平というのは、おそらく右の金平節の坂田金平に因を持つであろうが、コンペイ糖と称するのは、キンヒラの「金平」とコンペイの「金平」の文字上の一致より出てきた呼称であろう。

右のことから、中央文化の地方普及と、そののち中央において消滅した文化が地方に残存する例を見出すこと、また中央文化と地方文化の最盛期の時間的なズレの問題などが思われて興味ぶかい。

勤務時間と休暇　きんむじかんときゅうか

勤務時間　古代の都や地方の役人たちの勤務時間はどうなっていたか。『養老令』の「公式令《くしきりょう》」にその規定がある。

凡そ京官は、皆開門の前に上《もう》で、閉門の後に下《まか》れ、外官《げかん》は、日出でて上で、午の後に下れ、政《まつりごと》繁くば、事を量《はか》りて還《かえ》れ、宿衛の官は、此の例に在らず

京官については、第二開門鼓の打たれる前であるから、卯《う》の四点、午前六時半頃には役所に到着していなければならない。退朝時刻は退朝鼓の打たれたのちである。その時刻はたぶん正午頃である。外官（地方官）の場合は日の出から正午頃までとされている。

古くは舒明天皇八年（六三六）七月に、群卿百寮の朝参時刻を「卯始」すなわち午前六時頃とし、退出時刻を「巳後」すなわち午前十一時頃と定めた。その後大化三年（六四七）には、有位の者は「寅時」（午前四時頃）南門の外に左右に列立し、日の出とともに朝廷に入って天皇に再拝し、しかるのち役所に就いて執務する。遅刻した者は政庁に入ることができない。午時（正午）に鐘を聴いて退出すると定められている。変遷はあるが、およそのことを言えば、日の出とともに執務し、正午まで半日勤務ということになる。門を通るとき、一人ひとり確認し、いまふうに言うと出勤簿に記載されるのである。出勤日数のことを上日《じょうじつ》という。上日の数により手当が支払われ、また勤務評定が行われる。

通　勤　生活のパターンが現代とはまったく異なっているから、比較するのも意味のないことではあるが、満員電車にゆられて二時間などという悲惨なことがないかわりに、奈良の都の役人たちは、毎日夜明け前、というより夜中に起き出して身支度を整え、出勤しなければならなかった。

中宮省の舎人《とねり》文伊美吉《ふみのいみき》広川の住まいは右京の九条三坊、いまの郡山城のすぐ北のあたりにあった。朱雀門までの距離は四・五キロ余あり、役所のデスクにたどりつくまでには、たぶん五キロほどはあっただろう。かれは徒歩通勤であるから、少なくとも日の出一時間前には家を出なければならない。寒い頃など、さぞかしつらいことであったろう。一方、長屋王宅とか藤原不比等宅などは宮に接した地にあり、比較的身分の高い者たちは勤務先に

近いところに住んでいたのである。

下級役人の休暇願　「正倉院文書」を中心とする『大日本古文書』（編年）には、多くの休暇願が収録されている。写経所などで働いていた下級の役人たちの書いたものであるが、かれらの生活の具体相をかいま見ることができ、たいへん興味ふかい。仕事の切れ目の休みや理由不明の休みを除いて、休暇申請理由の第一位は、写経生本人の病気である。

嶋浄浜《しまのきよはま》解《げ》し申す不参の事
右、去る九月廿八日を以て、病に依りて三箇日の暇日請《こ》い罷《まか》り退くも、病いよいよ重く、立居《たちい》に便ならず、仍《よ》りて更《また》五箇日の暇請《こ》うこと件の如し、以て解す
天平宝字二年十月一日　付使尾張日足

嶋浄浜は病気のため九月二十八日から三日間の休暇をとり療養していたが、病状は悪くなるばかりで、立居もままならぬ有様であった。そこで十月一日からさらに五日間の休みを申請したのである。新村拓氏の研究によると、病気でいちばん多いのは消化器系の病気、赤痢・下痢の類であり、つぎは足病である（『日本古代医療社会史の研究』法政大学出版局）。天平宝字四年（七六〇）十月二十四日付の広田清足の請暇解《しんかげ》（休暇願）では、二十三日の晩から足が腫《は》れて歩行困難であるからと、一〇日間の休暇を申請している。これらは、長時間机に向かって書写を行う、かれらの職業病ともいうべきものであろう。

休暇申請の理由　大原国持は衣服を洗濯するために五日の休暇を申請した。かわりの衣服の用意がないことが推測されるが、またかれは単身赴任の役人だろうか。山部吾方麿は家の修理のため四日間休み、万昆公麻呂《まこのきみまろ》は田租納入のため二日の休暇を求めた。その日付は天平宝字五年（七六一）正月二十四日である。『養老令』の「田令」による田租納入の期日は十一月三十日までであるから、これは合わない。二日の休暇であるから、公麻呂の家は都の近くであろう。

神祭りのためというのも数例ある。八木宮主は祠祀のために五日間、氏部小勝は私神（氏神）をまつるために三日間、安宿《あすか》広成は私神祭祀のために三日間、美努《みぬ》石成は氏神祭りのため五日間の休暇を申請した。推測にすぎないが、八木氏は近江国、安宿氏と美努氏は河内国の出

身であろう。かれらは、農村に在って氏神をまつり、農業経営を行う農民家族の一員であり、番上官（非常勤職員）として都に上ってきていたのである。

『養老令』（「仮寧令《けにょうりょう》」）によると、官人は六日ごとに一日（月に五日）の休暇を与えられ（これを「六仮」と言う）、原則として五月と八月に田仮《でんか》と称する農業休暇を与えられた。また三年に一度、定省仮《ていせいか》といって、故郷に帰り父母の安否を訪《と》う休暇が三〇日間あった（有給休暇である）。しかし、これらの規定は職事官《しきじかん》（常勤職員）にのみ適用され、非常勤職員である写経所の下級役人たちは、その恩恵にあずかることはなかった。

請暇理由のうちには、盗難にあったためというのもある。秦家主《はたのいえぬし》は、天平宝字四年（七六〇）九月十六日の夜、自室の物を盗まれ、盗品を探すため三日間の休暇を申請した。また秦吉麿は宝亀三年（七七二）四月二十八日に家財を盗まれ、数日探索したが発見できず、五月四日に至り二日間の休暇を申請している。

孔雀　くじゃく

動物園での人気ものはパンダであろう。しかし鳥では孔雀に人気が集まる。孔雀は美しい鳥であるが、その美しさは日本のものではない。いうまでもなく、この鳥の原産地はビルマ・インド地方である。

日本にはじめて孔雀がきたのは、推古天皇六年（五九八）のことであった。『日本書紀』（巻二十二）に「六年秋八月己亥朔、新羅孔雀一隻を貢る」とあるのがそれである。その後大化二年（六四六）十二月、新羅から鸚鵡一隻とともに孔雀一隻が朝廷に献上された（『日本書紀』巻二十五）。これらの鳥は隋・唐を経て日本に渡ってきたのである。

孔雀の伝来は以後もしばしば記録に見えるが、藤原道長の建てた法成寺《ほうじょうじ》の庭園にもこの鳥がいた。『栄華物語』（巻十七）は「孔雀・鸚鵡、中の洲に遊ぶ」と記している。長和四年（一〇一五）六月、宋の商人の献じた孔雀が右大臣顕光の第で卵を生んだといい（『百練抄』）、これより先四月十日に、道長が物忌で籠居していたとき、藤原蔵規朝臣の贈った孔雀が卵を生み（『御堂関白記』）、小野宮実資もそのことを伝聞している（『小右記』）。

孔雀が珍重されたのはその異国的な美しさによるだけではない。当時、仏教教団で孔雀王経の修法が重んじられていたことにもよるのである。孔雀王経を読誦すれば、諸龍歓喜して、もし雨滞ればすなわち晴れ、もし亢旱すればかならず雨降るとされている。すなわち、孔雀王経は農作物の豊穣を祈念するものであった。孔雀王経の修法には三茎の孔雀尾を必要としたが、もちろん平安貴族が孔雀を求めたのは愛玩用としてであった。

〈参考文献〉秋山謙蔵『東亜交渉史論』（第一書房、一九四四年）

くしゃみ

「くしゃみ」のもとは「くさめ」であろう。『日葡辞書』は、クシャミについて「ハナ　ヒク」「またはヒルコト」と述べている。くしゃみをすることを「ハナヒル」ともいったのである。『枕草子』に「にくきもの、おほかた、人の家のをとこ主《しゅう》ならでは、たかくはなひたる、いとにくし」とあり、『徒然草』には「やや、鼻ひたる時、かくまじなはねば死ぬるなりと申せば」とある。

いまでも、くしゃみがでると、きっと誰かが私のことをうわさしているんだろうなどという。山梨県東八代郡あたりでは、「一つよし、二つうわさ、三つ風」という（『少年と国語』柳田國男全集22〈ちくま文庫、一九九〇年〉）。

それと同時に、くしゃみをすることは不吉とされる。縁起が悪く忌むべきものとされたから、災いの振りかかるのを恐れて、これを防ぐために呪文を唱えることが行われた。『枕草子』も「はなひて誦文《ずもん》する」と書いているが、清少納言は、くしゃみをしたあとに、得意げに呪文を唱えるのを「にくきもの」のうちに数えあげたのである。くしゃみのあとに唱えごとをするのは世界の諸民族に共通のことであるらしく、多くの証言がある（中村義雄『魔よけとまじない』塙新書、一九八五年、松原秀一『ことばの背景』白水社、一九七四年）。

わが国では、平安末期の『袖中抄』（顕昭著）に「千秋万歳、急々如律令」と唱えると見え、中世の百科辞書『拾芥抄《しゅうがいしょう》』には「休息万命《きゅうそくばんみょう》　急急如律令」が見える。「急々如律令」とは、早く律令の如くせよということであるが、速やかに退散せよの意で用いられた。降って江戸時代には、くしゃみのあとに「トコマンザイ」と唱えたというが、これは「徳（常）万歳」である。しかし庶民の間では「糞《くそ》をくらえ」とか「（こん）ちくしょう」といったという。

くだかけ

大槻文彦の『言海』に、「くだかけ」として、

「東国ニテ、家ヲくたトイフト云、或云、百済（クダラ）ヨリ渡レルヨリイフト」鶏（カケ）トイフニ同ジ、即チ、にはとりノ古名「――ノ早朝（マダキ）ニ鳴キテ」

とある。「くだかけ」とは鶏のことである。先の大戦中、ラジオ歌謡、島崎藤村の「朝」という詩にも「くだかけ」の語が用いられていた。「諸羽うちふる鶏（くだかけ）は、咽喉（のんど）の笛を吹き鳴らし」というのである。

気になるのは『言海』の「東国ニテ、家ヲくたトイフ」の部分である。『日本国語大辞典』は「くたかけ」を立項し諸説を掲げているが、語源について、

（一）朽（くえ）鶏（『比古波衣』）、（二）百済鶏、（三）家（くた）鶏、（四）管掛鶏（『和訓栞』）、（五）くど（かまど）鶏

などを掲げている。

ぐち

「愚痴」「愚癡」の字を宛てる。もと仏教用語で、愚かで思い迷い、ものの道理がわからないことをいう。「愚痴邪見にして因果を知らず」というように用いる。古代・中世を通じてこの意味で用いられたようであるが、江戸時代になると、言ってもしかたのないことを、くどくどと言う、益のないことを言うの意味で用いられるようになる。常盤津「三世相錦繍文章」に「ああ、又愚痴を並べて、もう六三のことは思ひ切ってしまへ」とあり、洒落本「傾城買四十八手」に「そふ云気でも有めえ、それはこっちのぐちだ」とある。この用法は現代にも続き、「ぐちをこぼす」などという。

口　米　くちまい

鎌倉時代には口籾《くちもみ》とも見える。本年貢のほかに加徴された付加米のことである。銭で納入されるときは口銭となる。その量は区々であったが、太閤検地で貢租体系が整理され、口米は一石について二升（一〇〇分の二）と定められた。江戸時代に入ると少し増加して一石について二升八合五勺ほど、銭の場合は一〇〇文につき三文となる。明治初年の地租改正まで存在した。

くつろぐ

書状令㆓披見㆒候、仍藤四下国付、飛脚被㆑越之旨、祝着候、此由可㆑被㆑申候、将亦、彼荷物已下、無㆓異儀㆒下候由、得㆓其意㆒候、思外路次逗留可㆑行之由候、定可㆑為㆓其分㆒候、随分被㆓指急㆒候而、下着尤候、尚以、蒔田適下向候之間、心静被㆑甘候て、上洛可㆑然候、尚両三人可㆑申候、謹言
　二月八日　秀吉（豊臣）〇
安国寺
　　桂民部太輔殿（小早川家文書之一）

豊臣秀吉の書状である。文書の○印の「甘」字は「クツログ」と訓む。また「就㆓御下㆒、若桜要害殊外相窕候、殊郷内百姓等依㆓罷出㆒本意之様被㆓申触㆒事、可㆑有㆓御推量㆒候」（吉川家文書之一、九三号、天正三年十一月二十四日八木豊臣書状）の「窕」もクツログと訓む。現在では一般に「寛」字を用いる。休息する、うちとけるの意である。

国のまほら　くにのまほら

山上憶良の「感情を返さしむる歌」（『万葉集』巻五—八〇〇番）である

（前略）天へ行かば　汝がまにまに　地ならば　大
君います　この照らす　日月の下は　天雲の　向伏
す極み　たにぐくの　さ渡る極み　きこしをす　国
のまほらぞ　かにかくに　欲しきまにまに　しかに
はあらじか

「まほら」は「真秀ら」で、「ま」は接頭語、「ほ」は優れたものの意、傑出したもの、突出したの意、これが

普通の理解であるが（井村哲夫『万葉集全注』巻第五、伊藤博『萬葉集釈注』三など）、異なる解釈もある。

板橋倫行は「まほら」を「ま」「ほら」とし、ほらは洞だという。「ほら」の地名を全国的に見出し、それが「谷合」「山に囲まれた地」のことであり、「谷合」「山に囲まれた地」のことであり、『新撰字鏡』に「澗磵、谷深曰谷、浅曰澗保良」と述べているのや「天治字鏡」に「谿保良」とあるのを紹介している。そして、これらから「夜麻登波　久爾能麻本呂婆」とは大倭が山に囲まれた盆地であることからきた表現だと推測するのである（『万葉集の詩と真実』淡路書房新社、一九六一年）。

口分田さん　くぶんでんさん

古代の班田収授法に基づく口分田のことではない。口分田という苗字のことである。

瀧川政次郎の『律令時代の農民生活』（第一章第二節の注20）には、右のことにふれて、口分田を「くもで」と訓むこと、尾佐竹猛の話として、関東大震災以前に東京神田三崎町附近でその表札を見たこと、『節用集』に「口分田《くもで》」とあること、『浅井三代軍記』に口分田彦七郎という名前の見えること、雲出という姓もあること――以上のことが記されている。

小山田与清の『松屋筆記』（巻十一）に「口分田といふ氏」なる一文がある。

同書（『浅井物語』）三の巻今浜勢上坂面へ出張て備を立ル中の条、口分田彦七といふ名の士あり、旁訓にくちわきたとよみたり、此後の巻々にも見ゆ、旁訓はあやまりにて、クブンデン氏なるべし

と記している。『古事類苑』（政治部・三十一）は、『節用集』『浅井三代軍記』『倭訓栞』の三資料を掲げている。

たまたま、昭和三十六年（一九六一）刊の『東京大学史料編纂所図書目録』第二部・和漢書写本編2を見ていて、口分田成一氏所蔵文書なるもののあることを知った。原蔵者の住所は大正十五年（一九二六）当時において「東京府豊玉郡戸塚町諏訪」となっているから、現在の新宿区高田馬場一丁目であろう。かつて調査したところでは、東京世田谷にお住まいの口分田さんは愛媛県喜多郡出海《いずみ》のご出身で、郷里の方では「くもで」と称しているが、このお宅は「くもだ」さんとお呼びする。表札にもたまし

かにカナがふってあった。

組合学校　くみあいがっこう

組合会議　ここに、明治二十五年（一八九二）十月の「宗道村外五ヶ村高等小学校組合会議事日誌」と題する二八頁の小冊子がある。組合学校創立に関して、翌年三月末までの六か月間の収支その他を審議したさいの記録である。会議は十月十一日から三日間にわたって行われた。宗道《そうどう》村は茨城県結城郡（旧豊田郡）にあり、鬼怒川沿岸に在った。当高等小学校組合を構成したのは、学校所在地の宗道村をはじめとして、総上村・豊加美村・蚕飼村・玉村・大形村の六か村であった。各村から選出された計一二名の議員によって会議が行われた。議員は抽せんによって着席番号を定め、一番から一二番にいたる。

授業料　第一日の会議は、まず議事細則について議長提出の原案を可決し、次いで授業料について諮問会が開かれた。議長の説明によると、「元来授業料ヲ定ムルハ廿十五年三月卅日付本県令二十五号ニ規定ガアリマシテ組合議会ニ付スルモノニアラザルトノコト」で、組合は諮問に答えるのみであった。七番議員は「授業料*ヲ二級ニ区別シ、即四年生ヲ三拾銭トシ他ノ一年、二年、三年生ハ弐拾銭ト定メタシ」と発言したが、結局、原案通り、「高級、下級ノ別ナク平均一人壱ヶ月弐拾五銭トス、但一家中二人以上入学スル者ハ高等級一人全額ヲ徴シ、他ハ幾人アルモ半額ヲ徴収スル」ことにした。次いで学務委員二名、うち一名は教員より挙ぐることを決めて第一日は終わった。

支出の審議　第二日は支出の審議にうつり、組合議員の旅費・日当総額を三七円二〇銭とし、その内訳は、旅費は地元宗道村の議員を除く一〇名に、一里について六銭宛、延里数二〇里計一円二〇銭、日当は一人三〇銭宛一〇日分（通常会七日、臨時会三日）一二人で計三六円となっている。組合長報酬は、原案では一二円五〇銭とあったのを否決し、五対四のきわどい差で五円に決まった。その他、書記給料二円五〇銭（一日二五銭）、使丁給料一円五〇銭（一日一五銭）、印刷費一円五厘を決定し、消耗品については原案は二円五〇銭で、その内訳は「木筆三十本壱本弐銭ツツ六拾銭、草履三拾足一足壱銭ツツ三拾銭、茶・炭代一日金拾銭ツツ十日分金壱円、半紙三拾帖一帖弐銭宛六拾銭」だったが、七番議員は「半紙及草履ノ二品高価ニ失スル様ナレハ之レヲ半紙壱帖ノ代ヲ壱銭三厘トシテ拾五帖モアレハ間ニ合フナラン、又草履ハ壱足八厘トシテ差支ナカラン」と発言し、結局、五対四で二円三銭五厘に減額するに決した。

教員俸給は総計二八二円で、月俸は校長一六円、訓導一〇円、授業生七円、雇六円（二人で一二円）、裁縫教師二円に決した。使丁給料は、原案の二円を三円に修正した。教員旅費は「正教員、準教員ノ別ナク日当金五拾銭トシ、又車馬賃各一里ニ付金六銭、滊《ママ》車賃各弐銭ツツ」で計五円、勉励手当は「職員月俸五分ノ一年末勉励者ニ賞与ノ見込」みで一〇円、「臨時雇人夫賃ノ見込高」が一円五〇銭、教員恩給基金が一円八〇銭となっている。引続き支出をみると、試験費一〇円、書籍代五円、器具代七円、器機代八円、時計購入代五円、紙筆墨薪炭代二七円、修繕費一二円、予備費六円と決まったが、学校敷地の借地代については、かなりの議論があった。敷地惣反別は三反七畝一歩で四人の地主の所有地だったが、学校組合創立以前は無償であった。組合学校となってから地代を支払うことになったが、その額は原案では七円五銭九厘だった。八番議員は「従来無代ニテ旧高等小学校ニ使用ヲ許セシヲ今般組合校設置ニ際シ俄然地代ヲ組合ニ負担セシムルハ少シク薄情ノ様ニ考ヘラル。乍去組合ニテモ全ク地元ニノミ負担セシムルモ亦本意ナラズ。」「半額即チ三円七拾五銭ヲ組合ニテ支弁シ残リ半額ハ宗道村ニ負担セラレタシ」と主張したが、七番議員は、地所について地主と貸借契約ができていない現在、「本項ヲ爰ニテ議決スルモ無効ナラン、何トナレハ地主ニ於テ自己ノ利益上ヨリ該地諸種ノ製造所ニテモ建築スルノ見込ナシトモ思ハレズ」と反対した。これに対して、議長は「七番ハ兎角地主ノ御心得ニテ御発言アル様ナレドモ本会ニテハ地主資格デナク御発議アリタシ」とたしなめている。七番議員山中茂一郎は、おそらくは地主山中茂七の一族であったのであろう。採決の結果は八番議員の提案通り半額地元負担となった。

雨傘論議　第三日の会議では、まず七番議員が「備品ノ項ニ五円ヲ増シ雨傘ヲ購入シ生徒往復ニ急雨ノ際貸用セシメタシ」と発議したが、四番議員は「目下本校モ創業ニ際シ多額ノ費用ヲ要スル場合ナレハ」と反対した。これに対して、七番は「四番ニ於テハ第一衛生ト云フ事ヲ知ラヌノ論者ニシテ実ニ俄カノ雨ニ身体ヲ濡スハ非常ノ不摂生也、然ニ僅々ノ費用ヲ減殺シテ此不摂生ヲ顧ミサルハ甚タ不親切ト謂ハサルヲ得ズ」といい、四番は「七番ノ大攻撃ヲ蒙リマシタガ、四番ニ於テモ衛生上ノコトナトハ七番ノ講義ヲ待ズ少シク心得居レトモ、目下創業ノ際ニ欺ク費用ヲ組合ニ賦課スルハ例ヘ僅々ニモセヨ甚タ穏当ナラストノ心得ニテ七番ニ対シ一針ヲ加ヘタルナリ」と応えた。結局、雨傘代五円を追加したのであるが、議場でのやりとりが眼にみえるようである。

　次いで審議された収入では、内訳は雑収入二七〇円、授業料二七〇円、町村税一九〇円二九銭、地価割六六円六〇銭二厘、営業割五七円八銭七厘、戸数割六六円六〇銭二厘（戸数一五四三戸、一戸につき四銭三厘二毛）と決まり、学校創業費は旧校舎払下代その他および各村寄附金計四四五円五四銭八厘となった。最後に、組合長の任期を一年、副長は議員中から組合長が撰定すること、臨時公借は組合長名で行い、利子は組合費で支弁することを決め、「是ニテ議事モ完結致シマシタ、依テ爰ニ閉会」となったのである。

＊　明治二十五年（一八九二）の学校制度によると、小学校は四年、高等小学校は四年制であった。前者は義務教育であるから無料であるが、高等小学校の四年間は義務教育ではなく授業料を徴収したのである。

車にをされたる犬　くるまにおされたるいぬ

『宗長日記』に、「車にをされたる犬のごとく、はいありきの躰、不レ及二旅行一」とある。車に押しつぶされた犬で、歩行困難なさまをいう。

「をす」は押、圧、推で、圧力を加える、重みで上からおさえつけるの意である。房総九十九里浜海岸などでは、舟を浜から海へ押し出すことを「オッペシ」といった。

車宿　くるまやどり

平安末期、藤原師通・忠実・頼長の邸宅は、いわゆる「東三条殿」であった。その規模については、大田博太郎による「東三条殿復原図」(1)があって、およそ想像できる。それによると、この期のものは寝殿造りではあるが、左右対称の形をとらず、西北から東南にかけて長くのびる形をとっている。そして東南の端が東中門外の東車宿と東随身所で、そこから東四足門を通って町尻小路に出る形になっている。

　さて、ここにいう「車宿」とは何か。『下学集』（上家屋）や「倭訓栞」（中編六久）によると「くるまやどり」と訓む。『古事類苑』（居処部）に載せる「家屋雑考二」には、「車舎（車宿に同じ）は、中門の外にあり、車にて来る客人あれば、牛をはづして車を引き入れ置く所也、此方の車をも、常にひきいれておく所なりといふ」とある。すなわち、車庫である。同じく『古事類苑』に引く「類聚名物考」（宮室一）には、「按に、古画を見るに、車宿は上は堂の屋舎にひとしく、屋根をおほひて、下は土間にて床なし」と説明している。

　ところで、長保元年（九九九）七月二十七日付の大政官符（「新抄格勅符抄」第十）の第五条は「応重禁制僧俗無故住京及号車宿京舎宅事」という。すなわち、「僧侶出入里舎、既立厳科、而頃年遠離塔寺、多交京師、或高門戸以号車宿、或構堂舎以安仏像、名為禅念之処」を禁遏したのである。[2] 僧侶が里舎に出入するのを禁断した法には、たとえば、古くは延暦四年（七八五）五月二十五日太政官符（「類衆三代格」巻三）があり、「或私定檀越出入閭巷、或誣称仏験註誤愚民」といっている。天禄元年（九七〇）の天台座主良源起請（『平安遺文』二巻三〇三号）の第一二条は、一期一二年の間山界より出づるを禁じられた叡山の僧が、「近代或越大原、或向小野、東西南北、出入往来無忌憚之類、往々而有聞」と記している。[3]

　法を定めればその抜け道を考え出すこと、これはいつの世にも変わらぬ慣いである。車宿は屋根だけで床を張ってないから住宅ではない、というわけかもしれない。仏像を安置する「禅念之処」はまだしも、車宿というのは、おそらくは僧侶の私生活の場である。

注

（1）『図説日本文化史大系』5（平安時代　下、小学館）二四六頁。

（2）本朝世紀・寛治元年八月二十九日条に、この日宣旨が下されて、「比来両京之間、多立堂舎、事乖朝憲、理不可然」といい、左右京職と検非違使に禁遏を命じたことが記されている。

（3）水戸部正男『公家新制の研究』（創文社、一九六一

年、四九頁）は、長保の禁制は、良源起請がのべるような叡山の実情にも関連して成立したかと推測している。

桑子　くわこ

なかなかに　人とあらずは　桑子にも　成らましものを　玉の緒ばかり（『万葉集』巻十二―三〇八六番）

桑子とは野生の蚕のことで、これを飼い慣らしたのがわれわれのいう蚕である。また桑子とは桑の実をもいい、また間引きのため桑畑にすてられた赤子のことをもいう。

くわばら、くわばら

夏、雷さんがゴロゴロ鳴り、大音とともに近所に落雷というとき、「くわばら、くわばら」と呪文を唱えると難を免れるということを子どもの頃に覚えた。

狂言「神鳴」に見え、浮世草子の「好色旅日記」、また著名な歌舞伎「与話情浮名横櫛」に見える（『日本国語大辞典』）から、近世の慣いであろう。

では、何で「クワバラ」なのか。それには、二つのことを説明しなければならない。第一は、かの菅原道真が雷になったということである。平安時代の代表的な学者であり右大臣まで昇った道真だが、昌泰四年（九〇一）正月、政敵藤原時平一派の陰謀により失脚し、九州大宰府に流された。かれは延喜三年（九〇三）二月二十五日に流刑先の九州で死ぬが、無実の罪をかぶせられたうらみは深く、道真は雷神となって時平一派や天皇に祟《たた》ったのである。まず延長八年（九三〇）六月二十六日、宮中の清涼殿に落雷があって、大納言藤原清貫《きよつら》と右中弁平希世《まれよ》が即死する事件が起こった。しかも同年九月二十九日には醍醐天皇も世を去る事態となり、貴族たちは恐ろしさにふるえた。さらに、時平に縁ある者たちがつぎつぎと若死にするということがあり、時平の血につながる一族は滅びてしまう。まさに道真の祟りであると人びとには思われた。

人びとは雷を恐れ、難を免れるために呪文を唱えるようになった。菅原家の所領荘園桑原荘には落雷はないといううわさが流れ、「クワバラ、クワバラ」と唱えさえすれば落雷はないのだとのうわさが流布し、近世以降にこれが広まった。桑原荘という荘園は、①越前国・②播磨国・③筑前国に見出され、④桑原保（安芸国）・⑤桑原御厨（丹波国）もあった。①は奈良時代に東大寺領であったことが知られる。②は鎌倉時代のはじめ最勝光院領―宣陽門院領であり、領家職は勧修寺家領であった、③は平安時代に安楽寺領であった。④は厳島社領となり、⑤は蔵人所領であった。菅原家領と認められるものは存在しないが、強いていえば③の安楽寺領桑原荘が、根源であるかもしれない。しかし、これとは別に、和泉国桑原（現和泉市）説がある。ここには、西福寺の井戸に雷を封じ込めたという伝承があり、また天平勝宝九年（七五七）沙弥道行が雷に遭い、そのさい大般若経を浄写して伊勢大神などに奉ったところ雷鳴がやんだと伝える。なお、現茨木市内の桑原には菅原神社が存在するが、とくに伝承はない。

軍団《ぐんだん》

テレビの見過ぎか、「日光猿軍団」「石原軍団」「たけし軍団」などという呼称を思い浮かべる。集団の呼称で

〈表　A〉

	定　員
大　毅	1
少　毅	2
主　帳	1
校　尉	5
旅　帥	10
隊　正	20

〈表　B〉

400人	600人	1000人	兵士数	
1	1	1	大毅	毅
	1	2	少毅	
1	1	1(2)	主　帳	
2	3	5	校　尉	
4	6	10	旅　帥	
8	12	20	隊　正	

〈表　C〉

国　名	軍団名
大　和	添上団 高市団
駿　河	安倍団
相　模	余陵団 大住団
近　江	志賀団
陸　奥	丹取団 玉造団 白河団 行方団 名取団 安積団 小田団 磐城団
出　羽	出羽団
越　前	丹生団
佐　渡	雑太団
但　馬	気多団
出　雲	意宇団 熊谷団 神門団
安　芸	佐伯団
長　門	豊浦団 下関団
筑　前	御笠団 遠賀団
肥　前	基肄団

あるが、本来「軍団」とは文字どおり軍事用語である。軍隊編成上の単位で、わが国の場合、古代律令制にまでさかのぼる。

軍団とは、諸国に置かれた兵団で、国司の所管である。律令軍団制は飛鳥浄御原令の成立とともに令に規定されたと考えられる。養老令による軍団の構成は〈表A〉のごとくであった。令によると軍団の兵員は一〇〇〇人と定められているが、実際には三種の規模の軍団が存在したらしい。そのモデルを示すと〈表B〉のごとくである。律令軍団についての史料は乏しく、詳細はわからない点が多い。また存在の確認される軍団は〈表C〉のごとくである。

毛　け

人体にどれほどの毛があるのか知らないが、毛は身体の保護や体温調節の役割を果たしているのだという。魚、とくに鯉のうろこのことを毛といい、『日葡辞書』も「ケヲトル」として、「魚の鱗を落とす」と解する。また、田畑に生える作物を毛《け》といい、作毛《さくもう》、毛付《けづけ》、毛見《けみ》の語もある。「毛を吹いて疵《きず》を求む」とは、好んで他人の欠点をあばくことであり、ときにより、却って自分の欠点をさらけ出すことになる。「毛を謹《つつし》みて貌《かお》を失う」とは、毛の一本一本をていねいに描きすぎて全体の容貌を似ていないものにしてしまうことで、細部にこだわって根本を忘れることをいうのである。馬の場合、「毛」とは毛並《けなみ》のことであるが、「毛を以て馬を相《そう》す」とは、毛並で馬の良否を判断することであり、悪くいえば、表面だけ見て物事の価値を判断することである。

経営　けいえい

ふつうは、会社や商店などを管理・運営することをいう。あるいは、学校経営・学級経営という使い方もある。しかし、この語の古い用法をしらべると、ひとつは、縄張りをして普請をすること、第二は、接待のために奔走すること、第三は、意外なことに出逢ってあわてることである。『今昔物語集』（巻二十六―十八）に「庵ノ前ニ郎等共居并《なみ》テ、俎《まないた》五六許并テ、様々ノ魚鳥ヲ造リ、忌極《いみじ》ク経営ス」とある。この経営は、「いそがしく、たち働く」ことであり、「ケイメイ」と訓んだらしい。第一は、「多日の経営をむなしうして、片時の灰燼となり果てぬ」（『平家物語』七）、「七十余宇の寮舎、八十四間の廊下まで、不日の経営事成て、奇麗の粧ひ交へたり」（『太平記』二十四）という用法、第二は「依二明日大饗経営一不二他行一」（『九暦』天暦二年正月四日条）、第三は「弓場殿方人々走経営、問二案内一申云、有レ火」と用いる。また、「諸国を経営す」という云い方があり、これは諸国をめぐり歩くことである。

「営」の字は「いとなむ」と読む。経営である。またこの字は「いそぐ」とも読む。『小右記』（永観二年〈九八四〉十二月一日条）に「夜従レ院有レ召、営参《いそぎ》レ院」とあり、『園太暦』（康永三年〈一三四四〉九月三日条）に「朝座已初之由有二其告一、此間営参、加二著堂前座一」と見える。

稽古　けいこ

国語辞典によると、①古事を考えて物事のあるべき姿を知る、②書物を読んで学問をする、③修業・練習、などと解説されている。お茶・お花・琴・ピアノ・習字・そろばん・武道の稽古など、多様である。

「稽」の字は、和訓では「かんがえる」である。一見、関連のない語のとり合わせから成る熟語に「滑稽《こっけい》」がある。滑は乱、稽は同で、異同を混乱させることだという。知識が多く能弁で、人に是非の判断を誤らせることをいう。また一説には、稽は酒器の名で、酒があふれ出るように、言葉がつぎつぎと出て尽きないの意とする。滑らかで機智に富む言動をいい、元和本『下学集』は「利口之義也」という。『色葉字類抄』は「圜転也」という。転じて道化《どうけ》、おどけ、ばかばかしくおかしいこととなる。古代以来の古い用語である。

なお、『史記』の「滑稽列伝」注に「滑稽はなお、俳諧のごとき也」とある。俳諧とは、おもしろ、おかしい言葉のことをいう。

蛍光灯　けいこうとう

蛍光灯の原理は早くからわかっていたが、実用の目処《めど》がついたのは十九世紀末であった。しかし、高電圧をかける必要があったり、光量も少ないという欠点があり、その改良が望まれた。一九三八年にアメリカのゼネラル・エレクトリック社が低圧蛍光灯を発表し、現在の蛍光灯の原型を作った。

わが国では昭和十五年（一九四〇）に東京電気会社（現、東芝）が二〇ワットの昼光蛍光ランプを作り、これは法隆寺金堂壁画模写の光源として用いられた。第二次世界大戦後、昭和二十四年には市販され始め、三十年頃からは街路灯に使われ、三十八年には日立家電の蛍光スタンド「ムーンライト」が人気商品となった。

蛍光ランプは自然光に近いこと、白熱電球にくらべて効率のよいことなどの利点があり、急速に家庭に普及し、わが国は普及率では世界第一位である。

軽犯罪法　けいはんざいほう

第二次世界大戦後の昭和二十三年（一九四八）五月一日に制定された法律で、違反者は拘留又は科料に処された。この軽犯罪法は明治四十一年（一九〇八）の内務省令第十六号（警察犯処罰令）を廃止して成立したものであったが、いわゆる軽犯罪取締りの法は、さかのぼると明治五年の違式詿違《いしきかいい》条例にたどりつく。条例と現行法の各項を対比することはきわめて興味ふかいが、一、二の例を掲げてみる。

〈違式詿違条例〉

第十八条「人家稠密ノ場所ニ於テ妄リニ火技ヲ玩ブ者」

第二十二条「裸体又ハ袒裼シ或ハ股脛ヲ露シ醜体ヲナス者」

〈軽犯罪法〉

第九項「相当の注意をしないで、建物、森林その他燃えるような物の附近で火をたき、又はガソリンその他の引火し易い物の附近で火気を用いた者」

第二十項「公衆の目に触れるような場所で公衆にけん悪の情を催させるような仕方でしり、ももその他身体の一部をみだりに露出した者」

条例の第二十九条は「狭隘ノ小路ヲ馬車ニテ馳走スル者」、第三十二条は「斟酌ナク馬車ヲ疾駈セシメテ行人エ迷惑ヲ掛シ者」など、明治初期の雰囲気をよく示すものであるし、第三十八条「居宅前掃除ヲ怠リ或ハ下水ヲ浚へザル者」など、私たちに昔の生活を想起させる。

ケーブル・カー

CABLE CAR は二五度を超える急傾斜の線路で車両を運行する鉄道をいう。鋼索《こうさく》鉄道ともいう。一本のワイヤー・ロープの両端に車両を結び、山頂側に置かれた巻上げ機によって車両を上下させる。上り、下りの車両がすれ違うところは複線であるが、他は単線がふつうである。

車両は急斜面に対応するため階段状になっており平行四辺形の鋼鉄製または軽合金製である。定員は数十人で、一〇〇人以内がふつうである。

世界最長のケーブル・カーはスイスのヘルマラ鉄道の二三〇〇メートルで、わが国では比叡山鉄道の二〇〇〇メートルである。勾配のもっとも急なのはアメリカのロックアウト山の約三七度、わが国では東京高尾山登山電鉄の約三一度である。山岳のみならず、坂の多い都市でも設置されているところがある。アメリカのサンフランシスコのケーブルは一八七三年設置で、世界一古い。ポルトガルのリスボン市のケーブル・カーも名高い。

わが国では、明治四十一年（一九〇八）に大谷光瑞が六甲山の別荘に設けた私設ケーブルが最初で、公共施設としては大正七年（一九一八）開業の生駒鋼索鉄道の鳥居前—宝山寺間（一〇〇〇メートル）をはじめとする。ちなみに運賃は一二銭であった。

観光地開発の進展に伴い路線は増加し、現在営業しているケーブル・カーは次のとおりである。

青函トンネル記念館（青森）、筑波山ケーブルカー（茨城）、高尾山ケーブルカー、御岳山ケーブルカー（東京）、箱根登山ケーブル、大山ケーブルカー、駒ヶ岳ケーブルカー（神奈川）、十国峠ケーブルカー（静岡）、立山ケーブルカー、黒部ケーブルカー（富山）、坂本ケーブル（滋賀）、叡山ケーブル、鞍馬山ケーブル、天橋立ケーブル、男山ケーブル（京都）、西信貴ケーブル（大阪）、生駒ケーブル（奈良）、高野山ケーブル（和歌山）、六甲ケーブル、摩耶ケーブル、妙見ケーブル（兵庫）、八栗ケーブル、屋島ケーブル（香川）、帆柱ケーブル（福岡）、ケーブルラクテンチ（大分）。

げこ

酒の飲めない人を下戸という。上戸《じょうご》の酒飲みであるのに対する用語である。『色葉字類抄』に「下戸　盃酒分ケコ」と見え、『名語記《みょうごき》』（五）に「酒のまざる人を、げことなづくるは如何。げこは下戸なり。上戸にたいしたる詞也」とあり、『徒然草』（一）は、「声をかしくて拍子とり、いたましうするものから、げこならぬこそをのこはよけれ」といい、『太平記』（一〇）に「あはれ肴や、何なる下戸なり共、此をのまぬ者非じ」とあるから古くから用いられてきた言葉である。

上戸・下戸というのは、古代律令制下の法律用語であった。「田令《でんりょう》」16課桑漆条に、戸を上・中・下に分け、それぞれ桑・漆を規定の数植えさせた。また、「賦役令《ふやくりょう》」6義倉条に戸を上々戸から下々戸まで九等に分け、規定の粟を納めさせた。この戸の等級を定める規定は令文中には存在せず、課口《かこう》の数の多少によるとの説と、資財の多少によるとする説との二つがあった。おそらく後説であろうと思われる。いずれにせよ、上戸は豊かで酒の蓄えも多く、下戸は貧しく蓄えも少ない。それが飲酒量の多少となり、酒の飲めない者を下戸と言ったのではないかというのである。なお中国では、富や飲酒量の大小を「大戸《たいこ》」「小戸《しょうこ》」と表現するということである。

下剋上　げこくじょう

たとえば高等学校の教科書を見ると、次のように記述されている。

（A）

「下級のものが実力で上級のものにとってかわろうとする現象を、公家や上級武士のような旧支配者たちは下剋上といってなげいた。古い伝統と権威を否定し、現実の力を重んずることは、この時代の特徴的な風潮であった。」

（B）

「幕府の権威が失われるにともなって、生き残った守護大名の権威も弱まり、その領国は、守護代や領国内の有力家臣に奪われるようになった。このように下のものが上のものをしのぐ風潮を、下剋上といい、この風潮の高まった応仁の乱のころから、約一世紀にわたる戦乱の時代を戦国時代と呼ぶ。」

などとある。どちらかといえば（Ｂ）の教科書の方が下剋上を狭く理解している。むかしの教科書では、守護代である織田氏が守護の斯波氏にとってかわり、しかも織田の庶家であった信長の家が本家にとってかわったことや、一介の浪人であった斎藤道三が、美濃国の大名になりあがった例などが記述されていた。

右のような狭い下剋上理解に対して、大正十年（一九二一）内藤虎次郎は講演のなかで、一条兼良の足軽論（「樵談治要」）に触れて、狭い下剋上論を批判している。

「下の者が順々に上を抑へ付けて行くのを下剋上といふやうに考へるものがあります。無論それも下剋上であるに違ひありますまいが、一条禅閤兼良が感じた下剋上はそんな生温いものではありませぬ。」

「最下級の者があらゆる古来の秩序を破壊する、もっと激しい現象をもっともっと深刻に考へて下剋上と云ったのである。」（『日本文化史研究』弘栄堂書店、一九二四年）

文明十七年（一四八五）山城国人らの要求に押されて両畠山軍が撤退し、荘園が元のごとく領主に返されるとの情報を手にした興福寺大乗院門跡尋尊は、結構なことだと日記（大乗院寺社雑事記）に記しながらも「但しまた下剋上の至りなり」と書いた。

下剋上という言葉は、確かに南北朝期からしきりに用いられるようになったと思われるが、早い例としては『源平盛衰記』（巻第六）「入道院参の企」の項に平清盛の言葉として、

「大方近来いとしもなき者共が、近習者し、下剋上して折を待ち時を伺ひて、種々の事を勧め申すなる間に、御軽々の君にては御座す」

とある。また「日蓮遺文」に、

「世間の法には下剋上、背上向下は国土亡乱之因縁なり」

とある。下剋上の語は陰陽家の間で親しまれていた。「凡上剋下為順、下剋上為剥」（「五行大義」）に由来するのであろうという。

消しゴム　けしごむ

消しゴムは、鉛筆を常用する児童・生徒にとっては必

需品である。書いては消し、書いては消しているうちに、答案用紙が破れてしまい、悲しい思いをしたのを思い出す人もいるのではなかろうか。鉛筆の一端に消しゴムのついた事務用は父の筆立てにあったが、これは少し高級感があった。

ゴムは南米原産の植物の樹液から作るが、コロンブスによって十五世紀末ヨーロッパに紹介された。ゴムの知識は、江戸後期にはわが国に紹介されており、寛政二年（一七九〇）にはアラビアゴムも輸入されていた。

ゴム製品が国産化されたのは明治四年（一八七一）で、ゴム引き布の発売が最初という、同十九年、護謨製造所が独自の技術を開発して、ゴムまり、氷枕、乳首、ゴム靴などとともに消しゴムをも作り販売した。その後、合成ゴムの研究・開発が進み、わが国はこの分野では世界的水準にある。

げす

下賤のもの、品性下劣であることをいう。下品な言葉であるが、現代でも、相手をののしるとき「この、げすやろう（下司野郎）」などということがある。

「げす」には、下種・下衆・下主・下司などの字をあてる。辞典は「大和物語」「宇津保物語」「源氏物語」「発心集」など古代・中世の用例を掲げ、江戸時代以降もこの用例はつづく。

あてた漢字のうち「下司」はいわゆる荘園用語である。ふつう「げし」と読んでいる。元来、下司は下級の役人のことをいったが、荘園管理機構のなかで、政所・公文所・預所などを上司と称したのに対して、荘園現地の管理の実務に当たる荘官を下司と呼んだ。

下司はその職務に対する報酬として、給田・給名・加徴米などを与えられた。下司には、在地の有力者が任命されることが多く、開発領主の系譜をひき、武士化したものが多い。

下駄　げた

高下駄にマントというのが、戦前の高等学校生の姿であった。戦後はほとんど下駄を履くことなどなくなったが、昔は学校から帰ると、家では下駄を履いていたものであった。冬の寒いときや正装のときは足袋《たび》をはいたが、ふだんは素足《すあし》に下駄であった。子どもでも鼻緒のすげ方を心得ていた。

江戸時代までは、ふだん子どもは素足、はだしであった。古い絵巻などを見ると、はだしの人物が多い。下駄には、①アシダ、②ポクリ、③ゲタの三種があった。①のアシダは、足下《あしした》、足板《あしいた》の音便で、古くは屐の字をあてた。②のポクリは木履である。③のアシダは、駄すなわち履ものというところから、下に履くので下駄、茶席に履くので席駄《せった》となったといわれる。いずれにせよ、下駄は江戸時代的な用語である。江戸では差歯《さしば》の高いものを足駄《あしだ》と呼んだが、歯の低いのが下駄であった。

下駄の起源は古く、泥田での作業に履いた田下駄があり、静岡県の登呂遺跡などから出土している。古墳時代に入ると遺品が多く見出され、その形態は今日の下駄と変わらない。

外題　げだい

浄瑠璃「傾域島原蛙合戦」に「書面計聞《ばかり》はつり、義理を知らぬは外題学問《げだいがくもん》」とある。いろいろな書物の名前だけは知っているが、その内容を知らぬ、うわべだけの学問をあざける言葉である。外題学問の学者が外題学者である。右の場合の外題とは、書物の表紙に貼った短冊形の紙に書かれた表題のことで、別称は「題簽《せん》」である。表紙をめくった内側に書かれた内題に対して外題というのである。

古文書の世界にもこの用語がある。中文《もうしぶみ》や解文《げぶみ》などの文書の端《はし》や奥《おく》に書きつけて裁決のしるしとしたもので、外題状ともいう。父から子への譲状の内容について領主がそれを諒承、許可する旨のサインを与えたものが外題安堵状である（佐藤進一『古文書学入門』法政大学出版局、一九七一年）。

また、外題は歌舞伎の用語で、作品の題名をいう。「藝題」とも書くが、これは上方《かみがた》での用語であり、江戸歌舞伎では「名題《なだい》」とか「大名題」といった。この用語は元禄以前からのものという（服部幸雄『歌舞伎ことば帖』岩波新書、一九九九年）。

けちがつく

「けち」のけは「怪」で不吉なこと、縁起の悪いこと。十七世紀の『書言字考節用集』には「怪事　ケチ」とあり、十八〜十九世紀の辞書『和訓栞』にも「あやしき事にいふは恠事《けじ》の音転なり」とある。

「けちがつく」とは、縁起の悪いことが起こり事がうまく進まないこと、「けちなやつ」といえば、つまらない者（こもの）をいう。いずれにせよ、江戸時代からの言葉か。

結果責任　けっかせきにん

丸山真男は『思想』昭和三十一年（一九五六）三月号に「戦争責任論の盲点」と題する文章を公にした。丸山は、この文章の終わりの方で日本共産党の政治的責任について書いている。

「彼らがあらゆる弾圧と迫害に堪えてファシズムと戦争に抗してきた勇気と節操とを疑うものはなかろう」「ここで敢てとり上げょうとするのは個人の道徳的責任ではなくて前衛政党としての、あるいはその指導者としての政治的責任の問題である」「当面の問いは、共産党はそもそもファシズムとの戦いに勝ったのか負けたのかということなのだ。政治的責任は峻厳な結果責任であり、しかもファシズムと帝国主義に関して共産党の立場は一般の大衆とちがって単なる被害者でもなければ況や傍観者でもなく、まさに最も能動的な政治的敵手である。この戦いに敗れたことと日本の戦争突入とはまさか無関係ではあるまい。敗軍の将はたとえ彼自身いかに最後までふみとどまったとしても依然として敗軍の将であり、敵の砲撃の予想外の熾烈さやその手口の残忍さや味方の陣営の裏切りをもって指揮官としての責任をのがれることはできない。」（再録『戦中と戦後の間』みすず書房、一九七六年）

まことに率直な指摘であり、厳しい発言であった。日本共産党が激しく反発したことはいうまでもない。

翻って、近頃の政治家の言動を見ると、「責任」などという言葉は、すっかりどこかへ置き忘れてしまったかのようである。

結　構　けっこう

「結構なお手前で」とか「結構なお住まいですな」というとき、この結構とは、見事な、立派なという意味である。「十分ご馳走になりまして、もう結構です」とは、十分に満腹したときの言葉、「結構楽しかった」とは予想したよりは、まあいいかという気持ちである。

　しかし、この言葉、文字面からも予想されるとおり、元来は建造物の構造や文章の構成を意味する名詞である。「殿堂精閣を結構する」（『正法眼蔵《しょうぼうげんぞう》』）、「住居の結構」（『当世書生気質』）などは建造物についていう。そして、計画・意図の意にも用い「関白結構如レ此」（『台記』）とか「剰遠侍の酒肴以前のよりも結構し」（『太平記』三十七）などと用いる。

　名詞的用法は古代、形容動詞的用法は中世、「もう結構です」は近代に入ってからの用法であろう。

決戦訓　けっせんくん

太平洋戦争の末期、昭和二十年四月五日小磯内閣が総辞職し、鈴木内閣が成立、陸軍大臣には阿南惟幾が就任した。翌八日陸軍は「決号作戦準備要綱」を決定、二十日全軍将兵に「決戦訓」五か条を布告した。この布告は二十五日『週報』四四三号に全文掲載され、一般国民にも「一億国民の戦訓」として告知された。近現代史研究の専門家には周知の史料ではあるが、全文を掲げる。

仇敵撃滅の神機に臨み、特に皇軍将兵に訓ふる所左の如し。

一、皇軍将兵は神勅を奉戴し、愈々聖諭の遵守に邁進すべし

　聖諭の遵守は皇国軍人の生命なり。神州不滅の信念に徹し、日夜聖諭を奉誦して之が服行に精魂を尽くすべし。必勝の根基茲に存す。

二、皇軍将兵は皇土を死守すべし

　皇土は　天皇在しまし、神霊鎮まり給ふの地なり。

　誓って外夷の侵襲を撃攘し、斃《たお》るるも尚魂魄《こんぱく》を留めて之を守護すべし。

三、皇軍将兵は待つあるを恃《たの》むべし

備有る者は必ず勝つ。

必死の訓練を積み、不抜の城塁を築き、闘魂勃々以て滅敵必勝の備を完うすべし。

四、皇軍将兵は体当り精神に徹すべし

悠久の大義に生くるは皇国武人の伝統なり。挙軍体当り精神に徹し、必死敢闘、皇土を侵犯する者悉く之を殺戮し、一人の生還なからしむべし。

五、皇軍将兵は一億戦友の先駆たるべし

一億同胞は総て是皇国護持の戦友なり。至厳なる軍紀の下、戦友の情誼に生き、皇軍の真姿を顕現して率先護国の大任を完うすべし。

右の五訓、皇軍将兵は須く之を恪守し、速かに仇敵を撃滅して宸襟を安んじたてまつるべし

この「決戦訓」は、昭和十六年一月、当時の陸軍大臣東条英機の公布した「戦陣訓」と対をなすものといえよう。

煙立つ　けむりたつ

『万葉集』の二番の歌は舒明天皇の作とされている。「大和には　群山あれど　とりよろふ　天の香具山」と始まる国見の歌である。「国原は　煙立ち立つ　海原は　鷗たちたつ」とある。

伊藤博は煙は大地から燃え立つもの「蒸気や炊煙の総称」とする。海原は、大和に海があるわけもなく、これは香具山周辺の埴安池、磐余池などの池を指すとする。

「煙立ち立つ」については、庶民生活の安穏、繁栄のしるしとしての炊煙と見るべきであろう。元来この歌は国見、国褒《ほ》めの歌であるから、それでよいと思う。かの仁徳天皇の「民のカマドは賑わいにけり」のカマドの煙である。

喧　嘩　けんか

この語については中山禄郎の考察がある（『平安・鎌倉時代古記録の語彙』東宛社、一九九五年）。中山は学生のアンケート調査をもとに、今日、けんかといえば

「殴る・蹴るといった暴力的なイメージ」がつよいと述べている。

しかし、ケンカは本来は必ずしも暴力を伴うものではなかった。第一義的には、喧騒、すなわち、さわがしいこと、かまびすしいことである。『将門記』に「山響草動、喧嘩」とあるが、「喧嘩」の真福寺本の古訓は「カマヒスシ」であり、楊守敬旧蔵本も「カマヒスシ」である。中山は古記録の用例を挙げているが、平安時代の『中右記』『権記』などではやはり「さわがしい」の意である。近世初頭の『日葡辞書』も「カマビスシ」と説いている。しかし、言い争い、力づくで争うことをもいい、その用法は中世以降であろう。

喧嘩両成敗という思想も中世以来のものであるが、喧嘩を買う、喧嘩を売るという言葉は江戸時代以来のものであろう。

喧嘩両成敗　けんかりょうせいばい

元禄十四年三月の江戸城松ノ廊下での浅野《あさの》長矩《ながのり》による吉良《きら》義央《よしなか》に対する刃傷事件に始まる赤穂事件は、翌年十二月の浅野家旧家臣らによる吉良邸討入り敵討で終わるが、幕府の処置をめぐって世論は騒然となった。まず、刃傷に及んだ浅野長矩は切腹・城地没収・絶家となったが、吉良については一切お咎めなしという処置であり、喧嘩両成敗の法に背くのではないかというのである。幕府の扱いは不公平であるとの意見も強かった。

このような、ケンカをした当事者双方を、その理非を問わず処罰する法が、明文化されたのは大永六年（一五二六）の「今川かな目録」の第八条であるとされる。

一、喧嘩におよぶ輩《ともがら》、理非を論ぜず、両方共に死罪に行ふべきなり、

日本の中世社会は「眼には眼を」の自力救済の、復讐容認の社会であった。報復の連鎖を絶つためにも喧嘩両成敗の法は必要であったのだ。

〈参考文献〉清水克行『喧嘩両成敗の誕生』（講談社、二〇〇六年）

玄関　げんかん

建物の出入り口を玄関と呼び慣わしている。「玄関」

とは、もとは玄妙に入る門、すなわち幽玄の道の入口のことであった。これがやがて禅学への入門、そして建物の入口へと転じた。

史料上の初見は元弘元年（一三三一）の日付をもつ「建長寺伽藍指図《がらんさしず》」にあり、方丈《ほうじょう》の入口に「玄関」と書かれている。のち天文十七年（一五四八）の「運歩色葉集―景」は「禅家小門之名也」と解説している。

平安時代の寝殿造や中世の武家造住宅には玄関は存在せず、中門廊や車寄せが出入り口として使われていた。玄関が整ってきたのは江戸時代であって、京都二条城二の丸御殿は、式台《しきだい》・遠侍《とおざむらい》（警護の武士の詰所《つめしょ》）の整った型の古いものとして現存する。

庶民の住宅に玄関が作られるようになったのは明治以後のことである。最近では、玄関に費用をかけることなく、単なる靴脱ぎ場となっている場合が多い。

兼好法師の生活費　けんこうほうしのせいかつひ

兼好法師といえば、すぐに『徒然草』が思いだされるだろう。『徒然草』の文章は国語の教科書にも載っていて、たいていの人は、一度は読んだことがあると思う。この『徒然草』のなかに、次のような文章がある。「財《たから》多ければ身を守るにまどし」――財産が多いと、それに気をつかうことが多くて、自分の身を守り保つことがおろそかになる、また「身死して財《たから》残る事は智者のせざる処なり」――死んだあとに財産が残るということは、かしこい人間のすることではない、遺産が多いとロクなことはない、という文章である。まあ、必要以上に銭金《ぜにかね》は持つなということだと思われる。

ところで、兼好法師は歌人《かじん》――うたよみである。世を捨てて、歌をよんだり随筆を書いたり、ずい分と気楽な生活のようだが、かれとても人間である以上、食べたり着たりしなくてはならない、金はたくさん持たないほうがいいとはいうものの、明日の米にも困るというのでは、おちおち歌もよんでいられないだろうし、気どって随筆など書いていられなかったと思われる。いまの世のなかだったら、原稿料や印税の収入があるわけだが、兼好法師の時代には作家という職業はない。では、かれはどうやって、くらしをたてていたのだろう。

ひとつには、個人教授による収入がある。あちこちの上流貴族に招かれて、和歌の添削・指導をして報酬をもらうわけで、いまふうにいえば家庭教師というところだろう。もともと兼好は、若いころは卜部兼好《うらべかねよし》といって下級の役人で、また堀川の内大臣家に、家司《けいし》といって大臣家の家のなかをとりしきる支配人のような仕事をしていた。それで、この堀川家をはじめ多くの貴族の家に出入りし、その援助をうけていたらしい。室町幕府ができてからは将軍の足利尊氏にも近づいているし、のちには権力者の高師直《こうのもろなお》の屋敷に出入りして、顧問のような役目をつとめ、文章や和歌の代筆・代作もしていたようだ。こういう権力者をパトロンにもって、実際にはかなりの収入があったのではないだろうか。――まあ、少し兼好法師のイメージをこわしてしまったかもしれないが、いまひとつ、実は、かれは不在地主でもあった。

ちょうど、鎌倉時代の終わりごろ、西暦の一三一三年、兼好法師は京都郊外の山科の小野というところに田圃《たんぼ》を一町歩買い取った。一町歩はいまの単位で一ヘクタール、約三〇〇〇坪というところか。一町歩の田圃の値段は九〇貫文だと書いてある。米の値段を基準にして単純な計算をしてみると、三〇〇万円ぐらいになろうか。兼好法師に田圃を売ったのは源有房という人で、ふつうは六条有房といわれ、大納言までつとめた有名な貴族である。このような身分の高い人が、直接、田圃の売買をすることはなく、当然、この取引きをなかだちしたものがいた。俊経という沙汰人である。沙汰人というのは村の有力者であり、村役人というべきもので、実はこの俊経が六条家の田圃の管理を任されていた。兼好法師はあっせんしてくれた俊経に、手数料のつもりか、いまでいえば一〇万円相当の金を与えている。

さて、兼好が買った田圃は一町歩だが、四か所に分散していた。この田圃を兼好じしんが耕すわけはないので、当然、これを小作人に請負わせる。毎年、春になると、耕作する百姓を募集し、応募した百姓は、地主である兼好法師に、請文（誓約書）を差し出す。ある年の請文では四人の百姓が請負い、年貢は十月中に納めると約束している。また、ある年には五人の百姓が請負い、年貢を十月十五日までには納めると書いている。年貢は米で一〇石、一五〇〇キログラム。この年貢米は「うちい」という枡ではかると書いてある。いったい、徳川氏が天下を統一する以前は、一升枡といっても大きさにいろいろあり、のちの一升枡ではかって一升三合も入る一升枡もあるかと思うと、七合ぐらいしか入らぬ小さい一升枡もあった。したがって、どの枡ではかって納めるかということは、きちんと決めておかなくてはならないということになる。そこで、こうした証文にはどういう種類の枡で納めるかを書くのがふつうなのだが、しかし「うちい」という枡がどのくらいの大きさなのか、いまはわからない。(1)

ところで、兼好法師は自分の田圃の小作人と実際に会ったことがあるのだろうか。かれは京都の町のなかに住んでいたが、かれの家に小作人が年貢の米を運んでくる、そちらの物置に入れておけとか、台所に運んでおけとか、そんなふうに指図をしている兼好法師を想像できたら楽しいのだが、実際にはそんな場面はなかったと思われる。田圃を買うときあっせんした沙汰人の傒経がいっさいをとりしきって年貢米を送ってきたのだろう。(2)そして、兼好も独りで住んでいたわけではなく、身の回りの世話をする召使いがいたはずで、その召使いが米を受取っただろうし、おそらく、兼好は小作人たちと顔を合わせたことはなかったと思われる。

さて、兼好法師は山科の小野の田圃一町歩を、ちょうど一〇年間持っていたが、西暦の一三二二年、元亨二年という年に、代金三〇貫文で宗妙という尼さんに売り渡した。この尼さんは、のちにこの田圃を大徳寺——例の一休禅師のいた京都の大徳寺だが、そこに寄付した。それで兼好法師の書いた証文がいまでも大徳寺にあるというわけである。(3)ところで、兼好は一町歩の田圃を九〇貫文で買い取り、毎年一〇石の年貢米を九年分受け取ったから、合計九〇石、お金に直して九〇貫文——結局、もとはとったことになり、尼さんに売った代金の三〇貫文はまるまるのもうけということになる。

兼好法師はほかにも田圃を持っていて小作料の収入があったのではないかと、わたしは考えているがはっきりしたことはわからない。それはともかく、家庭教師をしたり、代筆をしたり、不在地主として小作料をとったり、あるいはまた、かれは二回も、はるばる関東に下り、武蔵国金沢にきている。いまの神奈川県の金沢文庫だが、これも、むかし仕えていた六条家のものが有力者として関東におり、それに招かれてきたらしい、いってみれば地方出張講演、まあ、出稼ぎというべきものか。こういうことをしながら、暮らしをたてていたということになると、むかし国語の時間に読んだのとは違って、また別な感じで『徒然草』を読み直すことができるのではないかと思うわけである。

注

（1）枡については、宝月圭吾『中世量制史の研究』（吉川弘文館、一九六一年）という詳しい研究がある。

（2）年貢米一〇石を兼好が消費するはずはなく、商人の手を通じて貨幣か他の物品に換えた部分も多いわけだが、それを物語る直接の史料はない。

（3）兼好自筆の証文類は、現在、大徳寺にあり、大日本古文書『大徳寺文書之六』に収録されていて容易に見ることができる。

賢姉愚弟　けんしぐてい

昔の親は「この子が男だったらなあ」と嘆いたものである。お姉ちゃんの成績がよく、弟の出来が悪いと、このような愚痴も出てくる。「家」を継ぐべき長男がこれでは心許ないというわけである。

さて、かの著名な紫式部には惟規という弟（一説には兄）がいた。この姉弟は早く生母と長姉を亡くしたので、紫式部が母親代わりに弟の面倒を見ていたらしい。寛弘四年（一〇〇七）紫式部が中宮彰子のもとに出仕する見返りとして惟規は六位蔵人に補されたが、勤労意欲に欠け、のみならず、振舞いに疎漏の点が多かったという（『小右記』）。

そのような弟に紫式部は気をもんでいた。寛弘六年（一〇〇九）の大晦日に中宮御所に盗人が入ったとき、紫式部は「殿上に、兵部の丞といふ人呼べ呼べ」と恥も忘れて大声で叫んだのも、弟に盗人逮捕の手柄を立てさせたかったからではないかといわれる。しかし、兵部丞惟規は既に退出したあとであった（『紫式部日記』）。

父藤原為時が越後守となったとき、惟規はこれに付き従い、そこで没した。

遣隋使　けんずいし

いうまでもなく、古代において、わが国から中国の隋帝国に遣わされた正使である。小野妹子という人物名とともに記憶される遣使については教科書に記載されていて、誰知らぬものもない。

　隋は西暦五八一年から六一八年までの短かい歴史しか持たなかったが、隋との国交はわが国にとっては意義深いものがあった。

　遣隋使の派遣については諸説があるが、前後六回と見るのが通説となっている。第一回は推古天皇八年（六〇〇）とされるが、拠るべき史料は『隋書・倭国伝』のみで『日本書紀』には記載がなく、詳しいこともわからない。第二回は推古天皇十五年で、使の小野妹子と通事（通訳）鞍作福利の名が記されている。第三回は推古天皇十六年であるが、これも『隋書・煬帝紀』に記述があるのみで詳細はまったくわからない。第四回は『日本書紀』にも記録があり、推古天皇十六年九月に発し翌年九月帰国した。大使小野妹子・小使吉士雄城・通事鞍作福利であり、高向玄理らの留学生と僧旻・南渕請安ら学問僧を伴った。第五回は推古天皇十八年で『隋書』にのみ記述があって詳細は不明。第六回は推古天皇二十二年で、犬上御田鍬・矢田部造某を使とした。

遣唐使　けんとうし

　七世紀から九世紀にかけて、わが国から中国の唐王朝に派遣された公式の使節である。最初の使節は、舒明天皇二年（六三〇）八月に犬上《いぬがみ》御《み》田鍬《たすき》・薬師恵日を使人とした一行で、四年八月に対馬に帰着した。最後に使人が任命されたのは寛平六年（八九四）で大使に菅原道真、副使に紀長谷雄という顔ぶれであったが、道真の上表により遣使は停止されることになった。「諸公卿をして遣唐使の進止を議定せしめんと請う状」として、在唐僧中瓘の録記にそい、可否を議定するよう求めたもので、結局これを以て遣唐使の派遣は停止されたのである（川口久雄校注『菅家文草　菅家後集』岩波書店、一九六六年）。

　使人の任命は二〇回に及んだが、実際に海を渡ったのは一六回とされる。初期には二隻、奈良時代には四隻となり、員数も四、五百人の多数にのぼった。遣唐使の組織は時期により異なるが、『延喜式』によると、大使・副使・判官・録事・知乗船事・訳語・請益生・主神・医師・陰陽師・画師・史生・射手・船師・音声師・新羅奄美訳語・卜部・留学生・学問僧・傔従・雑使・音声生・

玉生・鍛生・鋳生・細工生・船匠・柁師・傔人・挟抄・水手長・水手という構成であった。最後の遣使は総勢六五一人という大勢であった。船の遭難も多く、長安までの旅は困難なものであった。

顕微鏡　けんびきょう

顕微鏡の発明が果たした役割の大きさは、測り知れない。人の目では確認できない微小なものを拡大して見せるこの装置は、望遠鏡の対極の存在として画期的なものであった。

顕微鏡は一五九〇年（天正十八）オランダのヤンセンによって創られたという。その後イギリスのロバート・フックが自家製の顕微鏡で観察した成果を「図譜」として刊行し（一六六七年）、ドイツのアッベは一八八六年（明治十九）頃、色収差を補正したレンズを完成して顕微鏡の性能向上に寄与した。

現在、顕微鏡には生物顕微鏡、金属顕微鏡、紫外線顕微鏡、蛍光顕微鏡、限外顕微鏡、干渉顕微鏡、偏光顕微鏡、位相差顕微鏡、電子顕微鏡などがある。

一八七三年のウィーン万国博覧会に派遣された松倉松五郎（名は亀太郎とも伝える）は、現地でグリウネルトに、精密レンズの研磨法を学んで帰国し、わが国ではじめて顕微鏡を作った。

見物　けんぶつ

源経頼（九六六―一〇三九）の日記『左経記』万寿二年（一〇二五）八月二十九日条に、賻物《ふもつ》(1)について、

絹百疋、調布二百段、以二穀倉院(2)物一給レ之、依レ無二見物一、先賜二宣旨一也

とある。「見物」が「現物」であることは疑いない。同じく『左経記』長元元年（一〇二八）五月二十二日条に、近江守済政の郎等《ろうとう》平為行と、肥後守章成の郎等蔵原時遠とが合戦に及ばんとし、それぞれの主人が郎等を制止し、済政は為行を召捕り帰宅したが、「此間見物道俗男女不レ知二幾千万一云々」と記されている。この「見物」は文字通り「けんぶつ」である。

こうしたことは、いわば常識に類することであり、いまさら記すべきことでもない。しかし、なぜ「現物」と

「見物」を書き分けないのか。私にはよくわからないが、もともと「見」も「現」も漢字としては同義であり、「見」の音はケン、現の音はケン（漢音）とゲン（呉音）であり、通音である。「現物」とは記さず「見物」と書くのが本来であろう。

注

（1）死者を弔うために喪家に贈る財貨。

（2）平安初期に成立した令外官。民部省に属する米穀倉庫。のち内蔵寮と並ぶ重要な官司となった。

憲法　けんぽう

現代においては、いうまでもなく国の最高法規を指す。聖徳太子の十七条憲法の如く、古代からこの用語は存在するが、意味内容は異なっている。古代・中世に用いられる憲法なる言葉は、おきて、きまりを意味する。中世には、「憲法の至り」「憲法の沙汰」「憲法の成敗」「正直憲法」と用い、公平性を示す用語となる。なお、近世まで「ケンボウ」と濁って読み、現在のように「ケンポウ」と読むのは明治以後のことらしい。

遣渤海使　けんぼっかいし

わが国から渤海に派遣された公式の使者。渤海は、六九八年から九二六年まで、中国東北部の東部、沿海州、朝鮮半島北部を領域とした国家。唐の冊封を受け、突厥・新羅の圧力をうける国際環境下に、新羅を背後から牽制する意図もあって日本と結ぼうとしたのである。第一回の遣使は神亀五年（七二八）で大使は引田虫麻呂であった。遣使の最後は弘仁元年（八一〇）で計一三回に及んだ。渤海は高句麗の旧地に建国したと自称し（渤海国書）、日本に対して朝貢貿易の姿勢をとることはなかった。貿易では、渤海は毛皮・人参・蜂蜜などをもたらし、わが国からは絹・絁・綿・糸・金・水銀・漆・椿油が輸出された。

〈参考文献〉李成市『東アジアの王権と交易』（青木書店、一九九七年）

遣明使　けんみんし

室町時代、明《みん》帝国に派遣した使節。明は一三六八年から一六四四年まで中国を統一した漢民族の王朝である。わが国から明への遣使は、広永八年（一四〇一）祖阿《そあ》を正使とするのが最初で、以後天文十六年（一五四七）までいわゆる勘合貿易が行われた。最初は幕府船による貿易であったが、永享四年（一四三二）からは寺社や守護大名の船が遣わされた。しかし、これ以前に、明との通交関係はすでに開かれていた。

明の洪武帝は即位後直ちに日本との外交関係を開くことを望み、南朝の懐良《かねよし》親王に使者を送ってきた。『明実録』によると、洪武四年（応安四年・一三七一年）以後同十九年まで一〇回にわたって日本からの使者が送られたことが知られる。遣使したのは、懐良親王・島津氏久・足利義満であった。国交は一時断絶したが、応永八年に至って、足利義満が新しい外交関係を開くために遣使したのである。

〈参考文献〉小葉田淳『中世日支通交貿易史の研究』（刀江書院、一九四一年）

五位と京兆　ごいときょうちょう

このころの　我が恋力　記し集め　功に申さば　五位の冠（『万葉集』巻十六―三八五八番）

このころの　我が恋力　賜らずは　京兆に　出でて訴へむ（『万葉集』巻十六―三八五九番）

両歌ともに、恋のために捧げたわが労力を列記して上申したら五位の位階（また京兆の職）が得られるほどだというのである。恋力の力を租税の意と解する向きもあるが、そう限定する要もなく、労力・努力・功労というていどに解するのがよいであろう。

「五位」は、古代官位制上の一つの位置を示し、正一位から少初位下までの三〇階の中のひとつであった。官僚制では、一～三位を「貴」、四～五位を「通貴」とし、六位以下と区別された。京兆は都の行政・司法・警察を掌る京職で、長官は大夫（京兆の尹《いん》）といった。相当位は正五位上であった。

ここに冒頭に掲げた二首を詠んだ人物の意識が明らかに読みとれる。位階「五位」についての想いである。「功」とは官位昇進の根拠となる功績のことであり、考課令の規定では、過去一年間の功績行能を録し、その優劣によって評定し上上から下下までの九階とする。二首の歌は、五位の位階など望むべくもない、卑姓の下級官人のはかない希望をのべたものであった。

后　こう

音はコウ、和訓ではキサキ、キサイである。事典を引くまでもなく「后」は皇后というのは常識であろう。ところが、後藤昭雄は、「后」の第一義は「君主」であると考証する（「常識の陥穽」『日本歴史』七〇四号）。『本朝麗藻』所収藤原伊周詩の、

　老臣座に在りて私かに相語る、我が后も少き年に此の文を学びたまふと

や、大江匡衡の「夏の夜、庚申を守り清涼殿に侍す、同じく避暑を賦して水石に対す」と題する詩の序（『江吏部集』）に、

　我が后、民にのぞみて以来、学館時に逢い、楽署所を得たり

と見える「后」は明らかに一条天皇を指している。

公園の亀　こうえんのかめ

小学校への通学路の途中に、碑文谷公園があった。あまり広い公園ではなかったが、敷地の大部分が池で、中央に島があり神社が祀られている。池のどこからか水が湧き出しているのであろうが、確かめたことはない。貸ボートがあって遊べるようになっているが、小学生の頃は、ボートに乗った記憶が殆どない。理由は簡単で、お小遣いを使うのがもったいなかったのである。

ボート乗り場のそばにはブランコなどの施設があり、池の周りは散歩道になっていたが、私たちの関心は池にすむ亀（イシガメ）*にあった。島に架かる石橋の付近には亀が多く泳いでおり、橋げたに作りつけた浮き台には亀が甲羅を干していた。私たちは、何とかこの亀を捕まえたいものと思ったが、簡単にはいかなかった。

亀というのは意外に用心深く、しかも機敏で、気配を感じるとすぐポチャンと水面に落ちてしまうのであった。私は勿論、友達でも公園の亀を捕らえた者は一人もいなかった。多分、公園の亀を捕ってはいけなかったのであろうが、公園には「魚釣るべからず」という立札はあっ

ても、「亀取るべからず」という立札はなかった。手網を使えば簡単に捕らえることができると知りつつも網を使わなかったのは、やはり「亀取るべからず」と子供ながらに認識していたからであろう。

＊　日本産のカメは、淡水産八種、海水産六種があるが、イシガメはもちろん淡水ガメである。

高戸　こうこ

「下戸《げこ》」とは酒の飲めない人のこと「上戸《じょうご》」とは酒飲みのこと。「上＝高」で「高戸《こうこ》」という語があるとは考えつかなかった。

『北山抄』（巻二）賀茂臨時祭の項に「勧重盃（撰殿上高戸者為之）」とあり、『西宮記』（六）朔旦冬至の項に「外記注御酒勅使等名、授参議（左右各二人、選高戸者為之）」とある。いずれも酒に強い人（上戸＝高戸）が選ばれたのである。国語辞典によると、自居易の詩のなかにも用いられている語であるらしい。

巷所　こうしょ

『東寺文書』を一見すると、とくに京都関係の史料に「巷所」と呼ぶ地域のあることに誰しも気づくであろう。従来この巷所について的確な説明は与えられておらず、戦前の日本史の知識水準を示すと思われる冨山房の『国史辞典』はこの項目を欠き、『日本経済史辞典』もまたとりあげるに至らなかった。しかるに昭和二十九年（一九五四）十月刊行の『史林』三十七巻六号所載の林屋辰三郎「散所—その発生と展開」なる論文において、はじめて巷所に概念規定が与えられた。すなわち、林屋は『宣胤卿記』永正元年（一五〇四）十一月十日条に、

　古之小路分今為二田畠一、是巷所也

とあるのを引用してつぎの如くいう。

　巷所とは、旧平安京の条坊間の街路の存したところであって、その後、都市の規模の変化につれて、道路としての意味を失って空閑地となり、さらに田地又宅地化したところをさすのである。

私もかつて、昭和二十九年（一九五四）六月刊の『日本歴史』七三号に「道路を耕作す」と題する一文を投じ、

平城京・平安京の街路が田畠と化した問題をも考えたことがあった。その際、二つの史料を掲げておいたが、それは林屋が久しく探し求めたという巷所の説明史料となるものと考える。すなわち、『大日本史料』（五の一）所載の承久三年（一二二一）四年日次記の四年四月条に、

（前欠）領レ宅而還失二出入之路一、車馬避二阡陌一而過、士女踏二泥塗一而行、事之新儀乖二于旧制一、就中朱雀大路者為二大極殿之正門一、為二大嘗会之要路一、常可二修固一、豈可二耕作一乎、……九重不レ可レ有二巷所一、一向只可レ従二停止一者、

とあり、二十八丈の広さをもった朱雀大路が耕作されていたことがわかる。「九重不可有巷所」とあり、耕地化した道路すなわち巷所ということを証するに足る。また、『東寺百合文書』下五六―七〇の寛正二年（一四六一）十月二十五日付文書は、

凡九条大路広十二丈也、然而近年為レ躰、乱二現地巷所之境一、以二大路一成二耕作地一之間、行路夾少之条、太不レ可レ然、

という。さらに史料を付加すると永久三年（一一一五）三月二十日東寺権上座定俊申状写（『平安遺文』五巻一八一八号）に、

針小路通并以北巷所等者、先祖慶秀執行之時、開二発之一以降、定俊相伝之所二領知来一也、但件巷所、元者従レ古為二道路一無二耕作一

とある。

嘉禎四年（一二三八）七月晦日乙御前巷所田売券（『鎌倉遺文』七巻五二八五号）は、巷所田を藤井貞時に売却したことを示すが、件の田の所在は、

四至左京巷所、限東中溝、限西朱雀大路、限北針小路、自針小路南三段半目也

とある。朱雀大路が耕地化したと見られる。また仁治三年（一二四二）八月十八日海包末永作巷所売券案（『鎌倉遺文』八巻六〇六〇号）は、相伝の巷所二四〇歩を売却したが、その地は、「自八条南、自朱雀東、角、朱雀面」と記されている。これも朱雀大路の一部が耕地化したものであろう。

街並に比しては広すぎるくらいゆとりのある条坊間の道路は、いつしか畠となり宅地となっていった。条坊による整然たる街並は律令政府の目指すところであったが、民衆の生活は、より現実的な、形式に束縛されない街をつくりあげていったのである。林屋が巷所と散所との関

係を推定したのも、私にはそんな感じでうけとられるのである。

口　銭　こうせん

「こうせん」といえば、江戸時代、仲介手数料を意味した。船が港に入るときに支払う入津料は「クチセン(ゼニ)」と称したが、これは一種の関税と見るべきものであった。

また、口永《くちえい》ともいう。売買のなかだちをした手数料、いわゆるコミッションである。この言葉、仲介料という意味で現代でも用いられる。口銭という語は中国漢代の税目として見え、人頭税であったらしい。

口銭は文字どおり銭で徴収するものであるが、米でとれば口米《くちまい》となる。

口米は中世的な用語であるが、正和四年（一三一五）陸奥国好島《よしま》荘で「口籾《くちもみ》」と史料に見える。以後の史料とあわせ考えると、本年貢のほかに加徴された付加税的な性質のものである。また、年貢の徴収に関与する者への手当あるいは報酬にあてられたものであろう。年貢一石について五升の割合とか、地子一〇〇文について五文の「口《くち》の銭《ぜに》」などと見える。

口中の食を奪う　こうちゅうのしょくをうばう

文永八年（一二七一）六月十七日高野山領紀伊国猿川・神野・真国荘々官等請文（『鎌倉遺文』十四巻一〇八三九号）は、荘官らが一五カ条を掲げて起請文としたものであるが、その第一〇条はつぎのようなものである。

一、放二飼牛馬一事付為レ秣苅二作毛一事

右、放二牛馬一損二作毛一之条、似レ奪二口中之食一、其奈民家之煩何、損二作毛一之分、可レ弁レ之、若不レ弁者、可レ取二其牛馬一、若嗷々而不レ取得一者、可レ訴二寺家一、又為レ秣於下苅二取作毛一之輩上者、可レ有二罪科一

右の史料については、格別解釈には及ぶまい。扱うところは、その中の「奪口中之食」の句である。「口中の食」の語を尋ねると、『本朝文粋』（巻六）の長徳二年（九九六）正月十五日大江匡衡申文に、

匡衡不レ種二一頃之田一、積二学稼一為二口中之食一、不レ採二

一枝之桑一、織二文章一為二身上之衣一

とある。匡衡は検非違使の労により越前・尾張などの国守に任ぜられたいと書いたのであるが前掲の文はその一部である。匡衡は文章生、文章得業生を経て対策及第し、検非違使・弾正少弼そして式部権少輔兼文章博士となった。まさに、匡衡の衣食の資は学問と文章にあったのであるから、「学稼を積んで口中の食となし」「文章を織り身上の衣となす」というわけである。

一転して、つぎは『太平記』である。西源院本・巻三の「陶山小見山夜打笠置没落事」に、

（後醍醐天皇は）夜ハ人モ通ヌ野原ノ露ニ分迷セ給テ、羅穀之御袖ヲホシアヘス、兎角シテ夜昼三日ニ、大和国多可郡ナル有王山之麓マテ落サセ給ケリ、藤房モ季房モ三日マテ口中之食ヲ絶シケレハ、足タユミ身疲テ、今ハ何ル目ニ逢共、一足モ行ヌヘキ心地モセサリケレハ、力ナク幽谷之岩ヲ枕ニテ、君臣兄弟諸友ニ幻之夢ニ臥給フ

とある。また、西源院本・巻十二の「文観僧正事付解脱上人事」に、

上人此事ヲ聞給テ、是ソ神明ノ我ニ道心ヲ勧サセ給御利生ヨト歓喜シテ、涙ヲ流シ、其ヨリ軈テ京ヘハ帰リ給ハテ、山城国笠置ト云ケル深山ニ、一ツノ厳重（屋）ヲシメ、落葉ヲ焼テ身ノ上ノ衣トシ、菓ヲ拾テ口ノ中ノ食トシテ、長ノ厭離穢土ノ心ヲ発シ、鎮ニ欣求浄土ノ勤ヲ専ニシ給ケル

とある。流布本の一本では「攢二落葉一為二身上衣一、拾レ菓為二口食一」とあるが、意はまったく同じである（岡見正雄校注『太平記』二、角川文庫版）。

「口中の食」については、それが『白氏文集』に依るものであろうことは、すでに先学の指摘がある（後藤丹治『太平記の研究』、朝日古典全書『太平記』注）。『白氏文集』（巻四）売炭翁に「売レ炭得レ銭、何所レ営、身上衣裳、口中食」、同（巻十）寄元九に「憐君為謫吏、窮薄家貧編、三寄衣食資数盈二十万、豈是貪衣食感君心綣、念我口中食分君身上暖」とあるのを出典とする。

公平《こうへい》

現代では「こうへい」と読むのがふつうである。辞典的にいえば、「判断や行動が公正でかたよっていないこと、特定の人のえこひいきをしないこと」（『日本国語大

辞典』）である。そして例として、商法―四三四条を掲げる。「清算人は会社、株主及債権者に対し公平且誠実に清算事務を処理する義務を負う」である。

　しかしこの「公平」古くは「くびょう」又は「くひょう」と読んだらしい。『続日本紀』（巻四）和銅元年（七〇八）七月十五日条に「勅曰、卿等情存二公平一、卒二先百寮一」とあり、『古事談』（五）に「長手申云、四角五重可レ足、被レ造二八角七重一者、為二国土之費《ついえ》一歟云々、依レ之被レ造二四角五重一畢、大臣者存二公平一雖レ令レ申レ為二後生之責一、於二冥土一被レ抱二焼銅柱一云々」とあり、『関東御成敗式目』三九条に「被レ召二成功一之時、被レ註二申所望人一者既是公平也」とあり、『園太暦』康永三年（一三四四）七月二十四日条に「所詮闕レ務片時雖レ閣、一旦停滞、公平之失墜也」とあるのは、平等で不正のないことの意である。これに対して、年貢を意味する公平の用い方がある。建武元年（一三三四）七月日若狭国太良荘時沢名本名主国広代行信重申条（『東寺文書』は）に「為金御年貢以下公平、粗重言上如レ件」とあり、貞治二年（一三六三）十二月二十三日定使道正起請文案（『東寺文書』や）に「西たい（田井）のそんまう（損亡）は三分の二の免にて、三分一くひゃうになり候」とあり、天文八年（一五三九）十二月洛中洛外酒屋土倉納銭条々（建武以来追加二五七条）に「於二毎月御公平一者、七貫文充進納仕之」とあるのはこれである。

蝙蝠傘　こうもりがさ

　幕末開国とともに欧米人が多数来日し、洋傘《ようがさ》をさす姿も見られたであろうが、万延元年（一八六〇）遣米使節の木村摂津守がサンフランシスコで買い求めたというのが初期の記録である。慶応三年（一八六七）頃から用いる者が多くなったが、当時は晴雨兼用であった。

　明治十四年（一八八一）東京本所に洋傘製造会社が設立され、国産の洋傘（蝙蝠傘）が普及し始める。上等の傘は骨が一〇～一二本、並の傘は八本であった。女子のパラソルは洋装の普及とともに広まった。

コールテン

添毛織《てんもうおり》の一種で、表面に縦畝《たてうね》が立っている。フランス語のコーデュロイ Corde du roi は「王様の畝」の意。いわゆるビロードである。漢字で書くと天鵞絨であるが、ビロードの類には「天」字をつけて呼んだ。コール天とはフランス語と中国語を日本読みでつぎ合わせたものである。

ビロードは江戸時代初期に渡来していたが、明治時代になって、二十四年（一八九一）頃から輸入され、同二十七年に国産品が作られるようになった。鳥取出身の吉田亀寿が東京の浅草千束《せんぞく》の工場で製造したものであった。はじめは下駄《げた》の鼻緒《はなお》に用いられ、大正時代に入ると画学生のズボン地に、昭和に入ってからは散歩用の上衣地として用いられた。

私は昭和十五年（一九四〇）に中学校に入学したが、新設校だったので当初制服がなく、生徒たちは小学校以来の思い思いの洋服を着ていた。なかにただ独りコールテンの洋服を着ている同級生がいた。衣服などにほとんど関心を持たない私であるが、このコールテン服が気になった。あれを着たいと思ったのだが、ついぞその機会はなく、七十歳をすぎてから購入し、年来の望みを達した。

第二次世界大戦後、昭和二十七、八年頃に婦人服に用いられ、一時流行したが、コーデュロイの原名のまま流通した。

国語辞典　こくごじてん

小学校の頃から漢和辞典と国語辞典にはずいぶんお世話になってきた。勉強・研究の手助けをしてくれる辞典類の整備状況は、私どもが学生だった頃に較べると格段の差がある。諸橋轍次の『大漢和辞典』も小学館の『日本国語大辞典』もなかったのだから、未知の文字や文を明らかにする手間はたいへんなものであった。いまは、それから考えると、じつに有効な道具が揃っているといわねばならない。

わが国の古い辞書は漢籍を読むための漢和辞典、あるいは漢字辞典であり、国語辞典なるものは生まれなかった。

国語辞典のはしりは『節用集』である。古い写本は文明本と称されているもので、おそらく文明六年（一四七四）頃に成立したものである。『節用集』は日常語をイ

ロハ順に並べて、それに読みがなをつけたもので、意味についての記述はほとんどない。その冒頭部分を示すと、

「乾坤」の項に、

「乾雷公《イヌヰイカツチ》 雷電《同イナビカリ》《ライテン》」、「数量」の項に「六親《ロクシン》〔祖父祖母叔父姨母父母《チ、ハ、》 又云父母兄弟妻子〕」

などとある。

江戸時代には、鹿持雅澄『雅言集覧』、太田全斎『俚言集覧』、谷川士清『和訓栞』が刊行されて、とくに『俚言集覧』は当時の俗語に焦点をあてたもので、現今の国語辞典の形に近いものであった。

国史 こくし

国史、わが国の歴史書、すなわち日本史書である。国史でよく知られているのは教科書にも記載されている「六国史《りっこくし》」である。『日本書紀』（七二〇年）、『続日本紀』（七九七年）、『日本後紀』（八四〇年）、『続日本後紀』（八六九年）、『日本文徳天皇実録』（八七九年）、『日本三代実録』（九〇一年）である。太安万侶の『古事記』の完成が七一二年であるから『日本書紀』より古い（坂本太郎『日本の修史と史学』至文堂）。

以上は写本の現存するものであるが、『日本書紀』以前に国史の編纂があったらしいことは想像される。『日本書紀』（巻二十四）によると、皇極天皇四年（六四五）六月蘇我蝦夷ら滅亡のとき「天皇記・国記・珍宝」を焼こうとしたが、船史恵尺が国記を取り出して、これを中大兄皇子に奉献したという。ここに見える「国記」の内容はまったく明らかではないが、国史であろうと推測される。天皇記のごとき大王の系譜類は早くから作られていた可能性はあるが、史料的な裏付けを欠く。

国字 こくじ

その国家で伝統的に通用している文字をいうが、わが国の場合には、仮名（かな）に当たる。また、わが国では仮名と漢字を併用するが、わが国で作られた漢字も多く、これを国字（倭字《わじ》）と称する。文化十五年（一八一八）の伴直方『国字考』は、〈天地部〉一一、〈人偏部〉五、〈衣食部〉六、〈器財部〉一四、〈草木部〉一七、〈魚鳥部〉四七、〈言語部〉二二で、計一〇五種を挙げてい

る。よく知られたものであるが、峠・畑・辻・籾・鰹・鱈・働・磨などがある。魚鳥部の四七字はさすがに多い。

国定教科書《こくていきょうかしょ》

私は昭和九年（一九三四）に小学校に入学した。国語の教科書はいわゆる「サクラ読本」、「サイタ　サイタ　サクラ　ガ　サイタ」と始まる。それまでの地味な教科書と違い、「サクラ読本」は、表紙はもとより、挿絵まで色刷りであった。

しかし残念なことに、私は「サクラ読本」の第一ページを級友と声を合わせて読むことはなかった。

入学を控えた三月中旬、夜半突然腹痛に襲われ、新宿の大久保病院に入院し直ちに手術を受けた。腹膜炎で命を落とすところであった。開腹手術をしたが、一部縫合できず、傷口があいたままベッドで日を送った。退院したのは一カ月あまりも後で、小学校に通学し始めたのは五月に入ってからであった。なおこの年、東京は四月に入って大雪に見舞われた。病院の窓から眺めた雪景色は今でも眼に焼きついている。

「サクラ読本」は国定教科書の第四期のものとされている。

第一期　明治三十七年から四十二年までの六年間
第二期　明治四十三年から大正六年までの八年間
第三期　大正七年から昭和七年までの一五年間
第四期　昭和八年から同十五年までの八年間
第五期　昭和十六年から同二十年までの五年間

「国定教科書」ということは、各教科の児童用教科書が文部省編の一種類しかないことを意味する。国定の前は「検定教科書」である。編纂された教科書を文部省が検定し、検定に合格した教科書のみ学校で使用できる制度である。

明治五年に学制が発布されて学校教育が始まったとき、教科書は自由採択であった。それが、十三年になって聞申制にかわり、同十六年に認可制となった。そして同十九年、文部大臣森有礼のとき、教科書の検定制度が始まり、文部省自らも教科書を作り始める。明治二十年代後半から検定教科書について議論が起こり、特に修身の教科書については批判が起こった。

そこへ教科書疑獄事件が起こった。教科書会社金港堂と各府県の採択委員との間で行われた贈収賄事件である。じつに一五七名が検挙され、一一六名が有罪となった大事件であった。これが直接の導火線となって、明治三十六年に小学校令で、「小学校ノ教科用図書ハ文部省ニ於テ著作権ヲ有スルモノタルベシ」（二四条）と規定し、国定教科書がスタートとしたのである。

　第二次世界大戦後は、国定教科書は廃止され、再び検定制度に変わった。

国鉄三大事件　こくてつさんだいじけん

　昭和二十四年（一九四九）の夏、わずか一か月余の間に、国鉄（日本国有鉄道＝現ＪＲ）に関する三つの大きな事件がつづいておこった。①七月五日の下山事件、②同十五日の三鷹事件、③八月十七日の松川事件である。第一の下山事件は、当時国鉄総裁だった下山定則が、七月五日、東京日本橋のデパートに入ってのち行方不明となり、翌六日早暁、常磐線北千住付近の線路上で礫断死体となって発見された事件である。第二の三鷹事件は、七月十五日午後九時二五分ごろ、中央線三鷹駅で無人の国鉄電車が暴走して人家にとび込んだ事件である。第三の松川事件は、東北線の松川と金谷川の間で貨物列車が脱線、転覆した。枕木の犬釘が抜かれていたのである。――この一連の事件は当時の国民に多くの衝撃を与えた。事件そのものに対する興味は措いて、いったい、これらの三事件はいかなる意味において「記録」され、また「年表」に載せられているのであろうか。それが、たんなる交通事故ではないと認識されたからである。まず、三事件を含む昭和二十四年の年表を眺めてみよう。

1・23	第二四回総選挙で、共産党三五議席を獲得する。
4・4	団体等規制令公布施行。
5・30	東京都公安条例反対デモ。
31	行政機関職員定員法公布（大量人員整理――いわゆる官業労働者二六万人首切り計画予定）。
6・1	労働組合法・労働関係調整法改正公布。
5	東芝人員整理発表。
10	東神奈川人民電車事件。
11	総司令部、国電スト中止を命令。
30	平事件（警察署占拠）。
7・2	国鉄人員整理規準発表。吉田首相談話「治安をみだすものとは闘う」。毎日新聞社説「警察力を強

	化せよ」「共産党の組織暴力拡大に対処せよ」。
3	反共連盟結成。マッカーサー元帥声明「共産党の非合法化を考慮」。
4	国鉄第一次人員整理三万七千名発表。
5	反共立法を閣議で検討。下山国鉄総裁行方不明。
6	早暁、**下山総裁の死体発見**。正午、増田官房長官談話「自殺ではない」。午後一時、東大古畑教授による解剖はじまる。解剖終了以前の夕方、検察庁堀検事正「他殺説」発表。
7	古畑教授談「自殺、他殺、速断できない」（朝日新聞）、「他殺説有力」（朝日新聞・毎日新聞）、「他殺と断定」（読売新聞）、樋貝国務大臣談「犯人は数日中にわかるだろう」（同上）。
13	国鉄第二次人員整理六万二千名発表。
15	**三鷹事件**。
16	「国鉄労組分裂の危機」（読売新聞）
17	吉田首相声明「不安をあおる共産党」（朝日新聞）、「極刑にせよ」（毎日新聞）。
19	総司令部顧問イールズ、新潟大学で、共産主義教授を追放と演説。
21	「警察力を強化せよ」（読売新聞社説）。
22	「頼るは警察力」（毎日新聞社説）。
8・4	田中警視総監談「下山事件、自他殺の断定はまだ早い」（朝日新聞）。
17	**松川事件**。
9・19	公務員の政治活動制限に関する人事院規則制定。
10・19	東京都公安条例成立。
22	全国大学教授連合、レッドパージ反対声明。

占領軍および日本政府は、一貫して反共のフレーム―アップを行った。下山事件は、現在まで、ついに自殺・他殺の断定のできないまま過ぎている。しかるに右年表でみるように、政府は「他殺」といい、暗に国鉄労組員に殺されたのだと印象づけた。三鷹事件も、労組員の共同謀議による犯行と印象づけたが、裁判の結果は竹内某の単独犯行となった。松川事件も、国鉄労組員・東芝労組員・日本共産党員らによる計画的犯罪であるとし、容疑者を逮捕したが、長期にわたる裁判の結果、昭和三十八年（一九六三）九月にいたり、全員無罪が確定した。いずれの事件についても、占領軍・日本政府によるデッチアゲであることが明白となった。歴史的事実は右の通りであるが、これら一連の事件によって、日本共産党の力は削がれ、国鉄・東芝労組は分裂弱体化し、人員整理

（首切り）が容易に行われた――という結果が残った。犯人が誰であるかはついに不明のままであるが、この一連の事件が果たした客観的な役割りは右の通りである。すなわちその「歴史的意義」は把握せられた。

国風文化《こくふうぶんか》

平成九年（一九九七）に出版された木村茂光の『「国風文化」の時代』（青木書店）は意欲的・刺激的な好著であるが、そのはじめの部分で、国風文化という用語は昭和二十六年（一九五一）刊の「日本歴史講座」第二巻（河出書房）に収められた川崎庸之の「摂関政治と国風文化」と題する論文で用いられたのが早い例だとし、歴史教育の分野で「国風文化」の語を用いたのは、昭和二十九年検定の『中学校社会　社会のおいたち』（学校図書）だと述べている。

「国風文化」という用語が第二次世界大戦後になってから用いられ始めたという記述に、私は「おや？」と思った。それは、私が学生時代からお世話になった概説、川上多助の『平安朝　上』（綜合日本史大系　第三巻、内外書籍、昭和五年刊）のなかに、「国風文化」の語のあることを思い出したからである。同書の第十一章「公家文化の発達」の第一節の（二）は「国風文化の発達」となっている。

それに加えて、私は第二次世界大戦中の昭和十九年に師範学校で「国風文化」について学んでいる。手許にある文部省編『師範歴史　本科用巻二』（昭和十八年初版、十九年修正版）を見ると、第五章は「平安の御代」で、その第六節は「国風文化の成熟」である。そこでは、異国（唐風）文化を「同化して自家薬籠中のものとなし、ここに所謂国風文化を成熟せしめたことは、国民文化の展開途上に於ける一大業績である」と記している。

右のような理解が『師範歴史』独自のものでないことは、つぎの二書の例からも明らかだと思う。第一は、清水三男著『素描　祖国の歴史』（星野書店、昭和十八年十月刊）は、「かなの発明」の項で、つぎのように述べている。

「この発明のあったと思はれる頃、わが国は唐風文化と絶縁して、ここに国風文化が育ち古今集以下の国民文学が相ついで現はれたことも興味深いところである。」「平安文学の示す国風文化は個人心理の妙を描いた繊細美の文学で、直ちにその全てが吾々の尊敬に値するものではない」「徒然草や江戸時代の国学者の或るものが平安時代の文学への復古をめざし、宣長等復古神道派の人々が奈良時代の復古をめざしたのも、国風文化への思慕と国民文化への仰慕の相違から来た懸隔である。とはいへ国風文化と国民文化はかく対立的であるべきものでなく、融合すべきものであらう。」「国風文化の存在あって、国家意識の隆昌を将来する結果を生むものなることを注意して置きたい。」

と。また、藤田寛雅の『国史通観』（小島書房、昭和十九年三月刊）は、「貴族文化の開華」の項で、

「いはゆる藤原時代の文化は、大陸文物の同化克服の上に日本的性格を高次に展開し、国風文化の華を開き、わが文化の成長発展の上にまた豊穣なる一期をなしたのである。」

と記している。清水の著は一般向けの啓蒙書であり、藤田の著は高等学校・大学予科向けの教科書であるが、ともに戦争下のナショナリズムに裏打ちされたものであることは明らかである。

御家人　ごけにん

江戸時代、知行高一万石未満の幕臣のうち御目見《おめみえ》以上を旗本、以下を御家人といい、十八世紀には約一万七二〇〇余人の御家人がいた。将軍の親衛隊である。大部分は知行地を持たない蔵米取であって、しかも微禄の者が多く、貧窮にあえぎ、その地位を株として売却する者もあった。株の値段は、与力が一〇〇〇両、御徒歩《かち》が五〇〇両、同心が二〇〇両であった。

御家人の敬称「御」は将軍を敬ってつけるのである。これは鎌倉時代の御家人制に起因する。幕府の初期、源頼朝と主従関係を結んだ武士を御家人と称した。十四世紀以降の室町幕府では御家人制を継承することはなかったが、一種の社会的身分呼称となっていたらしい。

武家社会での御家人制は、平安時代の貴族社会の家人制に起因する。都の有力貴族のもとには、地方の有力土豪らが名簿《みょうぶ》を捧げて従者として仕えることが行われ、これを家人と呼んだ。

家人は、律令制にさかのぼり、賤民の呼称であった。家人は奴婢《ぬひ》と同一身分であって奴婢・家人と連称されるが、良民の三分の一の口分田を班給され、家族を形成することが認められるなど、奴婢と区分される存在であった。

〈参考文献〉田中稔『鎌倉幕府御家人制度の研究』（吉川弘文館、一九九一年）、松平太郎『江戸時代制度の研究』（柏書房、一九六三年）

沽券にかかわる　こけんにかかわる

品位や体面にさしつかえるの意である。沽券とは、売買に際して、売主から買主に与える証文のことで、売券とか沽却状などという。土地の売買に当たっては、律令制下では官司の許可が必要であったから、売券は上申文書（解《げ》）の形をとったが、平安中期以降は、売買の当事者間でやり取りされるようになった。沽券の初見は十世紀末にあるとされる。

沽券には、売却する土地や家屋の規模と所在、およびその価格が記される。価格によって示される価値、さらにそこから、品位・品格にかかわる意味で用いられるようになる。その用法は近世に入ってからで、「沽券にかかわる」「沽券が下る」などというようになった。

ご進講　ごしんこう

平成二年の何月だったか、ある席で、宮内庁書陵部の課長をしていたYさんから、ご進講をしてくれませんかと言われた。酒の席だったので冗談だろうと思い、ああいいよと軽く答えたらしい。らしいと言うのは、私自身そのことはすっかり忘れてしまっていたからである。ところが、年末になって宮内庁から手紙が来た。三月に天皇陛下にご進講申し上げるようにと言うことであった。私は正直言って気が進まなかったが、Yさんに電話すると、是非引き受けてくれと言う。私が彼に、服装はどうしたらいいかと尋ねると、ネクタイはしてくれ、大学の普段の授業の調子でいいんだからといわれ、結局引き受けた。まあ、話の種だからやれよと彼はいった。

演題は「円融天皇の御事績について」であった。ちょうど亡くなって千年になると言うことであった。この天皇はあまりこれといった話題のない天皇で、原稿を作るのに困ったが、時代の背景、社会情勢などを語ることで責めをふさぐことにした。持ち時間は四五分で、あと一五分間は陛下から「ご下問」がありますということであった。話の要旨は紙一枚にまとめて宮内庁の方に送っておいた。

当日の朝一〇時に書陵部に出向くと、書陵部長と宮内庁の自動車で赤坂御所の仮宮殿に向かった。当時、天皇は仮宮殿に御住まいであった。半蔵門を経て赤坂御所に着き、しばらくの間、侍従長や女官長と控えの間で雑談したあと、一一時に進講の場に入った。

部屋は小学校の教室ほどの広さで、中央に大きなテーブルがあり、すでに天皇・皇后・皇太子がテーブルの向こうに立っておられた。中央に天皇、向かって右に皇后、左に皇太子で、挨拶のあと席に着いた。私の後ろには宮内庁長官、侍従長、女官長、書陵部長はじめ十数人が並んでいた。

少し緊張したが、あらかじめ用意した原稿にしたがって、務めてゆっくりと話をしたが、天皇は時おり私の話を遮って、ちょっと待ってください、それはどのような字を書くのですかとか、それはどういう意味ですかと、途中に質問を挟むのである。三度、四度となると私も少しうるさく感じられて、椅子から立ち上がって、天皇の前に置かれている要旨のその部分を指して、ここに書いてありますと、つい、つっけんどんに答えたりした。予定した話が終わると、先ず天皇が「平安時代という時代は穏やかで文化の発達した時代のように思いますが、お話では、盗賊が横行し火災も頻発して、騒がしい世の中だと言うことでしょうか」といわれる。都の真ん中で昼間から追いはぎが出る有様でというと、納得できないと言うご様子であった。皇后は子《ね》の日の行事について問われたが、私の説明では十分理解されない様子であった。すると皇太子が皇后に向かって「あとでご説明いたします」と言われた。

予定の一五分は超過し二五分ぐらい経ってしまった。侍従の促しで全てが終わり立ち上がるとお三人が礼をされ、天皇は「有難う」と一言いわれた。皇太子は兵庫関に関する論文の抜き刷りを手渡され、先生のご論文は読ませていただきましたと言われた。天皇はお庭の清掃をする団体の人々へのご挨拶をされる予定が次に控えていて、侍従に促されて退出された。

私は控え室に戻りお茶を飲んだ。若い侍従が白い布に包んだものを捧げもって部屋に入ってきた。「陛下からのご下賜品です」といい、中味の説明をした。菊の紋章入りの花瓶と虎屋のお菓子であった。それとは別に宮内庁の役人が車代と書いた封筒を手渡した。中味は三千円であった。宮内庁の車で家まで送ると言われたが辞退し、新宿駅まで送ってもらった。

炬燵　こたつ

床に切った炉にやぐらをたてて上を布団のような織物で覆《おお》う。そのやぐらが炬燵である。室町時代の字書には「火燵」と見える。江戸時代初期になると、上部を粗い組格子にした四角形の木枠の中に行火《あんか》に似た容器に炭火を入れ、上に蒲団をかけた。現在も用いられる置炬燵である。床を掘り下げて腰掛けるようにした掘り炬燵は大正時代から始まった。

熱源は熾《おき》、炭火であったが、昭和三十年頃から電熱に変わった。東芝が開発した電気炬燵の普及により、従来の炬燵は姿を消した。エアコン、ファンヒーター、電気カーペット、床暖房などの普及により、住生活は変貌した。

なお、「こたつ」のことを「あんか」と呼ぶこともある。行火には土製の火容《ひいれ》に蓋《ふた》をかぶせたものもあるが、一般には、木製か土製の箱のなかに火容を入れて用いる。もとは手あぶり用で、熾、炭、炭団《たどん》を熱源にし、寝るときに足元に入れて暖をとった。置き炬燵ができてから、炬燵と行火は混同されるようになった。

骨折　こっせつ

小学校五年のとき、体操の時間に、鉄棒から落ちて右腕を骨折した。鉄棒で前後にからだを振り、前方に飛び降りる単純な運動だったが、手を離すタイミングを誤り、仰向けに砂場に落ちた。そのとき、右の手先が身体の下に入ってしまい、ひじのすぐ上のところが折れた。

物凄い痛みが襲い、私はかがみこんでしまった。担任の先生はすぐに私を接骨院に連れて行ってくれたが、歩いて行く途中、痛さに耐えかねて立ち止まることしばしばであった。とにかく治療を終えて、白布で右腕を吊った私を、先生はタクシーで家まで送ってくれた。それから三週間ほどは、私は体操の時間は「見学」であった。

後に北海道釧路で右腕を骨折したが、なんと、折れたのは子どものときの骨折場所のすぐとなりであった。ついでながら、私は今までに、右腕を二回、左腕を一回骨折している。診療所の医師は「骨がもろい、女性みたいですね、骨粗鬆症ですよ」といわれる。

「コッセツ」いうまでもなく骨を折ることであるが、「ホネオリ」といえば少し意味を異にする。こちらは、努力する、尽力するの意である。中世以来の語であろうが、同意の語に「骨を砕く」がある。これは『日本後紀』にも見えるから古代からの用法である。

ごねる

ふつう、釈迦の死を意味する「御涅槃《ごねはん》」から出た語彙であるといわれている。また、歌舞伎の隠語「ごてる」との混同から生じたものといわれる。俳優や音楽関係者など一〇〇人をこえる人々が関与して歌舞伎の芝居が成立するが、それだけにもめごとも多い。もめて文句をいうさまを「ごてごて」「ごてれつ」などと称し、そこから「ごてる」という語が成立したとするのである。そして「ごてる」と「理屈をこねる」の「こねる」が混用されてしまったというわけである。

現代各地の方言では、①人が死ぬ、②けものが死ぬ、③すねる、④思うようにいかず困る、などの意で用いられるものがある。

木の葉の食器　このはのしょっき

家なれば　笥《け》に盛る飯《いひ》を　草枕　旅にしあれば　椎《しい》の葉に盛る（『万葉集』巻二―一四二番）

作者は有間皇子であり、斉明天皇の四年（六五八）十一月八日頃に詠まれたものであろうという。孝徳天皇がまだ軽王《かるのみこ》と呼ばれていた頃、脚気療養のため有間（馬）温泉に滞在していたときに男子が生まれた。そこで有間皇子と名づけられたのだという。白雉五年（六五四）父孝徳が没すると有力な皇位継承者の一人であった有間皇子は身の危険を感じたのであろう。狂気をよそおい、斉明天皇三年（六五七）には紀伊国牟婁《むろ》の温泉に療養した。牟婁から帰った皇子の話に心を動かされた天皇は翌年十月、牟婁温泉に行幸した。その留守をまもる蘇我赤兄臣が天皇の失政三点をあげて皇子をそそのかした。皇子は「吾《あ》が年始めて兵《いくさ》を用いるべき時なり」と挙兵を決意した。しかし十一月五日、赤兄は皇子を裏切り皇子謀反の由を奏上し、皇子は捕らえられて紀伊国の天皇の許に送られた。皇太子中大兄の訊問に対して皇子は「天と赤兄と知らむ、吾《おのれ》は全《もは》ら解《し》らず」と答えたが、十日に藤白坂で絞刑に処された。

　事件の真相は必ずしも明らかではないが、『日本書紀』は皇子が赤兄らと謀反のことを占ったということと、皇子が「宮室を焼き水軍で牟婁港を封鎖する」計画を持っていたと記述しているが、赤兄が処罰されることもなく中大兄政権内で重用されているところから、有間皇子は赤兄の謀略にのせられたのであろうと考えられている。

　さて冒頭の万葉歌の解釈であるが、従来は、皇子が護送される旅の中で、飯笥《いいけ》（食器）を用いることができず椎の葉に盛るという不自由さをあらわすものだとされてきた。しかし、これに対して、高崎正風は、椎の葉のような小さなものに飯を盛るのは不可解だとし、これは道祖神の神前に供えて旅路の安全と身の行末を祈願したものであると述べた（『古典と民俗学』講談社学術文庫）。

　これに対し、稲岡耕二は『万葉集全注　巻第二』（有斐閣、一九八五年）で高崎説を批判している。この歌は、「家にしあれば」と「旅にしあれば」と、旅先での悲嘆を強調するところに特徴があるのだから、高崎説のような捉え方では理解しがたいとする。

こば

『万葉集』巻十四―三四九六番の歌である。

　橘の　古婆の放髪《はなり》が　思ふなむ　心うつくし　いで
　　我は行かな

　橘を植物とする説もあったが、これは地名、武蔵国、現在の横浜市港北区から川崎市にかけての地名とする（伊藤博『萬葉集釈注』七、四八七頁）。しかし、いま一か所常陸国茨城郡立花がある。「たちばな」を手がかりとすると、武蔵か常陸か、いずれとも、にわかには決めがたい。

下位の地名の「古婆」に手がかりを求めたいが、もともと「こば」とは焼畑のことであり、それが地名化したものである。「〇〇コバ」と呼ばれる地名は数多くあったと思われ、仮に小字などとして残っていても、それを手がかりとして特定することは困難であろう。

独楽　こま

男の子ならば、おそらく独楽あそびをしたことのない者はいないであろう。それほどポピュラーな遊びである。この遊具は世界中で見られ、各地それぞれ独自の発生・発展をとげたものと思われる。もっとも簡単な独楽は「ひねりごま」であると思われるが、鞭でたたいてまわす「ぶち独楽」は紀元前一五〇〇年頃のエジプトに存在したらしい。

わが国では六世紀頃のぶち独楽と思われるものが出土しており、藤原京や平城京跡から七―十世紀の独楽が出ている。『大鏡』（中、伊尹）には、幼少の後一条天皇に藤原行成が「こまつぶり」（独楽の古名）を与えた話がある。天皇が「南殿に出でさせおはしまして、まはさせたまふに、いと広き殿のうちに、のこらずくるべき歩けば、いみじう興ぜさせたまひて、これをのみ、つねに御覧じあそばせたまへば、こと物どもはこめられ」たという。この独楽は「むらご（村濃）の緒つけて奉りたまへり」というから「ぶち独楽」であった。子どもたちが独楽に興ずる様子は、たとえば『慕帰絵』などに描かれている。

米俵　こめだわら

子供の頃から、米俵は四斗《しと》入り、重量一六貫（六〇キロ）だと覚えていた。しかし、「四斗俵《しとびょう》」という語があるのだから、当然四斗以外の五斗俵や三斗俵も予想してよいわけである。江戸時代の『地方凡例録《じかたはんれいろく》』を見ると、関東や出羽国村山郡は三斗七升、奥州岩城《いわき》領と美作国は三斗三升、奥州白川郡福島領・越後国・越前国・三河国・遠江国・駿河国・美濃国・丹後国・但馬国・備後国は四斗、尾張国・摂津国・播磨国・豊前国・豊後国・肥後国は五斗などと書いている。

明治時代、山形県飽海郡では四斗俵と五斗俵の二種類が行われていて、小作料（年貢）を納めるときは五斗俵だったという。それが明治末年になり四斗俵に統一されたという。明治四十五年一月の京都府乙訓郡大山崎村の小作慣行調査書控《ひかえ》には「字大山崎ハ従来ヨリ四斗入ニシテ、他ハ明治四十四年ヨリ五斗入ヲ四斗入ニ改メ」とある。およそ大正に入る頃には四斗入の俵に統一されたのであろう。

奈良時代、米俵はやはり五斗入であった。しかし『大宝令』や『養老令』に俵入れの規定はない。平安時代の『延喜式』（巻五十）には「凡《およ》そ公私の運米は五斗を俵となす、仍《よ》りて三俵を用いて駄となす」とある。この制度がいつから始まったか不明である。『帝王編年記』という書は、天平十一年（七三九）米五斗を一俵としたと書いているが他に所見がない。ただ『続日本紀』（巻十三）天平十一年四月十四日条に「天下の諸国をして駄馬一疋の負《お》える重さ大二百斤《きん》を改めて百五十斤を限りとせしむ」とある。大一斤は一六〇匁《もんめ》＝六〇〇グラムであるから、それまで二〇〇斤＝一二〇キロだったのを、一五〇斤＝九〇キロに改めたのである。これは三俵分の重量であるから一俵は三〇キロとなる。したがって一俵はいまでいう二斗入りであろう。奈良時代の五斗俵は、実質現在の二斗俵に相当するのである。

『大日本古文書』（五）を見ると、天平宝字六年（七六二）七月五日麻柄全麻呂啓《けい》に「愛智《えち》郡進上租米参斛《こく》六俵駄二匹」と見える。一俵は五斗、一駄に三俵をつけることがわかる。また同七年四月二十二日運米使解《げ》によると、一八俵、計九石の米を馬六匹で運んだとある。一俵は五斗で、馬一匹に三俵を負わせること、これまた明白である。

ころす

大学紛争の頃の話である。昭和四十三年（一九六八）は東京大学安田講堂占拠事件のあった年である。当時私は東京学芸大学に勤務し、学内の学寮委員なるものをつとめていた。

幾つかある学生寮のうちの一つは、三里塚闘争や狭山闘争の拠点となり、多くの「外人部隊」（闘争に参加する他大学の学生）の宿泊所に使われていて、トラブルも多かった。

私は東久留米市の公務員住宅に住んでいた関係で、近くにあった学生寮の担当となったが、この寮が他ならぬ「拠点」寮であった。真夜中に突然、警察署から電話があり、「外人部隊」が一〇〇人も寮に入りましたよと教えてくれるのである。その都度、私は深夜に寮の様子を見に出かけなければならなかった。

学生との交渉（いわゆる「団交」）がしょっちゅう行われたが、学生たちは教師の些細な言葉尻をとらえて、「揚げ足とり」的な攻めたて方をするのが常であった。

あるとき、委員長のK教授が学生とのやりとりの中で「そんなやつはコロシテヤル」と発言して大騒ぎになった。K教授は口数の少ない昔風の人であった。私は、教授に弁明してほしいと思ったが、教授は口をつぐんだままで学生の罵声を聞くのみであった。

教授が「コロシテヤル」といったのは「殺す」ということではなく、「懲《こ》らしめてやる」という意味であった。教授は、学生たちとのやりとりで少し興奮し、つい生まれ故郷の方言が口から出たのである。古くは「コロス」は「コラス（懲）」に同じで、『色葉字類抄』も「コラス　コロス　戒也」と書いている。三重県南部や伊豆大島などにも方言として残り、「いたずらしたらころして下さい」などといった。「いましめる」「打つ（ぶつ）」の意である。

自伏　ころふす

浪の音《と》の　繁き浜辺を　敷妙の　枕になして　荒床に　ころ伏す君が　家知らば　行きても告げむ　妻知らば　来も問はましを（『万葉集』巻二—二二〇番）

「ころふす」とは珍しい言葉である。「自伏」をもとは「コロフス」と訓んだが、山田孝雄は「ヨリフス」とし、井上通泰は「コイフス」と訓んだ。その後、大野晋は山田説を否定し「コロフス」と訓んで「みずから一人で伏す」の意とされた。『日本国語大辞典』も「みずからひとりで伏す。ひとりで横たわる」としている。また「ころ」を立項し、「自身、自分自身、みずから、の意を表わす」として『色葉字類抄』の「自　コロ」を掲げている。なお「フス」は伏・臥で死ぬことである。

言語道断　ごんごどうだん

言葉ではいい表せないくらいひどかったり、悪かったりすることである。言葉で表現する道が断たれる、である。天喜二年（一〇五四）十一月十一日伊賀守小野守経解（『平安遺文』三巻八二〇号）に「且歎前別当狼藉之身、成此歎□□言上此由以後、於レ今不二参上一之咎、更言語道断也」とある。これに対して、『明衡往来』に「御歌之為体、花実兼備首尾相得、不レ耻二古人一無レ比二当世一、心目所レ感言語道断也」とあるのは、褒め言葉であり、『太平記』（巻二）に「三公九卿相従ひ、百司千官列を引、言語道断の厳儀也」とあるのは重大の意である。なお、「言語同断」と書くときもあるが、これは誤りである。

さ　行

座　ざ

平安末期から戦国時代まで「座」の存在は認められ、言葉としては、江戸時代にも銀座などの存在が知られる。ヨーロッパのギルドにも対比される座は、商工業者や芸能者の特権的集団の組織である。

史料上では、寛治六年（一〇九二）の頃に青蓮院を本所として杣伐夫役《そまきりぶやく》や駕輿丁役《がよちょうやく》をつとめる傍ら洛中で薪を販売していた八瀬《やせ》の里座《さとざ》、元永元年（一一一八）の記録に東大寺所属の奈良の鍛冶座《かじざ》、久安六年（一一五〇）の京都四条の切革座《きりかわざ》、仁平三年（一一五三）頃成立の山城宇治・白川の田楽《でんがく》法師の座、寿永二年（一一八三）頃元興寺《がんごうじ》に酒を献上していた酒座の例などが古い。

座の起源や語義については、かつて激しい論争があった。座が市場の独占的販売座席である市座または宮座の神事奉仕の座席に由来するとする「座席説」と、座を以て組ないし集団とする「組説」である。このような二様の理解は中世からすでにあった。『祇園執行日記《ぎおんしぎょうにっき》』康永二年（一三四三）七月二十八日条に、綿《わた》本座と同新座の争いについて本座年預《ねんよ》代官は、「新座と号するは、其の座は何所《いづこ》か、散在商売においては、何ぞ座号あるべきや」といって座を場所と解し、新座側は「新座とは全く商売の座に非ず、神人《じにん》の通名なり」といって、座を神人の団体と解した。

論争のなかで福田徳三は、座の起源を肆《し》・廛《てん》に求める説を提唱して三浦周行の批判を受けた。その三浦は、結局、語源的には座席説、機能的には組説をとるという結果に終わっていた。

平安京の東西市の肆・廛とは、たとえば絹肆といえば、絹を商うミセがいくつか集まってひとつの区域ないし集団をなすのである。また平安初期に市籍人《しじゃくにん》（市人《いちびと》が「高家従者」と号して乱妨を働く事実があった。これは、高家が特定の商人（市人）を御用商人化することであり、商人（市人）の側からいえば、高家を本所と仰ぐのちの座の性格の萌芽ということができる。久安六年（一一五〇）の藤原氏女《うじめ》家地券紛失状案（『平安遺文』六巻二七〇〇号）は、平安京における座の古い史料として著名であるが、この史料には「切革坐棚《きりかわざだな》、自レ南二番三番」と記され、切革を売るミセがいくつか並んでいたと見られるのである。

〈参考文献〉豊田武『座の研究』（「豊田武著作集」第一巻、吉川弘文館、一九八二年）

サーカス

サーカスを描いた映画は多い。チャーリー・チャップリンの「サーカス」（一九二八年）、ウォルト・ディズニーの「ダンボ」（一九四一年）、セシル・B・デミルの「地上最大のショウ」（一九五二年）、フェデリコ・フェリーニの「道」、同「フェリーニの道化師」（一九七〇年）、寺山修司の「田園に死す」（一九七四年）などがある。

サーカスとはラテン語で円周を意味する。曲芸・軽業や動物の芸を見せる総合演芸で、古代日本では散楽（もとは中国）のち田楽・猿楽に継承された大衆芸である。洋の東西を問わず、馬を使う曲馬に始まり、わが国でも江戸時代宝暦（一七五一～六四）頃から見られた。

幕末の元治元年（一八六四）にアメリカ、フランス、イタリアの一座が来日し、一方、わが国の軽業一座がアメリカやヨーロッパに巡業し、この交流を通じて、わが国の曲馬・軽業は欧米風の形態に変化していった。

昭和元年（一九二六）頃は曲馬団の全盛時代で、柿岡曲馬団、木下曲馬団、宮田洋行、矢野曲馬団などが全国を巡業した。

昭和八年ドイツのハーゲンベック・サーカス団が来日して全国を巡業し大人気となった。これを期にわが国の曲馬団はサーカスと名乗るようになった。ついでながら、ハーゲンベック・サーカス団の来日に合わせて、西条八十作詞、古賀政男作曲の流行歌「サーカスの唄」が作られ大ヒットした。「旅の燕　寂しかないか　おれもさみしいサーカスぐらし」と始まるこの歌は、大戦前の社会の雰囲気をよく表しているといわれる。

昭和五年の警視庁の調査によると、全国の曲馬団・軽業で使われていた子どもは三八七人（女子二七三人、男子一一四人）に及んだ。このことから、誘拐された子どもがサーカスに売られたのだというデマも広まった。

現在わが国にあるサーカス団は、木下大サーカス（岡山市）、キグレNEWサーカス（東京都）、カキヌマサーカス（足利市）、ポップサーカス（大阪市）の四団である。

才学　さいがく

『日本三代実録』（巻三十七）元慶四年（八八〇）五月二十八日条は、在原業平の卒伝である。業平はいうまでもなく、日本史上屈指の伝説的美男子である。その卒伝の中につぎの一節がある。

業平体貌閑麗、放縦不拘、略無才学、善作倭歌

傍線の後半部は、業平が和歌に秀でていたことを言っているので問題はない。前半部は、忽卒に読むと、「才学なし」で、業平が学問的知識また才能に劣る人物というように読んでしまう。実際、啓蒙的書物などで、在原業平という人物は、女の尻ばかり追いかけていた無能な

男だったと書いたものがあった。しかし、言うまでもなく、ここで「才学」と称するのは、後半部の「倭歌」との対比においていうのであり、「倭」に対する「漢」すなわち、漢詩・漢文の才を言っているのである。「漢詩文の方はさっぱりでしたが、和歌はたいへん上手でした」ということになるのである。したがって、訓読も、

略《ほぼ》才学なきも、善《よ》く倭歌を作る（又は「倭歌を作るに善《よ》し」）

とすべきか。国史大系本によると、或る写本では、この部分を「有才学」と訂正したものがあるらしいが、もちろん誤りであろう。

サイダー

炭酸ガスを水に溶かし込んだソーダ水に甘味と果実の香料を加えたもの。瓶詰でアルコール分はない。

もと、サイダーとはリンゴの果汁をアルコール発酵させたリンゴ酒（シードル）のことであるが、わが国ではアルコール分を含まない。諸外国でいうソフト・サイダーに当たる。サイダーはラムネと基本的には違いはない。一八四三年（天保十四）ハイラム・コッドが玉入りの瓶を発明してから、炭酸飲料は需要がふえた。

わが国では明治十七年（一八八四）に三ツ矢サイダーが販売されたのを最初とするが、二十年の金線サイダー、二十一年のジンジャサイダーに始まるとの説もある。のち三十七年、サイダーに王冠栓が使用されてラムネと区別されるようになった。

〈サイダー一本の値段〉

明治四十年	一〇銭
大正　三年	一二銭
昭和　四年	二二銭
十二年	二〇銭
十六年	二二銭
二十二年	四〇円
二十六年	五〇円
五十六年	八〇円

月代　さかやき

江戸時代、ふつうは冠をかぶることなく露頭が平常の

姿となったが、額《ひたい》から頭頂の百会《ひゃくえ》までの頭髪を剃った。それを「さかやき」といい、また「つきしろ」「つきびたい」などと称した。

もとわが国では古代以来総髪であったが、冠や烏帽子をかぶるようになり、武士はかぶとをかぶり、頭の蒸《む》れに悩むようになった。そこで月代を剃ることが行われ、天正（一五七三―九一）頃から、一銭剃《いっせんぞり》、一銭職と称して月代を剃る職業が生まれた（『雍州府志』七）。

坂を賜わる　さかをたまわる

足柄の　み坂賜り　顧みず　我は越え行く　荒し男
も　立しや憚る　不破の関　越えて　我は行く　馬
の爪　築紫の崎に　留まり居て　我は斎はむ　諸は
幸くと申す　帰り来までに（『万葉集』巻二十―
四三七二番）

「み坂賜り」という表現には驚かされる。注釈書（木下正俊『万葉集全注』巻第二十）を見ると、「そこを通過する許可を得る意」とある。

足柄は東海道の標高七五九メートルの足柄峠のことである。足柄は古くに「アシカラ」と清音であったらしい。「当時は山や川の神が旅人の通過を妨害することがあると信ぜられ、この足柄も『神のみ坂』と呼ばれることがあった」と注する。

この説明について、いちおう理解はするが、なぜ「賜」なのか少し理解が届かない。別の注釈書（伊藤博『萬葉集釈注』十）では、「御坂給はり」となっているが基本線は同じで「境の峠には交通を妨害する恐ろしい神がいる」のであり、「峠の神のお許しを頂いて」の意とする。

『日本国語大辞典』などを見ても、「坂を給（賜）う」という表現がなぜ出てくるのか、理解がいかない。というより、殆ど説明していない。「たまわる」の項では、「神から通行の許しをいただく。神の許しを得て通らせていただく」として、前掲の歌を例示している。「御坂給わり」は「御坂（通行の許しを）給わり」であるが、このような文の省略がふつうに行われたものか明らかではないのである。

索　引　さくいん

図書の本文の主要語句を検索するための一覧表。一定の順序で排列し、掲載頁を示す。英語では index 中国ではそれを音訳して「引得」と表記する。字句・事項名・人名・地名・書名などについてつくり、これを五十音順、イロハ順、アルファベット順に編成する。

欧米では早くから索引が発達・普及したが、わが国でも江戸時代に小山田與清《ともきよ》（一七八三〜一八四七）、伴信友（一七七三〜一八四六）、木村正辞《まさこと》（一八二七〜一九一三）らが古典の索引を作ったが、不備があり刊行にはいたらなかった。

わが国の学術書に索引がつけられるようになったのは大正年間（一九一二〜二六）からである。現在では主要文献や雑誌・新聞の索引も作られていて、検索に便宜である。

酒二題　さけにだい

（一）

『万葉集』巻四―五五五番は大宰帥大伴旅人の歌で、大弐丹比県守に贈ったものである。

君がため　醸《か》みし待ち酒　安《やす》の野に　ひとりや飲まむ　友なしにして

問題は「醸みし待ち酒」である。待ち酒は接待用の酒、妻が自分のところに通ってくる夫に対して用意する酒である。転じて、来客のために用意した酒となる。では「醸みし」とは何か。かつて、酒を造るには、米を人が噛んでこれを吐き出し、甕に溜めて発酵させたという。「カム」とはその作業を指し、転じて酒を造る、醸造することをいうとするのが定説であった。ただ、他にも、石臼で米を噛み潰すからとか、かびさせて造るところから、日編《かあ》む、すなわち日量《ひかず》を定め量《はか》って造るから、またカメで蒸すからとか諸説がある。いずれも多分にこじつけのようにも思えるが、技術的にいえば「噛む」語源説か「カビ」語源説が妥当なようである（吉田金彦「酒をかむ」『万葉集を学ぶ』第八集、有斐閣、一九七八年）。

また巻十六―三八一〇番は、

味飯《うまいい》を　水に醸《か》みなし　我が待ちし　かひはかつてなし　直《ただ》にしあらねば

である。これは「読人不詳」というよりも、「右は伝へ云へらく、昔娘子ありき。その夫に相別れて」というように、俚謡の一種にすぎない。「あなたのおいでになるのを待っていましたのに」という、裏切られた女の恋歌の定型にすぎない。味のよい、上等な飯を醸して酒にし、となるが、「水」とは何か。「水に醸《か》みな」すとは酒を造ることに違いないが、どういう作業なのか、これからでは明らかではない。「水」＝液状のものという理解でよいのか、不明である（小学館・日本古典文学全集・四・一二一頁）。それはともかく、酒を造る作業をいうが、「味飯を水に醸みなす」は、「待ちに待ってときを長くすごすことをいう当時の諺であったかもしれない」との理解に惹かれる（伊藤博『萬葉集釈注』八、四二二頁）。発酵させ酒にする時間の長さを表現しているかもしれないのである。

奈良・平安時代、酒造りに麹が用いられていたことは明白であって、米を噛む作業の行われていたはずもない。しかし、酒造りの工程を「米を噛む」とする表現はのちのちまで残るのである。これは万葉歌の虚構ではなく、文学上の表現の問題である。遠い昔に米を噛んで酒を造った事実を想定することは正しいが、『万葉集』の時代に、そうした酒造りの技術を想定することは正しくない。

（二）

さて、右のようにして造った酒は、いわゆる「どぶろく」である。濁酒の字を宛てる。濁酒といえば想起されるのは、大伴旅人の讃酒十三首のうちの二首である。

験《しるし》なき　ものを思はずは　一坏《ひとつき》の　濁《にご》れる酒を　飲《の》むべくあるらし（巻三―三三八番）

価《あたひ》なき　宝といふとも　一坏の　濁れる酒に　あにまさめやも（巻三―三四五番）

甲斐なき思いにふけるより、一杯のどぶろくでも飲む方がましだろう、という。

濁酒の糟を漉して清酒を得る。この場合、大伴旅人はふだん濁酒を飲んでいたといってよいか、たぶん不可であろう。大宰帥旅人はふだんは清酒を飲んでいたのであり、ここで旅人が「一坏の濁酒」を持ち出したのは、作歌上の技巧の問題にすぎないであろう。（1）験なき物思いや、価なき宝と酒を対比して酒を讃えるのが意図するところであったのだから、「清酒」よりも一段と価値の劣る「濁酒」を取り上げる方が効果的である。また「濁れる酒」は漢語「濁酒」の翻訳語であり、本来中国の隠逸の士の生活――田園に帰すること、あるいは裏店《うらだな》に甘んじて暮らす隠士にとって、酒は清酒ではなく濁酒でなければならなかった（村田正博「大伴旅人讃酒歌十三首」『万葉集を学ぶ』第三集）。歌人旅人の「気どり」がそこにはある。旅人が日常濁酒を飲んでいたというのは、たぶん事実に反する。しかし、そこにこそ、旅人の如き貴人の「気どり」や「あこがれ」が表現されているのであって、「虚構」は「真実」を語っているのである。

　旅人のこの歌は、同席した沙弥満誓・山上憶良・小野老・大伴四綱らの前で披露されたものであり、いわゆる大宰府歌壇の中での作品であることに留意する必要がある（伊藤博『萬葉集釈注』二、一八三頁）。一座の歌のしめは沙弥満誓の歌であった。

世間《よのなか》を　何に譬へむ　朝開き　漕ぎ去《い》にし船の　跡なきごとし（巻三―三五一番）

　これが旅人の十三首をうけて詠《よ》まれたものとすれば、よく対応しているというべきである（西宮一民『万葉集全注』三、二二四頁）[2]。

注

（1）『万葉集』巻五―八九二番は著名な「貧窮問答歌」である。この歌が奈良時代庶民の貧しい暮らしを表現していることは疑いないが、しかし、山上憶良の実生活の反映ではない。従五位下伯耆守・筑前守の経歴をもつ彼は貧しい庶民ではない。貧窮な庶民の生活に見聞のあったことは否定できないが、多くは観念の世界に属する。かれは遣唐使の一員として大陸に渡った経験もあり、もちろん教養に富む。漢籍、漢詩、仏典についての知識があり、それがかれの作品に大きな影響を与えていることは、すでに先学の指摘するところである（小島憲之『上代日本文学と中国文学』中、塙書房、一九八六年）。北山茂夫は、この歌の成立の歴史的背景を説明してみせたが、それも当然、作歌に影響を与えているであろう（「貧窮問答歌の成立―奈良朝初期の農民闘争との関連―」『万葉の世紀』東京大学出版会、所収）。現実を見据える眼と、それを表現する技法とは別のものである。山上憶良が自己の心情を表現しようとすれば、それは、かれの教養を支えとせざるをえないのであり、かれの知識や教養の範囲を超えるものではない。和歌には和歌の、詩には詩としての、文章には文章表現上の「約束ごと」があり作法がある。それをとらえて直ちに「事実」とすることはできないのである。

（2）旅人の十三首については異論もある。白川静は『後期万葉論』（二二八頁）で、山田孝雄・伊藤博・稲岡耕二らの「構造論」を否定して、十三首は「天衣無縫、詩想の展開にまかせて委曲した自ら成」ったものと主張している。そして讃酒歌は「おそらく旅人のゆがめられた律令制的専権への、とどめがたい憤りから発したものであろう。しかしそれを、あらわな政治批判として表現することはできない」「詠嘆というよりは、絶望の嘆息というべきものであろう」（二二六頁）と述べている。

ささが葉　ささがは

笹①が葉の　さや②ぐ霜夜に　七重着《か》る　衣に増せる
子ろが肌はも（『万葉《よ》集』巻二十—四四三一番）

①「笹」は国字。竹の節から作ったものかという。ササは小さいの意。竹の枝がササで、小竹・細竹をいう。
②風にそよぐ、さやさやと音がする。

　中世、農民が領主への不服従の意志を示すために、篠を引いて逃散することがあった。家の周囲や入口（家の門《かど》）、村の入口などに篠を引（敷）くのである。篠を敷き、または立てることにより、その場を聖域化し、役人の立ち入りを拒否したのである。篠を引くは柴を引くともいう。篠は「ささ」「しの」、柴は柴木であろう。

緡　さし

　中世、銅銭（一文銭）の穴を貫いて束ねる縄（紐）を緡《さし》・銭緡《ぜにさし》といった。「繦」の字をも宛てる。中国では古くから行われたが、実際には一文銭一〇〇枚未満であるにもかかわらずこれを一〇〇文として通用させる省陌法《せいひゃくほう》が行われた。後漢時代からの慣わしで、宋代には七七枚で一〇〇文としたという。一〇〇枚で一〇〇文に通用させるのは調陌法《ちょうひゃくほう》という。

　わが国では、省陌法は鎌倉中期以降行われ、九七枚で一〇〇文とされた。江戸時代にも広く省陌法が存在し、九六枚、八〇枚、七二枚を以て一〇〇文とするなど差があった。なお、江戸時代には、江戸の火消や江戸上方の屋敷中間《ちゅうげん》が内職で銭緡を作り押し売りしていたという。『守貞謾稿』によると、十緡を一把とし、一把六文であったという。

〈参考文献〉石井進『中世史を考える』（校倉書房、一九九一年）

さすすみの

さすすみの　栗栖の小野の　萩の花　散らむ時にし
　行きて手向けむ（『万葉集』巻六―九七〇番）

さすすみの（指進乃）はサシスキノ、サシススノ、サシスミノ、サシグリノなどの訓もある。多くの注釈書は、栗栖にかかる枕詞とする。吉井巌は、「工匠の墨尺を引く時、糸を繰り出してさすもの也、若《も》しこの義を言ひたるか。さすすみのくると続けたるは、と角くり出すものなれば少《すこし》より所あり」という『万葉集童蒙抄』（荷田信名著）の説を引用して「もっとも妥当であろう」としている（『万葉集全注』巻六、一三二頁）。伊藤博は「指す墨（印をつける墨）で墨縄の意」とする（『萬葉集釈注』三、三七九頁）。国文学研究者はおよそ右の説をとっているらしいが、歴史学の分野からは異説が出ている。畑井弘は、「指進」を「さし棲《す》み」と読み、サシは焼畑をさす古語で、サシスミは焼畑の借（仮）庵住《いほ》まいと考えたらどうかというのである（『律令・荘園体制と農民の研究』吉川弘文館、一九八一年）。

　つとに柳田國男が『地名の研究』（全集20）で指摘したように、山を焼いて畑とすることをサスと称し、もとの林に戻すのをソラスという。佐々木高明が詳細に述べているように、焼畑農業は古くから行われていたものであり、一部ではごく最近まで見られた山地の農業であった（『稲作以前』日本放送出版協会、一九七一年）。山の木を伐り、火をかけて焼き、畑（コバという）とする。多くは、ソバ・ヒエ・アワ・アズキを作るのである。

　こう見てくると、巻十三―三二七〇番の、

さし焼かむ　小屋の醜屋に　かき棄《う》てむ　破《や》れ薦《ごも》を
敷きて　内折らむ　醜の醜手を　さし交へて　寝ら
む君ゆゑ　あかねさす　昼はしみらに　ぬばたまの
　夜はすがらに　この床《とこ》の　ひしと鳴るまで　嘆き
　つるかも

の傍線の冒頭の「さし焼かむ」は、ふつう接頭語と理解されているが、焼畑小屋としても十分解釈できよう。『万葉集』には他にも、焼畑の存在を思わせる歌が何首かある（巻二―一九九番・二三〇番、巻七―一三三六番）。

沙汰 さた

広い範囲に、多様な意味を以て用いられる言葉である。本来、文字の意味をいえば、「沙（砂）」を「汰」（えらび分ける）で、砂中から砂金を選別すること、ひいては人物のよし悪しを撰《え》り分けることであり、また物ごとの善悪是非を究め、処置することである。具体的には政務の取り扱いをいい「世のさた」（『栄華物語』）、「若狭国に可二沙汰一きこと有り」（『今昔物語集』巻十六—七）、「官途のことも申沙汰あるべし」（『平家物語』巻三）と用いる。荘園の知行、荘務を行うことをもいい「地頭庄務間事、所詮任二前地頭時貞法師之例一、可レ致二沙汰一」（承元元年十二月将軍家下知状）と用いる。善悪是非を究めるのは法であり、裁判である。訴訟・裁判をも沙汰と称する。法廷は「沙汰の庭」といい、所務沙汰・検断沙汰の語もある。また、裁決の通知および表決の伴う措置を沙汰という。論義することをも沙汰といい、評判やうわさを指していうこともある。

「沙汰に入る」といえば、定まっているの意、「沙汰の限り」とは是非を論ずる範囲、「沙汰のほか」とは以ての外の意となる。

雑談 ざつだん

「雑談」を現在は「ざつだん」と読むが、古くは「ぞうたん」と読んだ。意味に大きな違いはなく、とりとめのない話、文字通りの「ざつだん」、世間話である。

関心の第一は、この語がいつ頃から使われたものかという点である。第二は、「ぞうたん」から「ざつだん」への移り変わりである。

始まりは平安時代にあるらしい。藤原実資の日記『小右記』の寛弘八年（一〇一一）三月二十二日条に「備中守儀懐来、触二十九日起任之由一、良久雑談後、被レ如二装束一」と見えるのが古いが、『吾妻鏡』文治二年（一一八六）四月二十一日条の「此間頗及二御雑談一」とあるのも早い。道元の談話を記録した『正法眼蔵随聞記』（十三世紀前半の嘉禎年間の成立）にも、僧は雑談すべからずという。雑談の内容に色欲に関わることが多かったからである。

中世後期では、『太平記』（巻二十三）の土岐頼遠の狼藉を記した部分に「早歌交りの雑談」とあり、「早雲寺殿二十一箇条」の第五条には、無用の長雑談をせずに早寝せよと記す。しかし、雑談の効用を述べるものもあり、十五世紀後半の『伊勢貞親家訓』は、経験豊かな長老の雑談を聞くのは有益であると「耳学問」をすすめている。

さて雑談の読みであるが、『仮名草子』浮世物語や浄瑠璃『平仮名盛衰記』はゾウタン、ザウタンと訓み、おそらく近世初頭までは「ゾウタン」で、第三音は清音だったらしい。寛延三年（一七五〇）の『懐宝節用集綱目大全』は「ゾウタン」であるが、文政元年（一八一八）の『倭節用悉皆袋増字』は「ザフダン」と濁音になっている。慶応三年（一八六七）のヘボン編『和英語林集成』も「ゾーダン」である。そして、明治二十三年（一八九〇）の『増補東京節用集』、同二十六年の『新撰日本節用』に至り「ザツダン」の訓が見える。「ゾータン」—「ゾーダン」—「ザツダン」とうつりかわり、現代風な読みは近々一〇〇年のものということになろう。

五十戸良　さとをさ

『万葉集』の中でも著名な部類に入るのであろうが、山上憶良の「貧窮問答歌」（巻五—八九二番）に、

①しもと取る　里長（五十戸良）が声は　寝屋処まで
　来立ち呼ばひぬ

の一節がある。「五十戸」を「さと（里）」と読むことは定着している。巻十—二二五一番には、

②橘を　守部の里の　門田早稲　刈る時過ぎぬ　来じ
　とすらしも

とあり、また巻十六—三八四七番は、

③檀越や　しかもな言ひそ　里長が　課役徴らば　汝
　も泣かむ

といい、「五十戸」を「さと」と読んでいる。これは、いうまでもなく、令制の、

　凡戸、以二五十戸一為レ里、毎レ里置二長一人一（戸令）

をふまえている。③の原文は「五十戸長」であるが、①は「五十戸良」である。五十戸長が里長であることは素直に了解できるが、五十戸良はどうか。手許にある『万葉集』の注釈書類でも格別の説明は見出せない。伊藤博

『萬葉集釈注』三（集英社）を見ても、何の説明もなく「良＝長」としている。なぜ「良」＝「長」なのか。

辞典によると「良＝首」「良＝長」とある。中国古代の辞書『爾雅』に「良は首」とあり、『広雅』に「良は長」と見えるのである。諸注釈書類は右の字書などを拠りどころとして「五十戸良」＝「五十戸長」としているのであろうか。澤潟久孝『万葉集注釈』五は『広雅』を参照しており、これが「良＝長」説の根拠であるらしい。

万葉研究史の知識に欠ける私の考えることであるから見当はずれかも知れないが、㋑「五十戸長」と「五十戸良」を書き分けたのか。㋺まったくの想像にすぎないが、「長」と「良」の写しちがい、あるいは読み誤りではなかろうかと思われる。

かつて、直木孝次郎は「『五十戸造』と五十戸一里制」（『飛鳥奈良時代の考察』髙科書店）なる論文で、伊場遺跡出土木簡の「五十戸」について考察し、それが「里長」「五十戸長」に先行する称号であることを明らかにし、その過程で「五十戸良」を取り上げて「良は長の誤字か」と記している。私も同様の考えをもつ。試みに「長」「良」の両字を崩すと、読みちがえ、誤写の可能性もあるように思われるが、どうであろうか。

良　長

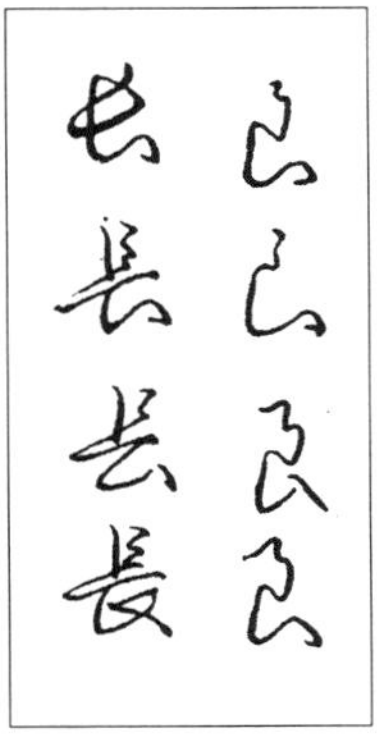

佐野のわたり　さののわたり

『万葉集』巻三―二六五番は長忌寸意吉麻呂の歌である。

苦しくも　降り来る雨か　三輪の崎　佐野の渡りに
　家もあらなくに

意吉麻呂は大宝元年（七〇一）十月に持統天皇・文武天皇の紀伊国御幸に従い、詔に応えて、「風莫の　浜の白波　いたづらに　ここに寄せ来る　見る人なしに」（巻九―一六七三番）と詠んだ人物とされる。

二六五番の歌は、いつどこで詠まれたものか明らかではないのだが、一六七三番の歌の存在から、紀伊国で詠まれたものではないかとの推測もなされている。現在の和歌山県新宮市三輪崎町および佐野に比定されるが、大宝元年の行幸は牟婁の湯（白浜）への御幸であり、新宮まで赴いたとの証明はできない。いまひとつ考えられる三輪崎は奈良県桜井市内に比定される。三輪山麓の初瀬川付近を三輪崎と伝え、佐野橋がある（『奈良県の地名』日本歴史地名大系三〇、四二八頁）。のちに藤原定家は『万葉集』の歌を本歌としてつぎの歌を詠んだ。

駒とめて　袖打ち払ふ　かげもなし　佐野のわたりの　雪の夕暮（『新古今和歌集』巻六—六七一番）

右の歌は、いわゆる本歌取りの手本とされ、はなはだ著名である。定家が「佐野」の地をどこに比定していたか、もちろん明らかではないが、本歌取りであるから、その詮索は無用であろう。しかし、はるかのち、謡曲「鉢木」は、

古歌の心に似たるぞや、駒とめて、袖うち払ふかげもなし、佐野のわたりの雪の夕暮、かやうに詠みしハ大和路や、三輪が崎なる佐野の渡り

と記す。「鉢木」の場は当然、上野国の佐野（現・群馬県高崎市佐野町付近）である。「雨」は「雪」にかわり、「家もあらなくに」が「（袖うち払ふ）かげもなし」となり、歌詠む人の心情はすっかり変わってしまったのである。

佐野といえば、「佐野の舟橋」が想起される。

上つ毛野　佐野の舟橋　取り離し　親は放《さ》くれど　我は離《さか》るがへ《わ》（『万葉集』巻十四—三四二〇番）

舟橋は利根川の支流烏川に架かったものとされる。しかし、折口信夫は『万葉集総釈』（楽浪書院、一九三六年）の中で、「群馬郡の佐野烏川にあったとするのは、考えものだ。下野の佐野ならば、渡良瀬川に渡してゐたのであろう」としている（折口信夫全集・第十三巻・国文学編7・九三頁）。この「佐野」の比定地をめぐっては、中世以来、上野佐野と下野佐野説の二説があった。

砂漠化と植林　さばくかとしょくりん

二〇〇二年九月、中国内《うち》モンゴルを旅行した。主な目的は、民間団体による中国辺境地区に対する教育援助のための視察・交流であったが、広大な草原と、夜間天空を埋め尽くす星を眺めて、私たちの社会が失ったものの大きさを感じた。と同時に、よく聞かされている「砂漠

化」の実情を目の当たりにした。

草原の各所に、窪地というか大きな穴がある。聞いてみるとレンガを作るために土を取ったあとだという。材木を得にくい地域では家の建設にはレンガは必須の材料である。都市に近い原野にはレンガ工場の煙突が林立している。さて問題は、土を取ったあとの穴である。穴の周縁部が崩落し、どんどん穴が大きくなり、草原を削っていくのである。とにかく乾燥しているので脆い。これも砂漠化の一因である。

現地の案内をしてくれたのは、日本に留学している内モンゴル出身の学生であったが、彼は、私たちにとっては思いもよらぬことをいうのである。「砂漠化は植林のせいだ」という。この発言に私たちは驚いた。

日本から多くのボランティア団体が中国で「砂漠緑化」のための植林に取り組んでいることは、よく知られている。私も、訪問した小学校のそばの宿舎に滞在する日本人たちを見た。もちろん彼らは善意で緑化事業を行っている。にもかかわらず、少なくとも現地のモンゴル人は困惑しているというのだ。

中国政府は、遊牧民の定住化政策をとっている。遊牧から農業へというわけである。それ自体も問題なのだが、緑化のための植林が牧草地を荒廃させる結果になっているというのである。二〇〇三年五月二十四日の『朝日新聞』に、ボリジギン・セルゲレン（内モンゴル出身の日本留学生）の投書が掲載された。氏の主張もまさにそれである。

植林のための苗木にはヤナギやポプラなど喬木が選ばれることが多い。成長が早く、植林の成果が早く目に見えるからである。しかも植林用地には比較的に地下水の多い牧草地が好まれる。このため、何百ヘクタールもの牧草地を柵で囲み、何十万本もの木を植えるという事業が進められるのである。牧草地に喬木を植えると地下水位が低下し、植生のバランスが失われる、と。

ボリジギン・セルゲレンは、現地に住む人々を主役にした植林が行われなければならないと主張している。

サボテン

「被子《ひし》植物門・双子《そうし》葉植物綱・離弁花亜綱」などと植物分類上の呼称を並べると何のことやらと思うが、つづいて「サボテン目・サボテン科」となれば誰も納得する。

サボテンの原産地はアメリカ大陸である。わが国に渡来した時期は未詳である。十七世紀後半か十八世紀初頭といわれるが定かでない。オランダあるいはスペインの船によって長崎出島にもたらされたと思われる。

『書言字考節用集』は「覇王樹」とし、『大和本草』は「其形枇杷葉ノ如クニシテ厚ク、肌ハ胡瓜ノ如シ」とし、『草木性譜』は「仙人掌」とし「南国の産にして甚寒を畏る、冬暖室に蔵、水を灌べからず、寒中水を灌ば腐爛し活せず、枝を発し葉なく深緑色、尖刺有て只扁なる而已、大なる者は八九尺に及び、夏中新芽を頂に生ず」と説明している。『重修本草綱目啓蒙』は、「仙人掌草　サンボテイ　サボテン　サンボテ予州　イロヘロ　サムラサツボウ　トウナツ　トウナス薩州　ニヨロリ予州　一名覇王樹八種画譜　仙人掌秘伝花鏡」と書く。サボテンが各地に定着した様子がうかがえる。

さる

風交《ま》じり　雪は降りつつ　しかすがに　霞たなびき

春さりにけり（『万葉集』巻十―一八三六番）

「春さりにけり」の「さる（去）」である。去るは「春に成る」であり、行ってしまうことではない。「夕されば」の用法もある。これは「夕方になって」である。本来、「去る」とは移動することであり、近づくことも、遠ざかることも「さる」である。

「秋さらば　黄葉《もみち》の時に　春さらば　花の盛りに」（『万葉集』巻十七―三九九三番）も、「秋になれば……」「春になれば……」の意である。

「春されば　まづ鳴く鳥の　うぐひすの　言《こと》先立ちし　君をし待たむ」（『万葉集』巻十―一九三五番）も同じ

〈参考文献〉澤瀉久孝「『さる』攷」『万葉古径』三、中公文庫、一九七九年

算額　さんがく

日本数学すなわち和算《わさん》の絵馬である。神社や仏閣に奉納され、和算家が、問題が解けたことを感謝し、あるいは難問を記して解法を競う場としたものである。現在約

一〇〇〇面の算額の存在が知られているが、最古のものは栃木県佐野市の星宮神社に奉納された天和三年（一六八三）の算額とされていたが、これは火災で判読不能となった。年紀の確かなものとしては京都北野天満宮の貞享三年（一六八六）の算額がもっとも古く、ついで同じく京都の八坂神社の元禄四年（一六九一）のものがある。

江戸時代すでに算額をあつめた算額集、藤田貞助の『神壁算法』（一七八九年）が刊行されていた。明治になって西洋数学が輸入されると和算は影をひそめ、算額奉納の風も消えていったが、それでも昭和のはじめまでは算額奉納が行われていた。

〈参考文献〉平山諦『和算の歴史』（ちくま学芸文庫、二〇〇七年）

参考文献　さんこうぶんけん

論文や事典の原稿を書く時に、普通、参考文献を掲げる。多くの場合、文献のあげ方としては、（一）編著者名、（二）書名、（三）発行社名、（四）発行年の順に記述する。ところが、これが意外と面倒くさい。面倒なのは（三）と（四）、ことに（四）の発行年である。手許に当該の文献があれば直ちに参照記載できるが、さもないと、図書館に行って見るか、文献目録などを参照せねばならぬ。

歴史事（辞）典にもいく通りかあって、『国史大辞典』（吉川弘文館）は発行年を記さず、『日本史大事典』（平凡社）、『日本歴史大事典』（小学館）は（一）から（四）まですべての事項を記述し、『平安時代史事典』（角川書店）は発行社名ではなく発行地名を掲げている。参考文献の掲示は、その論文が依拠した先行論文を示して、責任を明らかにするとともに、先人に敬意を表し、あわせて後人の勉学の資とする役割を担うのである。本を探すというだけなら、著者名、書名、出版社名がわかれば、およそ間に合うのではあるが。

最近必要あって、随分と古い本だが『日本歴史講座』第三巻・中世篇（一）（昭和二十六年十二月刊）を見たところ、以前には気にもしなかったのであるが、参考文献の掲げ方が区々であるのに少し驚いた。（一）～（四）をきちんと記しているのは網野善彦と杉山博だけで、松本新八郎、竹内理三、芳賀幸四郎、稲垣泰彦、佐藤進一、吉沢和夫、服部謙太郎、井ヶ田良治、高尾一彦の諸氏の論考には（四）が欠けている。安田元久、永原慶二、笠原一男の論考では、（三）や（四）が空白になっている部分がある。

　この講座の他の巻でも様相は同じである。講座の編者および出版社河出書房の責任ではあるが、もう半世紀以上も昔のこと、とっくに時効になっている。

三畳ひと間の下宿《さんじょうひとまのげしゅく》

昔はやった、南こうせつの「神田川」という歌――その世代の人びとにとっては忘れがたい名曲である。二人の生活は、神田川ぞいの三畳ひと間の下宿であつた。もちろん、フロはないから銭湯に行くのである。

　洗い髪がシンまでひえて　小さな石ケン　カタカタなった

　いまの社会では、このような「生活の音」は、ほとんど聞こえてこない。銭湯も東京では急速に姿を消していった。

　ところで、第二次大戦後の住宅難で苦しい経験をした人は多かった。空襲で家を焼かれ、半地下式の防空壕に住んでいた人もいたし、普通の住宅でも一軒に二世帯、三世帯も同居することは珍しくなかった。私の家も、ずい分苦労したが、昭和三十一年（一九五六）十一月結婚したとき、幸いにも父が小さな住宅を建ててくれた。いま思えばオモチャのような、わずか九坪の小住宅であった。六畳と四畳半のふた間で、もちろんフロはなかった。しかし、当時としては、それでも、ぜいたくな気分がしたものであった。

　最近、積みあげた雑本類の中から『住みよい家　設計・つくり方・実例』（一九五二年、理工学社刊）をみつけた。昔、家を建てるのに参考として購った本で、手にとってみるとなつかしい。開いてみると、六坪から三〇坪まで、さまざまな住宅の設計図が載っている。最も小さい六・三七五坪の図を見ると、四畳半の和室と二畳半ほどの玄関ホールから成り、「住みかたによってはこれでも充分です」とある。万事、つましい暮らしであった。

撒水車　さんすいしゃ

第二次大戦前は舗装していない道路が多く東京も埃《ほこり》っぽかった。だから、夏はとくに自宅の前の埃を静めるために、バケツに汲んだ水を柄杓で道にまいた。朝・昼・夕方の三回ほどまくが、夕方の水うちは、昼間たまった暑さを打ち消す涼やかなものであった。水打ちは妻女や子どもの仕事であった。商家でも、店の前の道路に水を撒く慣わしがあり、女中や丁稚《でっち》が水撒きをした。もっとも幹線道路では時おり撒水車が豪快に水をまいて通った。*

最近、散歩していて、「散水車」と書いた車を見た。あれ、と思った。昔は「撒水車」と書いていたのではないかと思ったのである。「散」も「撒」も意味は同じで「散水」「撒水」ともに「水をまく」である。「撒」は漢音では「さつ」であるが、慣用読みは「さん」である。たぶん、「撒」は現在の「常用漢字表」から除かれているのであろう。とすれば、市役所の車での表記は「散水車」となるのは当然であろう。

わが国で「散水車」がはじめて用いられたのは明治四十年代からであるらしく、『万朝報《よろずちょうほう》』の四十二年（一九〇九）八月六日に水撒風景が描かれている。描かれた散水車は、大八車のような荷車に水槽を載せたものであった。この手の散水車は昭和初年まで使われたらしく、子どもの頃に私も見たことがある。明治四十五年六月六日の『国民新聞』は次のように書いた。

火事や地震と共に江戸の名物になっている風と砂塵とは江戸が東京に成てから四十五年の今日も相変らず市民を悩ませて、日本一結構な都大路も、砂漠同様塵除眼鏡携帯でなくては歩けないとは、不快も亦甚しいではないか、それにつけても絶えず感じるのは此砂塵を製造する街路に姑息ながら塵鎮めの水を撒きつつあるかということであるが市役所の衛生課の帳簿面では一ケ年散水の経費として、市の財源から支出してあるものは、十一万六千円の多額である。

ついで大正十三年（一九二四）六月に名古屋市で散水自動車が使われ始めた。昭和二年（一九二七）四月には日本国有鉄道がドイツから散水自動車を購入し、東京駅前で公開テストをした記録がある。

＊　道路整備については明治政府もあまり関心を払わず、

遅々として進まなかった。日本では道路を公共のものとする考えがなかったからであろうといわれている。道路の舗装に本格的に取り組むようになるのは自動車が普及してからのことである。現在ではほとんどの道路は舗装され、かえってその弊害（たとえば都市型水害の頻発）も指摘されるようになっている。

サンドイッチ

パンにバターをぬり、肉・野菜などをはさんだ食品。パンは主に食パンを薄く切ったものを用いる。ただし、フランスでは、細長いコッペパンに切れ目を入れてベーコンなどをはさんだものをいう。

十八世紀後半、イギリスの第四代サンドイッチ伯爵ジョン・モンタギュ（John Montagu 一七一八〜九二）がカルタに熱中し、時を惜しんで、パンにコールド・ビーフをはさんで食べたのが始まりという。サンドイッチの呼称は一七七〇年頃グロスレイ・ロンドレスによってつけられたという。

わが国には明治になって西洋料理の一種として入ってきたが、その時期は未詳である。明治十六、七年（一八八三〜八四）頃には一般に知られていたし、二十五年には東海道線の大船駅で駅弁として販売され、二十六年東京神田の食堂でサンドイッチ一食四銭五厘だったという。三十年代には、簡便な家庭の手弁当として雑誌などでも推奨されている。

ジェーン海軍年鑑　じぇーんかいぐんねんかん

中学一年の秋頃から、『海と空』という軍事雑誌に夢中になった。たぶん初めは近所の古本屋で雑誌を買い、そのうち新刊書を駅の傍の八雲堂書店で買うようになったのだと思う。

『海と空』は軍艦と航空機に関する写真を主とした情報誌で、この雑誌で初めて『ジェーン海軍年鑑』*の存在を知った。そしてこれが原宿の東郷神社の記念館図書室で閲覧できることを知り、私は、英和辞書持参で図書室に通い、各国の軍艦の規格・装備・性能についての記述をノートに書き写した。

私といま一人、O君は、学校では軍艦通として知られ、同級生からは「軍艦気狂い」と呼ばれていた。O君の伯父さんという人が海軍の軍人で、彼は、嘘かまことか、さまざまな情報をそっと私に教えてくれるのであった。

病膏盲とはこれか、O君と私は、遂に「論文」（?）を書いて校友会雑誌『澄心』（第二号、昭和十七年七月）に投稿した。彼の論文は「近代戦と航空母艦の重要性」というもので、私は「海国日本」と題して、一、近代海戦と航空母艦　二、日本海軍艦艇の役目と艦名について　三、商船の船名　の三項について記述した。八ページに及ぶ堂々たるもので（?）、これが私の書いた初めての「論文」である。

＊　英文タイトルはJane's Fighting Shipsで、一八九八年にジョン・F・T・ジェーンが創刊し毎年発行されている。

敷金　しききん

敷金といえば、家や部屋を借りるときの保証金を思い浮かべる。元来、その用例からすれば敷金には保証金を意味するものが多い。中世の用例を見ると、ほとんど例外なく契約の際の保証金であった。「大乗院寺社雑事記」（巻三）寛正二年（一四六一）十一月七日条に越前国坪江上・下郷政所職について、つぎのような記載がある。

すなわち、従来この政所職については禅住坊なる者が補任されていたが、かれが辞退したので大館兵庫頭に申しつけ「御補任候間、敷銀以下請文」を提出させた。請文は十一月四日条に載っている。

請け申す　坪江郷寺門分敷銭の事
合わせて弐百貫文者《てへり》
右は、明年度中に悉く以て寺門納所に付け進すべく候、万一無沙汰候わば、坪江郷政所代官職の事、召し放たるべく候、更に以て無沙汰あるべからず者《てへり》、仍て請文の状件の如し
寛正二年十月二十六日　教氏判

ここにいう敷銭は荘園年貢請負の際の保証金であることは明らかである。さらに例を挙げる。

西大寺領丹波国志楽荘について、従来は請口四〇〇貫文、敷金一〇〇貫文のところであったが、文明十六年（一四八四）頃、とくに二〇〇貫文で請負わせた（牧野信之助「荘園に於ける請負　下」『史学雑誌』四八―二）。

東寺領備中国新見荘について、文明十一年閏九月二十一日山田大炊助具忠書状（東寺百合文書ホ）に、

　新見庄当御年貢の事、四拾貫文の内弐拾貫文は敷銭として来月十日已前《いぜん》必ず送進すべく候、残る弐拾貫文は入部已後《いご》少分たりと雖も所務致し候わば、十一月中に送進候、万一当年一粒一銭の所務を致さずと雖も、此の敷銭弐拾貫文に於ては、来年御年貢の用に申さず候

と見える。これは確かに請負の保証金である。所務（年貢収納）以前に支払うものであることは次の史料でも明白である。すなわち、延徳三年（一四九一）十月二十八日妹尾重康請文（東寺百合文書セ）に、

　謹みて請申す東寺御領備中国新見庄領家御代官職の事（中略）

　一、御年貢の事、敷銭たるの上は、庄家収納已前（半分八月中、半分十月中）、必ず其の沙汰致すべし、若し沙汰なくば、堅く御催促有るべき事

とある。次に、廿一口方評定引付（東寺文書之四）永享九年（一四三七）八月条に、

　河原城庄の代官大門坊、請文に就き申して云う、万一乱国に依り御年貢失うこと治定たらば、敷銭翌年に立用《りゅうよう》あるべきの由

とあるのも、まさに保証金としての敷銭である。保証金は前納金であり毎年差し出すが、「上表の時これを返すべし」（「親元日記別録」中、文明六年二月十日冷泉家雑掌申状）とあるように、辞職のときは返還された。

　敷銭の第二は、本銭返しの本銭の別称である。本銭返しとは、買戻し権つきの売買のことで、本銭を返せばいつでも買い戻せるもの、一定の年季の後に買い戻せるもの、一定の年季が過ぎると買戻し権を失うもの、物件による収益が本銭の元利に達すると物件が返されるものなど種類がある。「信玄家法」（追加）に、

　年記を定むる田畠、拾年を限り敷銭を以て請取らしむべし、彼の主貧固に依り資用なきに於ては、猶お拾年を加え相待つべし、其の期を過ぐるは、買人の心に任すべし、自余の年記の積りは右に准ずべし

とある。

　第三は嫁入りの持参金である。「六角式目」第四八条に、

　粧田のこと、約諸の文書たるべし、彼の妻一期《いちご》の後

は、女の生家に返付すべし、并びに敷銭同じく約諾の文書の如くたるべし、文書なくば、女の生家へ返付の儀あるべからざること

とある。粧田は女子の一期分であったから生家に返すのは当然であったが、敷銭は返付条件がついていなければ一般には生家へ返すことはなかった。

江戸時代には、離縁の際には持参金を返した。なお、西鶴の『日本永代蔵』の「三匁五分曙のかね」に「敷銀《しきがね》」として持参金が見える。このほか、江戸時代には、問屋が生産者や配給者にわたす仕入銀・前貸金・倉敷・納屋敷などの倉庫保管料をも敷銀といった。

敷銀の起源については三浦周行「敷金の起源」（『法制史の研究』岩波書店、一九七三年）が「借賃の下銭《したせん》」のことであろうとしている。とすると下銭―敷銭―敷銀―敷金、として現代にいたるわけであるが、なお考察の余地がある。

シクラメン

冬になると、花屋さんの店先に多くのシクラメンの鉢が並ぶようになる。シクラメンは一月十四日の誕生花で、花言葉は「内気」だという。シクラメンの原産地は中近東から地中海沿岸で、一七世紀に西ヨーロッパに伝わり、十九世紀に普及した花である。我が国で栽培されるようになったのは一九二〇年代になってからだといわれている。

シクラメンは、花の可憐さに比して少し柄《がら》が大きすぎる。それに値段も結構なものだ。ミニシクラメンならば小さな机の上にも置けるし、「卓上シクラメン」とでも名づけて売ったら好いのではないかなどと、馬鹿なことを考えたりしていた。

二〇〇三年、ヨーロッパ中近世の山城や山地集落の見学に同行したとき、ローマ郊外の山地で、森の斜面に自生しているシクラメンを見た。同行のO氏が「野生のシクラメンだ」と教えてくれた。背丈は一〇センチになるかならぬかであった。

帰国してから一寸調べてみたら、何と、シクラメンの「原種」なるものが我が国でも売られており、改良品種は山ほどあるという。私の認識不足であった。気をつけてみると、近頃は、ミニシクラメンは花屋さんにたくさ

ん並んでいる。なお、ヨーロッパでは、野生のシクラメンの根は「惚れ薬」になると信じられていた。

支度　したく

「仕度」とも書く。「支度する」とは、ふつう準備するとか予定するの意と解される。『続日本紀』の記述から中世の記録に及び、本来は、おそらく計算する、見積るの意であるらしい。「支㆓度年料㆒、分㆓充民部㆒」「支㆓度路料㆒」などと用いる。また、服装を整えるとか身じたくするの意で用いられるが、こちらは国語辞典に浄瑠璃や滑稽本などの例が挙げられているところから見ると、江戸時代的な用語であるらしい。山田俊雄は、「支度」は歴とした漢語であり、「仕度」はその季《すえ》であると書いている（『詞苑間歩』下、三省堂、一九九九年）。

「下町」の称　したまちのしょう

小川顕道の『塵塚談』に「下町を江戸ということ」と題する一節がある。

われら二十歳頃までは、白山・牛込辺の人、神田辺或いは日本橋辺へ出る節は、下町へいくの、家来は下町へ使いにやりたるなどという。また浅草近辺のものは、神田日本橋辺へ出るをば、江戸へ行くといいけり、山の手、浅草辺は、近歳まで、田舎にありけるの通言なり、近頃、下町へ行く、江戸へ行くという人絶えてなし

顕道が二十歳頃とは宝暦六年（一七五六）頃のことである。十八世紀後半から十九世紀にかけて、江戸の市街地が膨張していったことの証左である。

自転車　じてんしゃ

小学校二年生になったとき自転車を買ってもらった。それを聞きつけた近所の子どもたちが集まってきた。ガキ大将の五年生のお兄ちゃんが「俺がおしえてやるよ」と、自転車をひいて原っぱへ向かった。母は「としちゃんたのむね」と声をかけた。

原っぱは家の西にあり、何とか住宅という会社が開発したものの、空地になっていて草っ原になっていた。当

時の世田谷は東京の郊外のイナカで、郡部から東京市域に編入されたばかりで、渋谷から吉祥寺に通じる井の頭線もやっと開通したばかりであった。せっかく開発はしたものの、戦時景気前で、造成宅地を売り悩んでいたのかもしれない。

さて、私の自転車にはうしろに補助輪がついていたが、としちゃんは、これを外してしまい、「こんなもんついてると、うまくなんねえよ」といった。私の不安などおかまいなく、としちゃんは自転車を原っぱの中央にある高さ二メートルばかりの小山に引きあげて、「さあ、乗れよ」と私を促した。としちゃんが押えていた手をはなすと自転車はスロープをひとりで下った。下り切ったところでバランスを失い、私は投げ出された。これをくりかえしているうちに、平地に下りてからペダルを踏んで走る距離が伸び、二時間もすると右にも左にも曲がれるようになり、円を描いて元の場所に戻れるようになった。意気ようようと家に帰ると、母は「ありがとうね」とついてきた子どもたちにふかし芋を配った。

自転車は一七九〇年（寛政二）フランスのJ・N・ニィピースによって発明されたが、木馬に車輪をつけたものにまたがり、両脚で大地をけって進むというものであった。それに、一八一八年（文政一）ドイツのカール・ドライスがハンドルをつけることを考案し、一八四〇年（天保十一）スコットランドの鍛冶屋カークパトリック・マクミランによってペダルを踏んで後輪をまわす自転車が作られた。しかも車体の大部分を金属でつくり、現在の自転車に近いものを作った。ついでフランスのピエール・ラルマンはロータリー・クランクを発明し、さらにE・ミショーはのちアメリカに移住して自転車の製造・販売を行った。一八七七年（明治十）W・ボーンがボール・ベアリングを発明し、一八八八年（明治二十一）スコットランドのダンロップがゴムタイヤをとりつけ、快適な乗物となった。

わが国では、明治三年（一八七〇）九月刊行の小学教科書に「自在車」として描かれ、『武江年表』（巻十二）の明治三年の項に「自転車」と見える。当時は壱人車とか自在車などと呼ばれたのである。前輪が大きく後輪が小さい型のもので「一輪半」とも呼ばれた。初期の自転車は実用品というより遊び道具のひとつで、一日いくらというように賃貸しされていた。明治二十年頃、一時間

四、五銭であった。

明治十八年に横浜の梶井伊之助は輸入自転車をまねて国産第一号自転車を作った。二十三年には宮田栄助が本格的な自転車生産を始め、三十年に不忍池畔で自転車競走も行われた。三十五年当時、東京の自転車数は自家用が四五七一台、営業車八五七台であった。そして第一次世界大戦で輸入がとまると、国産化が促進された。

事典の原稿　じてんのげんこう

このところ数種の事典の編集に関与して、今更ながら考えさせられたことがあった。

第一に、論文調の原稿を送ってくる人がある。やたらと、A説によれば云々、B説によれば云々と学説をならべたてるのである。研究史の叙述を求めているわけではないのに、それでどうなんですかと聞きたくなってしまう。

第二に、考古学関係の項目で、「A遺跡出土の例では」「B遺跡出土例によれば」と出土例をならべたてる原稿が多い。発掘報告書ではあるまいにと思ってしまう。加えて、考古学の扱う範囲を古墳時代までと心得ている人が多いらしく、たとえば「甲冑」などという項目について、古墳からの出土品の解説で終わってしまい、中世・近世に及ばない。歴史考古学全盛の時代だというのに、である。

第三に、民俗関係の項目でも、「A県B村の例では」などと事例列挙に終わる原稿がある。民俗調査報告書のスタイルそのままである。事典は、その事項に関する研究の結果（到達点）を整理した形で記述することを求めている。

第四に、校正の段階で朱を入れて、原形を留めぬほどに書き直してくる人がある。要するに、提出原稿の推敲を行っていないのである。当然、誤字、脱字は多いし、文意の通らない原稿も多い。文章の上手、下手の問題ではない。

第五に、指定された字数を守らない人が多い。規定の字数の二倍三倍の原稿を送ってくる人があり、なかには、「この項目を八〇〇字で書けというのがどだい無理なんだ」と文句をいってくる人もある。それならば、執筆を引き受けるべきではなかったのだ。事典の原稿というのは、限られた字数のなかで必要なことをわかりやすく書かなければならないから、その執筆には高度の緊張が求められる。その割に原稿料は高くないから、率のいい仕事でないことは確かである。だからといって、「執筆要項」を無視していいはずはない。

第六に、締め切り期日をはるかに過ぎてから、原稿の催促をすると、「この項目は私には書けない」と返上してくる人がある。依頼された時に、中身を見ずに執筆承諾の返事を出したわけで、無責任きわまる。編集者は新しい執筆者を探して依頼せねばならず、その分事典の刊行が遅れることになる。

第七に、締め切り期日は殆ど守られない。研究者のルーズさは驚くばかりである。そこらを心得ていて、上手に原稿を書かせるのが出版社の編集者のうでの見せどころというのも、悪い慣わしである。

知人の某氏は、「事典の編集は二度とやりたくない」といっていたが、その気持ちは私にもよくわかる。しかし、その彼も実際には、懲りずに二度三度とやっている。「喉もとすぐれば」の類かもしれないが、「事典の編集」には一種の魔力のようなものがある。その気持ちもまた私にもよくわかる。

地頭　じとう

地頭といえば文治元年（一一八五）に頼朝に勅許された地頭補任を想起するが、もと「地頭」とは「現地」をさす用語であった。九世紀末からその用法は見られるが、たとえば、

「実検使を遣わし下し、地頭に臨み、在地古老の人に問い、決せらるべきことか」

というように、係争地自体をさす言葉であった。ここから転じて、現地に臨んで紛争を解決する者を地頭というようになった（上横手雅敬『日本中世政治史研究』塙書房）。

一方、平安末期には、その地域での実力者、在地武士などを地頭人、地頭と呼び、十二世紀半ば頃には、特定の人、また職を指す言葉として用いられ、開発領主の領主権を現す語として地頭職なる用語が出現した。平氏政権の許で、家人を地頭職に補任することがあり、これが鎌倉幕府の御家人地頭制に連なっていくのである。

地頭の語は江戸時代にも残り、地方知行の旗本や大名領の給人をもいうようになった。

自動車《じどうしゃ》

「道路交通法」（第二条）では、自動車はつぎのように定義されている。

「原動機を用い、かつ、レールまたは架線によらないで運転する車であって、原動機付自転車以外のものをいう。」

そして原動機には①蒸気、②ディーゼル、③ガソリンエンジンなどがあるが、ふつうはガソリンエンジンを指す。一七七二年（安永二）フランスのニコラ・キュニヨによって作られたのは蒸気自動車であったが、一八八五年（明治十八）ドイツのG・ダイムラー、K・ベンツ、イギリスのE・バトラーによってガソリン自動車が開発された。加えてフランスのド・ロラやアメリカのドゥーリエ兄弟による内燃機関の改良発明があり、これにゴムタイヤの採用があって乗心地のよい自動車が生まれた。さらに一八九五年（明治二十八）フランスのミシュラン兄弟が空気入りタイヤを自動車に採用した。

わが国では、明治三十三年（一九〇〇）皇太子（大正天皇）結婚のお祝いにサンフランシスコ在留邦人がアメリカ製の電気自動車を献上したが、三宅坂で試運転中ハンドルを切り損ねて濠に転落、自動車事故第一号となった。三十六年には大阪の内国勧業博覧会で十数種の自動車が公開された。国産車としては、蒸気自動車を三十七年に山羽虎夫がつくり、ガソリン自動車を内山駒之助が作った。

三十六年に広島でバスが運行を始め、四十年二月自動車取締規則が公布され制限速度も定められ、四十五年東京でタクシーの営業も開始された。明治から大正にかけての自動車台数の推移を見ると表のようである。

年次	台数
明治四十一	九
四十二	一九
四十三	一二一
四十四	二三五
大正　一	五一二
二	八九二

三　一〇六六
四　一二四四

自動販売機　じどうはんばいき

ヨーロッパの空港で水がほしくなり、自動販売機で買おうとしたが駄目だった。つり銭の出ない自販機だったのである。ほしい商品の価格とぴったりの現金を入れないと品物が出てこないのである。日本ではつり銭の出るのが普通であるから、随分不便だなあと感じたことであった。

この自動販売機、はじめて登場したのは一八八三年ロンドンの地下鉄の切符販売機であった。ついでパリで切手・はがきの自販機が現れた。自販機の機能のうち第一の難関は、貨幣の選別機能である。不正硬貨が投入される恐れがあるため、硬貨の直径・厚さ・重量・外周の凹凸によって選別し、紙幣の場合は光を当てて模様や文字を読み取る。そして、投入された金額を品物ごとに自動的に計算し、レシートを印刷し、つり銭と一緒に出すものもある。

わが国では昭和六年（一九三一）写真つきキャラメルの自動販売機が設置されて大人気となったことがあったが、その普及は第二次世界大戦後である。昭和三十二年、ジュースの噴水の見える自販機が人気を博し、三十六年には、乾電池、硬貨の両替、三十八年には酒・ビール、四十六年にはハンバーガー、カップ麺の自販機が現れ、珍しいところでは、五〇円を入れると一分間三〇〇〇ccの酸素が出る装置がある（昭和四十五年）。

自販機の扱う商品は、乗車券、菓子、飲料、食料、衣料、切手、葉書、ジュークボックス、遊戯機械、靴みがき、按摩器など広範囲である。昭和四十五年に一〇六万台だった自販機は五十一年には三一〇万台に達した。人件費軽減のため、今後とも自動販売機は増加するものと予想される。

紙幣　しへい

お札《さつ》である。現在わが国で通用している紙幣は額面価格千円・二千円・五千円・一万円の四種類であるが、江戸時代には各藩内で通用する藩札《はんさつ》が発行されており、維新以後、新政府がこれを処理した経緯がある。

わが国の最初の紙幣は建武元年（一三三四）の改銭によって発行されたという楮幣であるとされている（「建武年間記」）。「細々要記」は「紙銭通用ノ儀仰出サレ、諸国ノ地頭御家人ノ所領ニ課役ヲカケラル、先例イマダナキ所ナリ」と記す。内裏造営費用捻出のための方策だったと思われる（『太平記』）。ただしこれは現存するものがなく、実際に発行流通したか否か疑わしいとされている。

とすれば、紙幣の始まりは藩札ということになる。もっとも古い藩札は寛文元年（一六六一）に越前福井藩発行の銀札ということになる（作道洋太郎『日本貨幣金融史の研究』未来社、一九六一年）。

しほふね

『万葉集』巻二十―四三六八番は、

久慈川は　幸くあり待て　潮船に　ま梶しじ貫き
　我は帰り来む

である。「志富夫祢」には「潮船」と当てるのが普通である。そして潮船とは、海路を航行している船、すなわち海上を行く船としている。しかし別の理解もできないわけではない。「しほふね」―「塩船」―「塩木船」とするのである。すなわち、製塩のための燃料である塩木の運搬船ではいけないのであろうか。

島伝い行く　しまつたいゆく

『万葉集』巻二十―四四一四番は、

大君の　命恐《みことかしこ》み　愛《うつく》しけ　眞子が手離り　島伝ひ
　行く

である。伊藤博は『萬葉集釈注　十』で、「難波津からの船行という未経験のことへの不安に、門出早々に思いを及ぼしたもの。……『島伝ひ行く』というのは、いくたの先輩の経験談を基に、溜息つきながら吐き出したような呼吸が感じられる」（五九二頁）という。難波から九州までの船の旅の不安を述べたものということになる。

奈良・平安時代の航海技術の水準を考えると、陸地を見ながら進む航法である。したがって風雨の激しいときは港で待機し、天候の回復を待って航行する。その航法はまさに「島伝い」と称するにふさわしい。

除目　じもく

永延二年（九八八）二月二十七日に除目《じもく》があって、正月九日に次ぐ人事異動が行われた。正月の除目でめだつのは、二十三歳の藤原道長が非参議から一挙に権中納言になったことであろう。『小右記』の当日の箇所は首部を欠いていて、道長の記事はみえない。また当日条は欠損があって、はっきりしないが、藤原実資は「永頼又任讃岐、朝議如何」「高階敏忠任肥前□未聞事也人、自余事極多、不遑記也」と、例によって例の如く感想を記している。推測すれば、欠損部分には、道長が参議を経ず一挙に権中納言となったことに対する、実資の不満が述べられていたかもしれない。

さて『小右記』正月二十九日条には、右に加えて、右大臣藤原為光が、一男誠信を参議に任ぜられるようにと、涙を流して懇願したという記事が載せられている。一説には、自分が右大臣をやめるから、かわりに誠信を参議にしてほしいと願ったのだ、とも記されている。このときは許されなかったが、一か月たった二月二十七日に参議に任ぜられたのである。『小右記』によると、二十五日の寅の刻（暁、四時ごろ）に、為光が摂政兼家第に赴き、息子を参議にしてくれなければ自分は出仕しないとだだをこねたという。

誠信は康保元年（九六四）に生まれたから、参議になったとき二十五歳であった。天延二年（九七三）、わずか十歳で従五位下に叙し、貞元二年（九七七）、十四歳で従五位上、翌年侍従、天元三年（九八〇）、十七歳で右衛門佐、翌年、正五位下で蔵人、五年、十九歳で左少将・近江介、永観二年（九八四）、二十一歳で従四位下、寛和元年（九八五）、二十二歳で従四位上・蔵人頭、翌年、右中将、次いで正四位下となった。実資は「頭労歟」――蔵人頭の功による任参議かと書いて、菅原道真の例を引き、誠信は「二代頭労四个年、右中将労三年」ではないか、しかるに自分（＝実資）は三代の天皇に蔵人頭として八年仕え、左中将を六年もつとめているのだ、しかも、自分は「当時位上﨟」である、その自分を超えて誠信を参議に任ずるとはなに事か、これではまことに道理なきに似たりというべきだし、右大臣の「涙」や「おどし」で任官が行われるなど、「朝議已軽」と天下のそしりを受けてもやむをえまい。また人の話では、右大臣は自分（＝実資）のことをいろいろと悪くいったという、こんなことを書いていたらきりがない。

実資の憤懣やるかたなき様子が目に浮かぶようだ。その実資は、翌年の除目で参議に任命された。三十三歳であった。

笏と扇と沓　しゃくとおうぎとくつ

把　笏　貴族といえば、束帯に冠をかぶり、手に笏《しゃく》を持ち、ひきずるような浅沓《あさぐつ》をはいている、そんな様子が眼に浮かぶ。貴族が手に持つ笏とは何か。「笏」の音《おん》は「コツ」（漢音）、「コチ」（呉音）であるが、骨《こつ》と同音なのを忌《い》み「シャク」と訓んだとの説がある。長さ一尺のゆえに「尺」といい、和訓では「テイタ（手板）」という。その起こりは、もちろん中国にある。その機能は「備二忽忘一」——すなわち、君主の命を伝え、また君主に奏上すべき事柄を忘れぬようにメモするところにある。

わが国において、官人が笏を持つ、把笏の制度がいつ始まったかははっきりしないが、養老二年（七一八）に撰修された『養老令』にはその「衣服令」に規定がある。しかし『養老令』の施行は天平宝字元年（七五七）であるから、まず『大宝令』に把笏の制が定められていたか否かが問題になる。しかし、この点は不詳である。養老三年二月、職事官の主典《さかん》以上の者に笏を持たせることとし、五位以上は牙笏《げしゃく》、六位以下は木笏《もくしゃく》とした。但し、五位以上には散位にも把笏をゆるした。同年六月には範囲を拡大し、諸国の史生、郡の主政・主帳、軍団の大毅・少毅にも把笏をゆるし、さらに神祇官の宮主《みやじ》、大舎人寮の別勅長上、画工司の画師、雅楽寮の諸師、造宮省・主計寮・主税寮の算師、典薬寮の乳長上、衛士府の医師、馬寮の馬医へと拡大し、以後、平安初期にかけて下級官人層全般に把笏の範囲が拡げられていく。牙笏、木笏の区別も時代が下ると意識されなくなり、およそみな木笏を用いるようになった。

牙笏と木笏　牙笏は象牙を加工したものである。材料が乏しく、貴重であった。天皇の牙笏は錦の袋に入れて礼服とともに内蔵寮の礼服倉に納められていた。治承元年（一一七七）牙笏が紛失したことがあったが、調べてみると、出納の官人中原信仲の妻が盗み出したということであった。のち鎌倉時代仁治三年（一二四二）の後嵯峨天皇の即位式のとき、外弁の大納言藤原隆親と権大納言藤原定雅は牙笏を用いたが、権中納言と参議左大弁の二人は牙笏に似せた木笏を用いた。また寛元四年（一二四六）の後深草天皇の即位式のときも、一部の貴族は牙笏を用いたが、大部分の貴族は牙笏の形に作った木笏であったという。

牙笏は、ふつう上端と下端を円く形成し、少しそりかえっている。これに対して木笏は、上端は円いが下端は水平に切り落してある。寸法について『倭名類聚鈔《わみょうるいじゅうしょう》』は、長さ一尺六寸、幅三寸、厚さ五分としているが、平安時代末の『朝野群載《ちょうやぐんさい》』では長さ一尺二寸、上部の幅二寸七分、下部の幅二寸四分、厚さ三分とあり、『江家次第』では厚さを二分とし、全体として小さめになっている。木笏はもちろん木を加工したものであるが、江戸時代の書物では、材料となる木の種類について、飛騨国のいぬがやを用いると説明したもの、或いは樫《かし》・櫟《いちい》を用いると記したものがある。

笏紙　もともと、中国での笏の用法のうちに、備忘のためにメモすることがあったがわが国でも同様である。承和三年（八三六）二月、仁明天皇は遣唐大使・副使を引見したが、このとき詔を読んだ参議橘氏公は、その詞を直接笏に書き「黄紙文《おうしのふみ》」を用いなかったという。『江次第抄』には、備忘のために笏に紙を貼り、これを「笏紙」というとある（笏紙は「貼紙」ともいう）。笏紙は続飯《そくい》（めし粒を練って作ったのり）で笏に貼りつけるのであるが、これをはがしたあと、のりを拭うので笏の光沢が失われてしまう。したがって公式行事が連続するような場合は、もう一枚別の笏を用意するのである。『枕草子』に、いやしげなるものに「式部丞の笏」をあげているが、式部丞は御用繁多で、笏に笏紙を貼ったりはがしたりするので、きたならしくなり「いやしげ」――下品だというのであろうか。

笏の持ち方　把笏の作法もかなり面倒なもので、まず、笏を持った手を露《あら》わにしてはならず、袖の端で手をかくす。笏は、ふつう右手で持ち、左手を添えるときは右手が下、左手がその上方をとる。右手は笏の上方七寸ほどを残して把《と》るというから、およそ中央を持つのである。両手で持つときは、ひじを張るようにして中央に構え、笏の上端が、あごの下一寸ほどの所へくるようにする。右手での笏の持ち様は、親指と小指は笏の内側にかけ、中の三本の指は笏の外側にかけ、はさむようにして持つという。ことにより、笏を置いたり、また帯にさすときにも作法は面倒で、貴族たちも、挙措進退なかなか大変である。

扇　礼装の束帯には笏を持つのに対して、平服の直衣装束では手に扇を持つ慣わしである。扇のうち檜扇《ひおうぎ》は、檜《ひのき》の板の薄く削ったもの二五枚ほどを銀の要で締めて、上端を糸でつないだものである。夏季は夏扇と称し、木や竹の骨に紙を張ったものを用いる。蝙蝠《かわほり》と称するが、その開いた形が動物の「こうもり」に似ているからだという。元来、扇は公的な場での所持品ではなかったようで、奈良時代天平宝字六年（七六二）文室真人浄三は、齢《とし》をとり体力が衰えたということで、とくに優詔を賜わり、宮中で扇を持ち杖をつくことをゆるされたという。

扇には絵画、詩歌などが描かれるが、禁制の金銀薄泥を用いるものがあとを絶たず、長保元年（九九九）七月にも禁制が出されており、鎌倉時代建暦二年（一二一二）にも倹約の宣旨が出ている。蝙蝠扇の骨に蒔絵を施したり彫刻をしたりして飾りたてたのである。扇は歩行中は懐中に入れ、手には持たない。座についてから手に持つのである。もちろん天皇の御前で扇を使うことはない。暑さ耐えがたいときは、ちょっと向こうをむいて扇を開くことはやむをえないのだという。

扇の用法　扇はもちろん涼を取る。扇を小道具にした心にくい文章を書いたのは清少納言である。「人はなほ、暁の有様こそ、をかしうもあるべけれ」と――女のもとから暁に帰る男の様子を描写したものであるが、女心を惹きつける男の風情とは対照的に、事務的・散文的に帰っていく男の様子をつぎのように書いた。

思ひいで所ありて、いときはやかに起きて、ひろめきたちて、指貫の腰こそこそとかはは結ひ、直衣《なおし》・袍《うえのきぬ》・狩衣《かりきぬ》も、袖かいまくりて、よろづさし入れ、帯いとしたたかに結ひ果てて、つい居て、烏帽子の緒、きと強げに結ひ入れて、かいすふる音して、扇・畳紙など、昨夜枕上に置きしかど、おのづから引かれ散りにけるを求むるに、暗ければ、いかでかは見えむ、いづら、いづらと叩きわたし、見いでて、扇ふたふたと使ひ、懐紙さし入れて、まかりなむとば

かりこそ言ふらめ

扇は面《おもて》（顔）を隠すのにも用いるが、陽光を遮るのにも一扇をかざす。『古今著聞集』（三）には廷尉佐光方が、雨降りの日に扇をかざしたのを父の大納言が見て、恥しい、こんな息子に望みはないと、子の辞表を書いた話が載せられている。扇はメモ用紙がわりにも使われる。後一条天皇のとき、踏歌の節会に大納言藤原斉信が失錯を犯したのを、権大納言藤原行成は持っていた扇に書き注した。このメモは翌朝、日記を書くときに用いるのである。

儀式のとき、何かの合図に扇で笏を撃ち鳴らすことがある。陸奥交易馬を天皇が覧る儀式では、進行を促すのに檜扇で笏を叩くのが故実とされ、承安二年（一一七二）皇后冊立の儀のさいに、内弁が宣命使を召すについて召詞が聞こえず、扇を以て笏を鳴らしたという。

沓を正す　『永昌記』の天治元年（一一二四）四月八日条に、改元後の政始《まつりごとはじめ》の記事があり、藤原為隆が笏を以て履《くつ》を直したとある。座についたのち、脱いだ履を揃えるのである。長承元年（一一三二）五月、春季御読経の日、着座した兵衛督（藤原宗輔か）は脱いだ沓《くつ》を笏で直した。これに対して源師時は「笏を以て沓を直す、しかるべからず、前例は扇を以て直すか」と記している（『長秋記』）。また長承三年二月の除目初の座についた藤原宗忠は扇で沓を直した（『中右記』）。仁安二年（一一六七）四月、権中納言中山忠親は、着座したとき、扇を牛車に忘れてきたのに気付き、こっそり参議某の扇で沓を直そうとしたが「笏を以て直すべきなり」とその日記（『山槐記』）に書いている。安元二年（一一七六）三月、九条兼実は官奏に候し、座につき、扇で沓を直したが、内弁のときは官人に直させるが、官奏のときは自分で直すといっている（『玉葉』）。沓を直す作法にもふた通りあり、一つは、笏を置いて懐中から扇をとり出し、扇の蚊目（要）の方を沓のかかとの方に入れ、引き廻すようにして向きを変え、のちに退出のときすぐ履くことができるようにしておく。二つには、左手に笏を持ち、右手に扇の末の方を持ち、沓の鼻を外に向けるというものである。

沓を履くときは左足から、脱ぐときは右足からというのが作法である。公卿が陣の座から退出するとき、大弁参議は沓の置いてあるところを顧みながら、あとずさりして退下するが、他の参議らはただ「蹉退躊下」するという。意味不明であるが、大弁参議との対比でいえば、あとずさりしないということであろうか。

「くつ」の字は、沓・履・靴・鞜・舄・鞋・扉など、さまざまに書き、その種類もまた多い。革製また木製でふだんは浅沓、儀式の折には靴《かのくつ》で、雨雪には深沓、乗馬のときは半靴《ほうか》を用いる。礼服の場合、朝服の場合、また品位階により種類を異にする。

沓の霊力　『枕草子』第五四段は「名対面《なだいめん》」のことを語る。名対面とは名謁《みょうえつ》のこと、官人の点呼のことである。その作法のうちに、瀧口について、人数が揃わないときは名対面を行わず、蔵人が瀧口にその事情を聞くのであるが、蔵人源方弘《まさひろ》が事情を聞かなかったので若殿原が注意したところ腹を立てて、逆に瀧口を叱りつけたという。『枕草子』は続いてつぎのように書く。

御厨子所《みずしどころ》の御膳棚《おものだな》に、沓置きて、言ひののしらるるを、いとほしがりて、誰が沓にかあらむ、え知らずと、主殿司《とのもづかさ》、人々などの言ひけるを、やや、方弘が汚き《きたな》物ぞとて、いとど騒がる

この文章は、ふつうつぎのように読解されている。

「この方弘は、大変な粗忽者《そこつもの》で、所もあろうに、御厨子所の御膳棚に沓を入れて、一体誰のかと大騒ぎになった時、気の毒がって主殿司や女官たちが『いったい誰の沓なのでしょう。わかりませんわ』と言ってかばったのに、わざわざ『やあやあ、それは方弘のむさい物』と自分から名のり出て、一層皆から騒がれた、そんな人物だ」と(松原貞俊・石田穣二訳注『枕草子』上巻)。方弘のことは百六段にも出ていて、何事につけ人から笑い者にされる人物であったらしい。

さて問題は沓である。通常の理解では、方弘が御膳棚に沓を置き忘れたというのであるが、林田孝和は、これに別の解釈を施している(『王朝びとの精神史』桜楓社、一九八三年)。林田は沓の呪力について語り、沓、はきものが婚姻習俗と深いかかわりを持つことに注目し、沓が時には求愛・求婚のしるしとして、また時には男女の縁を切る呪具として用いられることを明らかにする。その上で、方弘の所行を、実は御厨子所に奉仕している女官の誰かに、かれが求婚の意志を伝えようとして沓を置いたのではないかという。いったい、御膳棚に沓を忘れるなどというのは不自然だし、『枕草子』の文章全体の

調子から、清少納言は方弘の粗忽振りを笑うというよりも、むしろ、自分がプロポーズされたのを理解できずに騒ぎたてた、その相手の女性の愚鈍さを笑っているのだという林田の解釈に賛意を表したい。

　大江匡房の『江家次第』（巻二十）の「執聟事」の項に、「聟公入レ自二中門一登レ自二寝殿腋階一（中略）水取人下レ階執レ沓（中略）件沓舅姑相共懐二臥之一」とある。ムコの沓を嫁の両親が抱いて寝るという習俗である。『栄華物語』（巻第三十四）に、東宮親仁親王（のちの後冷泉天皇）と章子内親王の婚姻のことが記され、関白頼通は章子内親王の親代わりとして「夜は御沓を抱き、御衾《ふすま》参らせ」たという。

尺八　しゃくはち

日本を代表する管楽器といわれる。竹製で、リードはなく、管の上端に斜めに切り取った吹き口があるだけである。

　七世紀半ばに中国で創られ、唐の尺度で一尺八寸の管長で、雅楽の合奏楽器としてわが国に伝来した。奈良の正倉院に八本収蔵されている。管長約四〇センチメートル、指孔六個である。

　ふつう知られている尺八は普化宗《ふげしゅう》の虚無僧《こむそう》が吹奏したもので、曲尺一尺八寸（五四・五センチメートル）、指孔は前面四つ、背面一つである。これは十六世紀末に出現した。虚無僧尺八とか単に竹《たけ》と呼ばれている。

麝香　じゃこう

奈良時代の官人秦朝元は、入唐僧弁正の子である。弁正は中国で還俗して中国女性と結婚し、二人の男子を儲けた。兄は朝慶、弟が朝元である。養老二年（七一八）朝元は日本に来航し、父の旧姓秦氏を名乗った。天平二年（七三〇）三月、粟田馬養・播磨乙安・陽胡真身・文元真らとともに、各々二人の弟子を取って「令レ習二漢語一」めたという。天平十八年正月、元正太政天皇の邸で雪見の宴が開かれた。この年の正月には珍しく大雪で数寸積もった。邸に集う人々は左大臣橘諸兄以下二三人で、諸兄は、

　降る雪の白髪までに大君に仕へまつれば貴くもある

か

（巻十七―三九二二番）

と詠んだ。大伴家持も、

大宮の内にも外にも光るまで降らす白雪見れど飽かぬかも

（巻十七―三九二六番）

と詠んでいる。他の官人たちもそれぞれ歌を詠んだのであるが、その場で直ちに記録しなかったので、『万葉集』に洩れてしまった。

その席上で、諸兄は秦忌寸朝元をからかって、「歌を作れないなら麝香で償いなさい」といったので、朝元は黙り込んでしまったという。朝元が和歌を詠むのが苦手だったのをからかったのである。麝香は中国産の高価な香料であるが、唐から渡来した医術家朝元は、個人的に麝香＊を所持していたのであろう。

＊　麝香は、ジャコウジカの雄の香嚢（生殖腺の包皮腺）を乾燥させて得られる香料。黒褐色の粒状または粉末状で、品質はチベット産のものが最もすぐれている。水やアルコールによく溶ける。香粧料および医薬用に興奮剤・回蘇薬として用いる。

写真館　しゃしんかん

アルバムの最初の方に、幼稚園に入る前、おそらく五歳くらいの私の写真がある。三輪車に乗った姿であるが、もちろんそれは、近所の写真館からの出張撮影によるものである。家族四人で撮った写真もあるが、これも自宅で撮っており、出張撮影であった。マグネシウムを「パン」とたくあの音には驚かされたものであった。

写真の歴史は一八三九年（天保十）フランスのルイ・ジャック・マンデ・ダゲールが銀板写真法を開発したのに始まる。

写真技術がわが国に伝わったのは天保十四年（一八四三）とも嘉永元年（一八四八）ともいわれるが、写真館は、下岡蓮杖が文久二年（一八六二）横浜に、上野彦馬が長崎で開設した。下岡はアメリカ人の写真師ウンシンから、上野は海軍伝習所の医師ポンペから技術を学んだといわれる。

これをはじめとして、全国各地に写真館が開かれたが、当初は「一回写すと影がうすくなり、二回写すと命《いのち》が縮む」などの迷信があって、あまり繁盛しなかった。ところが明治十年（一八七七）の西南戦争が起こると、集結した政府軍兵士たちで郷里に送る記念写真を撮る者が多く、神戸の写真館は賑わった。このあと、兵士たちが記念写真を撮ることが定式のようになり、軍の施設のあるところに写真館ありという状況になった。

当初の写真は露出時間が長く、被写体となる人は身動きできない窮屈さがあった。しかし、その後カメラの性能は急速に向上し、フィルム装填による軽便なものとなって一般に普及し、とくに第二次世界大戦後は大衆化した。現在はデジタル・カメラの時代となり、従来のフィルム・カメラは急速にその座を失いつつある。

借金生活　しゃっきんせいかつ

出挙銭　まず、つぎの文書を読んでほしい。もとは漢文であるが、読み下す。

謹みて解《げ》し申し請《こ》う出挙銭《すいこせん》の事
合わせて銭肆《（四）》佰文　質は式下郡十三条卅六走田一町
受くる山道《やまじの》真人《まひと》津守《つもり》
息長《おきなが》真人家女《やかめ》
山道真人三中《みなか》
右、件《くだん》の三人は、死生同心し、八箇月を限り、半倍を進上すべし、若し進上せざれば、息長黒麻呂進上すべし、仍《よ》りて状を録し、以て解す
天平勝宝二年五月廿六日　息長真人黒麿

「解」というのは、文書の様式からいうと、下の者から上の者へ差しあげる文書のことである。しかし、内容は、いまふうに言えば借金証文（借用証）である。この文書には宛名がない。しかし、文書の残存状況から見ると、それは造東大寺司であろう。貸付けの主体は造東大寺司である。借り手は、山道真人津守とその妻息長真人家女、そして息子と思われる山道真人三中の、一家三人の連名である。いかなる必要があったのか、かれらは、利息付の出挙銭《すいこせん》四〇〇文を借りた。保証（質物《しちもつ》）として田地一町歩を入れた。田地の所在地は式《しきの》（城）下《しも》郡十三条三十六坪の通称走田である。ただ「里《り》」名が書かれていないのは不審である。城下郡十三条というと現在の磯城郡田原本町のあたりであろう。津守はそこに一町の田地を所有していたのである。「死生同心」とは三人が一心同体ということで、共同で責任を負うとの意志表示で

ある。返済の期限は借用の日から八か月後で、そのとき半倍（五〇パーセント）の利息をつけて返済する。『養老令』の「雑令」の規定では、官稲出挙の利息は五〇パーセントである。

もし返却できないときには、息長真人黒麿がかわって返済するという。黒麿は、たぶん家女の身内の者であろう。おそらく、津守は奈良の都で働く下級の役人である。妻子といっしょに暮らしていたかどうか、それは明らかではない。田地一町の所在地である城下郡に住まいがあり、奈良の都へ単身赴任していたかもしれない。下級の役人のうち、番上官（いまふうにいうと非常勤職員）は期間を定めて都にのぼり勤務する。その間は官舎（共同アパート）に住んだと思われる。しかも津守は貸付主体である造東大寺司関係の役人ではない。

月借銭　つぎにまた一通の史料を読んでほしい。これも、もとは漢文である。

巧《たくみ》清成謹みて解し申し請う借銭の事

合せて銭伍伯文（五百）　利は百ごとに一月十三文

右件の銭は、料を給う日に当たりて、本利を儲《もう》け備え進上せん、仍《よ》りて状を録し謹みて以て申す

宝亀三年四月十三日

証　敢臣男足《あえのおみおたり》

証　他田嶋万呂《おさだのしままろ》

巧（工）清成は一切経所の経師で、造東大寺司から銭五〇〇文を借りたのである。これは月借銭《げっしゃくせん》と称されるもので、利息は一か月、一〇〇文について一三文である。文言によると、借金は料（給料）を貰う日に元本と利息と合わせて返済するという。「証」とある二人は保証人である。出挙が長期の貸出しなのに対して、月借銭は短期の貸付けである。それと、造東大寺司関係の役人たちに貸付ける場合、これを「月借」、東大寺に無関係な者に貸付けるときは「出挙」といったらしい。

さて、金を借りた巧清成であるが、かれは、このあと同年十二月には、布四端を質に入れて五〇〇文を借り、翌四年二月に一〇〇文、七月に五〇〇文、五年九月に五〇〇文を借りており、そのうえ四年三月には別家足《わけのいえたり》の月借銭保証人となり、六年九月には船木麻呂の月借銭保証人にもなっている。

いま一通、月借銭解を見たい。

謹みて解し申し請う月借銭の事

合せて肆伯《（四百）》文利は百文銭別に月十五文質物は夏の衣服のみ
右、件の銭は、来る四月の内に、本利并《なら》びに数の如く進上せん、仍《よ》りて状を注し、以て謹みて解す
宝亀四年二月卅日
茨田千足
償漢部佐美麿
「員《かず》に依り行う　葛井典之　上馬養」
「五月廿六日を以て五百六十文を納む　四百文は本一百六十文は利」

茨田千足の借用書である。千足は天平宝字六年（七六二）に造東大寺司の綿交易使となり、同七年正月には舎人として造物所に勤務した人物である。四〇〇文の借銭に夏の衣服を質に入れた。利息は一〇〇文につき月一五文、したがって四〇〇文では六〇文となる。別筆で、五月二十六日に返済した由が書かれているが、利息は一六〇文としてある。ほぼ三か月分だとすれば一八〇文となるべきところであるが、不審である。この借用書に「償」として漢部佐美麿《あやべのさみまろ》の名が記されている。保証人である。佐美麿は沙弥万呂、佐美万呂とも書かれ、東大寺写経所に出仕していた経師であった。かれも宝亀四年（七七三）四月、月に一五〇文の利息で月借銭一貫文を借り、三か月後に本利とも一四五〇文を返済している。このとき布五端を質物に入れていた。九月には手当の布一端の代価二〇〇文を前借し、同じ月に更に七〇〇文を借り十一月に返済している。なかなか生活が大変だったようだ。

前に掲げた月借銭解に葛井《ふじい》と上馬養《かみのうまかい》と二人の名前が見えるが、前者は造東大寺司の主典《さかん》葛井連荒海で奉一切経所の別当であり、後者は上村主《すぐり》馬養で同じく造東大寺司の案主《あんず》として主典となった人物である。かれらは月借銭貸付けの責任者であった。上馬養は河内国の人で、写経所の校生として勤務し、やがて経済的実務官僚として手腕を発揮して位階も正六位上にまでのぼった。「正倉院文書」の中に宝亀五年五月十六日付の上馬養とその子藤万呂の月借銭請求文書がある。「家一区」と「口分田」を質物に入れ三貫文を借りるというものであるが、但し文書の一部が抹消されていて、それが実行されたか否か疑わしいとされている。上馬養は河内国の「富豪の輩《ともがら》」であり、造東大寺司の出挙銭を管理し、また貸付けを請負っていたらしい。下級官人のひとつのあり方を示す興味ふかい人物である」（鬼頭清明『日本古代都市論序説』

法政大学出版局、一九七七年）。

蛇の目傘　じゃのめがさ

和風の雨傘で、中央と外周を黒・紺・赤色で塗り、中間を白く残し、開くと蛇《へび》の目《め》の形になる。近頃はあまり用いられない。

傘ははじめは長柄《ながえ》のものであったが、享保三年（一七一八）に禁止されると柄《え》の短い傘が現れた。元禄年間（一六八八―一七〇四）に蛇の目が現れたとき、僧や医者の間で流行したが、享保年間（一七一六―三六）からは京坂地方で渋蛇の目が流行した。

北原白秋の作で「アメフリ」というのがある。その一節に、

〽ボクナラ　イインダ　カアサンノ
オオキナ　ジャノメ　ニ　ハイッテク
ピッチピッチ　チャプチャプ
ランランラン

とある。この歌は大正十四年（一九二五）の作である。以前は、どこの商家でも屋号入りの蛇の目傘が備えられていたものであった。ちなみに、蛇の目傘の価格の変遷を見よう。

明治	四十年	八〇～九〇銭
大正	十二年	一円二五銭～一円五〇銭
昭和	四年	二円
	十年	四～五円
	二十九年	一一七〇円
	四十五年	三八〇〇円
	五十年	九五〇〇円
	五十六年	一万五〇〇〇円

〈参考文献〉週刊朝日編『値段の〔明治大正昭和〕風俗史 下』（朝日文庫、一九八七年）

しゃべる

近松門左衛門（一六五三―一七二四）の「薩摩歌」に出てくるのが最も古いとされる。単に「話す」というよりも、「シャ」はののしりの接頭辞であり、「ベル」はペラペラとまくしたてる意。古くからの用語であったらしい。

『日葡辞書』は、口数多く話すこととし、さかんにしゃべることは「しゃべくる」という。いずれにせよ、江戸時代に普及した用語であろう。

ジャンパー

ジャンパーには二種類ある。ひとつは、工場で工員たちが着用した作業服、いわゆる青色のナッパ服のことである。明治時代半ば頃から工員の間で用いられていた。ナッパ服はボタン掛けであるが、これがのちにジッパー、ファスナー、チャック掛けとなった。一般に着用されるようになったのは第二次世界大戦後のことで、作業服、店員の勤務服、登山用の上衣などに使われるようになった。一時、小・中・高校の教員の間でも流行し、ワイシャツにネクタイ、そしてジャンパーという姿を、俗に「日教組《にっきょうそ》スタイル」などと称した。

いまひとつのジャンパーは、ジャンパー・スカートのことで、袖のない上衣とスカートが続きになっている。大正八年（一九一九）当時の東京女子高等師範学校（現在のお茶の水女子大学）の二階堂教授が女学生の改良服として生徒に着せたのが始まりである。のちにこれが全国の女学校の制服として広まった。

自由　じゆう

「日本国憲法」はさまざまな「自由」について保障している。思想・良心の自由、信教の自由、学問の自由、集合・結社の自由、表現の自由等々。

この用語は古代から現代まで通して用いられてきた。束縛や障害がない状態、自分の思い通りに振舞うことである。「専レ政得レ志、升降自由」（『続日本紀』宝亀八年九月丙寅条）、「自由に任せて延暦寺の額を興福寺の上に打せぬるこそ安からね」（『平家物語』一）、「女郎のよはき所を見付、自由成事をいひかかりぬ」（『好色盛衰記』）、「神は万物の根源にして万物を自由にする権ありと称するより」（『百学連環』）などと見える。少し変わったところでは、便所のことを「自由」という（『風流曲三味線』）。仏教用語としての「自由」は「自《おのづ》からに由《よ》る」の意で、無我、自己責任の義で使われてきた。

束縛がない、自分の思い通りに振舞うという点から、

「自由」は、勝手気侭の意にも用いられる。近代の「自由」はJ・S・ミルの「On Liberty」に中村敬宇がつけた訳語に始まる。これが災いのもとになったといってよい。わが国で古くから用いられてきた「自由」の語を訳語に用いたため、「自由」が「勝手気侭」のこととして誤解されたのである。近代西欧の「自由」を十分理解することなくきたむくいであった。いまでもその気配があるが、「自由」とか「自由主義」という言葉にはマイナス・イメージが伴うのである。

〈参考文献〉柳父章『翻訳語成立事情』（岩波新書、一九八二年）

修学旅行　しゅうがくりょこう

小学校六年生の春に修学旅行があり、京都・奈良を駈け足旅行をした。現在と違って新幹線もなく、京都へ行くにも汽車でひと晩がかりであった。観光地を巡るにも、まともに電車や市営バスなどを利用し、観光バスに乗ることもなかった。だから、時間はかかるし、気を遣うし、引率の先生のご苦労も大変だったと思う。クラスの担任の先生は終始いらいらして怒鳴ってばかりいた。考えてみると、すでに五年生のときに日光旅行や伊豆大島への一泊旅行をしていて、いわば集団行動の訓練をしていたのだとも思える。

先生方のご苦労に対して申し訳ないことながら、肝心の史蹟・文化財についての記憶が乏しい。京都では金閣寺・南禅寺山門・疎水・渡月橋、奈良では東大寺大仏殿・猿沢の池、そして法隆寺が記憶に残った。

「修学旅行」というのは明治時代におけるネーミングである。普通は、修学旅行のはじめは明治十九年（一八八六）の東京師範学校の一一泊一二日にわたる「長途遠足」だとされている。千葉県内二五〇キロを歩いて回ったのであるが、各地の見学と軍事教練とを合わせたかたちの旅行であった。

「遠足」の延長線上に「修学旅行」が考えられているのであるが、遠足も小学校では明治十九年に埼玉県で行われたのが最初であった。小学校の遠足は江戸時代の「寺小屋の花見」（物見遊山）の延長と見られるが、宿泊を伴う旅行は小学校では、なかなか行われなかった。

「修学旅行」という言葉は明治二十年から用いられた

が、実施したのは中学校や師範学校であった。二十一年に新潟県の師範学校生が東京へ修学旅行に出かけ、二十二年には山梨県女子師範学校の京都への修学旅行も行われた。小学校の修学旅行が制度化されたのは明治三十年代であった。

週刊誌　しゅうかんし

週 weekという単位は欧米人の生活に根ざしたものとして定着してきた。したがって雑誌なども週刊で始まり、その伝統はいまも続いている。欧米での週刊誌の発行は十九世紀の第一年目から始まる。

アメリカの「ポートフォリオ」（一八〇一年）「ナショナル・ポリース・ガゼット」（一八四五年）「レスリー・ウィークリー」「ハーパース・ウィークリー」（一八五五年）「タイム」（一九二三年）、イギリスの「スペクテーター」（一八二八年）「デイ・トビュッツ」（一八八一年）「イラストレイテッド・マガジン」（一八八四年）などである。

わが国では、月を単位とする考え方が強く、週は明治維新以後に普及した新しい単位であったが、官庁や学校なども日曜日は休みというかたちをとったので、しだいに生活のなかに入っていった。もっとも早い週刊誌は、明治十年（一八七七）三月十四日創刊の「団団珍聞《まるまるちんぶん》」（毎土曜日発行）とされているが、本格的な週刊誌は大正も半ばすぎから刊行される。

明治四十一年に「週刊サンデー」が、大正十一年（一九二二）に「週刊朝日」と「サンデー毎日」が創刊された。第二次世界大戦後、昭和三十年代、四十年代は週刊誌ブームというべき時期で、三十一年に「週刊新潮」、三十二年に「週刊女性」、三十四年に「週刊現代」「週刊文春」「週刊少年マガジン」「週刊少年サンデー」が創刊され、後二者は四十一年にともに一〇〇万部を突破する大ヒットであった。それに促されて四十三年には「少年ジャンプ」が出た。五十六年には写真週刊誌「ＦＯＣＵＳ」「ＦＲＩＤＡＹ」が創刊された。

就職運動　しゅうしょくうんどう

平安時代の役人の数は、中央官庁＝太政官に勤めるものだけでも、七～八千人はいただろうと思われている。もっとも、これは非常勤職員もいれた全部の数だが、それにしても、かなりのサラリーマンがいたことになる。しかし、いまの役人と違うのは、仕事をもたないものがたくさんいたという点である。五位とか六位とか、位は持っているが、ポストがない役人がたくさんいた。位を持っていると、その位に応じた基本給のようなものはもらえたので、位が高ければ生活は保障されたが、しかし、生活を楽しむというわけにはいかない。そこでなんとか役につかなければならない——いわば就職しなければならないということになる。もちろん、役人にも、上は大臣から下は使い走りをする下級職員まで、その俸給には大変な格差があった。ざっと計算しても、大臣の年間給与はいまの金額に直して二億円は下らないと思われる。ところが下級の役人になると、田舎から米を送ってもらわなければ生活できないというありさまだった。

いったい、平安時代の社会では、家柄によって、だいたいどこまで位があがるか、またどんな役目につけるかということが、はじめから見当がついていたのである。大臣・参議になれる家柄、下級官庁の長官まではいける家柄、あるいは今ふうにいえば、一所けんめい働いても万年係長という具合で、たまに地方豪族層の出身者で参議になるものもいた。参議は国の政策を決定する最高幹部会議のメンバーなので、大変な出世になる。しかし、こういうのは例外的で、たいていは最初からあきらめており、むしろ、なんとかして、なるべくミイリのいい、収入の多い役目につきたいものだと考えていたのである。その当時、収入の多い役目といえば、地方官＝国司だろう。武蔵守とか越前守とか、いまでいえば県知事だが、その収入は比較にならないほど多いものだった。平安時代の終わりのころ、中原師遠という太政官の書記官がいたが、その日記をみると、祖父に当たる人が安芸守になったとき、毎年の収入は米一万石と雑穀八千石、それと大量の材木だったと書いてある。また父親の師平が土佐守になったときは米三万石と絹織物三〇万疋の収入があったといっており、これが事実だとすると、国の守《かみ》を一期四年間つとめると、まず数億円の財産をつくれるということになる。

これほどの収入が約束されるということになると、それこそ、われもわれもと志願者が殺到する。国の守になる役人は五位とか六位の位を持つ中流の貴族だが、選衡の対象になるものはつねに百人以上いたと思われる。ところが、ポストは一回にせいぜい一〇ぐらいしかないわけで、競争率一〇倍以上という難関になる。国司選衡会議を県召《あがためし》の除目《じもく》といい、たいていは一月のはじめ寒いころに、三日間にわたって行われる。選衡のしかたは、まず希望者がどこどこの国司になりたいと申請書を出す。これを申文《もうしぶみ》というが、申文を提出したもののなかから国司を選ぶことになる。会議の前に、天皇や摂政・関白が申文にざっと目を通す。そして次に書記官によって書類審査が行われる。昔の役人にも、ずい分そそっかしいのがいたとみえて、自分の位を書き忘れたり、日付を落したり、なかには希望する国の名前を書かないものもあったようだ。こういうものをオミットして残りを会議にかける。それまでの勤務状態を調べて決めていくのだが、結局は摂政・関白・大臣のような有力者の発言がものをいったらしい。また申請書＝申文が人の心をうつような名文で書かれている必要もあった。

「本朝文粋」という本には多くの申文がのせてあるが、たとえば十世紀の終わりごろ、文章博士、いまでいえば大学の学長というところだが、大江匡衡という人がいた。尾張守にしてほしいというのだが、自分よりも後輩のものが八人も国司になっている、しかるに自分はいっこうに恩恵を蒙らない、わたしの家は荒れ果てて雨もりがする、年老いた母が可哀そうです、だいたい、いまの世のなかは間違っている、昔は学問を重んじて学者を国司に任命したが、近ごろはさっぱりだ、これでは学問に志す若い人たちも希望を失うだろう、というような文章である。また平兼盛という人の申文は――わたしはこの歳まで、いっしょけんめい御奉公してきたが、いっこうに報いられず、貧乏にあえいでいます、他人を顧みると、親子・兄弟ならんで国司に任命されている人もあります、ひとたび国司になれば財産もでき、楽しい思いができるというのに、数か国の国司を歴任することになればなおさらでしょう。それなのに、わたしは生活に疲れ、悲しくやせる思いです、と書いている。あの有名な『蜻蛉日記』の著者「道綱母」の父親は藤原倫寧《ともやす》だが、かれは同僚三人と合作の申文を書いているし、書道で有名な小野道風も、山城守にしてほしいと申文を書き、書家としての自分の名声は中国にまでなりひびいていると売り込んでいる。

さて、いかに名文の申文を書いても、それだけでは足りない。なんとか手づるを求めて、有力者にあとおししてもらわなくてはならないのである。実際、まず摂政・関白・大臣にコネをつけることを考える。藤原道長の日記である「御堂関白記」や、右大臣藤原実資の日記「小右記」をみると、多くの役人たちが贈り物をもって、ひっきりなしにあいさつにきている。天皇や皇后に頼みこむのも有力で、それについて、清少納言の『枕草子』に面白い文章がある。

「除目のほどなど、うちわたりは、いとおかし」という書きだしで、除目のころの内裏の辺りの様子はたいへん興味がある、雪が降り、氷も張っている寒さのなかを、太政官に提出する申文をもってあるく役人たちの、まだ若々しいのは、いかにも頼もしげであるが、年老いて髪も白くなったものが、いろいろと手づるを求めて、女房の局《つぼね》に立ち寄って、自分がいかに才能があるか自慢して聞かせる、若い女房たちは馬鹿にして、その口真似をしておかしがるのだが、ご本人は一向にご存知ない、「天皇に宜しく申してください、中宮に宜しくおとりつぎください」などと女房に頼み込む、これで任官できたものはいいが、できなかったものは、まことに可哀そうだ。

現代語訳すると、ざっとこんな文章になるかと思う。右大臣実資がまだ大納言のとき、息子の就職あっせんを皇太后に頼んだのだが、そのとりつぎをしたのは、かの有名な紫式部だったという。その紫式部にしても父親の為時は越前守で、清少納言も、また『更級日記』の著者も中流の貴族、国司の娘だった。かの女たちには、就職運動に奔走する男たちの気持ちが、いたいほどわかっていたはずだと、わたしは思う。

収入印紙　しゅうにゅういんし

収入印紙とは、歳入金や税金を徴収するために発行されている一定金額を表す証票である。国に納付する手数料・罰金・過料・科料・刑事追徴金・訴訟費用・非訟事件の費用・少年法による措置費用・登録税・印紙税などを納めるときに用いる。発行権は国が独占し、地方公共団体が発行するものは証紙という。パスポートを取得するときに、収入印紙と証紙を添付したことを覚えておられると思う。

印紙には、収入印紙のほかに、失業保険印紙・日雇労働者健康保険印紙・国民年金印紙・農産物検査印紙・自動車検査登録印紙があり、額面一円以上一万円までの印紙が用いられる。金銀取引・地所売買・質入買入・為替受取など、証文・手形・書付類の後日証拠となるべき書類には印紙税が賦課され、印紙を貼付しなければならない。印紙税の創設は明治六年（一八七三）である。

週報　しゅうほう

「官報」の附録で、「官報雑報の規模を拡充してその体裁内容を改め、法令法案各種政策の解説、内外一般情勢、産業経済学術技芸に関する資料等を掲載して、政府と一般国民との接触を緊密にし公明な政治の遂行に寄与しようとする」ことを目指した小冊子。昭和十一年（一九三六）十月十四日付で第一号が刊行された。

情報委員会の編集に成り、発行者は内閣印刷局で、第一号の内容は、大蔵省主税局「税制改革の要領」と外務省情報部「西班牙内乱を繞る欧州の政局㈠」から成る。前者すなわち税制改革で注目されたのは「売上税」であったが、この現今の消費税に比すべき新税は、結局否定され実現を見なかったものの、軍備拡張に備えての増税案であった。

四六判・三〇頁前後のボリュームで、定価は一部五銭、一年分前金で二円四〇銭であった。

受益者負担と自己責任　じゅえきしゃふたんとじこせきにん

東京学芸大学に勤め始めた頃、学寮委員なるものを仰せつかって、しばしば学生との団交の場に臨んだ。交渉項目の一つに寮費値上げの問題があった。確かに、寮費は世間の常識からすれば余りにも安すぎた。値上げを求める文部省・大蔵省は受益者負担の原則を主張した。これに対して学生は、学寮は学生の勉学条件を整え、生活を援助するための施設であり、寮費は低廉であるべきだと主張した。しかも、文部省や大学当局が学寮を教育施設の一環と位置づけて、さまざまな規則・規制を設けていながら、受益者負担を説くのは矛盾していると学生は反論していた。学生の言い分にも理があり、教員としても少なからず困惑した。

翻って、イラク戦争のなかで、日本人がイラクの「武装勢力」(日本のマスコミはこう呼んでいるが、反占領軍闘争勢力、すなわちレジスタンスである)に「人質」に取られる事件が起こった。「人質」の解放のためにさまざまな手が尽くされたのであろうが、福田官房長官は「自己責任」という言葉を口にした。かれらは危険を承知の上でイラクへ出かけていったのであり、「人質」問題が起こって政府としては迷惑しているというのである。総理大臣の小泉氏は、例によって他人ごとのように、困った事ですね、あの人たちの神経がわかりませんね、自省してもらわなくてはなどと暢気なことをいっていた。

政府与党の間からは、「自業自得」だ、山岳遭難の場合と同じように、費用を本人や家族に支払わせせよという議論が出ていると新聞は報じていた。なかには時代錯誤な自民党議員の一人が、「人質」となった五人を「反日分子」などと称して非難した。人質となった連中は「非国民」だというのである。

この問題をきっかけに、あらためて「個人」と「国家」の問題を考えさせられたが、防衛庁長官も似たような発言をし、外務事務次官も政府首脳と全く同じことを言っていた。国民にとって、自衛隊も外務省も頼りにならないことは、これでさらにはっきりした。一連の経過から見えてきたのは、もし日本列島が戦場となったとき、政府には国民の生活を守る気はさらさらないということである。尤もそのようなことは第二次大戦の際に証明ずみのことであったのだが。

ところが事件の経過のなかで、アメリカのパウエル国務長官は、リスクを覚悟せずには何事もなしえないのであり、むしろ「人質」となった人々の行動を、日本人は誇りに思うべきであるといった。一〇万の軍を送り、日々犠牲者を出しているアメリカの国務長官としては当然の発言であろう。自国の兵士たちの士気を損なうようなことを言える訳もない。ヨーロッパの国々からも、日本政府の「自己責任論」発言は理解しがたいとの批判が出て、さすがに能弁な官房長官も口をつぐんだ。

自衛隊の場合も危険覚悟で志願して行ったのだから、事情は同じはずである。小泉氏は三軍の司令官でもあり、イラクへの出動を命じたのは彼自身である。自衛隊員に不幸な事態が起こったら、なんというつもりだろうか。

他人ごとではすまされない。

イラクにおける「人質」問題は、日ごろぼんやりしている私たちに、国家とは何か、国民にとって国家とは政府とは何かという本質的な問題を考えるきっかけを与えてくれたのである。

出版の倫理　しゅっぱんのりんり

『講座日本荘園史』（吉川弘文館）の最初の刊行は、一九八九年七月二十日で、第一巻「荘園入門」であった。全一〇巻で、最近（二〇〇三年五月）第三巻「荘園の構造」が刊行されたが、執筆者の一人山本隆志は、論考の末尾に付記して、その原稿の提出が一九九八年九月であるといい、原稿の提出以後に刊行された原田信男・鈴木哲雄・磯貝富士男各氏の著書を掲げ、「実態論的究明にも、理論的吟味にも、中世農業史研究は大きく前進しつつあることが示されるが、本格的検討は後日にまわさざるをえない」と断っている。

また、同じく執筆者の一人新田一郎は長文の補記を付している。それによれば、原稿を出版社に手渡したのは一九九二年五月であったという。陽の目を見るまでに実に一三年である。

大きな企画などの場合、刊行の時期が大幅に遅れることは、そう珍しいことではない。読者も執筆者もいらいらするが、その責任が基本的には出版社にあることは明らかである。

「関連分野の研究の進展はめざましく、また私自身この主題について何も考えることなく過ごしていたわけではない。仮に今改めてこの主題に向かうとすれば、本稿とはかなり異なったものを書くことになるであろう。」「全面改稿の欲求に駆られるが、今そうした作業に割くべき時間的余裕がなく、また無理をおしてまでそうすべき責任が私にあるとも考えない。一九九二年に執筆された本稿が現時点における私の見解を示すものでは必ずしもない、ということを明記し、かつ、この間の研究状況変化の一端を示す左記の文献（もとよりこれは一部の例示に過ぎない）の参照を求めるにとどめる。」と、新田も書かざるをえなかった。何れにしても読者にとっては迷惑な話である。

守門犬　しゅもんけん

守門犬とは中国語で番犬のことである。「日本はアメリカの番犬に過ぎない」という人がいる一方、「日本にいるアメリカ軍は日本の番犬だ」と主張する人もいる。元首相某氏は日本「不沈空母」論を述べたことでも有名だが、日本にいるアメリカ軍は日本が金を出して駐留させているのであり、この番犬をどう使うかが問題なのだといった。

番犬には犬小屋を作ってやり、餌を与えなければならない。ところが、この番犬は贅沢でお金がかかる上に、その家族の面倒まで我が国で見なければならない。犬小屋（住宅）建設の問題が時々新聞に載る。「思いやり予算」で生活の面倒を見るのである。

我が国では、ふつう番犬はくさりで繋いで置くことになっているのだが、この番犬は、繋がれるどころか、勝手に遠くのイラクまで出かけて、吠えたり噛み付いたりしている。それのみか、飼い主であるはずの私たちに応援を強要したりする。「飼い犬に手をかまれる」どころの話ではない。我が国の首相小泉君は、国民に相談もせずに自衛隊を遠いイラクに派遣した。専守防衛をむねとするはずの自衛隊が出かけていったのだから、イラクは日本の生命線なのであろう。

イラクに近いサウジアラビアは「羊が数日に一匹ずつ狼に殺される。そこで羊飼いは番犬を飼うが、番犬には一日に数匹の羊を食わせなければならない」と米軍への協力を拒否した。学ぶべきではないか（一海知義ほか『漢語四方山話』岩波書店、二〇〇五年）。

ところで、イラクに行っている自衛隊は現地で何をしているのだろう。活動の様子はさっぱりテレビに出てこない。基地の中を走る装甲車の姿しかわれわれの眼には映らないのだ。「人道・復興支援」だというが、何をしているのだろうか。現地の人々に飲み水を供給するのだとは聞いたことがある。しかし最近の報道によると、給水量を半減するという。

入れ替わりたちかわり自衛隊員は派遣されるが、帰ってきた隊員が、どのような仕事をしてきたのか国民に向かって報告したことがない。「無事に帰ってきました」とは言うが、何をしてきたかの報告はない。「人道・復興支援」は、まさか軍事機密ではあるまい。公にしては具合の悪いことがあるのか。太平洋戦争中の大本営発表は、真偽取り混ぜて都合のいいことばかり国民に知らせていたが、「イラク派遣軍」による具体的な「戦果」の発表がない。

日本のマスコミはイラクに特派員を送っているが、自衛隊の活動についての具体的な報告はない。新聞やテレビの記者はどのような取材をしているのだろうか。

いったい、自衛隊の派遣にどれほどの費用が使われているのか。マスコミもはっきりと示したらいい。派遣費用は、〇三年度と〇四年度の二年分で三七七億円である。現地で「支援活動」を行っている隊員は一二〇人といい、その費用は、一人当たりで三億円余となる。基地の借地料も払っているそうだが、ひと月いくらか。イラクの人々に供給している水は、一リットル当たりいくらにつくのか教えてもらいたい。費用の全ては税金でまかなわれているのだから、国民には知る権利がある。

フランスのNGOは、年間六〇〇〇万円余で一〇万人を対象に自衛隊と同じ浄水・給水活動をしている。そもそも給水のために重武装の自衛隊を派遣するなど、こんな馬鹿なことはない。費やす莫大な費用を、イラクの人々のためにもっと有効に使うべきであろう。戦争はアメリカに任せて、戦後の復興に協力すればいいのだ。アメリカの石油利権確保のために出かける自衛隊員こそ、いい面の皮だ。

庄　しょう

然《しか》とあらぬ　五百代小田を　刈り乱り　田廬《たぶせ》に居れば　都し思ほゆ（『万葉集』巻八―一五九二番）

五百代は一町歩（一代＝五歩、五〇代＝一段）。竹田庄の一町歩の田の稲を作者大伴坂上郎女が実際に刈ったはずもない。竹田は大和国の耳成山の東北にあった。平城京からはかなり遠い。ここに田廬、すなわち田屋があった。田廬（田屋）は農具を収納したり、猪鹿の害を防ぐために、あるいは田植・稲刈のときに泊り込む小屋である。「仮廬《かりほ》」（巻八―一五五六番）という語もあるので、田廬は恒久的な施設であるかもしれない。仮廬は仮屋で稲刈りが終われば毀たれる。「田廬に居れば都し思ほゆ」とあるから、大伴坂上郎女は実際に宿泊したのであろうと思われる。とすると、竹田庄は仮小屋の田屋ではなく、別荘であろう。なお、竹田庄については、小口雅史・吉田孝「律令国家と荘園」(『講座日本荘園史』(2)、吉川弘文館、一九九一年)を参照。

将棋　しょうぎ

父親がすこぶる堅物《かたぶつ》で、碁・将棋・マージャンなどの遊戯は一切だめという人であったから、私はまったく右の遊戯はできない。父のいい草は「碁・将棋・マージャンに夢中になると親の死に目に会えない」というのであった。

縁台将棋に興じる友達をうらやましく思ったが、ついにルールも覚えずにこのとしまで来た。

将棋はインドに源を発するといい、それが東西に広まったものという。「象戯」「将基」「将棋」と書く。平安末期の『新猿楽記』には「囲碁・雙六・獶将・将基・弾碁」と見える。また、天喜六年(一〇五八)銘のある木簡とともに興福寺境内から出土した駒一六点もある。ただし古代の将棋には駒数の多い大将棋と少ない小将棋の二種類あり、現代の将棋は小将棋の系譜をひいている。現代のかたちになったのは戦国時代である(増川宏一『将棋』Ⅰ・Ⅱ、法政大学出版局、一九七七年)。

笑止　しょうし

謡曲「鉢木」に、「あら笑止や、又雪の降り来りて候」とある。この場合「笑止」とは、困ったことだ迷惑なことだという意味である。笑止には、笑うべきことの意もあるから少し変だなとも思う。

室町時代の易林本『節用集』には「笑止」は「勝事」と同じとされている。勝事とは、すぐれた、立派な、良いことの意である。「希代の面目、家門の勝事、何事か可レ如レ之」という用法がある(『源平盛衰記』)。

右大臣公能の娘は近衛天皇の后《きさき》であったが、のち二条天皇が見染め、再び立后するという問題が起きたとき、「此の事天下に於いて異なる勝事なれば公卿僉議《せんぎ》有り」と『平家物語』にある。この場合の勝事は珍事というような意味である。同じく『平家物語』には、皇子誕生のときの変事を「勝事」と記している。変事や凶事は困ったこと、そこから「鉢木」の笑止の意が生ずる。

小子 しょうし

この岡に 草刈る小子 な刈りそね ありつつも 君が来まさむ 御馬草にせむ（『万葉集』巻七—一二九一番）

渡瀬昌忠『万葉集全注 巻第七』は、小子を童児《わらわ》とし「正倉院文書では十六歳くらいまでの少年をいう」とする。

令制では、男女三歳以下を黄、十六歳以下（四～十六歳）を「小」とする。ただし、天平宝字元年（七五五）四月に十六歳から十七歳に改められた（『続日本紀』）。しかし、ここでは「童児《わらわ》」というほどの用い方でよいであろう。

尚歯会 しょうしかい

安和二年（九六九）三月十三日、従二位大納言藤原在衡の高齢を尊尚して、粟田山荘において尚歯会が行われた。在衡は七十七歳であった。在衡は中納言藤原山蔭の孫に当たり、父は但馬介有頼、母は讃岐守高向公輔の娘というが、実は有頼の弟大僧都如無の子で、母は備中掾良峯高見の娘という。寛平四年（八九二）の生まれで、延長二年（九二四）従五位下に叙し、刑部少輔・大学頭・蔵人・式部少輔・左少弁・右中弁・左中弁・右大弁を経て、天慶四年（九四一）参議に至った。天暦元年（九四七）権中納言、翌年中納言、天徳四年（九六〇）大納言、翌応和元年（九六一）には従二位にのぼった。

さて、粟田山荘での尚歯会について、『日本紀略』（後篇五）は「七叟各脱二朝衣一、著二直衣指貫一、希代勝事也」と書いており、ごくうちとけた集いであったことが知られる。七叟《しちそう》とは、七人の老人のことで、高齢参会者中の高年の者七人をえらぶのである。尚歯会では詩を賦し、歌を詠み、歌舞音楽、遊宴を行う。

尚歯会は中国唐の会昌五年（八四五）三月二十一日、白楽天が行ったのが初めであるといい、わが国では貞観十九年（八七七）三月十八日大納言南渕年名が小野山荘（現在の京都修学院町の北、赤山明神社のところという）で行ったのが最初とされている。年名は、このとき七十一歳で、翌月八日に亡くなっている。会に招かれたのは、大江音人・藤原冬緒・菅原是善・文室有真・菅原秋緒・

大中臣是の六人であった。この尚歯会の折の菅原是善の詩序が『本朝文粋』（巻九）に収められている。父是善について道真（当時三十三歳で式部少輔）も席に侍り「暮春、見二南亜相山荘尚歯会一」と題する詩を賦している。「幽荘《ゆうしょう》に尚歯の筵《むしろ》に従うに逮《およ》びて／宛《あたか》も洞裏《とうり》に群仙に遇《あ》えらむが如し」――尚歯会の席にいると、まるで藐姑射《はこや》の山中で仙人たちにあっているようだ――といって「吾が老を看《み》る毎《ごと》に、誰か涙に勝《た》えん／此の会、当為《まさ》に少年を悩ますべし」――杖にすがって歩む父を見ると涙が出てたえられない、これでは尚歯会が若者を悩ますのも当然であろう――と述べる（川口久雄校注『菅家文草・菅家後集』）。

さて、安和二年三月十三日、尚歯会に集う人びとが詩を賦し、その集録はいま『群書類従』（巻百三十四）に収められている。在衡を除く六人の高齢者の名は必ずしも明らかにならず、その従者（「垣下」と称する）も多数参会したのであるが、詩を賦した人びとはつぎの如くであった。

前近江守藤原国光　弾正大弼源信正（重明親王の子）　大内記紀伊輔　散位藤原雅材　安芸権守三善道統　武蔵権守藤原斯生　右大史坂合部以方　右少史坂本高直　兵部少丞清原佐時前文章得業生菅原資忠　文章得業生藤原忠輔　学生高丘相如　学生藤原在国（師匠に従って会に侍る）　学生賀茂保胤　大舎人助藤原忠賢　学生三善輔忠　学生林相門　右少丞菅原輔正前秀才資忠

粟田山荘における尚歯会については史料も不足しており、これ以上何らの手がかりも得られない。それは歴史の偶然としかいいようもないが、三月十三日から一〇日余りのちの二十五日に安和の変が起こる。このとき、はや変の計画は着々と進行していたに違いない。それは互いに無縁な事柄であったろう。歴史の面白さは、無関係に進行する複数の事柄がどこかで絡みあうのではないかという予想や、思いがけない展開を発見するところにある。しかし、その期待は学問の外の事柄にすぎない。

のち院政期、天承元年（一一三一）三月二十二日、藤原宗忠の尚歯会が白河山荘で行われた。宗忠はときに七十歳、正二位権大納言中宮大夫であったが、このあと十二月十七日に内大臣に任ぜられた。宗忠の日記『中右記』は院政時代の政治社会情勢を知る貴重な史料として著名

である。七叟は、

藤原宗忠　三善為康（八十二歳、従五位上博士）　藤原基俊（七十二歳、従五位上前左衛門佐）　清原広俊（七十歳、従五位下日向守）　藤原敦光（六十九歳、正四位下式部大輔）　藤原実光（六十二歳、正四位下右少弁）　菅原時登（六十二歳、従四位下式部少輔）

で、垣下として権中納言藤原師時以下「好文士」一五人が加わった（『長秋記』）。七叟のうちの一人藤原敦光はかの明衡の子で文章博士、保延元年（一一三五）七月二十七日付の「勘文」はときの政治上の課題をとりあげて論じた史料として知られている。

承安二年（一一七二）三月十九日に藤原清輔の尚歯会が宝荘厳院で行われた。かれは当時六十九歳、歌壇の第一人者であった。七叟は散位敦頼（八十四歳）、神祇伯顕広王（七十八歳）、日吉社禰宜成仲（七十四歳）、式部大輔永範（七十一歳）、右京権大夫頼政（六十九歳）、前式部少輔維光（六十三歳）と清輔である。このうち頼政とは、いうまでもなく源頼政である。最年長の敦頼は鳩杖をついて久利皮の沓《くつ》（礼装用の黒皮の沓）をはいていた。清輔は布袴をはき、進退の間、大弐重家が裾をとり、皇后宮亮季経が沓をはかせた。両人は清輔の弟であった（『清輔朝臣尚歯会記』）。

常識　じょうしき

若い頃、はじめて義太夫を聴いたとき、私は言いようのない衝撃をうけた。すさまじい低音で静かに語り始めたのだが、その声は大劇場の一番うしろの席にいた私の耳に、ビンビンと響いてくるのである。勿論マイクは使っていない。私は激しい感動に襲われ、自然に涙が流れた。名人・上手といわれる人の演ずるものを見聞くとき、いつも同様な感情にとらわれる。そこに至るまでの修練の厳しさを想うと自ら涙を催すのである。いったい、一芸に秀でた人の芸談を聞くと、そこに共通しているのは、師匠たる人の極めて厳しい態度と、基本を重んじる姿勢である。基礎をみっちりと仕込み、いちおうの水準に達すると、あとは本人の努力しだいだという考え方である。余り素質は云々されず、基本の修練と本人の努力ということだけが語られているように想われるのである。

基本の大切さという点については、最近、宮崎市定の

『謎の七支刀』（中公新書、一九八三年）を読んでまた痛感させられた。**七支刀**というのは、奈良県天理市の石上神宮に伝えられた五世紀の異様な形の刀（実は鉾であろう）であるが、六一文字の銘文があることで有名である。大宮司であった菅政友が明治初年に発見して以来、この銘文の解読をめぐって多くの学者が意見を述べているのだが、未だ決定的な解釈に至らない。六一の金象嵌文字は磨滅剝落した部分もあって極めて解読を困難なものとしている。新たな解読を試みた宮崎がとった基本的な考え方は次のとおりである。従来の学者が、まず磨滅剝落した文字の字形を復原することに全力を注いできた点を、極めて常識的な立場から批判する。すなわち、「金石の銘文は文章であるから、全体として意味がつうじなければ、いかに個々の文字に対して自信のある認識であっても、どこかに誤解のはいる余地はなかったかと、反省すべきであろう」と。銘文は漢文であるから、漢文の性質を損わないように読むべきであり、「漢字をただ列べさえすれば、それで文章になるとはいえない。逆に解釈するにあたっても、腕ずくでおさえこむような読み方は成功しない」という。また漢文は「意味の暢達を尊ぶ」ものであり「苦渋なることをもっとも嫌う」ともいう。宮崎は中国史の碩学であるが、説くところは、漢文を読み解く場合の基本の大切さである。

いまひとつ、考えさせられた書物に、小松英雄の『徒然草抜書』（三省堂、一九八三年）がある。小松は国語学者であるが、「徒然草」の幾つかの部分について通説的な理解を再検討してみせる。たとえば、第八十六段を採りあげる。この段の内容は、「中納言平惟継は、詩作の才にすぐれ、また、生涯、仏道に精進して読経にいそしむ生活を送っていた。惟継は三井寺の円伊僧正と『同宿』の間柄だったが、文保三年（一三一九）に三井寺が焼き討ちされたとき、円伊に対してつぎのように言った。あなたをこれまで寺法師と呼んできましたが、もう寺はないので、これからは、ほうしと呼びましょう、と。これは、実にすばらしい『秀句』であった」（小松による）というのである。小松は、「寺法師」の「寺」がなくなれば「法師」だというていどのしゃれを、なぜ兼好が「**いみじき秀句**」だなどとほめあげたのかと問う。小松は、「寺法師」が「山法師」や「奈良法師」と同じく堕落した坊主くらいの意味で用いられていることを確かめ、また「同宿」の語義についても、従来の解釈が、「(惟継が）円伊を師と仰ぐ」としていたのを、「かつて同じ師僧について仏道を学んだ仲」と解釈する。だとすると、惟継が円伊に向かって言った言葉は次のようになる。「これまで、私は皮肉をこめて、あなたを『寺法師』と呼んできました。それは三井寺の責任ある立場にあるあなたに対する批判を表明すると同時に、仏法の本道にもどってほしいという切実な希望をこめてのことでした。いつわりの権威の象徴であった三井寺は焼けてしまいました。建築物の寺がなくなったこの機会に、あなたを束縛しつづけてきた『寺』の権力的な機構から自己を解放しさえすれば、あなたは『寺』に権威づけられない一介の『法師』にもどって仏に仕えることができるのです」(小松による）と。これならば兼好が「いみじき秀句」だとほめた事情がわかるように思う。小松は言う。「われわれにとって肝要なのは、いかにして常識の軌道を踏みはずさないかということなのです。もちろん、その常識とは世間常識ではなく、考えかたの筋道についての常識ということです。それを難しく言いなおして方法と呼ぶだけのことなのです」と。

宮崎や小松は、「基本」「常識」などという言葉を使っている。しかし私は、これを文字どおりにうけとるわけにはいかない。小松が端なくも言うように、それは学問的な常識のことである。たんなる素人論議ではなく、学問的な裏付けを持ったものでなければならない。顧みて、現今の教育論議などは素人論議が多すぎる。

肖像画　しょうぞうが

辞典によると肖像画とは「特定人物の面貌風格を描いて、その人間性をとらえた画像」をいう。そして生前に描いたものを寿像、没後に描いたものを遺像と称する。「写生」という条件をつけると古代・中世の人物画は宗教的・道徳的な意図をもって描かれたものであって、肖像画の範疇に入らない。

肖像画の制作に関する文献は十二世紀後半から現れるが、実際には奈良時代の聖徳太子像以来見える。のちの記録ながら文治四年（一一八八）建立の神護寺仙洞院には藤原隆信筆の後白河法皇像・平重盛像・源頼朝像・藤原光能像・平業房像が置かれていたという。これらは大和絵の技法で描かれた似絵《にせえ》と称するものであるが、鎌倉時代には宋画の技法で描いた禅宗僧侶の肖像画が流行し、「頂相《ちんそう》」と呼ばれた。

〈参考文献〉森暢『鎌倉時代の肖像画』(みすず書房、一九七一年)

正臓・倍臓　しょうぞう・ばいぞう

『万葉集』巻十八—四一二八～四一三一番の前文に、

凡そ本物を貿易すること、その罪軽きことあらず、正臓倍臓、急《すみや》けく併満すべし

とある。これは戯文の一部で、作者は大伴池主。大伴家持から池主への贈物の表書と中味が相違していたのについて書簡を送ったのである。策(荷札—木簡であろう)と荷物の中味が異なっていたというのである。中味をすりかえる(貿易)ことは盗みと同罪であり、正臓・臓倍の罪を併満の法によって科すべきだというのである。併満とは、種類の異なる「臓」を併せて刑にあてる法。正臓は不正に得た財貨(臓物)で、顕れたときは臓物そのものを返弁し、倍臓とは、BがAから盗んだもの(臓物)をCがさらに盗んだときは「倍」の弁償をしなければならない、倍とは盗品の倍額である、という。たとえば伊藤博『萬葉集釈注』九(五九八頁)は、「正臓」とは盗品そのもの、「倍臓」とは、盗んだ品を更に盗んだ者から取り立てる倍額の賠償のこととするが、この理解でよいか。伊藤も『名例律』を参照しているが、その文は、

「仮有乙盗甲物、丙転盗之、彼此各有倍臓、依法並還主甲、既取乙倍備、不合更得丙臓　乙即元是盗人、不可以臓資、盗故倍臓亦没官、有糾告之人応賞者、依令与賞」

とある。これによると、盗人乙・丙ともに倍臓、すなわち盗品の倍額(「倍備謂盗一尺徴二尺之類」という)を差し出すということになる。ただし本主甲は、既に乙から返還を受けているのであるから、更に丙から受け取るべきではない。丙の分は没官するか、密告者に賞として与えるか、何れかにすべきであるということになる。

象徴　しょうちょう

周知の如く、「日本国憲法」では、天皇は国民統合の

象徴とされている。『日本国語大辞典』によると、象徴とは、「ことばに表しにくい事象、心象などに対して、それを想起、連想させるような具体的事物や感覚的なことばで置きかえて表すこと」とされている。

この語は翻訳語であり、もちろん近代の新語である。フランスの美学者ユージェーヌ・ヴェロン著『Esgthétique（美学）』（一八七八年）を中江兆民が訳して『意氏美学』（一八八三年）と題した書中に訳語として初見する。ギリシア語の sýmbolos の訳である。

森鷗外が文芸評論語として用い、上田敏が明治三十年（一八九七）頃から用いて、まず文芸上の術語として普及した。以後大正時代にかけて、蒲原有明・三木露風・北原白秋・日夏耿之介らによる象徴詩の時代を迎えるのであるが、この文芸運動は、フランスのボードレールを始めとする象徴派の圧倒的な影響の下に展開したものであった。

少年野球　しょうねんやきゅう

小学校の四年生になると、クラスの友達から誘われて、野球のチームに入った。私はちっとも上手ではなかったのだが、チームに入れてもらえたのは、ひとつには人手が足りなかったことと、私が革製のグローブを持っていたせいであろう。二年生の成績が良かったというので、以前に自転車とグローブ、そして軟式のボールを父が買ってくれたのである。

下手な私は補欠で、たまにライトの守備をさせられた。だいたい素人野球では、一番下手なやつがライトと決まっている。それでもけっこう楽しんで遊んでいた。

さてこのチーム、時に近所の他の小学校の子供のチームと試合をすることがあった。誰がどうつなぎをつけていたのかは知らなかったが、知らされたとおり日曜の午後に原っぱに行くと、あいてのチームも集まってきて、ここで試合をするのであった。その原っぱは、元競馬場、すなわち昔の目黒競馬場跡の空地であった。いまは下目黒何丁目かであろうが、バス停にも確か「元競馬場」というのがあった。日黒競馬場は昭和八年（一九三三）に廃止されて府中（東京競馬場）に移ったのであった。

昭和拾年前後までは、山手線の外側は田舎であり、所々に原っぱがあり、雑木林や竹やぶ、鬱蒼とした森、そして水田や畑も広がっていた。小川には小魚やオタマジャクシが泳ぎ、夏には蛍も飛んだ。私たちが遊ぶ場所には事欠かなかったのである。

証文手形模範文集 しょうもんてがたもはんぶんしゅう

区役所や警察署などの前には代書屋が店を張っているが、実はこれはあまり賞めた風景ではない。ひところよりだいぶ諸事簡略にはなったものの、それでも役所への届けや願書などはまだ繁雑である。よほどの知識のある人たちでも、じっくり考えないと記入できないような書類も多い。つい面倒だと代書屋に依頼するし、また役所では前の代書屋で書いてもらいなさいという。役所と代書屋がグルになっているのではないかと疑いたくなるような口振りもみえるにいたっては、まことにもってのほかである。代書屋が繁昌するような政治はよい政治とはいえまい。

翻ってこれは江戸時代、果たして代書屋のような商売があったかどうか不敏にして存知しないが、一般人が証文・手形類を書くに当たって、やはり心を労したろうことは推察に難くない。落語に出てくる熊公や八公は、たいてい横丁の隠居や大家さんに頼んで書いてもらうことになっているのだが、では、隠居や大家さんはどうやって書式を学んだか。やはりそこには証文・手形類の模範文集のようなものがあったにちがいない。

ここに文化十三年（一八一六）、江戸通油町北側仙鶴堂発行になる文例集がある。残念ながら表紙の半分が欠けているので正確な書名はわからぬが、かりに「当用諸証文手形類認方文例集」としておこう。そこに収めたものは、借店請状、奉公人請状、同一季請状、地面売渡状、家質証文、田地売渡証文、里子預証文、養子之一札、同貰方一札、同実父之一札、家督譲状、金子借用証文、預金子証文、店請人引取一札、持参金之請取、諸品書入之一札、為替手形之文、返金之請取、仕切書之案文、関所通手形、荷車之切手、送荷物請取、同贈状、売上之案文の二四種である。そのうち興味ありそうなものを紹介すると、まず里子預証文、

一札之事

一貴殿御子里五郎殿儀我等御預申、妻乳汁を以御育可申候事実正也、右為養料壱ケ月金壱歩ト弐百文

つゝ、外ニ小遣弐百文宛被下候御約束ニ御座候、
右極之外、少ニ而も望事申間敷候
一御子育方悪敷候歟、又者乳汁不足仕候ハヽ、御取
戻可被成候、其節違背申間敷候、且此御子ニ付候
衣類道具、其御子戻申候節、無相違返進可申候、
為後日一札仍如件

年号月日　太鼓町笛蔵店
預主　養　助
同妻　ゆ　く

子宝屋
福右衛門殿

次に養子之一札、

一札之事

一此継次郎儀、我等方江養子ニ貰請候所実正也、則
為樽代金何拾両被致持参、慥受取申候、然上者我
等実子出生致候共、継次郎を惣領ニ相立、跡式相
譲可申候、右約束申候上者、向後違背無之候、為
後日依如件

年号月日　養父
愛　蔵

実父
慈兵衛殿

次に持参金之請取、

一札之事

一此度宝井寿庵老御媒ニ而、貴殿息女お君殿我等方
江娶申候ニ付、為持参金何百両被相添、慥ニ受取
申候、万一無拠不縁致候儀も候節者、何ケ年相過
子供出生致候共、右持参金不残急度返弁可申候、
為後日一札依而如件

鍵屋
聟　槌之助
年号月日　笠屋
親類　蒙　松

米屋
俵右衛門殿

以上二、三の例を掲げたが、この文例集の末尾には
「書法大概」と題して次の如く記している。

都て手形証文乃書法色々に認といへと、凡尋常ニ取
扱ハ一ッ書より本文一字下に書へし、亦書出に但し
ハ奉公人請状か指上申一札之事なと、認るに、本文

より凡二字半位下るへし、御公儀様御法度なと又御関所手形認るハ、本文より半字上て書へし、亦年号月日ハ本文より一字下なるへき也、尤連名なれ者、中へ月日の居るやうに認へし、月日下に名前居る時ハ、印を居へ候ほとに印だけ上て書へし、又印なき時は、本文の沓とおなじ程に書へき事成へし、大躰ハ此趣を見習ふへし

なお、この書の奥付の広告によると、仙鶴堂からは、「書状案文同大全」「女用書状案文」「通用案書同大全同会本」「広徳用文薫墨林」も出版されていた由である。

条里制　じょうりせい

条里制は六〇間つまり一町四方を基礎ブロックとする碁盤割の地割の制である。そして方六町の単位が里とよばれる。里は三六箇の一町区画に分けられ、それぞれ坪とよばれ、「某条某里某坪」といえば、たちどころにその所在を知ることができる。条里の地番の呼称法は平城京の条坊のよび方にならったものらしく、したがって、その起源は奈良時代にある。しかし、それは条里の呼称のことであって、地上に縦横線を引いて区画することは古くからあったと考えられる。天平七年（七三五）の興福寺領讃岐国山田郡の地図、天平勝宝八年（七五六）の東大寺領摂津国水無瀬絵図などにみえる方格区画では、条里坪付の呼称については、まったくふれるところがない。区画それじたいは、班田収授制の実施の必要からも広く全国的に行われたのであろう。現在、その存在を知られる条里遺構の分布は、畿内を中心にして、ほとんど全国にわたっている。(1)

条里制の呼称が中世を通じて土地所在の基準として用いられたことはいうまでもない。土地台帳たる坪付、検注帳の類には一筆ごとにその土地の所在が条里坪によって表現され、土地売券にも同様に記された。たとえば「葛下郡廿五条七里参坪七反之内　但西参段次弐段也」と記せば、この土地だとただちにわかるのである。もっとも、それは公的な文書のうえでの表現であって、在地の農民が条里制を知っていたかどうか疑わしい。おそらくは、それぞれの田地・畠地などを、いわゆる「地字《ちあざ》」でよんでいたのである。地元の農民にとっては、「梨の木の下」とか「池尻」「堂の西」というようにいえば、

それだけで十分だったのである。

しかし、支配者側はそれでは困る。公領でも荘園でも、年貢収取を確実にするために、管下の土地の面積と所在を明確にする必要があり、そのために田畠検注が行われたわけであった。また、長い年月の間には区画が不明瞭になることもあろうし、洪水などで区画が消えてしまうこともあったであろう。そんな場合には争いが起こる。荘園と荘園の間でも同様である。堺論が古代・中世の文書に頻出することも周知のところである。国家権力（その実務を担当する国衙・郡衙）は、田図・田籍を備えて紛争の調停者としての立場をとらねばならない。検注すなわち測量製図の技術は、当時としても高度な知識と技術を必要としたから、誰にでもできるものではなかった。その技術官が図師であったが、荘園内に図師給なる給田が存在したことは、その技術が支配者側にとって必須のものと認識されたからである。村の刀禰らも測量に立ちあうから、かれらも当然条里制に関する知識を有したとみられる。(2)

文和三年（一三五四）三月日付の「播磨国小宅荘三職方絵図」（大徳寺文書之二）は、荘園在地の図師・荘官らの記したものであるが、当荘付近の条里制について、次のように記している。

一、条者自西立之、坊者自南海始之、然間、小宅庄者、自十坊至于十六坊南北四十二町也、東西者、十四条十五条也、自西指境、至于東弘山境十二町也

一、一坊者三十六町也

一、一坪者、自東角南角始之、是者一坊内一坪也、一坪一町内一坪同前

一、惣庄一坪者、十坊一坪也、自一坪至于卅六坪、一坪一町也十四条十坊注之

一、三職方一坪者、十坪七坪一町内、自南角西角三段卅代始之

一、或一円、或東西南北、付寄付坪坪者、悉皆三職方也、不付寄付坪坪者、惣庄也

一、一坊内自一坪至于卅六坪次第者、十五条十坊注之

時代は降るが、十五世紀の後半期、南都興福寺大乗院の門跡として著名な尋尊は、その記録「尋尊大僧正記」（「大乗院寺社雑事記」）を残して多くの資料を提供して

いる。その文明十一年（一四七九）五月二十八日条をみると、松林院僧正が持参したという旧帳の田図の写しが載っている。それは香ノ図式の坪の図で、図の下には、

田地一里図、方六町為一里、方一町為一坪、仮令西
諸郡図相也云々

とあり、さらにつづけて、

南ヘ方六丁ヲハ為条ト也、東諸郡ハ東ヘ方六丁ヲ為
一里ト、西諸郡ハ西ヘ方六丁ヲ為一里ト
大和国ハ以下律（津）道ヲ為東西諸郡ト也、或ハ至広瀬
河ニ、以河為初也云々
又云、坪事ハ、東諸郡ハ以戊亥角ヲ為初坪ト、至南
終丑寅角、西諸郡ハ以丑寅角ヲ為初坪、至南方サマ
ニ、終戊亥角矣

とある。尋尊はきわめて健筆の人であったらしい。大乗院諸荘園等の目録として重要な記録である「三箇院家抄」もかれの手に成るものであるが、同抄第二のはじめの部分には、「大和国田地帳事」として大和国の条里制について次のような記載がある。

下津道《高野海道》ヨリ西ノ田地ヲハ号西方、或号西ノ諸郡、東
ノ田地ヲ号東方、或号東ノ諸郡、進官等帳如此也
条《東西行》ハ東西共ニ同スル也
里《南北行》ハ西方ハ東上西末也、一里則下津道ノ西ノキワナ
リ
条事一ノ条ハ京内九条羅城ヨリ六町サカリテ一ノ条
立之テ、四十ノ条以下ニイタル、条与里合如碁盤也
一郡ノ内ニテ又一里二里等ヲ立事在之、楊本出雲庄
等如之

尋尊が在地の諸事について随分と関心を持っていたらしいことは、「大乗院寺社雑事記」を通覧すればわかるし、かれが条里制について知識を有したことは右の通りである。崩壊に瀕した興福寺領の維持・挽回に努力した人であっただけに、それは当然であったろう(3)。

しかし、尋尊などはおそらく例外的であって、一般の貴族が、どれほどの知識を有したか疑問とせねばなるまい。貴族の机上の知識を提供したのは「拾芥抄」であると思われる。洞院公賢の撰に成り、実熙の補修にかかるもので、十四世紀前半の作といわれている。中篇の「田籍部」第二十五に、先ず町・段・歩の田積、および代《しろ》制について述べ、条里については次のように書いている。

卅六町為一里、卅六里為条

条起従北行於南限卅、六条　里起西行於東限卅、六里　町始艮終坤但已上可随国例

右の三六条三六里制は現実的なものではなく、ひとつのモデルを示したものといえる。

注

（1）　条里制については多くの研究があるが、落合重信『条里制』（吉川弘文館）、渡辺久雄『条里制の研究』（創元社）、水野時二『条里制の歴史地理学的研究』（大明堂）を参照。

（2）　田中寿朗「平安・鎌倉時代の図師」（竹内理三編『荘園絵図研究』東京堂出版、一九八二年）、阿部猛「十世紀前後における国衙の性格と機能」（古代学協会編『延喜天暦時代の研究』〈吉川弘文館、一九六二年〉所収。『平安前期政治史の研究』〈大原新生社〉に再録）。

（3）　牧野信之助「大乗院尋尊とその時代」（『武家時代社会の研究』〈刀江書院〉所収）、永島福太郎「大乗院寺社雑事記について」（『中世社会の基本構造』〈御茶の水書房、一九五八年〉所収）、鈴木良一『大乗院寺社雑事記』（一九八三年、そしえて）参照。

小論文自動採点機　しょうろんぶんじどうさいてんき

入学試験に小論文を課する大学が多くなった。受験生の作文能力や論理的思考力の低下が問題となり、大学での学習についていけない学生が増えた状況に対応するものであろうが、問題点も多い。先ず、小論文の採点は難しい。採点者によるばらつきが多く、不公平感がつきまとう。採点に時間がかかる。そこで当然考えられるのが採点の機械化である。

二〇〇五年二月の新聞によると、大学入試センターでは、小論文の自動採点システムを開発中とのことである。アメリカのビジネススクールの小論文試験で使われている自動採点システムを参考にして試作したという。八〇〇字から一六〇〇字程度の小論文を、文章の形式、論理構成、問題文に対応している内容か、の三つの観点から評価し、順に、5点、2点、3点を配点し、計10点満点で判定するという。

試作機では、全国紙の二年分の社説・コラム計二〇〇〇本を学習しており、文の長さ、漢字・かなの比、言葉の多様さ、受動態の割合、接続詞の使い方などの統計分

布から割り出し、模範に近いほど高い点数を与える仕組みになっているという。

しかし、問題は幾つもある。新聞も既に指摘しているように、日本語の文章は、接続詞を省くなど特有の言い回しがあり、起承転結をつかみにくい。情感に訴える文が好まれる傾向もあり規則的・論理的な文章がよい文章だとは、必ずしもいわれない。試作段階では、新聞の社説・コラムを「模範文」としているが、このような見方にも必ずしも賛同を得られないであろう。むしろ、新聞の文章は特殊なのだとも思われる。「よい文章とは何か」について一致した意見をうることは、おそらく不可能であろう。

かりに、コンピューターによる自動採点が行われることになったとしても、予備校などは、それに対応する指導を受験生に対してするだろう。いまのところ、機械が人間を超えることは不可能だと思われるし、そんなことよりも、小・中・高校での作文指導を充実させることの方が先決であろう。

植物園　しょくぶつえん

植物資料を中心に収集し、その研究・普及・保護・観覧のために育成する施設をいう。近代の植物園は、ヨーロッパで医学校の薬用植物園として作られたのに起源する。

一五四三年のイタリアのピサをはじめとして、同じくパドバ・ボローニア、ドイツのハイデルベルク・ブロッラフ、オランダのライデン、フランスのモンペリエなどの植物園は十六世紀に作られ、オランダのユトレヒト・アムステルダム、ドイツのベルリン、フランスのパリ、イギリスのオクスフォードなどの植物園は十七世紀に作られた。著名なロンドンのキュー王立植物園は一七五九年、アメリカのフィラデルフィアのバートラム植物園は一七二八年に作られた。

わが国では、江戸時代に諸藩が設けた薬草園は明治以後ほとんど廃園となったが、幕府が貞享元年（一六八四）に開設した小石川薬草園は明治十三年（一八八〇）に東京大学付属植物園として再生し、一般にも開放された。明治三十八年一年間の入園者数は一一万七〇〇〇余人にのぼり、上野動物園とならぶ人気スポットであった。

第二次世界大戦前に置かれたものには、札幌の北海道大学付属植物園、東京の新宿御苑、京都府立植物園、名古屋市東山植物園、神戸市森林植物園などがある。戦後に設けられたものでは、東京の自然教育園や神代植物公園が名高い。また、温室を備えた小規模な公・私立植物園は全国に多数ある。

書斎　しょさい

アームチェアー・エキスパートという言葉がある。辞書によると、「実践的な経験のない人」のことであるらしい。そういえば、「机上の空論」は armechair theory というらしいから、納得できる。

所詮、多くの学者なる者は、書斎において、肘掛け椅子に倚り時間を費やす人、すなわち書斎人に過ぎないというわけである。「書斎人の空論」と類似の語に「畳の上の水練」というのがある。

書斎人の考え出すことは実際には役に立たないという。折角の学問の成果が役に立たないのでは困る。ところが幸いなことに、一方には「直ぐ役に立つものは、直ぐに役に立たなくなる」という言葉もある。すなわち、「いま役に立ちそうにないことでも研究しなければならない」というわけである。この理窟で、書斎人はその存在意義を保つのである。

書斎の語は平安時代からあり（『田氏家集』）、書堂とか書室ともいった。「机上の空論」というときの「机」は、元来は献饌・進物を置く脚つきの台である。読書や執事に用いる机は文机《ふづくえ》といわれた。『枕草子』（下・一九一）などに所見する。文机は書机ともいうが、書斎人とか机上の空論という表現は近代になってからであろう。

しょしき

石川啄木の「天鵞絨《びろうど》」に、

奈何《いか》に諸式《しょしき》の高いにしても、月に一円とは要《い》らなかった

とある。しょしきは、諸色（島崎藤村『春』）、物価（夏目漱石『三四郎』）などとも書かれる。しょしきとは、第一に種々の品物のことであり、第二には物価のこと、

第三に色道の種々の姿をいう。

この言葉、近頃はほとんど使われない。『日本国語大辞典』の用例から見ると、たぶん江戸時代からの用語と思われるが、昭和前期までは用いられた。「諸色高直《こうじき》」といえば物価騰貴のことである。

除田　じょでん

嘉元二年（一三〇四）十一月豊前夏焼荘検注取帳目録案（『鎌倉遺文』二十九巻二二〇四三号）は馬上検注の結果を記しているが、「除田」の項目の下に仏神料田と人給田が見える。除田は「荘立用」とも記され、荘園内の諸費用に宛てられていて年貢・公事のかからない田である。

除田とされたのは、若宮十一月御祭料田・三月三日料田・五月五日料田・六月晦日料田・七月七日虫振料田・八月御放生会料田・九月九日行事料田・法華講料田・二季更衣田・仁王講料田・正月七日歩射料田・正月八日大仁王会田・十月御祭料田などであり、人給料田としては、御佃・下司給田・惣検校給田・田所給田・大宮司給田・神人政所給田・公文給田・律師給田・徴使給田・地頭算失給田などが見える。

いうまでもなく、この史料によって寺社の組織や年中行事を知ることができるのであり、村落生活については、村民生活と密接な在地の寺社の祭礼・法会を明らかにすることができ、芸能（田楽給・猿楽給・神楽給）や学芸（連歌田）、手工業のあり方（織手・木工・細工・白革造・紙工・鞍打・笠張・土器工・塗師・銅細工・轆轤師・紺掻・経師免田）〈『平安遺文』七巻三四一〇・三四一一号〉、井料田・倉祭料・川成・損免など、村落の状況を復元する史料とすることができる（阿部猛「荘園における除分について」『日本荘園史の研究』同成社、二〇〇五年）。

処分　しょぶん

現代、「処分する」といえば第一は、不要品を始末することである。第二は、規則や契約を破った者を罰すること、「退学処分」「休職処分」など。第三は、物事の取扱い方について取り決める、処理することである。これは奈良時代以来の用法であるが、一方、古代・中世を通じて、財産を生前に譲渡することをも処分といった。『令義解』には「存日処分《ぞんじつしょぶん》」の語が見える。所領・財産の子・孫・妻・妾への譲与・配分の意思を表したことを処分という。但し「譲二渡何某一」と文言のないものは譲状とはいわず処分状という。兄弟姉妹、叔姪、従兄弟、外孫、所従などへの贈与も処分というが、中世の法律用語では他人和与といった（石井良助『中世武家不動産訴訟法の研究』弘文堂書房、一九三八年）。

白ける　しらける

「あいつが、つまらねえことを言うもんだから、白けちゃってさあ」、など、盛り上がっていた気持やその場の雰囲気が凋んでしまい、興の冷めることをいう。この言葉は古い。もとは「シラク」という古語で、白くなる、色があせるの意である。「髪も白けぬ」（『万葉集』）、「かみもみなしらけぬ」（『土佐日記』）などといった。

気まずい、具合が悪いという意味になるのは鎌倉時代からという。永観律師（一一一一年没）に不法のことあり、他の僧たちが訴えたにもかかわらず、上皇からは何のお咎めもなく、訴えた僧たちは「皆白けにけり」とある（『発心集』十三世紀初頭成立）。また、どういうことだったのか、中将藤原実方が大納言藤原行成に殿上で行き逢うと、やにわに行成の冠を打ち落とし、これを小庭に投げ捨てた。しかし、行成は少しも騒がず、主殿司《とのもりづかさ》の官人に「冠をとりて参れ」と命じ、自らは守り刀の笄《こうがい》を抜き取り、鬢をかいつくろい「どういうことでしょうか」と平然としていた。実方は「しらけて」その場から逃げ去った（『十訓抄』一二五二年成立）。

興がさめるの意に用いられるようになったのは室町時代以降で、「座がしらける」という表現は、江戸時代には普通になる（『春色梅児誉美』一八三二年刊）。また、知っていながら知らぬふりをすることも「しらける」といった。

じんだがめ

漢字をあてると「糂汰瓶」となる。辞典によると、糂汰とは「ぬかみそ」「じんだみそ」「五斗みそ」のことで

あり、『温故知新書』は「糂汰シンタ」とし、『書言字考節用集』は「糂汰ジンダ又云糠味噌」とする。(1)

『徒然草』（第九十八段）に、

尊きひじりの云置ける事を書付て、一言芳談とかや名づけたる草子を見侍しに、心にあひて覚えし事ども。

として五項目を挙げる。その第二項が重源(2)の語で、

後世を思はん者は、糂汰瓶一も持つまじき事なり。

持経・本尊に至るまで、よき物を持つ、よしなき事なり。

というものである。この話は『沙石集』（巻四—八）にもあって、法然が「この程の談議(3)の所詮いかが御心得候」と尋ねたところ、重源が「糂汰瓶一たりとも、執心とまらん物はすつべしとこそ心得て候へ」といったというのである。

注

(1) 江戸時代の「天野政徳随筆」（日本随筆大成三期—八、天保ころの成立か）の「糂汰瓶」の項に「今俗のぬかみそと呼もの也。今は此物野菜をつくる料とのみおもへど、昔は食料に用ゐし事しるべし」と書いている。

(2) 重源が勧進上人として東大寺の再建をはじめ内乱後の社会の復興に努めたことはよく知られている。

(3) 顕真（一一三一—九二）の『往生要集』談議を指す。

新年宴会　しんねんえんかい

正月に、その年最初の宴会をいうが、元来は宮中の行事であった。第二次大戦前は一月五日に、大臣や高級官僚・軍人、また外国の大公使らが宮中に招かれて祝賀として盛大に行われたものであった。民間でもこれに倣い宴会を行うことがあり、この日は祝日であった。

宮中の宴会は、さかのぼると奈良時代から行われた元日《がんじつ》の節会《せちえ》に由来する。元日の節会は、一月一日に朝賀（官人らが大極殿に出御した天皇に拝礼する儀式）のあと、天皇が臣下に饗宴を賜わるものである。朱鳥元年（六八六）が最初とされている（山中裕『平安朝の年中行事』塙書房、一九七二年）。

節会は室町時代から中断していたが、明治になって再興され、明治五年（一八七二）からは一月五日の行事と

なった。

人力車　じんりきしゃ

小学生の頃、夏休みには毎年母の実家へ行き、ほぼ一カ月をここで過した。いま思うと大旅行であった。母は精いっぱい見栄を張り、沢山のお土産を抱えていった。上越線経由羽越線秋田行き列車で酒田まで行き、そこからタクシーで一条村の父の実家へ行く。明治元年生まれの祖母がいた。ここに一泊して、翌日は人力車で母の実家のある大沢村に向かう。川沿いの山道を自動車は通れなかったのである。道は川の右岸を通ったり左岸を通ったり、川を渡るたびに人力車は速度を落とした。橋といっても粗末なもので、車の通ることを予想などしていなかったもののように思える。峠に向かうだらだら坂を何キロか走り、小さな橋を渡り水田のなかを進むと、右手に村の墓地があり、その先が丁字路になっていて、母の実家は左に折れたいちばん奥にあった。

現在では、観光地などでしか見られないが、かつて人力車は有用な乗り物であった。人を乗せ人力で引くこの二輪車は「人力」「力車」「俥《くるま》」とも書かれる。明治三年（一八七〇）和泉要助・鈴木徳次郎・高山幸助ら三人の共同製作に成る。そしてこの年、東京・横浜・大阪・熊本などで営業が開始された。

翌四年には「人力車営業規則」が制定され、東京の人力車数は四万台に達した。十五年には香港に輸出され、十六年には人力車夫組合が結成された。二十九年、全国の人力車数は二一万台に及び、三十六年頃ゴムタイヤが使われ始め、四十五年には空気タイヤの使用が始まり、かなり乗り心地のよいものになった。

しかし、数が増えると不良人力車夫も多くなる。乗車を強制したり、客に言いがかりをつけたり、不当に高い運賃を吹っかけたりする者もあった。もはや死語であるが、これを「朦朧《もうろう》車夫」と呼んだ。

人力車の全盛もそれまでで、交通手段としての自動車の発達は目覚ましく、人力車は自動車に押され、大正四年（一九一五）には一二万三七七六台に落ち、十三年東京駅の人力車は全廃された。

水駅　すいえき

「厩牧令」水駅条に「凡水駅不レ配レ馬処、量二閑繁一駅別置二船四隻以下二隻以上一」とある。船つき場である。ついで平安時代、男踏歌で、南庭での踏歌のあと、舞人が院・東宮・中宮・親王の所をめぐるが、それぞれの所で、簡略な接待をうける。そこから、「水駅」が粗略なもてなしの意となる。「盃酌之儀不レ知二案内一輩、頗水駅之躰也、仍天気不快」（『実隆公記』延徳元年十月七日条）とか「踏歌人踏歌（中略）此度水駅也、唯進二湯漬一、又用二様器一」と用いる。さらには、何もしないで早々にことをやめる様子をもいい、「御直廬被レ奉レ勧二御盃一、年始之儀先例無二此事一、雖レ然水駅之条無念之由有二其沙汰一」とあり、また、事が不調に終わり無念であるという気持を表す。「少将師季娶二其娘一、父不レ許二其事一、已水駅之由月来聞レ之」（『明月記』建保元年八月十八日条）とある。なお、うわべと内容の違う、頼りにならぬ人のことを「水駅の人」という（『吾妻鏡』文治元年四月十五日条）。

西瓜　すいか

夏に西瓜は欠かせない。江戸時代すでに全国的に栽培されていたが、西瓜は外来種である。原産地はアフリカの赤道地帯といわれ、エジプト、中央アジア、中国を経てわが国に伝わった。その時期は明らかではないが、義堂周信（一三二五―八八）の『空華集《くうげしゅう》』（一）に「和二西瓜一詩」として「西瓜今見生東海、剖破猶含玉露濃、種性不同江北枳、益人強似麦門冬」とある。『重修本草綱目啓蒙』（二十二）には、奥州津軽、山城木津、伊勢赤堀、九州、出雲、筑前、讃岐などの特色ある西瓜を挙げている。

『農業全書』『塩尻』などは、西瓜は寛永年（一六二四―四四）中に伝来したと記しているが、誤りである。しかし、江戸時代には寛永伝来説が行われていたらしい。『続江戸砂子』は京・江戸に普及したのは延宝（一六七三―八〇）頃とし、『昔々物語』（一）は「むかしは西瓜は歴々其外小身共に喰ふ事なし、道辻番などにて切売にするを、下々中間抔喰ふ計なり、町にて売ても喰ふ人なし、女抔は勿論なり、寛文（一六六一―七三）の比より小身調て喰ふ、夫ゟ段々大身小身大名もまいる様に成、結構なる菓子に成ぬ」と記している。

　江戸における西瓜の切売りの姿は、三谷一馬『彩色江戸物売図絵』（中公文庫、一九九六年）にうかがうことができる。

水族館　すいぞくかん

　水生動物を生きたまま展示する施設が水族館であるが、現在、大衆にきわめて人気がある。

　生きた水生動物を水槽へ入れて鑑賞することはローマ時代に始まるが、近代的な水族館は、一八五三年（嘉永六）にロンドン動物園内に設けられたフィッシュ・ハウスが最初とされる。十九世紀末から、ヨーロッパでは大型の水族館が続々と設けられ、二十世紀に入ると、ベルリン（一九一〇年）、サンフランシスコ（一九二三年）、ロンドン（一九二四年）、シカゴ（一九二九年）などに完成した。

　わが国最初の水族館は明治十五年（一八八二）の上野動物園内の観魚室（うおのぞき）で、淡水魚を中心とした小規模なものであった。のち、神戸（明治三十年）、浅草（明治三十二年）、江の島（明治三十五年）、堺（明治三十六年）、横浜（明治三十九年）などに設けられ、第二次世界大戦前に三〇館あまりあった。

　初期の水族館は、電車の窓のように並んだガラス窓から見るものだったが、ついで、大きなプールに魚を放し、側面から見るマリン・スタジオ型のものが多くなった。さらに最近はドーナツ型のアクリル大水槽に一方向への流水を起こし魚を回遊させるものが多い。現在わが国には大小あわせて一〇〇館以上ある。

スーパー・マーケット

　セルフサービス方式の総合食料小売店をいう。客が自由に品物をえらび籠などに入れて出口のところで代価を支払う。食料品や日用品を一つの店ですべて買うことができるので便利であること、また薄利多売方式のためいく分価格も安い。

　一九三〇年代アメリカで始まったが、わが国では、第二次世界大戦後の昭和二十八年（一九五三）東京青山に、ついで三十一年福岡県小倉、翌年岐阜県大垣に開店した。三十年代後半までには、西友・ダイエー・イトーヨーカ堂・ハトヤ・ジャスコなどの大資本が参入し、全国いたるところにスーパー・マーケットが設立され、四十七年にはデパートの売上げを上まわった。

スーパー・マーケットの原型を明治初期の勧工場《かんこうば》に求める説がある。勧工場は、明治十年（一八七七）の第一回内国勧業博覧会で売れ残った物を中心に、翌年、物品陳列所で販売したものであった。

スキー

スキーは冬季スポーツとしてもっとも人気のあるスポーツであろう。わが国には七〇〇余のスキー場があり、しかもこれが東京・大阪を中心とする三〇〇キロメートル以内にある。わが国ほどスキー場が大都会の近くにある国は他にない。ほとんどのスキー場にはリフトが設けられており、二〇〇〇年のリフト利用延人数は五億人をこえた。

スキーの歴史は古く、五千年以前から原始的なスキー用具が認められる。十七世紀には北欧やロシアの軍隊はスキーを装備しており、十九世紀になると民間にも普及し、ノルウェーでは一八七九年（明治十二）に第一回のジャンプ大会が開催された。

わが国では、軍事研究のために来日していたオーストリアの陸軍少佐テオドル・ファン・レルヒが明治四十四年（一九一一）新潟県高田（現、上越市）で高田連隊の兵士たちにスキー技術を教えたのが始まりである。レルヒは翌年には旭川師団でもスキーを教え、同じ頃北海道大学でもスキーの指導が行われた。大正十四年（一九二五）に全日本スキー連盟が結成され、昭和三年（一九二八）のサンモリッツでの第二回冬季オリンピックから選手を送った。

菅笠売りの座　すげがさうりのざ

笠を召せ　笠も笠
浜田の宿にはやる
菅の白い尖り笠を召せなう
召さねば　お色の黒げに

色が黒くは遣らしませ
もとよりも　塩焼の子で候（『閑吟集』「笠」）
あら美しの塗壺笠《ぬりつぼがさ》や
これこそ河内陣土産《かはちぢんみやげ》
えいとろえいと　えいとろえとな
湯口が割れた
心得て踏《ふ》まい　中踏鞴《だたら》
えいとろえいと　えいとろえいな（『閑吟集』「河内」）

中世において、河内の菅笠は著名なものであったらしいが、淀川下流の低地難波の笠もまた古くから有名であった。『万葉集』巻十一のつぎの二首はそれを示している。

おしてる　難波菅笠　置き古し　後は誰が着む　笠ならなくに（二八一九番）
三島菅　いまだ苗にあり　時待たば　着ずやなりなむ　三島菅笠（二八三六番）

とくに、天王寺付近の深江村は菅笠の名産地を以て聞こえていた。天王寺門前の市は、南北朝時代すでに「宝市」とその繁栄を謳われたほどであったが、室町期に約七〇〇〇の在家を擁した天王寺を背景にしてさらに発展を続けたと思われる。「天王寺執行政所引付」によると、「浜市公事物」として「二百文　笠ノ新座」「二百文　笠本座」と見え、付近で生産された菅笠がここで販売されていたことがわかる。豊田武は「大和の諸座（二）」（『歴史地理』六四―六、のち『座の研究』〈吉川弘文館、一九八二年〉所収）において、この菅笠座が深江村の座であろうと推測しているが確証はない。

天王寺浜市に販売座席を持った菅笠売りは、さらにその販路を拡大して各地に売り込み、かれらの活動範囲は堺・奈良・山城・京都にわたっていた（「大乗院寺社雑事記」文明十九年四月十五日条）。奈良に進出した時期は未詳であるが、「大乗院日記目録」長禄三年（一四五九）五月二十八日条に「河内カサ　スケカサ」とあるのが最初である。ただしここで問題となるのは、もしこの座が深江村の菅笠座だとすると、不合理なのは深江村が摂津国に属するに対して「河内カサ」とあることである。また「大乗院寺社雑事記」文明十九年（一四八七）四月十五日条にも「此笠売ハ河州者也」とある。ほかに史料のない現在、もしこれらの記事を信ずれば、天王寺門前浜市の菅笠座が深江の座であることを否定しなければならない。ただし、深江の地が摂津・河内の国境い付近にあること、また当時「笠」といえば「河内笠」というほど河内の笠が有名だったことを考えれば、これほどの記録ちがいも予想される。

かれらは、「惣而此笠座ハ方々へ罷入者也、於所々公事出之云々」といわれるように、各地に菅笠を搬出し、その地の権門・領主に公事銭を納めて販売上の保護を得ていた。大和においては興福寺の大乗院・一乗院および春日神社を本所とし、大乗院方は因幡、春日神社方は大行事が、それぞれ「名主」（給主）として年貢銭を徴収していた。しかし、年貢額は大乗院方が毎年六〇〇文であるほかは不明である。

このように、菅笠座は大和国における販売権を得ていたのであるが、明応六年（一四九七）万歳方住人が長谷寺で菅笠を販売していると大乗院に訴えている（「大乗院寺社雑事記」明応六年三月二十一日条）。門跡は長谷寺に書状を送ったが、長谷寺からの返事は「近日事一山無力之間、成敗事難ㇾ成云々」というのであった。そこで、こんどは一乗院門跡が配下の国民万歳氏に下知したところ、かれの返事は「当国横大路より南分ハ田舎座売ㇾ之」というのであった。ここに、座の販売独占権が地方の支配者の権力をうしろだてとしている事実と、大和において興福寺門跡の権威が衰退し、配下の土豪たちがそれにとってかわろうとする鮮やかな事例を見るのである。

大和国における菅笠座の様子は以上で尽きる。堺における本所や活動の状況については、いまのところ史料を探り得ない。山城国については、「大乗院寺社雑事記」文明十九年四月十五日条に「山城三日原之山田申子細在ㇾ之」とあるほか史料を見ない。残るのは京都である。かつて豊田武は「原勝郎博士が菅笠座の公事は二条家と殿下渡領とで壟断したといはれる論拠も、小野氏と同じく今なほ発見し得ない」（前掲論文）と論じたのであるが、おそらく、それはつぎの史料であろう。すなわち、東京教育大学附属図書館所蔵の写本「和長卿記」（三）の明応五年（一四九六）四月二十三日条につぎのように記されている。

就菅笠座中申請、遣補任状、此二事役者有両座、本座者殿下渡領、新座者二条殿御家領也、然近年新座・本座只為一人問屋致其沙汰者也、仍御家領分遣当状畢

下袖判　菅笠座事
右件座内、二条殿御家領分、洛中洛外并於南方者、限花条《篠カ》河、志貴河等、為京座之上者、早為座中令進退、如先規可致其沙汰之状如件
明応五年四月廿三日　　延兼判
菅笠問丸座中

凡此座本役所々有之、堺方・奈良方・天王寺方・京方先四座云々、此内以京方為殿下渡領并御家領方、相残分者、他所之領知之故、於南方者はな志の河・志き河をかきりて為京方分、□領渡《ママ》方御家領方等無其差別者也、只以京方内令配分也

この記事によって、菅笠座の京都における本所が二つあったことがわかる。本座・新座の両座があり、それぞれ殿下渡領と二条家領である。そしてその販売圏は南は花篠河・志貴河を限るとあるが、現在それがいずれの地に当たるか詳かにしない。そして、明応の頃には、ただひとりの問丸が存在していたことも明らかになる。

〈付記〉本文中に掲げた「和長卿記」の記事を教えてくれたのは学友高木豊であった。史料大成本『和長卿記』は東京文理科大学本を底本に用いた由記しているが、なぜか前掲部分を欠いている。史料は『日本歴史』五六号（一九五三年）に「菅笠売りの座」として紹介し、その後『世界歴史事典』22「史料篇」（日本）に載せ、いまでは広く知られている。

捨てぜりふ　すてぜりふ

喧嘩のあげく、最後に別れるとき「こん畜生、覚えてろ」など、相手に投げつける言葉をいう。しかし、この言葉、もとは歌舞伎から出ている。役者が舞台の上で、その場に応じて発するアド・リブである。脚本にない短いせりふで、おもに登場・退場のときにいう。それが、一般に、立ち去るとき、相手に返事を求める気もなく発する言葉、とくに悪意のある言葉となる。
芝居から発したこの用語、もちろん江戸時代に始まり、現代まで使われている。

ストライキ

単に「スト」とも略称される。Strike「同盟罷工」

「同盟罷業」と訳される。労働者が労働条件の改善などの要求を経営者に認めさせるために、労働組合の意思決定に基づいて、職場を離れたり仕事を中止する行為である。「日本国憲法」は第二八条で労働者の争議権を認めている。

わが国最初のストライキは、明治十八年（一八八五）の甲府の製糸工場でのものとされ、二十二年の大阪天満紡績会社のストライキも早い例である。

二十九年の治安警察法でストライキは事実上禁止されたが、三十九、四十年には各所の鉱山・工場で大規模なストライキが起こり、大正九年（一九二〇）の八幡製鉄所のストライキは有名である。

第二次世界大戦後の昭和二十二年（一九四七）の二月一日に予定されたゼネラル・ストライキ、いわゆる二・一ストは空前の規模のもので、「革命前夜」といわれる緊迫した状況をつくり出したが、アメリカ占領軍の命令で中止された。しかし、労働者の権利拡張の社会思潮にのって、以後大規模・長期のストライキが頻発した。

砂田　すなだ

砂田とは、たぶん「砂地の田」のことであろう。『田植草紙』に「酒来る時の歌」があり、次のように言う。

一　三ばいに御酒まいらせうやよひ（良い）さけながゑ（長柄）のちやうし（銚子）に千代の御さかつきに

三ばいの御酒まいるはなかゑのてふし（銚子）に

三つとや

三ばいの御酒をまいるはすな田へ水のひくた（田）

右の「三ばい」とは田の神のことである。「すな田へ水のひくた」とは「ちょうど砂地の田が水をよく吸収するように召し上がるの意であろう」という（日本古典文学大系『中世近世歌謡集』「田植草紙」二六九頁頭注）。

砂地については、正和五年（一三一六）二月二十一日性智売券（『栃木県史』資料編中世一）に所見し、下野国佐野荘内に「くすうかは（葛生川）のはた（端）のすなた一たん」のあったことが知られる。「川の端の・・」とあることから、この砂田が砂地の田であることは、疑いないように思える。鈴木哲雄は『中世日本の開発と百姓』岩田書院、二〇〇一年）で、砂田につき、前掲の売券を示して解説しているが、おそらく正しいであろう。

正座　せいざ

現代では、もっとも正しい座り方といえば正座である。脚を折り重ね、足の甲は向こう脛《ずね》とともに床にぴったりとつけ両方のかかとと足裏とで臀《しり》を支える。しかし、この座り方が、「正」座とされたのは、そんなに古いことではない。

元来、座り方には、一、跪座《きざ》（ひざまずく）、二、箕踞《ききょ》（なげあし）、三、胡座（あぐら）の三種がある。このうち胡座がもっとも一般的な座り方であった。臀部《でんぶ》を床におろし、脛を交差させる座り方で、交椅《こうい》という中国輸入の低い腰掛けに座った。この形は古く埴輪の像からもうかがわれる。しかし、椅子に座る風習は平安時代には廃《すた》れ、平安後期や鎌倉時代には楽座《がくざ》という座り方をしていた。これは、箕踞の形に似て両足の足の裏を合わせて座るものであった。楽器を演奏するときに身体が動揺しないようにするためといわれている。

その後住宅建築様式の変化により、畳が敷かれるようになり、座るときに円座《わろうだ》を用い、あぐらが普通の座り方になった。江戸時代のはじめ頃までは、男女とも立て膝かあぐらが普通の姿であった。ところが三代将軍家光の頃、諸大名が将軍に拝謁《はいえつ》するときの座り方が正座になったという。これが武家社会に広まり、やがて元禄頃から庶民にも広まっていったものと見られる。

「正座」という言葉は明治になってから用いられるようになったといわれている。維新政府の風俗矯正方針の一環として正座が勧奨されたのであり、これが正しい座り方と決められていったのである。昭和十六年（一九四一）文部省が公にした「礼法要項」には、

「両足の親指を重ね、両膝の間を男子は六〜一五センチとし、女子はなるべくつけ、上体をまっすぐにし、両手は股の上に置き、頭をまっすぐにし、口を閉じ、前方を正視する。」

と書かれている。

正座を長時間続けるのは難しい。現代の若者たちは正座は苦手であり、あぐらをかくことのできない者もいる。

青州従事　せいしゅうのじゅうじ

文明本『節用集』に「青州従事　セイシウノジウジ好酒異名」とある。よい酒の異名である。もとは中国にある。『大漢和辞典』によると、

「〔世説新語、術解〕桓公有二主簿一、善別レ酒、有レ酒輒令二先嘗一、好者謂二青州従事一、悪者謂二平原督郵一、青州有二斉郡一、平原有二鬲県一、従事謂レ到レ臍、督郵言下在二鬲上一住上、上〔徐彭年家範〕其子問、青州従事謂レ何、曰二湘江野録一、青州従事、古善造酒者〔皮日休、酔中寄二魯望一壺一并一絶詩〕酔中不レ得二親相倚一、故遣二青州従事一来、〔韋荘、江上題二所居一詩〕青州従事来偏熟、泉布先生老漸慳、〔書言故事、酒類〕好酒曰二青州従事一」

とある。青州はいまの山東省臨淄《りんし》県の地。

精神的風土　せいしんてきふうど

人びとの日常生活をつつむ精神的環境をいう。地域や民族ごとに積み重ねられた伝統的な心的傾向や行動様式の特性が見られるとし、そこに生まれ育った人びとの思惟や行動様式を制約するとみる。たとえば、大陸から孤立した列島に住む日本民族は島国特有の民族性を有するとみたり、海洋から隔絶された内陸に住む人びとに閉鎖的な特性をみたりする類である。自然的な風土が民族の精神的風土を形成すると考えるのである。

自然環境の相異が諸国家・民族の盛衰・優劣を生むという思想は、わが国では元禄頃に西川如見が『日本水土考』『水土解辯』で述べている。国内の国別にその地勢とともに人情・風俗・気質を述べたものとして、十六世紀の『人国記《じんこくき》』があり、のち十七世紀に関祖衡《せきそこう》はこれを土台にして『新人国記』を著した。この著書は「蓋《けだ》し人情は国の風水に因《よ》れり」とする。近代の社会学的研究の成果は、日本の農村をa東北日本型とb西南日本型の二つに分ける。a型では同族的結合がつよく、古いタイプの親方—子方的社会関係が濃厚に残り、権力に従順な気質を生む。これに対してbでは比較的自由な気風を生むというのである。「文学と風土」の問題でも、九州出身の北原白秋と東北の宮沢賢治の詩を比較すれば、南方的な明るい開放性と、冷害にいためつけられる閉鎖性をよ

く示しているといわれる。

世界一周　せかいいっしゅう

「八十日間世界一周」という映画があった。ジュール・ベルヌの原作は一八七二年（明治五）に刊行された。イギリス人フィリアス・フォッグと執事パスパルトゥーの二人が世界を八〇日間で一周しようと試みる話である。時は後期ヴィクトリア朝時代であった。フォッグは全財産を賭けて冒険旅行に出発する。波瀾万丈の物語の結末は、東まわりで航海したために、日付変更線を横切り、丸一日かせいだことに気づき、危うく賭に勝つ。ハリウッドで映画化され、わが国ではAround the World in 80 days. のまま訳され「八十日間世界一周」と題して公開された。

歴史上、はじめて世界一周を成し遂げたのはポルトガル人マゼランの仲間たちということになっている。かれはスペインのカルロス一世の後援を得て、一五一九年（永正十六）九月、五隻の船団に二七七名を乗せてスペイン南部のサン・ルーカル・デ・バラメダ港を出港した。西まわりで世界を一周しようとする企てであったが、五隻のうち四隻は途中で沈没したり、焼打ちされたり、また逃亡してしまい、ヴィクトリア号だけが目的を果たした。しかしマゼランはセブ島で原住民に惨殺されてしまった。スペイン人船長デル・カーノ以下一八人が、三年の航海を経て、やっと帰国したのである。

ふつうマゼラン一行の航海を以て世界一周の最初とされるが異説もある。それは、中国の明《みん》代、十五世紀前半に、大艦隊をひきいて鄭和が世界一周を成し遂げていたのではないかという説である。

ではわが国ではどうか。日本人としてはじめて世界を一周したのは、寛政五年（一七九三）十一月に石巻港を出航した若宮丸（八百石積）の乗組員のうち津太夫ら四人であった。石巻港を出た若宮丸は暴風に遭って漂流し、北太平洋のアッカ（アトカ）島に着き、そこから、カムチャツカ半島―ヤクーツク―バイカル―カザン―モスクワ―ペテルブルグを経て、ロシア船によってコペンハーゲン―ドーバー海峡―アフリカ西海岸―南米サンタ・カタリナ島―ホーン岬―マルケサス諸島―ハワイ諸島―カムチャツカ半島―長崎―石巻と一周し、無事帰還したのであった。

関所　せきしょ

時代劇の見すぎかもしれないが、「手形」がないと関所を通過できない、そこで間道《かんどう》を抜けるということになる。しかし、関所の近隣に住んでいる者たちが、往来に関をこえなければならないときは、どうするのかなと思う。関を通るためには手形（通行証）が要るとすれば、何か特別な手形を所持していたのか、無知をさらすようであるが、どうなのであろうか。

関は古代においてすでに制度化されていた。五世紀に設置されていたという証言もあるが確かではない。いわゆる大化改新詔（六四六年）に「関塞」の設置が述べられている。これをはじめとして、天武天皇元年（六七二）は伊勢国の鈴鹿関司の存在が知られ、美濃国の不破関と越前国愛発《あらち》関とあわせて三関《さんげん》といい、謀叛や天皇崩御などの変事が起こると勅使を派遣して関を閉鎖して東国への逃亡を防いだ。

愛発関はのちに逢坂関（山城と近江の国境）にかえられた。古代の関がもっぱら権力機構の一部として機能したのに対して、中世の関所は経済的機能が中心となった。水陸の関所は、通過する人・物に関銭を賦課し多数の関が設けられた。戦国時代の国境の関所は、人・物の出入りを監視する経済的・警察的機能をもって設けられた。

〈参考文献〉相田二郎『中世の関所』（畝傍書房、一九四三年）

責任感の喪失　せきにんかんのそうしつ

多くの人は既に忘れてしまったのかもしれない。高校の未履修問題である。単位未履修のまま生徒を卒業させていた事件である。

高校の校長は事実を隠して、教育委員会に虚偽の報告をしていた。教育委員会も文部科学省も実はそのことを知っていたのである。全国数百の高校で同じようなことが行われていたから、これは大変なことになると案じたが、何事も起こらなかった。校長たちも教育委員も文部科学省の役人も、誰も責任を取らなかったのである。

「規制緩和」の大合唱で、世の中、道徳のタガまで緩んでしまった。政治家も官僚も不祥事を起こしても責任を感じないらしく、賄賂を貰っても「返せばいいんだろう」というだけである。子どもの頃、「ごめんですむなら交番いらぬ」といったものだったが。道徳教育が必要なのは、生徒よりさきに、大人たちであろう。

軟障　ぜじょう

軟障とは壁代《かべしろ》の一種で、宮中の行事の際の装飾を兼ねた障屏用の垂れ絹で、表面に絵が描かれている。

　この文字、「セジョウ」「ゼジョウ」などと読む。ふつう軟は「ナン」と読むから、この訓は少し異様な感じがする。試みに『大漢和辞典』を引いてみると、軟の訓は「ゼン」で、「輭」の俗字とある。そこで「輭」を見ると、読みは「ゼン」「ネン」で、意味は「やわらかい」である。そして「障」を挙げ「ナンショウ」と読みがついている。

　一方『伊呂波字類抄』は「センショウ」と訓み、『倭訓栞』は「ぜ志やう」、『源氏物語』（玉鬘）は「ぜやう」、『雅亮装束抄』は「ぜんざう」、『仙源抄』は「せんざう」と読む。

　軟は輭の俗字ながら訓はほんらいの「せんじょう」をとり、ゼンジョウ――セショウになったのであろう。

折角　せっかく

「折角、遠くまでお出で下さったのに、何のおもてなしもできず」などと挨拶をする。

　出典は『漢書』にある。朱雲伝によると、五鹿《ごろく》の高慢な学者充宗と易を論じて勝ち、充宗の鼻をあかした。人びとは「五鹿嶽嶽、朱雲折角」とはやしたという。実際に鹿の角《つの》を折るのは大変で、苦心努力を要することだ。そこで、「九国の者どもしたがへ候に付て、大小の合戦数をしらず、中にも折角の合戦、廿余ヶ度なり」（『保元物語』上）、「男女出家まできりすて申候間、弥々爰元御所折角之為躰に候」（『上杉家文書』元亀元年八月十三日大石芳綱書状）というように用いる。また世阿弥の『風姿花伝』には、「三日の中に、殊に折角の日と覚しからん時」と見え、大事なこと、気をつけなければならぬときの意で用いる。『日葡辞書』は「サマザマノナンギ

セッカクヲモッテ　ソノミヲ　ココロミタマウベシト」と書いている。中世以来の用語であること間違いない。なお、語源について異説がある。後漢の林宗の故事に由来するという。かれがかぶっていた頭巾の角の片方が雨にぬれて折れた。それを見た人びとが、「林宗巾」と名づけて真似たことから、わざわざすることを折角といったという（『ことばの道草』岩波新書、一九九九年）。

石鹸　せっけん

第二次世界大戦中の生活のなかで、石鹸の不足は深刻で、かなり記憶に残っている。石鹸は貴重品であった。それもそのはず、わが国の石鹸生産のピークは昭和十四年（一九三九）で、二六万五千トン、十七年には一三万トン、十八年には六万トン、十九年には三万トンに落ち込んでいる。戦後も石鹸不足は続き、二十三年、固形石鹸は一人一年間に八個の割当てであった。闇市《やみいち》では鉄製の鍋・釜・衣料と並んで石鹸は主要商品のひとつであった。

石鹸は紀元前六〇〇年頃フェニキア人によって発明されたといい、あるいはボーア人がヤギの脂肪とブナの灰から作ったともいう。紀元前二〇〇年頃ポンペイには石鹸工場もあった。その後八世紀にはイタリア・スペインで商品として販売され、十二世紀、フランスのマルセイユ、イタリアのジェノバ・ベネチア・サボナが製造の中心となった。

わが国には中世末期、南蛮貿易でスペイン人かポルトガル人によってもたらされた。セッケンはスペイン語のxabon のポルトガル読みで、シャボンとも読まれた。「石鹸」の文字は慶長十二年（一六〇七）明から渡来した『本草綱目』に初見する。ちなみに、石鹸の「鹸」は灰を水に溶かしたうわずみ、すなわち「灰汁（あく）」のことである。しかし国産石鹸の出現は明治以後のことで、神奈川県磯子《いそご》（現、横浜市内）の堤磯右衛門がフランス人から製造法を学び煙草の葉の灰と油から作った。明治十年頃には品質は向上し、輸入品を上回ったといわれ、同十八年には輸入から輸出に転じた。やがて高級品も作られるようになり、二十五年には肌を美しくするという化粧石鹸が大流行し、花王石鹸もこのとき生まれた。同時期には化粧水も大流行した。のちに名を挙げる丸見屋のミツワ石鹸の発売は明治四十三年である。

　第二次世界大戦後、粉末や液体の石鹸が普及し、固形石鹸の王座は揺らぎ、合成洗剤の時代に入った。合成洗剤は石炭・石油を原料として開発された洗剤で、一九三〇年にドイツやアメリカで生産され始めていた。

雪駄　せった

　竹皮草履の裏に牛皮を張った履物で、雪踏、席駄とも書く。茶人千利休がはじめてこれを用いたと伝える。文禄二年（一五九二）成立の『南方録覚書』に、

　露地の出入ハ、客も亭主もゲタヲハクコト、紹鷗ノ定メ也。草木ノ露フカキ所往来スルユヘ、如レ是。互ニクツノ音、功者不功者ヲキ、シルト云々。カシガマシクナキヤウニ、又サシアシスルヤウニモナクテ、ヲダヤカニ無心ナルガ功者トシルベシ。得心ノ人ナラデ批判シガタシ。宗易コノミニテ、コノ比草履ノウラニ革ヲアテ、セキダトテ当津今市町ニテツクラセ、露地ニ用ラルヽ。此事ヲ問申タレバ、易ノ云、ゲタハクコト今更アシキニハアラズ候ヘドモ、鷗ノ茶ニモ、易トモニ三人ナラデ、ゲタヲ踏得タルモノナシト鷗モイハレシ也。今、京・堺・奈良ニカケテ、数十人ノスキ者アレドモ、ゲタヲハク功者、ワ僧トモニ五人ナラデナシ。コレイツモユビヲ折コト也。サレバ得道シタル衆ハ云ニ不レ及コト也。得心ナキ衆ハ、先々セキダヲハキテ玉ハレカシ。


とある。

　元禄（一六八八―一七〇四）のはじめ頃、切回しという上雪駄が流行し、かかとの部分に鉄を打った。これはヤクザや地回りの常用したものであった。白皮革の鼻緒で三枚の裏皮を重ねたかぴたん雪駄は僧侶や武士・医師の用いたもので、八丁堀の与力・同心の草履は尻金《しりがね》付で、歩くと音がするのでちゃらかねといった。

切腹　せっぷく

いうまでもなく、自ら刀剣で腹を切り死ぬことである。しかし、この語には別の意味もある。おかしく腹わたがよじれる、おかしくて吹き出すの意がある。

　「今日攤（鬼やらい）之間、親信卿擲レ塞之後不レ抜

レ笏、雖三人警未猶不二得心一、仍可レ抜レ笏之由関白被レ示、周章乍レ立抜レ之、人々解レ頤《おとがい》、自又以切腹歟」（『玉葉』治承二年十一月二十四日条）

「此日京官除目也（中略）関白云、官人来二小板敷一、責可レ寄二笏文一之由云云、切腹次第也」（同、治承二年十二月二十四日条）

前者は、歳末大晦日の鬼やらいでの作法を誤り、後者は除目の作法に関するものである。さらに『玉葉』から引用すると、

「童下仕二参入一之後、欲レ置レ扇、而童女等一切不二承引一（中略）童女頗有二腹立之気一、是欲レ令レ置レ扇之放歟、切腹事也」（同、文治五年十一月二十三日条）

節分　せつぶん

むかしは、節分の日の夜、勤めから帰った父親が、大きな声で「鬼はそと、福はうち」と豆をまいたものであった。同時に近所の家でも豆まきの大きな声が響いた。子どもたちは、まかれた豆を拾って自分の年の数だけ食べると年中息災で暮らせるのだということを何となく知っていた。

節分とは、季節の変わり目のことで、立春・立夏・立秋・立冬の前日をいう。立春の前の節分は旧暦でいえば年末になる。古代の宮廷では、十二月の晦日に追儺《ついな》が行われた。この行事は大舎人寮の人びとが方相氏《ほうそうし》（仮面をかぶり悪鬼を逐う）と振子（童児）に扮して悪鬼を逐うものであったが、やがて方相氏が鬼とされて殿上人らに追いまわされるようになった。この行事が節分のまめまきに発展したのであるが、一方、民間には、年占《としうら》の一種としての豆占で、豆を焼いて月々の天候や吉凶を占うことが行われていた。これが節分の豆まきと結びついたものと思われる。

文安三年（一四四六）成立の『壒嚢鈔《あいのうしょう》』（巻一）には「節分ノ夜大豆ヲ打事ハ何ノ因縁ソ」「慥ナル本説ヲ不レ見」とあり、「臥雲日件録」文安四年（一四四七）十二月二十二日条には「明日立春、故に昏に及び、景富室毎に熬豆《いりまめ》を散らし、因《よっ》て鬼外福内の四字を唱う、蓋しこの方駆儺《くだ》の様也」とあり、「宗長日記」大永六年（一五二六）十二月条に、「廿五日、節分の夜、大豆うつ」「京に

は役おとしとて、年の数銭をつつみて、乞食の夜行におとしてとらする事」と記している。

〈参考文献〉菅原正子『日本人の生活文化』（吉川弘文館、二〇〇八年）

せまち

宝治二年（一二四八）三月二十八日真上入道田地処分状（『鎌倉遺文』十巻六九五三号）に「在真国庄内字へカセマチ合三セ町弐百柒拾歩者」と見える。せまちは狭町・畝町とも書かれ、狭小な開墾田で、山田・棚田などと称されるものと同じである。前掲史料では、せまち三つ分で二七〇歩であるから、一せまち平均九〇歩となる。せまちは元徳二年（一三三〇）四月十五日戒音畑地充文（同、第四十巻三一二六一号）などにも見える。のちの史料であるが、応永十三年（一四〇六）高野山学道衆竪義料田注進状によると、水田四段が紀伊国安楽川ぞいの狭い谷に散在し、うち一二〇歩は二筆より成り、おのおの二瀬町、すなわち四枚の小水田の集合体であった。そして、「一反坪ハ上ミニ池アリ、池ノ水ヲ引ク也、根本は糯田ト名ク、今ハ山田ニテ棚ニ似タル故ニタナ田ト云」と説明されている。狭い谷の最奥部に用水池が築かれ、その下に狭小な水田が拓かれていたのである（宝月圭吾『中世日本の売券と徳政』吉川弘文館、二〇〇〇年、また谷田の開発と性格については高島緑雄『関東中世水田の研究』日本経済評論社、一九九七年参照）。

線　香　せんこう

細線状の練香、おせんこうである。線香が作られる以前は沈香や栴檀の粉末で作った抹香《まっこう》が用いられていた。線香の始まりについては『長崎夜話草』（巻五）につぎのような文章がある。

線香　根本、五島一官といふ者、福州より伝へ来りて長崎にて造り初め、人にも教へけるより漸く栄へたり、五島一官父子同名にて、線香造りしは子一官にて、後清川某と日本名に改む、国姓爺が友として福州へ往し者也、

右の文章ではその時期が明らかでないが、「本朝世事談綺（五）」には「寛文七（一六六七）」と記されている。

しかし、「御湯殿上日記」文明十年（一四七八）六月十一日条の「大とく寺のせんちうせんかう御うちわまいらせらるる」が線香だとすれば、話は十五世紀後半まで約一〇〇年さかのぼる。

前代未聞　ぜんだいみもん

「せんだいみもん」とも読む（文明本『節用集』）。一度も聞いたこともない（耳にしたこともない）珍しいこと。『保元物語』（中）に「中にも義朝に父を斬らせられし事、前代未聞の儀にあらずや、且は朝家の御あやまり、且は其身の不覚なり」とあり、『太平記』（巻十一）に「遁レヌ命ヲ捨カネテ、縲泄面縛《るいせつめんばく》ノ有様、前代未聞ノ恥辱也」とある。

洗濯　せんたく

古くは「せんだく」と濁音で読んだらしい。近世初頭の『日葡辞書』は「せんたく」と「せんだく」の二つの読みを示している。

洗濯は和語では「すすぐ」「すすぎ」といったらしい。洗濯物は「すすぎもの」である。洗濯には、手でもみ洗いする方法や足踏み、あるいは石や木を利用してたたき洗いするなどの方法があり、平安時代になるとたらいでもみ洗いも行われた。私どもも子どもの頃はたらいに洗濯板をさし入れる洗濯法がふつうであったが、重労働であった。洗濯板がいつ頃出現したか明らかにしないが、たぶん石けんが普及した明治時代からであろう。

長元八年（一〇三五）の大中臣為政解（『平安遺文』二巻五四五号）に「洗濯料」と見える。洗濯料は親から女子に与えられる財産で、化粧料とか装束料ともいわれる。通常はその女子が一生のあいだ所有できるが、死後は惣領家に返却される「一期分（いちごぶん）」であり、いまいう持参金にあたる。鎌倉初期の『古事談』（三）にも見える。

銭湯　せんとう

鷹番町（東京都目黒区）の家の近くに銭湯があった。昔は風呂場を持っている住宅は少なかった。私の家にも風呂はなかったから、その銭湯に行った。午後二時頃には「お湯わきました」という木の札が出て営業開始となるのであった。

「すいてるうちに行ってきな」と母に促されて、まだ陽の高いうちに銭湯に行ったが、この時間には客は老人ばかりで、しかも湯がとてつもなく熱いのであった。蛇口をひねって水を出しうめようとすると年寄りに叱られるのだ。やむなく私たち子供も真っ赤になって、がまん大会よろしく熱い浴槽に身体をしずめた。

銭湯は子供の遊び場でもあった。夕方銭湯に行くと、必ず誰か友達がいた。ガキが二、三人集まれば、殆ど意味もなくわあわあ、ぎゃあぎゃあと騒ぎまくるのであった。時には番台のおばさんが「静かにしな」と怒鳴るのだが、静かなのはほんの少しの間で、直ぐまた大騒ぎになった。

外で真っ黒になって遊んでいたのが、そのまま銭湯に行くものだから、板敷きの脱衣場から風呂場のタイルの方まで、泥の足跡がつくありさまだった。

因みに入浴料は幾らだったのか覚えていない。物の本によると、昭和十年（一九三五）前後、大人一人六銭か七銭だったというから、子供の料金は五銭を上回ることはなかったであろう。

〈参考文献〉 週刊朝日編『値段史年表』（朝日新聞社、一九八八年）。

扇風機　せんぷうき

シンガポールに行ったらホテル・ラッフルズに行ってみようと思っていた。幸い泊まったホテルの直ぐ近くだったので、直ぐに見学に行った。広いロビーの天井には、映画で見たとおり大きな扇風機の翅《はね》がゆっくりと回転していた。

冷房装置の普及した現在では扇風機にはあまりお目にかからないが、たまさか電車の天井で回っているのを見ると懐かしい気がする。

扇風機の動力は電気だが、電池で回すものもある。扇風機、英語ではＦＡＮだが、わが国では明治二十二年（一八八九）に東京電気会社が電気扇子と名づけて欧米の品評会に出品した。価格は三五～四〇円であった。同二十八年には東芝が初のエンジン型扇風機を製作した。

三十年七月の『国民新聞』は、

東京電灯会社にては、夏季客屋等に用ゆる為め今回電気扇子なるものを作りたるが、電気の作用にて其器械より風を室内に送るものにして、余程便利なるものなるが、風力は馬力八分の一迄を出すことを得るよし、而して其器械は室の大小に依て異なるとも、十畳位の室内には普通の器械にて充分なりと言う、又其代価は一ヵ月三円以上九円迄なりと云ふ

という記事を載せている。三十二年天皇の御召《おめし》列車に扇風機が設置され、三十五年には東海道本線の急行列車の寝台・食堂に取り付けられた。

国産扇風機の販売は同三十二年からであった。三十五年四月の『時事新報』は自動電気扇の広告を載せており、

蓄電池一箱代金拾五円、電気扇箱共代金拾弐円、電池詰替料一回五拾銭

とあり、一日二時間で五日は使用できると記している。

大正七年（一九一八）電気団扇《うちわ》と称した扇風機は一二インチ・首振り型で三〇円だった。以後一般家庭に普及していくが、戦争期になると、電力節約の観点から使用を自粛する会社も現れ、昭和十六年（一九四一）には一般用扇風機の製造は禁止となった。

第二次世界大戦後、昭和二十一年に製造が再開され、二十六年にはフロアスタンド型、三十四年にはリール・コード式扇風機が売り出された。

象　ぞう

象の牙《きば》、すなわち象牙は貴族の用いた笏の材料ともされたし、象の背中に坐した仏《ほとけ》の像もあって、古代以来もちろん知られていた。もっとも、同じ象と称しても、架空の動物である象ではあったが。

応永十五年（一四〇八）六月二十二日、一隻の南蛮船が若狭国今富荘小浜津に着岸した。帝王亜烈進卿から日本国王に対して「生象一疋黒、山馬一隻、孔雀二対、鸚鵡二対」などを献上したという。南蛮船とはいうもののどの地から来た船か、昔から諸説がある。スマトラ島、ジャワ、あるいはタイであろうとされている（秋山謙蔵『東亜交渉史論』第一書房、一九四四年）。

のち江戸時代享保十四年（一七二九）にも、象二頭が長崎についた。一頭は長崎で死んだが、牡の象は五月江

戸に到着している。中野で飼育されたが、寛延（一七四八―五一）の頃死んだという。

双眼鏡　そうがんきょう

倍率の等しい二本の望遠鏡を、光軸が平行になるように並べて、両眼で見られるようにした光学器械である。ガリレイ双眼鏡とプリズム双眼鏡の二種類がある。前者は像を正立させるために凹レンズを接眼レンズに用いる。構造は簡単であるが、視野が狭く、倍率も低い。小型・軽量なので、スポーツ用や演劇の鑑賞用などに用いられる。後者は、像を正立させるために直角プリズムを二、三個用いる。手持式の双眼鏡は七～一五倍の倍率までで、それ以上の高倍率のものは架台にのせて用いる。

双眼鏡は明治初年から輸入されたものと見え、明治六年（一八七三）刊行の児童用教科書には「双眼鏡《オペラグラス》、千里鏡《ラレスクコック》」と見える。

わが国でプリズム式双眼鏡の製造が始まったのは、明治四十一年に藤井レンズ製作所においてであった。第一次世界大戦で双眼鏡の需要が増大し、大正六年（一九一七）には日本光学工業株式会社が設立されている。わが国の技術水準は世界的であり、カメラとともに双眼鏡は輸出品としても一流である。

雑作　ぞうさく

樋口一葉が下谷龍泉寺町の貸家に引越したのは明治二十六年（一八九三）七月二十日であった。一葉は荒物駄菓子屋を開くために転居を決意したが、どうしても庭が欲しいという気持がつよく、三日間、神田・牛込・飯田橋と歩き、結局、下谷に落ち着いたのであった。龍泉寺の家は、間口《まぐち》二間、奥行六間ばかりで、

　雑作はなけれど、店は六畳にて五畳と三畳の座敷あり。向きも南と北にして都合悪からず見ゆ。三円の敷金にて月壱円五十銭といふに、いささかなれども庭あり

というものであった（森まゆみ『一葉の四季』岩波新書、二〇〇一年）。一葉が「雑作はなけれど」と書いているのは、建具は借り手が用意する慣わしを示している。建具とは、一般には戸・障子・襖など可動性の間《ま》じきり具

および畳をいう。一葉はこの家を借りて、こうした建具を自費で調達したのである。

この慣わしがいつ頃から行われるようになったか詳かにしないが、それは家屋の寸法が規格化されないと成立しない。自前で用意した建具は当然、他へ引越すときには外してつぎの家に持っていくのである。昭和三十年代の終わり頃、私は北海道釧路市に住んでいたが、向かいの家の引越しのとき、畳・襖などをトラックに積み込むのを見て驚いたことがあった。

さて、『一葉日記』の「雑作」を建具のこととして話を進めてきたが、この言葉、「造作」とあい通ずる。第一義は、文字通り「造（作）る」ことである。そしてとくに家を建築することである「造作之間、臨時工等給レ禄条」（『後二条師通記』寛治六年六月二十三日条）などと平安時代から見える用語である。建物を造ることから、建物内部の建具の総称となったのである。この意味での用法は江戸時代からであろう。また、「ぞうさ」（雑作）と読めば、手間のかかること、面倒なことの意となる。

そそっかしい

粗忽《そこつ》な、あわて者をいう。「そそかし」の音便。「そそかし」は平安時代の用語であって、心が落ちつかない状態をいう言葉。草の葉が風に吹き乱れることを「ソソク」といった。

古代、六月と十二月の各十一日に月次祭《つきなみまつり》が行われ、月次祭のあとに神今食《じんこんじき》があった。文字通り神に食事を供応する天皇親臨の行事であった。神今食の翌日に、殿舎の平安を祈願する大殿祭《おおとのほがい》が行われた（『延喜式』巻一）。そのときの祝詞がある（同、巻八）。祝詞のうちに、「草《かや》乃噪《そそき》〔岐、古語云二蘇蘇岐一〕無久」とある「ソソキ」に「噪」の字を宛てる。音はソウ、訓はサワグである。

そつ

「あの人のやることにはそつがない」などという。落ちがない。むだがないというほめ言葉であるが、完ぺき主義で面白みがないという、少し非難を込めた表現になることもある。

「そつ」とは何か、はっきりしない。十八世紀の『和訓栞』では「そつ　俗に費《ついえ》（無駄な出費のこと）の事に云ふは、損墜の音成べし」と書かれている。とにかく江戸中期以降の言葉であろうか。

ぞっこん

「ぞっこん惚れこむ」「俺は彼女にぞっこんだ」などという。古くは清音でソッコンといい、心の底、しんそこ、衷心の意である。『日葡辞書』は「心ノ底」として「SOCCON ヨリ申ス」を例示する。

この「ぞっこん」に似た語に「ぜっこん」がある。「絶根」の字を宛てる。かつて中田薫は『法制史漫筆』の中で「絶根売買」について述べたことがある（『法制史論集』三、岩波書店、一九四三年）。天平宝字五年（七六一）十一月二十七日大和国十市郡池上郷屋地売券（『大日本古文書』四）に、

以前得広長等辞状称、絶上件地常根沽与東大寺布施屋地已畢、望請依式欲立券文者

とある。また宝亀七年（七七六）十二月十一日備前国津高郡津高郷陸田売券（『大日本古文書』六）に、

津高郡津高郷人夫解　申進絶根売買陸田券文事（中略）

件陸田常地売与招提寺既畢

とある。中国清朝に「絶売文契」、「杜売契」、「杜絶文契」などと称する売券があり、この証文を「売尽根契字」、「尽根契字」、また「売尽絶契」などといった。尽根とは根こそぎの意である。中田は天平宝字五年売券の「絶上件地常根沽与」を「上件地をとこしへに根たちて沽与」と読んだ。「絶根」とは根こそぎ、なんらの留保条件のないことである。

袖を切る　そでをきる

あはなくに　夕占を問ふと　幣に置くに　吾が衣手は　またそ継ぐべき（『万葉集』巻十一―二六二五番）

夕占に、袖を少し切って神の前に幣として供えることらしいと解説される（伊藤博『萬葉集釈注』六、稲岡耕二『万葉集全注』巻第十一など）。

「古今和歌集」巻九・四二一番の素性法師の歌に、

たむけには　つづりの袖も切るべきに　もみぢにあける　かみやかへさん

とある。衣の袖を切って幣として供える故習を踏まえているのであろう。袖を幣として手向けることで、想う女に会えるようにと願うのである（澤瀉久孝『万葉集注釈巻第十二』）。

　衣服をもって幣とすることについては、『続日本紀』巻二十九・神護景雲三年（七六九）二月十六日条に、天下の諸社に男神服・女神服各一具を奉ることが見え、『蜻蛉日記』（下）に、

　今日かかる雨にもさはらで、同じところなる人、ものへまうでつ、さはることもなきにとおもひいでたれば、あるもの「女神には、衣縫ひてたてまつるこそよかなれ、さしたまへ」とよりきて、ささめければ、「いでこころみむかし」とて、縑の雛衣三つ縫ひたり。

とあるが「袖を切る」こととのつながりは説明できない。

そろばん

　八月八日は「そろばんの日」だそうである。八と八で「十六《そろ》」という語呂合《ごろあ》わせであろう。これは昭和四十三年（一九六八）に決まったのだというが、この頃、そろばん塾は全盛をきわめた。

　そろばんは中国で元代に発明され、明代にはかなり普及したものといわれる。中国のそろばんは五つ玉で、梁上《はりうえ》二つ玉である。

　わが国への伝来の時期は明らかではないが、室町時代に明《みん》の文物《ぶんぶつ》のひとつとしてもたらされたのであろう。近世初頭には、少なくとも北九州ではかなり普及していたと思われる。伝来当初は、中国と同じように梁上二つ玉、そして五つ玉のかたちであったが、二つ玉がひとつ玉になった時期も未詳である。

　昭和元年（一九二六）そろばんは高等小学校の必修科目となった。十四年には四つ玉そろばんが使われ始めた。私は五つ玉と四つ玉の両種のそろばんを使った経験がある。ちょうど変わり目のときだったのである。

　現代、電卓万能の時代になってもそろばんの人気は衰

えないようである。

た　行

大学　だいがく

いうまでもなく、大学とは、学術研究および教育の最高機関である。最近は大学に対する評価はきびしく、質の低下が云々される。

十六世紀中葉に日本を訪れたイエズス会の宣教師フランシスコ・ザビエルは、

「都の大学の外に主なる大学五校あり、其の名は高野《こうや》・根来《ねごろ》・比叡山《ひえいざん》・多武峯《とうのみね》なり、是等の大学は都の周囲に在り、各学生三千五百以上を有せりといふ、甚だ遠き所に坂東と称する地の大学あり、日本の最大且重要なるものにして、此所に入学する学生最も

	定員	相当位
頭	1	従五位上
助	1	正六位下
大　允	1	正七位下
小　允	1	従七位上
大　属	1	従八位上
少　属	1	従八位下
博　士	1	正六位下
助　教	2	正七位下
学　生	400	
音博士	2	従七位上
書博士	2	従七位上
算博士	2	従七位上
算　生	30	
使　部	20	
直　丁	2	

多し」

という。下野国の足利学校である。関東管領の保護を受けて多数の漢籍を有し、千字文→蒙求→四書→五経へと学習内容が整備され、全国から学徒が集まったのである。多くは学校・文庫という呼称を持ち、いま風にいえば図書館である。一定のカリキュラムに従って教育が行われる学校らしい学校は、古代においてすでに存在した。それは官僚養成のための大学・国学である。八世紀にできあがった律令制の下では、式部省被官の大学寮が学生《がくしょう》の教育と試験および釈奠《せきてん》（孔子を祀る）を掌った。大学寮の定員は〈表〉のごとくであった。博士は学長に相当し助教（「大宝令」では助博士）とともに儒学と書算の教育を掌り、音博士は「コエノハカセ」で中国語の教官であり、書博士は「テカキノハカセ」で書写の教官、算博士は数学の教官である。律令制下では博士は「先生」の意である。

代官《だいかん》

テレビ・ドラマのせいで、代官といえば「悪代官」を思い浮かべてしまう。江戸時代の代官は、百姓を虐げ、商人からは賄賂を取る、というイメージが定着しているが、実際には、代官支配地（御料所、天領）の方が大名領よりも暮らしやすかったといわれている。

この「代官」とは、文字どおり、官を代行する者のことで、平安時代の記録類にも代理人という意であらわれる。『九暦』（天暦元年・九四七年）や『後二条師通記』（寛治五年・一〇七一年）などに例がある。また平安時代、国司が目代《もくだい》なるものを伴ったことはよく知られている。目代は国司の代官であり、元来は複数で、田所目代、税所目代、公文《くもん》目代などが置かれたが、そのうち公文目代が留守所《るすどころ》の中心となり、目代といえば公文目代を指すようになった。鎌倉幕府のもとでの守護・地頭にも代理人としての守護代、地頭代があった。

大工　だいく

木造家屋を建てる職人、いわゆる大工さんである。しかし、さかのぼって中世には大工さんは番匠《ばんしょう》と呼ばれ、「大工」には別な意味があった。

律令制のもとで、交替で朝廷の営繕事業等に当たった工人《くにん》（番上工《ばんじょうく》）から番匠の称が生まれたといわれる。かれらは中央の修理職《すりしき》・木工寮《もくりょう》などの官庁、また東大寺や興福寺のような大寺院、地方の国衙、国分寺などに属して仕事をしていたが、中世になると番匠の数もふえ、職場（ナワバリ）をめぐって争いも起こった。建築仕事を請負う独占的親方権を大工職《だいくしき》と称し、大工のもと、大工―引頭《いんどう》―長《おとな》―連《れん》という階層的労働組織があった。この組織は建築関係に限らず、鋳物師・鍛冶の親方権をも大工職と呼んだ。しかし、江戸時代になると、大工といえば番匠大工を指すようになり、また親方を棟梁《とうりょう》と呼ぶようになった。

〈参考文献〉大河直躬『番匠』（法政大学出版局、一九七一年）

大根役者と千両役者　だいこんやくしゃとせんりょうやくしゃ

演技の下手な俳優を「ダイコン」という。語源については四つほど説がある。①大根は白く、玄人《くろうと》に対して素人《しろうと》の白にかけている（『大言海』）。②下手な役者を馬の脚といい、その馬の脚からの連想とする（楳垣実）。③いくら食べても当たらないから（萩谷朴）。④江戸者はダイコンを「デエコ」というが、そうだとすれば、デク（土偶）→デエコで、デクはデクノボウの略（同上）。

これに対して、顔立ちもよく、演技もすぐれた人気俳優が千両役者である。本来の意味は年間に千両の出演料を取る大物である。しかし、役者の給料というのは明らかではなく、人気商売のせいもあって、多め、高めにいう風があったという。初代市川団十郎は元禄六年（一六九三）に二五〇両、同九年に三二〇両で、最高のときでも八〇〇両だったという。最初の千両役者は正徳頃の吉沢あやめであったといい、寛保元年（一七四一）二代目市川団十郎が二〇〇〇両で大坂の佐渡島座に迎えられたとある。なお、寛政改革で幕府は役者の年給を五〇〇〇両までとしたという。しかし加役《かやく》などの臨時報酬を出して実質一〇〇〇両をこえる役者もいたのである。

体重計　たいじゅうけい

テレビが戦前の映画を放映していた。ヒロインの入江たか子が上野公園のなかを歩いていくシーンであったが、その風景のなかに異様なものが立っているのに気付いた。体重計である。

料金の硬貨を投入すると針が動き体重を量ることができる。子どもの頃の記憶をたどると、この体重計は公園とかデパートの屋上などにあったように思う。

二〇〇二年の秋、中国北京でこれにお目にかかった。買い物に立ち寄ったデパートの前で、小ぶとりのおばさんが、どっかと椅子に腰を下ろしその前に体重計が据えられていた。料金がいくらだったのか、乗ってみればよかったと後悔した。

その後二〇〇四年秋、ウィーン市街を歩いていてまた見かけた。北京のものよりかなり大型であった。

さて冒頭の上野公園の体重計、はじめて設置されたのは明治九年（一八七六）七月のことで、料金は一回二銭であった。現在わが国では、体重計を持つ家庭が多くなり、野外の体重計はほとんど見られない。久保田鉄工が自動体重計を発表したのが昭和三十二年（一九五七）で、この頃から人々が健康に気を遣い、肥満を心配し始めたのである。

大臣　だいじん

明治時代には、「末は博士か大臣か」などといわれ、立身出世の大目標のようにいわれたこともあったが、近頃は博士も大臣も、すっかり値打ちがさがってしまった。

考えてみると「大臣」などとは、大仰な呼び名である。由来はきわめて古い。古代大和朝廷では大臣《おおおみ》・大連《おおむらじ》の名が見える。『日本書紀』成務天皇三年正月乙卯条に「武内宿禰を以て大臣としたまふ」とあるが、固定した職名ではなく「棟梁の臣」の意である（『日本書紀』景行天皇五十一年八月壬子条)。「雄略天皇紀」には圓大臣《つぶらのおおみ》や大臣として平群臣真鳥、大連として大伴連室屋・物部連目の名が見える。「継体天皇紀」には大伴金村大連・物部麁火《もののべのあらかい》大連・許勢男人《こせのおひと》大臣が見える。また「宣化天皇紀」には大伴金村・物部麁鹿火を大連とし、蘇我稲目宿禰を大臣とすると見え、「敏達天皇紀」には物部弓削守屋大連を大連とし、蘇我馬子宿禰を大臣としたと見え、物部守屋滅亡のあとは蘇我氏が大臣を世襲し、乙巳の変(六四五年)で蘇我氏が滅んだあと、阿倍内摩呂臣を左大臣、蘇我倉山田石川麻呂臣を右大臣とした。

律令の制定によって太政官の組織が整えられた。太政官は国政を総括する中央機関で、太政大臣・左大臣・右大臣が置かれた。太政大臣は天皇の道徳の師であり、「右師㆓範一人㆒、儀㆓形四海㆒、経㆑邦論㆑道、燮㆓理陰陽㆒、無㆓臣人㆒則闕」という。太政大臣は前代の皇太子摂政の伝統をつぎ、天皇にかわって国政を総理し親裁した官である。左大臣は「統㆓理衆務㆒、挙㆓持綱目㆒、惣㆓判庶事㆒、弾正糺㆓不当㆒者、兼得㆑弾㆑之」とあり、右大臣は左大臣に准ずる。他に内大臣があるがこれは令外官である。

大八車　だいはちぐるま

近頃は自動車の発達に伴い急速に姿を消したもののひとつである。かつては、荷物《にもつ》車としてよく使われていた。大八という呼称については、①八人分の仕事をするから代八といいこれが大八になった。②大工の八左衛門という人が造ったから、などの説があるが、おそらく車の規模からくる呼称であろう。

大八車は、台車の長さが八尺、幅二尺五寸、車輪の径三尺五寸であり、他に台車長七尺(大七車)および六尺(大六車)のものもあった。大八の呼称は台車の長さに起因するのであろう。明暦三年(一六五七)江戸木挽町《こびきちょう》の大工が製作したものといわれ、江戸で盛んに利用された。大坂ではベカ車と呼ぶ板車が使われ、江戸時代後期になって流行し、江戸・大坂以外でも町場では大八車が用いられた。江戸時代、大八車による事故(交通事故)が多く、車側に過失があったときは、流罪に処されることもあった。

第二次世界大戦中は自動車(トラック)の利用がままならなかったので、引っ越しなど大量の荷を運ぶには大

大八車で荷を引く

八車によらざるをえなかった。師範学校の生徒だった頃、先生の引越しをお手伝いしたことがあったが、長い下り坂にかかると、ブレーキがついていないので大変危険な思いをしたことを覚えている。

大福餅　だいふくもち

人気の衰えぬ菓子である。餅のなかに餡を包み、焼板鍋にのせ両面を炙《あぶ》って作る。腹太餅（はらふともち）ともいう。皮がうすく餡の量が多い。腹がまるまると太っているのでこの名がついたのであろう。大腹→大福と転じたのであろうが、こちらの方が、大福長者の称にも見られるように、縁起のよい名前として通用するようになったのであろう。

大福餅は餅饅頭《もちまんじゅう》ともいわれて、江戸時代の安永（一七七二―八〇）年間に江戸で流行したという。大福餅と同じものであるが、今坂餅というのもあり、また京都の京極通誓願寺門前で売っていた大仏餅も大福餅である。のちに東山方広寺大仏殿前でも売り、この名がついた。大仏餅は寛永（一六二四―四三）年間から売り出された。

江戸では天明（一七八一—八八）頃に浅草の両国屋が形をまねて作り評判を取った。

大福餅売りは、時代によって変遷があるが、文化（一八〇四—一八）頃は御膳籠（方形の竹かご）をかついで売りに来たが、文政（一八一八—三〇）以後には、ひきだしつきのたて長の箱をかついで売り歩いた。一個四文だったという（三谷一馬『彩色江戸物売図絵』中公文庫、一九九六年）。

タイプ・ライター

昭和十六年十二月八日、日本側の最後通告がアメリカ側に渡されたのは、日本海軍航空部隊によるパール・ハーバー攻撃のあとだった。アメリカが、奇襲攻撃だと日本を非難する所以である。何故このようになったかといえば、原因はタイプ・ライターにあった。重要文書だったので、タイピストに打たせず、野村大使自ら慣れぬ手つきで打ち、時間を費やしたのであった。

筆やペンで文字を書く代わりに一字ずつ印字するという画期的な機械であった。欧文、かな文・和文の三種のタイプ・ライターがあるが、欧文タイプ・ライターは一八七二年（明治五）頃、アメリカ人ショールズによって発明された。後に改良が加えられ、一八九四年（明治二十七）アメリカのワグナーが実用的タイプ・ライターを開発した。

わが国には明治三十三年（一九〇〇）丸善がウエリントン製英文タイプ・ライターを輸入・販売した。販売価格一三五円は、当時の大学卒の初任給の約四倍に相当した。

四十三年にはタイプ・ライター専門店黒澤商会が開店した。何といっても画期的だったのは昭和十一年に邦文タイプ・ライターが開発され実用化されたことである。会社ではタイプ・ライターを操作するタイピストはほとんど女性で、かつてタイピストは花形職種であった。しかし、現在ではワープロ、パソコンの時代となり、タイプ・ライターはほとんど姿を消した。

大名《だいみょう》

江戸時代、一般に石高一万石以上の領主を大名といった。元和元年（一六一五）の「武家諸法度」では大名・小名の称が用いられ、寛永十二年（一六三五）の諸法度では国主《こくしゅ》・城主《じょうしゅ》・一万石以上という。

大名の「名《みょう》」は名田《みょうでん》のことである。名とは古代・中世において、荘園・国衙領を構成した基本単位でまた徴税単位である。初見は貞観元年（八五九）十二月の近江国依智荘《えちのしょう》検田帳にある。名はこれ以後中世末期まで見える（阿部猛『日本荘園史』大原新生社、一九七二年）。

多くの名（名田）を領有するもの、すなわち多くの農民を支配するものが大名である。しかし鎌倉時代には有力な武士をさす語となり、多くは守護に任命されることから守護大名の称も生れた。戦国時代いわゆる群雄割拠したその群雄を戦国大名と呼ぶが、この用語が普及したのは第二次世界大戦後である。

タイム・レコーダー

時計と印字機械を組合わせて、時刻を自動的に記録する機械。会社や事業所で出勤簿代わりに用いる。出社・退社時にカードを差し込むと自動的に時刻が記録される。これが賃金計算などの資料となる。かつては、サラリーマンはタイム・レコーダーによって管理されているともいわれたが、現在では勤務の様態は区々であり、必ずしも時間に縛られない仕事も多い。

わが国でのタイム・レコーダーの採用は明治四十二年（一九〇九）の白木屋呉服店が早い例である。国産のタイム・レコーダーは昭和七年（一九三二）天野製作所で作られた。

鷹の落とし食　たかのおとしえ

「鷹之落食」とは母鷹が高い枝の上から、巣にいる雛鳥に餌を落とし与えることをいう。餌の少ないこと、少量であることのたとえである。『日本国語大辞典』は、仮名草子『可笑記』（三）の「鷹の落としゑ程の扶持を来るれども、あしき米を小さき升にてあて行ひ」の文を掲げている。

『鎌倉遺文』十四巻一〇五九四号、同一〇六〇三号は東寺領大和国平野殿荘関係の文書で、年貢所当を百姓らが雅意に任せて抑留するため、秋には納入されず、次の年に見送られてしまう状況を非難し、納入されても、それは「鷹之落食」の如くであるという。

平野殿荘の百姓らが、納期をはるかに遅れて、しかも少量しか収めないことをいっているのである。但し「於二去年分一者、一度ニ可レ令二進済一」といっているところからすれば、少量ずつ、ぱらぱらと分けて納入するのではなくて、いっぺんに纏めて納めよ、という趣旨に近いかもしれない。

打毬《だきゅう》

神亀四年（七二七）一月、多くの王子と臣下の子弟らが春日野に集まって打毬（和製ポロのこと）を行った。打毬はペルシアに始まり東西に広まったが、わが国には唐経由で伝来した。皇極三年（六四四）以来見えるが、それは騎乗によらず、徒歩のホッケー風のものだったらしい。

春日野大会の当日、おりあしく一天にわかに掻き曇り、雷雨に見舞われた。そのとき、宮中には警固に当たるべき官人らが不在であった。みな打毬に興じていたのである。その咎により彼らは授刀寮に散禁された（『万葉集』巻六―九四八・九四九番）。

平安時代、雷鳴のときは左右近衛の兵が陣を張ることになっていた。いわゆる雷鳴陣《かんなりのじん》である。この慣わしがいつ起こったか明らかではない。平安初期からの例は国史に見えるが、制度化された時期は未詳である。天皇側近の授刀舎人を統括したのが授刀舎人寮である。令外官として慶雲四年（七〇七）に設置された。和銅年間には帯剣寮と称したこともある。

タクシー

明治四十五年（一九一二）東京有楽町にタクシー会社が設立された。Ｔ型フォード六台で営業を始めたものであった。料金は、最初の半マイル（約一・六キロメーター）が六〇銭、これ以上は三分の一マイルごとに一〇銭、待ち料金は五分ごとに一〇銭であった。

大正六年（一九一七）には大阪に、十一年には名古屋にタクシー会社が設立された。自動車の増加は著しく、東京では十年に四〇九七台だったが、昭和二年（一九二七）には一万三一六三台に達した。

大正から昭和にかけて、一定区域内を一円という定額で走るタクシーを「円《えん》タク」といった。大正十三年に大阪で生まれた均一タクシーが原型であるという。

大正十五年七月、東京八王子でタクシー運転手が殺害され、自動車が売りとばされる事件が起こった。タクシー強盗第一号である。昭和三年にもタクシー運転手が謀殺され、自動車が売られる事件が起こった。当時、自動車一台が一〇〇〇円くらいであった。高等文官試験（いまの国家公務員一種試験）合格者の初任給が七五円だった時代である。

宅地造成　たくちぞうせい

むかし、兵衛佐某、あだ名を上緒《あげお》の主《ぬし》といわれる人物がいた。冠をかぶるとき、もとどりのところで、冠を括り結ぶ緒が人よりも長かったので、こう呼ばれたのだという。ちょっと変わった人物だったらしい。しかし、なかなか才覚のある者であった。というのも、京の西側、右京に多かった湿地に眼をつけたのである。

西ノ四条ヨリハ北、皇賀（嘉）門ヨリハ西ニ、人モ住ヌ浮ノユウユウト為ル一町余許有

という。ウキ、すなわち低湿地のユウユウ（じめじめ）とした土地に眼をつけた。こんな土地は畠にすることはできず、もちろん家を建てることもならず、利用価値のないところであるから、少額ででも買ってくれる人があれば、めっけものだと所有者は思っていた。

上緒の主はこの地を買い取ると、摂津国にでかけていった。なんと、そこで葦を山のように刈らせ、一〇余隻の舟に積んで賀茂川尻まで運び、そこからは車借を雇ってウキまで運ばせた。大量の葦を湿地に敷きつめ、その上に土をかぶせ、宅地造成を行ったのである。

上緒の主は造成地に家を建て、その南に住んでいた大納言源定に売りつけた。それは今の「西ノ宮」であると『今昔物語集』は記している。この地が、かの源高明の西ノ宮である。右京四条一坊十一町（ここが造成地）・十二町に当たるのであるが、十一町跡では、確かに低湿地状堆積が検出されたということである（『平安京提要』角川書店、一九九四年、三三四頁）。

凧　たこ

関東ではタコ、関西ではイカというところが多く、またハタ・タツともいう。神奈川・埼玉・愛媛・長崎などの凧揚げ大会は名高いが、近頃は空地や広場も少なく、子どもの遊びとしての凧揚げは衰退した。

タコの発祥の地は中国だといわれる。中国の凧には、昆虫や獣、龍や鳳凰などを模したものが多い。わが国には平安時代に伝来したらしく、はじめは貴族や武士の間で行われ、やがて庶民の間に広まったらしいが、史料が乏しい。やはり盛んになったのは江戸時代であり、十七世紀から十八世紀にかけて大流行した。なお、奴凧《やっこだこ》は安永（一七七二―八一）年間に江戸で創作されたものという（大田南畝「奴師労之」日本随筆大成二―一四、「師労之」とはタコのこと）。

民俗としては、男児の初誕生に大凧を贈ることがあった。東京付近は正月、長崎では二月～四月頃、東海地方は端午の節句の頃、秋田では七月頃、沖縄では十月頃が凧揚げの盛んなときであり、これは風の加減によるものであろう。

多士済々　たしせいせい

「たしさいさい」は誤読。多士は多くの人材、済済は人材豊富の意である。出典は『詩経』（大雅、文王）の「済済多士、文王以寧」にある。『性霊集』（六）は、「奉為桓武皇帝講太上御書金字法花達」に「四門穆々、多士済々」とある。古代以来、近代に至るまで用いられる表現。

たそがれ

誰《た》そかれと　我《わ》れをな問《と》ひそ　九月《ながつき》の　露に濡《ぬ》れつつ　君待つ我れを（『万葉集』巻十―二二四〇番）

「黄昏」の字を宛てる。「誰れ？　あの人は」である。うす暗くなった夕暮れどき、夕方のこと。誰《た》そ＋彼《かれ》＝たそかれで、あの人は誰？　と顔の見分けにくい状態である。以後、『源氏物語』（夕顔）に所見し、『後撰集』の紀貫之の「きみにだにとはれてふれば藤の花たそかれ時もしらずぞ有ける」の歌や、『宇津保物語』（菊の宴）の「夕暮のたそがれ時はなかりけりかくたちよれどとふ人もなし」の歌などにも見られ、江戸時代になって「たそがれ」となる。おもに明け方をいう「かわたれ」と相対する用語である。

また「たそがれ」は、陰暦三・四日頃の夕方に見える月（黄昏月）のこと、ホトトギス（黄昏鳥）のことをもいう。

ただいま

「今」を強調する用語で、古代以来使われてきた。

現在は、ふつう、帰ってきたときの挨拶として用いるが、地方によっては、出かけるときにも用いる。仙台では、家を出るときに「ただいま」という。山形県庄内地方では、「さようなら」のかわりに「ただいめ（ま）」という。商店に買い物に行くときは「ネー」といって来店を知らせ、物を買って帰るときは「んで、まず、ただいめ（ま）」（それでは、まあ、さようなら）といった。

立退き料　たちのきりょう

立退き料なるものがいつ頃からあったか明らかではないが、延暦三年（七八四）長岡京建設に当たって、新京の宮内に宅地が入る百姓の地五七町分につき、補償費として稲四万三〇〇〇束（山背国の正税から支出）が支出された。先例は藤原京建設時にあり、慶雲元年（一七〇四）十一月、その宅地が宮中に入る百姓一五〇五烟に布を賜わった（『続日本紀』）。これも立退き料の一種であろう。

時代は下るが、永享九年（一四三七）深清僧都が坊舎を建てるため木屋敷地を所望した件について、東寺は先例の間「立料可レ有二御用意一」と評議した。敷地に当たる地の在家の者にその旨を伝えると、かれらは二項目の要求を提示した。第一は、立料（立退料）を扶持してほしい。第二は、代替の居住地がほしいというものであった。立料については、応永十一年（一四〇四）仏乗院建立のときの例にしたがって、地子の半分に相当する額を在家人に与える。第二の代替地については、壬生巷所に住居を許すとした（「東寺文書之四」廿一口方評定引付・

永享九年二月十八日、廿一日条)。

右の「地子半分」が、いかほどであったか他に史料を求めると、一貫八百文、一貫八百八十文、三貫文などと見えるが、地積が示されていないから単位面積当たりの地子を算出できない。地子納法については、永和元年(一三七五)四月三日付の八条院町に関する文書に、

地子収納任二先例一、六月十二月二季各半分

とあり、廿一口方評定引付・明徳五年(一三九四)二月二十一日条には、

屋敷地子　壱貫八百文夏九百文冬九百文

とあるにより、夏冬二回に分けて納められていたことがわかる。立退料「地子半分」とは年額の半分ということなのであった。

駄賃　だちん

現在では、「ダチン」「オダチン」と称して、子どもにおつかいやお掃除などを頼んだときに与える報償、お手伝いの報酬である。子どもの頃、夕食の仕度をしている母が、調味料や食材の不足に気づき、急な使いを頼まれることがあった。このような場合は、かならずつり銭のなかから一銭・二銭を駄賃として与えられた。いまの若い人たちにはピンとこないであろうが、一銭(一円の百分の一)でも、子ども相手の駄菓子屋にいけば、買えるものがあったのである。

このダチン、文字からもわかるように、もともとは貨物や客を駄馬にのせて運ぶのに対して支払われる運賃のことであった。平安時代の『延喜式』(巻二十六)に、「丹波国［駄別稲三束、但氷上《ひがみ》、天田《あまだ》、何鹿《いかるが》三箇郡十束］丹後国［廿一束］但馬《たじま》国［廿四束］因幡《いなば》国［卅六束、但海路米一石運レ京賃、稲十四束五把三分］伯耆《ほうき》国［卌二束］出雲《いづも》国［卌九束］石見《いわみ》国［九十束］隠岐《おき》国［百八十束］」などと見える。

駄賃を取って荷物を運ぶのが駄賃馬である。お駄賃という意が生じたのは、たぶん江戸時代からである。

手綱　たづな

『源平盛衰記』の木曾殿上洛の条に「烏帽子に手綱《たづな》うたせて」という一節がある。手綱といえば、ふつうは馬

の手綱を想いうかべるから、「烏帽子に手綱うたせて」とくると見当もつかない。ところが、全国の方言を調べてみると、青森・新潟では、子どもを背負う帯をタナとかタンナという。四国や九州ではタナ・タンナとは男の下帯のことであり、奄美大島では女の腰巻のことをクロタヅナという。

いったいに細長い布のことをタナと呼ぶのである。タンナ・タヅナはその訛りなのである。すなわち、手綱をうつとはハチマキをすることなのである。ハチマキとは頭を鉢形に包むことから出た言葉であるが、ふつうは手拭《てぬぐい》でハチマキをする。テヌグイはテとヌグイの二つに分けられる。ヌグイは拭いであるが、テはユタナからきている。ユとは「齋」「結」で、神事に関係あることを示している。神事に臨むとき頭にかぶる白い布がユタナである。TANA＋YU→YUTANA→YUTE→YUTENUGUI→TENUGUIと変化したとみられるのである（和歌森太郎『日本民俗学概説』東海書房、一九四七年）。

たつみあがり

近江堅田の『本福寺跡書』に次のように見える。

万ノ芸能ニ人ノ褒ムレバ、辰巳上リガシテ、気ヲ上テ、世帯・世ノ中ノ衰ヘルヲモ分別セズ。ソレニ身ヲ染メテ、家ヲ破リ、地山ヲ売リ、道具・表式ヲ売捨テ、アソコヽ、ヲシチハチニ置キアゲ、手ト身トニ成果テヽ、仕果ス心持ニ成果テヽ、身ノ立途モナクナリテ…

文中の「辰巳上リ」について、手許の『日本国語大辞典』（小学館）を引いて見ると、「声のかん高く大きなこと」「言動の粗野で荒々しいこと」などと出ている。『古語大辞典』（小学館）は「能楽で、上げるべきでない所を上げ、高い音階でうたうこと」「調子外れのかん高い声。興奮のため語調や動作が常と違う様子」と説明している。『岩波古語辞典』は出典を示しながら説明して最も丁寧である。辞典はまず「能楽用語」として『禅鳳雑談』の「謡ひ替る時、声がたつみあがりになる」を挙げ、調子外れについては、『勝国和尚再吟』二の文を挙げ、たかぶる、えらぶるについては『本福寺跡書』と『民間省要』中の文を掲げている。
『本福寺跡書』の述べる趣旨は、いうまでもなく「気ヲ上テ」という点にある。すなわち「高上」（こうじょう、「おごりたかぶること」「えらぶること」「うぬぼれること」）を戒めているのである。そして、身を誤るものとして列挙しているのは次の事例である。

歌、連歌、弓、鞠、庖丁、笛、尺八、太鼓、鼓、音曲、走舞、文《ぶん》の物読ミ、せせり書き

室町期の港町の有得人《ウトクニン》（資産家、裕福なもの）らの趣味、遊芸のほどがうかがわれる。

楯を立つ　たてをたつ

ますらをの　鞆《とも》の音すなり　物部の　大臣《おおまえつきみ》　楯立つらしも（『万葉集』巻一―七六番）

和銅元年（七〇八）の歌で、作者は「天皇」とある。すなわち元明天皇である。歌中の「大臣」は石上麻呂であるとされている。石上氏はもと物部氏で、麻呂は大宝元年（七〇一）三月に正三位に叙され、中納言から大納言となり、同四年正月従二位に叙され右大臣に任じ、和銅元年（七〇八）正月正二位となり、同三月左大臣に任じた。

弓を射るとき、弓の弦《つる》が手をはじくのを防ぐために鞆《とも》というものを着装する。鞆は皮で作った丸い形をした防具で、左の腕につける。弓弦が鞆に当たると高い音を発する。「勇士たちの鞆を弦がはじく音がする。大臣が楯を立てているらしい」というのが冒頭の歌の趣旨である。大臣が楯を立てるとはいかなることか。

先例を尋ねると、『日本書紀』（巻三十）持統天皇四年（六九〇）正月一日条に「物部麻呂朝臣樹㆓大盾㆒、神祇伯中臣大嶋朝臣読㆓天神寿詞㆒、畢忌部宿禰色夫知奉㆓上神璽剣鏡於皇后㆒、皇后即天皇位」とある。『続日本紀』（巻二）文武天皇二年（六九八）十一月二十三日条に「大嘗、直広肆榎井朝臣倭麻呂竪㆓大楯㆒、直広肆大伴宿禰手柏竪㆓楯桙㆒」とある。[1]

遷都、また朝賀の儀仗として石上、榎井両氏が宮門に楯桙を立てたことは『続日本紀』に多く見える。天平十七年（七四五）正月紫香楽宮では、石上・榎井両氏を召集することができず、大伴・佐伯両氏に大楯槍を立てさせたことがあった。大楯については、「儀式」によると、

大嘗祭の神楯は、長さ一丈二尺、上の広さ三尺九寸、中の広さ四尺七寸、下の広さ四尺四寸五分で、厚さは二寸とある。丹波国の楯縫氏が作る。

　さて、兵士たちが弓弦を引いて鞆に当て、音を出すのであるが、単なる訓練などではなく、弦打ち（鳴弦）に類することであろう。矢をつがえずに弓弦を引き鳴らすのである。これにより妖魔をおどろかし邪気を払うのであり、宮中の警固や何か不吉のとき、病気のときなど悪霊を払う呪法の一つである。

　出産時の鳴弦のようすは「北野天神縁起絵巻」に描かれている。宮廷における鳴弦の儀は一時廃絶していたが寛政十二年（一八〇〇）に再興された。しかしまた廃され、明治三十五年（一九〇二）秩父宮誕生のとき行われ、現天皇の誕生のさいにも行われた。(2)

注

（1）『延喜式』（巻七）の践祚大嘗祭の次第によると、石上・榎井両氏が内物部をひきいて大嘗宮の南北の門に神楯戟を立て、伴・佐伯二氏も門外の所定の位置につき、諸衛府は大嘗宮の警固に当たった。文武二年、大伴氏が楯桙を立てたのは石上氏に支障があったからであろうという。

（2）出産の時桑の弓で蓬《よもぎ》の矢を射ることが平安時代以後行われた。中国で男子出生の折に天地四方を射る風習があり、これがわが国に伝えられたのである。この儀礼については、中村義雄『王朝の風俗と文学』（塙選書、一九六二年）参照。

たとえ

漢字で書くと、ふた通りある。①例、②譬（喩）である。

　大学院生の頃、香原一勢さんのお宅にうかがったことがあった。小田急線の喜多見駅近くだったと思うが確かではない。一時間余りお話をうかがったが、内容は殆ど忘れてしまった。ただひとつ憶えているのは、香原さんが、「近頃の若い人は、いい加減な文章を書く人が多い。『たとえば』の文字を混同している。例と譬では意味がまるで違うのに、知らないらしい」といわれた。私自身のことをいわれたような気がして、身がすくんでしまった。

　いうまでもないが、「例」は「たとえば」で、例を挙げていえばの意であり、「譬」（喩）は「たとえる」の連用形で、異質の物事の類似点をとらえ連想させること」とされる（『日本国語大辞典』）。ともに古くからの用例があるが、混同されることはなかった。

煙草　たばこ

現在、葉タバコの生産量第一位の国は中国で、二三九万トン。ついでブラジル・インド・アメリカとつづき、ここまでの合計で世界の生産量の六三パーセントを超える。

タバコは十五世紀にアメリカ大陸からヨーロッパに伝えられ、語源はスペイン語やポルトガル語の tabaco である。これが、フランス語では tabac, ドイツ語では Tabak, 英語では tobacco となった。

わが国には、天正年間（一五七三―九二）にスペインの船が長崎に持ち込んだものとされる。喫煙の風習については、十七世紀はじめから定着したものと見られ、慶長十七年（一六一二）にはタバコの売買や作付《さくつけ》が禁止となったが喫煙の盛行にはさからえず、寛永十九年（一六四二）には本田畑への作付禁令が緩和され、元禄十五年（一七〇二）には前年までの半分の作付を本田畑で許容した。

江戸時代の煙草はもちろん刻み煙草であるが、刻み煙草の行商人は、「小簞笥程なる曳出しの多く付たる箱に、きざみたばこ種々入て」背負って売り歩いた。医師小川顕道は『塵塚談』で、宝暦（一七五一―六三）頃には、五分切りといって荒く刻むことが流行したが、文化（一八〇四―一八）頃には糸のように細く刻むようになったと述べている。

なお煙草盆については、寛永年中の屏風絵《びょうぶえ》に角形のものが描かれているが、一般には普及せず、ごく一部の上流社会でのみ用いられていたものと思われる。茶屋・遊廓などの社交場を経て庶民の間に広まったのは十八世紀に入ってからであろう。盆の材料には桑・唐木・杉柾・紫檀・自然木などが使われた。

旅　たび

『日本国語大辞典』は「たび〔旅〕」として、①住む土地を離れた土地にいること、住居から離れた土地に移動すること、②自宅以外の所に臨時にいること、③祭礼で神輿が本宮から渡御して一時とどまるところ（いわゆる「御旅所《おたびしょ》」である）と説明し、方言で、「たび」とは郷里以外の土地の意に用いられることを例示している。他村の人を「たびの人」というのもそれである。

秋田刈る　旅の廬りに　しぐれ降り　我が袖濡れぬ
　干す人なしに（『万葉集』巻十―二二三五番）

「旅の廬」について伊藤博は「秋の田を刈る旅寝の仮小屋」「農耕のために構えた仮小屋」とする（『萬葉集釈注』五）。ここでいう「旅」は現今いう旅行ではなく、自宅を離れて臨時に寝泊りする所に行くことである。農耕のための仮小屋、すなわち「田屋」である（桜井徳太郎『日本民間信仰論』雄山閣、一九五八年）。

足袋　たび

柳亭種彦の「柳亭記」（『日本随筆大成』Ⅰ―2、三七七頁以下）に、「足袋の名種々」の項があり、さまざまな足袋について記述している。

天文二十三年（一五五四）の茶書「呑海味」に「革袴、革タビ、二重ダウブク着すベカラズ」とあり、その装いで茶室に入ることは戒められていた。茶席に入るには木綿タビでなければならなかったのである。『貞徳独吟』に「たちつけやぬぎぬる踏皮《(たび)》の日もながし」とあり、「たちつけ」は狩装束、革のたびを脱いで茶室に入ることをいう。茶室に入る「すきやたび」は高価で、二足で銀八匁四分であった。

足袋のコハゼは万治・寛文（一六五八―七二）の頃、上方に始まるものという。十八世紀半ば頃、吉原へ通うには奉書足袋なるものを用いたという。種彦の時代には、すでにわからなくなっていたらしく、扇の地紙売りが売り歩いたということから、材料は紙であろうという。兜羅綿《とろめん》足袋というものがあり、ふすべ革製であった。染分足袋は、しゃれ者の若法師のはいたものであり、紺足袋は藍染めのたび。

足袋のもとは、古代の貴族たちが履いた下沓・襪《しとうず》と呼ばれるクツシタの類であろう。下沓はタビのように親指と四指の間の股《また》はない。足袋をタビと読むことは、十世紀の百科辞書『倭名類聚鈔』に「野人以㆓鹿皮㆒為㆓半靴㆒、名曰㆓多鼻㆒」とある。

たわし

台所用品としてのたわし（束子）は文字どおり必備品である。鍋・釜の汚れ落としに用いる。もと、汚れ落としには藁《わら》などを使っていたものであろう。たわしを「切藁」と呼ぶこともある。船では、甲板の水洗いをするために、竹ざおの先に藁をくくりつけたものを「たわし」と呼んでいた。

大正四年（一九一五）東京の西尾庄左衛門が亀の子束子を発明し、これが全国に普及した。南方のバームの繊維を一寸五分（約四五ミリ）の長さに切り揃え、二本の針金の間に挟み、これを小判型に曲げたものである。軽便安価であったため急速に広まったのであった。

しかし、第二次世界大戦後は、鋼《はがね》を細かくらせん状に削ったスチールウールや化学繊維を使ったものが出現し、液体洗剤の多用により、海綿状にしたたわし（スポンジ）が用いられるようになった。

俵　たわら

藁《わら》や茅《かや》・葦《あし》などで編んだ袋状のいれものである。穀類・いも・塩・木炭・海産物をいれる。古くからあったと思われるが、現物が遺存していないため、起源を確かめることは難しい。

古代・中世の俵の形態が現在のものと同じらしいことは『信貴山縁起絵巻』（平安末期）、『石山寺縁起』（鎌倉末期）などからうかがえる。

俵は農民が自ら作るもので、形態は同じであるが容量は区々である。米の場合、古代には五斗入りが基本で、江戸時代には、三斗六升入りから五斗入りまであり、明治末年に四斗入りに統一された。

現在では、米は紙袋やビニール袋に入れられ、しかも桝では量らず、重量で計量するが、米四斗で約六〇キログラムとなる。

団交　だんこう

団体交渉の略称である。労働組合などが会社の経営陣と労働条件をめぐって話し合うことをいう。これが大学の場合だと「学長団交」「学生部長団交」「学部長団交」などということになり、学生自治会と大学側との話し合いが行われる。「話し合い」というよりも、学生による大学糾弾という趣が強かった。

一九七八年四月、私は東京学芸大学第二部長に再任されたが、所管の特殊教育学科の研究棟建設計画という懸案があった。特殊教育学科には木造の研究棟から別の棟に移ってもらい、木造建物を壊して九階建ての研究棟を建てて、八〇の研究個室を確保しようというものであった。

しかし、この計画に学生たちが反対した。その理屈はよくわからなかったが、彼らに言わせると、ハンディキャップのある人々に対する差別助長以外の何ものでもないというのである。おまけに特殊教育学科の教員一一名が移転反対を唱える始末であった。教員の本心は、この機会に研究室の占有面積拡大を図ろうとするところにあり、根性は見えみえで、不愉快だった。特殊教育学科の一一人の教員を説得するのは大変だったが、数回の交渉で何とか諒解を得られそうな雰囲気になるまで漕ぎつけた。

学生の方は、反対のための反対という趣があり、いくら説得しても埒が明かなかった。一九七九年二月、昼休みに大学生協にパンを買いに外へ出たとたん自治会の学生に拘束され、大学本部の一室に拉致された。午前一時頃まで一三時間、不毛の議論を続けたが、風邪気味だった私はとうとう具合が悪くなり、それを見た学生次長が救急車を呼んだ。私は生まれて初めて救急車なるものにのせられて、小平市の病院に運ばれた。二部の事務長は私の家に電話をしてくれたが、「先生が倒れて病院に運ばれました」と告げたものだから、妻は様子がわからず、たいそう心配したらしい。

このことがあって、学生の対応が変わり、遂には学生たちの間で分裂が起こり、彼らは敗北宣言を出して特殊教育学科問題は解決し、九階建ての新棟が建設されることになった。一階には事務部が入り、二階以上には教育学、心理学、哲学、歴史学、社会学、社会科教育学などの学科が入り、廊下を挟んで南側に個人研究室、北側には講義室、演習室、実験室、図書室などが置かれた。当時はこれを「アベ新棟」などと呼んでいたが、そのうちに建設の経緯も忘れられて、今は「サンシャイン」と学生たちは呼んでいる。東京学芸大学で最も背の高い建物だからである。

障害者問題を軸とする大学紛争は、東京学芸大学ならではの紛争であり、学外の障害者支援団体も絡んだ紛争であっただけに、その対応には大変気をつかった。しかし、この紛争を通じて、教員、事務官、学生ともども差別問題について理解を深めたことは間違いない。

誕生日　たんじょうび

民俗的には、誕生祝いとは、生後満一年の誕生日の祝いであり、一《ひと》誕生、初《はつ》誕生といい、餅をついて祝った。私どもが子どもの頃は、上流社会はいざ知らず、長屋住まいの家庭では、誕生日を祝うなどということはなかった。いわんや現在の幼稚園や小学校のように「お誕生会」などというものはなかった。

中学生になった頃には自分の誕生日を自覚してはいたが、特別に何かをすることはなった。むかしは「としをとる」のはお正月であり（数えどし）、誕生日（満年齢）ではなかったからである。近頃の子どものように、「ボクいくつ？」「五歳と三か月」などと答えるのではなく、「六つ」と答えるのである。

中国伝来の還暦《かんれき》（数えどし六十一歳）と古稀《こき》（七十歳）の誕生日を祝う風習は古くからあり、貴族社会では誕生日を祝うことはあった。

なお、年齢のとなえ方を、いわゆる満年齢とすることは、昭和二十四年（一九四九）五月二十四日法律第九六号で規定された。

単身赴任　たんしんふにん

役人の給与　奈良時代の役人たちは、大きく分けると二種類となる。ひとつは職事官《しきじかん》（長上官）といって、毎日出勤する常勤職員である。各官庁の四等官《しとうかん》――かみ・すけ・じょう・さかん――はもちろん職事官である。その他、相当位の定まっている官職と才伎長上と称する一部の官職を指す。これに対して、番上官と呼ばれる非常勤職員がいる。分番勤務する下級の役人たちで、年間一二〇日以上勤めると給与（季禄）が貰え、一四〇日以上勤務すれば昇進資格が得られる。

表A

位階	絁（匹）	綿（屯）	布（端）	鍬（口）
正従一位	30	30	100	140
正従二位	20	20	60	100
正三位	14	14	42	80
従三位	12	12	36	60
正四位	8	8	22	30
従四位	7	7	18	30
正五位	5	5	12	20
従五位	4	4	12	20
正六位	3	3	5	15
従六位	3	3	4	15
正七位	2	2	4	15
従七位	2	2	3	15
正八位	1	1	3	15
従八位	1	1	3	10
大初位	1	1	2	10
少初位	1	1	2	5

※家令は1級を降す。
※春夏禄では，綿1屯について糸1絇の割合で代えて給し，秋冬には鍬5口について鉄2挺の割合で代えて給する。
※表の数字は1季分の支給額であるから，年間の給与総額は，この倍になる。

位階でいうと、従五位以上が役人らしい役人で、六位以下は収入も少なく、かなり苦しい生活だったかもしれない。一位~三位の者には位田・位封・位分資人・季禄が給与され、四位と五位の者には位田・位分資人・位禄・季禄が与えられたが、六位以下の者には季禄のみ給与される。季禄は春と秋の二回支給される、いまでいうボーナスである。現物支給であるが表Aに見るように、位階による格差が大きい。このほか、出勤日数に応じて月料(月俸)が支給される。米と塩・醤《ひしお》・魚などで、これが月給に相当する。なお、出勤した日には昼食が支給される。ある計算によると、最も低い位階の少初位の者の収入は、いまの金に直して年俸二百数十万円、最高の正一位の貴族の年俸は三億円以上という。番上官である下級の役人は少初位の者より更に少ない筈である。これでは生活が成り立たない。そこで、これを補うためにどうするか、①実家からの仕送り、②アルバイト、③給料の前借り、借金である。

仕送り　実家からの仕送りというのは、実は下級の非常勤職員には地方からの単身赴任者が多かったらしいのである。平城京跡の発掘によって、おびただしい数の木簡が発見されたが、その中に役人の勤務評定に関わるものが多数ある。その木簡に役人の出身地が記載されたものがあり、これによると、平城京で働く下級の役人は、東は常陸・陸奥から西は周防・讃岐・伊予・肥前にまで及ぶ、全国各地からやってきた者たちだったことがわかる。また正倉院文書に記されている、写経所で働く写経生や寺院建築現場で働く画師たちの出身地を見ても、東は上総・下総・常陸から、西は伯耆・周防・伊予の広い範囲から集まっていたことが知られる。たぶん、彼らの大部分は家族を郷里に残して単身都にやってきたのである。

地方出身の役人が目立つが、しかしやはり都の中に家のある者や、都に近い大和国内や山城国出身者は多い。天平五年（七三三）の平城京右京の計帳（課税のための基本台帳）には、兵衛・左兵衛・舎人・右大舎・図書寮装潢生《そうこう》の肩書を持つ者が見え、また神亀三年（七二六）の山背国愛宕郡出雲郷雲上里計帳や雲下里計帳には、つぎのような人びとが見える（カッコ内は年齢）。

授刀舎人（35）　右兵衛（32）　大蔵省使部（45）
右衛士府使部（37）　太政大臣家位分資人（26）
従五位下大生部直美保万呂資人（48）　右鋳銭寮使部（28）　鋳鉄寮史生（52）　左大臣資人（36）
薗池司使部（65）　右大弁官使部（40）　民部省使部（34）　左大舎人（33）　阿部日臣筑紫資人（40）
造宮省工（45）　営厨司工（42）

家を離れて都に上った下級役人は、一年のうちの四か月ほどを役所で働くことになる。かれらは官庁の設ける長屋（公務員アパート）で暮らしたのである。

アルバイト　正倉院文書には多数の写経所関係の史料が収められているが、それによると、写経生として働いている者は、本職のほか、アルバイトとして働いている者が多かった。天平宝字二年（七五八）九月現在、東寺写経所で働いていた経師九三人、題師一人、校生八人、装潢八人のうち、身元のわかる者について見ると、乾政《けんせい》官（太政官）史生、右弁官史生、左京史生、左大舎人、文部省（式部省）史生、礼部省（治部省）史生など、それぞれ本職を持ちながら出向勤務する者や、位階は持っているが肩書のない者（散位）、そして白丁（庶民）から成っている。なかには義部省（刑部省）中解部《ときべ》で従六位上の韓国毛人《からくにのえみし》とか、散位正六位下難波高屋のように、六位の官人もいた。難波高屋は目下浪人中であり、背に腹はかえられず、体面など構ってはいられなかったのであろう。

写経師らの出勤日数（上日《じょうにち》）を書きあげた文書を見ると、「上日拾　夕四」などとある。日勤一〇日と夜勤四日ということであろうか。給与は出来高払いであるから、夜昼通して働く者もいたのである。一八日間に日勤一八、

表B

月	下村主道主		爪工連家万呂	
	日　勤	夜　勤	日　勤	夜　勤
8	11	10	19	18
9	9	8	12	11
10	20	19	24	21
11	21	20	29	27
12	19	18	18	17
1	13	12	6	1
2	26	24	25	22
3	26	24	17	16
4	30	29	11	10
5	13	11	22	20
6	26	23	21	19
7	29	25	14	13
計	243	223	218	195

夜勤一七という猛烈役人もいた。少し具体的な例をあげると、下村主道主は、誤字・脱字などを調べる校正の仕事につき、合計二四三日出勤し、二二三回夜勤で働いて、計六五〇〇枚の写経紙を点検した。また爪工連家万呂は写経に従事し、年間二一八日出勤し、夜勤は一九五回で、都合一一〇〇枚を書きあげた。写経の手当は、一枚につき五文、校正は五枚で一文くらいであるから、

写経　5文×1100＝5500文
　　　5500文÷218（日）＝25.2文
校正　1/5文×6500＝1300文
　　　1300文÷243（日）＝5.3文

となる。家万呂は一日二五文余、道主はわずか五文余の収入となる。およその換算比率は、絁一匹が三〇〇文、布一端が二〇〇文であるから、家万呂の写経による年間収入は、絁一一匹と布一一端に相当する。少初位の役人の季禄収入が年間で絁二匹・綿二屯・布四端・鍬一〇口であるから、写経収入はこれを上まわる。下級の役人たちにとっては、写経所での仕事は家計を支えるうえで大切なものだったことがわかる（表B）。

待遇改善要求　たぶん天平十一年（七三九）のことと思われるが、写経司が差出した要望書が正倉院文書の中にある。全文六か条から成る（『大日本古文書』二十四）。

第一条「召二経師一且停事」（経師を召すを且《しばら》く停《とど》むること）

経師の新採用はしばらく見合せてほしい。現在、用紙は四千枚ある。経師は二〇人だから、一人一日に八枚写すと二五日で紙がなくなる。紙は少なく人は多いのだから、新採用すれば必ず仕事がなくなってしまう。いま紙を準備中なので八月中旬まで採用は待ってほしい。

第二条「欲レ換二浄衣一事」（浄衣を換えんと欲する

こと）

仕事着をかえてほしい。いま着ているものは去年二月に給付されたもので、或いは破れ、また垢《あか》じみて、洗ってもくさいありさまである。みな新品と取りかえてほしい。

第三条「経師休暇事」（経師の休暇のこと）

毎月、五日間の休みを下さるよう、お願いします。

第四条「薬分酒事」（薬分の酒のこと）

つねに机に向かい坐っていると、胸が痛み、脚がしびれる。三日に一度は酒をいただきたい。

第五条「毎日麦給事」（毎日、麦給わんこと）

以前は毎日麦を給与されたが、近頃は途絶えている。以前のように、毎日給わりたい。

第六条「装潢并校生食麁悪事」（装潢ならびに校生の食《じき》の麁悪《そあく》のこと）

装潢生（装丁係）と校生（校正係）に給与される食事が粗末である。この頃は黒（玄）米の給食ですが、中等品でも白米を給与して下さい。

以上の六か条は、経師らが請願するままに書き記しました。善処を期待しています。

貧しい下級の役人たちにとっては、写経は重要な生活の支えであった。だから、就業希望者は多かったにちがいない。もっとも、一定の知識と技術を必要とするのだから、誰でもというわけにはいかない。前に見たように、写経の方が校正より高い賃金がもらえる。欠員ができたので校生から経師に配置換えになった者がおり、そのあとにすぐ校生候補者が推薦されている史料がある。

ダンス・ホール

ダンスは明治十六年（一八八三）十一月の鹿鳴館における舞踏会をきっかけに広まった。上流の社交界ではダンスは必須の教養となり、女性・洋装に対する関心も深くなった。のち、大正七年（一九一八）横浜にダンス・ホールが開かれ、いちだんと普及した。十四年には風紀上の問題から、学生の入場や午後一〇時以降の営業が禁止された。大正末年から昭和十年頃までがダンス・ホールの全盛期であったが、戦争期十三年には女性の入場が禁じられ、十五年にいたり閉鎖命令が出された。そのせいというわけでもないが、私ども昭和初年生まれの者は青少年期にダンスに触れる機会を持つことなく、社交ダンスのできない者が多い。第二次世界大戦後、昭和二十一年（一九四六）には社交ダンス・ブームが起こり、四十四年には初のダンス世界選手権を開催するほど、レベルも向上した。

旦那《だんな》

「うちの旦那はいい人なんだけど、大酒飲みが玉に瑕で」と妻が夫をいうときの呼称である。もっともいまは夫婦対等の立場からダンナという語は忌避されがちである。

この語は、近世以来、妾や水商売の女性がパトロンを呼ぶときの呼称であるとともに、使用人が主人に対する呼び名としても使われたが、上下の関係・主従関係を想起させる用語であるから、現在ではあまり用いられない。

この用語、もとは仏教用語であり、「布施」「ほどこし」の意であり、またそれを行う檀越のことである。『日葡辞書』は「檀方つまり信者、信徒」と解している。これがさらに拡張されて、社寺参詣宿泊者をいうようになり、それを世話する者を御師・先達といい、それに伴う特権を檀那職と呼んだ。中世に起こった用語である。

なお、滝沢馬琴は「燕石雑志」（日本随筆大成・二期一九）の中で檀那の仏語起源説を述べている。

力車《ちからぐるま》

恋草を　力車に　七車　積みて　恋ふらく　我が心から（『万葉集』巻四—六九四番）

激しい恋心を歌ったものであるが、「力車」とは何か。辞書を引いてみると、①荷物を載せて人が後ろから押していく車、②力ある車で、巨大なものの運搬に使う、③物を積んで人の力で引く車、④重量のある物を運ぶ荷車、⑤租税（ちから）を運ぶ車、など何通りかの理解のあることが知られる。②、④は「力」を車にかけて理解し、①、③は「力」を人にかけ、⑤は用途から理解している。

『万葉集』の注釈書類を見ると、「大型の荷車、大八車の類をいうか」（木下正俊『万葉集全注』四）、「人力で引く荷車。大八車の類であろう」（伊藤博『萬葉集釈注』二）、「荷物を載せて人が後ろから押してゆく車」（小島憲之ほか・日本古典文学全集『万葉集』一）とあるが、なお考察が必要であろう。

延喜五年（九〇五）の筑前国観世音寺資材帳（『平安遺文』一巻一九四号）に、

釭弐拾口［力車七　牛車二具　一枚三以車十二具
不用二具　全七口］
今校［大七　全五　大破一　全十二　中六　小十四
小破三］
車館　壱隻［長三寸］

「釭」とはカリモまたカモといい、車の軸の摩擦で轂（こしき）が破損しないように車軸を貫く穴を内側から覆うようにした金具である。牛車が二輪車であることははっきりしているが、力車はどうか。『狭衣物語』（巻四下）に「ちから車どもも、数多おしやり続けつつ行きちがふ」とあるのは押して動かす一輪車であろう。『栄華物語』（十五）に「力車にえもいわぬ大木どもを綱つけて叫びののしりひきもて上る」とあるのは綱をつけてひく二輪車であろう。一輪車の力車は人ひとりで押す小さい車であり、二輪車の方は少し大きく複数人で引くものである。なお、中世に、車に荷を積んで運送に従事する者を車借、車力といい、車をも車力といった。

地図　ちず

地図の作成はギリシア・ローマ時代にさかのぼるが、地中海中心の世界図を描き、中国でも戦国時代に多くの地図が描かれた（海野一隆『地図の文化史』八坂書房）。

わが国では、いわゆる大化改新詔（六四六年）で、国ぐにの「図」を徴したのがはじめである。実図では、後世の写しながら、もっとも古いのは天平七年（七三五）の「讃岐国弘福寺《ぐふくじ》領田図」である。

列島の地図については、聖武天皇（七二四―七四九在位）のときに作られたという僧行基による「行基図」と称する日本全図がある。しかしこれは原図ではなく、はるかのちの嘉元三年（一三〇五）の書写である。中世には荘園関係の図が多数描かれたが、地図としての精度は低く、絵図と呼ばれている。

列島の地図といえば、伊能忠敬の図が名高いし、江戸時代にはかなり正確な国図が描かれ、正保元年（一六四四）以降は三万一六〇〇分の一の縮尺に拠った。

馳走　ちそう

「ごちそうさま」と食事を終わる。漢字で書くと「御馳走様」だが、なぜ？

馳走の本義は、①走りまわる、奔走するである。「東西に馳走す」（『今昔物語集』）、「車馬馳走」（『中右記』）などと用いる。そこから②世話をする、面倒をみるの意となる。①、②の意味での用例は平安時代から見られる。さらにそこから③食事のもてなし、接待、またそのための食事、お料理となる。

むかし、各家庭に風呂の設備のなかった時代に、隣家の風呂に入れて貰うことがあった。風呂からあがったときの挨拶は「ご馳走さまでした」といった。湯を沸かすのに馳走して貰ったことに対する謝辞であった。

千歳飴　ちとせあめ

十一月十五日の七・五・三の神詣《かみもう》での帰りに千歳飴を購《あがな》うのが慣いである。千歳飴は晒水《さらし》飴を煮つめたものを紅白に色づけし細長い棒状の飴を作り、長方形の紙製のさげ袋に入れる。袋には鶴亀や松竹梅の模様が描かれている縁起ものである。この飴をなめると健康で長命を授かるというのである。

千歳飴の起源については二説ある。第一は、元和（一六一五～二三）年中に大坂ではじめて水飴を作った平野甚右衛門が江戸に出て浅草寺境内で売り始めたとの説、第二は元禄・宝永（一六八八～一七一〇）の頃、江戸浅草の飴売り七兵衛が千年飴・寿命糖と称して売り出したとの説である。

粽　ちまき

笹やまこもで、もち米・うるち米の粉を巻いて長円錐形に固め、藺草《いぐさ》で巻き蒸した餅。五月五日の節供に食べる風習があった。『古今和歌集』『伊勢物語』『拾遺集』

などに見え、平安時代の粽は、あやめの葉、菰の葉を用いたことが知られる。『延喜式』三十九（内膳司）に、「粽料糯米三石日別二升五合　大角豆日別六合六勺／　苧大二斤　薪六十荷直　蒋六十束物／右従三月十日迄五月卅日供料」とある。

端午に粽を作るのは、中国の楚《そ》の屈原《くつげん》を祀ることに起こる。京都では川端道喜のちまきが名高い。道喜のちまきは禁裏に献上され、内裏ちまきと呼ばれた。餅を包んだ葉は鞍馬山で採取した篠葉《ささのは》であった。

ちまきと同類のものは、駿河では朝比奈ちまき、紀伊では絹まき、羽前庄内では笹《ささ》まきといった。

道守屋　ちもりや

平安京には盗賊が多く、また放火による火災も多かった。寛仁三年（一〇一九）四月四日、平安京の東北地区富小路・大炊御門辺で火災があり、多くの家が焼亡した。『小右記』の記述によると、その夜は諸所に火災があり、諸卿は頼通邸に集まって様子をうかがっていたという。

翌五日にも上東門大道以北、帯刀町東西の小家が焼亡した。昨日といい今夜といい、いずれも盗賊の放火によるものと藤原実資は聞いたらしい。かれは「当時已無二憲法一、万人抱レ膝仰レ天」と日記に書いた。この状況の中で藤原公任は「條々夜行可レ被レ行也」――夜まわりをさせて警戒したらいいと述べ、実資は「造二道守舎一仰二保々一令二宿直一尤可レ佳」と主張した。

近衛将曹紀正方の話として、主殿司女が後涼殿の北の道で盗人のために衣裳を剥がれることがあった。また襲芳舎に放火があり、藍園や東町の小人宅でも放火があった。いずれも発見が早くボヤですんだらしい。

連夜京中往々有二斯事一、放免所為云々、就中宮事極奇怪也、何不レ降二天譴一哉

放火が放免の所為だという点にも注意を惹かれるが、先の実資の主張が実現され、諸条に道守舎が造られ警戒が行われたのである。

「道守《ちもり》」を国語の辞典で引いてみると、①道路を守る者、②道路を巡回して人々の様子をうかがい歩いたり、非違を取締る人とする。また「ちもり」には「遉遇」の字を宛てる。辞典によれば「遉」は「うかがう」「さがす」の意で、遉邏はチモリのこととする。「舎」は小屋

であろうが、巡察者の待機小屋、いまの駐在所の如きものであろう。

茶と茶番　ちゃとちゃばん

　茶が中国渡来のものという説は疑われている。古くから日本列島に自生していたというのが最近の説らしい。それはともかく、平安初期の詩文の中に茶のことが見え、喫茶の風習は早くからあったらしい。嵯峨天皇の弘仁六年（八一五）六月には畿内近国で茶の栽培が行われている（『日本後紀』）。鎌倉時代に栄西により喫茶の風習が輸入されたというのは俗説であるとされる。

　山茶・山茗・仙茶の称は、茶がもっぱら山に植えられたのに基づく呼称であり、磨茶・引茶・末茶・こちゃというのは、磨《す》って粉にした茶である。茶は石臼で磨った。鎌倉時代、最良の茶は山城国の栂尾茶で、これは単に京茶とも呼ばれ、伊賀国産や上総国産のものは田舎茶などと呼ばれた。贈答用の茶は、謙遜して、書簡では、すて茶、下品茶などと書かれた。(1)

　茶をたてるのに必要な茶筅《ちゃせん》（古くは兎足《とそく》と称した）手づくりであり、鎌倉時代には未だ商品化していなかったかもしれない。(2) 他に茶器として、建盞《けんさん》（天目茶碗）、茶盆（茶盤も同じか）があり、茶筒、茶瓢、櫑茶《るいざ》は茶入れの容器である。

　茶振は磨茶用の篩《ふるい》である。ふるった残りの茶は簸屑《ひくつ》である。現在いう茶托《ちゃたく》は茶坏《ちゃつき》といった。贈答用や保存用の茶いれは茶桶《ちゃおけ》（甬）で、少し多量の茶の運送などには茶箱や茶かめを用いた。

　茶は紙袋に入れた形で数え、「ひとつつみ」「ふたつつみ」と称し、また「ひとくくり（括）」という数え方もある。茶を飲むときの、いわゆる茶うけの菓子が茶の子である。

　茶の字を冠する言葉に「茶番」がある。茶番とは、「とんだ茶番劇だ」などというように、底の知れた、なれあいの滑稽劇のことである。軽蔑の意を含めた言葉である。しかし、茶番とは、文字通り、お茶の当番のことである。歌舞伎などの劇場の楽屋で湯茶の準備をする地位の低い役者を茶番と呼んだのである。

　楽屋内には茶番のほか、酒番・餅番などもあったが、それに当たる役者たちが、慰労会の酒宴で滑稽劇を演じ、十八世紀前半頃から茶番狂言と称されるようになった。その後、茶番狂言は吉原の遊里でも行われ、やがて社会一般にひろまっていった。(3)

茶番は、ひとつは立《たち》茶番と呼ぶ寸劇、他は口上《こうじょう》茶番と呼ばれる笑話に分かれて、しゃれた遊びとして発展した。そこからさきに述べたような意味をもって「茶番」の語が普及していったのである。

注

(1)　関靖『中世名語の研究』（金沢文庫、一九五九年）。

(2)　柳亭種彦『柳亭記』（日本随筆大成一期―二、三七一頁）に、「十一月十二日空也忌、四条坊門西洞院のあひだに鉢たたきの寺があり、けづりていとなみとなす」とある。室町時代には京の紫竹茶筅が、戦国時代には奈良茶筅が名品とされ、江戸時代には大和国鷹山が独占的な生産地であったという。

(3)　服部幸雄『歌舞伎ことば帖』（岩波新書、一九九九年）。

チューインガム

チューインガムの原料は中南米原産のチューインガムの樹の樹液（ゴム質一パーセントを含む）からつくる。原住民が樹液をかんでいたのをアメリカ人のアダムスが一八六九年頃に商品化したという。そして一八八〇年頃ニューヨークで、ウィリアム・リグレーがこれに糖分とハッカ・ニッケイなどの香料を加えて現在のような商品を作ったという。

わが国では大正三年（一九一四）頃、輸入・発売された。一〇包入りで一円、五包入り五〇銭、一包一〇銭と高価であったことと、人前で口を動かすのは失礼に当たるとする観念が強く、そのこともあって普及しなかった。一般に普及したのは第二次世界大戦後で、占領軍として来たアメリカ兵がかんでいたこともあって広まった。

中間　ちゅうげん

江戸時代、大名・旗本・藩士などに仕えた従者のうちもっとも軽輩の者。奴《やっこ》・下男《げなん》・草履取《ぞうりとり》と呼ばれた。中間たちの住まいが中間部屋で、テレビ・ドラマの時代劇に出てくるときは、旗本の中間部屋といえば、賭博場となっている。主人の出仕・外出のときには、荷物をかついだり、雑役に従事する。江戸幕府の職制では一五俵一人扶持の給与であった。

その位置づけは、士と小者の間となっており、その名称もこれに由来するらしい。ただし十三世紀半ばの「六波羅殿御家訓」（北条重時家訓）に「召仕ハン侍・雑色・中間等マデモ」と侍―雑色―中間の順に記している。

徴下　ちょうげ

チョウゲ、又はチョウカと読むのであろう。嘉保元年（一〇九四）十二月十七日官宣旨案（『平安遺文』四巻一三三六号）所引の伊賀国司解に、

謹検二案内一、神民及東大寺寄人等、恣出二作公田一、徴二下官物一之時、各募二本所之威勢一、不レ弁二如レ数之官物一

とある。官物を徴収するため符（徴符）を下すことを「徴下」というのである。また、仁平元年（一一五一）十二月二十五日官宣旨案（『平安遺文』六巻二七四四号）所引円光院所司等解に、

国之徴下者百廿五石也、所二責取一者七百廿五石余也、徴下与弁済相比、既以及二六倍一

とある。官物の徴収額と弁済額を比較すると六倍に及ぶというのである。「徴下」について、「『徴収』同様の税を取り立てることであろう」と説明している書物もあるが、不正確である。

朝三暮四　ちょうさんぼし

出典は中国にある。『列子』黄帝第二である。

宋の狙公が飼っていた猿に橡の実を与えるのに、朝三つ・暮四つとしたところ猿が怒り、少ないとした。そこで狙公は朝四つ・暮三つではどうかというと、猿はみな承知しよろこんだという。結局は同じ量なのだが、目さきの違いにとらわれてだまされてしまう。詐術を用いて大衆を愚弄することをいうのである。

「朝三暮四」について解説した萩谷朴は『語源の快楽』（新潮文庫、二〇〇〇年）で「平成元年度の所得税法では、被課税所得一千円以上をも税率一〇パーセントの枠に取り込み、被課税所得五千万円以上を二千万円以上と同じ五〇パーセントに下げるなど、超高額所得者を大幅

に減税しながら、最低所得者にも課税する網を広げる一方、口を開けば、十分に減税措置を講じた上での、広く薄く公平な消費税は、高齢化社会への必須の対策であるなどと強弁するに至っては、猿を相手の朝三暮四どころか、国民大衆を猿以下に見くだした大嘘つきである」と記している。

調子　ちょうし

音楽で音律の高低を調子という。また音階の高さによる種類、壱越調《いちこつちょう》・平調《ひょうじょう》など、雅楽での用語である。この用法はもちろん古代以来のものであり、現代まで連なる。一方少し異なって、字句の言いまわしのことをいい、「調子に乗る」といえば、おだてられたりして勢いづくこと、あるいは、いい気になってうわついた言動をとる状態をいう。調子を合わせるといえば、音の高低、速さ、音律・拍子を合わせることから、相手に迎合するの意となる。相手の気持を察して機嫌をとるのが上手な者が「調子のいい男」である。いずれも江戸時代以降の用法であろう。

朝鮮通信使　ちょうせんつうしんし

室町時代、江戸時代に朝鮮国王から足利将軍および徳川将軍に送られた外交使節で、来日は二〇回に及ぶ。朝鮮信使、信使、朝鮮来聘使、来聘使、御代替り信使などとも呼ばれた。正徳元年（一七一一）の使者一行は五〇〇人という多勢であった。華やかな異国人の行列は人びとの眼を惹き、席を設けて見物するほどであった。

第一回目の通信使は、応永二十年（一四一三）将軍足利義持のとき来日し倭寇禁止を要請した。最後は文化八年（一八一一）で、将軍徳川家斉のときである。

通信使の編成は、正使・副使・従事官・堂上訳官、上通事・製述官・良医・次上通事・押物官・写字官・医員・画員・子弟軍官・軍官・書記・別破陣・馬上才・典楽・理馬・伴倘・船将・卜船将・陪童・礼単直・盤纏直・砲手・鼓手・旗手・格軍より成る。瀬戸内・大坂を経て淀までは船により、以後江戸までは人馬により陸路を進んだ（三宅英利『近世アジアの日本と朝鮮半島』朝日新聞社、一九九三年）。

調邸《ちょうてい》

東西市　平城京《へいぜい》には、東市と西市の二つの官営市場があった。平城京を管理する京職《きょうしき》の長官である大夫の職掌の中に「市廛《してん》、度量」のことが入っているが、直接に市のことをつかさどるのは市司《いちのつかさ》である。その職員構成は、

正《かみ》（一人）　佑《じょう》（一人）　令史《さかん》（一人）　価長（五人）　物部（二〇人）　使部（一〇人）　直丁《じきちょう》（一人）

となっている。正は「財貨の交易、器物の真偽、度量の軽重、売買の估価《こか》、非違の禁察」をつかさどる。価長は時価を定め、物部は警察、使部は雑用係、直丁は常時宿直して雑用に従う仕丁《じちょう》である。平穏・公正な売買が行われるように市場を監督・経営するのである。

市場についての法的規定は『養老令』の「関市令」で行われている。要点を記すと、つぎの如くである。

①市場は午時《うま》（正午の前後約二時間）に開かれ、日没前に終わる。合図のため鼓をうつが、九連打を三度行う。

②市場では、肆《いちくら》（同業商店のブロック）ごとに標《ひょう》（文字看板）をたてる。

③市司は、品物の種類ごとに価格を上・中・下の三等に分け、実際に交易された値段を上・中・下三等に分け（九等価）記録する。

④官と私の間で交易する際に、銭以外の物（稲・布など）で交易するときは、その物の中等価で行う。

⑤度量衡は大蔵省の検定を経たものを用いる。毎年二月、京においては大蔵省、国においては国司が検定する。大蔵省の原器の模型が諸司、諸国に配られていた。

⑥称《しょう》（天秤《てんびん》ばかり）は横木につり下げて用い、斛《こく》（一石の容量のます）には概《がい》（とかき）を用い、米の粉や麦の粉は天秤ではかる。

⑦奴婢を売るときは奴婢の主人が売渡し証文を書き保証を取り官司がこれに判署する。馬牛の売却には保証を取るのみで、官司の判署を要しない。

⑧粗悪品を売ってはならない、横刀《おうとう》、槍《やり》、鞍《くら》、漆器などには製造者の名を記せ。

⑨市で商売するとき、男女は坐を別にしなければならない。

⑩粗悪品、偽物を交易したときは没収する。寸法が規格に足りない物はもとの持主に返せ。
⑪官の物品購入以外はすべて市で交易せよ。時価とかけはなれた値で売買したり、価の一部または全部を後払いすることを禁ずる。
以上に加えて、「雑令《ぞうりょう》」により、皇親および五位以上の官人は市内に店を構えて売買することが禁じられていた。しかし、帳内・資人・家人・奴婢をつかわして物を売り、また出挙することは認められた。

東市図

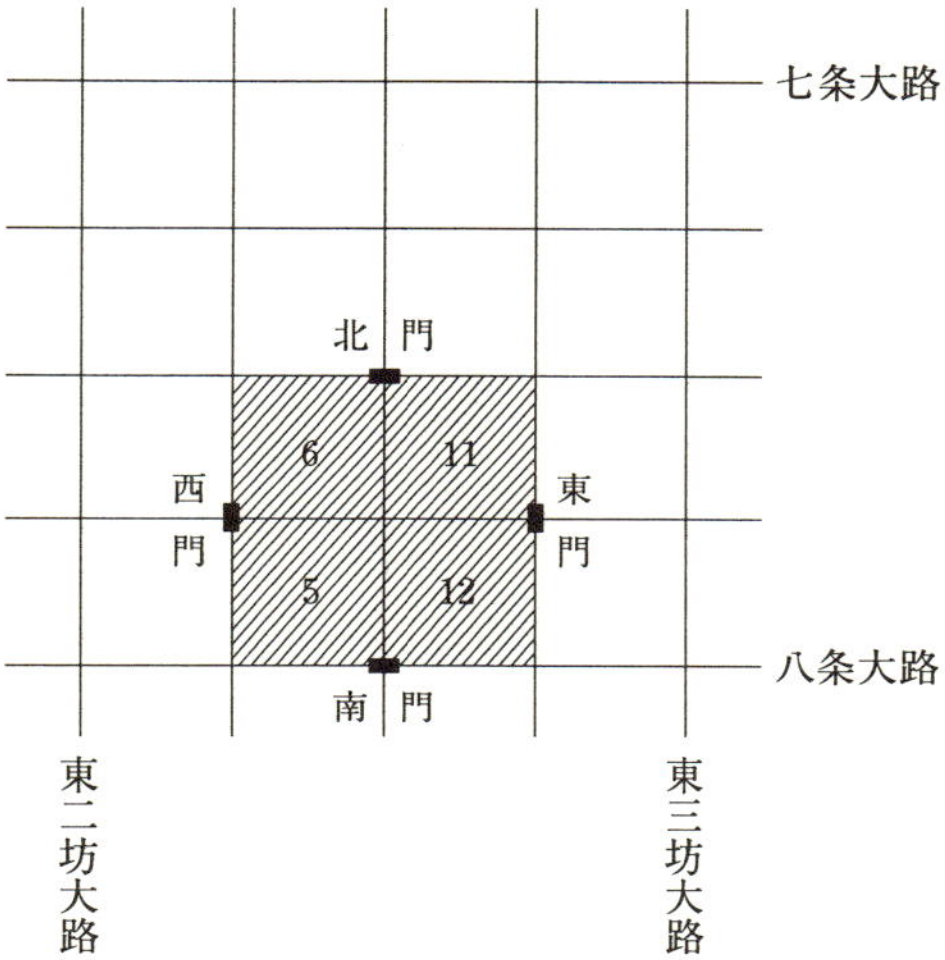

平城京の市は、東市は左京八条三坊五・六・十一・十二坪にあり、西市は右京八条二坊五・六・十一・十二坪にあったとみられる。市の周囲には垣をめぐらし、東西南北面に門が開いていた（図参照）。市には木が植えられており、『万葉集』の中にはそれをうたったものがある（本書「街路樹」の項参照）。

調邸　東市の西に隣接して、相模国の調邸なるものがあった。天平二十年（七四八）に東大寺司は相模国司に依頼して、相模国調邸内に二、三の倉庫を建てさせてもらった。やがて東大寺は調邸の地が欲しいということで、東大寺の所有地一町と交換（相博《そうはく》という）してくれないかと打診した。しかし、相模国側からの返事はなかった。そこで東大寺は、もし相博がだめなら、その土地を適当な値段で買ってもよいと申し入れた。相模国司が郡司たちに意見を求めると、相博の予定地は「朝廷《みかど》」から遠くて不便だから、調邸の地を売却して、その代価で便利な土地を買いたいとの答えを得た。天平勝宝八年（七五六）二月六日付で、相模国は調邸一町を六〇貫文で東大寺に売った。こうして調邸の地は東大寺領市荘《いちのしょう》と呼ばれるようになった。

奈良時代、全国から都に送られてくる調・庸（および中男作物）の総額は、米に換算して五〇万石を下らないといわれる。公田地子や荘園からの収納を合わせると、その量は莫大なものがあったと考えられる。都に送られる調庸物は、国ごとに品目・品質・数量が定められていたが、それらの物品を国元ですべて用意できるとは限らなかった。国の市で購入して都に送られるものもあったが、都の東・西市で調達する場合もあった。諸国では、都に向けて送り出した物品を、ひとまず、どこかに集積し、しかるのちに所定の所に納入することになる。そのための倉庫が必要だったのであり、それが調邸であった。「邸」とは倉庫のことである。

相模国が市のそばに調邸を保有していたのは、このような便宜のためなのであった。調邸は調庸物を収納する倉庫であるとともに、それを運んできた官人や運脚夫《うんきゃくぷ》らの宿泊施設でもあったと思われる。こうした施設は他の国ぐにも、同様に都の内外に保有していたものと思われる。のちの『延喜式』（「弾正台式」）には「諸国調宿処」という語が見えるが、これこそ各国が都に置いた、いわば「――国平城（なら）出張所」というべきものだったのである。

町人　ちょうにん

江戸時代は身分社会だったといわれる。士・農・工・商の第三・四身分で都市に住む者が町人であった。狭義には家持の町人を指す。『日葡辞書』は「チャウニン」「マチゥウド」という。史料的には、『古事談』（一二一二―一二一五年成立）や『吾妻鏡』建保三年（一二一五）七月十九日条に「町人」が見える。

町とは平安京のいわゆる都城制での行政区画で、坊は一六〇町から構成されていた。町の規模は四十丈×四十丈で、その内部が四行八門（三二区画）に分かれていた。その一区画が戸主《へぬし》であった。

一方、町はもと田区・田堺のことであるが、平安京では東西に通ずる道路（条・坊）と町通り（新町通り）との交叉点を意味した。東西市が衰退すると、この町が商業の中心地となり、その中心は七条町であった。

勅撰和歌集　ちょくせんわかしゅう

天皇の勅または上皇の院宣によって撰集された二十一の和歌集をいう。

古今和歌集（一一〇〇首）・後撰和歌集（一四二五首）・拾遺和歌集（一三五一首）・後拾遺和歌集（一二一八首）・金葉和歌集（六五〇首）・詞歌和歌集（四一五首）・千載和歌集（一二八八首）・新古今和歌集（一九七八首）・新勅撰和歌集（一三七四首）・続後撰和歌集（一三七一首）・続古今和歌集（一九一五首）・続拾遺和歌集（一四五九首）・新後撰和歌集（一六〇七首）・玉葉和歌集（二八〇〇首）・続千載和歌集（二一四三首）・続後拾遺和歌集（一三五三首）・風雅和歌集（二二一一首）・新千載和歌集（二三六五首）・新拾遺和歌集（一九二〇首）・新後拾遺和歌集（一五五四首）・新続古今和歌集（二一四四首）

勅撰和歌集の最初は『古今和歌集』で、撰者は、紀貫《きのつら》之《ゆき》・紀友則《きのとものり》・凡河内躬恒《おおしこうちのみつね》・壬生忠岑《みぶのただみね》ら。二〇巻より成り、延喜五年（九〇五）撰集開始とも完成ともいう。最後の勅撰和歌集は『新続古今和歌集』で、飛鳥井雅世《あすかいまさよ》の撰集。永享十一年（一四三九）完成。

チョコレート

二月十四日の聖バレンタインの祭日に、未婚の男女が恋人を選ぶと幸福になれると言い伝える。バレンタインは三世紀に殉教した聖僧で、この日を命日とした。もとはイギリス特有の祭りで、この日、恋人に贈物をする風習があった。

現在わが国では、この日に女性から男性に贈物をする風習が盛んである。昭和三十三年（一九五八）東京新宿の伊勢丹デパートが、バレンタイン用のチョコレートをはじめて発売した。バレンタイン・デーにチョコレートを貰った男性は、三月十四日のホワイト・デーに返礼しなければならないとされている。

いま私たちが食べるチョコレートは、カカオ豆を煎って粉末にしたものに香料・牛乳・砂糖などを加えて練り固めたものである。もとはメキシコの原住民がカカオ豆を飲み物に用いていたが、スペイン人コルテスがそれをヨーロッパへ持ち帰り（一五一三年）、のちにスイス人ダニエル・ピーターが板状のミルク・チョコレートを作ったのである（一八七六年）。

明治六年（一八七三）に岩倉具視一行はフランスでチョコレート工場を視察し、リヨンで試飲している。わが国ではじめてチョコレートを製造販売したのは明治八年両国の風月堂であったという。はじめチョコレートは飲み物として作られたが、明治三十二年アメリカで最新技術を学んで帰った森永太一郎が東京赤坂に開業し四十二年にはじめて板チョコを作った。しかし、工場生産が軌道に乗ったのは昭和元年（一九二六）のことであった。いま思うと、私どもが子どもの頃、チョコレートはもっともモダンな菓子だったのである。

ついで

いろいろな意味に使われる言葉である。「ことのついで」といえば、あることを行うとき、ちょうどよい機会だからと同時に行うことである。これは古代以来の用法である。「骨折りついで」「くたびれついで」という使い方もある。

いまひとつは順序、順番の意である。「四季はなほ定れるついであり、死期はついでをまたず」（『徒然草』一五五）という具合である。「次第」も同様である。いずれも、古代以来の用法である。

なお「ついでなし」といえば、機会がない、きっかけがないの意。「ついでがましい」とは、いかにもついでのように装っての意。「ついでついで」は、つぎつぎと順序を追ってするさまをいう。

月見《つきみ》

旧暦八月十五日と十三日の夜のお月見のことである。旧暦八月十五日を中秋と呼ぶので、中秋の名月ともいう。この頃には空気も澄み湿度も低く観月には最適の時期とされる。十五夜に餅を供える風習は中国伝来のものであるが、十三夜の月見はわが国独特のものという。

観月の風は古くからあって、その起源を究めるのは困難である。ヨーロッパでは、月が不吉なものと見られ、狼男が月を見て変身するというのはその典型的なものである。わが国でも「月の顔を見るは忌むこと」（『竹取物語』）とされ、「月をあはれといふは忌むことなりといふ人のありければ」（『後撰集』）、「月見るは忌み侍るものを」（『源氏物語』宿木）というように、月は忌むべきものであった。ところが『万葉集』では、

春日山おして照らせるこの月は妹が庭にも清《さや》けかりけり（巻七—一〇七四番）

というように清《さや》けきものであり、万葉びとたちが月明に嬉々として遊び戯れていることは事実である。

中西進は、『万葉集』の月には「死」のイメージがあると述べ、かならずしも清けきものではないと述べている。「蒼白の月光もまた死者鎮魂の音楽の音色にひとしい。虚脱を強いる音色をもっていたらしい」と述べている（中西進『万葉のことばと四季』角川選書、一九八六年）。

付銭　つけせん

『鎌倉遺文』四十一巻三二三〇〇号文書は「犬法師太郎和与状案」とされている。ことは、元亨元年（一三二一）十月、志摩国答志郡泊浦小里の住人紀内の船が、東国よりの銭三一貫文を積んで伊勢に戻る途中、三河国設楽郡高松沖で、同じく志摩国の悪止（悪石）の住人虎王次郎の船と衝突し（「はせあて」と記している）沈没（「入海」と記している）したのである。三一貫文の銭の請取人は小里の犬法師太郎であった。

犬法師太郎は賠償を要求したが、悪止の船頭虎王次郎はなかなか支払わなかった。そこで、とようらのいとうさえもんを仲介人として交渉したところ、虎王次郎の代理人孫三郎から二〇貫文が支払われ、これで和与した。犬法師太郎は「慥請取付銭事」と二〇貫文を請取ったこと、そして「此上者、若就㆓此付銭事㆒、以㆓後日㆒わつらいを申きたる輩あらば、訴㆓公庭㆒可㆑被㆑処㆓罪科㆒者也」と書いた。

右の「付銭」について『鎌倉遺文』は「付（利カ）銭」と注記している。しかし、これでは本文の内容と合致しない。「利銭」とは、ふつう利息つきの借銭また利息のことをいうのであるから、ふさわしくない。ここは「付銭」のままでよいであろう。江戸時代の用例では、付銭

とは「つけがね」ともいい、挨拶がわりに置く金銭のことをいう（『日本国語大辞典』7・七〇五頁）。

ところで、船舶の衝突事故の場合、中世の慣習法ではどのようになっていたのであろうか。のちの史料ではあるが、いわゆる「廻船式目」（住田正一『廻船式目の研究』東洋堂、一九四二年）がある。そこでは、衝突のことを「乗懸《のりかけ》」「当《あた》り合《あい》」「キシロフ」（軋り合）などというが、基本的には風上の船に責任があるとされる（金指正三『日本海事慣習史』吉川弘文館、一九六七年、二八〇頁）。

当該の志摩国の船同士の衝突の場合はどうであったか、風向きなど不明である。江戸時代の場合、補償額は、沈没船の積荷の元値段と江戸値段の平均額（A）と、沈没船の価格（B）を加え、これの三分の一という（中田薫「徳川時代の海法」『法制史論集』第三巻、岩波書店、一九四三年）。

つじつま

江戸時代以来の用語である。辻《つじ》とは、裁縫で、縫い目が十字になったところをいい、褄《つま》とは着物のオクミの下部のことである（『大言海』）。つじとつまは、ともに、端《はし》のことで、これが合う。また、馬の背骨のうしろの方の、骨が高くなった部分をサンズといい、そこに当たるシリガイ（馬具）の部分をつじといった。

なお、江戸時代には集計・合計のことを辻と称した。高辻《たかつじ》の語がある。「辻」と「褄《つま》」が合う、そこから、きちんと合うべき道理、一貫すべき筋道のことをいうようになったのである。

土一揆　つちいっき

中世は一揆の時代といわれる。武士の一揆、僧侶の一揆、農民の一揆、馬借の一揆など、それぞれの集団が揆を一《いつ》にして要求を貫くために行動を起こす。その中心は徳政や年貢減免、代官更迭などの要求を掲げた農民・馬借の一揆であり、従来の研究によると、約八〇例の土一揆が知られる。

ふつう土一揆の発現については、『大乗院日記目録』正長元年（一四二八）九月日条の記述が引かれる。

「凡亡国之基、不レ可レ過レ之、日本開白以来、土民蜂起是初也」

この年は全国的な飢饉《ききん》で、そのうえ三日病《みっかやまい》（流行性感冒か）が蔓延《まんえん》した。八月に近江で、九月には山城醍醐で徳政要求の一揆が起こり、たちまちのうちに畿内を中心に広範囲に波及し「惣テ日本国ノコリナク御得（徳）政」（「春日若宮社頭之諸日記」）という状況になった。正長以前にも土一揆的な運動は存在したという意見もあるが、正長の土一揆が支配者層を震撼させた大事であったことは疑いない。土一揆という呼称は文和三年（一三五四）の文書に初見する。

〈参考文献〉中村吉治『土一揆研究』（校倉書房、一九七四年）

つとに

つとに（朝尓）行く　雁の鳴く音は　我がごとく　もの思へかも　声の悲しき（『万葉集』巻十―二一三七番）

この歌、いうまでもなく冒頭の「朝尓」が問題となる。「アサニ」「ケサニ」「ツトニ」などと訓まれる。現在では「ツトニ」の訓みがふつうになっているが、確定しているわけではない。「名義抄に朝まだきの意の夙にツトニ・アシタの訓がある。アサニという形は奈良朝に例なく、古今集・源氏物語にも見えない。よってツトニと訓んでおく」（日本古典文学大系）という解説である。いかにも頼りない。

つば

唾《つば》は「つばき」ともいう。古くは「つわ（は）」であった。『古事記』『日本書紀』以来の語である。『和名抄』は「都波岐」と記し、『日葡辞書』は「ツハキ」「ツバキ」の両者を挙げる。「つばき」の「き」は液汁のことという（『唾を』柳田國男全集21）。『古事記』上は、ムクの木の実と赤土を含んで唾を吐きだす行為が、ムカデを退治する方法であったことを暗示し、また「海神の宮訪問」の項には唾液の呪力について語る部分がある。『太平記』（十五）の「竜宮城鐘の事」に、俵藤太秀郷の大ムカデ退治の話が見え、秀郷が矢を射かけたが効なく、最後の矢には、矢の先端につばをつけて射たところ、今度は射立てることができたという。唾液の呪力である。

椿　餅　つばきもち

草木の葉で包んだ餅菓子には二種類ある。一つは餅を包んだもの、他は餡餅《あんもち》を包んだもので、前者は椿餅、後者は桜餅や柏餅である。椿餅はツバキモチ、ツバイモチと読む。干飯《ほしいい》を砕いて粉とし、あまずらをかけて固めて餅とし、椿の葉二枚あわせて丸く包み、細く切った薄紙で帯状に結ぶ。

椿餅は『うつぼ物語』（国ゆづり上）に見え、『源氏物語』（わかなの上）にも「つばいもちひ」として見える。また、平安時代、蹴鞠の節会の折に饗応に椿餅が出されたという。椿餅は桜餅や柏餅の源流をなす菓子であった。

つまで

『万葉集』巻一―五〇番は、「藤原宮の役民の作る歌」である。その中に、

……石走る　近江の国の　衣手の　田上山の　真木さく　檜のつまでを　もののふの　八十宇治川に
玉藻なす　浮かべ流せれ　そを取ると　騒ぐ御民も
家忘れ　身もたな知らず…

この「つまで（嬬手）」について、伊藤博は「角材《つま》の料《て》で、丸太の意か」と注する（『万葉集注釈』（一）、『万葉集全注』巻第一）。

『日本国語大辞典』は、「柧手」の字を宛て、「荒削りした、かどのある材木・角材」とし、また、材木として役立たない、切れ端や削りくずと注し、方言として、割木の端片、海岸にうち寄せられた木片と記す。『万葉集』の「つまで」は筏に組んで川を下すものであるから、皮つきの丸太であろう。とすると、国語辞典の解説では具合が悪い。

澤潟久孝『万葉集注釈』巻第一は「手」は「料」「ざっと木造《きづくり》をした――即ち荒削りした角のある――檜の製材をいふ」とする。

日本古典文学全集『万葉集』一は「語義未詳。檜の丸太か」とする。

武田祐吉『万葉集全講』上は「檜の角材」とする。

山田孝雄『万葉集講義』巻第一は、ツマは削った材、

テは料に相当する語とする。

『宗長日記』（岩波文庫）に、

なま〱の痩侍一所懸命の知行にもあたはず、いかむともせず、さすがに妻子ははなれず、けふあすのかてつきて、女は水をくみ、男はつまでをひろひ、子はめのまへに人のやっこ（奴）となり、はいかしこまる体、不便のかぎりなるべし

とある。ここでの「つまで」は拾うものであるから、丸太ではありえない。文庫本の注（島津忠夫）では「爪木と同意」とする。爪木とは、「爪で折り取った木、木の端、薪にする木の枝」（『日本国語大辞典』）のことである。

つもり

漢字を宛てると「積」である。①つもること、かさなること。日時の経過することをもいう。この用法は古代から見える。②おそらくそうなるだろうという意図。③見積、予算。④推測、推量。⑤工面、才覚。⑥酒宴の終わり、おつもり。⑦際限、果て——など、いろいろに使われる。②以下の用法は、たぶん江戸時代以来のものと考えられる。

「つもりを入れる」といえば、見積書を作って渡すこと、「つもりあげる」は見積り、計算をすませること、「積書」は見積り・予算書のこと、「積高《つもりだか》」は見積りの合計金額のことである。

つら

「面」「頬」の字を宛てる。顔の両傍、目の下の部分、ほほのことである。しかし、これが別の用法もある。たとえば、応永三十二年（一四二五）の洛中洛外酒屋名簿の中に、「五条坊門油小路東北頬　浄善　在判」と見える。五条坊門通りと油小路通りの交差点の東北にあるという意である。「東北頬」（とうほくのつら）「東南頬」「西北頬」「南西頬」と書いてその所在を示すのである。頬は「側《がわ》」であり、「七条坊門北匣毛東坊門面東行一戸主次」というとき、面《おもて》は「坊門通りに面《めん》した」の意である。

「側」の意の頬の用例は十二世紀半ばまでさかのぼるが、中世では都市・農村を問わず用いられたと思われ、

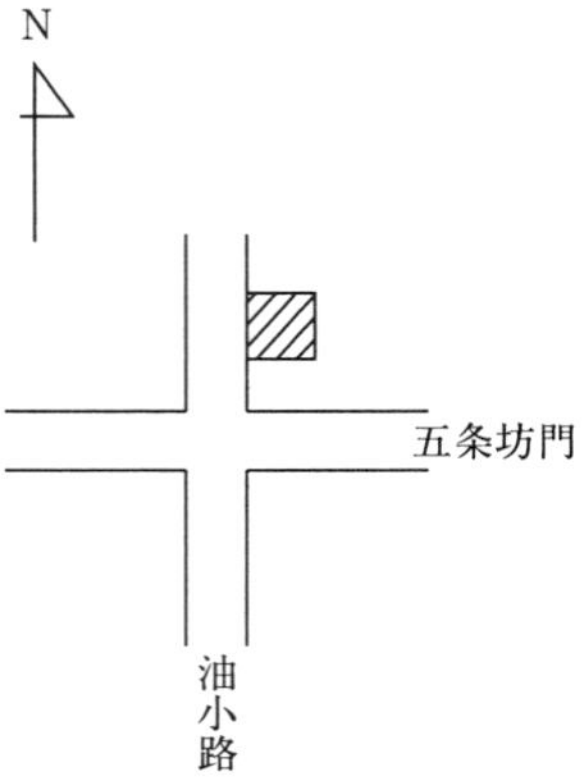

一部の地方では「西ツラ」「東ツラ」「（川の）向こうツラ」「こっちツラ」などと言っている。*

＊　細川亀市氏の書簡によると、香川県では「ツラ」を常用しているという。なお、阿部猛「平安京における宅地と耕地」（『律令国家解体過程の研究』新生社、一九六六年）参照。

つり

「つり合わぬは不縁の基」ということわざがある。「身分の不釣合なことは、その結婚が不首尾に終る原因となるの意」（『広辞苑』）とか、「双方の身分・財産・容姿などの違いすぎる者同士の結婚は価値観や思想のへだたりから、離婚に至ることが多いということ」（『日本国語大辞典』）と辞典類は書いている。

ことわざの現代的な理解としては、たぶんこれでいいのだと思うが、何か物足りない。そこで「つり」を辞典で引いてみると、「つり（系・吊）」として、これが「系図」「系統」「血統」「血縁」「血族」の意であると書いてある。「つりがき」の語も連想される。「系書」「吊書」とか「釣書」「連書」などと書く。例の結婚のときに交わす家族書のことである。

山田俊雄の「『吊り書』ということば」（『詞林逍遙』角川書店、一九八三年）は、『日本永代蔵』の「たとへば、大織はんの系《つり》あるにしてから、町屋住居の身は、貧なれば猿まわしの身にはおとりなりと」の文、および『新可笑記』の「代代楠がつりがき、家に伝へし武道具の目録持参して」などを引き、さらに「吊る」と動詞に用いることを述べている。

「私の家内の出た家とAさんの家とは、少し吊るのです」という言い方で、この場合、「吊る」は「血縁をもつ」「系図上かかわりがある」の意であるという。『岩波古語辞典』は、「つり」の項で、『実隆公記』の文明十三年（一四八一）正月九日条の「当流系図の事、故大臣殿、実清卿の子と為し、これを系るは、その謂《い》はれ無きか」の文を引用しているが、これも同様の意であろう。

　さて、元に戻って、「つり合わぬは不縁の基」の「つり」とは系図のことではなかろうか。系図・血統そして家格の意識が濃厚になった社会の中で生まれたことわざであると、いえるのではないか。

低温殺菌　ていおんさっきん

　酒は腐敗しやすいものであるから、その保存には何らかの手段を講じなければならない。そのために日本酒では「火入れ」を行ってきた。火入れとは、五〇―六〇度の低温の加熱を行う作業である。いわゆる低温殺菌である。

　低温殺菌法は、フランスのパスツール（Louis Pasteur, 1822–95）が腐敗ブドウ酒の研究によって発見したものであるが、火入れの原理はこれとまったく同じものである。

　火入れ法について記した書は江戸時代中期から見出されるが、じつはそれ以前室町時代の末戦国時代にはすでに行われていたらしい（小野晃嗣『日本産業発達史の研究』至文堂、一九四一年）。

　奈良興福寺の『多聞院日記《たもんいんにっき》』を見ると、酒造りの工程の判明する記事がある。正月酒（九―十月に造る）と夏酒（二―六月に造る）の二種類があるが、問題となるのは夏酒である。五―六月に「酒を煮る」ことが行われている。酒を煮て樽《たる》に入れるという。これは江戸時代には「煮込み」といって、五〇度くらいに熱した酒を直接樽に詰めて市場に送ったのと同じと見られる。また「酒ヲニサセ了、初度也」という記述があり、これは酒が危くなるごとに加熱する後世の慣習を想起させる。

亭主関白　ていしゅかんぱく

　一家の主人が家のなかで関白ほどの絶対的権力を持っていることのたとえである。「亭主」とは、①その家のあるじ、②宿屋・茶屋などの店主、③夫《おっと》、④茶席で茶をたてて接待役をつとめる者、をいう。家のあるじを亭主というのは中世以来であるが、夫のことを亭主と称するのは江戸時代からである。

一方、関白は、万機に関与する重職で、元慶八年（八八四）六月五日、光孝天皇が、奏すべきこと下すべきことはかならずまず太政大臣藤原基経《もとつね》に諮稟《しりん》せよと勅したのに始まり、仁和三年（八八七）十一月二十一日の宇多天皇詔に「其万機巨細、百官総レ已、皆関二白於太政大臣一然後奏下」とあり、関白（あずかりもうす）の語が見える。関白は天皇との共同執政者といえる。

亭主関白とは横暴で勝手気ままな振舞いをする亭主のことをいう言葉だが、これは「嬶《かかあ》天下」に対する語でもある。とするならば、「関白」に対応するものは「天下」ではなく、「殿下」ではないか、殿下とは摂政・関白・将軍に対する敬称である。

蹄鉄　ていてつ

馬の脚に蹄鉄を打つことは現代では常識である。ひづめを保護するために蹄鉄は必須であるが、わが国でこれが常識になったのは近代に入ってからである。シーボルトの『江戸参府紀行』は、日本の牛馬のひづめには稲藁で作った沓《くつ》が着装されていると記している。要するに馬のわらじである。

馬の沓、わらじについては、近世初頭、ルイス・フロイスは『ヨーロッパ文化と日本文化』（岩波文庫）第八章「馬に関すること」で、

「われわれの馬はすべて釘と蹄鉄で装鉄する。日本のはそういうことは一切しない。その代わり、半レグアしかもたない藁の沓を履かせる」（半レグアとは三キロメートル強）

と記している。黒田日出男は「馬のサンダル」（『姿としぐさの中世史』）で、「春日権現験記絵」（十四世紀初頭の成立）に描かれた馬の沓を示し、これが初見かとされている。ただし欠年文覚書状によると「馬のくつ五十足許」と見え、中世前期にさかのぼるかとも思われる。湯浅常山の『常山紀談』には、「毛屋主水物見の事」として、川の上流から「馬の沓草鞋」が流れてきたのを見て、すでに味方は川上を渡ったと判断したという話をのせている。

蹄鉄を打つ技術は十八世紀にわが国に伝えられたが普

及しなかったとの説がある。本格的に装蹄が行われるようになったのは、明治六年（一八七三）兵学寮で西洋装蹄術が講じられ、二十三年に駒場農学校で教育されたのに始まる。

なおヨーロッパでも装蹄は九世紀頃から本格化し、それ以前はたぶん麻の類の植物繊維でできた「沓」をはかせていたらしい。ローマの騎兵が蹄鉄を知らなかったことはたしかだといわれている。

てこずる

もてあます、扱いかねる、処置に困るの意。太田南畝の『半日閑話』（日本随筆大成一期八）に「窮困・コマル事ヲテコズルという語流行す」とある。この書の内容は明和五年（一七六八）から文政五年（一八二二）にかかるものである。語源については、①梃《てこ》で動かそうとしてもテコがずれる意。②手の甲を擦るの転かとする（『日本国語大辞典』）。萩谷朴は『語源の快楽』（新潮文庫、二〇〇〇年）で、「手困《こ》ずる」であると説明している。テ・コン・ズ→テコウズ→テコズルとなるという。明快である。

なお、手助けする者を手子といい、手伝いの者を煩わせるところから、という説もある（山口佳紀『語源辞典』講談社、一九九八年）。

てしょう

犯罪の証拠のことを「てしょう」という。漢字を宛てると「手証」であろう。『日本国語大辞典』（小学館）を引くと、洒落本《しゃれほん》の「青楼昼之世界錦之裏」とか、歌舞伎の「善悪両面手柏」、内田魯庵の「くれの廿八日」が例として挙げられている。江戸時代からの用語であろう。テレビの時代劇の中で八丁堀の同心がこの言葉を使っているのを耳にした。『半七捕物帳』など時代小説の中にもしばしば出てくる。

捕物とは全く関係なく、同じ「てしょう」「てしょ」または「おてしょう」「おてしょ」と呼ばれるものがある。小皿のことをいうのだが、辞典を引いてみると、「てしおざら（手塩皿）」と出ている。「手塩を盛るに用いた皿、また香《こう》の物などを盛る小さく浅い皿」とあり、

『日葡辞書』の「Texiuozara（テシオザラ）〈訳〉塩を入れて食卓に出す小さな皿」を引用している。

てだれ

時代劇の中で盛んに用いられる。「てだれの浪人」「てだれ者」などという。漢字を宛てると「手足」である。「てだれ」は「てだり」の転という。手足とは技芸などにすぐれていることをいうのである。文芸・武芸にすぐれた者をいうのであるが、ときに手練手管《てれんてくだ》にすぐれた女性をもいう。中世以来の用語であろう。『無名抄』『源平盛衰記』などに所見する。近世初頭の『日葡辞書』は「手先の器用な人」と解説している。

テダレのテは身体の一部である「手」に違いないが、①事を行うための技術、うでであり、②具体的には、書・琴・剣術などの技術、うでまえをいう。

鉄　橋　てっきょう

橋の歴史は古いが、鉄の橋となると比較的新しい。世界最初の鉄の橋は、イギリス中西部バーミンガム近郊のコールブルックデール橋とされている。一七七九年に完成した三〇メートルの鉄橋である。鋳鉄と練鉄を用いている。練鉄で作られた最初の橋は一八二六年のメフィ海峡の吊橋で、一七四メートル。さらに一八三二年にはグラスゴーで練鉄の吊橋が架けられている。

わが国最初の練鉄橋は長崎のくろがね橋で、水害で流失した木の橋を架け替えたもので、桁橋で長さ二一・八メートル、明治元年（一八六八）の完成である。翌年、横浜伊勢崎町に、イギリス人ブラントン指導のもとに吉田橋ができた。明治三年に七二メートルの大阪高麗橋、四年に東京新橋と続くが、これらはいずれも輸入橋であった。国産第一号は十一年の東京八幡橋で、長さ一五メートルの小橋であった（深川八幡境内に現存する）。なお現存最古の鋳鉄橋は兵庫県の神子畑橋で十八年に架けられたもの。

明治五年新橋・横浜間に鉄道が開通したとき、多摩川に架けられた六郷大橋や、同七年開通の大阪・神戸間の橋梁も木造であったが、数年後にはすべて鉄橋となり、「鉄橋」は鉄道橋の代名詞になった。

大正十二年（一九二三）の関東大震災後に、隅田川に架けられた橋はすべて鉄橋で、形式・規模ともに画期的なものであった。第二次世界大戦後の高速道路網整備に伴う橋梁建設は大規模なものが多く、とくに本州と四国を結ぶ橋梁の建設は、わが国の土木技術の水準の高さを示すものであった。

テニス

テニスは、現代の人々に人気のあるスポーツのひとつであろう。読者も中学・高校時代、一度はラケットを握ったことがあるのではないか。現天皇がテニスを通じて皇后と結ばれたという話は有名である。スポーツのなかでも、何となく優雅な感じがすることもたしかである。

テニスの四大大会というのがある。全豪オープン・全仏オープン・ウィンブルドン（イギリス）・全米オープンの四つである。四大大会を一年間すべて優勝することをグランド・スラムといい、同時に夏季オリンピックに金メダルをあわせて獲得することをゴールデン・スラムという。一九八八年（昭和六十三）にシュテフィ・グラフ（当時十九歳）が達成しただけで、他に誰もこの偉業を成し遂げた人はいない。

ひとつの球を打ち合うこの型の競技は、紀元前から存在した。紀元前十五世紀エジプトで行われていた競技がローマに伝えられた。現在のテニスの原型となるものは八世紀頃フランスで生まれた。La《ラ》 Soule《ソーユ》 十六世紀頃からは Jeu《ジュ》 do《ド》 paume《ポーム》 と呼ばれた。初期のテニス・コートは修道院に造られ、十八世紀から十九世紀には貴族社会で大流行し、テニス・コートが多く建設された。

一八七七年（明治十）に第一回ウィンブルドン選手権が、一八八一年に全米シングルス選手権が開かれた。

わが国では、明治十一年（一八七六）アメリカ人ジョージ・A・リーランドが来日して指導したのがはじめであった。硬式テニスであったが、わが国では硬球の入手が困難であったため代用品としてゴムボールを用いる軟式テニスが行われた。これは日本独特の方式である。硬式テニスは大正二年（一九一三）に慶応大学テニス部に始まり、一九二〇年代に入ると日本選手が外国の大会に出場するようになった。

第二次世界大戦後は、学校のみならず民営のテニスクラブの設立も多く、ポピュラーなスポーツとして普及している。

てのひら

ふつうは「掌」の字を宛てる。辞典には「手のひら、たなごころ」とある。テレビを見ていたら、伊達政宗は豊臣秀吉の「手の平」の上で躍っていたという解説が画面に流れた。「あれ」と思ったが私の無知であった。辞典には「掌」とともに「手平」も出ている。

「ひら」には「片」「枚」「平」などの漢字が宛てられる。薄くて平であるという点で一致している。

「アジビラ」というと外来語のように聞こえるが、ビラは片、枚で、紛れもない日本語である。「ちらし」も同義で、江戸時代に始まる語で、おそらくは芝居関係で多用されたものと思われる（赤坂治績『ことばの花道』ちくま新書、二〇〇三年）。

デパート

デパートメント・ストア department store の略である。「商品を各部門に分けて陳列販売する大経営の総合小売店」（『広辞苑』）と定義される。訳語は百貨店である。

デパートの始まりはパリのボン・マルシェであるといわれる。ボン・マルシェは一八五二年（嘉永五）に営業政策を変え、開放的な商品陳列、正札販売などによって営業は飛躍的に拡大した。

わが国では、呉服商越後屋（のちの三越）が、天和三年（一六八三）に「薄利多売現金掛値なし」を実行し注目されるが、明治二十九年（一八九六）三井呉服店となった。一方すでに、現在のスーパー・マーケットあるいはデパートに類似した勧工場が明治十年には設立されており、二十一年には洋館二階建ての三越洋服店も開店していた。そして三十七年、三井呉服店は株式会社三越呉服店になり、十二月いわゆるデパートメント・ストア宣言を新聞に掲載した。三越の模様替えに刺激されて、明治末年までに高島屋・松屋・松坂屋・大丸と、呉服店のデパート化が進んだ。大正期の名キャッチフレーズ「今日は帝劇、明日は三越」の示すように、デパートには利便さとともに高級感が伴う。

手袋　てぶくろ

子どもの頃は毛糸で編んだ手袋をしていたが、どうも手袋が好きではなかった。若い頃からほとんど手袋をせずに来たが、この数年、としをとったせいか、寒いときには手袋をはめて外出するようになった。

手袋には防寒用のみならず、礼装のときつけるもの、また作業用・軍事用のものもある。

手袋の歴史は古く、古代エジプトの時代から存在したが、昔の手袋は拇指《おや》だけが離れている形のもので、五本指の形のものは十二世紀以後作られたという。

わが国には南蛮人によって十六世紀半ばにもたらされ、また天正年間（一五七三—九一）遣欧少年使節は手袋（手覆《ておおい》といった）を贈られている。西川如見（一六四八—一七二四）の『長崎夜話草』に、

○女利安　紅毛詞なる故に文字なし。足袋《たび》手覆《ておほい》綿糸《もめんいと》又は眞線《まがいいと》にて漉《すき》たるもあり。根本、紅毛人長崎女人におしへたり。色ものぞみ次第也。

とある。メリヤスの手袋はもっぱら武士の間で用いられた（喜多村信節『嬉遊笑覧』天保元年〈一八三〇〉成立）。幕末には、手袋の製造は下級武士の内職によるもので、江戸市中の糸屋・足袋屋が買い取り販売した。

手袋のことを手套《しゅとう》ともいうが、旧日本陸軍では、湯桶《ゆとう》読みで手套《てとう》と呼んでいた。「手袋を引く」といえば、手をひっこめる、手を引くの意であり、事件に関わりをもたぬようにするの意である。「手袋を投げる」といえば、いわずと知れた決闘申し込みというヨーロッパの風習であり、断交の宣言である。

寺子屋　てらこや

江戸時代、庶民教育機関として寺子屋のあったことはよく知られている。読み・書き・そろばんの基礎教育の普及が明治維新後のわが国の発展の基礎となったという説は広く承認されている。寺子屋の開設は江戸中期以降増大し、とくに天保（一八三〇—四三）期から激増する。

寺子屋の師匠は、武家・僧侶・神官・医家などであった。寺子屋の名称が示すように、さかのぼると、教育の場は寺庵であった。天文二十四年（一五五五）七月の越前国敦賀郡江良浦では、宗幸なる僧を村で扶持して書記役をになわせ、また子弟の教育に当たらせた。天和二年（一六八二）の信州飯山藩寺社書上によると、正受庵恵端なる人物は、以前は柳新田の観音堂に住み「筆道師匠」をしており、その折の筆弟越後屋某が庵室を建立し畑を寄進したという（石川松太郎『藩校と寺子屋』教育社）。

天気　てんき

天気予報といえば、いうまでもなく、気象の変動・変化を予知・予告することである。しかし、記録類を読む者にとっては常識であるが、「天気」とは「天皇・主君などの気持、また機嫌。天機」とあり、「候二天気一」（てんきをうかがう）などと用いる。

学生時代「てんき」は「てけ」と読むと教えられたが、辞典で「てけ」をひいて見ると、「てんけ」の撥音「ん」の無表記、「てんき」に同じとあって、『土佐日記』の用例が掲げられている。『土佐日記』承平五年（九三五）正月九日条に「夜ふけて、西ひむがしもみえずして、天気のこと、楫取《かんどり》の心にまかせつ」とある。「天気」を「てけ」と訓ませ、同二十六日条では「ていけ」と訓ませる。

天守閣　てんしゅかく

城といえば犬山城、姫路城、松本城などを思い浮かべるが、城の中心にあるのが天守閣である。もっとも「天守閣」という呼称は幕末・維新頃からのもので比較的新しい。

本格的な五層の天守は天正七年（一五七九）の織田信長の近江安土城に始まるとされているが、天守のような建造物は、安土城以前にも、太田道灌の江戸城の静勝軒（文明元年〈一四六九〉頃）、摂津伊丹城（永正十八年〈一五二一〉）、大和多聞山城（永禄年間〈一五五四—六九〉）などがあった。

現存する城で古いものは愛知県の犬山城で、文明元年（一四六九）に創建され、天文六年（一五三七）の移築とされる。この城は比較的小型であり、もとの城主成瀬氏の子孫の個人所有の城である点でも特異である。国宝に指定されている。

福井県の丸岡城は天正四年（一五七六）に創建された望楼型天守で、外観二層、内部三階の造りであって、現存する天守としては古い。

電卓　でんたく

卓上電子計算機の略称である。この簡便なる計算機はいまや日常生活にも欠くことのできない家庭用品となっている。

計算機としては、古くから、そろばん、計算尺などが使われてきたが、現在では電子計算機が主流となっている。昭和三十九年（一九六四）に早川電機（現、シャープ）がトランジスターを用いた小型計算機を開発したのをはじめとし、翌年カシオが世界初の記憶できる卓上小型計算機を開発した。大量生産により数百円の安価で購入できるため、たちまち全国に広まった。

天麩羅　てんぷら

魚肉に小麦粉のコロモをつけて油であげたヨーロッパ渡来の、いわゆる南蛮料理である。しかしいまや、日本料理の代表のように扱われている。スシとテンプラは、異邦人のいうニホン料理の代名詞のようにいわれている。語源についても、スペイン語・オランダ語・イタリア語源説があり定かではない。

喜多村信節の『嬉遊笑覧』（十上）には、「てんぷら」について「蛮語なるべし、小麦粉をねりて魚物などにつけて油あげにするを云は、其形同じければなり、てんぷらはこれもと宝石の名なるべし、其さまに似たる故の名にや、てんぷらあげもの、文化のはじめ、深川六軒ばかりに松がすし出きて、世上すしの風一変し、それより前に日本橋ぎはの屋台店にて、吉兵衛と云もの、よきてんぷらに出してより、他所にも、よきあげものあまたになり、是また一変なり」と記す。

いま新橋の「橋善」は天保三年（一八三二）創業といい、銀座の「天金」は元治元年（一八六四）開業というから、いずれにせよ、比較的に新しい。しかし店舗を構える以前は屋台で商売するのがふつうの形態であったらしい。近世初頭に流行し、徳川家康の死因に鯛のてんぷらを食べてあたったという言い伝えが生まれたのも、てんぷらの流行が背景にあったからだとされている。

電覧　でんらん

辞典を引けば明らかであるが、電覧といえば、高覧、御覧と同じで、他人を敬って、その人が見ることである。『日本国語大辞典』は、これ以外の意味を示さない。しかし、山田俊雄の『ことばの履歴』（岩波新書、一九九一年）の中で、斎木一馬の『古記録の研究』上（吉川弘文館、一九八九年）の、

かなりの日数を、先年小学館から刊行された『日本国語大辞典』—全十二巻の電覧に費やした。

という文章について、斎木のような用法は昭和に入ってから始まったものであろうと説いている。明治期の字書では、「電覧　テンシノゴラン」とし、最上級の敬語であったのだが、現代においては、拾い読みや、ひととおり目を通すの意で用いるように変わったのである。

天領　てんりょう

江戸幕府の直轄領を俗に天領という。これは俗称あるいは近代の学術用語であって、幕府の法令では御領・御料・御料所・御代官所・御蔵入と称し、地方書《じかたしょ》などでは公料・公領・公儀御料所などとも書かれていた。明治元年（一八六八）正月の農商布告は、

「是迄徳川支配イタシ候地所ヲ天領ト称シ居候ハ言語道断之儀ニ候、此度往古ノ如ク総テ天朝ノ御領ニ候ヲ真ノ天領ニ相成候」

と記している。すなわち、明治政府は旗本知行地を除く幕府直轄領約四〇〇万石を没収したが、この旧幕府領を一般庶民は「天朝の御料」略して天領といった。

この俗称をうけて、明治以降の書物では、徳川氏支配所領を「天領」と記述してきた。これが概説・教科書などにも定着し、学術用語として用いられてきたのである。なお、いわゆる天領には、代官支配地（約三二八万石）と大名預地《あずかりち》（約七六万石）があった。

電話 でんわ

物理的にいえば、人の音声を電流の振動にかえ、電流を遠くへ転送し、そこで再び音声に戻す――これが電話の原理である。十八世紀から十九世紀にかけて電気の性質が究《きわ》められ、イタリアのアレッサンドロ・ボルタが電池を発明し、ついでモールス符号による通信が可能となり、そこから一八七六年（明治九）グラハム・ベルによる電話の実験成功にいたる。

わが国では、その翌年、明治十年（一八七七）に電話機が渡来し、実験が行われた。渡来の事情については、①横浜のバヴィア商会の手を経て、②工部省技手森明善の手を経て、③榎本武揚の手を経て渡来したとの三説がある。そして、明治二十二年に、国産の電話機による東京―熱海間の電話連絡に成功した。

電話という呼称が定着するまでは「伝話」「伝話機」「伝話蘇言機」「伝語機」などの呼名があった。明治二十三年十二月十六日、民間の電話事業が始まったとき、東京での加入者は一五五人にすぎなかった。当時の電話の接続はすべて手動交換であったが、大正十二年（一九二三）の関東大震災を機に自動交換にかわった。

第二次世界大戦後の電話の普及はめざましく、昭和五十三年（一九七八）には申し込めば直ぐ電話がつくようになり、翌年には全国どこへでもダイヤル通話が可能となり、国際電話も昭和四十八年からダイヤル自動化が達成されていた。一方、携帯電話の普及により二〇〇〇年には加入電話は携帯電話に追い越された。

問屋 といや

江戸時代、江戸では「とんや」ともいった。荷主から依託された物資を仲買人に売り捌いた。問屋―仲買―小売―消費者というのが物資の流れの基本であった。「問」という語の起源は平安時代にある。史料上の初見は『長秋記』（権中納言源師時《もろとき》の日記）保延元年（一一三五）八月十四日条で「出㆓桂河㆒乗㆑船、八幡廻船、桂戸居男俄儲㆑船」とある。また、仁安三年（一一六八）山域国淀津に問男、治承三年（一一七九）同国木津に問の存在を確認できる。以後中世を通じて港津・都市・宿場町など各地に問（問丸《といまる》）のいたことが確かめられる。かれらは、渡船、年貢・商品の運送・陸揚げ、倉庫保管、仲介、売買などを行った運送業者を原型とする。

〈参考文献〉豊田武『増訂中世日本商業史の研究』(岩波書店、一九五二年)

塔《とう》

寺院のなかで、塔はひときわ眼を惹く建造物である。背が高いだけではなく、その美しさが人を感動させるのである。上田篤編『五重塔はなぜ倒れないか』(新潮選書、一九九六年)を読むと、塔を造った工匠の知恵と技術のすさまじさに感嘆せざるをえない。

寺院の塔は、もとは仏骨(仏舎利)を安置するために建てられ、のち経典を納めたり仏像を祀るために造られた。わが国には中国・朝鮮を経て伝来したが、その間に中国の宮殿建築の影響を受けて様式化し、三重塔、五重塔などとして実現した。

現存する塔のうち最古のものは法隆寺の五重塔で年代は明確ではないが、七世紀末と考えられている。現存する古代の塔を一覧すると表のごとくである。

名称	創建(年)	総高(m)
法隆寺五重塔	七・八世紀	三二・五六
法起寺三重塔	七〇六	二四・二六
薬師寺東塔(三重塔)	七三〇	三三・六三
元興寺五重塔(模型)	八世紀	五・五〇
当麻寺東塔(三重塔)	八世紀	二四・三九
室生寺五重塔	八世紀	一七・一〇
当麻寺西塔(三重塔)	九世紀	二四・〇八
醍醐寺五重塔	九五二	三八・〇〇
一乗寺三重塔	一一七一	二一・三四
浄瑠璃寺三重塔	一一七八	一六・〇八

闘鶏《とうけい》

物合せの一種で、「とりあわせ」という。物合せは、物品の優劣に和歌を添えるかたちをとるが、闘鶏の場合は単に鶏を闘わせるもので、武士や庶民にも広く好まれたという。雄鶏《おんどり》を蹴合せて勝負させるが、春から夏にかけて行われた。そのうち、三月三日の節会に行われるようになった。

闘鶏といえば『年中行事絵巻』の図が名高い。一場面は明神の境内に庶民が輪をつくり、その中心で鶏が向かい合っている図がある。いまひとつは貴族の邸宅内の図である。

『世諺問答』という書物には、中国唐の明帝が治鶏坊を建て鶏を闘わせたという話を載せている。わが国では、『日本書紀』(雄略天皇七年八月)に闘鶏の記事があり、古くから行われていたことがうかがわれるが、流行したのは平安時代である。元慶六年(八八二)二月二十八日陽成天皇は弘徽殿《こきでん》の前で闘鶏を観覧し(『日本三代実録』)、天慶元年(九三八)三月四日朱雀天皇も闘鶏一〇番を見ている(『日本紀略』)。貴族社会で闘鶏が年中行事化されることはなかったが、中世にも盛んで、江戸時代には庶民の間で賭博として盛んであり禁令が出されたりした。

登時　とうじ

ほととぎす　鳴きしすなはち《(登時)》　君が家に　行けと追ひしは　至りけむかも(『万葉集』巻八—一五〇五番)

大神女郎が大伴家持に贈った歌とされている。ほととぎすは恋の使いである。

「なきしすなはち」——「登時」を「すなはち」と訓む。

登とか登時が即時、すぐにの意で用いられる最古の中国の文献は『毛詩』という(神田喜一郎『日本書紀古訓攷証』養徳社)。わが国でも『日本書紀』に初見する。律令に見える「登時」も訓はスナハチ、ソノトキである。奈良・平安・鎌倉を通じて用いられたことは実証できる。消息類で、返事を出すとき、文の末尾に、この字を用いるのはあなたのお手紙に対して「すぐさま」返事を出しましたよという意志表示である。消息に用いられた文字は、

登刻　廼時　廼刻　廼剋　輙時　即時　即日　乃刻
乃剋　乃時

などであり、『類聚名義抄』が「スナハチ」として挙げるものは、

仍　便　便即　信　廼　適　造　即　是　曾　則
苟　発

などである。

『讃岐典侍日記』下二十一（朝日新聞社刊、日本古典全書、玉井幸助校注）は、

かくいふほどに十月になりぬ、弁の三位殿より御ふみといへば、とりいれて見れば、年ごろ宮仕へさせ給ふさま、御心のありがたさなど、よく聞きおかせ給ひたりしかばにや、院よりこそ、このうちに、さやうなる人のたいせちなり。たうじ参るべきより仰せごとあれば、さるここちせさせ給へとある、見るにぞ、あさましく、ひがめかと思ふまで、あきれられける

との本文の圏点「たうじ」に玉井は「たうじ、登時、即時に同じ、すぐに」と頭注をつけた。ここでは「たうじ」と音訓みしているが、それは漢文からの引用文であろう。

〈参考文献〉阿部猛「登時について」（『日本歴史』八五号）、瀧川政次郎「登時なる語に就いて」（『歴史学研究』一一三号）など。

同心　どうしん

時代劇のなかに、町奉行所の与力の下で働く軽輩の同心と称されるものが盛んに出てくる。同心は各機関に属する下級武士で、幕末には六七〇〇余人いたといわれる。このうち、町奉行所に属する同心は二四〇人であった。かれらの俸給は少なく、三十俵二人扶持を基準とし、組屋敷に一〇〇坪ほどの宅地を与えられていた。宅地の奥の方に家を構え、道路に面した地所は町人に貸して地代を取っていた。同心の私的な部下が岡っ引（目明かし）である。

さかのぼると、戦国時代には、軍事組織として寄親―寄子制をとることが多かったが、寄子を同心と呼ぶことがあり、これも騎馬同心と歩行《かち》同心に分け、後者を足軽と称するところもあり、下級武士に位置づけられていたことがうかがわれる。

〈参考文献〉石井良助『江戸の町奉行』（明石書店、一九八九年）

唐人飴　とうじんあめ

江戸時代から明治にかけて、唐人（中国人）の装束をして唐人笛を吹きながら、歌ったり踊ったりして飴を売

り歩くものがいた。はじめ文政（一八一八—三〇）頃、五〇歳くらいの顔にあばたのある男が、「なおるなおるあばたがなおる」といいながら飴を売り歩いたという。また一説には、文政十二年（一八二九）三月、中村歌右衛門の梅玉が中村座で、「其九絵彩四季桜《そのここのえさいしきざくら》」で酒屋の丁稚《でっち》に扮《ふん》して、飴売りの所作をして大評判となったといわれる。唐人飴の売り詞は、

　唐のナア唐人の寝言には、アンナンコンナンおんなか、たいしかはえらくりうたひ、こまつはかんけのナア、スラスキヘン、スヘランシヨ、　妙のうちよに、みせはづじょう、チヤウシヤカヨカバニ、チンカラモ、チンカラモウン〱かわようそこじゃいナアパアパアパアパア

というのであった。扮装は唐人笠に唐人服で唐人笛を持っていた。その姿は三谷一馬『彩色江戸物売図絵』（中公文庫、一九九六年）に復原されている。唐人笛は表に六孔、裏に一孔あって、微妙な音が出たという。

　先掲の売り詞に「唐人の寝言」という言葉が出てくるが、何をいっているのかわからないことをいう。「とうしん（唐人）」という表現は平安後期から見えるが、近世初頭の『日葡辞書』は「カラノ　ヒト」としている。言語が通じないことから、わからずや、ばかのことを意味する方言として残り「ほんにとうじんで困ります」などといった。なお、幕末開国以後は、毛唐人といって欧米人を指す言葉が使われた。

銅像　どうぞう

　ロンドンのトラファルガー広場にはネルソン提督の銅像が聳《そび》えている。高い塔のうえのネルソンの顔もはっきりとは見えないくらい、文字どおり聳えている。ネルソンほどではないが、靖国神社境内の大村益次郎像も、高い台座のうえから上野の山を望んでいる。

　わが国には、仏像を銅で鋳ることがあり、僧俗の木彫は例も多いが、公共の場に銅像を建てるという思想はなかった。

　近代の銅像は西欧の銅像建設に影響されたものであり、「銅像」という呼称や概念は明治十年代に生まれたものといわれている。「銅像」はフランス語 monument（モニュマン）の訳語とされ、記念的な造形物のひとつとして認識されたのである。

わが国最初の銅像は、前記の大村益次郎像であって、明治二十六年（一八九三）大熊氏広の作、砲兵工廠で鋳造されたという。三十一年には上野公園の西郷隆盛像がつくられ、三十四年には社会事業家瓜生岩像が浅草寺境内に建てられたが、これは女性の銅像第一号となった。

灯台　とうだい

室内の照明道具としての灯台もあるが、ここでいう灯台は航行する船舶の道しるべとなる灯台である、港湾の入口、船の混み合うところ、航海の難所などに設置される。灯台の光源には石油・アセチレン・電気灯などがある。灯台の歴史は古い。エジプトのアレキサンドリアの灯台は紀元前二七九年に建設され、高さ一一〇メートルの石積みの塔で、薪《まき》や松脂《まつやに》を燃やしたという。

わが国でも、古代に松明《たいまつ》を燃やして船に知らせる灯台が存在したが、江戸時代までは、灯籠式油灯明台と称する和式灯台であった。近代的な灯台は、明治二年（一八六九）にフランス人技師ルイ・フェリックス・フロランの指導の下に作られた観音崎灯台がはじめてである。一七五〇燭光《しょっこう》で、光の到遠距離は一七海里だった。ついで野島崎、品川、城ヶ島に灯台が作られた。その後さらにイギリス人リチャード・ヘンリイ・プラントによって全国に三〇の灯台が建設された。佐多岬・潮岬・御子元島・石廊崎・天保山などで、明治末年には一〇〇カ所を超えた。

灯台もと暗し　とうだいもとくらし

ここでいう灯台とは、昔の室内照明具としての灯台であって、もちろん航路標識として海岸に立つ灯台ではな

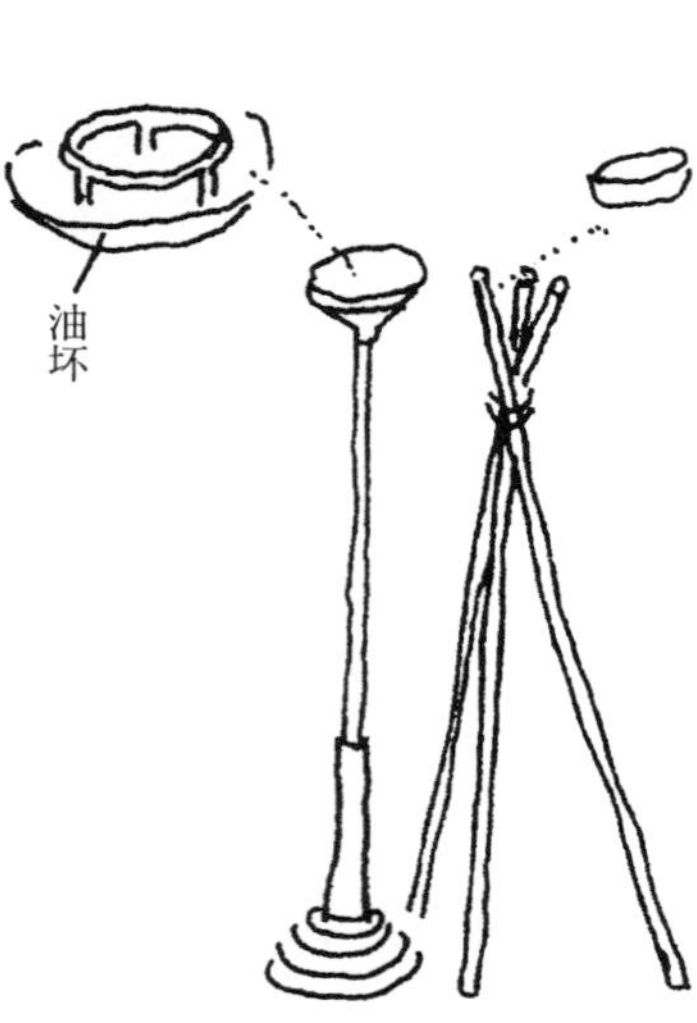

い。木でつくり、燭台に似て、上に油皿をのせる。火をともすと、台の真下は灯りがとどかず暗い。これが、身近な事情にはかえって疎いということわざになるのである。いつ頃から用いられたか未詳であるが、たぶん江戸時代以来か。『浮世床』に「それは灯台元暗しとやら、あんまり傍に居ては見つからねへで」とある。

照明具としての灯台が使われなくなった現代では航路標識としての灯台のこととする理解もあり、ことわざは生きている。

動物園　どうぶつえん

生きている動物を飼育し、繁殖させて、人々の観覧に供する、これが動物園の定義である。紀元前一一〇〇年頃、中国の周では、各種の鳥獣を集めて一般に公開した。

近代的な動物園は、一七五二年オーストリアのウィーンに設立されたシェーンブルン王室動物園が始まりである。その後、スペインのマドリッド（一七七五年）、フランスのパリ（一七九三年）、イギリスのロンドン（一八二八年）、オランダのアムステルダム（一八三八年）、ドイツのベルリン（一八四四年）、アメリカのニューヨーク（一八六四年）に動物園が設けられた。

わが国では、明治十五年（一八八二年）上野動物園が開かれ、おくれて京都（三十六年）、大阪（大正四）、名古屋（昭和十二）などにも設けられた。

〈主な動物園〉

動物園名	所在地	設置年次	面積ha
円山	札幌	一九五一	二二・五
旭山	旭川	一九六七	一六・八
上野	東京	一八八二	一三・九
多摩	東京	一九五八	四七・二
井ノ頭	東京	一九四二	一一・六
東山	名古屋	一九三七	四四・八
天王寺	大阪	一九一五	一〇・四
あやめ池	奈良	一九二六	四九・五
宝塚	兵庫	一九二九	一六・三
熊本	熊本	一九二九	一〇・八

逃亡する奴隷《とうぼうするどれい》

東大寺の奴婢　天平勝宝元年（七四九）九月十七日付の太政官符は、年齢が三十歳以下十五歳以上の容貌端正な奴婢《ぬひ》（男奴隷と女奴隷）を貢進せよと諸国に命じた。その奴婢は国の正税稲で買って東大寺へ送れというもので、国の事情によって奴であっても婢であってもよいことになっていた。太政官の命令は民部省を通じて国ぐにに伝えられたが、翌年正月八日付で、但馬国は奴三人と婢二人を買い取り、朝集使につけて都に送った。五人の名前と年齢・価格は表の通りである。池麻呂はもと出石《いずし》郡少坂郷の戸主《へぬし》外《げ》従七位下宗賀部《そがべ》乳主の抱える奴であり、糟麻呂は出石郡穴見郷の戸主大生部直《おおふべのあたい》山方の奴、藤麻呂は同じ穴見郷の戸主土師部美波賀志《はじべのみはかし》の奴、田吉女は朝来《あさこ》郡桑市郷の戸主赤染部大野の婢、小当女は二方郡那波大郷の戸主采女直《うねめのあたい》真嶋《ましま》の戸采女直玉手女の婢であった。

人　名	年齢	代価（束）
池麻呂（奴）	24	900
糟麻呂（奴）	24	900
藤麻呂（奴）	15	800
田吉女（婢）	19	1000
小当女（婢）	17	950

ところが、池麻呂と糟麻呂の二人は、なんと都から逃亡し、二月二十六日に但馬国に帰り着いた。もちろん捕らえられて送りかえされた。このときは、もとの主人である大生部直山方らの責任で都まで送ったらしい。ところが三月十六日に、池麻呂と糟麻呂の二人は再び逃亡し、また都に送られた。いま一人の奴藤麻呂も逃亡し、四月二十五日に但馬に着いたが捕らえられ、もとの主人の手で送りかえされた。かれらの逃亡はやまない。糟麻呂は六月二日に、またまた但馬国に逃げかえって捕らえられ都へ送還された。根負けしたのは東大寺の方であった。七月二日になって、東大寺は但馬国司に書状を送り、糟麻呂と池麻呂の二人について「上件の奴は、数を重ねて逃走す、故に即ち本主大生部山方に付けて還送す」――この二人の奴は、しばしば逃亡するので、もとの持主につけて但馬国に送還するとしたのである。

逃亡の理由　私どもは、かれらの風貌をうかがい知ることはできないが、記録によれば、池麻呂は唇の左上に黒子《ほくろ》があり、糟麻呂は右目のわきに疵《きず》、藤麻呂は鼻の左に黒子があった。婢の田吉女は左の頬に黒子、小当女は頸《くび》の右に黒子があったという。

同じとき、丹後国が奴二人、婢二人を貢上した際の解状によると、丹後国では十分に人数を揃えることができなかった理由を述べて、或る者はとしをとっていて条件に合わず、或る者は「容悪」――容貌端正ではないのでと記している。

但馬国は奈良の都からそれほど遠いとはいえない。しかし、かれらは食料など、どう調達しながら郷里に逃げかえったのであろうか。しかも、それが下総国までということになると、並たいていではない。

天平勝宝元年（七四九）に下総国香取郡神戸大槻郷の中臣部真敷の婢稲主売（二十一歳、右の頬に黒子あり）は買い取られて東大寺小治田禅院に施入された。しかし、かの女は同三年五月香取郡に逃げかえってきたのである。かの女は独りではなく、但馬国二方郡から都に貢上された婢の古麻佐売（十九歳、頸の右と右手に黒子）といっしょに逃げてきたという。奈良の都から下総国香取郡まで、いったい二人はどのようにして旅したのであろうか。

それにしても、奴婢たちは、どうしてこのように故郷に逃げかえるのであろうか。石母田正は、かれらは家内奴隷であって、奴隷とはいいながら家族員に近いのであり、故郷の生活や本主に対する愛着・依頼心がつよかったのだという（『中世的世界の形成』東京大学出版会）。慣れぬ東大寺で働くことは、かれらにとっては耐えがたく、もとの生活に戻ることを、つよく望んだのであろう。

時刻のかね　ときのかね

現在の私どもは、時計を見て時刻を知る。あるいは携帯電話、またはラジオ・テレビ・パソコンでも時刻を知ることができる。時計が家庭に普及したのは、もちろん明治以後のことである。それ以前、江戸時代には、江戸の街では、何か所かの寺の鐘が時刻《とき》を告げていた。しかし昔の人びとは時刻については大雑把で、一分一秒を争うような生活はしていなかった。基本的には、夜が明ければ働き、日が暮れれば寝るという生活であった。

時刻を知らせる鐘の音は、都では古くから響いていた。

皆人を　寝よとの鐘は　打つなれど　君をし思へば
寝かてぬかも（『万葉集』巻四―六〇七番）

これは笠女郎の歌であるが、この鐘の音は寺院のものであろう。ただし稲岡耕二（『万葉集全注』巻第十二）、伊藤博（『萬葉集釈注』六）は、これを陰陽寮の鐘としている。寺では、朝・日中・日没・初夜・中夜・後夜の六時の勤行を行い、鐘を撞いたのである。

時守の　打ち鳴らす鼓　数《よ》みみれば　時にはなりぬ
逢はなくも怪し（『万葉集』巻十一―二六四一番）

時守は守辰丁のことであろう。とすれば、これは陰陽寮の告げる時刻である。律令政府がとった時法（計時法）は定時法で、季節に関わりなく一日を十二等分するものであった。室町時代後半からは、日の出・日の入りを基準として昼夜を等分する不定時法が用いられた。

時刻を告げる鐘鼓が鳴らされるとき、そのよりどころとされたのは何であったか。官庁のそれは漏刻によったのであったが、各寺院ではおそらく時香盤を用いたのであろう。香の燃え具合で時刻を測るもので、その起源は未詳であるが東大寺二月堂のお水取りには時香盤が用いられている。

さてしかし、奈良の街には数十の寺院があったから、各寺院が区々に鐘を撞いたらどうなるのかと心配になるが、住んでいる場所によって東大寺の鐘、新薬師寺の鐘と聞き分けていたのであろうから、心配するほどのことではないかもしれない。何よりも、古代の人々は、現代のように一分一秒を争うような生活環境にはなかったのである。

〈参考文献〉浦井祥子『江戸の時刻と時の鐘』（岩田書院、二〇〇二年）

徳政　とくせい

徳政とは、文字どおり徳をもって行う政治、すなわち「仁政」のことである。語は古く「春秋左氏伝」に見られる。王の即位のときなどに大赦が行われるとき、貸付債務の破棄の行われることがあり、紀元前二千年のメソポタミアにすでに見られた。

儒教思想に基づく徳政思想は、わが国では八世紀に見られるが、売買譲渡されたものを本主がとりもどす「商変（返）」の行われたことは『万葉集』からも知られる。

商返《あきがえ》し　めすとの御法《みのり》　あらばこそ　我《あ》が下衣　返
し給はめ（巻十六―三八〇九番）

「商反（変）」とは商いの契約を反古《ほご》にすることである。

平安末期に出された、寺社領荘園の復活・再建令は、徳政の一つの形である。鎌倉時代弘安八年（一二八五）の立法はこの政策の流れに乗るものであり、次の永仁の徳政令につながっていく。

永仁の徳政令以後、徳政とは、売却地取り戻し、債務破棄を内容とするものと理解されるようになり、室町時代に頻発する一揆のスローガンとなったのである。

売却地取り戻し、債務破棄などという無茶な法が何故まかり通るのだろうか。室町幕府に至っては、徳政に便乗して税収を目論んでいる。分一徳政令がそれである。一定の金額を幕府に出せば、債務・債権の確認が行われ、取立て、あるいは逆に棒引きが認められるというものであった。

「徳政の法」が通用する社会には、それを許容する慣習や観念が存在するはずである。「徳政」の基礎にあるのは、その社会の共同意識、連帯感、互助の慣習である。ムラ社会の永続を願うためには、「脱落者」を出さないようにせねばならない。生活に詰まって逃亡する者を出さないことが必要である。わが国の中世社会は、名主がたちまち下人・所従に転落してしまうような不安定な社会であった。そのなかで良質の労働力を安定的に確保することが望まれた。水田稲作を基盤とする社会の必然的要求であったといってよい。わが国において、大量の奴隷労働力を投入する大農経営が出現し得なかったこともあわせ考える必要がある。

〈参考文献〉　笠松宏至『徳政令』（岩波新書、一九八三年）

独占資本　どくせんしほん

独占資本とは、いうまでもなくマルクス経済学の用語である。資本主義が帝国主義段階に達し、生産と資本を集積・集中することによって市場支配力をもつに至った巨大資本（企業）を指していう。近代経済学でも「独占」概念はあるものの、これは特定の商品・サービスの独占を指しており、少数の大企業が市場を支配している状態には「寡占」の語を充てている。独占にせよ寡占にせよ一部の企業が強大な力をもち支配する状態をいうのである。

ひと頃は不況と称して、銀行にも大企業にも国が税金をつぎ込んだ。会社運営の誤りで倒産しそうになると、大企業の借金は棒引きになるが、一方、中小企業はどんどん潰れる。結局、負担は国民が負うことになるのだが、不感症になってしまって、誰も文句を言わない。独占・寡占の体制が進行しているのだが、その体制が国民の生活に何をもたらすのかマスコミは少しも語らない。

近頃の学生たちは勿論マルクスもエンゲルスもレーニンも読まないが、しかし、急速に進行するこの事態に恐怖を感じないのだろうか。「不況」「経営悪化」また「国際競争力の強化」を唱えて合併・吸収・リストラを繰り返す。経営の合理化によって会社を立て直すというが、「合理化」とは、結局、首切りと従業員への労働強化に他ならない。企業によっては巨大な利益をあげているにもかかわらず、社員の給与はなかなか上がらない。リストラがあいついで労働強化が進み「サービス残業」などという言葉が飛び交う。重労働・低賃金で溢れた金は何処へ行くのか。

儲かるのは銀行ばかりである。低金利政策で預金者を踏みつけにしておいて、銀行は記録的な収益をあげている。高利の消費者金融に銀行から資金が流れていることは周知の事実であるが、これについては何の手も打たれない。それどころではない、政府の姿勢は明らかに業者寄りであり、それが白日のもとに曝されても、政治家は恬として恥じない。国会での議論はうやむやのままである。政治家に圧力がかかっていることは間違いない。

年金の減額、社会保険料の増額は当然のことのように行われる。社会保険庁の杜撰な年金管理には手もつかない。鳴り物入りの介護保険も、忽ち老人の自己負担増だといい、年金をむしりとる。医療費の負担も増え、私の場合は三倍になった。改革に伴う痛みを分かち合うのだと小泉首相はいったが、一方的に労働強化、増税を国民に強いる。税制改革といいながら改「正」されたためしはない。「企業減税」を続けると広言し、審議会の会長某氏は、税は取りやすいところから取るのだと大衆課税を拡大すべきだとの暴言を吐いた。財源がないとわめきたてては、消費税のアップをほのめかす。

高額の借金を抱えながら無駄づかいを続け、おまけに、アメリカの世界戦略の変更に伴う軍隊再編費用まで負担させられるという問題が起こっている。この負担金の支出は、新たな立法措置なしには不可能だと言いながら、アメリカとの約束が先行している。政府は国民に対して何の説明もせず、小泉氏は例の如く知らん顔をしていただけであったし、後継の首相は何も語らない。この事態を見ると、戦争が終わって半世紀以上たっても、依然として日本はアメリカの「占領下」にあるのだと思わざるをえない。右翼ならずとも、いささか「愛国心」をかきたてられるのではあるまいか。

常滑　とこなめ

柿本人麻呂の歌（『万葉集』巻一―三七番）に、

見れど飽かぬ　吉野の川の　常滑の　絶ゆることなく　またかへり見む

とある。

伊藤博は『万葉集全注』巻第一で澤潟久孝の「『常滑』攷」（『万葉古径』二、中公文庫、一九七九年）を引用して、「川底や川岸の、苔などが生えてなめらかにつるつるしているところ」と記しているが、これは澤潟論文の誤読であろう。

澤潟の論考は周到なもので、『仙覚抄』以来の諸説を紹介した上で詳細な考察を行っている。実地見聞をも含めて得た結論は、水苔の存否を問題とはせず、平らで滑りやすい石（岩）の様子を言っているのであって、伊藤の読み取りは少し違っている。

ついで、巻九―一六九五番の歌、

妹《いも》が門《かど》　入り出づみ川の　常滑に　み雪残れり　未だ冬かも

について澤潟は「ナメに雪が残るといふ事に疑問を感じられる方があるかとも思ふ」とし、雪は残雪であり「既に半ば解けてゐるのである。即ち水面と雪の川原との間は雪解の水に洗はれてナメになってゐる」と解説している。この説明はきわめてわかりにくい。かなり無理な説明のように感じられる。

ところてん

ところてんは夏のたべもので、醤油や酢《す》をかけて食し暑気を払うものであった。現在ではそのような素朴な食べ方はしだいに失せて、餡や蜜さらに果物などを加えたミツマメが人気である。テレビでの紹介がきっかけで、寒天の効用が見直されて寒天ブームが起こった。一時は寒天が品切れとなり、生産が追いつかない有様となったこともある。

「ところてん」の称は江戸初期からのもので、かつては「こころふと」といった。『和名類聚抄』は「大凝菜」に「凝海藻古留毛波、俗用心太二字、云古々呂布止」と注記する。海藻大凝菜(テングサ類)を煮てカンテン質を抽出し、冷却してできるゼリー状の食品を平安時代に「古留毛波《こるもは》」といい、俗に「心太」の字をあて、古々呂布止《こころふと》と称したというのである。凝海藻は「賦役令」に見え、『延喜式』でも上総国・阿波国から凝海藻を貢献すると記載されている。平安京西市には心太を売る店「心太廛」があった。

どじ

「どじをふむ」という。へまをやる、失敗することをいう。「どじ」とは何か。「鈍遅」の字音かとする説(『俚言集覧』)、トチルの名詞化したトチリからきた語とする説があるがはっきりしない。

「どじをくふ」(歌舞伎「与話情浮名横櫛」)に「どじを張る」(歌舞伎「杜若艶色紫」)などの例文が『日本国語大辞典』に掲げられている。江戸時代以来の用語であろう。

語源とされる「トチル」は元来は「トッチル」と言ったらしいが、これは歌舞伎の用語であった。もとは「とちめく」で、文明本『節用集』に見え、周章狼狽することであった。歌舞伎の世界では、役者がトチルと、他の者に、そばや餅を振舞ったという。

〈参考文献〉赤坂治績『ことばの花道』(ちくま新書、二〇〇三年)、服部幸雄『歌舞伎ことば帖』(岩波新書、一九九九年)

都市公園　としこうえん

京王井の頭線の下り電車が駒場東大前駅を出ると、直ぐ左側に駒場野公園がある。電車からは、はっきりとは見えないが、線路の近くに小さな池がある。いまはしっかりと垣根に囲まれているが、昔は桑畑のなかのよどんだ小さな池であった。「むかし」とは昭和十年(一九三五)頃の話である。

近所のガキ大将に率いられた私ども悪童五、六人は、池のほとりに立つ松ノ木の枝ぶりの良いのをえらんで、ここに拾い集めた板切れで砦を築くのである。斜めに池に差しかけた枝のうえに作るから、当然のこと下は池の水である。落ちたら大変なことになるが、わたしどもはそんなことは考えてもみなかった。

夏の暑い日差しを避けるように木々は繁っていたし、風通しはいいし、快適な遊び場であった。東北方には第一高等学校（現、東京大学教養学部）の校舎が見え、西北には航空研究所の塔が聳えていた。このあたりは一面の桑畑で、東京帝国大学農学部の実習農場だったらしい。

さて現在ある都市公園のうち面積の大きいものをあげると、

奈良公園	四九五・五ha
東山公園	三六七・八ha
日比谷公園	一五・九ha
北の丸公園	二四・三ha
新宿御苑	七二・〇ha
井の頭公園	二八・六ha

となっている。諸国の例をあげると、

ウィーンの森公園	七四七五ha
フランクフルトの森公園	四二〇〇ha
チューリッヒの森公園	二一三八ha
フェアマウントパーク	一五五〇ha

などは広大である。ヨーロッパでは、産業革命後の人口の都市集中に対応して自然環境の不足が感じられ、貴族の私有庭園や狩猟場を開放してパブリック・パークとした。アメリカでは十九世紀後半から、子どもや青少年の運動施設を中心とした運動公園構想がひろがり、第二次世界大戦後は、生活に欠かせない緑地の確保が課題となり、公園面積は倍増した。

わが国では江戸時代末期に江戸市中の寺社門前や火除地（防災用の空地）が小公園的な役割をになっていたが、他に桜・梅・躑躅《つつじ》の名所なども公園といってよい存在であった。

明治に入り、六年（一八七三）の太政官布告によって、東京の芝・上野・浅草・深川・飛鳥山、大阪の住吉・浜寺などの社寺境内や名所が公園に指定された。

現在、法的には(一)自然公園法に基づく国立公園・国定公園・都道府県立自然公園、(二)都市公園法に基づく都市公園に大別されるが、後者は都市計画の中に位置づけられる。

図書館　としょかん

アッシリア最後の王朝アッシュール・バニパル（紀元前六六八〜前六二六）の王宮には図書館が存在した。中国では紀元前六世紀頃、周代に国立図書館があった。アレキサンドリアの図書館ではカリマコス（紀元前二六〇年頃の人）によって図書目録が作られていた。その後ヨーロッパでは、修道院・大学・王宮・貴族の館などに多数の蔵書を持つ図書館（室）が設けられた。

わが国では、八世紀に石上宅嗣の芸亭《うんてい》、九世紀に菅原道真の紅梅殿があった。中世に入ると関東の金沢文庫や足利学校などが図書館の役割をになったが、各地の寺院も多くの経典などを集積し、その地方の文化センター的な存在であった。江戸時代に入ると、幕府は駿河文庫・富士見亭（紅葉山文庫）を設け、昌平黌《しょうへいこう》学問所の文庫は明治以後、上野図書館・内閣文庫に引継がれた。また各藩でも書籍の収集につとめるものが多く、それらを印刷・刊行する事業も盛んであった。

明治五年（一八七二）湯島聖堂内に書籍館が設立され、一般公開の原則を以て「普ク衆人ノ此処ニ来テ望ム所ノ書ヲ看覧スルヲ差許ス」とされていた。書籍館は東京図書館と改称されさらに帝国図書館そして現在の国立国会図書館となった。同時に、地方では県・市などの公共図書館が多く設立され、大学図書館での集積も多く、地方文化の水準を引きあげるのに大きな働きがあった。

〈蔵書数の例〉

国立国会図書館……八五九万冊（二〇〇五年）
東北大学図書館……三七〇万冊（二〇〇四年）
大阪大学図書館……三〇〇万冊（二〇〇五年）
千葉大学図書館……三九〇万冊（二〇〇五年）
宮崎大学図書館……　四八万冊（二〇〇五年）
福井市立図書館……　九二万冊（二〇〇五年）
鳴門市立図書館……　一八万冊（二〇〇四年）

年寄　としより

十八世紀末の「地方凡例録」（七・上）によると、江戸時代の村役人は、関東では名主・組頭、上方・遠国では庄屋・年寄と唱えたとある。

年寄りとは老人のことであるが、転じて、老巧者、おもだち者の意となる。またよく知られているように、相撲の世界では、組織を運営している親方の正式名称は「年寄」である。いずれも実年齢とは関係なく、有識者、指導者の意味あいが強い。

年老、老人、宿老と書いて「オトナ」と読むことがある。江戸幕府や大名家では重臣のことを年寄、老中、家老という。村の宮座や商業の座、株仲間では重役を年寄という。町場では町年寄である。

「年寄」の表記の初見を究めることは困難であるが、室町・戦国期に郷村や町の自治組織の構成員として見出すことができる。十六世紀半ば頃から、和泉堺や平野郷町、山城宇治六郷、山科大宅郷、伊勢山田三方などに「年寄」と呼ばれた人びとが町や村の自治をになっているのを見ることができる。

〈参考文献〉薗部寿樹『日本中世村落内身分の研究』（校倉書房、二〇〇二年）

土用のうなぎ　どようのうなぎ

土用の丑《うし》の日に鰻《うなぎ》を食べる風習は江戸時代に始まる。土用の丑の日と鰻を関係づけたのは平賀源内（一七二八〜七九）だというのが定説である。ここに土用というのは、いうまでもなく夏の土用のことである。もと土用とは、陰暦で立春・立夏・立秋・立冬の前の各一八日間を指す言葉で、季節の変わり目の年四回の時期をいったのである。

鰻が健康にいいというのは古くからのことであった。伝記未詳ながら、奈良時代に吉田老石麻呂という人がいた。この人物、普通の人にくらべて著《いちじる》しく痩《や》せており、いくら食べても飢えた人のように細かったという。大伴家持はこの人物と親しかったらしく、戯《たわむ》れに歌を詠んで、からかった。

石麻呂に　我物申す　夏痩せに　良しというものそ
　鰻捕り喫《め》せ（巻十六―三八五三番）
痩《や》す痩すも　いけらばあらむを　はたやはた　鰻を
　捕ると　川に流るな（巻十六―三八五四番）

『万葉集』では鰻はムナギと呼ばれており、ウナギの称は平安末期の十二世紀に始まるらしい。

江戸時代、宇治川の鰻を上等なものとし「宇治丸」といった。『大草家料理書』には「宇治丸かばやきの事、丸にあぶりて後に切也」とある。『本朝食鑑』は江州勢多辺《たへん》の産を第一といい、「作鮓者以宇治川之鰻為勝」とし、世人「宇治丸」と称すると書いている。鰻を酢で食べるのは毒だと関東ではいうが、長崎では酢味噌で食べたという。蒲焼《かばやき》というのは、焼き上がりの色が樺の皮の色のようだからという。

明治の中頃になると鰻の養殖が行われるようになった。浜名湖の養殖鰻は名高いが、明治二十四年（一八九一）に始まる。大正二年（一九一三）には岡山県の養殖鰻の出荷が始まり、大衆化していった。すでに明治四十年、東北本線小牛田《こごた》駅で鰻の駅弁が売られ、昭和三年（一九二八）信越線新津《にいつ》駅でも始まった。戦後、昭和四十年現在、駅弁に鰻を扱う駅は三三か駅に達した。

取扱説明書　とりあつかいせつめいしょ

何か品物を買うと、必ずといっていいが、「取扱説明書」なるものがついてくる。ところが、「説明書」といいながら、実際に読んでみると、あまりよくはわからないのである。

何年か前にパソコンを買ったが、驚いたことに、五冊の解説書がついてきたのである。『基本をマスター』（二二四頁）、『こんなことができる』（二二六頁）、『もっとステップアップ』（一四四頁）、『困ったときは』（二〇五頁）、『基本用語集』（二八〇頁）の五冊で、総頁数は一〇七九頁に達する。

商売柄、比較的に本は読みなれているつもりでいるが、この解説書が難解である。悪文であることもそうだが、読む人間が「素人」だということは念頭にないらしく、のっけから専門用語、テクニカルタームがポンポン出てくる。その都度『基本用語集』を引いて理解せよとでもいうのだろうか。誰が書くのかは知らないが、原稿を素人に読ませて点検するなどしないのだろうか。

多くの人が「取扱説明書」を読むだけでは操作できないらしいことは、本屋さんに並んでいる多くの解説書や、そこらじゅうに立っている「パソコン教室」の看板を見ればわかる。

最近、何事かあるといけないからと、携帯電話を持たされた。そしてまた驚いた。その『取扱説明書』は一冊ではあるが、なんと五二〇頁もある。とうてい読む気にはなれず、いろいろついている機能を活用することもなく、折角の最新の携帯電話も、持ち腐れの体である。

鳥居　とりい

神社の参道入口や社殿の周囲の玉垣に開かれた門。俗界と聖域を分つ標であろう。その起源・語源については、鶏のとまり木説、通り入るの義とか諸説があったが、信ずるに足りない。現在でも、玉垣のみで鳥居の存在しない神社もある。鳥居が現在のような形をとるようになったのは、おそらく八世紀からであろう。檜や杉あるいは石で造る。銅板で葺《ふ》いたものを唐金《からかね》の鳥居という。最近は鉄パイプや鉄筋コンクリートの鳥居もある。

吉野金峯山《きんぶせん》寺蔵王堂《ざおうどう》参道の銅の鳥居は室町時代のもの。大阪四天王寺の石の鳥居は永仁二年（一二九四）造立のもの。もっとも大きいのは京都平安神宮の鳥居で高さ二四・四メートル。

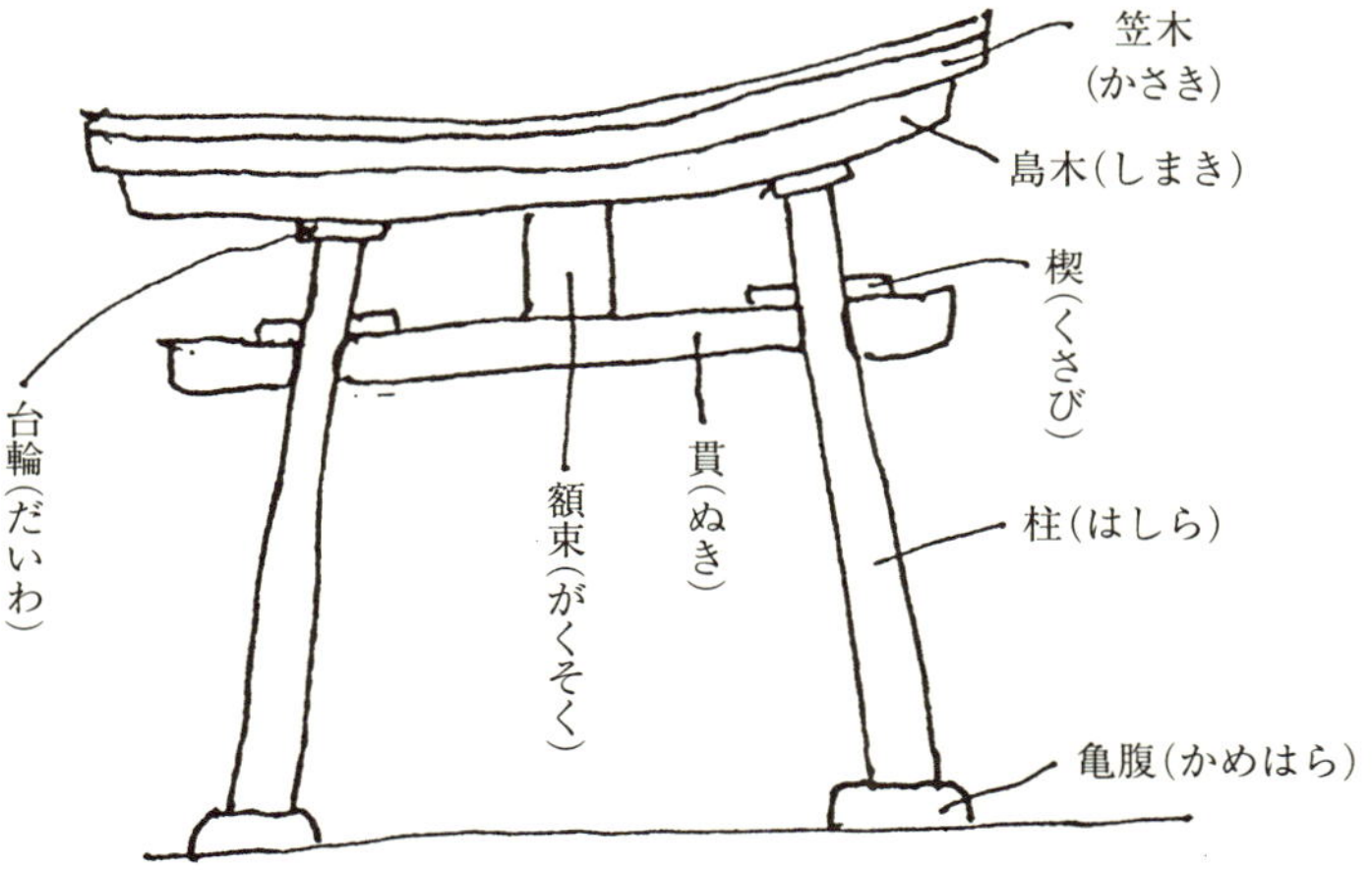

鳥打帽　とりうちぼう

ハンチング・キャップ、略してハンチングという。ひさしのついた平たく円い帽子である。鳥猟などに着用したのでこの名がある。布地は無地とか格子縞《こうしじま》が本来であった。十八世紀末頃、ロシアやフランスの作家などが愛好したのに始まる。

わが国では、明治二十五、六年（一八九二～三）頃から流行し商人・職人の間に広く用いられた。またゴルフのプレイの際にかぶることが多く、かつてはニッカーボッカーにハンチングという恰好がゴルフの正装のように思われていた。

第二次世界大戦前、私どもの子どもの頃までには、商家の年少店員（小僧《こぞう》さんといわれていた）が外出のときによくこれをかぶっていた。大正五年（一九一六）上等の鳥打帽の値段は四円で、ソフト帽の一五円にくらべてはるかに安価であった。

鶏が鳴く　とりがなく

『万葉集』巻三―三八二番はつぎのようなものである。

鶏が鳴く　東の国に　高山は　さはにあれども　二神の　貴き山の　並み立ちの　見が欲し山と　神代より　人の言ひ継ぎ　国見する　筑波の山を　冬こもり　時じき時と　見ずて行かば　増して恋しみ　雪消する　山道すらを　なづみぞわが来《け》る

「とりがなく」は「あづま」の枕詞とされる。語源については諸説あるが、そのひとつに、東国の言葉が中央（大和地方）の人たちには理解しがたく、鳥のさえずるように聞こえたからとの説がある。大野晋は『日本語の起源』（岩波新書）で、「古代の人は、自分に分らない言葉に対して、しばしば、鳥がさえずるようだとか、モズが鳴くようだとかいう比喩を用いた。トリガナクもその一種で、アズマの人びとの発音は、都の人には異様に聞こえたので、そうした枕詞を作りだしたのであろう」と述べている。

枕詞の起源については定説はない。多分に、思いつき、こじつけと思われるものが大部分で、信用しがたいとされている。しかし、先の、東国の人びとの言葉が鳥のさえずりのようだと、都の人びとに思われたとの話は興味深いものである。これは、都の人が東国人を軽蔑し異人視していたことを示す差別的な表現である。

英語の barbarian は野蛮人、言葉の通じない異国人、無教養な人の意であるが、バー、バーというのは羊の鳴き声に由来するとされ、異国人に対する差別的な表現である。洋の東西に共通した表現のあることは興味ぶかい。

ドロップ

ノルウェーのオスロのスーパー・マーケットで瓶入りのドロップを買った。格別ドロップをなめたくなったわけではなく、ガラスの容器が気に入ったからである。ところが、帰国してから瓶をあけてみると、ドロップがべたべたして、くっついて塊《かたま》りになってしまっている。私は、ドロップといえば子どもの頃から親しんだカン入りのサクマ式ドロップのイメージしかなかったから、少し驚きあきれた。しかし、考えてみると、ドロップは飴菓子である。高温でも溶けずに、さらさらしているサクマ式ドロップの発明はたいしたものだったのではあるまいか。

ドロップは江戸時代からわが国にあった。もとはイギリスで作られたものらしいが、宝暦（一七五一〜六三）年間、江戸日本橋橘町の大坂屋平吉が製造元で、オランダ渡りの「ズボートウ」（ドロップス・スートホード）と広告され、かなりの売れゆきだったという。

明治維新後、明治二十年代にはドロップ製造の機械が輸入されたり、またそれを真似て国産の機械が造られたりして、三十二年（一八九九）には日本洋式製菓合資会社が設立されて生産を開始した。この会社はほどなく倒産したが、四十年、佐久間惣治郎が「サクマ式ドロップス」を売り出し、夏でも溶けないとの評判をとった。

とんでもない

相手の言葉に対する強い否定の意を表す言葉である。「とんでもない」を少していねいに「とんでもございません」などという。「はて風をつかまへるやうな、とんでもない問ひやうかな」（近松門左衛門『用明天皇の職人鑑』）というように、江戸時代からの用語であるが、もとは「トデモナイ」であろう。「ト」は「途」すなわち「みち」「みちすじ」で、そこから「思いのほか」「とほうもない」の意で使われる。

トンボ捕り　とんぼとり

千代女の句を想い出すまでもなく、トンボ捕りは夏の子どもの日課であった。私の子どもの頃、東京の街のなかでもトンボはいくらでもいたし、近所の友だちと一緒に、毎日無益な殺生をくりかえしたものであった。

もち竿と称する細い竹の先に、もちを上手に塗りつける技術は、今にして思えば、まことに巧みな子どもの知恵であった。多くはモチ竿を振って捕らえたが、他にも方法はいくつかあった。捕虫網で捕るのも一方法だったが、網への空気抵抗がつよく勢いよく振えなかった。長いヨシ（アシ）の先を折って三角形を作り、そこにクモの巣を張って捕ったりしたが、これは小型のトンボにしか通用しなかった。長さ五〇センチほどの糸の両端に小石をくりつけて、これを空に投げあげてトンボのからだに絡ませるのも、意外に成功率が高かった。空中で動くものを見るとトンボは近よってくる習性があり、これを利用したのである。傑作なのは、文字どおりのトンボつりで、おとりを使う方法である。いったい、子どもたちが狙うのはヤンマ・チャン・ギンと称する大物である

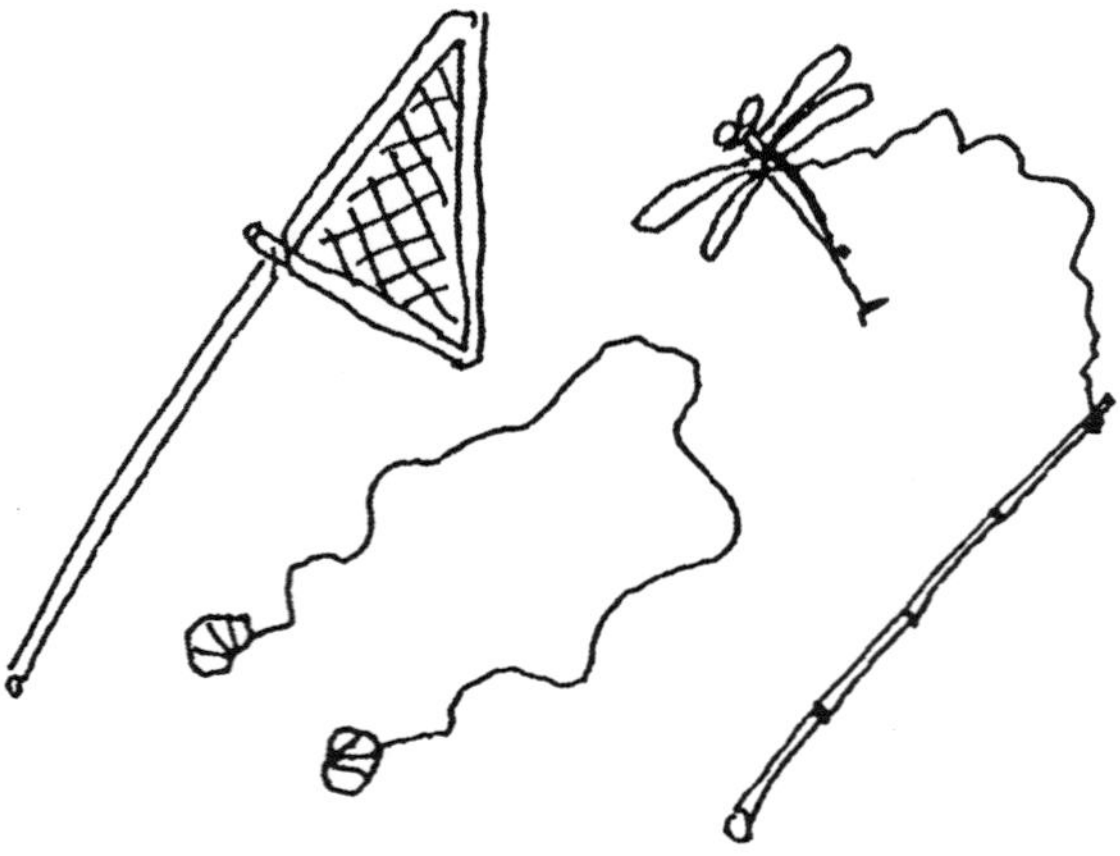

トンボ捕り　小道具のいろいろ

が、このうちギンは比較的多く捕れる。そこで一計を案じて、ギンの尾のつけ根の部分（ギンは青い色をしている）を朝顔の葉で覆うのである。チャンはうすい緑色だから、こうすると一見チャンのごとく見える。このおとりのトンボを糸に結び、一メートルほどの竹竿の先につけて空を泳がせる。すると本物のチャンが絡みついてくる。これをたぐり寄せ素手で捕らえる。こうして捕らえたチャンはモチもついていないし、傷を負ってもいないから価値があった。

しかし、トンボ捕りのもっとも原始的な方法が他にある。垣根の竹の先にとまっているトンボの目の前で、人指ゆびで輪をかいてしだいに近づき捕らえるのは、誰でもやった覚えがあるだろう。もっともこれはシオカラやアカトンボにしか通用しない。この方法がいつ頃から行われてきたものか詳らかにしないが、起源は古いものと思われる。つれづれに『松屋筆記』（国書刊行会本）を読んでいたら、「蜻蛉を捕術」としてつぎのような文があった。

おなじ新島の童が談に蜻蛉を捕へんには彼がとまり居たる所を目当に此方の指してそのめぐりを輪廻らすまねをするや一度輪廻らしおほせたらんには蜻蛉飛去ことを得ずそれをやうやうにめぐらしせばめもて行てつひに蜻蛉がもとまでめぐらしつむればやすく事もなくとらへらるる也といへり（巻四の六）

子どもの頃、トンボは複眼だからすぐ目がまわって動けなくなるのだと思っていた。この説に科学的根拠があるのかどうか、同僚の動物学の教授に尋ねたところ、俗説にすぎないと教えられた。

ところで、トンボという呼び名は江戸時代からのものであるらしく、古くは別の名で呼ばれていた。奈良時代にはアキヅといい（『古事記』など）、平安時代にはカゲロフ（加介呂布）、ヱンバ（恵無波）の名があり（「和名抄」）、またトンバウ（止ム波宇）といい（「康頼本草」）、トウバウ（「梁塵秘抄」）、トバウ（「袖中抄」）からトンボー、そしてトンボになったものであろう。トンボの称は江戸時代からと思われる。トンバウは、トン（飛び）とバウ（棒）の二つから成る。「飛び棒」である（『日本国語大辞典』）。

な　行

夏休み　なつやすみ

　小学生の時、夏休みには毎年、母の実家に行き、ほぼ一か月をここで過ごした。いま思うと大旅行であった。母と私と妹の二人で、母はせいいっぱい見栄を張り、沢山の土産を抱えて行った。上野駅から上越線経由羽越線秋田行き列車で酒田まで行き、そこからタクシーで一条村の父の実家へ行く。明治元年生まれの祖母がいたのである。ここに一泊して、翌日は人力車で母の実家のある大沢村に向かう。大沢村の平沢というところであるが、川沿いの山道で、自動車は通れなかったのである。道は川の左岸を通ったり右岸を通ったり、川を渡るたびに人力車は速度を落とした。橋といっても粗末なもので、車などの通ることを予想していないもののように思えた。峠に向かうだらだら坂を何キロか走り、小さな橋を渡り、水田の中の道を進むと右手に村の墓地があり、その先が丁字路になっている。母の実家は左に折れた一番奥にあった。

　母屋は藁葺きのかなり大きな家であった。向かって右手は厩で、土間を隔てて板敷きの台所があり、囲炉裏もあった。土間には大きな竈があって、その奥の壁際に水がめがあった。飲料水は道を隔てた山の中腹から竹の筧で延々と引いて来るのであった。むき出しの水道だから水がめに木の葉が流れ込んだりした。

　屋敷の東はずれには小川があり、かなりの勢いで山から流れてくる。この水を利用して水車が廻っていた。洗濯は水車の下の洗い場でしていた。水車はつねにコットン、コットン音を立てて廻っていたが、水車小屋の中では杵がいつも臼をついているわけではない。つく必要のないときは、動力が杵に接続する部分をはずして置くのだということをはじめて知ったのであった。

　厩が母屋の中にあったから家中が臭かったが、それも

二、三日経つと気にならなくなる。蝿の多いのには閉口だが、昔は東京だって食事の時、蝿を追いながら食べていたのだから似たようなものだったのである。蚤がいた。朝起きるとからだが痒い。しかし、子供のことで、蚤のために眠れないと言うことはない。いつも疲れきってぐっすりと寝た。

十歳年上の叔父（母の弟）がおり、毎日のように馬を牽き出し、鞍を置かずに走らせ、河原で馬を洗った。一度だけ叔父と一緒に裸馬に乗ったが、今にも振り落とされそうで恐ろしかった。川はそれほど川幅はなかったが、道路側は淵になっており、橋の上から子供たちが飛び込んで遊んだ。叔父は石垣の隙間に手を入れて、そこに潜んでいる鯰を捕らえたりした。村側は浅くて、子供の膝くらいであった。イシモチという頭の大きい小魚が川底におり、これをヤスで突いた。大きな石の蔭に隠れていて、石をどけると素早く他の石の下に隠れるのであった。

今と違い、この山の中の村では、東京からの来客は珍しかったから、私たちが着くと、翌日には村中の子供たちが庭に集まった。一緒に遊ぶというわけではなく、私たちを眺めに集まってくるのであった。尤も、村中といってもこの集落には一五軒しかない。道に沿って並んでいるが、うち八軒が遠田姓、七軒が池田姓で、いわば村中が親戚なのであった。母の実家は池田姓で、道路の筋向いに本家があった。本家の庭には大きな梨の木があって、小さな実を沢山つけており、私たちは木に登って実を採った。

村の生業は稲作と少しの畑作、そして山林で成り立っていた。水田は集落の北側、川との間に広がっていたが、それを一五軒で割ってみれば、一軒あたり二、三段だったのではあるまいか。母の実家は山を持っていた。水車を廻している谷川に沿って細い道があり、これが山に入っていく道になっていた。

父は若い頃しばしばこの道を通ったという。山で刈った草を馬の背に積んで母の実家の前を通ったのである。父が馬を牽いていた頃母は小学校の一、二年生だったろう。二人はとうぜん顔をあわせていたかもしれないが、後の運命を予測しようもないから、当時は単なる他人に過ぎなかったのである。

名主と庄屋　なぬしとしょうや

古代末期から、荘園や国衙領（公領）の構成要素の中心は名田《みょうでん》で、名田に賦課される年貢・公事などを取り纏めて納入する責任者を名主《みょうしゅ》といった。名主は、古代・中世では普通「ミョウシュ」と読まれたが、少数例ながら「ナヌシ」と読んだものもある。

江戸時代になると、村役人の長、惣代として名主があらわれる。年貢・公事などの取り纏めや村人統轄の機能はミョウシュからナヌシに受け継がれたのである。

村役人の長、惣代を名主と呼ぶのはおおむね東日本の村々であって、西日本では庄屋がそれに担当する。庄屋の「庄（荘）」とは古代には倉庫を意味し、いわば農業倉庫、すなわち農具や種子などを収納し、また農繁期に寝泊りする田屋《たや》的性格の施設であった。それがのちに耕地の管理事務所となり荘官が常駐する場となった。その呼称が江戸時代に引き継がれて村惣代の呼称となったのである。

〈参考文献〉西岡虎之助『荘園史の研究　上巻』（岩波書店、一九五三年）

奈良時代の食生活　ならじだいのしょくせいかつ

三度の食事　奈良時代の食生活についてはわからないことが多い。一日の食事の回数は二度か三度か、その点も明瞭ではない。朝と夜の一日二度という説が有力であるが、実のところ、はっきりしない。庶民の食事の内容は、いわゆる一汁一菜にちかい粗末なものであったと思われるが、具体的に明らかにすることは難しい。

主食は米・粟・稗《ひえ》・麦・イモ類である。米は粥《かゆ》（カタガユ、現在の炊いたご飯）と汁粥（現在のおかゆ）か蒸したおこわとして食べる。大豆・小豆そして木の実も多く食べたであろう。魚類は、生ものを焼くか、或いは干物（腊《きたい》という）にするか、塩漬け、また米といっしょに漬け込んで発酵させたスシとする。貝類も多く食べたらしい。キノコ類も文献に多く見える。鳥も日常的な食品であろう。『万葉集』の中に食品をうたったものも幾つかある。

香島嶺《かしまね》の　机の島の　しただみを　い拾《ひり》ひ持ち来て
石もち　つつき破り　速川《はやかは》に　洗ひ濯《すす》ぎ　辛塩《からしほ》に
こごと揉《も》み　高坏《たかつき》に盛り　机に立てて　母にあへ

つや　目豆児《めづこ》の刀自《とじ》　父にあへつや　身女児《みめご》の刀自（巻十六―三八八〇番）

しただみというのは小さな巻貝で、石で殻をうち割り、水洗いし塩でごしごしと揉むというのである。調理と称するほどのものではない。つぎの二首は「乞食者《ほかひ》」の歌えるものという。乞食者は、こじきであるが、家々をまわって食を乞うとともに寿歌《ほきうた》を唱えたものである。前者は鹿を、後者は蟹《かに》を主題とするものであるが、必要な部分のみ引用する。

我が角《つの》は　み笠のはやし　我が耳は　み墨坩《すみつほ》　我が目らは　ますみの鏡　我が爪は　み弓の弓弭《ゆはず》　我が毛らは　み筆はやし　我が皮は　み箱の皮に　我が肉《しし》は　み膾《なます》はやし　我が肝《きも》も　み膾はやし　我がみげは　み塩のはやし（巻十六―三八八五番）

角、耳、目、爪、毛、皮はみなそれぞれ用途があり、肉は細かく切って食べるのによく、肝も同様であり、みげ（胃袋の肉）は塩辛とするによいというのである。

あしひきの　この片山の　もむにれを　五百枝《いほえ》剥《は》ぎ垂《た》れ　天照《あまて》るや　日の異《け》に干《ほ》し　さひづるや　韓臼《からうす》に搗《つ》き　庭に立つ　手臼《てうす》に搗き　おしてるや　難波《なにわ》の小江《おえ》の　初垂《はったり》を　辛《から》く垂《た》れ来て　陶人《すえひと》の　作れる瓶《かめ》を　今日行きて　明日《あす》取り持ち来《き》　我が目らに塩塗りたまひ　腊《きたい》はやすも　腊はやすも（巻十六―三八八六番）

楡《にれ》の皮を日に干して臼でつき、濃い塩水とともに蟹をカメに漬け込むのである。腊は干物をいうが、ここでは蟹の塩漬けのことである。

長屋王家の食品　平城京の長屋王邸跡から大量の木簡が出土し、それによって、さまざまな事実が明らかになったが、王邸に送られた食品類の多様さも注目をひく。米（ウ

長屋王家の食生活

国名	品　目
大倭	米
山背	米
摂津	米，アジ
伊勢	米
志摩	ミル，牟津荒腊
尾張	米
参河	佐米
駿河	堅魚
伊豆	堅魚
武蔵	菱子
上総	アワビ，荏油
近江	米，贄
美濃	干肉，アユ
越前	米，栗，呉桃子
丹波	贄腊
丹後	小堅魚
但馬	大贄
出雲	大贄腊
備後	米
周防	塩
紀伊	塩，太海細螺
阿波	酢年魚，米，海藻
讃岐	米，塩，鯛，アジ
伊予	塩，大贄雑腊
筑前	鮒鮨，鯛醤

ルチ米・餅米）・麦・粟・大豆・カブ・チシャ・フキ・セリ・ダイコン・ウリ・タケノコ・菱の実・アザミ・ワカメ・ミル・オゴノリ・イギス・クルミ・栗・柿・カツオ・フナ・アユ・ボラ・アワビ・ツブ貝・干肉や粕漬・醤油漬のトウガン・ナス・ミョウガ・牛乳・荏油などが見える。全国から王邸に貢進された食品を木簡に記されたところから拾うと表の如くである（奈良国立文化財研究所編『平城京長屋王邸宅と木簡』吉川弘文館、一九九一年）。

長屋王は貴族中の貴族というべき人物であるから、きわめて特殊な例といわざるをえない。一般庶民の食生活の貧しさは、おそらく私どもの想像をはるかにこえるものであったろう。

成金　なりきん

本義は、将棋で、歩が敵陣に入って、元の性能が消えて金《きん》と同じ性能をもつようになることがある。ここから、急に金持ちになることをもいう。俄分限《にわかぶげん》である。以上は常識的な知識であるが、金《きん》になるということでは、『今昔物語集』（巻十六—二十九）に興味深い話がある。

京の貧しき生侍《なまざむらい》が長谷観音を信仰していたが、結願のあと、九条の辺で放免《ほうめん》に捕らえられ、十歳ほどの子どもの死体を川原へ捨てよと命ぜられる。ところが、この死人は頗る重く、よく見るとこれは黄金製であった。かれは「此ノ金ノ死人ヲ打欠ツツ売テ世ヲ過ケルニ、程無ク並無キ富人ト成ヌ」という次第であった。さらに、『沙石集』（一—八）に、「先達はやがて金《きん》になりぬ。熊野には死をば金になるともいへり」とある。

苗代　なわしろ

青楊の　枝伐り下ろし　湯種蒔き　ゆゆしき君に
恋ひ渡るかも（『万葉集』巻十五—三六〇三番）

苗代に籾を蒔くとき、苗代田の中央に青楊の枝をさすのである。このような風習は現代にも続き、楊やウツギの枝や、地竹の細いもの、萱《かや》・葭《よし》などを苗代田の真中に立てる。これを苗じるしといい、楊・ウツギのさし木の根のつき具合で作柄の豊凶を占うところもある。苗じるしを水口《みなくち》（田の水の取入口）に立てることもあるが、いずれにせよ、ここに神（田の神）を迎える儀礼のかたちであった。

苗代の苗を採ったあとに田植をする場合と、田植をせずそのまま放置しておく場合とがある。

苗代の　小水葱《こなぎ》が花を　衣《きぬ》に摺《す》り　なるるまにまに
あぜかかなしけ（『万葉集』巻十四―三五七六番）

こなぎの花の時期は八・九月なので、当然この苗代田に稲はない。「通し苗代」である。

西の内　にしのうち

木村東一郎著『江戸時代の地図に関する研究』（隣入社、一九六七年）を見ていたら、近世の村絵図の用紙は美濃紙か西の内を用いたとあった。恥ずかしながら「西の内」という紙の名を初めて知った。『日本国語大辞典』には「茨城県那珂郡山方町西野内産の生漉の楮紙。質はやや粗いが強いので、油紙の地紙、帳簿などに用いられ、明治末期から大正初期にかけては投票用紙に指定された」とある。投票用紙については、明治三十四年（一九〇一）十月七日の内務省令第二十九号で、「投票用紙様式　用紙程村又ハ西ノ内」とされたものである。「程村」も栃木県程村産の厚手の楮紙である。『万金産業袋』（一）に、「東国仙台筋会津辺、または信濃・武州等より、程村・西のうち」とあり、『孔雀楼筆記』（二）に「西の内と云紙あり。これを水引にするか、又は雲母引たるを用ればこれ亦清雅甚し」とある。

日記　にっき

今年こそはと意気込んで日記をつけ始めるものの、恥ずかしながら長続きしない。三日坊主というほど短期ではないが、つねに挫折した。

日記といえば、「土佐日記」（紀貫之）、「蜻蛉日記」（道綱母）、「更級日記」（菅原孝標女）などの仮名日記が浮かぶ。近代では「ローマ字日記」（石川啄木）「断腸亭日乗」（永井荷風）「戦中派不戦日記」（山田風太郎）その他。日記という語は定義しにくいが、①ある事柄・事件についての記録、②毎日、日を逐って書き継ぐ日次《ひなみ》記。③日記文学（回想記を含む）などであり、主流は②の日次記である。

日記とほぼ同義に用いられるものに「記録」がある。記録も広義には『吾妻鏡』のような日記体の史書を含むこともあるが、狭義には日次記や別註・部類記・公事義礼書を指す。

日記の起源とされるのは、『日本書紀』の孝徳紀や斉明紀の注に見える「伊吉連博徳書《いきのむらじはかとこのしょ》」や「難波吉士男人書《なにわのきしおひとのしょ》」と天武天皇の頃のものとされる「安斗智徳日記《あとのちとこ》」「調連淡海日記《つきのむらじおうみ》」などであり、いずれも七世紀のものである。日次記の起源とされるのは官日記の一種である写経生日記で天平年間、八世紀のものである。個人の私日記の古いのは「寛平御記」（宇多天皇）で九世紀末のものである。以後私日記は盛んとなり、とくに廷臣公家の日記が多く残存する。藤原実資の『小右記』、藤原行成の『権記』、藤原道長の『御堂関白記』、藤原宗忠の『中右記』、藤原頼長の『台記』、藤原兼実の『玉葉』などが著名である。

には

夜を寒み　朝戸を開き　出で見れば　庭もはだらに
み雪降りたり（『万葉集』巻十―二三一八番）

ここで問題とするのは「庭」である。ニハのことを「山斎《しま》」「山池」という、池のある庭園である。「苑」「園」とも書く。苑・園には花が伴う。また「屋前《やど（には）》」「屋戸」とも書く。これもニハのことだと理解されている。しかし、「庭」という表記の仕方があるのに、なぜ「屋前」など異なる表現を用いたのか。

二毛　にもう

山田俊雄『詞苑間歩』を読んでいたら、「二毛の人々の歎き」に遭遇した。恥ずかしながら「二毛」とは何だと『日本国語大辞典』を引くと、老人のことだという。この言葉の用例は『万葉集』や『和漢朗詠集』にさかのぼる。それもその筈で、出典は『春秋左氏伝』にある。僖公二十二年の条に「君子不レ重レ傷、不レ禽二二毛一〈注〉二毛、頭有二二色一」とある。白髪まじりということらしい。『万葉集』巻五―八〇四番序に、

このゆえに一章の歌を作りて、以ちて二毛の嘆《なげ》きを撥《のぞ》かむ

とある。『和漢朗詠集』の方は、巻上「早秋」の項で、

但喜暑随三伏去　不知秋送二毛来　白

（ただ喜ぶ暑の三伏に随って去んぬることを、知らず秋の二毛を送り来れることを　白）

とある。

入学試験　にゅうがくしけん

鷹番小学校では、四年生以上の各クラスには級長一人、副級長二人が置かれていた。クラス全員による選挙を原則としたが、担任の先生が「輿論」を誘導することがないではなかった。

私のクラスでは、N君が圧倒的な人気を持ち、連続して級長を務めていた。副級長のポストは、O君、M君、W君、そして私の四人が順次務めるような恰好になっていた。N君は文房具屋の息子だが、師範学校に通っている二人の兄さんがいたせいか、少しませた感じで成績は図抜けてよかった。堂々としていて頼りがいのある男だった。

私は、痩せっぽちでからだが弱く、おまけに人見知りがはげしく、とても「長」というタイプではなかった。しかし裏方で、ちょこちょこ事務的な仕事をすることには比較的に長けていたかもしれない。成績も割合に良かったし、その辺が万年副級長たる所以であったのであろう。六年生の二学期に一期だけ級長を務めたが、私にとってこれは地獄の苦しみであった。

一組と二組が男子、三組と四組が女子のクラスであったが、一組と二組の級長は、交代で毎日の全校朝礼の時の指揮を執らなければならなかったのである。まず壇に登って、全校児童に整列の号令をかけ、校長先生が登壇すると「礼」と合図をするのである。引っ込み思案の私には、これがたいへんな苦痛であった。

六年生の二学期といえば中学受験のための追い込みの時期である。正直言って、余計なことに煩わされたくなかったのである。いまと違い、公立優位で、まず東京府立の中学校の試験があり、そのあとに私立学校の試験があった。私の通っていた小学校では、成績上位の者は府立第八中学校（後の都立小山台高等学校）を目指すのが慣わしであった。私も八中受験を目標に勉強をしていた。二千人規模の模擬試験での成績も五〇番以内だったから、

まず合格できるだろうと思っていた。

ところが、大変なことになったのである。秋十月を過ぎてから突然発表があって、今年度、つまり来年三月に行われる予定の中学校入学試験からは筆記試験は行わない、内申書と面接と体力検査で選抜するというのである。これですっかり予定が狂ってしまった。私のような、運動機能に劣り、人見知りする性格では八中合格は覚束ないと担任の先生も思われたのであろう、志望校を変えたらどうかと促された。加えて、八中の説明会に行ってきた父が、あんな学校には行くなという。校長が、軍人の子弟は優先的に入れるといったというのである。それかあらぬか、私より上位の成績だったMが不合格で、成績がずっと下だった海軍中佐の息子Yが合格した。Mは当時としては珍しい肥満体で運動は苦手だった。

私は先生の勧めで、新設の府立第十四中学校（後の都立石神井中学校、現都立石神井高等学校）を受験することになった。正直なところ私は不満だった。この年、第十三中学から第十八中学まで六つの中学校が新設された。十四中は校長の丸山先生が府立五中（現都立小石川高等学校）の教頭だったからであろう、入学試験は小石川の駕籠町にあった五中で行われた。

当日は雨降りだったので、運動機能検査は体育館で行われた。懸垂と立幅跳び、それと五〇メートルの疾走であった。受験生の一人が転倒し腕を骨折するアクシデントがあったが、彼は無事に補欠で合格した。四月の入学式にかれは腕を白布で吊った姿で出席したのですぐにわかった。

そのS君は、こう言っては失礼ながら、クラスでも有名な粗忽屋であった。彼は後に水産講習所に学び、農林省に勤めた。ある日偶然に電車の中で会ったが、なんとゴム長靴をはき、バケツを提げていた。びっくりして尋ねると、魚市場が彼の働き場所だという。バケツの中は魚で、私に一匹もって行けと無理やり押し付けた。電車の乗客は皆笑ってみていた。気のいい愉快なS君は、残念なことに早く亡くなった。

ニュース映画館　にゅーすえいがかん

中学校では、規則で映画館への出入は禁止されていた。そのことは入学以前から知っていたので、昭和十五年三月、これが最後というわけで、渋谷の道玄坂にあった東宝の映画館に行った。何を観たのか忘れてしまったが、時代劇であったことだけは確かである。考えてみると少しおかしいのだが、中学生は駄目で小学生は宜しいというのである。いかなる理窟か、わからない。

しかし、ニュース映画館は例外で、中学生が一人で入れたのである。通学の途中、渋谷宮益坂の中ほど、地下鉄銀座線が地下に潜る辺りにニュース映画館があった。入場料は一八銭だったが、何でも一九銭以下は税金がかからないのだということであった。太平洋戦争初めのハワイ真珠湾攻撃の映画は、このニュース映画館で、開戦翌年の正月に観た。荒天の中を進む航空母艦と真珠湾を急襲する飛行編隊の姿に私たちは興奮した。

女　房　にょうぼう

庶民が妻を女房と呼ぶことは江戸時代に始まるのであろうが、すでに中世において女性一般を女房という例がある。

女房の「房」は部屋の意であり、女房とは女官のヘヤのことである。平安時代、宮中に仕えた女官、また一般貴族に仕えた女性を女房と呼んだ。個別に房（室）を与えられた者の意であるが、三等に分かれる。

①上臈《じょうろう》～御匣殿《みくしげどの》・尚侍《しょうじ》および二位・三位の典侍で禁色（赤または青色の装束）を聴された大臣の娘あるいは孫娘。また公卿の娘を小上臈《こじょうろう》と称することがある。

②中臈《ちゅうろう》～内侍のほかの女官および侍臣の娘、和気氏・丹波氏（医道）・賀茂氏・安部氏（陰陽道）の娘をいう。

③下臈《げろう》～摂関家の家司《けいし》の娘や賀茂社・春日社の社司の娘をいう。

ついでに、女房の呼び名には、㋑官位名をつけるもの～大納言局、三位局、小宰相、侍従、小辨《こべん》（弁）など。㋺国名をつけるもの～伊予、伊勢など。㋩候名《さぶらいな》をつけるもの～高砂、若水、木綿四手《ゆうしで》など。㊁かた名・むき（向）名（方角）をつけるもの～東の御方、西の御方など。㋭京の小路名をつけるもの～一条、三条、京極、高倉などがある（浅井虎夫『新訂女官通解』講談社学術文庫、一九八五年）。

人　気　にんき

「ひとけ」と読めば人の気配、人並みであることの意である。「にんき」と読めば意味が変わる。

私の父は「近頃は人気《にんき》が悪い」とよく言っていた。子どもの頃は何となく変だなあと思っていたのだが、そのうち次第に意味がわかってきた。

父の言う人気とは評判の良し悪しではなくて社会の傾向、気風というような意味である。「昔は人気が悪いから荒れておりました」とか、「西部は人気も開けたれど、東部は無下の野蛮にて」などと用いる。

人相書　にんそうがき

江戸時代、逃走中の犯罪者などの捜索のために、人相その他の特徴を記した手配書（触《ふれ》）を人相書といった。寛保二年（一七四二）の定めは、公儀へ対し重き謀計、主殺し、親殺し、関所破りの者は、人相書を以て探索するとしている（「御定書百箇条」）。

八代将軍吉宗の時代、東海道の天龍川口付近を本拠として、美濃国から相模・甲斐まで広範囲にわたって荒しまわった盗賊団の首領浜島庄兵衛（歌舞伎「弁天小僧」の日本駄右衛門）にかかる延享三年（一七四六）の人相書は次のようなものであった。

一、せい《（背）》五尺八寸程
　小袖くしら《（鯨尺）》さしニて三尺九寸
一、歳二拾九歳、見かけ三拾壱弐歳ニ相見之候
一、月額《さかやき》濃ク引疵《ひききず》壱寸五分程
一、色白ク歯並《はならび》常之通
一、鼻筋通り
一、目中細《まなこほそし》
一、貌《かお》おも長《なが》なる方
一、ゑり《（襟）》右之方之常ニかたき（よごれ落としのブラシ）罷有候《まかりあり》
一、びん《（鬢）》中ひん
　中少しそり《（剃）》、元結《もとゆい》十《（緒）》ヲ程まき
一、逃去候節着用之品
　こはく《（琥珀）》びんろうし《（檳榔子）》綿入小袖
　　但、紋所丸の内ニ橘
　下単物《したひとえもの》

もへき《（萌黄）》色紬《つむぎ》　紋所同断
同
白《しろ》郡内ぢはん《（襦袢）》
一、脇差長弐尺五寸
鍔《つば》無地ふくりん《（覆輪）》金福人模様
さめしんちう《（鮫真鍮）》筋金有
小柄なゝこ生物色々
かうかい《（笄）》赤銅《しゃくどう》無地
切羽《せっぱ》はゝき《（鎺）》金《がね》
さや《（鞘）》黒小尻《こじり》ニ少し銀はり
一、はなかミ袋もへきらしや
但、内金入
一、印籠《いんろう》
但、鳥のまき《（蒔）》絵
右之者、悪党仲ヶ間ニては異名日本左衛門と申候、
其身ハ嘗《かつ》て左様ニ名乗《なのり》不レ申由
右之通之者於レ有レ之ハ、其所ニ留置、御料（天領）
ハ御代官、私領は領主、地頭之申出、それより江戸、
京、大坂向寄《むきより》之奉行所之可二申達一候、尤見及聞及
候ハヽ、其段可二申出一候、若し隠し置、後日脇より相知候ハヽ、可レ為二曲事一候
十月
右之趣、可レ被二相触一候　（『御触書宝暦集成』）

延享四年（一七四七）正月七日、庄兵衛は京都の町奉行永井丹波守の玄関先に自首して出た。翌年三月、かれは江戸伝馬町牢内で打首となり、首は東海道見附宿に送られ獄門となった。

ネクタイ

昭和四十二年（一九六七）に東京学芸大学へ配置換えになってもっとも苦痛に感じたことは、つねにネクタイをしめなければならなかったことである。前任校の北海道教育大では服装はかなり自由で、私にとっては気楽でよかったのだが。

元来私は異常な汗かきで、首をしめるとどっと汗がふき出すという始末である。なんであんな布を首にしめるのか、考えてみると滑稽《こっけい》である。スカーフやマフラーならばまだ許せるが、あの結び方は、いったい何だと思う。

最近、ある書物を読んでいたら、今和次郎や鶴見俊輔

はノーネクタイで通したということを知った。わが意を得たりという思いであった。

そもそもネクタイは、古代ローマの軍人のフォカーレと呼ぶスカーフに淵源がある。そして十七世紀フランスのロイヤル・クラヴァットと呼ぶ連隊の兵士（クロアチア人）たちが首にスカーフを巻いていたが、これからヒントを得たパリの紳士たちが布の襟飾りをつけるようになり、これがネクタイの始まりとなったという。フランスでは、いまでもネクタイをクラヴァットと呼ぶのである。正統派のネクタイは絹でできている。フランスにおけるクラヴァット流行の背景には、南フランスのリヨンを中心とする絹織物業の発達があった。

わが国では、幕末の十九世紀半ば頃、アメリカから帰国した中浜万次郎が用いたのがはじめであろう。明治十五年（一八八二）頃、東京日本橋橘町の田中力蔵が舶来《はくらい》ネクタイを販売し始め、その二、三年後に帽子屋小山梅吉が国産初のネクタイを売り始めた。

猫　ねこ

もと禰古末《ねこま》と称したが略してネコという。猫は犬とともにペットの双璧である。犬よりも親しみやすい動物であり、その身体構造的に、人間と目を合わせて心を通わせることができるからだという。わが国では、猫が文献上にあらわれるのは比較的に新しい。『日本霊異記』（上―三十）に、慶雲二年（七〇五）豊前国京都郡少領膳臣広国は死去し、猫に転生して息子に飼われたという話がある。

『枕草子』（七段）には、天皇寵愛の猫が五位を授けられて「命婦のおとど」と呼ばれたといい、同じく五十段には「猫は、上の限り黒くて、腹いと白き」が良いと記す。また八十七段には、優美なるものを列挙した中に、「簾の外《と》、高欄に、いとをかしげなる猫の、赤き頸綱に白き札つきて、いかりの緒、組の長きなどつけて引きありくも、をかしうなまめきたり」とある。

古くは、猫は頸輪をつけて飼われていたもので、『石山寺縁起』などにその様子を見ることができる。また、保延（一一三五～四一）の頃、宰相の中将の乳母が飼っていた猫は「力のつよくて綱をきりければ、つなぐこともなくて、はなち飼ひ」にしていたという（『古今著聞集』巻二十―六八六）。

しかし、猫といえば最も著名なのは『今昔物語集』（巻二十八―三十一）の「猫恐《ねこをぢ》の大夫」藤原清廉であろう。清廉は山城・大和・伊賀の三国に多くの田畠を有する領主であったが、再三の催促にもかかわらず、さっぱり官物を納入しなかった。困った大和守藤原輔公は一計を案ずる。清廉の弱点は大の猫ぎらい、というより、猫を見ると恐怖を覚えるところにあった。輔公は清廉を宿直《とのい》壺屋《つぼや》に招き入れ、逃げみちをふさいで談判する。輔公は侍どもを呼び五匹の猫を壺屋の内に放ち入れた。清廉は涙を流し、手をすり恐れおののいた。これを見て輔公は、「どうだ官物を納めるか否か、今日は決着をつけよう」と迫る。清廉は汗びっしょりになってふるえながら、官物納入を承知したという。

石母田正の名著『中世的世界の形成』は藤原実遠の所領目録から始まるが、清廉は実遠の父であろうと思われている。

年号　ねんごう

明治・大正・昭和・平成、いわずと知れた年号である。明治のはじめに一世一元の制がたてられ、天皇一代の間はひとつの元号（年号）と定めた。そして天皇が亡くなると明治天皇・大正天皇・昭和天皇と呼ぶことになる。現存の天皇は今上《きんじょう》天皇と呼ぶ。

元号と年号とは元来は異なるものであるが、現在では混用されている。『日本書紀』によると、大化改新（六四五年）のときに「大化」の年号が用いられたのが最初であるとされている。しかし『日本書紀』に載っていない年号（私年号《しねんごう》という）もあり、また南北朝が併存した時期には、北朝・南朝それぞれ年号をたてたので、異なる年号が併存するかたちとなった。

ついでながら、もっとも長く続いた年号は「昭和」で実質六三年一か月、最短は天平感宝の二か月二日、つぎに暦仁《りゃくにん》の二か月七日である。

〈参考文献〉森本角蔵『日本年号大観』（目黒書店、一九三三年）

年齢のとなえかた　ねんれいのとなえかた

年齢のとなえかたは、今はいわゆる満年齢であるが、これは昭和二十四年（一九四九）五月二十四日法律第九六号で定められた。

一、この法律施行以後、国民は、年齢を数え年（生まれたときを一歳とし、翌年は二歳になる）によって言い表す従来のならわしを改めて、年齢計算に関する法律（明治三十五年法律第五十号）の規定により算定した年数（丸歳《まるどし》といい、一年に達しないときは月数）によってこれを言い表すのを常とするように心がけなければならない。

というもので、昭和二十五年一月一日から施行された。

の

学生と史料を読んでいたら、「五条の袈裟《けさ》」というのにぶつかった。僧の着る袈裟のつくり方だが、細長の布を縦に五枚縫い合わせたものが五条の袈裟である。着物をつくるには、布を何枚かはぎ合わせて裁断するが、二枚ならば「ふたの（二幅）」、三枚は「みの」、四枚は「よの」と呼ぶ。一幅《ひとの》は、ふつう三六センチ（鯨尺で九寸五分、曲尺で一尺一寸九分）である。五条の袈裟とは五幅《いつの》の形である。簡単に説明したが、学生たちは「の」という語を知らなかった。もはや死語なのであろう。

農書　のうしょ

江戸時代は農業技術、とりわけ稲作についての知識が普及した時代といわれる。限られた条件のなかで、増産をめざす努力の成果が記録されて世に広まったのであるが、教育制度も整っていない時代、また出版もいまとはくらべものにならないほど困難なもとでは大変なことであったろう。

江戸時代は「農書の時代」と呼ばれる。多くの「農書」が出版されたことは驚きでもある。著名な農書をあげるとつぎのごとくである。

『亀尾疇圃栄』～庵原菡斎著、安政二年（一八五五）函館で刊行。

『会津農書』～佐瀬与次右衛門著、貞享元年（一六八八四）会津若松で刊。
『会津歌農書』～同右著、宝永元年（一七〇四）会津若松で刊。
『民間省要』～田中丘隅著、享保六年（一七二一）江戸近傍。
『百姓伝記』～著者未詳。延宝～天和（一六七三―八四）頃　東海地方。
『耕稼春秋』～土屋又三郎著、宝永四年（一七〇七）、加賀国。
『才蔵記』～大畑才蔵著、元禄（一六八八―一七〇四）、紀伊国。
『清良記』～土居水也著、寛永元年～承応三年（一六二九―五四）、伊予国。
『農業全書』～宮崎安貞著、元禄十年（一六九七）
『農具便利論』～大蔵永常著、文政五年（一八二二）
『綿圃要務』～同右著、天保四年（一八三三）
『広益国産考』～同右著、安政六年（一八五九）

最初の農書は『清良記』で、『親民鑑月集《しんみんかんげつしゅう》』とも呼ばれる。土《ど》居《い》清良《きよよし》という戦国武将の軍記物語のなかの一巻（第七巻）で、老農松浦宗案が説いた栽培法や栽培暦が記されている。

〈参考文献〉古島敏雄編著『農書の時代』（農山漁村文化協会、一九八〇年）

のがわ

『万葉集』巻十四に、つぎの歌がある。

諾児《うべ》なは　吾に恋ふなも　立《た》と月《つく》の　流《のが》なへ行けば
恋しかるなも（三四七六番）

「たとつくの」は「のがなへ（ふ）」にかかる枕詞であろう。これは「立つ月の」の古代東国方言である。「努賀奈敝」は「ぬがなへ」とも訓み、動詞「ながらふ（流）」の東国方言であるという。流れる、経過する、水がどんどん流れる意である。前掲の歌は、したがって、「ほんにいとしい人は、私に焦れて居ることだらう。やって来る歳月が、どんどん流れて行くので、定めて私のことが、恋しくあるだらうよ」ということになる（折口信夫『口訳万葉集』全集第五巻一九五頁）。

さて、東京の国分寺市・小金井市・三鷹市の段丘の下を東南流して、世田谷区玉川で多摩川に合流する野川《のがわ》という川がある。野川に沿う段丘下の道が、大岡昇平の小説『武蔵野夫人』に出てくるハケの道である。野川は、国語辞典的にいえば、「野辺を流れる小川」（『日本国語大辞典』）のことであるが、その語源は、流れを意味する古代東北方言「のがな《ぬ》ふ」にありはしないかと推測したりする。

なお、野川のことを土地の老人たちは「大川」と呼んでいた。大川とは国語辞典的にいえば、大きな川、川幅の広い川ということになるが、固有名詞としては、たとえば大阪の淀川の下流の一部は「大川」とよばれていたし、東京の隅田川の下流も同様に「大川」とよばれる。

喉が渇く　のどがかわく

藤原道長は喉のかわく病にかかっていたという。おそらく糖尿病であろう。しかし、この表現、江戸時代には違った意味で用いられている。柳亭種彦の『還魂紙料』（文政九年〔一八二六〕）に、

身に応ぜざる美服を着たる者を嘲《あざけ》りて、喉《のど》が渇《かはく》であろうといふ諺《ことわざ》は、いまも老人は常にいふことなれど、其原《もと》は服の事にはあらず。

として、身分不相応な刀をさしたり豪華な衣服を着る者へののしりの言葉と説明している。

「喉が渇く」が物をほしがること、「喉が鳴る」はうまそうなものを食べたがる、あるいは物へのつよい欲求を表すことであり、喉から手が出るというのも同様である。

は　行

バイエル練習曲　ばいえるれんしゅうきょく

師範学校は小学校教員の養成を目的とするから、当然オルガン、ピアノの練習が正課になっていた。入学して、バイエルの練習曲を弾くのかと思ったら違っていた。『師範音楽』という教科書があり、楽譜にしたがって右人差し指、左人差し指と、一本指で鍵盤を叩くことから練習が始まった。

練習曲は一〇〇番まであったが、私はピアノが苦手で、一年間に六五番までしか到達しなかった。このテキストを終了すると次は「ツェルニー」ということになっていたが、私は遂に「ツェルニー」を弾くことはなかったのである。不名誉なことだが、同級生たちがみな「ツェルニー」を弾いていた時、私ひとり『師範音楽』六五番を弾いていた。指導して下さったA先生はもったいないくらい著名なピアニストであり、まことに申し訳ない次第であった。

さて有名な『バイエル練習曲』であるが、これはドイツのフェルディナント・バイエル（一八〇三―六三）の手になり、我が国には既に明治十三年（一八八〇）にもたらされている。バイエルはライン川沿いの都市マインツの人であった。マインツはグーテンベルグの生地であり、昔から楽譜出版の盛んな町だったという。

我が国では有名なバイエルも、ドイツではすっかり忘れられた存在であり、今はその墓も定かではない。ただ、彼の住んでいた場所は明らかで、現在、文房具店として残っている。

ハイヒール

婦人靴で、七センチ以上のかかと（踵）のある靴をいうのだそうである。ヒールのある履物は紀元前四世紀頃から見られるが、靴の下に下駄をつけた形のもので、現在のハイヒールの祖形とは見られない。ローマ時代のサンダルなどは、二層、三層も革を重ねて底としたものであって、下駄方式と同類である。

現代のハイヒールの原型はアンリ二世の妃カトリーヌ・ド・メディシス（一五一九～八九）が履いていたハイヒールのスリッパであるという。のち、ルイ十五世の愛人マダム・ポンパドゥール（一七二一～六四）の靴も同型といわれる。

本格的に生産され始めたのは一八七一年（明治四）アメリカで、これがフランスに渡って改良を加えられてからである。

わが国には明治初年に女性の靴が輸入されたが、これは女唐靴《めとうぐつ》とよばれ、革積みの中ヒールであった。鹿鳴館《ろくめいかん》時代の女性の靴は中ヒールで、本格的なハイヒールは明治三十五年頃にあらわれ、前に飾りのリボンのついた洒落《しゃれ》たものであった。

ばか

松本修著『全国アホ・バカ分布考』（新潮文庫、一九九六年）という書物がある。ある地方ではバカといい、他ではアホという。その分布を全国的に調査したという著作である。「テレビ局の力《ちから》」を実感させられる業績である。また最近は「バカ」が大流行で、バカのなんとか、なんとかのバカと題する本が何種も出ている。火をつけたのは養老孟司『バカの壁』（新潮新書、二〇〇三年）で、柳の下のドジョウを狙った類似書も何冊か出た。

「ばか」には馬鹿、馬嫁、破家、莫迦、慕何などの漢字を宛てる。バカの初見は『太平記』二十三の土岐頼遠の乱暴について記した部分であるとされる*。『古本節用集』は馬嫁を「狼藉之義也」とし、『日葡辞書』は無知で無教育な者の不作法・無礼の意とし、『運歩色葉集』は「鹿をさして馬と曰ふ」とする。小山田与清『松屋筆記』はボケ起源説、天野信景『塩尻』は梵語（moha）起源説を述べているが詳かでない。近代では、新村出「馬鹿考」（『日本の言葉』創元社、一九四〇年）、柳田國男『馬鹿考異説』（全集9）などである。

バカについてのことわざは、馬鹿と鋏《はさみ》は使いよう、馬鹿につける薬はない、馬鹿の大《おお》ぐい、馬鹿のひとつおぼえなど多い。

＊『太平記』巻二十三に、土岐頼遠の言葉として「この洛中にて頼遠などを下ろすべき物は覚えぬ物を、謂ふは如何なるばか物ぞ」と書かれている。この「ばか物」は狼藉者の意であろう。

博士　はくし

夏目漱石が文学博士号を辞退した話は有名である。[1] この博士号は、明治二十年（一八八七）五月二十一日の学位令に基づくもので、大博士と博士の二種があった。大正三年（一九一四）の改正学位令で博士に統一され、昭和二十八年（一九五三）の学位規則で、学位は博士と修士の二等となり、さらに平成三年（一九九一）の改正学校教育法で学位は、博士・修士・学士の三等とし、同時に「文学博士」というように専攻分野を冠した名称を改めて、博士（文学）と記載するようになった。なお、博士には二種類あり、一は大学院博士課程修了者で試験に合格したものに与える課程博士と、他は、論文審査を経て試問に合格したものに与えられる論文博士である。

「博士」の称は、わが国では古代の律令制度の時代から存在する。古代の高等教育機関である大学寮に博士がいて「教二授経業一、課二試学生一」を職掌とする。経業とは明経（儒学）と業術（書算）で、それぞれの分野に、音《こえ》博士・書《ふみ》博士・算《さん》博士がいた。単に「博士」と呼ばれているのは現今の学長に相当し、分野ごとの博士は教授ということになる。訓は「ハカセ」で、「先生」というほどの意味合いである。[2] 明治二十年（一八八七）の「博士」から「ハクシ」と訓むようになったという（穂積陳重『法窓夜話』有斐閣）。

以上は学問上の「博士」であるが、この語にはいまひとつ用法がある。鎌倉時代も終わりの頃、正和二年（一三一三）六月、伊予国弓削島荘の領家方の百姓らが給主の非法・非例を訴えた申状（『鎌倉遺文』三十二巻二四九一〇号）の中に、つぎのような文がある。

　当島の習い、塩浜を以て業と為す、塩浜の習い、牛を以て博士と為す

弓削島荘は製塩を主生業とする瀬戸内の荘園である。

「塩浜を以て業と為す」とはそのことを言っている。では、つぎの「塩浜の習い、牛を以て博士と為す」とは何か。『古語辞典』を見ると、「節博士（ふしはかせ）の意から、標準となるもの。定められた基準」とし、『徒然草』（二二〇段）を掲げている。『徒然草』の文はつぎの如くである。

「何事も辺土は賤《いやし》く、かたくななれども、天王寺の舞楽のみ、都に恥ず」といへば、天王寺の伶人の申し侍りしは、「当寺の楽は、よく図をしらべあわせて、もののの音のめでたくとゝのほり侍る事、外よりもすぐれたり、故は、太子の御時の図、今に侍るをはかせとす、いはゆる六時堂の前の鐘なり……」

「日本古典文学大系」の頭注は、「はかせ」について『節博士』の略。音の長短・高低を示す符号」とする。「図」は頭注のいうように「調子の図」（＝楽譜(3)）であろう。聖徳太子のときの古い「図」が残っていて、いまにそれを「博士」としているという。しかし、この注は分明でない。やはり、「基準とする」とか「拠りどころとする」でよいのではないか。冒頭の弓削島荘の百姓らの申状の場合、弓削島荘は塩浜における製塩を主生業とし、その塩浜は「牛を以て博士とす」というのである。この場合は「基準とする」というより、塩浜では、牛の働きは必須のものだという方が適切であろう。

注

（1）事件の経過については、江藤淳『漱石とその時代』第四部（新潮選書、一九九六年）に詳しい。

（2）古代律令制下の教育体系については、桃裕行『上代学制の研究』（思文閣出版、一九九四年）、久木幸男『日本古代学校の研究』（玉川大学出版部、一九九〇年）を参照。

（3）古代の調子、楽譜については、増本喜久子『雅楽』（音楽之友社、一九六八年）、遠藤徹『平安朝の雅楽』（東京堂出版、二〇〇五年）など参照。

博奕うち　ばくちうち

バクチは古くからあり、その起源を定めがたい。その種類も多く、内容のよくわからないものもある。もっともよく知られているのは雙六《すごろく》バクチであり、時代劇などに出てくるのはすべてこれである。バクチそのものは古いとしても、バクチを職業とすることは、いったい、いつ頃からであろうか。『宇津保物語』に「世の中にかしこきばくちのせまりまどひたるをめして」（藤原の君）とあり、また「おんみやうし《陰陽師》、かむなぎ」「京わらべ」と並べて「はくち」が出てくるのを見ると、専業化したバクチウチが想像される。また『新猿楽記』では、大君の夫は「高名博打」と称されている。また、これより以前、『菅家後集』には「慰少男女詩」として「往年見窮子、宮中迷失ㇾ拠、裸身博奕者、道路呼南助」とし、南助と呼ばれたこの男は、大納言南淵年名（八〇八―七七）の子内蔵助良臣であると注記されている。

専業化したバクチウチというのはいいすぎかもしれないが、それに近い姿を見ることができるのである。

幕府　ばくふ

鎌倉幕府・室町幕府・江戸（徳川）幕府と、私たちは呼びならわしている。しかし「幕府」とは何か。ふつう、征夷大将軍を首長とする武家政権を指していう。答えはこれでいいか。

辞典によると、幕府とは、①出征中の将軍の陣営、②近衛府の唐名、近衛大将の居館、③源頼朝の居館を指していい、冒頭の意で用いた。①の意で用いると、その始源を明らかにすることが困難である。②の場合は、かなり限定できる。

古代律令国家の中央軍制は五衛府（衛門府・左衛士府・右衛士府・左兵衛府・右兵衛府）であったが、神亀五年（七二八）中衛府が設置されて六衛府制となり、さらに天平宝字三年（七五九）授刀衛が置かれて七衛府制となった。そして天平神護元年（七六五）に授刀衛は近衛府と改められた。その後大同二年（八〇七）中衛府が右近衛府、近衛府が左近衛府に改められた。近衛大将の居館を幕府とする定義によれば、天平神護元年に始源のあることになる。

博物館　はくぶつかん

歴史・芸術・民俗・産業・自然科学に関する資料を収集・保存し、研究を加え公衆のために公開する機関を博物館という。広義には美術館・科学技術館など文明の発達にかかわる諸資料を集積したものも含まれるのである。

紀元前三〇〇年頃、エジプトのアレキサンドリアには博物館があり、これに動物園・植物園が附属していた。ローマ時代になると、貴族の個人的な収集が中心となり、中世には王室・教会のコレクションが中心となった。十五世紀のルネサンスを迎えて、古物・古典に関する興味はいっそう拡大し、十九世紀の産業革命を経て理工系の博物館が誕生した。

近代的な博物館としては、一八五三年（嘉永六）に設立されたイギリスのサウス・ケンジントン博物館がもっとも古く、教育的機能をも備えていた。フランス革命（一七八九年）の結果、王宮が開放されてルーヴル美術館となったように、王侯・貴族の収集物が一般に公開されるようになった。

わが国では明治三年（一八七〇）東京の湯島聖堂で物産局の博覧会が行われた。博覧会に当たって、広く出品を促す広告が出されたが、それには、

「皇国従来博覧会ノ挙アラザルニ因リ、珍物奇物ノ官庫ニ貯フル所亦若干ニ過ギズ、因テ古代ノ器物天然ノ奇品、漢洋船載、新造創製等ヲ論ゼズ之ヲ蔵スル者ハ、博物館ニ出シ、此会ノ欠ヲ補ヒ、以テ世俗ノ陋見ヲ啓キ、且古今ノ同異ヲ知ラシムルノ資助ト為スヲ謂フ」

とあった。明治十年に博物部門は上野に移って今日の科学博物館のもとになった。美術部門は十五年に上野に移り、これは今日の国立博物館と動物園のもとになった。

以後全国各地に博物館・美術館の設立があいつぎ、とくに第二次世界大戦後の発展はめざましく、ほとんど各県に設立を見た。なお、博物館は収蔵する資料の内容から、総合博物館と専門博物館に分かれるが、専門博物館は、美術・歴史・産業・科学博物館に分類される。

博覧会　はくらんかい

乱暴な言い方かもしれないが、金銭的な余裕があったら、手当たり次第に本を買うことを勧めたい。知識も不十分なくせに選択して本を買うと自分の世界を狭くしてしまう恐れがある。唐突であるが、次の文章を読んで欲しい。

「注視の際得る所の功益は必しも実用有益の品に止まらず。粗悪の品類無益の玩具といへども以て人智

の深浅を卜すべく以て風俗慣習の異同を察すべく、況て精良の品を見て己が学術実験の不足を補ひ絶妙の器に就て自ら発明改良の端緒を得るものあるに於てをや。若し其製品を審かにして竟に其方法に及ぼし其現相によりて更に其実因を究むるに至ってハ注意の最高点といふべし。斯の如く仔細に観察し来らバ凡そ万象の眼に触る皆知識を長するの媒となり一物の前に横たはる悉く見聞を広むるの具たらざるなし。」

右の文章は明治十年（一八七七）に開催された博覧会の事務局発行の会場案内パンフレットに記されているものという（加藤秀俊・前田愛『明治のメディア考』）。注意されるのはつぎの点である。

第一は、「百聞は一見にしかず」の精神である。そもそも博覧会とは実物教育の精神に基づいている。第二は、事物の観察の大切なること。第三は、「万物すべて無駄なものなし」の精神である。大事なのは観察者の主体性であって物の精粗ではないということである。右のような「博覧会の精神」は「明治の精神」の「健全」さの一面を示すものであろう。

さて博覧会であるが、世界的な「万国博覧会」は一八五一年（嘉永四）のロンドン大博覧会をはじめとする。わが国では、明治四年（一八七一）東京九段の招魂社（現、靖国神社）で博覧会が開かれた。この年、文部省に博物局が設けられ湯島大成殿が博物局観覧場となった。これがのちの国立科学博物館に発展する。京都でも本願寺で第一回京都博覧会が行われ、七年には第一回名古屋物産博覧会が、十年には内国勧業博覧会が開かれた。四十三年のロンドン日英博覧会では、御木本真珠、安藤七宝そして緑茶の評判はよく、相撲興行も大当たりであった。

昭和四十五年（一九七〇）大阪で開かれた万国博覧会は、第二次世界大戦後のわが国の経済・文化の発展を示す一大イベントであり、参加国七七カ国、開催日数一八三日、入場者数六四二一万人であった。

なお、「博覧会」はexhibitionの訳語であり、幕吏栗本鋤雲《じょうん》（一八二二～九七）の考によるものであるという。

開催年	開催地	開催日数	出品者(国)数	入場者数(万)
一八五一	ロンドン	一四一	一三九六〇	六〇〇
一八五三	ニューヨーク	一五〇	四八〇〇	一二五

一八五五	パリ	二〇〇	二四〇〇〇〇	五〇〇〇
一八六二	ロンドン	一八四	二八六〇〇〇	六二〇〇
一八六七	パリ	二一〇	五二〇〇〇〇	一五〇〇
一八七三	ウィーン	一八六	四二〇〇〇〇	七二二五
一八七六	フィラデルフィア	一五九	三〇〇〇〇〇	一〇〇〇〇
一八七八	パリ	一九四	五二八〇〇〇	一六〇〇〇
一八八九	パリ	一八〇	七二〇〇〇〇	三二三三五
一八九三	シカゴ	一八三	一〇〇〇〇〇〇	二七五三
一九〇〇	パリ	二一〇	八三〇〇〇〇	五一〇〇〇
一九〇四	ルイジアナ	一八五	七〇〇〇〇	一九七〇〇
一九一五	サンフランシスコ	二八八	三〇〇〇〇〇	一八八九
一九二五	パリ	一九五	——	一五〇〇〇
一九三三	シカゴ	三四五	——	三八八七
一九三五	ブリュッセル	一五〇	七〇〇〇〇	二〇〇〇〇
一九三七	パリ	一八〇	一一〇〇〇〇 (三九国)	三四〇〇〇
一九三九	ニューヨーク	三四八	六四国	三四〇〇〇
一九五八	ブリュッセル	一八六	一七〇〇〇〇 (四八国)	四一四五
一九六二	シアトル	一八四	三二国	九四六
一九六四	ニューヨーク	三六〇	六一国	五一五九
一九六七	モントリオール	一八三	六二国	五〇三〇
一九七〇	大阪	一八三	七七国	六四二一

端下なる銭　はしたなるぜに

中世、田畠等の売却に当たって作られた売券には、売り渡す田畠の規模と所在地、そして直銭が記され、また売却条件等が記載されるのが普通である。

奉㆓沽却㆒山城国葛野郡革嶋郷南庄近衛殿御領下司職内

合壱段半者牟自名里卅二坪

四至　西限峯　南限溝
　　　東限峯　北限やしきのやふを

右件田地者、秀安依㆑有㆓要用㆒、直銭拾参貫百廿八文ニ。限㆓永代㆒、嵯峨慧泉菴へ沽却申処実也、毎年御年貢壱石五斗拾合定也、但本所御下知手次証文等者、依㆑有㆓類地㆒相副不㆑申候、本譲状并本目録之裏をわり申上ハ、於㆓後日㆒雖㆓子々孫々㆒不㆑可㆑有㆓異議㆒候、但於㆓此下地㆒万雑公事更〳〵不㆑可㆑有候、若万一於㆓此下地㆒、或号㆓相伝㆒或称㆑有㆓古文書㆒雖㆑有㆓違乱輩㆒、不㆑可㆑有㆓御承引㆒候、猶成㆓其煩㆒者、於㆓公方㆒可㆑被㆑申㆓行罪科㆒者也、仍為㆓後日亀鏡㆒売券之状如件

応永十六年乙丑二月廿三日　　秀安（花押）

ひこ《うけひと》　大夫（花押）

（「革嶋家文書」拾遺三七号）

このような売券そのものは、ありふれたものであって、ことさらに云々すべきものでもない。しかし注意を惹かれるのは、田地一段半の直銭一三貫一二八文である。この半端な金額に注目せざるをえない。「革嶋家文書」中の他の売券でも、六貫九〇〇文（一一七号文書）、九貫一五〇文（拾遺九号文書）、一九貫六二〇文（七八号文書）、五六貫八七五文（六三号文書）などの端数をもつ売価を見出すことができる。これらは、いかにも不自然である。

他の例を少し引くと、革嶋荘に近い桂川対岸の梅津荘では、田地・屋敷等の売却代価が、一貫三三〇文（『長福寺文書の研究』三五二号文書）、一六貫四〇二文（同一〇五号文書）、七貫四四〇文（同一一一号文書）など、やはり半端な数字を見ることができる。和泉国熊取の「中家文書」に収められた多数の売券中にも、一貫一〇〇文、二貫七五〇文、三貫一五〇文、三貫三三二文、三貫四六〇文、八貫二二〇文という半端な額を見出せる。同じく和泉国大鳥荘関係の売券を見ると、一貫八〇〇文（『高石市史』第二巻二九七号文書）、二貫一〇〇文（同四八号文書）、二貫一〇五文（同三四九号文書）、二貫九五六文（同三一八号文書）、六貫二八五文（同三五六号文書）、八貫一〇四文（同三三一号文書）、一七貫二八四文（同三五七号文書）などを拾うことができる。

なおまた、売券を多く含む「大徳寺文書」でも、九貫二〇〇文（八一四号文書）、九貫二〇〇文（八三六号文書）、六貫六〇〇文（八五〇号文書）、四貫八七五文（八七五号文書）の例を見ることができ、時代をさかのぼって『鎌倉遺文』を通覧しても、明らかに端数を伴うものを、かなり拾える。たとえば、四貫四五〇文（六二六七号文書）、四六貫六六〇文（九七〇号文書）、一貫五六〇文（一〇八六〇号文書）、九四貫一七二文（一四六九九号文書）、二九貫四八四文（二四〇一九号文書）、一七貫三三二文（二六八二四号文書）、などである。

右のような半端な売却代金を、単純に田地・屋敷等の売買に伴う代価と考えることはできない。これらは、利息つきの借金のかたに田地等を取られたものであって、それを売券として表現したにすぎない。「革嶋家文書」の中に、明応三年（一四九四）十二月付の渡辺源左衛門尉光の売券（八八号文書）があり、文面によると、光が私領田地を直銭十四貫文で革嶋泰宣に売却したというのであるが、その裏書に、

此料足者、来十月ニ本拾貫文／利四貫文返弁可レ申御役束（ママ）也、返弁申候以後ハ此売券返可レ給候

とある。直銭十四貫文は裏書の「本拾貫文／利四貫文」に対応する。こうして見ると、売券面に記されている半端な金額は、それが借銭の利息を含むものだったことがわかるのである。

大永六年（一五二六）十二月一日「天下一同徳政ノ時」幕府当局者はつぎのように述べている。

一、借銭ノ時雖レ加二利分一、預リ状ニ沙汰ノ借レ之事アリ、是ハ徳政不レ行、利平ノ沙汰無レ之故也、但、ハシタナル銭ヲ書載タル預状ハ、徳政ニ破ル、也、喩ハ一貫五百五文等、如レ此之預状ハ徳政ニ可レ行也、五文トハシタナル銭ヲ書載タルハ、定知ヌ、前々ノ利平ノ算用ヲ沙汰シテ立テ後預タル故也云々

（中略）

一、売券ヲ書アタエテ、借レ銭事、徳政ニ破ル、条勿論也

（『中世法制史料集』第二巻・参考資料二四二〜二四四条）

以上述べた「端下なる銭」については、すでに中島圭一「中世京都における祠堂銭金融の展開」（『史学雑誌』一〇二―一二）が触れており、私も「畿内小領主の存在形態―山城国革嶋荘と革嶋氏―」（『帝京史学』一〇号）で解説した。なお付記すると、田地売券の直銭を整理し、単位面積当たりの価格を算出して、価格の変動を見ようとする研究もあるが、これはほとんど無意味に近い。そもそも、中世社会に、現在私どもが考えるような「土地の価格」などという観念の存在を想定することは疑問である。

走井　はしりい

『万葉集』巻七―一一二七番は、

落ち激《たぎ》つ　走井水の　清くあれば　置きては吾れは
行きかてぬかも

であり、一一一三番は、

この小川　霧ぞ結べる　激《たぎ》ちたる　走井の上に　言

挙せねども

である。走井とは、「湧き出て、勢いよく流れる泉」で、一一一三番が「この小川」と歌い始めたように、湧き出るさまは「泉」であるが、つぎの瞬間、小川となって走り去るのである。噴出泉である。逢坂の走り井は名高い（『枕草子』一六五段）。

はたこ

はたこらが　夜昼と言はず　行く路を　吾はことごと　宮道にぞする（『万葉集』巻二―一九三番）

稲岡耕二は「はたこ」を「畑子」とする（『万葉集全注』二巻）。確かに「田子」[1]という語もあり、この説は魅力的である。しかし別の説もある。

伊藤博は、「はたこ」は「徴子」で、墓造りの役民をいうとする（『萬葉集釈注』一）。草壁皇子の薨去に際しての柿本人麻呂の一連の歌の中の一首であることを考えれば、伊藤説の妥当性は高いと思う。昼夜を分かたず働く役民の通り道が官道（墓への参道）になるというのも理解できる。[2]

注

（1）「貫之集」（四）に、「時すぎば早苗もいたく老いぬべし雨にも田子はさはうざりけり」とあり、『源氏物語』（葵巻）に「袖塗る恋ぢとかつは知りながらおりたつたこのみづからぞ憂き」とあり、「名語記」に「田うふる時は田子」とあり、『太平記』（二）に「塩干や浅き船浮きて、おり立田子の自も浮世をめぐる車返し」とある。

（2）『日本国語大辞典』は語義未詳として、畑子説と徴子説を併記している。

旅籠　はたご

江戸時代、旅籠とは旅館のことを指す。また「旅宿ノ食」（『節用集』）すなわち旅宿での食事のことである。『日葡辞典』も「旅館の食べ物」といい、「ハタゴを食う」とも書いている。そして、食事つきの宿《やど》が旅籠であり、食事のない素泊りの宿が木賃《きちん》である。

さかのぼると、旅籠とはカゴのことであり、旅をするとき身の回りの品や食物（弁当）を入れる小さい容器、行李《こうり》である。そしてさらにさかのぼると、古代では旅籠は馬の飼料を入れる旅行用の籠である。『和名抄』は

「飼馬籠也」と記している。

藤原宮址出土の大型木簡（弘仁元年〈八一〇〉相折日記）には「主国下坐御波多古入白米五斗」とある。村井康彦「宮所庄の構造」（『国立歴史民俗博物館研究報告』第八集、一九八五年）は「主が（大和）国へ下り坐し御波多古《おんはたご》に入る（時に必要な）白米五斗料」と訓むが、平沢加奈子は「庄園主が下向した先の『波多古（旅籠）』へ食料を持参」と述べている。また「馬船」が所見するが、これは馬槽、飼馬桶であろう。

『今昔物語集』巻十六—七に「日暮レヌレバ、旅籠ニテ食物ヲ調テ持来テ食ヒツ」、同巻十六—八に「旅籠ナド涼《さが》シテ、物ナド食ヒテ、寝ヌ」、同巻二十—四十六に「食物ハ郡不被知ズシテ、旅籠ヲ具シタリ」、『宇津保物語』吹上（上）に「銀の旅籠一掛」とあるのは、いずれも小型行李のことである。

文禄二年（一五九三）の大和田重清日記によると、肥前名護屋から常陸に戻る途中、旅宿に泊り泊りするが、二種類の旅宿を利用している。一は旅籠、他は木賃である。早朝「シタダメナシニ立ツ」と日記に書かれているときは、旅宿で朝食を摂《と》らずに出発したことを意味する。「認《したた》める」とは食事を摂《と》ることであるが、現在ではほとんど死語に類する。

旗本　はたもと

旗は大将旗である。戦場で大将の所在を示す旗が掲げられ、旗のもとに護衛部隊が陣を敷く。その大将直属の部隊が旗本である。戦国大名の家臣団構成でも旗本家臣団はもっとも信頼できる集団であり、国政の上でも重要なポストを占めた。

江戸幕府の旗本は、三河以来の家臣、旧北条・武田・今川の遺臣、旧守護大名の流れを汲むものなど多様であった。将軍に直接御目見できる身分で、十八世紀前期の調査では総数は約五千人であった。知行五千石以上が約百人、三千石以上が約三百人で、旗本の九割が五百石以下であった。

旗本の最高の役職は江戸城留守居役で、御三卿が設置されるとその家老職もこれに準じた。五千石以上の大身旗本は将軍側衆、側御用取次、大番頭、書院番頭、小姓組番頭、駿府城代に任じた。遠国《おんごく》奉行（京都・大坂・駿府町奉行、伏見・奈良・堺・山田・日光・下田・浦賀・新潟・佐渡・箱根などの奉行）は実入りが多く競望の的であった。

　旗本の家格は固定していたが、幕末開港以後安政三年（一八五六）からは築地の講武所出身者のなかから実力主義で登用されるようになった。

初午　はつうま

　本来は旧暦二月の行事であったが、現在は新暦二月の最初の午《うま》の日の行事となっている。初午の行事の代表的なものは稲荷《いなり》の縁日で、各地で初午祭が行われる。

　京都伏見稲荷神社では、祭神が稲荷山の三ヶ峯に降臨したのが和銅四年（七一一）二月十一日（あるいは九日）で、その日が初午だったという伝説に由来するという。『紀貫之集』には延喜六年（九〇六）二月の初午に稲荷詣をした折の歌が見える。『今昔物語集』には初午の日の庶民が稲荷詣する様子が描かれ、平安時代から広く庶民の信仰行事となっていたことがわかる。

　春、この頃田の神が山から降りてくるのであり、また養蚕にかかわる祭事であると思われる。

〈参考文献〉和歌森太郎『年中行事』（至文堂、一九六六年）

八朔の牛　はっさくのうし

八　朔　『看聞日記』応永二十三年（一四一六）八月五日条に、

　自御室御返牛一頭被進之、竹王丸牽之

と見える。これは、伏見宮貞成《さだふさ》が、八月三日に八朔の贈り物として唐絵一幅・引合三〇帖を仁和寺宮に贈ったのに対する返礼として牛一頭が貞成に贈られたことを示している。なお、竹王丸は伏見宮家に仕える牛飼い童であった。

　八朔は、陰暦八月朔日、江戸時代武家社会では公の祝日で、この日は天正十八年（一五九〇）徳川家康が江戸城に入った記念日であった。もちろんこれ以前中世社会に八朔の行事が普及しており、家康はその日に合わせて入城したのである。

　八朔の史料上の初見は『吾妻鏡』（巻三十六）宝治元

年（一二四七）八月一日条で、贈物の停止を命じた次の記事とされている。

一日、辛巳、恒例贈物事専可停止之由被触諸人、令進将軍家之条、猶両御後見之外者禁制之

八月一日に贈物をする風習は、十四世紀以後公家社会でも盛んになったものと見えるが、その行事の根拠が明らかでないことから、由緒なき行事と一般には認識されていたらしい。「花園天皇宸記」正和三年（一三二六）八月一日条は「自所々種々物等進之、是近代之流例也」といい、義堂周信の「空華日用工夫略集」応安三年（一三七〇）八月一日条は「恃怙之節」「田実」と称し、「公事根源」（八月）は「はじめは田のみとて、よねを折敷、かわらけなどに入て、人のもとにをくるとかや」と起源を説明し、「この事はさらに本説なし、又正礼にもあらず」「世俗之風儀」であり、文永七、八年頃天下に流布したと書いている。また『書言字考　節用集』（二）は「八朔」として、

予賀西収飲宴、故謂之田面、或云、起仁和帝朝、或云始延長年中、本説未詳、見四季物語・公事根源

と解説している。

事情必ずしも明らかではないが、この習俗は、もとは農村のものであろう。和歌森太郎は「八朔考」（『日本民俗論』千代田書房、一九四七年）において、民俗学的考察の成果をひきつつ、農事と深くかかわりのある行事だったことを明らかにし、

「平素ユヒ・タノミの間柄を以て、親密に結び合う、地縁協同生活体が互に感謝しつつ、更に相倚り相助ける精神を、農事の主要な折目に当たって一層強固にするよう、また農作のよりよき収穫を期するよう、そうした要請のもとに成り立った神祭りの行事である」

と述べている。(1) しかし、なぜ、どのようにして、農村行事が貴族社会に入り込み広まったかは未詳である。

贈答の例　『看聞日記』の各年の八月一日前後のあたりに人朔記事が見える。贈答品名も具体的に記されていて、実態のよくわかる史料ということができる。贈答は八月一日とは限らず、「二日馮」「三日馮」という語もあり、およそ一日～三日の間に行うものであったらしい。『看聞日記』から抜書きする。

（一）応永二三・八・一　　貞成から仙洞へ

金銅燭台・銚子提・引合
（二）同　貞成から室町殿へ
燭台・銚子提・引合
（三）同　武家から貞成へ
練貫・太刀
（四）同　貞成から御室へ
唐絵・引合
（五）　八・五　御室から貞成へ
牛
（六）　二四・八・一　貞成から仙洞へ
酒海・銚子提・引合
（七）　二五・七・二八　仙洞から貞成へ
堆紅香箱・堆紅盆・引合
（八）　二六・七・二八　貞成から仙洞へ
御服・沈・引合
（九）　八・一　貞成から室町殿へ
酒海・銚子提・引合
（一〇）同　室町殿から貞成へ
練貫・太刀

贈物にはお返しがある。即日お返しのあることもあるが、一日か二日のちに返す場合もある。仙洞の場合など、翌年お返しがある。右表の（六）に対するお返しが（七）である。『看聞日記』は「仙洞去年八朔御返被下」と書き、「近日背時宜折節被下之条、虚名之段聞食披歟、喜悦祝着相半也[2]」と記している。形骸化・儀礼化が進んでいるのである。

贈答品について簡単に解説すると、燭台はいうまでもないが、銚子提は柄のついた注ぎ口（片口または諸口）のある杯のこと。引合は檀紙の一種で、帖で数える。美濃紙一帖は四八枚。沈は沈香で、重さで量る。単位は両で、一両＝三・六匁。酒海は酒を入れる器で、『延喜式』（十七）によると一斗五升入り。練貫は生糸を経とし、練糸を緯として織った絹織物。（五）の牛は「桃林」ともいわれるが、これは「書経」に「帰馬于華山之陽、放牛于桃林之野」とあるのによる。いうまでもなく、牛車を引く牛である。

八朔には大量の贈答品が動くのであり、金と手間がかかる。『看聞日記』にも「八朔経営計会而已」「八朔沙汰遅遅計会而已」とある。気になるのは、贈られた物品である。品によっては使い廻し、すなわちAから贈られたものをCに贈ることがあったと思われる。冒頭に記した牛について、「則、帥中納言御返被遣之」というのはそれであろう。

注

（1）和歌森太郎は八朔を予祝行事的なものと捉えているが、木村茂光は『中世の民衆生活史』（青木書店、二〇〇〇年、八六頁以下）で、頃は収穫期にあたり、八朔は初穂を神に捧げる祭事だとした。柳田國男編『歳時習俗語彙』は「ハッサクボン」「ハッサクゼック」「タノミノセック」「タノミノキヨメ」などの語を採録・解説している。

（2）後の記録、たとえば「大乗院寺社雑事記」を見ると、やはり八月一日前後に盛んに贈答が行われている。贈物に蚊帳が目立つ。酒、紙、布は贈答品の定番であるが、二畳用の小型の蚊帳が多いのに気付く。当時の蚊帳は、竹ざおを井桁に組み布をたらす形のもので、四隅に金属の環のついた蚊帳は江戸時代初期に出現した。室町時代末期、蚊帳は大和国の特産品であった。なお、「大乗院寺社雑事記」によると、文明四、五年頃から将軍家や九条家、一条家などとの贈答記事は見られなくなり、贈答が身近に仕える者との間に限られるようになる。

初夢　はつゆめ

正月一日から二日にかけて、その年はじめて見る夢が初夢である。西行の『山家集』では、節分の夜から立春の朝にかけての夢を初夢としている。しかし、私の子どもの頃は、二日から三日にかけて見る夢を初夢といった。寝る前に「宝船」を描いた絵を枕の下に敷いて寝ると良い夢を見ることができるという。

初夢に見る縁起の良いものは「一富士《ふじ》、二鷹《たか》、三茄子《なすび》」といわれ、この三つの組合わせはすでに江戸時代初期からあったという。「宝船」のことは室町時代に始まるものである。この組合せの解釈については諸説がある。①富士山・愛鷹山と初ナスは値が高い。②三つとも徳川家康の好みであったから。③富士は日本一の山、鷹は賢くてつよい、なすは成す。④富士は無事、鷹は「高い」、なすは「成す」のかけことば。古くから「夢」についての信仰のようなものがあり、人びとは悪い夢を見ることを恐れた。

鳩杖　はとづえ

以前住んでいた町では、毎年九月十五日の老人の日に、八十歳以上の老人を招いて長寿を祝し鳩杖を贈ることになっていた。その杖は、みかけはかなり太く、杖頭に鳩形のにぎりがついていた。

小さい辞典を引いてみると、鳩杖の意には①鳩形の飾りのついた箸《はし》、②杖のこととある。『古事類苑』（礼式部）は鳩杖についてかなりの史料を収め、『大言海』なども、「はとのつゑ」としていくつかの史料をあげている。最古の出典とするのは『後漢書』礼儀志で、

　年七十者、授レ之以二玉杖一、餔之糜粥、八十九十礼有レ加、賜二玉杖一、長尺、端以二鳩鳥一為レ飾、鳩者不レ噎之鳥也、欲二老人如レ鳩不一レ噎

というのである。鳩が噎《むせ》ばない鳥だというのは動物学的にどういうことなのか、その当否を知らないが、文意からすれば、鳩の飾りのついた鳩杖とはまさに箸のことであろう。鳩杖の起源についてはさらにひとつの説がある。『風俗通』がいうつぎの文である。

　高祖与二項羽一戦敗二於京索一、遁二叢薄巾一、羽追二求之一、時鳩止鳴其、追者以在無人、遂得脱、及即異此鳥、故鳩杖、以賜老者

と。これは箸か杖か明らかではない。

わが国の各種の史料では、鳩杖を箸のこととするものは見当らない。いずれも「つえ」のこととしている。『太平記』（十七・山門攻事）では「本院ノ谷谷騒キケレバ、行歩ニモ不叶老僧ハ、鳩ノ杖ニ携テ、中堂・常行堂ナンドヘ参テ」とあり、謡曲「盛久」には「八旬ニタケ給ヒヌト見エサセ給フ老僧ノ……水晶ノ数珠ヲ爪グリ、鳩ノ杖ニスガリツツ」、同「放生川」には「名乗リモアヘズ男山、鳩ノ杖ニスガリテ山上サシテ上リケリ」などとある。『本朝無題詩』（巻八）所収藤原宗光の詩にも「相二携鳩杖一秋遊レ寺、心情自然忘二毀誉一……七十生涯暁夢虚」とあって同様な用例を示している。近松の「孕常盤」には「頭陀ノ袋、麻布、鉄鉢ヲ御手ニ据へ、八ツ目ノ草鞋召サルレバ、二人ノ内侍、鳩ノ杖、網代ノ笠ヲ携へテ」とあるが、老人の杖という意味ではなく、杖の修飾語にすぎない。

杖をつくのは老人とは限らないが、鳩杖には年齢がかかわる。永承元年（一〇四六）の河内守源頼信告文案

に「齢覃《およぶ》二鳩杖一」とあるのは年齢を表現する。「壬生寺縁起」(中・第二)に「大願大僧都快賢竹馬の幼年より鳩杖の頽齢におよぶまで柔和忍辱をもて心とし」というのも同様である。先引の『後漢書』では鳩杖を授けたのは七十歳、『本朝無題詩』の場合も「七十生涯」といい、『古事類苑』に引く「百一録」や「風のしがらみ」の記述も「七〇賀」に鳩杖の与えられることを記している。しかし『拾芥抄』は「八十九十曰二鳩杖一」とし、「妙法院日次記」には玄々院前大僧正の八十賀に鳩杖の与えられていたことが記されている。ざっと史料を眺めると、七十歳を鳩杖というのが多いように思われる。いずれにせよ、わが国における鳩杖授与がいつ頃から始まったものか未詳である。

放ち鳥　はなちとり

島の宮　勾の池の　放ち鳥　人目に恋ひて　池に潜かず(『万葉集』巻二―一七〇番)

島の宮は草壁皇子の宮殿で、現在の石舞台付近にあったとされる。宮の中の池に放たれた鳥、それは水鳥にちがいない。水鳥の代表は「かも」であろうが、羽の節を切って飛べなくした「かも」であろう。ちなみに、アヒルの存在は平安時代からである。なお、天武十年(六八一)周防国が献じた赤亀が島の宮の池に放たれている(『日本書紀』)。

花火　はなび

夜の大空を彩る打上げ花火は夏の風物詩として欠くことができない。現在は、全国各地二〇〇以上の花火大会が催され、人びとを楽しませている。

花火を発明したのは中国人で、火薬の発明と同時期であり、はじめはロケット花火のごときものといわれ、六世紀に始まるが、いわゆる打上げ花火は十世紀からともいう。ヨーロッパには十三世紀に伝わり、生産の中心はイタリアで、イタリア人は打上げ花火を作ったという。

わが国には十六世紀の鉄砲伝来以来のことである。天文十七年(一五八九)伊達政宗が仙台で花火を楽しんだという記録があり、また、のちの記録ながら、慶長十八年(一六一三)に徳川家康が花火を見物したという記録もある。

東京隅田川での花火大会は名高いが、その起源は享保十八年（一七三三）にあるといわれる。飢饉・疫病の除去を願って、同年五月二十八日に両国橋付近の水神祭に打上げたのが最初という。江戸花火は、鍵屋《かぎや》と玉屋《たまや》の両家があって、天保十四年（一八四三）玉屋が絶家となるまで競いあった。

〈参考文献〉柳田國男「日本の祭」（定本10、筑摩書房、一九六二年）

花見　はなみ

花見といえば桜見物のことであるが、さかのぼって奈良時代には観梅のことであった。しかし、万葉びとが桜に関心を持たなかったわけではない。むしろ、松田修などは、万葉びとの桜に寄せた心を見直すべきだと主張している（『萬葉の花』芸艸堂、一九七二年）。現代では、梅を好む人も多いが、桜見物の人出にはとうてい及ばない。

観桜などというものは、いうまでもなく本来は貴族社会のものであろう。嵯峨天皇（七八六―八四二）のとき、宮中ではじめて花見の宴を開いたとの説があるが未詳。平安時代に花宴といえば観桜の宴を指すようになっている。中世には貴族だけではなく、地方の武士にまで桜を鑑賞する風が広まった。庶民の花見は江戸時代からのものであろう。

鼻結びの糸　はなむすびのいと

眉根かき　鼻ひ紐解け　待てりやも　何時かも見むと　恋ひ来し吾を（『万葉集』巻十一―二八〇八番）

「眉根かく」「鼻ひ」「紐解く」は、恋人に逢える前兆とされる。かゆいので眉根をかく、鼻ひる＝くしゃみをする、おのづから下紐が解ける、である。

中村義雄『魔よけとまじない』（塙新書、一九七八年）に「鼻結びの糸」の項がある。これは新生児のくしゃみまじないで、七夜の間、乳児がくしゃみをするたびにその数だけ糸を結んで結び目を作る。平安末からの風習であった。一方、くしゃみは縁起の悪いものとされ、したがって、くしゃみをすると、それを打ち消すために呪文を唱えたりしたことは世界の諸民族に共通している。わが国では「千秋万歳急々如律令」とか「休息万命、急々如律令」と唱え、江戸時代には「徳万歳（とこまんざい）」と唱えた。

羽根つき　はねつき

正月の遊戯としての羽根つきは誰でも経験したことのあるあそびであろう。スポーツとして行われるバドミントンに似ている。

羽根つきには①ひとりでついて数を競うもの、②二人で向かいあってうちあう追羽根《おいばね》の二つがある。貞成《さだふさ》親王の日記『看聞日記《かんもんにっき》』永享四年（一四三二）正月五日条に「女中近衛春日以下、男長資隆富等朝臣以下、こきの子勝負分方、男方勝、女中負態則張行」と見える「こきの子」は「胡鬼子」で、羽根つきの羽根のことである。『文明本節用集』は「胡鬼子、コギノコ　正月小児翫《もてあそび》也」と解説している。初春の羽根つきをすると夏に蚊にくわれないという俗信があった。

跳ねる石　はねるいし

水面に石を投げると、ピョンピョンと何度か跳ねる。誰もがやったことのある遊びである。この石、水平に近い角度で投げるとうまくいくことは経験的に知っている。ところが、フランスのリヨン大学の研究チームが、角度は二〇度であると発表したと朝日新聞が報じていた（二〇〇四年一月七日夕刊）。

研究にもいろいろあるものだと感心したが、同時に、二〇〇三年の夏に見学したリヨン市郊外のパラドリュー湖を思い出して笑ってしまった。物理学の先生たちがどこで実験したのか新聞には載っていなかったのだが、彼らがパラドリュー湖畔で真顔で石を投げている姿を想像すると笑えてきた。パラドリュー湖畔の一方では、考古学者たちが、水没した中世村落の調査をしているわけだが、他方には石を投げる研究者の一群がいるという図はまことにおかしい。

喜多村信節の『瓦礫雑考』（日本随筆大成一期―二）によると、この石投げを江戸時代、「ちやうま」と言った。ちや《(よ)》うまは打瓦《ちょうが》のことで、『蒙求』では「孟陽擲瓦」

とある。そして『升菴外集』巻十三の、「宋世寒食有二抛堶之戯一、児童飛二瓦石一之戯、若二今之打瓦一也」を引く。そして『物類称呼』に蝶を相模・下野・陸奥などで「てふま」ということから、蝶の飛ぶ姿に似て名づくるかと思われるが、さにあらず、と記す。

＊ 東条操編『全国方言辞典』（東京堂出版、一九五一年）によると、北関東から東北地方では、蝶のことを「ちょーま」という。

延於保登礼流　はひおほとれる

『万葉集』巻十六―三八五五のつぎの歌の作者は高宮王とされているが、この人物、伝未詳である。

皀《さう》(苣)莢《きょう》に　延《は》ひおほとれる　屎葛《くそかづら》　絶《た》ゆることなく　宮仕《みやつか》へせむ

伊藤博は『萬葉集釈注』八（五三三三頁）において、右のように読んだ。苣の本字は皀、莢はさや、皀莢でさいかちのこと。食用・薬用・洗濯用の有用な植物である。「延ひおほとれる」は「のびて、乱れからみつき」とする。

江戸時代、小山田与清は右の歌について考察を加えた。まず、この歌をつぎのように読んでいる。

葛英爾《くずばなに》延《は》於《ひ》保《お》登《ほ》礼《ど》流《れる》屎葛《くそかづら》絶事無《たゆることなく》宦将為《みやつかへせむ》

最初の苣莢を葛英と読んだ違いを除けば、他はほぼ同文である。「延於保登礼流」については、伊藤著は、『名義抄』の「蓬カシラミタル、オホトル、ミタル」「蓬頭オボトシガシラ」を引き、「オホドル」「オボトル」の訓も紹介している。これに対して与清は、『源氏物語』東屋の「髪のすその、大路近き所に、おほどれたる声して」と手習の「髪のすその、にはかにおほどれたるやうに、しどけなくさへそがれたるを」や、『枕草子』上の「冬の末まで頭《かしら》の白くおほどれたるも知らず」、『今昔物語集』巻二十八―四十二の「髪オホドレタル大キナル童盗人」、同巻十九―十の「長カリシ髪ハ抜ケ落テ枕上ニヲ（オ）ボトレテ有リ」などを引用して、髪の乱れたさまの表現とする。

歯みがき　はみがき

正徳（一七一一―一六）頃大坂で喜三郎なる者が歯みがき粉を作ったと伝える。粉というより「みがき砂」であった。蛤の貝殻一つに塩を詰め、他の貝殻には飯を詰め、これを火中に投じて焼き、のちこれを搗《つ》いて歯みがきとして用いた。

歯みがきは香具屋で売っていた。江戸では歯薬として称した。房州砂に龍脳・丁子なども加えて粉とし販売した。これは米糠よりはるかにすぐれていたという。

現今の歯ブラシに当たるものを楊枝《ようじ》といった。京都では下粟田口の猿屋のものが著名であった。百本または五十本の桐筥入りで贈答品としても用いられた。材料の木は河内国・豊後国のものを最良とし、その産地は堂上公家萩原家の領地であった。楊枝の寸法は三寸を良しとし、大は一尺二寸のものまであった。京都では白楊（ハコヤナギ）を削って楊枝とし、コブヤナギも良しとされたが、これは加賀・越前産であった。また榎に似た黒モジも多用された。

楊枝は「九条殿遺誡」に見え、平安時代貴族社会で用いられていたことが知られるが、『兵範記』の久寿三年（一一五六）正月三日条に見える「楊箸」も歯ブラシではないかといわれる。

はやす

弘安八年（一二八五）三月の某起請落書（『鎌倉遺文』二十巻一五五〇〇号）に、

注進　悪たうの交名事

一　布留大明神之山ハヤス人ノ交名、すきもとの慶琳房、堯円房、菅田浄恩房、河原庄アワチハウノ子息、きし田大夫、四条等学房

と見える。落書とは無記名の投書、入札で、この場合は「悪党」を指名した投書である。こうした、犯罪人の指名投書の慣いは、江戸時代また明治初年頃まで続いていた。それはともかく、悪党の行為として告発されたのは、布留大明神の山を「ハヤス」という行為であった。辞典を引いてみると、「はやし」とは、①はえさせる、②「切る」の忌詞、とある。本義は「生やす」で、「林」という語はここから出ている。落書の言う「ハヤス」は、当然「生やす」ではなく「伐る」ことである。『日本国語大辞典』（小学館）は『保元物語』の一本の「其の後は御爪をはやさず、御髪をも剃らせ給はで…」の文を引いているが、この部分、新日本古典文学大系の『保元物

語』を見ると、「其後ハ御グシモ剃ズ、御爪モ切セ給ハデ…」とある。

東条操編『全国方言辞典』（東京堂出版、一九五一年）は、「はやす」として①切る、②桑の枝などを切る、③餅を切る、④正月の餅を切る、⑤包丁で切る、野菜などを切る、⑥刻む、を挙げている。私の両親は山形県飽海郡の出身であったが、庖丁で餅や野菜を切ることを「はやす」と言っていた。

針穴写真　**はりあなしゃしん**

曲亭馬琴の『壬戌羇旅漫録』（随筆大成・一―1）に「五色の山水」という一文がある。三州岡崎の新堀《にいぼり》の木綿問屋深見荘兵衛の家の納戸の縁側のふし穴の一尺ばかりはなれた処に白い紙を置くと、庭の泉水草木が逆さにうつるという。「その鮮明画《えがけ》るが如し」という。「明細にうつること、蘭画びいどろかゞみといふものに似たり」と記している。馬琴は「輟耕録《てっこうろく》」を引用し、また「西陽雑俎にもこれに似たることあり、かゝれば異国にもむかしよりありしこと、見えたり」と述べている。

現今ならば小学生でも知る針穴写真の原理だし、私が子どもの頃は、雨戸のふし穴からさし込む光でこれを実見したものだったが。

藩　**はん**

江戸時代、将軍から一万石以上の領地を与えられた者を大名と呼ぶ。その大名の支配組織をふつう「藩」と呼んでいる。伊達藩、尾張藩、紀州藩、長州藩、薩摩藩などの呼び名もあるが、仙台藩、名古屋藩、和歌山藩、萩藩、鹿児島藩など、本拠地の地名を冠して呼ぶ慣わしである。

しかし、「藩」は江戸時代の公式呼称ではない。江戸時代には「領」「家中」などと呼んでいたようである。明治元年（一八六八）維新政府は、はじめて公式に「藩」の呼称を用いたが、廃藩置県までの間の公称ということになる。なお、江戸時代の大名領の数は、時に変動はあるが、約二七〇である。

ハンカチ

軽薄なジャーナリズムにのせられて「ハンカチ王子」などという口にするのも恥ずかしい流行語ができた。新聞は長いことこの流行語で見出しを作っていた。敢闘した若い投手に賛辞を送るにやぶさかではないが、ジャーナリズムの愚かさは、彼を「王子」などと持ち上げて話題を作ったところにある。

高校野球がプロ野球の下請け組織化していることは疑うべくもない。「特待生」問題も「甲子園」の終わったあとで、お茶を濁すように議論し、灰色決着に終わった。アマチュアがプロと組んだジャーナリズムにねじ伏せられたのである。

彼が汗を拭うのに野暮ったい手拭いではなくハンカチーフを用いたところに、近頃の若者の生活を見る思いがする。昔の高校生は腰に手拭いをさしはさんでいたが、いまは畳んだハンカチーフをポケットに忍ばせるのである。

かつて「手拭」と「ハンカチ」は同じものとして認識されていた。漢字を宛てると「手巾」である。明治以後、洋風のハンカチーフに当たる語として「手巾」（テヌグイ、もとは「手拭（テノゴイ）」）が持ち出され、これをハンケチと訓じ、のちハンカチとなったらしい（山田俊雄「手巾」『詞苑間歩』上、三省堂）。

「ばんげ」と「よさり」

父は山形県庄内の生まれで、二〇歳代半ばまで庄内で暮らしたから田舎の言葉がなかなか抜けず、日常生活の中でも、いわゆる方言をよく使っていた。「ばんげ」と「よさり」もそうである。

『全国方言辞典』（東京堂出版、一九五一年）を引いて見ると、「ばんげ」とは夕刻・晩方の意で、全国各地で用いられてきた言葉であるという。古記録類によく見かける「晩景」のなれの果てであろう。『言継卿記』天文二年（一五三三）三月三日条に「勧修寺に晩気汁有レ之、飯持て罷向」とあり、『太平記』（巻三）に「晩景に成ければ、寄手弥重て」とある。『日葡辞書』は「バンケイ」で「クレノ　ケイ」と記す。

「よさり」も、辞典には「夜、晩、今夜、今夕」と出ていて、関西と東北の日本海岸や北陸で使われてきたらしい。『日本国語大辞典』は「夜、夜中、やぶん、特に今夜、今晩の意」と記す。『古事記』神武天皇記に「由布佐礼婆」と見え、本居宣長は『古事記伝』（巻二十）の「由布佐礼婆は夕去者にて、夕になればと云むが如し」「今の俗語に、夜は夕さりとも、夜さりとも言は、此より出たる言なるべし」とある。『竹取物語』『伊勢物語』『枕草子』『平家物語』などに見える。

藩　校　はんこう

江戸時代、各藩では、藩士およびその子弟の教育のために学校を設立した。藩黌・藩学・藩学校・藩校などと呼ばれた。武家社会では「文武兼備」が理想とされ、七、八歳から入学して文を習い、一四、五歳から二〇歳くらいで卒業した。

藩校の設立は十七世紀前期に始まり、十九世紀後半の明治四年の廃藩置県に至るまで約二八〇藩に及び、初期には和・漢学に限られていたものが、幕末に至って洋学・科学技術・軍事学・医学など、学科目は増大した。

よく知られた藩校としては、会津の日新館、米沢の興譲館、水戸の弘道館、萩の明倫館、佐賀の弘道館、熊本の時習館、鹿児島の造士館などがある。

もっとも古いものは、名古屋藩の学問所の寛永年間（一六二四―四四）や岡山藩の花畑教場の寛永十八年（一六四一）設置で、大村藩の学校の寛文元年（一六六一）、会津藩の講所の延宝元年（一六七四）も古い。

〈参考文献〉笠井助治『近世藩校の綜合的研究』（吉川弘文館、一九六〇年）

萬　歳　ばんざい

「萬歳」は漢音ではバンセイであり、呉音ではマンサイと訓んできた。バンザイは漢音と呉音混淆である。萬歳は意味からすれば万年・よろずよであり、慶賀の詞《ことば》である。おめでたい詞であるが、中国では主として天子に対して用いられる詞となった。

わが国では、しばしば万歳三唱などが行われるが、この慣わしは意外に新しい。明治二十二年（一八八九）二月十一日の大日本帝国憲法発布のときである。式典の少し以前から、国民が唱和できる慶語がほしいということで、帝国大学では議論が進んでいた。「奉賀」（森有礼）、「マンザイ」（久米邦武・重野安繹）という案もあったが、「バンザイ」に落ちついた。

皇居を出た天皇を迎えた帝国大学総長外山正一をはじめとする教職員一同は万歳を三唱した。これが始まりで「バンザイ」と唱えることが慣わしとなった。バンザイは日清・日露戦争を通じて国際的に評判になった。日本軍は勝利する度に万歳を三唱したのである。

昭和十九年（一九四四）七月、サイパン島では、アメリカ軍の攻撃に追いつめられた住民たちは、島の最北端マッピ岬の断崖から身を投じ、その数一五〇〇人に及んだ。バンザイと叫びながら投身自殺するこの有様《ありさま》を見たアメリカ兵たちは、マッピ岬を「バンザイクリフ」（万歳崖）と呼んだ。

番長　ばんちょう

番長は古代律令制下の官職の一つであった。一般には、交替で官司に勤める官人の統率者をいう。令制では左右兵衛府に四人、中衛府に六人、新設の近衛府に六人、大同二年（八〇七）再編の左右近衛府には八人の番長が置かれた。

現代では、番長といえば不良少年団のリーダー格をさす用語となっている。この用語は、古代の番長が武芸に秀でた者を任命したイメージから生まれたものとも、旧帝国陸軍の「当番長」に発するものともいわれるが、定かでない。

半手　はんて

近年、戦国時代史研究の中で見出されたものの一つに「半手」がある。敵対する二つの軍事勢力の間にあって、村が双方に年貢・公事を出すことにより侵略を免れようとする手だてのことをいうのであるが、東国・西国を問わず行われていたことが明らかになっている。

攻撃・侵略回避のために、なにがしかの米銭を差し出すことは通常行われることであり、それじたいはとくに奇とすべきものではない。戦国の世に、そうした行為が広く行われていたであろうことは推測に難くないのである。

峰岸純夫「軍事的境界領域の村」（『中世　災害と戦乱の社会史』吉川弘文館、二〇〇一年）は、事例を挙げて東国の半手について記述している。その中に『北条五代記』二六「戦船を海賊といひならはす事」がある。北条氏直と里美（見）義頼の対立の中で、三浦半島沿岸の村は安房方からの夜間の攻撃にさらされており、これを免れようとして、

嶋崎などの在所の者は、わたくしにくわぼく（和睦）し、敵方へ貢米を運送して、半手と号し、夜を安く居住す、故に生捕りの男女おば、是等の者敵方へ内通して買返す

という。峰岸は、

このように「私」（村）として敵方と交渉し、貢納物を支払い平和を獲得することを、当時「半手」と号していたことが知られるのである。

と述べている（一九八頁）。半手の解説としてはそれでいいのであろうが、『北条五代記』の「わたくしにくわぼくし」の「わたくし」を、「私＝村」とするのは諒解しがたい。この言葉の使い方は、「わたくし」は即ち「ひそかに」とか「勝手に」と理解すべきであって、後段に「敵方に内通して」の文言があることからも、そのように解すべきであろう。

つぎに「半手」の字義についてであるが、峰岸は、「手」は「人間の相互関係、人間集団の帰属関係、あるいは支配関係をしめす語」であるとし、手下、手勢、手先、相手などの用例を挙げている。しかし、この場合「貢納物」の支払いが「半手」の内容であることからすれば、「手」は、山手、川手、野手の「手」と同様に理解すべきものではあるまいか（宮本又次「手より口へ」『あきないひと商人』ダイヤモンド社、一九四二年）。

また、貢納物の「半納」「半済」は中世社会において、普通に見られた慣わしの一つではなかったか。中世社会には「地主半分、百姓半分」「年貢半分、百姓半分」という慣行があった。室町時代、荘園に対して守護役、守護段銭などが賦課されたとき、荘民はその半額の負担を荘園領主に求めた。具体的には、負担した段銭などの半額相当の米を年貢米から差し引くのである（阿部猛「大和国平野殿荘の『地主』と『百姓』」『日本歴史』一四九号、一九六〇年。のち「中世の『地主』と『百姓』」と改題し、『中世日本荘園史の研究』新生社、一九六六年

所収)。荘園領主と守護との、二つの権力の間に立たされた農民の切実な選択であったろう。

番頭　ばんとう

番頭といえば、江戸時代以来、商家の支配人を指す言葉であった。商家の奉公人には、丁稚—小僧—手代—番頭の階梯があった。番頭は主人に代わる経営責任者であった。このシステムは第二次世界大戦前まで残っていた。

しかし、番頭という言葉は平安時代末期にまでさかのぼる。大治二年(一一二七)の加賀国額田荘寄人等解(『平安遺文』五巻二一〇七)に、見えるのがもっとも古く、それは荘園制下の下級荘官の一種であった。荘園領主は、荘園内の耕地をいくつかの「番」に編成し、これを公事徴収の単位とした。各番の責任者には有力な名主や古老百姓が任命され、彼らには番頭給という給分が与えられた。

室町幕府の職制では、奉公衆の統率者を番頭といい、番所属の武士は将軍直臣団として重きを成した。

江戸幕府では「バンガシラ」と読み、江戸城また将軍の警衛に当たる番衆の隊長を称した。各大名家でも、警備部門の長を番頭といった。

〈参考文献〉渡辺澄夫『畿内庄園の基礎構造』(吉川弘文館、一九五六年)、宮本又次『近世商業経営の研究』(大八洲出版、一九四八年)

引札　ひきふだ

江戸時代中期以降、広告媒体のひとつとして、貼紙(ポスター)・錦絵と引札があった。引札とは報条《ほうじょう》・配札《はいさつ》ともいい、商家が開店や安売りの宣伝のために配ったチラシである。江戸では引札、上方では散《ちらし》と呼んだ。

引札の起源は明らかではないが、寛永(一六二四—四三)頃からあったともいい、のち享保(一七一六—三五)頃からは年二回の安売り宣伝のためのチラシがつくられた。

初期の引札は墨一度摺りであったが、のちには数度刷りの美麗なものとなった。引札の文案(デザイン)料は、幕末には一篇で二朱であったという。

〈参考文献〉宮本又次『あきなひと商人』(ダイヤモンド

社、一九四二年）

飛脚　ひきゃく

「飛脚」といえば近松門左衛門作の「冥途《めいど》の飛脚」は名高い。飛脚屋の養子忠兵衛と遊女梅川の悲恋物語は切なく哀《かな》しい。

江戸時代には街道や宿場の整備が進み、通信制度も整ってきた。①公儀の飛脚は継《つぎ》飛脚で、書状や荷物を入れた御状箱《ごじょうばこ》をかついで走った。急の場合、江戸—京都間を片道七〇時間ほどで走ったという。②各大名領と江戸藩邸の間を結んだ大名飛脚、和歌山藩と名古屋藩が整備した七里飛脚は名高い。しかし多くの大名領では維持費の大きさにたえ切れず町飛脚に委託した。③一般の武士・庶民の利用する民営の飛脚は寛文三年（一六六三）に幕府の許可を得て開業した。④伝達の形態からは、目的地まで一人で運ぶのが通《とお》し飛脚である。⑤定期便は東海道を六日で走り「実六」「正六」と呼ばれ、月に三度出るため三度飛脚といわれた。

この飛脚制度の源流は何であったか。さかのぼると、戦国時代、国境の壁があったので、広域な通信制度は成立しなかったが、分国内の通信連絡網はそれぞれ整備された。

さらにさかのぼって鎌倉時代には、鎌倉と京都の間に馬による飛脚が走った。まる三日ていどで連絡したらしい。さかのぼって律令制度の下では、駅制がしかれた。史料上では大化二年（六四六）に始まり、しだいに整備された。駅制の基本は、山陽道（大路）・東海道・東山道（中路）・北陸道・山陰道・南海道・西海道（小路）に三〇里（後世の四里で約一六キロメートル）ごとに駅家《うまや》を置き、そこに駅馬《えきば》（大路二〇匹、中路一〇匹、小路五匹）を配置した。また郡家《ぐうけ》には各五匹の伝馬《てんま》を置き国衙との連絡に備えた（『令義解』）。出挙稲を財源として維持されたが、平安後期には実質を失い、在地有力者が経営する宿《しゅく》にかわった。

飛行　ひこう

ふつうは「ヒコウ」と読む。空中を飛んでいくことで、鳥や虫、あるいは「光物」（天体）が飛ぶことを示す。

「ヒギョウ」と読むのは、元来は仏教用語で、神通力の表れとして空を飛行することで、存覚（一二九〇—一三七三）の『法語』や『曽我物語』（巻六）などに用例がある。

飛行にはいまひとつ異なる意味がある。斎木一馬の『古記録学概論』（吉川弘文館、一九九〇年）などに従って例を挙げる。

『葉黄記』宝治二年（一二四八）閏十一月一日条に「山田庄飛行、僧正付二内外一執申之」とあり、『園太暦』文和五年（一三五六）二月二十日条に「北野別当事、又飛行候歟、無二勿躰一存候」とある。また『看聞日記』応永二十八年（一四二一）八月二十四日条に「佐馬寮洞院裏辻両人ニ自二仙洞一被レ下、其外家領悉可二飛行一云々、家門已滅亡不レ及二是非一」とある。すなわち、所領・所帯の亡失の意である。

軾＊　ひざつき

「膝着（突）」とも書く。宮廷の儀式などのとき、官人が膝をついて物を言うとき、膝の下に敷く布や薦《こも》の敷物のことである。「軾」という文字を「ひざつき」とは、とうてい読めないが、『延喜式』神祇式・四時祭条に「神主軾料」として初見する。『全国方言辞典』（東京堂出版、一九五一年）に「ひざつき」として、「弟子入りの印に納める包み金。束修」として大阪方言だと記されている。『日本国語大辞典』は、「技芸の師匠に入門をする時、挨拶がわりに持参する礼物。転じて入門料　束脩」。『春色連理の梅』ではヒザツキは「謝儀」の漢字を宛てる。そして、大阪・名古屋では入門料・束脩の意で用いられ、佐渡では医師への謝礼の意で用いられると記している。

＊「軾」を「ひざつき」と読むことは、中野栄夫氏から教えられ、言葉のせんさくは、ここから始まった。

美人　びじん

いうまでもなく、美女のこと、佳人・麗人であり、古くは、小野岑守《おののみねもり》（七七八—八三〇）の詩に見える（『凌雲集』）。『太平記』（十六）にも「天下第一の美人と聞えし勾当の内侍」と見え、近世の『西鶴諸国はなし』『世間胸算用』などに所見し、古代以来現代まで用いられてきた用語である。

現代では美人といえば女性のことを指すが、しかしこの形容は女性に限ったものではなかった。『世間胸算用』でいう美人は美男子のことであり、中国の古典『詩経』や『墨子』のいう美人も美男子を意味した。なお中国では君主・賢人をも美人と称し、漢代女官の官名でもあったのである。

テレビで時代劇を見ていると、女性について美人の称を用いず、「美形《びけい》」という。こちらは江戸時代的な用語のように思われるが、美女・美男で、性別を問わない。

ヒチヤ

柳瀬尚紀『辞書を読む愉楽』(角川選書、二〇〇三年)を読んでいたら、「七冠王」という短文に出あった。羽生善治氏が将棋の「七冠王」になるだろうという文章で、NHKテレビでアナウンサーが「ナナカンオウ」と読んでいるのに異議を唱えている。

私なども、学生のとき「ナナ」と読んで先生に咎められて以来、あまり考えもせず「シチ」と読むべきだと思い込んでいる。学生が「ナナ」と読むと私は気分が悪く、「シチだよ」と声を荒げる。いうまでもなく、漢数字は「壱弐参肆伍陸柒捌玖拾」で、「肆」は「シ」としか読みようがないし、「柒」は「シツ」と読むほかあるまいと思っているからである。

話かわって、関西では「質屋」のことを「ヒチヤ」という。先年、堺の町を歩いていたら、看板に「ヒチヤ」と書いてあるのを見て、これこれと、うれしくなり写真に撮った。

以前京都のバスでは「東山七条」を「ヒガシヤマヒッチョウ」といっていたが、「四条」(シジョウ)と紛らわしいというので「七条」を「ナナジョウ」と読むことにしたとの新聞記事を読んだことがあった。京都のバスが「ヒガシヤマナナジョウ」では悲しいなと思っていたのだが、最近京阪電車に乗っていたら「シチジョウ」とアナウンスしているのを聞いてほっとした。

羊 ひつじ

羊腸といえば九十九折《つづらおり》の坂道だし、羊頭狗肉《ようとうくにく》は見かけ倒しのこと、羊をもって牛に易《か》うといえば、小をもって大にかえるたとえである。かの著名な説話集『日本霊異記』をみると、羊のことが、およそ二か所出てくる。ひとつは中巻第五で「鼻奈耶経」に云く、という経文の引用文のなかに、他は同巻第三十二で「成実論」の引用文中にである。したがって、いずれも羊そのものについて述べているのではない。元来、羊は日本列島には生息しない。果たして古代の人びとは羊について知識をもっていただろうか。

『日本書紀』（巻二十二）推古天皇七年（五九九）七月条によると、このとき百済から駱駝《らくだ》*一疋／驢《うさぎうま》一疋／雉《きじ》一侯とともに、羊二頭が貢献されたという。これをはじめとして、羊は大陸から、ときおり、舶来した。承平五年（九三四）、大唐呉越州人蒋承勲が羊数頭を献じた（『日本紀略』後篇二・承平五年九月条）。また蔵人所で羊二頭を飼い、官人に「木技葉」を集めさせたことがある（『木朝世紀』天慶二年六月四日条）。源俊房（一〇三五―一一二一）の日記『水左記』の承保四年（一〇七七）六月十八日条に、

自レ殿被レ献二覧羊於高倉殿一、件羊牝牡子三頭、其毛白如二白犬一各有二胡髯一又有二二角一予如二牛角一身体似レ鹿、其大々レ於レ犬、其声如レ猿、動レ尾纔三四寸許

とある。前後の史料を求めると、『百錬抄』（第五）承暦元年（一〇七七）二月二十八日条に「引二見大宋国商客所レ献之羊三頭一」とあり、『扶桑略紀』（三十）同月日条に「引二見大宋国商人所レ献羊二頭一」とあり、同八月条に「今月　返二遣羊二頭一」とある。右の二史料にみえる羊は『水左記』のいう羊と同じものであろう。のち九条兼実は『玉葉』に「其毛白如二葦毛一、好食二竹葉批把葉等一云々、又食レ紙云々、其体太無レ興」（文治元年十月八日条）と記した。

＊　駱駝はその後、推古天皇二十六年八月、また天武天皇八年十月にも舶来されている（『日本書紀』巻二十二・巻二十九）。昭和八年（一九三三）、奈良県の耳成山の西南麓の新賀池から駱駝の臼歯と大腿骨らしいものが発見されたという。秋山謙蔵「蒙古の駱駝」（『東亜交渉史論』第一書房、一九四四年、所収）参照。

「ひとつへんじ」と「ふたつへんじ」

山田俊雄『ことばの履歴』（岩波新書、一九九一年）の中に「ひとつ返事」の項があり、細井和喜蔵『女工哀史』の「家にいても仕様のない娘たちを一つ返事で喜んで稼ぎに出した」の文を掲げ、「一つ返事」というのは通常ならば「二つ返事」とあるべきかと思われると述べている。

『大日本国語辞典』を見ると、「ふたつへんじ」の項には、

①「はい、はい」と二つ重ねて返事をすること、②ためらうことなく、すぐに気持ちよく承知のすること

として、小栗風葉の『寝白粉』と二葉亭四迷の『其面影』の例を挙げている。

灯ともし頃　ひともしころ

幼い頃、東京の西郊、のちに東京市世田谷区に入った郊外（というより田舎《いなか》）に住んでいた。家の庭の向こうは陸軍獣医学校の土手で、からたちの垣がめぐっていた。土手の隅に頼りない細い電柱が立っていて、暗くなると小さい裸電球が点《とも》った。その時間は、月の出るとき、蝙蝠が飛び始めるとき、人さらいが来るときと書いたのは山田俊雄である（『詞苑間歩』下、三省堂、一九九九年）。

灯ともし頃の「灯」は、電灯が全国的に普及した明治末年以後のことであるに違いない。電灯以前はランプであり、その前は行灯《あんどん》であった。さらにさかのぼると蠟燭で、「秉燭《へいしょく》」は「灯火を手に、持つ」であるが、それが火ともし頃であった。「秉燭の頃」「秉燭に及び」などと用いられる古代・中世の記録語である。「秉燭出二御南殿一」（『小右記』天元五年〈九八二〉正月一日条）、「秉燭に及び祇園の社へ入奉る」（『平家物語』内裏炎上）などとある。

ひなたぼっこ

この語の初見は江戸時代中・後期の川柳句集『誹風柳樽』（二一）とされる。平安末期の『今昔物語集』巻十九―八「西ノ京ニ仕レ鷹《たかつかう》者見レ夢出家語」には「日ナタ誇《ホコリ》

モセン」と見える。「ヒナタホコル」が古い形で、「ヒナタブクリ」（宮城・岐阜・静岡方言）、「ヒナタブクロ」（愛媛・福岡方言）、「ヒナタビックリ」（京都・長崎方言）、「ヒナタヌクモリ」（和歌山・岡山・香川・徳島・愛媛方言）などの方言も残る。「永正五年（一五〇八）狂歌合」は「ヒナタボコウ」といい、これは「ヒナタホコリ」の訛かという。十三世紀半ばの『古今著聞集』（第二十—六九六）に「天道《ひなた》ぼこり」とあるのも同類で、天道は太陽のことである。

火鉢　ひばち

いまや忘れられた存在である。思えば昔の家のなかは寒々としたものだった。エアコンなどというものはもちろんなく、暖をとるものといえば火鉢とコタツ、それに電気ヒーターくらいであった。

火鉢という語は永享（一四二九—四〇）、文明（一四六九—八六）の頃から見られ、十五世紀から存在が知られる。「御火鉢蒔絵」「御火ばち足不付候也」「金ノ火鉢」「土の火鉢」「箱火鉢」と見え、さまざまな仕様の火鉢のあったことがわかる。また「火ばし」の称も『枕草子』に見える。火桶の現物が正倉院に残されていて、奈良時代すでに存在したことは確かめられるが、平安時代には「火桶」の称がある。『枕草子』（一段）に見え、『信貴山縁起絵巻』などに描かれている。火桶は火鉢と機能上は同じものといえる。

火鉢は炭を使用するため、薪を使う囲炉裏《いろり》のように煙が出ないので、武家や公家の間で使用され、都市向きであった。火鉢は江戸時代には都市の町人の間にも広がり、昭和三十年（一九五五）頃まで見かけた。

火鉢には丸火鉢・角火鉢・長火鉢がある。円火鉢は桐・杉・檜の丸木をくり抜いたものや金属製・陶製のものがあり、角火鉢には紫檀・黒檀などを継ぎ合わせたものがある。長火鉢は角火鉢の変型であるが、右側に数段のひき出しを設け、その上に猫板（敷板）を置くもので、関東長火鉢（関東火鉢）と関西長火鉢とでは少し形が異なる。材質は、堅い欅《けやき》が多い。

ひばり

朝な朝《さ》な　上るひばりに　なりてしか　都に行きて
　はや帰り来む（『万葉集』巻二十—四四三三番）

雲雀《ひばり》には空高くあがるイメージがある。『万葉集』中でも、たとえば「うらうらに　照れる春日に　ひばりあがり　心悲しも　ひとりし思へば」（巻十九—四二九二番）とか「ひばりあがる　春へとさやに　なりぬれば　都も見えず　霞たなびく」（巻二十—四四三四番）と見える。

空高くあがるひばりは「あげひばり」といわれる。応仁の乱によって荒廃した都のありさまを詠んだ有名な歌がある。『応仁記』に収める飯尾彦六左衛門尉の歌である。

汝《なれ》ヤシル　都ハ野辺ノ　夕雲雀　アカルヲ見テモ
　落ルナミダハ

雲雀は春の季語で、江戸時代以来、俳句の中で多用された。雲雀は口で鳴くのではなく「魂全体が鳴く」といったのは夏目漱石であるが、上田敏はブラウニングの「春の朝」を、

時は春　日は朝　朝は七時　片岡に霞みちて　揚雲雀なのりいで　蝸牛枝に這ひ　神、そらに知ろしめす　すべて世は事も無し

と翻訳した。

褨襁　ひむつき

『万葉集』巻十六—三七九一番は竹取翁の長歌であり、その中に、

みどり子の　若子が身には　たらちし　母に抱かえ
　褨襁《ひむつき》の　這ふ児が身には　木綿肩衣《ゆふかたぎぬ》　純裏《ひつら》に縫い着（略）

とある。問題は「褨襁」である。伊藤博は「未詳。紐付きの衣で、這ったりよちよち歩いたりする時に紐で括ってずれないようにした衣か。「褨」は『集韻』（上哿）に「衣長也」とあり「襁」は『説文』（八上）に「負児衣也」とある。『名義抄』に「襁」をヒムツキ・チコノキヌと訓む。ヒムツキは紐付きの意と見られる」（『萬葉集釈注』十六）とする。日本古典文学全集『万葉集』四（小学館）一一〇頁は「ひむつき」と読み、「未詳。幼児用の服の

名か。『名義抄』に「襁、ヒムツキ、チコノキヌ」とあり、ヒムツキはヒモツキ衣の意か。四歳の時帯を用いはじめる。いわゆる帯直しを「ひもおとし」という地方がある（産育習俗語彙）。原本『玉篇』に「襁」は「繦」に等しく、「繦」は「緥」に同じ。「緥」は「小児衣」とある。「褨」は未詳。あるいは誤字か」とする。武田祐吉（角川文庫本）は褨襁をひむつきと読み、「幼児の衣服」とし、中西進（講談社文庫本（四））は「ひむつき」と読み、「幼児の衣服。紐ツ（ノの意の助詞）着かという」とする。「褨」字は漢和辞典によると①衣が長い②裼衣をあらわす、とある。裼衣とは㋑裘《かわごろも》のうわぎ、㋺衣をかたぬぐ、㋩小児のむつき、襁褓。——である。未詳ながら、「褨襁」を紐つき衣服とする根拠が先ずわからない（襁緥《むつき》の項参照）。

ひもつき

女にヤクザな情夫がつきまとい、女の稼ぎを吸い上げる、この状態をヒモツキという。語源は猿まわしにある。サルにつけた紐はオヤカタがしっかりと握っている。サルが芸をして観客から銭を投げてもらうと、その銭はオヤカタが取ってしまう。この関係が女と情夫の関係になぞらえて言われるのである。猿まわしは猿牽《ひき》ともいい鎌倉時代から見えるが、「ひもつき」の語の起源は明らかではない（広瀬鎮『猿』法政大学出版局、一九七九年）。国語辞典には近代の用例しか載っていないが、江戸時代からの用語だろうか。

ところで、数年前大病を患い入院して知ったことの一つにヒモツキがあった。肩胛骨の近くに点滴の針を刺され、トイレに行くときも点滴液の入った袋を吊した点滴台をコロコロ押していくのである。袋と私を結んでいるチューブは文字通り命綱である。この状態を看護師さんは「ひもつき」と呼ぶのである。

百薬の長　ひゃくやくのちょう

百薬の長とは、いろいろの薬の頭《かしら》で、酒をほめていう語であると『日本国語大辞典』（小学館）は解説している。百薬の語は『礼記』以来見え、九世紀の『田氏家集』（上）も継承している。百薬の長とは、のちにふれるように『徒然草』にも見えるから、鎌倉時代からの用語と思われる。もっとも、この語は『漢書』（食貨志・下）にも見えるのであるから、わが国での用例も古くからあったかと思われる。

確かな統計をとったわけではないが、世間には酒呑みの方が多いようで、下戸《げこ》は少数派かもしれない。近頃はだいぶ様子が変わったが、私の若い頃は、宴会で「私はやりませんから」などといって通用する社会ではなく、まして呑ん兵衛を非難しようものなら、それこそ「話せない奴」と敬遠されるだけであった。

酒に関する書物も多く、和歌森太郎の『酒が語る日本史』（河出書房新社、のち角川文庫）など実に面白く読んだが、下戸の私からすると、酒呑みの自己弁護みたいなものがやはり感じられた。

奈良の昔、かの大伴旅人が、賢がって酒呑みを軽蔑するやつこそ人間じゃない、猿みたいだなどと詠《よ》んでいるように（『万葉集』）、酒呑みにしてみれば、まさにその通りであろう。しかし一方、男が身を誤るのは酒と女とギャンブルと、これまた昔から相場が決まっている。呑まない者から見れば、高い金を払って何であんなものをと、これももっともな言い分であろう。吉田兼好は『徒然草』の中で酒の弊害を列挙し、「百薬の長とはいへど、万《よろず》の病は酒よりこそおこれ」と手きびしく非難したが、一方では、「かくうとましとおもふ物なれど、をのづからすてがたきおりもあるべし」といい、「月の夜、雪のあした、花のもとにても、心のどかに物語して盃出したる、よろづの興をのぶるわざ也、つれづれなる日、思ひの外に友の入来て、とりおこなひたるも心なぐさむ」等々、その効能を並べたてている。要するに、ほどほどに飲むべしということであろう。

しかし、古来、酒を禁ずる法も存在し、また大飲をいましめる例も多い。飲酒一般を禁ずることは古代法（律令）の中にはなく、ただ僧尼が酒を飲み宍（肉）を喰うことなどは禁じられた。もっとも、病気のときに薬として飲むことは認められた。僧尼が酔乱して喧嘩などを行えば還俗せしめられる規定であった（「僧尼令」）。天平九年（七三七）五月の詔は酒を禁じたが、これは四月以来、疫病が流行し、雨が降らなかったので、賑給・大赦などを行うのと併せてとられた措置なのであり、あくまでも臨時的なものである（『続日本紀』巻十二）。天平宝字二年（七五八）二月二十日詔は、王公以下、祭りに供え、また療養に用いる以外、酒を飲んではならないと禁酒令を出したのだが、酔乱節なく、便ち闘争を致す故というものの、もちろん狙いは別のところにある。集合飲酒の席で聖化を非《そし》る、すなわち時政批判が行われることを恐れ、前年に起こった橘奈良麻呂の乱の如きを未然に防ごうとしたのである。仲麻呂政権の諸政策が多かれ少なかれそうであるように、儒教的理念に裏打ちされていることも事実であるが（岸俊男『藤原仲麻呂』吉川弘文館、二三〇頁）。

　のち貞観八年（八六六）正月二十三日、前出の詔を引いて「諸司諸院諸家諸所の人、焼尾荒鎮ならびに人を責め飲を求め、及び臨時に群飲するを禁ずる事」と題する格（『類聚三代格』巻十九）が出たのも、応天門の変の直前であれば同じく意味ありげである（和歌森太郎、前出書・五七頁）。そういえば、昌泰三年（九〇〇）四月二十五日格（『類聚三代格』巻十九）も群飲を禁じたが、ただ倹約をすすめたのだとは言い切れないかもしれない。

　時代は前後するが、弘仁二年（八一一）五月二十一日「農人喫二魚酒一」を禁じたが（『日本後紀』巻二十一）、これには少し解説が必要であろう。右の格を百姓に対する禁酒令だと説くむきもあるが、延暦九年（七九〇）四月十六日格（『類聚三代格』巻十九）が「応禁断喫田夫魚酒事」と言っているのを想起する。この格は、殷富の人が多く魚酒をたくわえ、田夫に魚酒を提供して労働力を集めるので、貧窮の輩は田夫を徴募できず、播殖もままならない、そこでこれを禁ずるというのである。だから、これは一般的な禁酒令とは見ることができない（義江明子『日本古代の祭祀と女性』吉川弘文館、一九九六年、一八一頁以下）。

　時代は降るが、建長四年（一二五二）九月三十日に鎌倉幕府が鎌倉中に沽酒の禁制を出したことはよく知られている。保の奉行人に命じて鎌倉の民家にある酒壺の数を三万七二七四口と調べあげ、また諸国の市の酒の販売も禁止した。酒壺は一屋に一壺のみ認め、他はすべて破却した。残った一壺も「但可レ用二他事一」というから、神事・祭礼用に限定されたのである（『吾妻鏡』）。沽酒禁令はのち文永元年（一二六四）四月の「条々」（追加法四二三条）でも確認され、弘安七年（一二八四）条々（追加法五四二条）や正応三年（一二九〇）条々（追加法六二六条）にも引継がれた。しかし禁酒が徹底できるわけはなく、鎌倉をはじめとする東国には土榼《どこう》と称して筑紫から酒が運ばれてきている（追加法四二三条）。

酒のために身を誤ることのないようにと、断酒・節酒を行うことも古くから繰り返されてきた。藤原頼長に供奉していた公春なる人物は、石山寺詣での帰路、酒の飲みすぎで供ができず、これを恥じて、根本中堂に詣で、以後は供奉の日は一盃、他の日は五盃までと節酒の誓いをたてたという（『台記』）。北条泰時も断酒の誓いをたてた一人である。建保元年（一二一三）五月、和田合戦の直後、人びとが挨拶にやってきて酒が出たが、その席で泰時は酒を断とうと思うと語った。それは、一日の夜から酒を飲み続け、暁天、和田義盛が攻めてきたときには、甲冑をつけて馬に乗ったが、淵酔のあまり茫然としてしまった。そのとき、今後は酒を断とうと誓ったのだが、戦っているうちにのどがかわき、水を飲みたいと思っていたところ、武蔵国住人葛西六郎が小筒と盃《さかづき》を差出した。これが酒で、そのうまいこと、断酒の誓いもふっとんでしまった。「人性於㆑時不定、比興事也、但自今以後、猶不㆑可㆑好㆓大飲㆒」―断酒はできないが、大酒をのむのはやめようと宣言したのである（『吾妻鏡』）。

終わりに、文暦二年（一二三五）の宗性誓状（『鎌倉遺文』七巻四七七一号）を掲げる。

敬白　禁断酒宴事

右、酒者、諸仏甚令㆓制禁㆒、衆聖専不㆓受用㆒、設雖㆓末代愚鈍之凡僧㆒、争恣可㆑好㆓酒宴㆒哉、彼為㆓良薬㆒服㆑之、猶非㆓釈氏之儀㆒、況為㆓遊宴㆒飲㆑之、殆超㆓白衣之過㆒者歟、仍今日已後、限㆓一千日㆒、永所㆑禁㆓断酒宴㆒也、但串習惟久、全断非㆑輒、為㆑治㆓病患㆒欲㆑用㆓良薬㆒、即六時之間、可㆑許㆓三合㆒也、禁断大概其趣如㆑此、敬白

文暦二年六月二十日　宗性敬白

生年三十四

薬としてでも酒を飲むのは僧のなすべきことではないと書いたそのすぐあとに、串（慣）習久しいことだから、全く断つのは難しい、良薬に六時、昼三時、夜三時、すなわち（日）に三合はいいでしょうなどと書く。これで真面目に酒を禁断したつもりであろうか。筆者の宗性（一二〇二―九二）は鎌倉中期の東大寺の学僧で、藤原隆兼の子であった。文応元年（一二六〇）には東大寺別

当職に任ぜられ権僧正までのぼった。*

* 平安時代の酒に関する起請文を一通掲げておこう。『平安遺文』（巻七）に収める（三二二九号）。これについては、佐藤弘夫『起請文の精神史』（講談社、二〇〇六年）が扱っている。

維応保二年壬午十月八日辛未吉日良辰撰定立申起請事

僧厳成

右件起請元者、於二自今以後一、若酒一杯之外重レ坏仕候者、王城館守八幡三所賀茂下上日吉山王七社稲荷五所祇園天神別石山観音卅八所之罰、三日若ハ七日之内、蒙二加厳成身毛穴一、為レ無レ恣レ幸二今生一者可二罷過一と申。

穴賢穴賢

百科事典　ひゃっかじてん

人間の獲得したあらゆる知識を、項目として五十音順、アルファベット順に、あるいは部門別に排列し解説した書物である。「百科事典」は **encyclopaedia** エンサクロペディアの訳で、ギリシア語の **enkyklopaideia** エンキュクロパイディアに由来する。

百科事典の起こりは紀元一世紀、ローマのプリニウスが編集した『博物誌』にあるといわれている。しかし、本格的な事典の編集は一七二八年（享保十三）エフレイム・チェンバーズによる『事典』（cycolopaedia）で、フランスでは「百科全書」が一七八〇年（安永九）に完成した。世界的に著名なイギリスの「ブリタニカ百科事典」（**Encyclopaedia Britannica**）の初版は一七七一年（明和八）に刊行され、今日まで版を重ねている。

わが国では、江戸時代に、寺島良安「和漢三才図会」（一〇五巻、正徳二年・一七一二）、喜多村信節「嬉遊笑覧」（一三巻、天保一年・一八三〇）など、百科事典の原形ともいえる出版物があったが、最初の近代的な百科事典は明治四十一年刊行の「日本百科大辞典」（一〇巻、三省堂）で、その後「日本家庭百科事彙」（二巻、冨山房）、「大日本百科辞典」（七巻、同文館）が刊行され、昭和に入ってからは「大百科事典」（二八巻、平凡社）が昭和六年（一九三一）から刊行された。

ビリヤード

小学校へ通う路の途中に撞球場があった。夏など、開け放した窓ごしに、なかの様子が見えた。大のおとなが何やってんだなどと思ったりしたが、何よりも父が、玉つきなんか不良のやるものだといい、悪所の如くけなしたから、成人してからもやってみようという気はまったく起こらなかった。父があしざまにいったのは、たぶん勝敗に金を賭けたりしたからであろう。

billiards は「撞球」と訳され、一般には「玉突き」といわれるが、その歴史は古い。

紀元前四〇〇年頃ギリシアで生まれた競技で、はじめは屋外で行われたらしいが、やがて室内競技となり、現代のビリヤードは十四、五世紀にイギリスあるいはフランスで考案されたものだという。

わが国に入ってきたのは嘉永三年（一八五〇）で、長崎のオランダ人らによって始められた。明治六年（一八七三）パリを訪れた成島柳北はサン・ミッシェルの茶亭でビリヤードを体験している。国内でもしだいに広まっていったが、八年に賭博として禁止されている。しかし十二年・十六年には外国の玉つきの名手が来日し、観覧料一円をとって妙技を見せた。十三年には玉突き場が木挽町にできた。十五年大阪で玉突き賭博が大流行し多数が逮捕された。

さまざまな事件がありながらも、ビリヤードの人気は衰えず、昭和九年（一九三四）東京市内のビリヤード場は一七八六軒で、マージャン屋の一二四九軒を抜いていた。第二次世界大戦中は享楽的だとして圧力を蒙ったが、戦後は復活し、四十二年頃ブームを迎えた。

風景論　ふうけいろん

風土から生ずる審美的印象についての体系的論述ないしは生活環境整備のための景観論をいう。わが国には「日本三景」「近江八景」などの名勝としての景観認識が古くからあった。いわゆる「名所」であり、本来的には歌枕としての地名認識である。明石浦・足柄山・天橋立・稲荷山・宇治網代・春日野・賀茂社・嵯峨野・鈴鹿山・須磨浦・末松山・田子浦・筑波山・難波・布引瀧・富士山・二見浦・三熊野・御坂・宮城野・武蔵野・吉野山のほか計三〇〇か所が名所絵の画題になっている。

近代に至り、志賀重昂《しがしげたか》『日本風景論』（一八九四年）、小島烏水《こじまうすい》『日本山水論』（一九〇四年）などが出て、自然賛美のみならず風景美保護の思想も生まれた。

風土 ふうど

人間生活の基盤としての自然環境についての地域的な特質に関する論義を風土論という。風土とは、中国語では季節の循環に対する生命力を意味した。『説文解字《せつもんかいじ》』に「風動いて虫生ず」とあり、生命は風に宿ると考えられた。『令義解』（仮寧令）に「物を養い功を成すを風と曰《い》い、坐《い》ながらにして万物を生ずるを土と曰《い》う」とあるのも同類である。『後漢書』は場所ごとに異なる地方差の意で「風土」をとらえ、『万葉集』なども「土地柄《とちがら》」の意で用いている。

ギリシアでは風土とは気候・気候帯を意味し、近世のヘンデルは人間生活、歴史の基礎としての風土（精神の風土）を論じ、ヘーゲルも民族精神の基礎に三つの自然類型を置いた。シュペングラーの『西欧の没落』やトインビーの『歴史の研究』も風土の歴史への規定性を説き、中国地理の研究を行ったウィットフォーゲルやリヒトフォーフェンの場合は地理決定論というべきもので、自然環境の重要性を主張した。

わが国では、元禄時代（十七世紀末）西川如見が『日本水土考』を著して日本国のすぐれたゆえんを地理的条件から説明した。近代では、和辻哲郎は『風土』を書き、三つの類型（①モンスーン的風土、②砂漠的風土、③牧場的風土）をたてて世界史を説明しようとした。

風鈴 ふうりん

夏の風鈴の音は心地よいものであるが、少し風の強いときなどはいささか耳障りにはなる。

江戸時代、風鈴そば屋というのがあった。荷台に風鈴が吊るしてあったのでそう呼ばれた。それは宝暦（一七五一—六四）の頃の話とされている。

風鈴についての資料はあまりないが、十四世紀の『法然上人絵伝』には軒から吊るした風鈴が見える。しかし、寺院の堂塔には風鐸（宝鐸）が吊るされていたのであり、これが風鈴へ転化したと想像することは許されるのではあるまいか。

奉行《ぶぎょう》

時代劇のなかにさかんに出てくるのは町奉行・寺社奉行・勘定奉行などである。江戸幕府の組織のなかでの奉行とともに、各大名領にも奉行職があった。この奉行制度は前代の戦国大名の支配組織である奉行制をひきついだものであった。

評定奉行・官途奉行・恩沢奉行・安堵奉行・進物奉行・戦《いくさ》奉行から薪炭奉行という裏方の役職まである。そもそも奉行とは、主君の命を受けて事を執り行うことを意味する。

太政官符　大宰府
応以法眼和尚位道清補任筥崎宮検校令執行宮務事
右正二位権中納言兼右衛門督藤原朝臣家通宣
件道清宜為彼宮検校令執行者、府宜承知、依宣行之、符到奉行
左少辨正五位下平朝臣（花押）修理東大寺大仏長官正五位下行左大史小槻宿禰（花押）
文治元年十一月十九日　（石清水文書）

法眼和尚道清を筥崎宮検校に補任した太政官符であるが、太政官符が到着したらそのとおりにせよと命じている。ある特定の任務・仕事を上からの命に従って行うこと、それを「奉行する」といっている。これが「奉行」の本義である。

福引《ふくびき》

歳末大売出しなどで、商品を買うと券を渡される。券が何枚かたまるとクジを引くことができる。タオルや醤油、高価なものでは、海外旅行券などが当たる。

正月の遊びとして福引をすることがあり、これはおそらく江戸時代に始まるものであろうが、『梅園日記　三』（北静廬著、日本随筆大成三―一二）に、

「正月の福引とて鬮《くじ》にて物とらする事あり、月堂夜話に、或人云、正月の福引は、昔は両人して餅を引合て、両方の多少取たるを見て、其年中の福徳を見しことあり、今代は種々の器物に取り代へたるなり、

餅を引取故に福引と名付とあり、又宝引ともいひけるにや」

とある。[1] 柳田國男の「福引と盆の窪」（全集21）によると、餅のことをまたフクデ（福田か）と呼んでいたので、福引と称したのだという。これが正月の行事であったのは、年のはじめにその年の吉凶を占うという意味があった。餅を引き合い、餅の分け方によって吉凶を判断したのである。

福引はまた宝引《ほうびき》と称された。「運歩色葉集」には「福《ホウ》引《ヒキ》」と見える。京坂地方では、この呼称の方がふつうであった。麻の緒とか、元結とかの、何本かの端を揃えて手に持ち、他の一端には、一本だけに、かくして何かしるしをつけ、当たりとした。「世のすがた」（『古事類苑』遊戯部）には、「辻宝引とて、寛政の初までは、元日より中旬ころまで、辻町にて麻縄長三尺計なるを数十本よせ、本をくくりて、其内壱すじにだいだいを結付、其くゝりし所を握り居て人を集め」

だいだいのついた縄を引いた者を当選者として景品を与えた。「五節供稚童講釈」に絵が示されている。「西鶴織留　三」には、大名家で、大書院において宝引が行われたと記され、本居宣長の「在京日記」宝暦六年正月二十五日条に「福引といふもの、ちかきとしいづこにもはやり侍る」と記し、[2] その賭博性のゆえに禁令の対象となったと書いている（以上、『古事類苑』遊戯部）。

注

（1）俗信で、正月に宝引をせぬと夏に蚊にくわれるという。

（2）「続飛鳥川」（日本随筆大成二―一〇）は、寛延・宝暦の頃、文化の頃、すなわち十八世紀半ばから十九世紀はじめ頃まで辻宝引が商売していたと書いている。

ブタ

季弘大叔の日記『蔗軒日録』文明十八年（一四八六）四月二十六日条に、

寧波府者古之也、鄞江、浙江、猪肉之内、重二其頭一
日本人ブタト云也

とある。この記事は「ブタ」の初見とされている。岩橋小弥太「病老頭陀伝」（『国史学』四七・四八号）に拠るが、太田晶二郎「ブタの初見」（『日本歴史』七三号）も

岩橋説を確認している。新村出は『日本の言葉』（創元社、一九四〇年）所収「牛肉史談—附、豚肉の事」で、天草の文禄訳『伊曽保物語』に見えるのが最も早く、慶長またはそれ以前のわが国の辞書類には載っていないこと、そして、鳥居龍蔵、金沢庄三郎の朝鮮語起源説や浜田耕作の蒙古語説などがあるが、いずれにも左袒しかねると書いている。

この方面については全く知識を欠く私にはその是非を論ずる資格はないが、この問題についての坪井九馬三から大槻文彦に宛てた二通の書簡を紹介したい。いずれも大正十一年（一九二二）の消印がある。

(A)　九月八日付書簡

朝夕者漸く凌きよく相成り、御同様此事に御座候、就而者先般葉書にて取消置候ブタの原語之事、其後相考候処、此語者ペグー語にて者無之候へと、正しく南洋語にて、元来の義に相違無之候、マライ語ベチス、スンダ語ビチス、チャム語バチ抔にて候へ者、此近辺の方言にてブタと可申候、支那人此語を本邦に輸入候と存候、鯨者国語イサナにて候へども、クヂラと申候者オロッコ語にて候、当暑中者小生国語の御里調に取懸り、二十餘年以来手懸りを得ず困居候御里をとうとうさがしあて、大に安心致候、大酷熱の為に八月中に体重八百匁を失候へと、病気と者成り不申相済候者、ひとへに此快事の余慶に御座候、

草々

大槻文彦様

(B)　九月十四日付書簡

謹啓、ブタの出典御示被下難有り拝見仕候、御文中に見申候臘乾の充字者誰が充て候者歟或者磐水先生あたりに候処か、此充字之原語者蕃語 rook ham（こぶしもゝ）に相違無之候、又伊達家文書に出つる「こぐ志や」者支那人の輸入語にて「工社」の字を当て候が、原語者チャム語にて kokca コクチャ使者、代表者の意義に有之候、船に乗りて往復候より船員に取り候か　草々

大槻文彦様　九馬三拝

蒲団　ふとん

嵐雪《らんせつ》の著名な句に、

蒲団着て　寝たる姿や　東山

がある。私など、蒲団は「かける」ものと心得ているので、ちょっととまどう。しかし関西では「きる」という言葉をよく使うという。

『日本国語大辞典』を見ると、「着る」としてロドリゲス『日本文典』の「エボシヲ quiru（キル）トキニ」と、『浪花聞書』の「きる、笠をかむるといわず、笠をきると云」をあげている。最近でも、笠などをかぶることを「キル」という地方は、大阪、香川、高知、徳島など各地にある。この用法が中世以来のものであることは、「建武以来追加」九九条に、「俗人ノ法師ナリ、同カサヲキル事」が禁制されていることでもわかる（『中世法制史料集　第二巻』四四頁）。

蒲団は布団とも書く。わた・羽毛・わら・パンヤ・羊毛などを布地で包んで仕立てたもので、座蒲団・掛蒲団・敷蒲団・炬燵蒲団などがある（『下学集』は「フトン」と訓《よ》んでいる）。

元来「蒲団」とは蒲《がま》の葉で編んだ円座《わろうだ》のことで、座禅などに用いられた。道元の『正法眼蔵』の座禅儀に、「座禅のとき、袈裟をかくべし、蒲団は全伽にしくにはあらず、跏趺の半よりはうしろにしくなり」とあり、これが蒲団の語の初見といわれる。室町時代までは蒲団とは座蒲団のことであった。

身分の高い者の寝所は畳のうえにゴザ・ムシロなどを敷き、そこに寝た。中世以降は、大きく仕立てた着物型の衾《ふすま》（現在いう、夜着・かいまき）をうえに掛けた。綿の入った掛蒲団は江戸時代はじめから作られるようになったのであり、綿入りの厚手の敷布団も同様である。しかし、庶民の間では、納戸《なんど》や寝間に藁を敷き詰め、そのうえにゴザを敷き、夜着を掛けて寝た。私の父は明治二十八年（一八九五）山形県飽海《あくみ》郡の貧農の家に生まれたが、幼い頃は藁にもぐりこんで寝たといい、綿の入った蒲団に寝られるようになって幸せだとよくいっていた。

江戸近辺ではかいまきと掛蒲団の組み合わせが普通であり、上方《かみがた》では元禄（一六八八〜一七〇三）頃から掛蒲団を用いていた。明治になって外国の安価な綿が輸入されるようになると、現在のような掛蒲団が普及した。第二次世界大戦後は化学繊維や合成繊維の発達が目覚しく、毛布や洋蒲団の使用が一般化し、また羽毛蒲団が普及した。

船の丸号　ふねのまるごう

わが国では、軍艦（自衛艦）を除いて一般の船には「丸」号をつけるのが慣わしである。このことは世界的に著名で、日本の船は「マルシップ」と呼ばれる。

しかし、『日本書紀』『古事記』には「枯野」、『播磨国風土記』には「速鳥」が、『続日本紀』には「佐伯」「播磨」「能登」が、『続日本後紀』に「大平良」が、『万葉集』には「鴨」などの船名が見えるが、いずれも「丸」号はない。

「丸」は「麻呂」と同じで、童名や愛玩動物・名器（琵琶や笛）につけられた。この慣わしは平安時代から認められるが、船の丸号は室町以来のことである。『義経記』（四）に「西国に聞こえたるつきまろと言う大船に」とあるのは古い例であるが、『義経記』の成立は室町初期であろうから、時代を引き下げる必要がある。年次が明白な史料は、応永十一年（一四〇四）五月二十五日付の将軍（義持）御教書であって、直属の船として、御所丸・御座丸・八幡丸の三隻の名が見える。

〈参考文献〉新村出『船舶史考』（教育図書、一九四三年）

不便　ふべん

元来、古代中国では、勝手が悪い、うまくいかなかったの意で用いられた言葉である。わが国では、古代の計帳に「一支不便」のように記載され、手か脚に障害のあることを示している。また天平宝字二年（七五八）の画師新羅飯万呂請暇《しょうか》解《げ》（休暇願い）は「私伯父、得㆓重病㆒不㆑便㆓立居㆒」と述べている。立居もままならないというのである。

一方「不便に思う」という用法があり、これは気の毒に思う、哀れに思うの意であり、あるいは、いとしく思うの意で用いられる。

「不便」に「不愍」「不憫」と宛てるのは、おそらく中世以後である。

フラフ

旗のことである。『日本国語大辞典』は、これを立項し、明治時代の作品に用例を求めている。この語については山田俊雄の細かい考証がある（「ある外来語の運命」

『詞林逍遥』角川書店、一九八三年）。確かに明治時代的な用語であるが、『大言海』に、

フラフ（名）〔蘭語 vlag〕旗、国旗（幕末ヨリ明治時代ニ使用セラレタル語）

とあり、外来語であることが知れる。英語でいう flag である。しかし、時代とともに使用されない語となり、幾許かの地に残存した用例は、西日本の方言の如く認識された。*

なぜ、フラフという外来語が廃れてしまったのか、山田は、フラフが「応用の利かない語形であって、複合語を作りにくい姿をしていたからであろう」と述べている。すなわち、「旗」は国旗、軍艦旗、万国旗、日章旗などの造語が可能であった。フラフでは、いかんともしがたかった。

＊　東条操『全国方言辞典』（東京堂出版、一九五一年）によると、三重・和歌山・京都・広島・山口・愛媛・高知の各県に「旗」を意味する「フラフ」が残り、大分・壱岐には漁船の旗の意で残る。また伊豆半島では「フラホ」の語が残る。

ブランコ

公園の遊具にブランコは不可欠である。映画の中でもブランコを小道具に使った映画「生きる」などがある。ブランコの語源いかんということになると、明確な答えは出ないようである。その形から、ブラリ、ブランから由来する語かとの説、ポルトガル語 balanco からとの説などがある。十世紀の辞書『倭名類聚鈔』などは「鞦韆」と書いて「由佐波利」と訓む。

この遊びの起源は中国にあり、古代中世の字書類の訓も「ユサフリ」「ユサハリ」であって、その名残りは各地の方言に伝わっている（『ブランコの話』柳田國男全集22）。

フリガナ

私たちが子どもの頃、新聞や雑誌の文章はフリガナつきだった。だから小学生でも新聞を読むことができた。小説にしても、矢田挿雲の『太閤記』など、小学生のとき、少しエッチな文章をどきどきしながら読んだもので

あった。ところが如何なるわけか、戦争のあとフリガナが消えた。人名や地名などはとくに特殊な読み方をするものが多いから、フリガナがついておればと思う。

フリガナの問題は、学術的な著述にもある。特に、入門書や講座の類、また事（辞）典などの利用には学生あるいは専門外の者も多いのであるから、特殊な読み方をするものにはフリガナをつけるのが親切というものであろう。太政官は、古代では「ダイジョウカン」、近代では「ダジョウカン」であり、会合衆は「エゴウシュウ」と「カイゴウシュウ」、土一揆は「ドイッキ」と「ツチイッキ」の二通りの読みがある。解文を「ゲブミ」、下文を「クダシブミ」、御教書を「ミギョウショ」、上卿を「ショウケイ」と読めといっても素人には無理である。カナを振るのが親切というものであろう。

もちろん問題がないわけではない。読みに定説のないものもあるし、著者自身読みのわからないものもある。人名など、中宮の「定子」を音読みして「ていし」とし、「さだこ」と読まない慣わしが続いている。漢音で読むのか呉音で読むのかという問題もある。

漢文の読み方にしても、人により、学派により違いがある。また、歴史専攻の者と国語・国文専攻の者の間には「常識」の相違があるようだ。このようなわけであるから、なおさらのこと、初心者は途惑うのであり、そのためにもフリガナが必要だといえまいか。

なお、山田俊雄は「振り暇名の話」「振り暇名のある書物」（『詞苑間歩』下、三省堂、一九九九年）で、「ふりがな廃止論」に対して、歴史的な存在としての文学作品などのフリガナについて、それまで否定する権利はないと反論している。

無礼講　ぶれいこう

身分・地位の上下の別なく、礼儀を捨てて行う宴会のことである。「今日は無礼講だ」といえば、部長も課長もヒラ社員も、へだてなく歓談する宴会ということになる。「講」というのは、元来は宗教的な集まりで、法華八講・大師講などと称する信者の集会をいった。そこから、娯楽や親睦のための集まり、また相互扶助組織としての頼母子講や無尽講などの集まりを称した。

無礼講の初見は『太平記』（巻一）の、「猶も能々其心を窮見ん為に、無礼講と云事をぞ始められける」にあるとされ、その会は「献盃の次第、上下をいはず、男は烏帽子を脱いで髻《もとどり》を放ち、法師は衣を不着して白衣になり、年十七、八なる女の、眄形優に、膚殊に清らかなるを、二十余人、褊《さいみ》の単《ひと》へを着せて、酌を取せ」という有様であった。後醍醐天皇側近らによる倒幕計画がここでめぐらされたのである。『花園天皇宸記』正中元年（一三二四）十一月一日条に「資朝俊基等、結レ衆会合乱遊、或不レ着二衣冠一、殆裸形、飲茶之会有レ之、是学二達士之風一歟、稽康之蓬頭散帯、達士先賢尚不レ免二其毀教之譏一、何況未レ達二高士之風一、偏縦二嗜欲之志一、濫称二方外之名一、豈協二孔孟之意一乎、此衆有二数輩一、世称二之無礼講〔或称二破礼講二〕之衆二云々」とある。以来現代まで用いられる語である。

文化遺産　ぶんかいさん

現在に伝わる過去の文化財で、将来の文化の発展のために継承さるべきもの、広義には先人の創りだした文化の総体であるが、狭義には、「文化財保護法」の規定する有形文化財・無形文化財・民俗資料・記念物などに分類される。しかし、文化遺産は広く生活環境全体として把握すべきであって、狭く理解すべきではない。また法の規定する文化遺産は文化の総体のなかから選択・保存が行われるとき、その基準設定に国家権力や地方自治体などの意向が反映することは好ましくない。一方、偏狭な郷土愛や愛国心に動かされないように気をつけねばならない。

文　庫　ぶんこ

文庫の第一義は書庫である。フミクラとも読む。平安時代の大江氏の江家《ごうけ》文庫（仁平三年〈一一五三〉焼失）は著名である。学問の家と称された公家の家にはみなしかるべき文庫があった。

第二は文庫箱で、書籍や衣装を収めた箱である。江戸深川の遊里では女性の着替えの衣装を入れる箱を文筥、仕掛文庫といった。

第三はまとまった蔵書群につける呼称で、漱石文庫など所蔵者の名を冠したもの。

第四は同種の出版物群につける呼び名で「少年少女文庫」の類。

第五は小型の廉価本、いわゆる文庫本である。

文庫に似て文車（ふぐるま）というものがあった。書籍を運ぶのに用いる板張りの屋形車である。『石山寺縁起』や『絵師草子』に描かれていて、このかたちをうかがうことができる。室内用の小型の文庫としては厨子《ずし》や書棚に小さい車をつけたものがあった。これは古代・中世に見られる。

平城　へいじょう

奈良の都「平城京」のよみの問題である。「平城」はもと「なら」とよむのであろうが、現在、音よみするについては、ふたとおりのよみがある。高等学校用教科書（東京書籍『日本史　B』）を見たところ、「平城京」に二種のルビをふっている。(一)「へいじょうきょう」、(二)「へいぜいきょう」である。こうした例は他にもないわけではない。「土一揆」には「つちいっき」と「どいっき」、「会合衆」には「えごうしゅう」と「かいごうしゅう」の二つの読みがつけられている。

さて「平城」であるが、手許の書物を少しひらいてみる。

(一)「へいじょう」……小学館『日本国語大辞典』、同『日本歴史大事典』、『角川日本史辞典』、新人物往来社『日本史用語大事典』、早川庄八『日本の歴史　4』（小学館）、平凡社『日本史大事典』、岩波書店『日本史辞典』（「へいぜい」とも読むと注記）

(二)「へいぜい」……吉川弘文館『国史大辞典』、岩波書店・新日本古典文学大系『続日本紀　四』、青木和夫『日本の歴史　3』（中央公論社）、吉田孝『大系日本の歴史　3』（小学館）

さて、漢字としての「平城」は、漢音では「へいせい」、呉音では「ひょうじょう」とよむべきであろう。「へいじょう」という訓は、漢音と呉音を混淆している。

平民　へいみん

今の若い人たちは驚くかもしれないが、第二次世界大戦前、私が子どもの頃には、華族・士族・平民という族称があり、表札に「鹿児島県士族」などと肩書きしたものがあった。また、私自身ある願書に「山形県平民阿部猛」と書いた覚えがある。明治維新以後一方では四民平等を謳いながら、他方では新たな身分制度が創出され、華族・士族・平民の三種の族籍が定められた。この制度は昭和二十二年（一九四七）まで存続した。

平民の語は古代以来のものである。律令制のもとでは位階・官職を持たない一般人民を指し、家人・奴婢などを除いたものが平民であった。平安時代には、平民は公民と同義であったが、荘園制が確立する平安末期からは荘園の名主・百姓を平民と呼んだ。ただし、江戸時代には平民の語はほとんど用いられず、明治以後の「平民」の系譜は明らかではない（網野善彦『日本中世の百姓と職能民』平凡社）。

ペット・ブーム

都会の孤独な生活のなかで、犬・猫をはじめとして生き物を飼う人は多い。かれらは愛玩動物を家族のように扱う。犬・猫がペットの王座を占めているようであるが、兎・鼠・小鳥・亀・熱帯魚その他万般にわたる。

ヨーロッパではカナリアを飼うことが普及してきた。カナリアはアメリカ西岸のカナリア群島原産の小鳥で、十五、六世紀にはヨーロッパ人に知られており、十七世紀半ば頃から飼育されるようになった。わが国には天明（一七八一～八八）のはじめにもたらされ飼育された。姿かたちや声の優美さから江戸時代の人々に愛されたが、維新以後も人気は衰えず、明治三十三年（一九〇〇）頃にも大流行した。

カナリアのほか、明治五、六年には南京コマネズミの飼育が流行し、真っ黒なものが一匹二五円、まだらなものが一〇円の高値で取引された。また兎の飼育が流行し、両耳の黄色い兎は六〇〇円で売られたという。異常なブームに、東京府は兎一羽に月一円の税金をかけ、兎市や兎の競売を禁じた。これによりブームは去り、一転して多くの兎が野に棄てられた。また明治二十年頃には犬の狆《ちん》の飼育が流行ったりした。

別嬪　べっぴん

「べっぴん」といえば美女のこと、器量よしである。もとは「別品」と書き、とりわけよく出来た人の意であり、男女を問わなかった。別嬪と書くようになったのは比較的に新しいものと思われ、明治以後ふつうに用いられた。

　別嬪の「嬪」の呼称については歴史的な由来がある。古代律令制の下では、後宮を構成する女子は、妃・夫人・嬪の三者であった。妃《ひ》は「キサキ」と訓み、立后すると皇后になる。夫人《ふにん》の訓は「オホトジ」である。刀自《とじ》は家政を掌る婦人の敬称である。そして嬪《ひん》の訓は「ミメ」で字を宛てれば御妻である。

　妃・夫人・嬪の区別が制度的に成立したのは、「浄御原令」（六八九年頒布）においてであったと考えられる。妃・夫人の称は平安前期、嬪は奈良時代に用いられたのみであって平安時代には、女御《にょうご》・更衣《こうい》・御息所《みやすどころ》・御匣殿《みくしげどの》の称がふつうであった（浅井虎夫『新訂女官通解』講談社学術文庫、一九八五年）。

ベレー帽　べれーぼう

フランス語 beret による呼称である。布や革で作られた円いふちなし帽のこと。フランスとスペインの国境に住むバスク族の民族帽 béret basque またはブルターニュ漁民の béret breton が起源であるという。

　明治二十六年（一八九三）フランスから帰った画家黒田清輝はブレトン・ベレーをかぶり評判になった。大正十二年（一九二三）に朝日新聞記者坂崎坦がバスク・ベレーを着用して帰国し、以後これが流行した。現在もベレー帽の主流はバスク・ベレーである。おもに、絵画・映画・ジャーナリズム関係の、いわゆる芸術家の帽子のように考えられたが、第二次世界大戦後、昭和三十一年（一九五六）頃大流行した。

望遠鏡　ぼうえんきょう

望遠鏡は顕微鏡とともに、人類に多くの知見を与えてきた。望遠鏡は、一六〇八年にオランダの眼鏡師ハンス・リベルシャイが発明したという。一六〇九年にはガリレオ・ガリレイが理論的説明を与え、屈折望遠鏡を作った。対物レンズに凸レンズ、接眼レンズに凹レンズを用い、これはガリレイ式と呼ばれている。これに対して、対物・接眼とも凸レンズを用いた望遠鏡はケプラー式と称し、像は倒立像となるので天体観測用に使われた。

　わが国に望遠鏡がもたらされたのは慶長十八年（一六一三）で、イギリス船の船長ジョン・モーリスが徳川家康に献上した品物のなかに長さ一間《けん》ほどの遠眼鏡《とおめがね》があった。

　享保三年（一七一八）正月江戸城内に国産の望遠鏡を設置した。製作者は長崎の鏡工森某であったという。寛政五年（一七九三）和泉国貝塚の人岩橋善兵衛は橘南谿宅で星の観測をしたと伝えられている。

防犯カメラと監視カメラ　ぼうはんかめらとかんしかめら

　テレビドラマの中で、商店街にテレビカメラを設置する問題が扱われていて、新聞記者が「防犯カメラ」という用語に懸念を表明していた。カメラの設置が、たとい「防犯」のためだとしても、市民のプライバシーを侵す恐れはないかということである。町の中を往来する市民は、二四時間、断わりもなしに姿をとらえられている。市民は、町を歩く時も緊張して歩かねばならない。「李下に冠を正さず」という諺もある。

　たまたま事件の起こった場所を歩いていたというだけで容疑者の一人にされる恐れがある。なるほど、カメラの設置によって事件の容疑者を特定することが容易になるかもしれない。たぶん警察にとっては歓迎すべきことであろう。しかし、カメラの監視下の市民生活が全うなものかどうか、考えるまでもない。

　町に設けられたカメラは「監視カメラ」である、それを「防犯カメラ」と言い換えている。「監視カメラ」といったのでは市民の賛成が得られないことを警察も十分知っている。そこで「防犯」と言い換えるのである。

　言葉の言い換えによるごまかしは、権力がいつも使う手法である。第二次世界大戦中、日本軍の「退却」は「転進」、「全滅」は「玉砕」といい、「敗戦」を「終戦」、アメリカ「占領軍」を「進駐軍」といった。戦後の教科書も、第二次世界大戦中の大陸や東南アジアへの「侵略」を「進出」と言い換えている。

最近のアメリカ軍によるイラク攻撃では、「レジスタンス」は「武装勢力」で、彼らによる反撃は「テロ」だという。アメリカの「戦争」に協力することが「国益」にそうことだと嘯いて、総理大臣の小泉氏は自衛隊をイラクに送ったが、アメリカ軍による「占領」を支援することが即「人道・復興」支援だと言い張っている。

謀反と謀叛　ぼうはんとぼうはん

謀反も謀叛も、ときに「むほん」と読まれ、混同して用いられる。両者ともに「律《りつ》」の中で、支配秩序を揺るがすような重罪、「八虐」の中に含まれている罪名であるが、古代の法律用語としては、両者は区別されていた。

謀反は「反を謀《はか》る」で、国家を危うくせんと謀ることであるが、ここで「国家」というのは、尊号を直接指すことをはばかり避けた言い方で、天皇のことである。すなわち、天皇に対する殺人予備罪である。

謀叛の方は、「叛を謀る」で、国に背きて偽《ぎ》に従わんと謀ることで、具体的には、亡命・敵前逃亡・投降など、どちらかといえば、消極的な反国家的行為を内容とする。

両者をくらべると、謀反は斬刑であるが、謀叛は絞刑で、死刑には違いないが、謀叛の方が一等軽い。法律用語として区別はあったものの、両者は混同され、中世には「謀反」が「謀叛」と書かれることも多かった。

元弘三年（一三三三）八月、結城宗広はその書状に、

今月廿三日、京都より早馬参って候、当今《とうぎん》御謀叛の由、其の聞こえ候（『鎌倉遺文』四十巻三一五一二号）

と書いた。「当今」とは現在の天皇すなわち後醍醐天皇のことで、天皇が都を抜け出して笠置へ逃れた事変を指している。それを、天皇が謀叛したと表現したのである。森野宗明は、著書『鎌倉・室町ことば百話』（東京美術、一九八八年）の中で、

この「謀叛」は、時の権力に対する反逆といった意味です。朝廷には権威はあっても政治上の実権がなく、幕府が政治を左右していたという時代を反映したものとして興味を引きます。

と解説している。*なお、のちの『日葡辞書』は mufon と読み、「反逆」の意としている。

＊　江戸時代の、林笠翁『仙台間語』（日本随筆大成一期―

一）第四に、「君謀叛」と題する一文があり、「保元平治後ノ戦物語ニ、君ノ御謀叛、院ノ御謀叛ト書シハ如何ナルコトゾヤ」といい、そのあとに名例律を引用し、「謀叛、謂謀背国従偽、疏云、謂有人謀背本朝将投蕃国、或欲翻誠従偽、或欲以地外奔、天子征伐有罪スルヲ謀叛ト云コトヤ有、且謀叛混シ書コト多シ、可悲、可笑」という。

ボウリング

類似の遊戯はすでに古代エジプトで行われていたらしいが、現代のボウリングに連なる遊戯は十一世紀のドイツで行われた九柱戯で九本のピンを立てて行うもので、単なる遊びではなく賭博であった。十七世紀から十九世紀にかけてアメリカで全盛をきわめたが、道徳的批判もあり一時禁止された。しかし、それを免れるために、ピンを一〇本にふやす現在のボウリングができあがった。一八九五年（明治二十八）にはアメリカ・ボウリング協会ができ、規則も統一され選手権も開催された。

万延元年（一八六〇）の遣米使節に随行した仙台藩士玉虫左太夫の「航米日誌」にはボウリングについての記述が見られる。文久元年（一八六一）には長崎出島にボウリング場がつくられ、横浜居留地でも行われた。明治二年（一八六九）長崎ボウリング倶楽部が設立された。

ボウリングが普及したのは第二次世界大戦後で、昭和二十七年（一九五二）に東京青山にボウリング場が建設された。しかし、ブームが起こったのは昭和四十年代である。

歳次　ほしやどる

『万葉集』巻二—二二八・二二九番の題詞は、

和銅四年歳次辛亥、河辺宮人、姫島の松原に娘子の屍を見て哀しび嘆きて作る歌二首

である。和銅四年は西暦七一一年。問題はつぎの「歳次」である。ふつうこれを「さいじ」「さいし」、または「ほしやどる」と読む。この文字は『万葉集』中には、他に二三〇番の題詞として、

霊亀元年歳次卯の秋九月、志貴皇子の薨ずる時に作る歌一首并せて短歌

とあるのみという（武田祐吉『万葉集全註釈』は「ホシ」「ヤドル年」と読み、金子元臣『万葉集評釈』は「としなみ」と読む）。

古代中国では木星（太陽系第五惑星で惑星中最大）を歳星とか太歳と称した。木星の公転周期が一一・八六二年であり大略一二年であることから、黄道上の移動を一二等分して各一年間に宛て（十二支を配した）黄道上に木星が存在していることを次（やど）るといい、星の次りが辛亥に当たるという（太陽のまわりの地球の公転軌道面をいい、黄道面が天球と交わって作る大円を黄道という）。

歳次の読みについて、国文学の分野では、音読みしてサイジとし、ホシヤドルと読まなくてもよいという意見がある（大久間喜一郎「『時の万葉集』序説」『時の万葉集』笠間書院、二〇〇一年）。『続日本紀』（巻十九）天平勝宝七年（七五五）正月四日条に「勅、為有所思、宜改天平勝宝七年、為天平勝宝七歳」とある。新日本古典文学大系『続日本紀　三』補注はつぎのように記す。

　唐の玄宗が天宝三年（天平十六年）に「年」を「載」に改めて、次の粛宗の至徳三載（天平宝字二年）まで「載」字が用いられており、この天平勝宝七歳も天宝十四載にあたる。おそらく天平勝宝五―六年に帰国した遣唐使の情報によって、唐に倣ったと推定されるが、「載」ではなく、「歳」としたのは、意識的に字を変えたのであろう。

ほだされる

「情にほだされる」という。ホダシとは、馬の脚に縄をからませて歩けなくすること、またその縄をホダシといった。人についても手足にかける鎖や枠など、すなわち手カセ、足カセである。そこから、人の心や行動の自由を束縛することとなる。「ほだしを打つ」といえば、ホダシをかけて動けなくすることであり、人情に訴えて相手の行動を束縛することである。

ホダシには「絆」の字を宛てるが、古くは「桎」の字を宛てた。『万葉集』（巻十六―三八八六番）に、

　馬にこそ　ふもだし懸《か》くもの　牛にこそ　鼻綱はくれ

とある。伊藤博によると、ふもだしはフミホダシ（踏絆）の約で、「梁《はり》から吊るして馬の腹に懸け自由を束縛する綱」とし、鼻綱（縄）については注釈を避けている（『萬葉集釈注』八）。『万葉代匠記』や澤瀉久孝の理解

（『万葉集注釈』）を継承するものであろう。牛の鼻綱は、牛を制御するために牛の鼻に通した縄である。

ホテル・レカミエ

パリのモンパルナス駅から東へ行くと地下鉄ポール・ロワイヤル駅がある。地上に出ると、北側に「天文台の噴水」があり、これを真っ直ぐ北へ進めばリュクサンブール公園に至るが、その噴水の右手奥に、こぢんまりとしたホテルがある。「HOTEL　RECAMIE」と書いたプレートが入り口にとりつけてある。

大正二年（一九一三）、島崎藤村は単身フランスに赴いた。マルセーユ、リヨンを経て、藤村がパリに入ったのは五月二十三日の朝であった。そして着いた宿がホテル・レカミエであったという。

「この宿は『リュキサンブウル』公園にも近く、『ポオル・ロワイヤル』の通りを隔てて古い産科病院の建物と対い合った位置にあります。天文台も近くにありまして円い行灯のやうな塔に点く灯火が夜になると斯の宿から望まれます。」（『仏蘭西だより』上巻）

と藤村は書いている。

古い産科病院とはポール・ロワイヤル産院のことで、いま隣接してボードロック病院、コシャン病院がある。ボードロック病院の南側にあるのがパリ天文台である。ホテルの東北方にはエコール・ノルマル（高等師範学校）があり、そしてソルボンヌへと続く。

パリを訪れるたびに、私はポール・ロワイヤルのホテル・レカミエを見に出かける。ふしぎな魅力漂うホテルである。

ほとほと

身幣取り　三輪の祝が　斎ふ杉原　薪伐り　ほとほとしくに　手斧取らえぬ（『万葉集』巻七―一四〇三番）

この歌は、「人妻に手を出し、厳しい制裁を受けかけた男の歌であろう。『三輪の祝』を親の譬喩と見れば、身分違いの深窓の女性に近づいてこっぴどい目にあった男の歌と見ることもできる。『杉原』は女の譬えである」

という（伊藤博『萬葉集釈注』四、集英社）。かなり奔放なと思えるが、なお歌中の「ほとほとしくに」は、あやうく、あやうくしようとするの意であるという。

　ところで辞典によれば、「ほとほと」については、戸を軽くたたく音、斧で木を切る音を表す語との説明があり、さらに小正月に青少年が顔を隠したり仮装したりして「ほとほと」と唱えて戸ごとに訪れ、餅や祝儀を貰うこととある。「なまはげ」もこれであるという。正月十四日の行事については、柳田國男の「神に変わり出で来る」（全集22）がこれを扱い、折口信夫も「春来る鬼」「春立つ鬼」（全集15）で同様に扱っている。

　冒頭の歌に手斧が出てくること、これを「薪伐り」の句と考え合わせれば、木を伐る音「ほとほと」と「ほとほとしくに」をかけていることは明らかであろう。なお、伐木禁止区域に入って木を伐ったならば斧を取り上げるという慣行は一般的であった。

風　ほのか

朝影に　吾が身はなりぬ　玉垣入《たまがきる》　風《ほのか》に見えて　去にし子故に（『万葉集』巻十一—二三九四番）

「玉垣入」は「風」にかかる枕詞とする。右の歌と同じものが巻十二—三〇八五番にもあり、「風」の部分は「髣髴」とあり、「ホノカニ」と読む。ぼんやりとして、はっきりしない様子をいう。

　「風記」という言葉があり、ホノキと読む。風記は『江家次第』（四）に「上卿令蔵人書風記」とあり、『吾妻鏡』（巻四十四）正嘉二年（一二五八）正月六日条に「御的始射手事、内々被ㇾ定二人数一、雖二何个度一撰二旧労一可ㇾ被ㇾ用之旨、有二相州禅室厳命一、而知久右衛門五郎者、雖ㇾ為二多年勤仕射手一、当時在二信濃国一、仍今度被ㇾ漏二風記一之処、諏方兵衛入道蓮仏、今明之間定可二参上一之由就二挙申一、被二書載一云々、蓮仏去比遣二飛脚於彼国一云々」とある。また『伊呂波字類抄』は「風記《ホノキ》」とする。

　すなわち、風記とは、下書・案文・控え・メモの意で、儀式その他諸行事を行うに先立ち日時を占って上申する文書のことである。「風聞（ホノキク）」の語もあり「仄聞」とも書き、かすかに聞く、うすうす聞くの意。

ほらをふく

法螺貝を吹くのである。法螺貝とは、フジツガイ科の巻き貝で、日本近海でとれる最大の巻き貝。長さ約四〇センチ、径約二〇センチに達する。肉は食用となり、殻は仏法や戦陣に吹奏用として用いられた。修験道の山伏が山に入るときにも吹いた。仏教界では、時刻を告げたり、諸天善神をよび集めて仏敵を降伏させる。

ところが、これが嘘をつくこと、大言を吐くことの意となる。法螺貝の音《ね》のもつ呪術性が衰え、中世末期にはその力を失ったため、意味に変化が生じたのだろうという。

ほれる

惚《ほ》れるといえば、異性に心を奪われて夢中になることであり、「彼の人柄に惚れた」といえば、その人物に心惹かれ心酔することをいう。しかし、惚れるの本義は、ぼんやりするとか、放心する状態をいうのである。[1]「いかなること出で来んと思ひ嘆きて、頬杖つきて、ほれてゐたる」(『落窪物語』)という用法である。平安時代の例でも、恋に落ちて放心状態に陥ることをいっている。現在いうような「惚れる」の用語は中世末の狂言に始まるという。『日葡辞書』は「ヒトニホルル」と記す。[2]

関連して「ぞっこん」という語がある。「ぞっこん惚れ込む」などというが、これは、心底ほれ込むの意である。略して「ぞっこん」だけでも惚れ込むの意となる(「ぞっこん」の項参照)。「老いぼれる」というのも、とし老いて心がぼけることである。

注

(1) 山形県庄内地方では、気のふれた、ぼんやりした人間のことを、「ほらあちゃい」と称した。

(2) 「隆達唱歌」(日本古典文学大系『中世近世歌謡集』岩波書店、一九五九年)に「月夜のからすは、ほれてなく、我も鴉か、そなたにほれてなく」とある。

本陣《ほんじん》

江戸時代、宿場のなかで、大名や旗本、幕府役人、宮家、門跡が宿泊に使用した施設で、多くは宿役人の問屋や居宅を用いた。本陣に指定されると、そこの主人は名字・帯刀をゆるされ、門や玄関を設けることができた。本陣の補助的旅宿が脇本陣であるが、これは江戸中期以降増加した。

　この本陣、もとは戦場で大将が構える本営のことであり、それが宿泊所の呼称になったのである。貞治二年（一三六三）足利義詮がその旅宿を本陣と称したのが始まりとされるが、定かでない。

本土空襲　ほんどくうしゅう

　土曜日であった。中学校からの帰り道、青山通りから宮益坂を下りて渋谷駅に着く直前、突然、高射砲の発射音がしてそれに伴うように爆音が聞こえた。一瞬、超低空で飛ぶ飛行機の姿が東横デパートの左手に見えた。飛行機は西から東へと飛んでいったが、それを追いかけるように、なお高射砲の発射音が二、三発聞こえた。何事が起こったのか飲み込めなかったが、その後にサイレンが鳴り、空襲だと知った。

　それから自宅に帰るまで約三〇分かかったと思うが、庭に出て花壇を見ているとまた高射砲の発射音がして、ヒューッという音とともに何かが空から落ちてきて大地に突き刺さった。掘り出してみると、長さ七、八センチ、幅二センチほどの鉄片で、高射砲弾の破片と思われ、危うく怪我をするところであった。

　この空襲はアメリカ軍による日本初空襲であった。昭和十七年（一九四二）四月十八日午前六時三〇分、哨戒中の監視艇「第二十三日東丸」（九〇トン）は「敵飛行艇三機見ユ、敵飛行機二機見ユ、ワガ地点犬吠埼ノ東六〇〇マイル」と大本営海軍部に緊急打電してきた。その二〇分後には「敵航空母艦見ユ、敵駆逐艦見ユ」と打電、そして午前七時二分に「敵大部隊見ユ」の発信直後に「第二十三日東丸」は砲撃を受けて沈没し、乗員は全員戦死した。いま一隻の監視艇「長渡丸」（一〇〇トン）は「第二十三日東丸」の暗号無電を傍受したあと水平線上に艦影を認め、「敵航空母艦二隻、巡洋艦三隻、駆逐艦四隻見ユ、ワレ任務ヲ完ウシ　乗員ミナ元気、コレヨリ敵ニ突ッ込ム　テンノウヘイカ　バンザイ」と打電した。「長渡丸」は敵空母に体当たりするためエンジンを全開して突進したが、空母から発信した艦上攻撃機二機によって撃沈された。千葉県木更津基地から飛び立った海軍第二十六航空戦隊の哨戒機は、午前九時三〇分、東京東方六〇〇マイルの海上を高度五〇〇メートルで飛行中のノースアメリカンB25爆撃機を発見した。

飛来した飛行機は双発の中型陸上爆撃機で、全長一五・六メートル、翼幅二〇・六メートル、空冷一二〇〇馬力エンジン二基、航続距離四二四〇キロ、乗員五人であった。ジェイムズ・ドゥリトル中佐を指揮官とする一六機は航空母艦ホーネットを発艦し、東京（一二機）、名古屋・四日市（二機）、神戸（一機）、横須賀（一機）を襲ったのである。

日本軍は、空母の小型艦載機による攻撃と考え、その航続距離からすれば空襲は十九日早朝であろうと判断した。したがって、戦闘機による迎撃体制も取っておらず、「奇襲」を受けることになったのである。不覚であった（B25爆撃機が空母ホーネットから発進した位置は北緯三六度・東経一五二度で、東京の東約一二〇〇キロという。資料の数字に不一致がある）。

空襲による被害は、東京では死者約五〇人、負傷者約四〇〇人、全半壊家屋三〇〇戸であった。東部軍司令部は「撃墜機数九機にして我が方の損害は軽微なる模様なり」と発表したが、実際には一機も撃墜することはできなかったのである。一六機は中国大陸の国民党支配地に向かい、悪天候のため全機が不時着ないし墜落したが、事故死五人と日本軍支配地に落ちて捕虜となった八人を除く六〇余人の乗員は無事帰還した。

記録によれば、第二次世界大戦中のアメリカ空軍による日本本土空襲は六六八回で、罹災者数は九六四万人余、死者は五一万人余に及んだ。うち東京は一一二回の空襲を受け、三〇〇万人が罹災した。

ま　行

枡　ます

穀物や水・酒などを量る器は枡である。枡の発生時期は未詳である。文献としては『扶桑略記』に「舒明天皇十二年（六四〇）冬十月（中略）始定斗升両」とあるのを最初とする。しかしこれについては傍証がなく、鎌倉時代の文献である上に、記述も簡にすぎ、詳細はわからない。ついで『続日本紀』大宝二年（七〇二）三月乙亥条に「始めて度量を天下諸国に頒つ」とある。基準の枡を頒布したということであろう。雑令は「凡そ地を度《はか》らんに、銀・銅・穀を量らんには、皆大を用い、此の外は官私は悉く小を用う」という。枡に大・小があったのである。これは唐制に倣ったものであるが、唐が大を規準としたのに対し、わが国は小を規準とした。ついで『続日本紀』和銅六年（七一三）二月壬子条に「始めて度量調庸義倉等の類五条のことを制す、語は別格に具なり」とある。これに対応するのは『延喜式』（巻五十）の「凡そ度量権衡は、官私悉く大を用いよ、但《ただ》晷景を測《はか》り湯薬を含せんには則ち小を用いよ」がある。この時期、量制について何らかの変革が見られたと思われるが、大枡一升は現在の一升枡で約四合に当たることが確かめられている。

枡が規格にそっているか否かは交易・売買にとって重大なことであるが、よく知られているように、中世には、容量が区々な多種類の枡が存在した。そして現在では想像もできないことであるが、年貢を収納するときの枡（収納枡）と支払い用の枡（下行《げぎょう》枡）とでは容量の異なるのがふつうであった。同じ一升枡であっても、収納枡が実量一升三合もある一方、下行枡の実量が八合であるという例もあった。

鎌倉幕府も室町幕府も、ついに枡の統一を行えなかった。鋳造貨幣の発行のなかったこととあわせて、両幕府の権力の弱さが示されている。江戸幕府は枡座を設けて、統一枡をいちおう創ったが、地方枡をすべて解消したわけでもなく、地方地域の枡の根づよさが感じられる。

〈参考文献〉宝月圭吾『中世量制史の研究』（吉川弘文館、一九六一年）

マッチ

わが国では、長いこと燧石《ひうちいし》と鉄を打ち合わせて火を作り出していた。簡便な方法を考えなかったわけでもなかろうが、これといった発明もなかった。一方ヨーロッパでは、十九世紀はじめから化学薬品による発火法の研究が始まった。一八一六年（文化十三）フランス人フランソワ・デスロンが黄燐《おうりん》を軸木の先につけて発火させる方法を発明し実験に成功したが、のちオーストリアのブレッシュルと、ドイツ人モルドハウエルによって黄燐マッチが作られた。しかし、黄燐マッチは発火しやすく火災の危険を伴うものであったから、より安全なマッチの発明が望まれた。そしてついに一八四五年（弘化二）ウィーンのアントン・フォン・シュロエッターによって赤燐マッチが発明された。

安政二年（一八五五）の日米修好通商条約による開国以来、多くの諸物産が輸入されたが、そのなかにマッチがあった。この便利な品物は「早附木」「紅毛附木」「オランダ附木」などといわれて、たちまち全国に広まった。

明治三年（一八七〇）フランスへ留学した清水誠はマッチ製造の必要をさとり、八年帰国するとマッチ製造業を起こした。そして九年には東京本所に工場を造り、以後各地でマッチの製造が始まり、十年には外国へ輸出するまでに発展した。

わが国のマッチ工業は低賃金の年少労働力によって支えられていた。明治十年、東京浅草のマッチ工場は一〇〜一五歳の女工三〇〇人を募集し、大阪のマッチ女工四八〇〇人余、兵庫の四二〇〇余人の多くは児童であったという。マッチの単価はすこぶる低く、低賃金労働力がなければ成り立たなかったのである。

〈並箱一〇個入りひと包みの値段〉

明治　九年	三銭
二十五年	二銭五厘
三十年	二銭
四十年	三銭

大正　三年　三銭
昭和　三年　八銭
　　十三年　一二銭

魔法瓶　まほうびん

ガラスを二重壁容器につくり、二重壁内の空気を抜いて熱伝導を防ぐ方式になっている。十九世紀にドイツのワインホルト（A.F.Weinhold）が発明し、イギリスのジュワー（Sir James Dewer）が実用化への道を開いた。

わが国には明治四十四年（一九一一）ドイツから輸入され、翌年、大阪の八木魔法器製作所によって国産化された。大正七年（一九一八）に象印、同十二年にタイガー魔法瓶が売り出された。

昭和五年（一九三〇）には広口の魔法瓶（ジャー）が開発され、第二次世界大戦後の二十五年にはタイガー・ポットが作られた。魔法瓶は三十五年頃から大量生産に入り、丈夫で、使いやすく、安価な製品が出回るようになる。

眉　まゆ

眉毛である。「眉に八字の霜」とは、年老いて眉が白くなったことをいう。「眉を拭う」とは、喪に服すると き眉墨で描いた眉を拭い取ることである。「拭レ眉、此事旧院御事功之後、女房去レ眉事可二如何一哉」（『親長卿記』文明三年正月二十日条）とある。「顰《ひそめる》レ眉」とは顔をしかめることであり、「眉を寄せる」ともいう。「眉につばをつける」とは、だまされないように用心することであるが、「つば」には特別な威力があると信じられていたのである（「つば」の項参照）。

万歳　まんざい

現在は「漫才」と書く。これは昭和十年（一九三五）頃からの表記の仕方であるらしいが、それ以前は「万才」であり、正確には「萬歳」であった。

私が子どもの頃には、正月には東京でも、獅子舞いと万才が各家を回って祝儀を貰って歩いたものであった。太夫《たゆう》と才蔵《さいぞう》の二人一組で、祝い言を述べ、滑稽な踊りや掛け合いをする万才は三河万才と称し、名古屋の方から来るものと思っていた。三河万才のほか、大和万才・尾張万才・知多万才・伊予万才・越前万才・加賀万才・会津万才・秋田万才などがあった。

　鎌倉・室町時代には千秋万才《せんずまんざい》と呼ばれており、平安末期の『新猿楽記』に「千秋万歳之酒祷」と見え、以後、鎌倉・室町の記録類に所見する（千寿万歳とも書く）。大夫と才蔵の掛け合いは、滑稽な表現を含み、その部分を取り出して現代的にアレンジしたのが関西の漫才である。

満年齢　まんねんれい

　現在、年齢を数えるときは、いわゆる満《まん》年齢によっている。最初の誕生日の前日の夜十二時すなわち、誕生日の午前零時を以て一年とし、それ以後は月数を加えていく。最初の誕生日が来る以前はゼロ歳というわけである。

　私どもが子どもの頃は、いわゆる数え年で、正月が来るたびに歳を加えていた。十二月生まれの者は、正月が来るとひと月も経たないうちに二歳になってしまう。しかし、「数えどし」の方法は「ならわし」であって、「法」は別に存在した。

　明治六年（一八七三）二月五日太政官布告第三六号は、

　自今年齢ヲ計算候儀幾年幾月ト可二相数一事、但旧暦中ノ儀ハ干支ヲ以テ一年トシ其生年ノ月数ト通算シ十二ヶ月ヲ以テ一年ト可レ致事

としている。のち明治三十五年（一九〇二）十二月二日法律第五〇号「年齢計算に関する法律」で、年齢の数え方が定められ、さらにのち、昭和二十四年（一九四九）五月二十四日付で公布され、二十五年一月一日から施行された「年齢のとなえ方に関する法律」で、数えどしによる年齢計算の「ならわし」を改めて、「年数（月数）」によって言い表すのを常とするように心がけねばならぬとされた。

　満年齢の数え方で話題になるのは、就学年齢のことである。学校教育法（昭和二十二年法律第二十六号）では、保護者は子女の満六歳に達した日の翌日以後における最初の学年の初めから当該子女を小学校に就学させる義務を負うと定めている。ここで、四月一日生まれの者がどのような扱いになるのかが問題とされる。法によると、

四月一日生まれの者は、誕生日の前日の午後十二時に六歳になり、翌日朝小学校に入ることになるのである。わかったようでもあり、なんとなく落着かないようでもある。果たせるかな、平成十四年（二〇〇二）七月衆議院で平野博文議員（民主党）は、年齢の計算について細かい質問をしている。これに対して政府答弁は、「国民の常識と法律上の取り扱いとの間には、齟齬《そご》や混乱はない」としている。

ミシン

英語の sewing machine の略。布や革を縫う機械である。はじめ一七九〇年（寛政二）イギリスの指物師トマス・セントによって発明された。のち一八三四年（天保五）にアメリカのウォルター・ハントが上糸と下糸を交叉させるミシンを発明し、また同じアメリカのイライアス・ホーやアイザック・シンガーによって改良が加えられた。とくにシンガーの留縫式ミシンは画期的で、これがシンガー・ミシンのはじめとなった。

わが国にミシンが入ったのは、安政年間（一八五四～五九）にアメリカの領事ハリスが将軍家定の夫人に献上したのが最初という。万延元年（一八六〇）中浜万次郎が咸臨丸で手まわしミシンを持ち帰った。使節木村摂津守はアメリカで足踏みミシンを見て興味を示したと紀行文に書いている。

ミシンの普及は洋服・洋装の発達にかかわりがある。とくに軍服の製作におけるミシンの役割は大きなものがあった。国産ミシン第一号はすでに明治十四年（一八八二）の第二回内国《ないこく》博覧会に出品されていたが実用にいたらなかった。三十三年アメリカのシンガー・ミシンが輸入され、同年、内田嘉一が和裁用ミシンを考案している。三十九年にはシンガー・ミシン裁縫女学校が設立され、大正二年（一九一三）になると一般家庭向けのシンガー・ミシンが大量に売り出された。第二次世界大戦前、わが国のミシンの九〇パーセントはシンガー・ミシンで、「シンガー」はミシンの代名詞でもあった。

国産ミシンの方は、蛇の目ミシン会社が昭和十一年（一九三六）に量産工場を造ったりして、十三年国産ミシンの生産は一〇万台をこえた。戦争の時代には家庭用ミシンの生産は中止されたが、戦後再開し、二十八年の年間生産台数は一五〇万台に及び、三十一年、都市での普及率は七五パーセントに達した。

ミシンははじめ手回わしであったが、ついで脚ぶみ式となり、さらに電動となった。しかも小型化する傾向があり、卓上型ミシンが普及した。しかし、洋服は既製服の時代に入り、家庭用ミシンの需要は急速に減少した。

水売り　みずうり

飲料水を売る商売であるが、一方「水商売《みずしょうばい》」という言葉がある。夜間営業で酒を出すバーや接待クラブ、風俗営業を指すことが多い。しかし水商売とは、本来は文字どおり水を売る商いである。

近世江戸では神田上水や玉川上水があって、一部の住民は水道水の恩恵を蒙っていたが、下町の低地域では飲水を買わざるをえない生活を強いられた。

水売りは「ひやっこい〳〵」という売り声で呼びかけ、錫または真鍮のお椀一ぱい四文で売った。水売り商人は、はだしで水桶を天秤で担った。二世歌川豊国の描いた水売りは前荷の上に市松模様の屋根をつけて、風鈴《ふうりん》も吊《つ》るして飾りたてている（三谷一馬『彩色江戸物売図絵』中公文庫、一九九六年）。「ぬるま湯を辻々で売る暑い事」（『柳多留』）といわれるように、売り声ほどは冷たくなかったらしい。

現代ではペットボトル入りの水を、スーパーや自動販売機などで自由に買える。日本の水道水は飲用に適する良質のものであるが、ボトル入りの水の販売高は昭和六十年（一九八五）頃から急上昇し、平成十五年（二〇〇三）において一五〇万キロリットルに達し、年間一五〇〇億円を超える市場に発展している。「水商売」とは天候や運によって大きく収益が高下する不安定な商売という意味もあるが、現代の水商売はきわめて順調なようである。

水の流れのように　みずのながれのように

三十年ばかり前、某社から著書を出したが、版を組んだのは台湾であった。旧字体の活字があるのと、賃金が安かったからである。

二十余年前、東南アジアを廻っていた折に、マレーシアで小型カメラの具合が悪くなり、仕方なくシンガポールで日本の小型カメラを買った。ところがこれをよく見ると、made in china の刻印がある。

数年前、ノルウェイのオスロでカメラを失い（盗まれたといった方が正確）、またしても日本の小型カメラを買った。これも made in china であった。

近所のマーケットで買う食品にも、異国のものが沢山ある。中国産の野菜はかなり安い。サーモンはカナダ産かノルウェイ産である。シシャモといえば北海道の噴火湾か釧路・白糠産と決まっていたが、最近買ったのはアイスランドで獲れ、中国で加工したものを日本の水産会社が輸入したものであった。

むかし、はじめてパリに行ったとき、ダンフェルロシュローのマーケットで売られている小粒のミカンがスペイン産であると聞いて驚き、街を走る軽トラックの多くがニッサンであるのにびっくりしたものだが、今はそれどころではない。

アメリカ産牛肉の輸入が止まると吉野家の牛丼が販売中止になる。世界のどこかがくしゃみをすれば日本は風邪をひくのである。いまや物資の移動は地球規模だし、工業生産は水の低きに流れるように、労働力が豊富で賃金の安いところへ拠点を移していく。資本主義は教科書通りに機能している。

三日坊主　みっかぼうず

何事にも飽きやすく、長続きしない人のことをいう。「三日先知れば長者」とか「三日見ぬ間の桜」というように、三日にはごく短い期間の意が含まれている。「一年先のことをいえば鬼が笑う」というが、「三日先のことをいえば鬼が笑う」ということわざもある。本能寺で織田信長を討った明智光秀は、羽柴秀吉に滅されるまで一二日間「天下を取った」のだが、三日天下と称される。

この言葉、江戸時代からのものであろうが、一日や二日ではなく三日というところがミソである。

「身代」の語義　みのしろのごぎ

令制による人身売買が行われなくなったのち、最も古い人身売買文書とされるのはつぎのものである（牧英正

『日本法史における人身売買の研究』有斐閣、一九六一年、一三八頁)。

「《端裏書》いぬまさかうりけん《売券》」
ようく《要用》あるによて、うりわたす《売渡》い□《ぬまさ》女の事
合身代二貫二百文者
右、件のむすめ、あさな《字》いぬまさ、とし十□になり候を、御さうてんにうりわたし《売渡》□《まい》らせ候ところしち《実》也、もしにけう□《せカ》も候はゝ、小むすめの候と、はゝまるを□□にても候へ、御さうてんにめされ候□《へく候》、又御心をそむきまいらせ候て、ふてう□はしり《走》うせ《失》ても候ハんに、おや□とてゆきかたをもしり候ま□《しくのかカ》れをもし候物ならハ、しんめい《神明》□《ふ》つ□《た》の御はち《罰》を、あつくふかく□□《かう》ふるへく候、よてのちのせうもん《証文》の□□しやう、くたんのことし
元亨二《四》年子歳十一月十九日
うりぬし　志ん二郎　母　つ□
(『鎌倉遺文』三十七巻二八八八三号)

注釈を加えるまでもなく、いぬまさが娘（十数歳）を二貫二百文の代価で売ったのである。ここで「身代」というのは娘を売った対価を指しているが、「身代」には「身柄」を意味する場合もある。建長五年（一二五三）十月一日関東下知状（『鎌倉遺文』十巻七六二一号）の第六条に、

一　取二流土民身代一事
右、対二捍有レ限所当公事一之時、為レ令レ致二其辨一、令レ取二身代一之条定法也、而或依二少分之未進一、或以二吹毛之咎一、取二流身代一之条、尤不便也、縦雖レ歴二年月一、償二其負物一、請二出彼身代一之時者、可二返与一之、又無レ力二于辨償一、可レ令二流質一之旨、其父其主令レ申之時者、相二計身代直之分限一、相二談傍・郷地頭代一、給二与彼直物一、取二放之文一後、可レ令二進退一也

とある。ここでいう「身代」は土民の身体そのもの、所当の公事のかわりに質として取られた「身柄」である。
第八条は「土民去留事」と題する著名なものであるが、

右、宜レ任二民意一之由、被レ載二式目一畢、而或称二逃毀一、抑二留妻子資財一、或号二有二負累一、以二強縁沙汰一、取二其身一之後、如二相伝一令二進退一之由有二其聞一、事実者、甚以無道也、若有二負物一者、遂二結解一、無レ所レ遁者、任二員数一致二其辨一、不レ可レ成二其身以下妻子

所従等煩㆓焉

とある。ここでも「身」は「身柄」であること大略間違いない。さらに建長八年四月二十五日白拍子玉王身代請文（『鎌倉遺文』十一巻七九九二号）なるものを見ると、

請申　西心身代事

合一人者

右、件子細者、沽㆓却西心之養子得石女㆒之時、買主実蓮房許にて五ヶ年之間にけを請畢、其故者、五ヶ年之内、本銭十四貫文にて可㆓請出㆒之由、約束によりてなり、雖㆑然、其約束おたかへて、他人爾沽却、然之間、五箇年約束も不㆑可㆑懸之処爾、今買主石熊大郎城田御領へ付沙汰候によりて、被㆑召㆓身代㆒候、雖㆑然、本人実蓮房致沙者、不㆑可㆓相知㆒之由、返答及㆓両三度㆒之間、於㆑今買主之沙汰者、存外也、依㆑之、玉王彼身代請出給之処也、但本人実蓮房若相交天、可㆑遂㆓問注㆒之由、有㆓申事㆒者、今年之内ハ彼西心お相具天、可㆑遂㆓一決㆒也、仍為㆓後日沙汰證文㆒、注進之状如㆑件

建長八年丙辰卯月廿五日　白拍子玉王（花押）

とある。右の史料について諸説があったが、牧英正は「身代」を「身柄」と理解している。「身代」に二義あることは現在では事典（たとえば小学館版『日本歴史大辞典』）類にも定着している。

苗字　みょうじ

「阿部猛」私の苗字と名前である。阿部は苗字、猛は名である。現代ふつうの書類・願書などでは「氏名」「姓名」という記載欄がある。国民健康保険被保険者証では「氏名」、パスポートでは「姓名」、ただし所持人記入欄では「氏名」とある。

名高い足利尊氏は「足利又太郎源朝臣尊氏」という。足利は苗（名）字、又太郎は通称、源は氏《うじ》、朝臣は古代の姓《かばね》、尊（高）氏は諱《いみな》（本名）である。やかましくいえばこうなる。現代では氏《うじ》や姓《かばね》を称することはなく、通称も用いないのがふつうである。私どもは、苗字と諱を名乗っているのである。

では苗（名）字とは何か。足利尊氏の足利は足利荘、地名である。その一族が足利荘に住み、そこの荘官だったことに由来する。新田義貞も祖先が開発し所領として

そこに住みついた新田荘という地名による。貴族の場合は、平安時代中期以降「家」の意識が強くなり、藤原氏などもいくつかの家に分裂した。平安時代の貴族は母方の邸宅で育つため、その邸宅の所在地名を冠して称するようになった。三条、四条、九条、近衛、鷹司等がそれである。官職名を苗字とするものもあった。進《じょう》さんは律令制の中宮職《ちゅうぐうしき》・左京職などの官庁の三等官大進・少進《じょう》に由来し、属《さつか》さんは同四等官の大属《さかん》・少属に由来するものであろうし、調子さんという苗字は、近衛府の官人として音楽に携っていたことから名付けられたものであろう。調子氏は東国出身の豪族下毛野氏の系譜をひき、院政期からは近衛家の随身《ずいじん》（従者）として馬芸・鷹飼の仕事に従った。家系のなかの一人、調子武茂《たけもち》は調子下毛野朝臣武茂が正式の名乗りとなる。

江戸時代、庶民は苗字を持たなかったといわれてきたが、最近はこの説は否定されている。名主・庄屋などとくに苗字・帯刀を許されることがあるため、一般庶民は苗字を持たなかったとの説が流布していたが、それは公に名乗れなかったにすぎず、私称としては苗字は存在した。

明治維新後、明治三年（一八七〇）に平民苗字許可令、同八年に平民苗字必称義務令が公布されて苗字と諱（本名）のみを名乗ることになったのである。

〈参考文献〉豊田武『苗字の歴史』（中公新書、一九七一年）

むかし

白玉の　五百つ集ひを　手にむすび　おこせむ海人は　むがしくもあるか（『万葉集』巻十八―四一〇五番）

『日本国語大辞典』によると、「むがし」とは「よろこばしい、めでたい、うれしい、うむがし、おむがし」とある。『日本霊異記』上巻序（小学館、日本古典文学全集）に、「後生ノ賢者、幸《あわ》シクモ（但し底本では「幸牟我之久母〔ヲカシクモ〕」とする）噎《あざけ》リ嗤《わら》フコト勿レ」（後生賢者、幸勿噎嗤焉）とあり、注は「心に望ましい」と記し、前掲の『万葉集』の例を挙げている。佐藤謙三の『校本日本霊異記』（明世堂、一九四三年）の底本には「幸《ヲカシクモ》」と見える。同書の「興福寺本訓釈」には

岩波大系	(本文)ムカシクモ (訓釈)ヲカシクモ
小学館	むかしく
学術文庫	むかしく
板橋倫行	むかしくも
佐藤謙三	(本文注)牟家之久母 ヲカシクモ
狩谷棭斎	ヲカシクモ

「幸牟家之久母」とあり、板橋倫行は『日本霊異記』（角川文庫）で「幸《むか》しくも」と清音で読んでいる。語釈は「さいはひにどうか」である。狩谷棭斎の『校本日本霊異記』（日本古典全書、一九二五年）は「幸ヲカシクモ」とする。佐藤謙三は棭斎の校本（上巻は高野本〔未発見〕、中・下巻は真福寺本に拠る）に従って記されたものである。

訓釈の万葉仮名は「牟我之久母」であるが、その訓みには「むがしくも」「むかしくも」「をかしくも」の三種がある。「牟」の文字を「を」と読むか「む」と読むかである。牟の訓はふつう「む」とする。なぜ「を」の訓みがつけられたのか未詳である。

「むくり」と「てりむくり」

正中二年（一三二五）三月付最勝光院荘園目録案（『鎌倉遺文』三十七巻二九〇六九号）の肥前国松浦荘の部分の肩書に、

文永年中ムクリケイコニ被レ免无レ之

とある。「ムクリケイコ」は「蒙古警固」であろう。蒙古をムクリと呼んだのは、たとえば『沙汰未練書』に「蒙古とは異国むくりの事也」とか、『日蓮上人遺文』南条殿御返事に「又むくりのをこれるよし、これはいまだうけ給らず」とあり、『御伽草子』御曹司島渡に「我日本葦原国より、むくり退治のそのために」とある（『日本国語大辞典』10）。

ところで、わが国の建築用語に「てりむくり（照《て》り起《むく》り）屋根」（「反《て》り起《むく》り」とも書く）というのがある。これは、神社・仏閣などの伝統的な日本建築の屋根に見える曲線である。この場合「むくり」とは、めくれて反《そ》ることである（立岩二郎『てりむくり』中公新書、二〇〇〇年）。

モンゴルがムクリになったことは当然考えられるが、まだ「むくりこくり」という言葉がある。漢字を宛てれば「蒙古・高句麗」であろう。恐ろしいもののたとえで「むくりこくりの鬼がくる」があり、これで子どもをおどした。

無惨　むざん

ムザンと読む。無慙・無慚・無残・無懺とも書く。残酷であり、またその状態にあっていたましいこと、気の毒だという意で用いられる。この用法は中世から現代まで変わらないが、もとは仏教用語で、罪を犯しながら省みて恥じないことである。『往生要集』（九八五年）や『源氏物語』『平家物語』『徒然草』などに至るまで、「破戒無慙」（の僧侶）、「放逸無慙」（の者）などと用いられた。「あわれに、むざうに覚えしかど」（『宇治拾遺物語』）というのは、ムザンの音便で、方言として各地に残る。東北地方にはムゾイがかわいそうだの意で残り、ムゾーガルはかわいがるの意で九州地方の方言として知られ、ムゾーナゲニといえばかわいそうにの意の久留米方言である。

無尽　むじん

無尽とは、複数の人びとが講をつくり、それぞれ定額の掛金を積みたてて、クジ引きで当たった者から順に配当を受け取る。これによって一時にまとまった金を手にすることができるので、家屋の改築、牛馬の購入などが可能になった。

「無尽」の初見は建長七年（一二五五）八月十二日付の鎌倉幕府追加法三〇五条とされ、法文には、

「鎌倉中挙銭、近年無尽銭と号す、質物を入れ置かざるの外、借用を許さざるに依り、甲乙人等衣裳物具を以て其の質に置く」

とある。無尽が出挙銭貸付の発展したものであることをうかがわせる。また、「建武式目」第六条に「無尽銭土倉を興行せらるべき事」として、莫大の課役を充てられ、また打入りを制止されなかったため土倉は断絶し貴賤の急用たちまち闕如した、そこで土倉を興行し諸人を安堵せしめようとしたのである。

一方、無尽に類似のものに頼母子《たのもし》がある。中世に始まる互助的金融組織で、その組織を講と呼ぶ。講中仲間が

一定金額を定期的に払い込み、抽籤または入札《いれふだ》の方法によって順次給付を受ける。給付物は金銭とは限らないが、中世半ば頃から無尽と頼母子は混用されるようになった。

むずかしい

「難しい」といえば、ふつうは「困難である」の意となる。「六借」（むつかし）とも書かれる。しかし、この語の意味は広い。古代・中世にはムツカシと清音で読まれ、近世にはムツカシとムズカシが併存し、現代ではムズカシとなった。①きげんが悪い、②気がはれずにうっとうしい、③気味が悪く不安である、④風情がなくむさくるしい、⑤うるさい、めんどうだ、⑥病気が重く危うい様子、⑦複雑で理解しにくい、⑧困難でおぼつかない、⑨性格が素直でなくとっつきにくい、などの意がある。『源氏物語』から二葉亭四迷の『浮雲』まで一貫して用いられてきた。

『枕草子』（一五五）は「むつかしげなるもの」として「繡《ぬいもの》の裏、鼠の子の毛もまだ生ひぬを、巣の中よりまろばし出でたる。裏まだ付けぬ裘《かわぎぬ》の縫ひめ、猫の耳の中、ことにきよげならぬ所の、暗き」などを挙げている。ここでは、むさくるしいの義である。

ムツカシはムズカルと同源の言葉だと考えられている。ムズカルといえば、幼児がきげんが悪く、じれて泣いたりすることをいうが、もとは幼児に限らず、心に憤《いきどお》りを感ずることを言ったのである。

襁褓　むつき

保立道久の「中世の子供の養育と主人権」という論文は示唆に富む興味深いものである（『中世の女の一生』洋泉社、一九九九年）。「家父長権・主人権と子供の養育が、どのように関連していたのか」述べているが、史料上しばしば「襁褓の中より」養育してきたという表現があらわれることについて「襁褓」＝「おむつ」との理解を示している。

辞典を見ると、襁褓とは、①産衣《うぶぎ》のこと、赤子に着せる衣。②おむつ、おしめ。③ふんどし、などと出ている。確かに「おむつ」を意味することがある。殆どの史料は「襁褓の中より……」などとあるのは「乳幼児の頃から

「……」の意で用いられている。保立の理解に従えば、「おむつをしていた乳幼児の頃から……」ということになる。しかし、保立が示した史料の「襁褓」が「おむつ」であるとは、どうして言えるのか。③のふんどしは別として、①の産衣ではなぜいけないのか。「産衣を着ていた頃から……」では不都合なのだろうか。

保立は、「襁褓とはいっても、貴族のそれは『古事類苑』礼式部の『誕生祝』の項が示すように、綾・絹でできた豪華なものであった」という。『古事類苑』を参照して見ると、襁褓＝おしめ説を明示するのは「伊勢家秘書誕生之記」であって、

襁褓〔書入云、二字共ニムツキトヨム、下々ニ云、シメシノコトナリ〕

と見える。「しめし」とは「おしめ」の古語である。その他の史料は、生まれた赤子の衣料として「御衣《おんぞ》」「産衣《うぶぎ》」「襁褓《むつき》」を挙げている。しかし襁褓をおしめとしたのは先の「伊勢家秘書」のほかには見当たらない。

『紫式部日記』に「源中納言・藤宰相は、御衣、御襁褓、衣筥の折立入包覆下机など……」とあり、『小右記』（長和二年七月九日条）も「御衣」と「御襁褓」を書き分け、『忠教卿記』（保安五年三月十四日条）も「織物御衣」「綾御衣」と「綾襁褓」「絹襁褓」を併記している。「襁」とは、字義からすると、幼児を背負う帯のことであり、「褓」とは産衣であるが、「襁褓」とは、まだ仕立てていない布のことである。『園太暦』（延慶四年二月二十五日条）に「御衣」と「御襁褓」を書き分け、後者について「二帖白小亀甲綾〔両面練張〕／一帖平絹〔両面練張〕／以上、弘二幅長五尺」とある。『装束抄』元には、細長二領、単二重、襁褓二帖、帯二筋、裏二帖、衣筥一、案一脚、花足二脚と見える。『基量卿記』（延宝六年十二月十二日条）には「襁褓」として「一ツハ白綾、紋亀甲裏平絹両面、長サ五尺、ハゞ二尺五寸」と見える。

布状の襁褓で赤子をくるむものである。新生児を布でくるむ風は以前には一般的であった。「幼児は布でくるまれたり、布を裂いただけの襁褓と称される衣服を着せられていた」のである（宮田登「幼児風俗」『日本風俗史事典』弘文堂）。私の父は明治二十八年（一八九五）山形県庄内の農家の生まれであったが、幼時に妹（私の叔母）が生まれたとき、すっかり布にくるまれて、壁にたてかけられている様を見たと語っていた。新生児を布で

くるむ風は、かつてはヨーロッパでも行われていたことだったという（『産育と教育の社会史』４、新評論）。

以上、幾つかの史料を眺めると、たぶんつぎのように言えるのではないか。産養《うぶやしない》にお祝いとして贈るのは、仕立てた産衣（御衣）と襁褓であるが、後者「むつき」は長さ五尺で二幅《ふたの》の矩形の織物（生地《きじ》）である。これは「帖」を以てかぞえられている。むつきは祝い物としての生地であり、おしめに用いるものではあるまい。だから、絹や綾なのである。貴族の子だとて綾や絹のおしめをしていたということはないであろう（褨襁《ひむつき》の項参照）。

むなぐら

胸元である。辞典によると、胸ぐらとは、着物の左右の襟が重なって合うあたりをいう。江戸時代、女を売買する女衒《ぜげん》の用語で手付金のことを胸座《むなぐら》と称した。心の中で見積りをたてることを胸算用といい、むなそろばんともいう。胸積《むなづもり》も同じである。

紫式部の経験　むらさきしきぶのけいけん

寛弘五年（一〇〇八）十二月晦日、紫式部は一条天皇の中宮彰子に侍して一条院にいた。十二月晦日は、いうまでもなく追難―鬼やらい（いまの節分、豆まき）の行事の行われる日である。追難の行事が予定より早く終わったので、式部は部屋に戻って、お歯黒つけや何となく身装いをして、訪ねてきた弁内侍と話を交わし、やがて寝てしまった。

女蔵人の某という者が、長押の下の廂の間にいて、女童のあてきが縫い物をしているのを、表裏を重ねて袖口や褄などを折りひねるのを教えたりして、つくねんとしていた。そこに、御前の方で突然さわがしい人の声がした。内侍を起こしたが、すぐには起きてこないし、人の泣きさわぐ声に、どうしたものか分別もつかず、火事かと思ったが、そうではない。

式部は女蔵人を起こし、「宮様はお部屋（東北の対）にいらっしゃる、まず安否をたずねましょう」と、内侍をも無理やりに起こし、三人して寒さにふるえてやってくると、なんと、靫負と小兵部という二人の女房が、はだかでふるえているではないか。ああ、こういうことかとさとった。

食膳の仕度をする御厨子所の役人も、宮の侍も瀧口の武士も、追儺の儀式のあとだったから、疲れて寝込んでしまい、なかなか起きてこない。手をたたき大声をあげても応える人もない。御膳宿（おものやどり、御膳を収めておく所）の責任者である刀自を呼ぶと、「殿上にいる兵部丞（藤原惟規）を呼べ」といわれたが、兵部丞も退出してしまって見当たらなかった。そこへ式部丞の資業（藤原氏）が来て、ところどころの灯台の油をさし、明るくして歩いていった。ようやく灯った光のなかで、ただ茫然としゃがみこんでいる人びとの姿があった。

事件のあと、天皇からお見舞いの使者も遣わされ、納殿の衣類をとり出して、関係者に給わることもあった。不幸中の幸いというべきか、正月用の衣類などは盗られなかったので、ほっとした。このような凶事については軽々しく口にすべきことではないと承知しているが、その恐ろしさに、語らずにはいられないと、紫式部は書き記したのである（『紫式部日記』）。

〈付記〉　文中に出てくる女童「あてき」――これはおそらくアダナであろう。「あてき」とは何であろうか。この名は『源氏物語』の葵の巻、玉鬘の巻などにも見え、「貴君」の略かと考えられているようである（日本古典文学大系本の頭注）。素人の思いつきにすぎないが、柳田國男の「アテヌキという地名」（『柳田國男全集20』ちくま文庫、三五九頁）という文章に、アテヌキとは楝（おうち）の木のこととし、アテは楝の和名で、アテノキ（木）と呼んでいたのであろうと記されているのに興味を惹かれた。女童のあだな「あて」が楝の木と関係があるかどうか明らかではないが、ひとつの推量としたい。なお、『栄華物語』（巻第八）に女童「やどりぎ」の称が見える。また、「当て木」というものがある。木を切断するとき、その下に置く別の木のこと。また糊づけした着物を打ったり、藁を打ったりするとき、台にする木のことをいう（『日葡辞書』）。『全国方言辞典』（東京堂出版、一九五一年）を見ると、「あて」とは、①樹木の陽の当たらぬ方の側、②斜面にある木の山に面した方の側、③斜面の木で谷に面している側で、材質は堅くて悪い、④役に立たない部分、⑤荒れ地のことをいう。――とある。「あてき」が、「役立たずさん」というあだ名であれば面白いが、これはあてにならない。

室戸台風 むろとたいふう

昭和九年（一九三四）秋の室戸台風は歴史年表にも載っている著名な台風である。この台風は九一一・九ミリバールという、世界観測史上まれに見る低気圧を記録し、風速六〇メートルで京阪神地方を直撃し、大被害をもたらした。

三府三八県で死者・行方不明者三〇六六人、負傷者一万五三六一人、建物被害は四七万戸を超えた。金額に換算すると、当時の国家予算の半分に相当する大打撃を受けたのである。とくに四メートルの高潮に襲われた大阪では、一一八の学校が全・半壊し、教員一八人、児童六七六人が死亡、教員・児童約二六〇〇人が負傷する大惨事となった。

台風は東京にも大雨を降らせた。当時私は世田谷区の多聞小学校一年生で、記憶も定かではないが、この日は学校は昼までで、早く家に帰ったように思う。通学路に小さな川があった。蛇崩川というのだが、下流の大橋で目黒川に合流していた。しかし、いまは暗渠となり、昔の面影はまったくない。

台風の当日、学校から帰るとき、川の水は道に溢れ出しており、近所の大人が出て、橋を渡る私たちの手を引いてくれた。翌日、噂では、橋の近くの商店の子供が濁流に呑まれ、遺体は羽田の方まで流されたということであった。たぶん、橋の近くの佃煮屋の息子のNという同級生から聞いたのである。

数十年ののち、この付近を通った序でに、古くからある酒屋さんで「昔のことですが」と尋ねてみた。すると、対応にでたお年寄りが「昔のことを知ってる人が来たよ」と奥に向かって怒鳴ったのにはちょっと驚いた。

明治の小学校 めいじのしょうがっこう

明治以後における普通教育の発達は、周知の如くめざましいものであった。たといそれが天皇制絶対主義下の教育と評されようとも、きわめて高い就学率は、国民文化の向上のあとをみせているものといえる。

明治以後の教育史については多くの著書・論文が積まれていることであり、いまさら、このうえに門外漢が発言するつもりはない。偶然の機会に入手した資料——それも特別に珍しいものではない——を紹介してみようとするだけである。

小学校則　表紙に「明治十年九月制定　小学校則　群馬県」とある。「喜多学校」の印があるから、もとの所蔵者は該校か。本文二〇ページの小冊子で、規格はB6判にちかい。本文は第一条より第三十条にいたり、末尾には「小学生徒入学」「徒転居」「欠席届」の書式と、「教員保護役生徒ノ勤惰表」「学校標注」「校旗」「小学校印」「証書（卒業）」の様式および黒板・生徒用卓子の寸法が附記されている。さて次に本文三〇か条のうち、興味ありと思われる部分を抜書きしてみよう。

第四条　生徒入校ハ三月九月ヲ以テ定期トス

第八条　教員病気ニテ昇校シ難キトキハ必起業時間前三十分迄ニ該校へ届出ヘシ又三日以上引籠ノ節ハ医師ノ診断書ヲ添へ該地ノ戸長保護役ヲ経テ学区取締へ届出可シ

第十一条　変則夜学校工女余暇学校ハ春秋ヲ開校ノ期トシ午後第七時ヨリ同第十時迄ヲ授業ノ時間トス

第十三条　名札ヲ掲クルノ順次ハ学術ノ優劣ト平素ノ行状ヲ参考シテ之ヲ定ムヘシ

第十四条　男女校ヲ分ツヘシト雖モ現今女児学校ノ設ケ莫キ地ニ於テハ教場ヲ異ニシ或ハ坐位ヲ異ニス可シ

第十九条　女子ノ学校ハ女教師ヲ要スルハ勿論ナレトモ其人ニ乏シキトキハ四十歳以上ノ男子ヲ以テ之レニ充ツ可シ

第二十四条　礼式ハ課業ノ始終及吏員等其校ヲ巡視スルトキハ必ラス之ヲ行ハシム其方教師左ノ令ヲ下ス

礼　生徒直立ノ準備ヲナス

一　速ニ起立ス

一　首ヲ低ル

一　故ニ復ス

第十三条の名札の順次が成績順であることも面白い。いまの学校で教室に成績順に名札をかけたら、ストライキでも起こされそうだ。女子学校の男子教員を四十歳以上としたのも昔らしくていい。しかし、四十歳というのはどんな根拠があるのか。まさか「四十にして惑わず」というわけでもないであろうが。

校旗　次に興味のあるのは校旗である。示された図によると、校旗はタテ五尺×ヨコ七尺の大きさで、地の色は白、これにいっぱいに「文」の字を朱で書く。旗の右上隅に、タテ・ヨコとも旗の三分の一の大きさをとり、青色の地に白色で校名の第一字（喜多学校の場合は「喜」の字）を楷書する。旗いっぱいに書かれる「文」の字は、現在、われわれが道路でみる標識と同じような字体のものである。交通機関の往来はげしい道路に、学校の存在を示し、通学の児童・生徒に注意せよという、あの道路標識がいつごろ定められたものか、また地形図上の学校の記号を「文」としたのがいつのことかも知らない。しかし、学校を「文」字で示す慣いは、そもそも明治初年からだったわけだ。

名水　めいすい

近頃は水を売る商売が大繁昌である。ペットボトル入りの水の販売高は昭和六十年（一九八五）頃に急上昇した。これに合わせてか、当時の環境庁（現在は環境省）は「名水百選」を選定した。ここで名水とは、そのまま飲める美味しい水という意味ではなく、保全状況良好で、地域住民による保全活動が存在するという条件で選ばれたという。大部分は湧水で、河川水・用水・地下水・自噴水もある。

名水をあらわす語は醴泉《れいせん》である。持統天皇七年（六九三）十一月十四日、天皇は沙門法員・善往・真義らを遣わして近江国益須《やす》郡都賀山の醴泉を飲ましめたという。疾病を持つ人びとが益須寺に宿泊して醴水を飲み療養したのである（『日本書紀』巻三十）。醴水伝説は年月を経て酒の湧き出る養老孝子伝説へと成長していく。

〈参考文献〉柳田國男「孝子泉の伝説」（全集・9）

名簿　めいぼ

個人情報保護の行きすぎか（?・）、大学の職員名簿が廃止になった。いろいろと不便なことである。学校の同窓会名簿なども消えていく。人名を列記したものは歴名《れきみょう》帳《ちょう》などといい、古代律令制のもとでも、官人の歴名帳なるものがあった。養老令の軍防令に兵士歴名簿が見え、年次の明らかなものとしては天平十一年（七三九）の出雲国大税賑給歴名帳がある。

同じ「名簿」でも「ミョウブ」と呼ぶものがある。こちらは人名を並べるのではなく、個人の名を記すものであり、現代でいえば名刺に相当するものといえる。名文《なぶみ》・二字《にじ》・名附《なづき》・名籍《せき》・名謁《えつ》ともいう。官途に就いたり貴人に仕えたりするとき、臣従を誓う証として名簿を捧呈する。この慣行は僧侶社会や貴族社会で始まったものといわれ、これが武家社会に移入されたのだという。しかし、鎌倉時代では名簿捧呈は行われず、見参《げざん》（対面挨拶）の式のみの場合が多い。

〈参考文献〉橋本実『日本武士道史研究』（雄山閣、一九三八年）

名目　めいもく

ふつう「めいもく」と読む。辞典によると、名目とは物の名称、表面上の理由、の意である。また「名目」は「みょうもく」とも読む。こちらは、「めいもく」と同じ意に用いられるとともに、さらに一、二異なる意を以て用いられる。

ひとつは「ことわざ」のことをいう。第二は、「読みぐせ」の意で用いられる。中世公家社会における「読みぐせ」を集めた書物もあり『名目抄』*という。例を挙げる。

○視告朔《コウサク》〔視字不読之例也、正四七三ヶ月朔有之〕
○太元帥法《タイクエムノホウ》〔不読帥字例也〕
○女王禄《ワウロク》〔不読女字例也〕
○還昇《クワンショ》〔本音ハシヨウ也、而名目ハシヨ、又濁也〕
○男踏歌《ヲトコタフカ》　ヲタウカト云人アリ、定一義歟、家説云ㇾ上、源氏物語ニモ男ト見ユ
○同車　上清下濁也、或人上ハ濁下ハ清、不ㇾ可ㇾ然歟、但家説不ㇾ知

これらの例に見るように、名目は一定したものではなく、家説に相異があったのである。平安時代の中頃から、朝廷の諸礼は固定し始め、これを公事《くじ》と称した。廟堂における一挙手一投足の末まで固定し、それは言葉づかいの端々にまで及んだ。先例・通例に違うと「公事失錯」といって嘲笑されたのである。しかし公事には変遷があり、中世には中世風の公事が行われ、中世風の「読みぐせ」有職《ゆうそく》読みがあったのである。

＊『名目抄』は洞院実熙《とういんさねひろ》（一四〇九―？）の著作で、本文の引用は「陽明叢書　国書篇」第十四揖『名目抄　乙本』（思文閣、一九七六年）による。なお、岩橋小弥太「名目雑抄」（金田一博士古稀記念『言語・民俗論叢』三省堂、一九五三年）がある。

迷惑　めいわく

『日本国語大辞典』を見ると、①どうしてよいか途方にくれる、②ある行為によって不利益、負担、または不快さを感ずること。③不利益・負担の意とされている。これは現代でも同様な意味で用いられている。『法華義疏』以来の用例が挙げられており、前掲①〜③の意が一貫したものであることを示している。しかし、「迷惑」には思いもよらぬ用例があることを知らねばならない。

『全国方言辞典』（東京堂出版、一九五一年）を見ると、

めーわく　①気の毒「メーワクですが貸して下さい」津軽。②ありがたい。痛み入る。福島県北会津郡。③謝罪。徳島。

とあり、また、

めーわくしました　ありがとうございました。出雲。

とある。かつて、花見朔巳は『歴史地理』（六〇―二、一九三二年）で「『迷惑』といふ言葉」を書き、近衛政家の日記『後法興院政家記』の永正元年（一五〇四）五月十八日条を引用した。

姉小路中納言（基綱）去月（四月）二十三日、於㆑国（飛騨）死去云々、仍以㆓使者㆒相㆓弔済継朝臣㆒、迷惑之由種々有㆓返答㆒、黄門事者、（中略）余年来之知音也、一段周章無㆑極者也

花見もいうように、この「迷惑」は弔問に対する謝辞の意であろう。花見は会津方言にふれているが、先に述べたように出雲地方にもあったらしく、古語の痕跡といえよう。

メーデー

五月一日に行われる労働者の国際共同行動のことであるが、わが国では「労働者の祭典」などといわれることもある。メーデーは一八八六年（明治十九）アメリカで、

労働組合が八時間労働制を要求して五月一日に行動を起こしたのに始まる。

一八九〇年（明治二十三）第二インターナショナルの提唱により、五月一日に世界各地で国際メーデーが行われた。当時のわが国では五月一日に集会を行うことが困難な状況にあったから、三十一年四月十日に労働組合期成会が行動を起こし、三十四年四月三日に日本労働者大懇談会と銘打って約二万人を集めた。

五月に行うようになったのは三十八年からであったが、屋外集会ではなかった。屋外集会のメーデーは大正九年（一九二〇）五月二日に上野公園で行われた。大会は、治安警察法第一七条の撤廃、失業防止、最低賃金の設定要求を決議した。以後、昭和十一年（一九三六）内務省によるメーデー禁止令が出されるまで続いた。

第二次世界大戦後は、昭和二十一年に第一七回メーデーとして復活した。

眼鏡　めがね

中学二年生のときから近眼の眼鏡をかけ始めてから七〇余年になる。昔の眼鏡はレンズがガラスだったからわれやすく、子どもの頃は何度か壊れた。陸軍の学校へ入ったときは、予備の眼鏡をつねに携帯していた。近頃は合成樹脂製だから軽くて丈夫である。

眼鏡は十三世紀末にイタリアのフィレンツェ地方で発明されたと伝えられている。わが国には十六世紀半ば、フランシスコ・ザビエルによって将来され、その後来日したフランシスコ・カブラルが眼鏡をかけていたので、見物人の人だかりができたともいわれる。久能山東照宮には徳川家康が使用したという眼鏡がある。

十七世紀には、ヨーロッパや中国から沢山の眼鏡が輸入されたが、元和（一六一五―二四）頃、長崎の人生島藤七が制作法を学び、眼鏡師となった。やがて技術は京・大坂から江戸に広まり、眼鏡の使用が普及した。初期の眼鏡は手持ち式か、紐をつけて耳にかける方式であった。当時の眼鏡は大型で、枠にはベッコウや水牛などを用いたが、幕末になって真鍮の枠が作られるようになった。

めくばせ

「天皇目二大臣一、大臣進レ返給」（『九暦』逸文）では「目《もくす》」と読むのであろう。「蔵人頭左中弁親範朝臣来仰云可レ成二給内大臣一（中略）者、余目レ之頭弁退帰」とあるのも、目で知らせる、めくばせするである。訓読みすれば「めくばせす」であろう。

「めくばせ」は「眴《めくわせ》」で、まばたきして、目で合図することである。『伊勢物語』（一〇四）や『源氏物語』（若菜・上）以来見える用語である。貴族の記録類も、さかんに「目《もくす》」と見える。

飯　めし

飯、もとは「いい（ひ）」と読んだ。古くは、米は甑《こしき》で炊いていた。いまの強飯《こわめし》で厚飯《こうはん》ともいった。現在、私たちが食べているご飯は「姫飯《ひめいい》」といった。

赤小豆を入れたのが赤小豆飯で、もとは粳《うるち》を用いた。いまもち米を用いたのは赤飯と呼ぶ。赤飯の称は室町時代に始まるものであろう。

豆を混ぜると豆飯、蓮の葉にくるんだものは蓮飯、飾《かざり》飯《めし》というのは五目飯であろう。頓食《とんじき》は弁当にする飯のことで、おそらく、握り飯のことであろう。「とじき」とも読み、平安時代からの用語である。

乾燥させた干飯《ほしい》（糒）は軍用・旅行用である。水に浸しただけで食べられる。湯のなかに飯を漬けたものは湯《ゆ》漬飯《づけめし》で、現在は、飯に茶をかけたものは茶漬けという。湯漬の語は平安時代から見える。湯ではなく水をかけると水飯《すいはん》という。

いまいう粥は汁粥ともいう。もとはこれが常食であった。なにも混ざっていない粥は白粥という。粥を湯漬けにしたのが粥漬で、いもの粉にあまずらの汁を混ぜて煮たものを粥に和えると、芋粥《いもがゆ》になる。『宇治拾遺物語』（一の一八）の、芋粥を飽きるほど食べたいと望んだ五位が、利仁将軍に招かれて敦賀に行き、大量の芋粥を見て、かえって食欲を失ったという話はよく知られている。

目銭　めせん

「もくせん」とも読む。三種の意味がある。①百文未満の銭を百文で通用させる省佰法によって省かれる銭のこと。九七文（目銭三文）で一〇〇文とするが、室町時代後期には九六文（目銭四文）で一〇〇文に通用させた（九六銭《くろくせん》）。②中世に、関銭・津料のこと。通交税・入港税というべきものである。③室町時代の酒屋税のこと。壺一つにいくらと課税された（石井進『中世史を考える』校倉書房、一九九一年。相田二郎『中世の関所』畝傍書房、一九四三年。小野晃嗣『日本産業発達史の研究』至文堂、一九四一年）。

目付　めつけ

江戸時代、幕府や諸大名家で政治監察や家臣団統制のために置かれた役職である。幕府の場合、大目付・目付・徒目付《かち》・小人目付《こびと》があった。目付は幕末には三〇人となったが、若年寄に属して、旗本・御家人の監察、諸役人の勤方を検査した。

目付は戦国諸大名の下では敵情偵察や戦功の査察、武将の施政監察を行い、横目ともいわれた。『信長公記』（八）天正三年（一五七五）九月日「両三人をば柴田為二目付一（中略）善悪をば柴田かたより可二告越一候」とあり、『奥羽永慶軍記』（一五一三）に「三原の数ヶ城堅固なり政宗は目付を以て此由を聞」とある。室町幕府では侍所の所司代の下に目付がいて盗賊追捕に当たった。『碧山日録』応仁二年（一四六八）三月十五日条に「居二獄吏之下一、克知二盗賊之挙止一者、多二目附一」とある。

目安箱　めやすばこ

八代将軍徳川吉宗が広く人びとの意見を聴いて政治の参考に資するため、目安箱を設置したことはよく知られている。いまふうにいえば投書箱である。吉宗が和歌山藩主であった時代に城門前に設けた訴訟箱の制を引きついだものといわれる。

享保六年（一七二一）八月から江戸城辰ノ口評定所門前に設置された。毎月二日・十一日・二十一日の三日間、昼頃まで箱が出された。のち、京・大坂・駿府・甲府にも設置され、また大名領でもこれに倣うものが多かった。

「目安」という言葉は、元来は箇条書きした文書のことで、中世では訴陳状や軍忠状の内容を箇条書にし、書出しに「目安」と書き、書止めに「目安言上如件」と書く。江戸時代には訴状のことを目安と称した。

目安箱の起源については、戦国時代に武田氏領国で、領主が戦陣に在る間に提出された目安（訴状）を目安箱に保管したという（『甲陽軍鑑』品十七）。江戸時代の目安箱とは性格は異なる。

メリーさん

昨今と違い、戦前、私どもの子供の頃は、異国人とくに「西洋人」をみることは珍しかつた。「西洋人」とは、ヨーロッパおよびアメリカ合衆国のいわゆる白人の総称であった。

世田谷下代田の私の家の西の坂下には、庭の広い立派な住宅が何軒か建っていて、そのなかに「西洋人」の家があった。

この家には「メリーさん」と私たちが呼ぶお嬢さんがいた。もっとも、「メリー」というのが本名かどうかは保証の限りではない。西洋の女性といえば「メリーさん」というのは活動写真でのおきまりであって、彼女が本当に「メリーさん」か否か確かめたわけではない。

悪童達は垣根の隙間から彼女を覗き見するのだが、一見女学生のようにみえた。私など、どきどきしてしまい、はっきりと見定めたわけではないが、小学校四、五年くらいだったかもしれない。

のちに母から聞いたところでは、メリーさん一家はイタリア人で、お父さんは貿易商ということだった。第二次世界大戦前、我が国にどれほどの数の「西洋人」がいたのか調べたことはないが、極めて少なかったことは確かであろう。当時の子供にとっては、イギリス人もアメリカ人も、フランス人、ドイツ人、イタリア人もみな一括して「西洋人」であり、区別はつかなかった。

二年生になる時、小さな地球儀を買ってもらったが、私はそれをぐるぐる廻しながら遠い異国を思った。

めりはり

「もっと文章にめりはりが必要だ」とか「生活にめりはりをつける」などと用いる。「物ごとの抑揚・起伏」のことをいう。「減《め》る（緩《ゆる》む）」と「張《は》る（強める）」で、もと歌舞伎の用語である。

演劇にはめりはりがなくてはならないが、ストーリーもさることながら、役者のせりふにも、めりはりが求められる。役者は、声に強弱・高低・抑揚・伸縮などをつけ、的確な間《ま》を取らねばならない。なお、邦楽には「めりかり」(減上、乙甲)の語があり、音の抑揚のことをいう(赤坂治績『ことばの花道』ちくま新書、二〇〇三年)。

餅　もち

訓は「もちい」である。糯米《もちよね》を蒸して臼で搗きつぶす。焼いたり煮たりして食べる。

栃《とち》の実を米の粉に混ぜて餅としたものが栃餅、母子草(御行《ごぎょう》)やよもぎを米の粉に和《あ》えて作ったのが草餅、粟に米の粉を混ぜて作ると粟餅になる。椿の葉二枚に包んだのは椿餅、あんを餅で包んだものは鶉《うずら》餅、わらびの粉を水にとき砂糖を加えて固く練ったものが、わらび餅である。

米や麦の粉を飴《あめ》などで和《あ》え固め、藤づるのように曲げ固め油であげたものを糫餅《まがりもち》という。中国伝来のものである。餅に砂糖を混ぜたのが砂糖餅である。江戸時代あんころ餅を自在餅と称した。餅に赤小豆のあんをまぶしたものであろうという。

欠餅《かきもち》・唐餅・ちまきなど、いずれも室町時代からの呼称であろう。年中行事などに関わる餅も多い。正月の鏡餅、子どもがうまれて五〇日・一〇〇日の祝いの五十日《いかの》餅《もち》・百日餅《ももかもち》、成長過程の子どもの頭にのせる戴餅《いただきもち》、十月の初の亥の日の祝いの亥子餅《いのこもち》などである。なお江戸時代には、むし餅の表面に十字を焼きつけた十字と呼ばれる菓子があった。

彼岸に食べるボタモチ(おはぎ)は、糯米《もちごめ》と粳米《うるちまい》を混ぜて炊き、軽く搗《つ》いて、ちぎって丸め、あん、やきなこをまぶしたものである。牡丹餅とも書く。また、関西では掻《かい》餅という。

なお、穀類で粘《ねば》りけのあるものにモチの語が使われる。モチゴメ・モチノヨネ・アハノモチ・キビノモチなどである。鳥や虫を捕らえるトリモチもある。

もっけのさいわい

「さいわい」の方は「幸い」と直ちにわかるが、「もっけ」とは何か。漢字を宛てると「物怪」「勿怪」である。①あやしいこと、②不思議なこと、③思いがけないことが「もっけ」である。けしからぬ、不吉なの意味もある。

「もっけのさいわい」は、③の思いもかけず、予想もしない幸いに恵まれることである。たぶん、中世後期以来の用語であろう。

もったいない

国語辞典を引いてみると、①不都合である、もってのほかである、②恐れ多い、身にすぎてかたじけない、③惜しい感じと説明している。

柳田國男は『毎日の言葉』で、「モッタイナイ」は、「モッタイ」は「好ましいことまた尊い事」であり、「せつな」がセツナイになったように、「モッタイ」が「モッタイナイ」となったのであろうという。

他人から物を貰ったとき、悦びや感謝の意を表す言葉は「メデタイ」であったろうとし、これが「メッタイ」「モッタイ」に転じたのではないかという。柳田は、各地の方言を検討し、面倒な、きまりが悪い、見すぼらしいという意味で用いられることを記し、「ある時代に最大級の感謝の辞であったものが、いつの間にかこれを述べる人の複雑な心理だけを、言い現わす単語となって残った」のだと述べている。

『日本国語大辞典』（小学館）によると、『宇治拾遺物語』『源平盛衰記』『太平記』『日葡辞書』などに見え、①②③の意味で順に変遷があったと思われる。②③の意味では現在でも用いられる。

「もどき」と「めきき」

私は大変好きなのだが、油揚げの一種でガンモドキ（雁擬）というものがある。物の本によると、昔は麩を油で揚げたものをいったが、現在のガンモドキは豆腐の中にゴボウ・ニンジン・ギンナン・アサの実などを細かく刻んで入れ、油で揚げる。序に、このガンモドキを飛龍頭（ひりょうず）ともいうが、こちらはポルトガル語のfilhosに由来し、本来は少し異なる食品である。

さてガンモドキのガンはいうまでもなく雁、すなわち雁鴨目の美味な鳥である。モドキとは、辞典によると、張り合って似せてつくること、似せて作ったもの、まがいもの、匹敵するもの、似て非なるものとある。ガンモドキの場合は、はじめから雁ではないことは明瞭なのだが、味は雁に匹敵するおいしい食品ということである。だから、雁の肉とは全く別物であることは最初からわかっていて、味だけは雁にも劣らない食品だというのである。ニセモノで人をだまそうなどというものではなく、ひたすらおいしい食品を作ろうとした工夫の成果を賞賛する命名といってよいであろう。

昆虫にも、タテハモドキ（蝶）、ショウリョウバッタモドキ、カマキリモドキなど、モドキと名づけられたものがある。これも人間が勝手に命名したものであって、昆虫は決して人間をだまそうと思って似た形をしているわけではない。たまさか、最初に名づけられた昆虫カマキリに似ているから、カマキリモドキと呼ばれただけなのであり、彼にとっては不運というほかはない。

話があちこちとぶが、人工芝というものがある。遠くから見ると実にきれいで一面の芝と見紛うが、目を近づけてみると全く似て非なるものである。さしづめ人工芝はシバモドキというべきものであろうが、これは別に人を騙そうとするものではない。ところがだいぶ以前、近江の伊吹山で、愚かというか滑稽というか、一つの事件（?・）があった。ドライブウエイ建設のため山腹を削り、壁面の崩落を防ぐためにコンクリートで固めた。「自然破壊」という非難を恐れたお役所が、その部分を緑色のペンキで塗ったのである。いかにもお役所的な思い付きであった。夏の緑の季節はモドキでごまかせるかもしれないが、秋になり冬になったらどうするつもりだったのだろうか。真冬にその部分だけ緑鮮やかというのではなんとも恰好がつかない話ではないか。

美術品のニセモノというのも跡を絶たない。世界中に唯一つしか存在しない芸術品を所有したいという欲望は理解できる。そこにつけ込んでニセモノが横行する。金銭がらみだから汚らわしいが、「永仁の壺」のようになると、専門家の眼をもくらまし、芸術的にも価値の高いものとすれば、もうニセモノとはいえない気もする。複製技術なども実に進歩して、素人目には区別もつきかねる有様である。「芸術を大衆の手に」などというスローガンの下に、精緻な複製、モドキが堂々と市民権を獲得しているわけである。しかし、モドキはやはりモドキにすぎず、本物にとってかわることはできない。

モドキ横行の時代には物の真贋・良否を見分けるメキキが必要である。聞くところによると、質屋さん、古道具屋さんの修業というのは、本物を数多く見ることだという。いつも本物を見ているとニセモノは直ちに見破れるというのである。なるほどと思う。しかし、人は名前・肩書きに弱い。銘があって、それが然るべき作家の手になるものと知れば、何となく立派に見え、無銘だと不安である。よほど修業を積まなければ鑑定などできるものではなかろう。物よりも何よりも難しいのは人間の鑑定であろう。人を見抜くなど至難のことであるが、世の中忙しいものだから、五分や十分の面接で人を採用したりする。考えてみれば恐ろしいことである。

世はまさに情報化社会で、多量の情報の中から、どれが必要な情報で、どれが正しい情報か選り分けることがつねに求められる。中身を吟味せず情報に流されると、とんでもない破目に陥る。

何事によらず、自らの主体性を確保しつつ冷静に判断を下す能力が求められる。学校での教育は、いわばメキキの教育なのである。まがい物は飽くまでまがい物であって本物には及ばない。モドキを弁別する能力をつけるのが教育だともいえる。

しかし顧みて、教育や研究の世界でも、モドキといえるものも多かったのではあるまいか。流行に流されて右往左往し、宣伝上手に乗せられて道を誤ったこともあったのではないか。鬼面人を驚かせるようなものには余り本物はないのではなかろうか。結局は地道な研究と実践の積み重ねが、ホンモノとニセモノを区別する能力を作り出すのであろう。

森　もり

朝《あさ》な朝《さ》な　わが見る柳　うぐひすの　来居て鳴くべき　森にはやなれ（『万葉集』巻十―一八五〇番）

毎朝わたしが見ている柳の木よ、うぐいすが来て鳴くような「もり」になれというのである。ここにいう「もり」は、ふつういう森とはちがう。毎朝眺めている柳は複数ではなく一本であるにちがいない。伊藤博は「森尓早奈礼」を「茂《しげ》に早なれ」と読むが（『萬葉集釈注』十）、単純に「モリ」と読むべきではないか。一本のこんもりとした木を指すのである。一本の巨木を「もり」と呼ぶ例は各地に見出せる（板橋倫行『万葉集の詩と真実』淡路書房新社、一九六三年）。『枕草子』（二〇七）に、

森は、うへ木の森、石田の森、木枯の森、うたた寝の森、岩瀬の森、大荒木の森、たれその森、くるべきの森、立聞の森、ようたての森というが、耳とまるこそあやしけれ、森などいふべくもあらず、ただ一木《ひとき》のあるを、なにごとにつけけむ

とある。清少納言は、ただ一本しかないのに何で「もり」なんていうんだろうと記している。

平安京の街路樹については、貞観四年（八六二）三月、政府は京内の坊門ごとに兵士一二人を置き警備に当たらせ、それによって盗賊を防ぐのみならず、柳の木の枝を折る不届者を取り締まらせた。朱雀大路の柳の保守には四人の者を雇った。かれらには手間賃（功）と食料（米一升二合と塩一斗）が与えられた。

門跡　もんぜき

皇族・貴族などが出家して、入室・居住している特別の寺院をいい、またその住職をもいい、敬って御門跡《ごもんぜき》と呼ぶ。

「門跡」とは、もとは、弘法大師の門跡というように、特定の一門の祖跡を指す言葉であったが、のちに前述のような意味で用いられるようになった。

昌泰二年（八九九）宇多天皇が仁和寺で出家・居住したのをはじめとするが（『日本紀略』）、「門跡」の語が先に記したような用いられ方をするようになったのは鎌倉時代からである。

室町時代になると、門跡は寺格をあらわす言葉となり、幕府には門跡について政務を執る門跡奉行なるものが置かれた（『蔭涼軒日録』）。室町時代の門跡寺院としては、仁和寺・大覚寺・随心院・勧修寺・三宝院・蓮華光院・安祥寺・禅林寺・勝宝院・金剛寺院・菩提院（以上真言宗）、円融院・青蓮院・妙法院（天台宗）、聖護院・実相院・円満院（寺門派）、一乗院・大乗院（興福寺）、東南院（東大寺）、照高院、平等院、法住寺、本覚寺、如意

寺などがあった。

江戸時代には門跡寺院が制度化され、宮門跡、清華門跡、摂家門跡、准門跡に区分された。門跡号は明治四年（一八七一）にいったん廃止されたが、同十八年に復活した。

や　行

役に立つ学問　やくにたつがくもん

海保青陵（一七五五―一八一七）は「重商主義学説」を唱えた江戸時代の学者といわれている。丹後宮津藩の家老の子として江戸青山の藩邸に生まれた。若い頃、徂徠派の儒学を学んだが、諸国を廻ったのち京都に定住した。多くの著作があるが、その「稽古談」は晩年五十九歳の時の述作で、彼の思想を総合的に知りうるものとされている。

かれはいう。昔のことに詳しいばかりが学問ではない。今日ただいまのことに詳しいのが良い学問である。およそ、現在のことに暗いのは無駄学問というものである。

升小（升屋小右衛門＝山片蟠桃）や升平（升屋平右衛門）は良い学問をしている。だから商売も繁昌し生活も安定するはずである。それにひきかえ、武士が困窮しているのは学問が悪いからである。孔子や孟子の言うところの文字づらを信じ、その意《こころ》を理解しないからである、と。

青陵は、単に昔のことを知っているから駄目なのだと言うだけではない。現実の社会についての理解が行き届いていなければならないのだという。そもそも、なぜ古いことについての知識は役に立たないのか。

彼はいう。いまの我が国の政治を論ずるのに『孟子』を引き合いに出してくるのは「大キニ寸法チガイ」というものである。孟子の時は、「周ノツブレカカリタルトキ也、此ツブレカカリタルトキノコトヲ今ノ昇平ノ世ニ手本ニ取ハ、アマリタワケタルコト也、儒者ト云モノノ愚ナルコトトカクノゴトシ」と。

歴史的・社会的・政治的な諸条件を捨象して過去の「思想」「政策」などをそのまま取り出してきて指針としたり、現実の社会にあてはめようとするのは愚かであると説くのである。「歴史に学ぶ」ことの危うさを指摘し、超歴史的な、抽象的な徳目や指針を説く儒者を嘲笑し、そうした徳目にしがみつく武士たちを批判したのである。

やせっぽち

小学生の頃、私は痩《や》せていて、体重は標準よりはるかに軽く、見かけもひょろひょろしていた。通信簿にも「栄養不可」と書かれたくらいで、小学生のとき長期入院したでは「体格不良」であった。中学二年生くらいまでは「体格不良」であった。

病院の看護婦さんたちは、私を「骨皮筋右衛門《ほねかわすじえもん》」とあだなしたくらいである。いわゆる「やせっぽち」そのもので、実際、しょっちゅう風邪をひき、腹痛をおこし、脳貧血で倒れたりしていた。かかりつけの医師は「またかー」といいながら往診に来たものであった。父母も心配して、私に肝油を飲ませていた。

ひどく痩せて貧弱なさまを「やせっぽち」という。多分に蔑称であるが、この「ぽち」は「法師」の変化したもので、「やせほうし」がもとの形であろう。同類の語に「仮名《かな》（金）法師」がある。これは、人前でわが子を呼ぶときの称で、いまふうにいえば「うちのチビちゃん」という感じであろう。金法師の語源については二説ある。

一は、金は潤いもなく艶《つや》もなく、肉もないの意で、痩せ法師のことだとする説、一は「かなし（可愛）」を語源とするというものである。いずれとも判断しかねるが、この言葉は狂言の中に見え、中世末期あたりからの語であろうか。

「法師」はいうまでもなく僧侶のことだが、男の子、坊やのことをもいった。また一般的に、人を指す語としても用いられた。一寸法師、影法師などの用法がある。とすれば、やせっぽちとは、やせた坊やの意であろう。友人のジュネーブ大学教授のピエール・スイリさんのお母さんは、一八〇センチの大男を「プチ・ピエール」と呼んでいた。フランス語の Petit は、かわいらしいとか小さいという意であるが、「ピエール坊や」というところであろう。

『耶蘇教国害論』　やそきょうこくがいろん

日本におけるキリシタンの復活は、幕末の開国とともにはじまったが、それから明治初年にいたるまでは、キリシタン圧迫の手はゆるめられなかった。明治六年（一八七三）以後は、いわゆる布教黙許時代に入ったが、二十二年の憲法発布で信教の自由が公認されるまでは、キリスト教にとって苦難の時代であった。キリスト教に対する反対の声は種々の立場から出されたが、ここに紹介しようとするものもその一つであり、題して『耶蘇教国害論』という。ご専門の方がたは周知のものなのかも知れないが、最近入手したので、ひとまずその大要を述べてみたい。

キリスト教の二個の性質　「余ハ坊主でもなく神主でもなし。故に固より何れの宗教に偏倚らず、又未だ何れの宗教の善なるをも知らざれども、唯切支丹即ち耶蘇教に限りて其不善なるを知れば、我が御国を愛する丹心より聊か茲に論ぜねばならぬ者あり。抑々近ごろ切支丹宗の流行する有様ハ、恰も火の原野を燎く如き勢ひにして、都鄙到る処其説教場を見ざるなきに至れり。」「外教が一時に侵入して漸く将に御国に混雑を生じ、固有の国情を壊んとするのも兆しあるものの如し。故に余今古今の歴史に就て其利害を調べ、外教妄信者の迷夢を驚かし、併て政治家の注意を喚び起こさねハならぬ」として、かれはキリスト教の排撃せられねばならぬ理由を二つ挙げる。

かれによれば、キリスト教は「最も恐るべき二個の性質」を含んでいる。二個の性質とは「残忍暴虐の悪徳と掠国奪地の詭術」であって、「故に動もすれば事を干戈に訴へ、無辜生民を殺して人の家国を奪ひしこと往々少からず。」その例として、まず十字軍を挙げる。「之が為に士民の戦死する者二百万人なり。之に回教徒を合算せバ殆ど三百五十万人に至るべし」と。

次いで「又一千五百年代の頃ろ路徳（ルーテル）が宗門改革の説を唱ふるに欧羅巴洲中の騒乱を引き起し、此戦争中死する者五千万人。」「一千五百七十二年仏蘭に於て旧教徒が新教徒を殺害すること十万人、又西班亜に於て」「他教を奉ずる者四万人を捕へて尽く之を焚殺」したのは「虎狼よりも甚敷き」残忍暴虐である。「之を要するに西洋人が耶蘇教に由て享けたる康福よりは、耶蘇教の為に被ふりたる損害を価ふことは出来ぬであらふ」という。

「掠国奪地」の例としてはまず日本の場合を挙げる。かれは「英人『チトレル』氏の万国史を摘抄して之を論ぜん」として、十六、七世紀におけるポルトガル・イスパニア船の日本渡来および宣教師の渡来の目的は、日本人を改宗せしめて「人心を離間し」「此機に乗じて日本の政府を奪略し、帝位を傾覆せんとする」ものであったという。またインドの例を挙げて、「先づ第一に耶蘇教を弘めて其国固有の宗教即ち仏教を圧倒し、其国情を壊り其民心を支配し、而して之に継ぐに兵力を以て」し、インドは「幾多の戦争を経て遂に英国の為に奪ハれ、其人民ハ現に英政府圧制の下に在て呻吟」していると説く。さらに「本年（＝明治十四年）五月頃に日耳曼（ゼルマン）汽船『モンテーラ』号が南洋諸島『ギルベルト島』（一名キングスモル島）より持ち来りし新聞紙」の記事を紹介している。それは南海の一島たる「タピチウナ」における暴殺事件で、「米国宣教師に依て化せられたる耶蘇宗徒」が、改宗せぬもの三一四人を一夜の間に屠殺したというのである。

結　論　以上の如き数例を挙げて、かれは「今日我が日本に渡来の耶蘇教師等が莫大の金銭と光陰とを費して布教に力を尽し、孜々矻々として東西に奔走し昼夜怠らざる」は、「決して益にも立たぬ上帝や救世主抔の為ではあるまひ」という。ではなんのためか。それは「国を掠め地を奪ふの望みを達せんと欲するより外ではあるまひ。」「一旦西洋と戦でも始めた時にハ、日本人でも此宗門に入る者ハみな西洋人の助けをなして裏切するに間違ひなからふ。」「されば現に我国に在留するところの耶蘇教師等は、皆外国政府の間諜にあらざれば必ず其政府の大鼓持なり。而して日本人にして其奴隷となりて此宗教弘通に周旋する奴輩は、太鼓持の尻持と謂ねばならぬ。又之を石川五右衛門や盗跖の如き大盗賊を私かに主人の家に誘く狡奴と謂ねばならぬ。又之を言語道断国を売の奸賊と謂ねばならぬぞ。」

かくして、かれは次の如く結論する。「嗚呼苟も愛国の精神あるものは、一日も之を任放す可からず。速に之を膺ち之を懲らし、之を退却し之を撲滅するの策略を運らさねばならぬ。蓋し今日我が国の大害之より大なるはなし。我が国の先務之より急なるはなし」と。

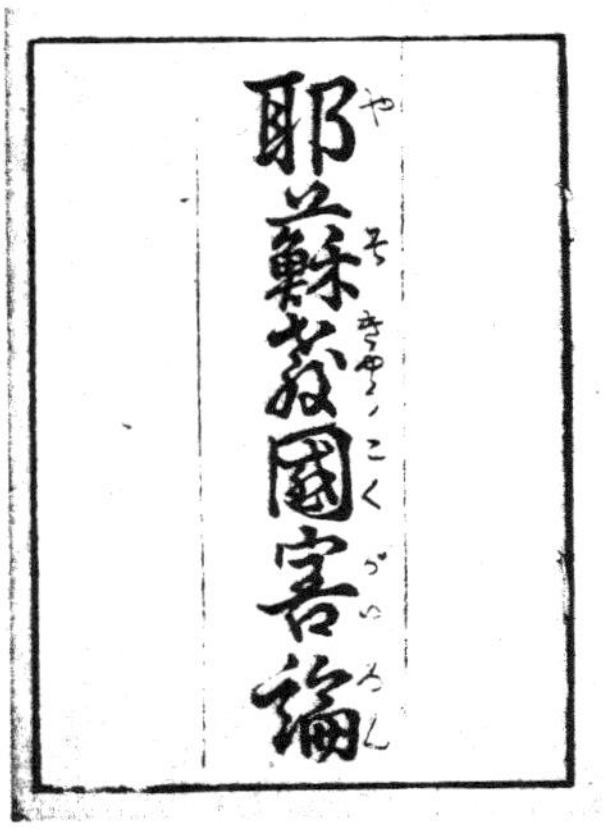

〔耶蘇教国害論〕

以上で『耶蘇教国害論』は終わるが、その論が飛躍と独断に覆われていることを一笑に付してしまってはいけない。われわれは、このパンフレットと同じような調子のものを太平洋戦争中に見たし、いまでも似たような言説はいくらでもあるからである。

なお、本書は表紙とも七枚のパンフレットで、奥付によれば、「明治十四年八月八日御届」同年同月出版で、編集兼出版人は大阪府下平民斎藤吾一郎、定価は壱銭五厘である。

やつす

「故《ことさら》に形を費身《やつし》心をば一切の人の下に作し」（『東大寺諷誦文』）、「尼になれる人有りけり、かたちをやつしたれども、物やゆかしかりけむ」（『伊勢物語』）などというのは、みすぼらしくする、目立たないように姿を変えるの意である。「俏」「窶」などと書く。

ところが、この言葉には右と反対の用法がある。「や

つす　皃かたちなどをつくり、又女の化粧することをかくいふ」（『浪花聞書』）で、美々しく身なりと整えることである。とともに、「やつす」には、似《に》せてつくる、まねてつくるの意がある。『日本永代蔵』に「玄宗の花軍《はないくさ》をやつし、扇軍とてあまたの美女を左右に分て」とあるのはそれである。また、「文字一字（中略）やつして書けば、仏の五体をやぶるとかや」（浄瑠璃「三世相」）とあるのは物事を省略するの意である（『日本国語大辞典』）。それらは各地に方言として残っており、めかす・しゃれるの意の「やつす」は愛知・岐阜以西の地に、省略するの意の「やつす」は東北地方に残る。

遺言状　ゆいごんじょう

二つの遺言状　一つは戦国時代の武将石河一宗のもの、他は同じく戦国末期の武将森長可《ながよし》のものである。（1）森長可は、織田信長の小姓だった森蘭丸の兄で、美濃国兼山の城主、天正十二年（一五八四）に長久手の戦いで討死した。遺言状は死ぬ二週間前に書かれ、三月二十六日付である。石河一宗は美濃国の人、豊臣秀吉に仕えて一万石を給された。かれは石田三成と仲が好かったので、関が原の戦いでは西軍につき、もちろん、敗れて落人《おちうど》となり、慶長五年（一六〇〇）十月十一日に切腹して果てた。遺言状は十月五日付になっている。

さて両者の遺言状であるが、前者は六か条とあと書き、後者は個条書きではないが、ともにきわめて短かい。そのうちで注目をひくのは次のような部分である。

森長可の遺言状

○おこう事、京のまち《（町）》人に御とらせ候へく候、……くすし《（薬師）》のやうなる人に御しつけ候へく候、……せん《（千）》ここもとあとつき《（後嗣）》候事いやにて候、

石河一宗の遺言状

○むすめの事ハ、ふし《（武士）》ハ御むよう二て候、いかやう共、御きも《（肝煎）》いり候て可被下候、

両者に共通するところ——といっても、そのような部分を抜書きしたわけであるが——は、自分の娘を武士にではなく、町人に嫁にやってくれといっている点である。森長可は娘のおこうを京都の町人、それも医者のような人に嫁にやるようにといい、石河一宗も娘は武士以外のもの——だから、町人か百姓ということになるが、この

遺言状は、当時、京都の名医として知られた半井驢庵《なからいろあん》に宛てたものだから、たぶん町人に嫁にやってくれということになる。これは、一見、不可解なことである。のちの考え方からすれば、武士と町人の間の身分の差は明瞭であって、武士からみた町人などは人間のうちに入らぬほど蔑視された存在だったはずだからである。しかるに、この二人の武将は娘を町人に嫁入りさせるようにといって死んでいった。なぜだろうか。

身分の区別　戦国時代という時代は「人でなし」が「人」になりうる時代であった。足軽の家から豊臣秀吉が生まれた時代である。いったい、江戸時代の諸大名のうちで、はっきりした系図を持つものの少ないことじたい、それを証拠だてている。秀吉はのちに系図を譲りうけて家格をつけたが、かれが尾張国の足軽百姓の伜《せがれ》だということは自分でもいっていたのだし、世間の人びともみな知っていたことでもある。百姓の伜が関白になっても誰もあやしまない。家柄を誇り、またそれが唯一の頼みだった公家たちは、秀吉を成り上り者だとかげ口をきいたが、その公家たちも一所懸命に秀吉のご機嫌とりをやっていた。戦国時代とは、そんな時代なのである。町人・百姓というが、当の武士も、その町人・百姓から成り上った連中である。戦国時代には、武士と町人・百姓との区別は、現在、われわれが考えるほど明瞭ではなかったのである。上も下もない。混乱の時代というのはいつでもそうなのである。実力のあるものと実力のないものとの差があるだけである。

しかし、当時の町人・百姓で武士になりたがったものがたくさんいたこともたしかである。平々凡々と百姓をやっているよりも、戦場へ出て敵の頸《くび》の一つも取って手柄をたててやろうという、ひと旗組の連中もたくさんいたのである。かれらが望むところは「武士になること」ではなくて、実はいわゆる「社会的地位をうること」なのである。だから、必ずしも武士にならなくてもいい、商人でもいいのである。大金もうけをやってもいいのである。ただ、戦乱の時代には戦場へ出たほうが「偉くなれる」機会が多かっただけのことであろう。実際、金もうけをして武士に頭を下げさせることだってできたのである。

商人が経済界の実権を握る傾向は、すでに鎌倉時代からみえていたのだが、室町時代も終わりごろ、とくに近世の初頭には大商人がずいぶん生れていた。かれらの向背が大名の死命を制するというくらいになってきていたのである。平安時代には、貴族たちから猿にもたとえられ、また利を重んじて妻子をも顧みず、言葉巧みに他人をたぶらかして金をもうけるといわれて、人間のうちに数えられなかった商人が、室町時代には幕府にさえ金を貸すようになったのである。(2) 戦国時代の武士は、町人、とくに商人をそれほど見下げてはいなかった。武士道などという、いかめしい体系的なものができたのは江戸時代に入ってからである。士・農・工・商という厳重な差別をつけて、「武士は喰わねど高揚子《たかようじ》と負けおしみをいいながら、すき腹を抱えていた江戸時代の武士を、町人たちは心のなかであざけっていたのである。恐れ慎んでいるようにみせかけながら、商人は金の力で武士の息の根を止めることだってできたのである。

死生観　話が少しわき道にそれてしまったが、二つの遺言状で娘を町人に嫁にやれと書いてあったのは、町人の経済的実力を認めたからか。いや、そんな打算的なことではあるまい。足軽やその他の軽輩ならばともかく、森長可や石河一宗は一城の主であり、娘の聟だって相当のものをえらべる身分である。それに、森長可は自分のあとを嗣いでくれるなとも書いている。娘だけの問題ではないのである。それではなにか。

いうまでもなく、武士は戦いを仕事とする。戦争とは人と人の殺しあいのことである。これほど危い職業はない。明日をも知れぬ命とはこのことである。美しい鎧兜の武者も、明日は屍を野にさらさなければならない。父も兄も弟も、さらには一族全滅の憂目をみることも決して珍しいことではない。一刻前まで元気な顔をみせていた人間が、たちまちのうちに幽冥その境を異にしている。武士は、始終、そのような場面をみている。転変つねなき戦国の世だ。自分はともかくも、子供にはこの苦しみを嘗めさせたくない、これは人の親の情である。

注

(1)　これら遺言状は、桑田忠親『日本人の遺言状』(創芸社、一九四四年)に収める。

(2)　商人観の変遷については、豊田武『日本商人史』中世篇(東京堂、一九四九年)、阿部猛「中世の商人観・利潤観」(『中世社会への道標』同成社、二〇一一年)参照。

結納　ゆいのう

結婚の前段階に結納がある。この儀式、使者が「今日はお日柄も宜しく」などと挨拶をして祝儀の目録を渡す。祝い事は午前中に済ますものだといわれるので、両家が遠く離れていると仲人は大変だ。結納とは「申し込み」を意味する「言い入れ」のなまったものとの説がある。たとえば『貞丈雑記』は「婚礼の結納の事、いいいれと云事本議也」という。また『日本国語大辞典』は「いいいれ（言入）の変化した「ゆいいれ」にあてた「結納」の湯桶読み」とする。

結納の起源は定かではないが、農村・漁村に広く行われていた「ユイ（ヒ）」から起こったものではあるまいか。ユイとは互いに労力を交換して援けあうことである。「ノフ（ナフ）」はオコナフ、マカナフと同様、ユヒ（イ）を行うの意である。

その慣行は近世からのものであろうが、婚姻に当たって祝儀を交わすことは古くからあった。現在も皇室に伝わる「納采《のうさい》」である。これは『日本書紀』以下の諸書に見える。また江戸時代のそれについては『古事類苑』礼式部（一）に詳しい。

右筆　ゆうひつ

貴人の側にあって主人に代わって文書を代筆する者である。さらに広く、文書・記録の作成に従う常置の職、あるいはその人をいう。執筆、筆とりともいい、江戸時代には裕筆とも書いた。

右筆の本来の字義は、筆を執って文を書くことであり、また文筆に長じた者をもいうのである。そこから、武官に対して文官を指していうこともある。「われ右筆の身にあらず、武勇の家に生まれて」という表現がある（『平家物語』一）。

鎌倉幕府では、諸機関に執筆役としての右筆が配置されており、室町幕府では、引付衆と政所寄人を総称して右筆衆と呼んだ。戦国大名も右筆を置いたが、織田信長の右筆武井夕庵・大饗正虎、豊臣秀吉の石田三成・前田玄以らは著名である。江戸幕府では、御右筆衆と呼ばれ、その用部屋を右筆部屋といっていた。延宝三年（一六七五）には二八人の右筆がいたという。制度的には、老中・

若年寄の政務に関与する奥右筆と、それ以外の表右筆に分かれていた。

指切り　ゆびきり

「ゆびきり」という言葉がある。『日本国語大辞典』(小学館)は(一)小指などを切断すること、主として男女間、とくに遊女と客との間において誓約の証として女が小指を切って男に贈ること、(二)主として子どもが約束のしるしとして互いに小指をまげて、ひっかけ合うこと、ゆびきりげんまん、などと解説している。

片手に五本ある指には、もちろん名前がついている。第一指拇指《おやゆび》はおおゆび、第二指食指はひとさしのゆび、第三指は、なかのゆび・たかたかゆび・ひとすりゆび、第四指はななしのゆび・べにさしゆび・くすりゆびで、最後がこゆびである。しかし、足の指の呼称となると、おやゆび、こゆびは共通しているが、第二指、第三指、第四指は何と呼ぶのであろうか。

さて「指を切る」というが、「指を詰める」という言い方もある。詰めるとは、短くする、縮めることであるが、現在ではヤクザの世界の隠語のように認識されている。渡世人が指を詰めて詫びるのは伝統的な習慣である。その世界の作法によると、指は当人が自分で詰めるもので、詰めた小指を半紙で下包みし、奉書紙を小型の熨斗《のし》目折《めおり》にして包み水引をかけて、手土産として仲介人から親分に渡した。指をうけ取ると、一両日中に親分の家の庭内あるいは周辺の東か南で、なるべく人の踏まない場所をえらび、よく掃除して、塩をまき、三〇センチか四〇センチ掘ったところへ埋めた。また、仲介人が一時あずかって、本人に旅をさせたうえ、半年とか一年後に改めて詫びさせることもあったという(1)。

遊女が指を切ることについては、浮世草子や浄瑠璃などに用例が見え、「指切り・髪切り・入れ黒子《ほくろ》」の三つを遊女の誓約のしるしとして挙示する。

子どもが誓約のしるしとして、小指をまげて、ひっかけ合って「ゆびきりげんまん、うそついたら、はりせんぼんのまそ」と唱えごとをする。松江重頼の『毛吹草』(一六四五年刊)に「又見んと指きりせばや児桜《ちござくら》」という句がある。

指切りの遊女誓約起源説は「いかにもどぎつい感じが

する」として別にルーツを探る向きもある。[2]「ゆびきりげんまん」を「ゆびきりかまきり」と称する地方のあることを手がかりとするのである。柳田國男[3]によると、かまきりは、かまぎっちょ、かまたてというが、古くはいぼむしりといい、いぼむし、いぼむしくい、そして平安末期には、いぼしりまいといわれた（『新猿楽記』）。いぼを取る虫なのである。いぼきりがゆびきりに転じたのだという。ゆびきりげんまんをするとき指を曲げる形がカマキリのかまに似ているところからくるのである。なお、唱えごとの「げんまん」は拳骨万回の意であるという。[4]

さて『日本国語大辞典』の解説では、以上の二項（「遊女」「子ども」）のみであるが、指切りにはさらに加えなければならぬ事項がある。刑罰としての指切りである。『吾妻鏡』元暦元年（一一八四）七月十七日条に、

十七日、甲戌、召二鮫島四郎於御前一、令レ切二右手指一給、是昨夕騒動之間、有二御方討罪科一之故也

とある。昨夕の騒動とは、源頼朝が一条忠頼を謀殺した事件を指し、このとき鮫島四郎は「御方討の罪科」を犯し、その咎により手指を切られたのである。

一条忠頼は甲斐源氏武田信義の子で一条次郎と称した。源平合戦には父とともに奮闘したが、その威勢が強大であったことから頼朝に忌み憚られていた。平家討滅に功労大であった甲斐源氏は、頼朝にとっては眼の上のこぶであった。元暦元年のこの日、営中に参じた忠頼は家人列座の中、酒宴の最中に工藤祐経・小山田有重および天野遠景らによって誅殺されたのである。

ついで、『関東御成敗式目』の追加法七〇七条に「博奕事」とあり、

於レ侍者可レ有二斟酌一、至二凡下一者、一二箇度者、被レ切レ指、及二三箇度一者、可レ被レ遣二伊豆大嶋一也

と見える。侍と凡下とでは刑罰に差がある。凡下について、一、二度は指を切り、三度めは大島に流すというが、一度に一指を切るのであろう。「於レ侍者可レ有二斟酌一」の斟酌とは、ことを性急に決めず、慎重の上にも慎重を期せという意であるという。[5]身分による刑罰の適用の差異は寛元二年（一二四四）十月二十二日の法（追加法二三三条）にも見える。

一、博奕事、侍双六者、自今以後、可レ被レ許レ之、下臈者永可レ被二停止一、四一半、双六、目勝以下、

種々品態、不レ論二上下一、一向可レ被二禁制一、於二違犯之輩一者、任レ法有二其沙汰一、可レ被レ召二所職所帯一、至二下賤之族一者、可レ被レ処二遠流一也、以二此旨一可レ被二相触一之状、依レ仰執達如レ件

時代は下って永正九年（一五一二）八月三十日の撰銭定（建武以来追加八五一—八九条）は、

右条々、堅被二定置一訖、若有二違犯之輩一者、男ハ頸をきり、女ハゆひをきらるへきなり、恣ゑり又ゑらする輩あらハ、町人として注進せしむべし、見かくさハ同罪たるへし、私けんだん、同為二町人一可レ致二注進一之由、所レ被二仰下一也

といい、処罰に男女の差がある。男は命を奪われ、女は指を失うだけである。この差は何によるのであろうか。

断指の令は、他に、『松隣夜話』下の語る上杉謙信所領で盗人の指を切った話、長崎で改宗せぬキリシタンの指を切り、しかるのちに首を刎ねたという話（『邪蘇天誅記』中）、駿府で邪蘇の徒の十指を断ち、額に十文字の焼印を捺して放逐したという話（『武徳編年集成』六十六）などに見られる。[6] また、ルイス・フロイスによると、ヨーロッパでは主人が亡くなると召使いたちは泣きながら墓まで随伴していくが、日本ではある者は切腹し、大勢の者は指先を切って屍を焼く火の中に投げ込むという。[7] 指切りの風が世間の諸民族の間に一般的なものだったか否か詳かにしないが、紀元前一一〇〇年代、アッシリアには指切りの刑があったという。[8]

注

（1）藤田五郎「ヤクザの世界の儀式とことば」（『言語生活』三一八号、一九八七年）。
（2）堀井令以知『ことばの由来』（岩波新書、二〇〇五年）。
（3）柳田國男「蝙蝠考」（ちくま文庫、全集19、一九九〇年）。
（4）千々和到「中世日本の人びとと音」（『歴史学研究』六九一号、一九九六年）は、「げんまん」は「華鬘《けまん》」に由来するかとの説を述べている。
（5）笠松宏至「式目はやさしいか」（『法と言葉の中世史』平凡社、一九八四年）。
（6）以上の史料は、『古事類苑　法律部』二による。
（7）松田毅一・ヨリッセン『フロイスの日本覚書』（中公新書、一九八三年）。
（8）中田薫『法制史論集』三（岩波書店、一九四三年）。

ゆふけ

言霊の　八十のちまたに　夕占問ふ　占正に告る
妹はあひよらむ（『万葉集』巻十一―二五〇六番）

いわゆる辻占である。のちの『拾芥抄』によると、夕方、道ばたに立って、区域を定めて米をまき、つげの櫛の歯を三度鳴らし、「フナドサヘユフケノ神ニ物トヘバ、道行人ヨウラマサニセヨ」と唱え、道行く人の言葉を聞いて占うのである。フナドは道祖神、サヘは塞の神、すなわち境界の神である。

　占いには、石を蹴《け》り上げて、その空とぶ有様で占う石占、一定の距離を歩く歩数が奇数か偶数かで占う足占、あるいは足音の響きの強弱で占う足占など種類がある。

湯屋　ゆや

湯屋と湯釜　東大寺の再建に尽くした俊乗房重源の事業のうちに、各地に湯屋を設けたり、既設の湯屋を修理したということがある。「南無阿弥陀仏作善集」（辻善之助編『慈善救済史料』金港堂、二二五頁）によると、修復したものは、

法花堂の大湯屋、上醍醐寺大湯屋の鉄湯船と湯釜、東大寺別所[1]の湯屋、高野新別所（専修往生院）の湯屋、渡辺別所の大湯屋、播磨別所の湯屋、備中別所の湯屋、伊賀別所の湯屋、備前国府の大湯屋、同豊原荘内豊光寺の湯屋などで、そのほか、鎮西廟《はかた》の湯屋、興福寺に湯船二口、光明山に湯釜などを施入した。

湯屋は浴場であるが、古くは「湯」と「風呂」は別のものであった。湯は釜に湯をわかして、これを湯槽に移して入浴するもの、あるいは、直接、釜の下から薪をくべてわかし、入浴するもの――いわゆる水風呂《すいふろ》で、現在いうふつうの風呂のことである。これに対して、風呂は蒸《むし》風呂のことで、釜屋で湯を沸かして蒸気を送り込むもの、また大きな石を焼いて、それに水を注いだりするものである。[2]古い時代の風呂はたいていは蒸風呂で、現在する建物も多いが、東大寺の大湯屋や法華寺の湯屋など著名である。

　天平十九年（七四七）の「法隆寺伽藍縁起幷流記資財帳」（『寧楽遺文』中巻三四四頁）によると、「温室壱口

長七条八尺 広三条三尺」があり、そこには銅の釜壱口「口径四尺五寸、深三尺九寸」が据えられ、「温室分雑物弐種犀角一本重三斤 八両小刀五柄」（同、三六六頁）があった。同年の「大安寺伽藍縁起并流記資財帳」（同、三六六頁）によると、「温室院室参口」があり、その規模は「一口長六丈三尺広二丈、一口長五丈二尺広一丈三尺、一口長五丈広二丈」で、いずれも檜皮葺だった。宝亀十一年（七八〇）の「西大寺資財流記帳」（同、三九五頁）によると、「檜皮温室長五丈 広二丈」があり、延暦二十年（八〇一）「多度神宮寺資財帳」（『平安遺文』一巻二〇号）には「草葺湯屋壱間泥塗長一丈六尺五寸、広一丈一尺、高六尺四寸」が、貞観十三年（八七一）「安祥寺資財帳」（同、一巻一六四号）には「浴堂一院、檜皮葺屋二間各長三条二、尺床代二所、釜一口受石五斗、湯槽一口」が、同十五年の「広隆寺資財帳」（同、一巻一六八号）には「板葺伍間湯屋壱宇并在庇壱面高八尺、長三丈八、尺広一丈六尺中破、敷歩板伍枚」が、元慶七年（八八三）「観心寺資財帳」（同、一巻一七四号）には「板葺三間湯屋一間」「湯釜一口受九斗」があった。延喜五年（九〇五）「観世音寺資財帳」（同、一巻一九四号）によると、「草葺屋壱長二丈八尺、広二丈七尺 一寸、高一丈一尺三寸」の湯屋に「口径二尺二寸、深二尺」の鉄釜があったが、これは穴があいていて用をなさなかった。

寺院の湯屋・温室には立派なものが多く、その結構を競うにいたった。建長二年（一二五〇）の史料（「古事類苑」居処部・十）によると、東福寺の浴院は五間二面の瓦葺だった。弘安九年（一二八六）八月、高野山金剛峯寺衆徒らは、伝法院僧らは時に随い事に触れて本寺をないがしろにし、「就中、温室之構超過一寺」と述べている（「高野山文書之三」続宝簡集五十二・四八一号）。文安四年（一四四七）、高野山大湯屋の釜を新造したときの収支帳（同文書之八、又続宝簡集百九・一七七三号）によると、資金は諸方からの寄進三五三貫九五〇文で、鋳師・鍛冶・番匠・杣人への手間・祝儀など九三貫余を与え、その他は資材の購入に宛てた。鉄は堺の町から買い入れた。鋳師大工は寺領山崎、脇大工は大和三輪の職人で、製作に当っては、奈良に下行し、東大寺の釜を見学した。(3)

功徳風呂 元暦元年（一一八四）、吉田経房は父光房の遠忌を修して湯浴を左右の獄に施行し、また京都清水坂に温室を営んだ（「吉記」元暦元年十一月十日条）。建久三年（一一九二）、鎌倉幕府は後白河法皇の冥福のため鎌倉に百箇日温室を設けて「往反諸人幷土民」らに入浴させ（『吾妻鏡』建久三年三月二十日条）、北条義時は政子の冥福のため、法華堂の傍に温室を設け、毎月六斉日に僧徒に沐浴させ（同、暦仁二年五月二十六日条）、平経高は亡父の冥福に資するため温室を施行した（「平戸記」寛元三年正月十日条）。はるかのち、永享十年（一四三八）、将軍足利義教は京都本能寺の一隅に非人風呂を設け、本能寺に対して、その替地を冷泉富小路西頬の朝日因幡入道本宅地内に与えた。風呂の敷地は東西一三丈×南北一五丈の規模だった（辻善之助編『慈善救済史料』金港堂書籍、一九三二年、三〇五頁）。文明三年（一四七一）、南都興福寺大乗院は功徳風呂をたて（同、三一六頁）、天文十六年（一五四七）、河内観心寺は功徳風呂を定置して張行の日次を定め（同、三二八頁）、山城醍醐寺も永禄八年（一五六五）以後、しばしば功徳風呂を張行した（同、三三〇頁）、入浴は「七ノ病ヲ除」き、僧に入浴させるときには「功徳ハカリナシ」（「三宝絵詞」下、同、二一三頁）といわれる。

　風呂の維持のために田地が施入されることがあった。永久五年（一一一七）、大法師慶観は東大寺大湯屋に川上荘内の田一町二段を温室田として寄進した。これは毎月一度の温室料に宛てるもので、右の田は「布薩湯田」に準じて官物などを免除された（『平安遺文』五巻一八七六号）。北条義時の建てた温室の薪銭は御家人から徴収したが、期日十日を過ぎて進納しないときは「挙銭を取手」まず寺家に進め、未進のものからは二倍の額を追徴するとした（『吾妻鏡』暦仁二年五月二十六日条）。室町期、興福寺大乗院領大和国出雲荘では、「名主所役」のうちに「四百五十文御風呂正月」があった（「三箇院家抄」）。

入浴の規式　寺院では入浴について規式を設け、座次による入浴の順序も、なかなかやかましかった[4]。慶長五年（一六〇〇）四月八日付の高野山金剛峯寺西院湯屋の制札（高野山編「高野山文書」第二巻、七五号）は、三所十聴集・十五人衆と客人は北の妻戸から入り、小者は表の末の間から入り、中間道行・里人は釜屋から入るとし、「両衆共若き衆、枕ふねにて行水一円不可有之事」「内ふろにて高雑談、殊天下のとりさた少もすへからす候」などと定めている。俗人の入浴を禁じた寺もあるが、右の西院湯屋は里人の入浴を認めているし、次の美作国豊楽寺の場合は、さらにはっきりしている。

定豊楽寺条々事
一、寺領殺生竹木禁断事
一、寺家諸事令停止課役事
一、可入湯屋次第事
一番寺僧　次名主沙汰人　次雑人等
右条々、所定置也、若於違犯之輩者、固可被処罪科状、如件
応永拾壱年十一月　日　　御判有
（美作国豊楽寺文書）

寺の風呂が功徳のため、恩恵として庶民に開放されるという形がすすみ、いわば郷村が主体となって運営される風呂が出現する。次の史料はそのような性格の風呂の存在を示しているであろう。

寺里番之風呂入次第之事
一番　衆□
二番　地下宿老八人
三番　寺衆地下衆可入者也
右我等両人、就申扱之儀、此風呂一代定置所、如件
天文廿四年乙卯三月十二日
源右衛門秀盛（花押）
佐助　実家（花押）
金光寺年行事参

いかるがの里、法隆寺の裏山にある「から風呂」（薬師風呂）は、いまに伝わる蒸風呂である。月に三度ひらかれる風呂には、近在の老人たちが弁当持参で集まり、一日中のんびりとあそぶという。[5] この風呂がいつ頃つくられたかは不明だが、かつては、さきの金光寺の風呂の如く運営されていたものだろうか。

注
(1) 別所については、高木豊「院政期における別所の成立と活動」（笠原一男編『封建・近代における鎌倉仏教の展開』法藏館、一九六七年、所収）参照。
(2) 武田勝蔵『風呂と湯の話』（塙新書、一九六七年）一〇頁。
(3) 阿部猛「中世の産業技術」（『郷土史研究講座　第三巻』朝倉書店、一九七〇年、所収）参照。
(4) 武田勝蔵『風呂と湯の話』二二頁。
(5) 岩波写真文庫『いかるがの里』一九八八年、六二・六三頁。

ゆりかえし

我妹子が　家の垣内のさ百合花　ゆりと言へるはいなと言ふに似る（『万葉集』巻八―一五〇三番）

「百合」と「ゆり」をかけているのだが、「ゆり」とは、のち（後）にの意である。「あとでね」というのは「否（いな）」すなわち拒絶を意味する。「のち」の意で「ゆり」を用いた例は、巻十一―二四六七番、巻十八―四〇八七番・四一一五番にも見える。この「ゆり」は「のち」「あと」の古語である。もっとも『万葉集』には「のちにも逢はむ」（巻四―六九九番）という用法も見える。

　大きな地震のあとに、また起きる地震（余震）を「ゆりかえし」とか「ゆりもどし」というが、「ゆり」に「揺」の字を宛てるのは、ふさわしくないように思われる。

幼稚園　ようちえん

昭和八年（一九三三）四月、私は近所の幼稚園に入れられた。家から歩いて一〇分ほどの蛇崩川《じゃくずれがわ》沿いにあった幼稚園で、その経営者・園長は広川弘禅であった。

広川の名は戦後政治史のなかでかなり大きなものがあった。吉田茂側近の党人派の一人で、昭和二十三年自由党幹事長に就任し、二十五年以後、総務会長・農林大臣（三回）を歴任した大物であった。しかし、二十八年の佐藤栄作幹事長登用に反対し、社会党提出の懲罰動議の採決に欠席して農林大臣を罷免され、同年の衆議院議員の選挙で自由党の報復にあい、東京三区で落選した。晩年は不遇であった。

　広川はお寺の生まれで、駒澤大学中退ということであるが、生涯僧籍にあった。若い頃は人力車夫や郵便配達などをして苦労の多い生活であったという。私が幼稚園に入った頃は町議会議員から東京市議会議員になった頃ではあるまいか。電柱や塀に貼られた選挙ポスターに何となく記憶がある。

　幼稚園には近所の文ちゃんと一緒に通った。畳んだハンカチを安全ピンで胸に留め、お弁当の入ったバスケットを下げて行くのが当時の幼稚園児の決まった恰好であった。もちろん通園バスなどはなく歩いて通った。

毎朝、時間になると広間に集まり、仏壇に向かってお辞儀をし、そのあと声を揃えてこう唱えた。「天皇陛下はお父様、皇后陛下はお母様、僕たち私たちは日本の子どもです」、そして「今日もまたまたここに来ておゆうぎしたり、あそんだり……」というような歌を歌い、一日が始まるのであった。

わが国の幼稚園教育は明治初年から始まった。明治八年（一八七五）京都の小学校に幼稚遊戯室が設けられたが、これが幼稚園の原型だという。本格的な幼稚園は翌年東京女子師範学校に設立され、以後、私立の幼稚園もつくられるようになった。

女子師範学校付属幼稚園の入園資格は「男女を論ぜず、年齢三年以上六年以下」であった。保育時間は一日四時間で、唱歌・修身・説話・戸外遊び・体操などで、ドイツの幼児教育思想に倣ったものであった。初の入園者は七五人であったが、上流階級の子弟がほとんどで、馬車や人力車でお付女中に伴われて通園していたといわれている。

明治十七年文部省は幼稚園の設立を勧奨し、同十九年には加藤錦子をアメリカに送り幼児教育を学ばせた。音楽取調掛による幼稚園唱歌集も作られ（明治二十年）、明治末年までに愛知・埼玉・福岡・大阪・秋田・岩手その他各県に公私立幼稚園が作られた。

はじめ、子どもを幼稚園に通わせることのできたのは一部の上流家庭に限られたが、大正期になると中産階級の子弟も通園するようになった。大正十一年（一九二二）の保育料は年額三三円程度で、昭和十六年（一九四一）まで変わらなかった。

大正十五年に幼稚園令が公布され、就学前教育の重要性が公認された形となったが、同令は次のように記している。

幼稚園ハ、幼児ヲ保育シテ其ノ心身ヲ健全ニ発達セシメ善良ナル性情ヲ涵養シ家庭教育ヲ補フヲ以テ目的トス

わが国の幼児教育の基調は、初期においてはフレーベル（ドイツの教育家、ペスタロッチに私淑し、世界ではじめて幼稚園を作った。一八五二年没）、のちにはモンテッソリ（イタリアの女流教育家、ローマに児童の家を設立、一九五二年没）の教育論に基づくものであった。

戦争の激しくなった昭和十九年、東京の幼稚園は休園

となった。戦後はほとんどの幼児が保育園か幼稚園に通うようになり、就学前教育は常識化した。しかし、有名私立小学校への進学熱が高まり、幼稚園の予備校化の問題も現れた。

余暇《よか》

『日本国語大辞典』は「仕事の間のひま」「あまりの時間」と記す。この用語、古くは『明衡往来』に「公務之余暇」とあり、『太平記』（二十四）には、「朝参の余暇」とあり、『日葡辞書』には、「アマル、イトマ」と見える。

労働時間や通勤時間など「仕事」につく時間と睡眠時間、食事の時間などを除いた「自由な時間」は、世代によって異なるが、平日は四〜五時間、休日は一三時間ほどである。「余暇の時間」はどのように使われているか。第一位はテレビ・ラジオ・音楽を楽しむ、第二位は家族との会話、第三位に飲酒・喫茶の時間、第四位が読書、第五位が子どもとあそぶである。*

労働時間が問題とされるようになったのは第一次世界大戦後である。それまでは一〇時間〜一二時間労働はふつうで、零細企業や職人の世界では週休制もなく、正月やお盆に休むだけであった。

＊　加藤秀俊『余暇の社会学』（ＰＨＰ、一九八四年）は興味ふかい問題を提起している。

よ　こ

上下の方向に対して左右の方向が「横」である。南北に対して東西の方向をいうが、「よこ」には、正しくない、道理に合わない意もある。「よこに出る」「よこ車をおす」「よこ紙破り」といえば無理を押し通すことである。

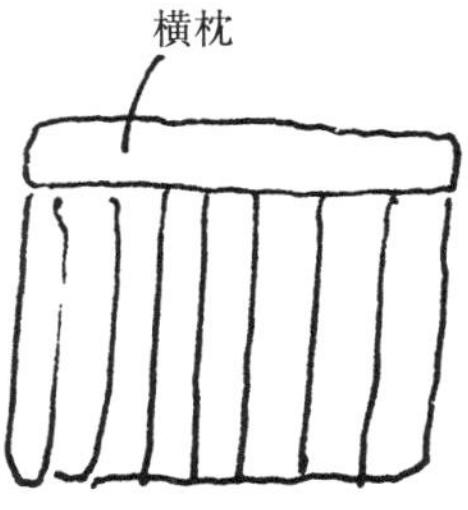

横枕という地名がある。〈図〉のように、田の畝がみな南北の方向を向いているところ、一枚だけ東西方向に向いている様子からつけられた呼称である。横目は横目付の略で、監視することであるが、

しかし、横目をつかうといえば、流し目（秋波）を送ることをいう。

幕末期、勤皇・佐幕いずれにせよ、浪人・志士たちが集まって議することを「処士横議」などといった。「横」とあるから横の連絡をとっての意かとおもうと、さにあらず、よこしまな勝手な論議を交わすことである。権力側から見れば、よこしまな危険な議論ということになる。

ヨサレ

私の父は明治二十八年（一八九五）山形県荘内の生まれであったが、よく「ヨサレ」という言葉を使っていた。ヨサレとは、この地方の方言で、「今夜」「今晩」の意である。この言葉はさかのぼると古代の「ユウサレバ」にゆきつく。

『万葉集』巻一―一三八番の、

……明け来れば　浪こそ来寄れ　夕されば　風こそ来寄れ……

とか、巻十五―三六二七番の、

朝されば　妹が手にまく　鏡なす　三津の浜べに……

などである。「夕されば」「朝されば」は、夕方になると、朝がくればと解することは確定している（徳田浄「『夕されば』考」（『国学院雑誌』二一―九）。その後、澤潟久孝は「『さる』攷」（『万葉古徑　三』中公文庫、一九七九年）で、補足を加え、「さら」「さり」を考察している。澤潟は、『万葉集』歌とその後の『二十一代集』歌との比較で、「夕されば」はのちに継承されていくが、「春されば」は継承されず消滅していく事実を明らかにしている。

寄席　よせ

入場料を取って落語・講談などの演芸を上演する場所。当初は寄席場《よせば》と称した。江戸時代延享年間（一七四四―四七）から見える。寛政年間（一七八九―一八〇一）に落語の寄席ができ、寄席は落語中心の演芸場となり、他の諸芸は色《いろ》ものと呼ばれるようになった。文化頃から定《じょう》席《せき》もできて、文化十二年（一八一五）に江戸市中に七五軒、文政（一八一八―三〇）末には一二五軒あった。天保の改革では寄席の数がいちじるしく制限されたが、解禁後は「一町内に二三ヶ所づつ」もでき、その数七〇〇に及んだという。各寄席の規模は小さく八畳ふた間と廊下ほどの広さであった、入場料（木戸銭）は不定ながら、幕末に四八文とある。

近年は、さまざまな芸能があらわれ、落語・講談・なにわ節などの衰退に伴い寄席の経営は苦しく、閉鎖するものも多く、寄席は激減している。

四ツ目屋　よつめや

正岡子規の『病牀六尺』に、高等女学校用教科書に載った石川雅望の文章にある「両国の四ツ目屋」の記述が物議をかもしたとの一行がある。四ツ目屋とは「淫薬・淫具専門の薬屋の名」であり、四つ目結を紋としたのでこう呼ばれたという（『日本国語大辞典』）。子規は、四ツ目屋がこのような店であることを知っておれば教科書に載せる筈はないと、編者の国文学者と文部省審査官の無知を責めたのである。

この事件の根本は、当代（明治）の国文学者なるものが『源氏物語』や『枕草子』などの研究に力を用い、江戸文学など卑俗なものとしてしりぞけ顧みない動向のなせる業であると、子規は警告したのである。

よむ

「よむ」の原義は、数を数えることだという。「さばをよむ」といえば、物を数えるとき、実際の数をごまかすことをいう。そしてまた、文章や詩歌・経文を声を出して一字一字唱えることである。「教科書をよむ」とは、むかしの小学生のように、声を出して一字一字「よむ」ことであった。そしてまた「よみとる」といえば、文章の意味を理解することである。そこから、将来を予知したり、かくされた意義を見出したりすることをいい、「景気の動向をよむ」などというのである。

その「よむ」には、いろいろな漢字が宛てられる。伊藤東涯は、①読～本を見ながらよむ。②誦～本を見ずにそらんずる。③念～読・誦のふたつの意味をもつ。④看～声をあげず、黙読する、としている（『操觚字訣』巻五）。

社会的な習慣は「生活」から生ずるものであろうが、明治時代には、小説など、家族の誰かが音読し、他の構成員は耳を傾けるというのが常態だったという。ムラの生活の中でも、近所の人びとが一軒の家に集まり、本を読み慣れた者が小説（時代小説、講談本など）を声を出して読むのに耳を傾けた。私の父は明治二十八年（一八九五）山形県庄内の生まれであったが、明治末年から大正のはじめ、近所の人びとに請われて、よく本を読んだものだと言っていた。

元来、古い時代の文章は句読点を施さず、したがって、これを読むときは、声に出して一語一語を分節しながら読まなければならなかっただろうという。また、神謡のごとく、固定化し、誤りなく伝えていかねばならぬ「古詞」は声を出して読むものであった。

しかし、現代では、声を出して読むことは、ほとんどない。声には出さないで、口をもぐもぐさせて読んでいることもあるが、とくに暗誦などするときには、声を出す方が有効なように思える。

その暗誦であるが、それは「記憶」の問題である。友人の一人に心理学者がいる。この男、記憶術なるものを心得ていて、かなりの長文を記憶し暗誦したり、大きな数字を記憶することができる。記憶術は古代ギリシアより始まるものというが、記憶術に共通しているのは、自分のよく知っている「場」の配置と「記憶すべき個々のイメージ」を結びつけて憶えておくというものであった。

もと、書物は、知識を定着させ、情報を伝達するための手段であるが、中世までは、書物はそこに書かれていることを記憶するための手段であった。それが、十六世紀に印刷術が発達して性格は一変した。書物の大量生産により書物が普及すると、記憶の必要性は減少したのである。印刷文化の発達により、人びとの記憶力は急速に減退した。

失ったものはそれだけではなかった。文字を使って文章を書くことが普及し、文字の知識が要求され、文字の学習が重要になると、「ことば」の大切さを忘れるようになったのである。近代の学校教育においてそれは加速された。文字が読めて、書けて、意味のわかることが大事なこととされ、「国語」教科の目標はそこに置かれた。私どもは長いこと勘ちがいしていたのだ。はじめにあったのは「ことば」であり、それを定着させるために文字を使ったにすぎない。

西郷信綱は「枕詞の詩学」(『古代の声』毎日新聞社、一九八五年)の中で、枕詞の性格を考えるに当たって、「私たちはこれまで枕詞が文字以前の口承的言語の産み落とした形式であるという灸所に眼を向けることをほとんどしなかった」という反省から始めているが、これは正しいと思う。『岩波古語辞典』(一九七四年・第一刷)が「まくらことば」について、「文字のなかった時代に盛んに使われた修飾の技法で、仮名文字が広まった平安時代以後は、特定の語(たとえば、旅・山)に対するもの(草枕、足引きの、など)に限られるようになり、歌の音節数を調えるためなどに使われた」と記していることの意味を考え直してみたい。

〈参考文献〉藤井貞和『物語文学成立史』(東京大学出版会、一九八八年)、古橋信孝『雨夜の逢引』(大修館書店、二〇〇〇年)、鶴谷真一『書を読んで羊を失う』(白水社、一九九九年)

与力　よりき

与力という言葉は、もと加勢するとか、あるいは加勢する人を意味する。室町時代になると、有力な武将に従う下級武士を指すようになった。「寄騎」の字を使うこともあり、「騎」の文字から、ひとり、ふたりとは数えず、一騎、二騎と数える。

一方、主従関係またそれに類似するものとして寄親―寄子制がある。初見は弘安七年(一二八四)十月の追加法(五六六条)で、御家人、土豪らの惣領を通じて庶子ら一族を支配下に置くことに利用された。

江戸時代に著名なのは町奉行の下にあった与力である。同心を配下に置いて奉行を補佐して江戸市中の行政・司法・警察の任に当たったもので、与力組頭は二百石余を給され馬上も許されたが、将軍に謁見することは認められなかった。

戦国大名下の寄子は多くは国内の地侍・在村土豪層であり、この層を被官に取り込むことが戦国大名の課題の一つでもあった。

〈参考文献〉下村效「『今川仮名目録』よりみた寄親寄子

制」(有光友学編『今川氏の研究』戦国大名論集11、吉川弘文館、一九八四年)

よろこぶ

奈良時代以来の用語である。うれしく思うこと、快く思うことをいう。ふつう、喜、悦、歓などの漢字を宛てる。ただ、この言葉、意外な用法もある。近世初期の『日葡辞書』は、「コヲ yorocobu(ヨロコブ)〈略〉〈訳〉子どもを産む」と記している。浮世草子『本朝桜陰比事』(一—七)は「是なる母親は、元父のめしつかひの者成しが、懐体して兄をよろこびしより」とある。

ら 行

楽市・楽座 らくいち・らくざ

「楽」は極楽の楽と同じで、苦しみや悩みのない安穏な状態を指す言葉である。極楽には十の楽があるといい、十楽の語もある。中世後期、桑名は十楽の津、松坂は十楽の町と称されたが、諸規範から解放された空間を意味した。

同様の意味で、いろいろな規制や束縛から解放された市を楽市といい、座的な特権を排除した状態を楽座と称した。楽市・楽座といえば織田信長を想起するが、しかし、楽市の初見は天文十八年(一五四九)の近江国石寺新市の場合である。

紙商買事、石寺新市儀者為楽市条不可及是非、濃州
并当国中儀、座人外於令商買者、見相仁荷物押置可
到注進、一段可被仰付之由也、仍執達如件
天文十八年十二月十一日　忠行判在
枝村　高雄判在
惣中

右の文書の忠行・高雄は六角定頼の奉行人であって、六角氏が枝村の座商に下したものである。

〈参考文献〉豊田武『増訂中世日本商業史の研究』（岩波書店、一九五二年）

落書　らくしょ

落書といえば建武元年（一三三四）八月の日付をもつ二条河原落書が有名である。

此比都ニハヤル物　夜討強盗謀綸旨
召人早馬虚騒動　生頸還俗自由出家
俄大名迷者　安堵恩賞虚軍（下略）

と始まる落書は、建武新政を揶揄《やゆ》した名作といってよい。

また、正元二年（一二六〇）院落書なるものがあった。

年始凶事アリ　国土災難アリ
京中武士アリ　政事ニ僻事アリ
朝議偏頗アリ　諸国飢饉アリ
天子二言アリ　院中念仏アリ（下略）

とつづき、そして最後に「聖運ステニスエニアリ」と結ぶ、社会・政事批判である。

落書とはオトシブミであって、社会風刺や社会批判の意を込めて、あるいは個人への攻撃の手段として用いた。紙に書いてわざと道に落としたり壁に貼る。同じ落書ではあるが、落書起請と呼ばれるものがある。匿名の投書で、犯人摘発の手段として構成員に書かせた告発文であった。寺院内部や一村、あるいは国全体に及ぶ大規模なものまであった（大和国の場合）。

敬白　天判起請落書事
右、件子細者、悪人可事近辺及承候者、北野源六、桃加野延舜、応田衛門入道、福地岩松、弥源氏左衛門、此等悪人承候、神鹿害、山立人充、或所当未進、惣悪人也、若虚言申ハ、奉始日本国中大小神祇、冥罰神罰其身ニ可蒙状如件
弘安八年三月廿二日　敬白

（春日神社文書）

右は起請落書の一例である。文書中に列記された人物について、悪人として、神鹿の殺害、山立《やまだち》（山賊行為のこと）、所当年貢の未進などの所行を挙げている。同類の文書が何通かある。

　元慶七年（八八三）頃の菅原道真の詩（『菅家文草』二）に「落書」の文字が見え、『本朝文粋』（十二）の桜島忠信落書に「依二比落書一拝二任大隅守一云々」とあり、『江談抄』（三）に「嵯峨天皇御時、無悪善と云落書、世間ニ多々也、篁読云、无悪（さがなくば）善（よかりなまし）と読」とある。また『中右記』康和四年（一一〇二）十月十九日条に「落書之体、非凡人手跡、又不記世間人悪、甚不得心」とある。古代以来の用語である。

落書起請　らくしょきしょう

落　書　中世社会には、落書《らくしょ》（投書）による密告制度があった。「落書」とは、いまふうに言えば無記名の密告である。

　『東寺文書』のなかに、名前も年月日も記されていない一通の落書がある。カタカナで書かれていて少し読みづらいので、現代語訳してみる。

「宝勝院の乱行のことについては、以前に何度か落書で訴えましたが、年預《ねんよ》殿や上層の僧たちが贔屓《ひいき》して、これをとりあげなかった、宝勝院が女をとめ、女と関係を持ったことは明白な事実である、そのほかにも女性問題にかかわっていることは明らかである」

　この訴えは、寛正三年（一四六二）十二月二十三日の会議でとりあげられ、年内はもう日数もないことだから、歳が明けた一月の十五日以後に審議すると決まった。そして一月二十三日に会議が行われることになったが、当日、宝勝院重増《じゅうぞう》の不倫について目撃したという証人が出頭して証言した。前年（寛正三年）七月二十三日の重増と女の様子を詳しく述べたので、会議では、女を呼び出して証言につき陳述させようとした。ところが女の夫辰法師は、妻は重増との事実を認めた上でいずれへか逐電してしまったと報告した。(1) これで重増の罪は確定した。

　少しさかのぼって弘安八年（一二八五）三月、大和国興福寺は、悪党について大和国一国を対象とした大規模な落書を行った。現在残っている落書は二七通あるが、その内容はたとえばつぎのようなものである。

一、長円房・慶琳房《けいりんぼう》、かれらは夜間他人の田の稲を刈り取り、他人の物を奪い取り、田地を掠《かす》めるなどしながら、いまは寺僧として思いのままに振舞っている。

一、延春房は、博奕《ばくち》をうち、夜田を刈るなどしている。

もし以上のことが、うそいつわりであったならば、春日五所大明神ならびに七堂三宝の御罰を、八万四千の毛穴ごとに蒙ってもやむをえません。

弘安八年三月　日

（春日神社文書）

起請文《きしょうもん》の形式で、「悪党」を注進しているのであるが、こうした「落書」の伝統は中世寺院の慣いに基づくものであり、中世を通じて行われた。

実証と普聞　延慶三年（一三一〇）七月五日の夜、法隆寺蓮城院に強盗が入った。寺では、上品《じょうぼん》（＝上等）二〇貫文、中品一〇貫文、下品五貫文の懸賞金をかけ、同十七日法隆寺郷・竜田郷をはじめとする一七か郷（現、奈良県生駒郡斑鳩《いかるが》町・安堵《あんど》町に当たる）に書状を送って、竜田神社で「大落書」を行うこととした。無記名投票によって犯人を指名しようとするのである。「実証《じっしょう》」（裏付けのある証言）一〇通以上、「普聞《ふもん》」（風聞すなわち風評）六〇通で名指しされた者を犯人とする定めであった。[2]

都合六〇〇通余の落書があり、二〇余通で名指しされた定松房《じょうしょうぼう》と一九通の舜識房《しゅんしきぼう》の二人が犯人ということになった。しかし両人は「不実之躰《ふじつのてい》」を示した（無実を主張した）ので、他に「実証之盗人」を探し出させることにした。定松房と舜識房の二人は必死の思いであったろう。真犯人を探しだすことができなければ「犯人」にされてしまうのである。事件から五か月も経った十二月四日、二人は広瀬の市で、斎園《さいおん》（済恩）寺の初石八郎と常楽寺の大二郎なる者を捕らえた。大二郎は実証なしとして放免されたが、初石八郎は六日に極楽寺で首を斬られた。はじめ犯人として指名された定松房・舜識房の二人は、一転して懸賞金上品二〇貫文を獲得したのである。

没収の作法　暦応二年（一三三九）三月二十六日の夜、「天童米之蔵」へ盗人が入り、同二十九日に落書があって、それに基づき徳丸なる者を捕らえたところ白状したので、これを斬首した。共犯とされた賢蓮房は行方をくらましたので、資財などは寺の公文方《くもんかた》が差押《さしおさ》え（「点定《てんじょう》」という）、住屋は中院が買収した。このとき問題となったのは、賢蓮房が耕作していた田地の処置であった。

賢蓮房は聖霊院三昧供田《ざんまいぐでん》二段余を耕作していたのだが、公文所《くもんじょ》はその作麦を差押えた。これに対して、三経院が、作麦のうち半分は賢蓮の作分（作人得分）だから差押えられてもやむをえないが、残り半分は地主分で太子御領であるから差押えるべきではない。しかも、先年「水廟」（水神社？）の盗人のときには、夏麦の半分は領主に与えられ、半分を公文所が没収した。これを先例とすべきであると主張した。問題の田地には公文所方から札を立て（点札）、「札ノ本」三〇〇文を取ると言ったという。札の本とは、点札を解除してもらうための代償である。

これについて聖霊院三昧方は、麦などの作物を差押えるときは「シメ」（標、注連。四目とも書く）を立て、田地を差押えるときに札を立てるのが昔からのきまりである。しかるにいま問題となっている土地は三昧方の私領ではない。それなのに、なぜ札を立て「札ノ本」を要求するのかと、公文所に抗議した。作物（立毛）の差押えと下地（土地）の差押えには相違があったというのである。

斬首された徳丸が知行していた一段（青竜寺にあった）も公文所によって差押えられた。この田地の地主は定宗子大で、先に「作主分」（作主職）も徳丸から買い取っていたのだが券文《けんもん》（証文）がいまだ徳丸の家にあったので、公文所の差押えをうけたのであった。そこで定宗子大は一貫文を公文所に出して券文を取り戻し、同時に「札ノ本」三〇〇文も出して田地の差押えを解除してもらった。

殺害・放火・盗み　延慶四年（一三一一）六月四日、田中の殿原《とのばら》が小泉の北浦で因幡法橋《いなばほっきょう》の舎弟浄円の下人《げにん》を殺害し、田中と小泉の合戦となった。暦応五年（一三四二）四月八日、寂蓮の嫡子彦太郎なる者が随現専当の妻女を殺害した。随現専当の息女を召仕っていた浄専なる者が彦太郎を追いかけ、その家を探したが、誰かが火を放ち、ために近隣の家五、六軒も類焼した。翌日集会があり、彦太郎とその六親《ろくしん》（父・母・兄・弟・妻・子）を処罰した。放火については落書が行われ浄専の罪科が定まった。

延文元年（一三五六）十二月、竜田の宮の神人《じにん》源三大夫が神南西浦山で殺害された。神南荘の悪党の仕業《しわざ》とされ、落書によって、神南荘の下司《げし》の嫡子が犯人とされたから、その家を焼いた。しかし翌年三月十五日になって、国内の諸社の神人らが竜田宮に集まり、神人殺害についての処罰は不徹底で不満であるとし、神南荘に発向すべしと決定した。法隆寺側は、貝を吹き鐘をついて人びとを集め、神南荘にたてこもり防衛した。ために、神人らは神木を竜田に置いただけで発向のことはなかった。法隆寺側から内々に三貫文の「清掃分」を出して事は落着した。しかし神南荘は三貫文の支払いに不服で、負担を承知しなかった。法隆寺は南・北両下司と百姓の上首（オトナ）五人の計七人を罪科に処し、かれらの作田を差押える措置をとった。結局、両下司ら七人は三貫文を出すことで罪をゆるされ、九月九日、三経院で手うちの酒宴があった。

　以上は『嘉元記』(3)の記録によって見たのであるが、落書は法隆寺だけで行われたのではなく東大寺や興福寺・西大寺等でも同様な方式がとられていた。嘉暦三年（一三二八）四月、東大寺の綱封蔵《こふぞう》（いまの正倉院南倉）に盗人が入った。ここには、東大寺の儀式などに用いる重宝類が収蔵されていて、寺の別当・三綱《さんごう》の指示によって開閉されるものであった。東大寺では安倍友清に卜占をしてもらったところ、犯人は東南から来て西北の方向に逃げていった、盗品はすでに犯人の手許にはない、犯行には寺辺の者も加わっており、年末までには犯人は露顕するだろうということであった。東大寺は犯人探索のために落書を行った。意味は必ずしも明らかではないのであるが、この落書は「雨落書」(4)と呼ばれ、現存する史料によると、三通以上の落書で指名されるとその身は拘束されたという。

注

（1）酒井紀美『中世のうわさ』（吉川弘文館、一九九七年）参照。

（2）建武四年（一三三七）十一月二十四日付の中宮寺盗人落書規式（法隆寺文書）につぎのようにある。

一、実証十通以上があれば、真犯人と確定する、風聞は三十通で実証十通に相当するものとして扱う。

一、真犯人であることが明らかになったならば、たとい親子・兄弟・所従《しょじゅう》・眷族《けんぞく》であっても、人びとと共に逮捕に向かい、犯人の身柄を搦《から》め捕《と》り、その住宅を即時に焼くこと。

一、もしも、力をたのんで決定に従わない者があったら、寺内も諸荘園も力を合わせてそれに対抗し実現するようにしなければならない。

（3）『嘉元記』は、嘉元三年（一三〇五）四月から貞治三年（一三六四）七月までの六〇年間にわたる、大和法隆寺を中心とした三七〇余の話を年次を逐《お》って記したもの。十四世紀の大和地方にかかわる貴重な、しかも興味ふかい史料である。

（4）「雨」とは「天」とも「雨のように無数の」とも理解できるが、結局意味不明という。千々和到「中世民衆の意識と思想」（『一揆』4、東京大学出版会、一九八一年）参照。

駱駝　らくだ

駱駝は日本にはいなかった。近いところでは、中国東北地方（旧満州）やモンゴル地方の動物である。

この動物は、はやく推古天皇の七年（五九九）九月、百済から貢進されている。同二十六年八月高句麗から駱駝一匹が貢上された。さらに天武天皇八年（六七九）十月、新羅からの貢物のなかに駱駝があった（『日本書紀』）。

昭和八年（一九三三）夏、奈良県の耳成山の西南麓の新賀池から駱駝の大腿骨らしきものと臼歯が発見された。果たしてこれが、推古・天武期の舶来された駱駝か否か明らかではないが、興味ふかい。

〈参考文献〉秋山謙蔵『東亜交渉史論』（第一書房、一九四四年）

ランドセル

私の父は、親類の甥や姪（私のイトコ）が小学校に入学するときは、お祝いにランドセルを贈り、ひとり悦に入っていた。私のむすめも、もちろん父（おじいちゃん）の買ってくれた上等なランドセルを背負って小学校に通った。良いランドセルは高いが長持ちするんだといって、奮発していた。

ランドセルはオランダ語 ransel に由来する呼称である。高野長英訳「三兵答古知幾」（嘉永三年・一八五〇）に「担箽（らんとるす）」と記されているのが早い例とされ、明治十七年（一八八四）の『百科全書』（丸善）

にも「行嚢《こうのう》世俗にランドセルと称するもの」と記載されている。

当初は軍隊の背嚢《はいのう》として用いられたが、これを通学用に用いたのは、明治二十一年皇太子（大正天皇）が学習院に入学したときからといわれる。しかし全国的に普及したのは一九二〇年以降のことで、都会での普及率は高かったが、地方では風呂敷包みに教科書をくるんで通う者も多かった。私は昭和九年（一九三四）に東京世田谷の小学校に入学したが、肩掛けかばんの者も一割以上いた。

〈ランドセルの値段〉

大正	三年	一円五〇銭
	十三年	二円
昭和	四年	三円
	十二年	五円
	十六年	九円八〇銭

立身出世　りっしんしゅっせ

「成功して世間に名をあげること」というのが辞典の解説である。明治時代「末は博士か大臣か」というのがあった。立身出世の目標だったのだが、いまでは博士も大臣もすっかり価値が下落してしまった。

この言葉、「立身」と「出世」の二つの語から成る。身を立てるとは、修養して一人前になることであり、また、古代律令制の位階の最下位である初位《そい》をも立身と称した。立身と紛らわしい用語に「出身」があるが、これは官人として官につきスタートすることである。「出世」は仏教用語で、仏が衆生を救うために仮にこの世に現われることをいう。「出世間」と同義である。立派な身分となり栄達を果たす意味での「出世」も中世以来の用語である。

リヒカ（離被架）

昭和九年（一九三四）三月、私は小学校入学を目前にして腹膜炎を患い、東京市立大久保病院に入院した。このため私は、ひと月遅れて五月から学校に通うことになった。

入院中は母が付き添ってくれたが、長期入院だったので、看護婦さんともずいぶん親しくなり、よく遊んでもらった。今でも、親切でやさしい看護婦さんを、懐かしく思い出すことがある。

ところで、入院中に覚えたことがいくつかあったが、その一つがリヒカであった。病人の患部へ毛布や布団が直接当たらないように覆う金属製の枠のことである。私は右腹部を切開したので、このリヒカをかけ、その上に毛布がかけてあったのである。

長いこと気にもしなかったのであるが、最近突然思い出し、どのような字を書くのだろうかと『日本国語大辞典』を引いてみた。「離被架」とあった。軍隊用語のようにも思えるが、語感からすると明治時代に始まる言葉であろうか。

両国橋　りょうごくばし

富士山麓の山中湖のほとりから、津久井町に向かって下る道志街道は、道志川沿いの景勝の中をしばらく走る。昔、東京学芸大学に勤めていた頃、ゼミの合宿で何回か道志村役場近くの民宿に泊まったことがあり、私には懐かしいところである。

道志川の上流は水量も少なく、川遊びには最適だったが、下流に向かうと深い渓谷の趣きとなり、水かさも多く流れも早い。そして山梨県道志村と神奈川県津久井町の境に、川をまたぐ「両国橋」がある。ここでは、釣り人が清流にはいって竿を振る姿を見ることができる。

初めてここを通ったとき、何でこんなところに両国橋があるんだなどと思った。両国橋といえば隅田川に架かる橋と思いこんでいるのが東京人の悪い癖である。何処であれ、二つの国の境に架かる橋は両国橋にちがいないのに、である。

二度目に通った時は、助手席に座っている友人に、物知り顔に、「甲斐国と相模国の境ですよ」などと説明したが、まてよ、津久井は相模だったかな武蔵だったかなと不安になった。家に帰ると、さっそく辞典をひいて確かめたが、相模国でよかったようだ。

リンゴは赤いか　りんごはあかいか

知らないということは恐ろしいことである。

最近、ことば関係の本を手当たり次第読んでいる。とは言っても、言語学などという高尚なものではなく、四六判か新書・文庫判の啓蒙書の類である。

私たちは、リンゴといえば「赤い」と反応する。ところが、リンゴといえば「緑」という国がある。フランスの子どもは緑色のクレヨンでリンゴを描く。また英語圏では「緑」と「赤」の二つに分かれるという（鈴木孝夫『日本語と外国語』岩波新書）。別の例で言うと、ヨーロッパでは、太陽は「黄色」である。私たちは「真っ赤な太陽」と称して疑わないが、西ヨーロッパの言語圏では通用しない。こんなことは中学以来、英語の時間に教わった覚えがない。文化・言語の違いによる認識の相違は、ほかにも多くあり、異文化理解の困難さは予想以上のものがあると感じた。

臨時大工　りんじだいく

保元の乱の翌年、保元二年（一一五七）三月に大規模な内裏復興事業が開始された。二十六日に上棟が行われたが、この工事は十月におわり、同月二十二・二十七・二十九の三日にわたって関係者多数に勧賞が行われた（以下史料は『兵範記』）。

大河直躬は「鎌倉初期の興福寺造営とその工匠について」（『建築史研究』31・32号）と題する興味ふかい論文において、平安末・鎌倉初期の著名な工匠の系譜を尋ね、大工清原貞時なる人物にふれてつぎのように述べた。

貞時はこの工事にとくに臨時大工という職を与えられ指導することになった。……おそらく貞時はこのとき異例の抜擢を受けて、内裏造営の指導にあたるようになったものと考えてよいであろう。

大河もいうように、「臨時大工という職名は、王朝時代でも稀なもの」である。しかし果たしてこの理解は妥当なものであろうか。私は疑いをもつのである。

保元の内裏造営は、その工事の分担をみると、修理職が紫宸殿を担当したのを除けば、他はすべて諸国に「所課」された（造営方式の問題については、竹内理三「寺院知行国の消長」『寺領荘園の研究』、小山田義夫「造内裏役の成立」〈『史潮』84・85号〉『一国平均役と中世社会』〈岩田書院、二〇〇八年〉所収参照）。したがって、竣工後勧賞に与ったのは修理大夫藤原忠能はじめ担当の

諸国司らであった。その二、三をみると、

仁寿殿（播磨国・平清盛）、承香殿（近江国・藤原朝方）、北廊（下野国・源義朝）、長橋廊（伊賀国・源信時）

という具合である。その他多教の官人が勧賞に与ったが、建築関係官衙官人では、前記の修理大夫藤原忠能が正三位に叙され、修理進藤原兼元が右衛門尉に任ぜられた以外みえない。当時の木工頭平範家は十月二十七日従三位に叙されたが、これは造営の功によるものではなく臨時叙位によるものであり（公卿補任）、ほかに木工寮官人の名がまったくみえず、この造営には木工寮が関与していなかったと思われるのである。しかも修理職は諸造国と同様に、単にひとつの建造物を分担したにすぎないのであって、修造全体を監督したのは「行造内裏事所」であった。勧賞に与った人びとのうち「行事」と註記されたのが「所」の構成員である。これを拾いだすと、左大弁勘解由長官藤原雅教・右中弁藤原惟方・権右中弁源雅頼と小槻永業・大江信忠・中原為弘ら三人の史官である。

　さて、清原貞時は保元二年十月二十二日に従五位下に叙されたのであるが、『兵範記』同日条には、つぎのように記されている。

　従五位下、中原為弘行事、史、清原貞時臨時大工

右の史料に基づいて、大河は清原貞時を「臨時大工」だとしたのである。しかし、人名の下の註記の「臨時」は「大工」にかけて読むべきものではあるまい。「臨時」は臨時叙位の意であろう。彼の叙位は直接造宮の功によるものではない。

流罪《るざい》

我が命し　ま幸くあらば　またも見む　志賀の大津に　寄する白波（『万葉集』巻三―二八八番）

作者は穂積朝臣老《おゆ》とされている。老は、大宝三年（七〇三）正月二日に正八位上で山陽道巡察使に任ぜられ、和銅二年（七〇九）正月九日従六位下から従五位下に叙され、同三年正月に左副将軍（左将軍は大伴旅人）として、宮城門外の朱雀大路に騎兵を陳列し隼人・蝦夷を引き進んだ。同六年四月二十三日従五位上にのぼり、養老元年（七一七）正月四日正五位下、同三月三日左大臣石上麻呂の葬に五位以上の誄を作った。ときに正五位下式

部少輔、同二年正月五日に正五位上、同九月十九日式部大輔に就任した。

しかるに養老六年正月二十日、乗輿（天皇）を指斥（名指しで非難すること）し、情状過激にわたり、その罪により斬刑に処されるところであったが、皇太子（のちの聖武天皇）のとりなしで一等を降し佐渡島に流罪となった。流刑には①遠流《おんる》、②中流《ちゅうる》、③近流《こんる》の三種があった。三流の別は式によって定められるが、神亀元年（七二四）式によると、遠流は伊豆・安房・常陸・佐渡・隠岐・土佐の各国、中流は諏方・伊予国、近流は越前・安芸国とされたが、確定的なものではない。「職制律」に「凡指《し》二斥《しゃく》乗輿一、情理切害者斬、言二識政事乖失一、而渉二乗輿一者上請、非二切害一者徒二年、対二捍詔使一、而無二人臣之礼一者絞、因二私事一闘競者非」とある。

老は流刑一八年ののち天平十二年（七四〇）六月十五日、寛仁の政の恩赦により赦されて入京。十六年二月正五位上大蔵大輔で、知太政官事鈴鹿王らとともに恭仁宮の留守司となり、天平勝宝元年（七四九）八月二十六日深夜に卒去した（「大日本古文書」三―三八八頁、天平勝宝二年四月十六日維摩詰経奥書）。

老の歌とされるものが巻三―二八八番のほか、巻十三―三二四一番の一首がある。「天地を嘆き乞ひ祷《の》み幸くあらばまた還り見む志賀の韓崎」とある。左注に「右二首。ただ、この短歌は、或る書に云はく、『穂積朝臣の佐渡に配《なが》さえし時に作れる歌』といへり」とある。

冷蔵庫　れいぞうこ

中学生の頃も、夏休みというと毎年のように母の生家へ行き、二週間ほどをそこで過ごした。田舎での生活は私にさまざまの経験や知識を与えてくれ、すこぶる有益なものであった。私が中学生になった頃、母の生家は秋田県の某市の駅前通りで飲食店を経営していた。酒も出る店であったと思うが、夏の間は「氷」と書いた旗が店先にはためいていた。

氷水を売るのであるが、その氷は水を凍らせたものではなく、冬の間に降った雪のかたまりであった。祖母の話によると、海岸に近い松原に穴を掘り、そこに雪を埋めて踏み固め、藁や筵《むしろ》でおおい、土をかぶせて保存するのだという。その構造を祖母は「ムロ」といっていたが

「氷室《ひむろ》」である。

雪を穴に貯蔵する方法はギリシア・ローマでも行われたといい、わが国では古代令制下、宮内省被官の主水司が氷室を管理していた。『延喜式』によると、所管の氷室は山城・大和・河内・近江・丹波の五国に一〇か所あった。暖冬のため薄い氷しか得られなかったという記事もあり、いかにも氷室の池で凍った氷を保存したようにも読めるが、古代とて厚さ一尺、二尺の氷が得られたとは思われず、疑いを持たずにはいられない。

雪のかたまりにせよ水から作った氷にせよ、真夏まで保存するのはなかなかの難事である。それが冷凍、製氷技術の発明により解決された。冷凍機は一八三四年のジェーコブ・パーキンズ（アメリカ）によるエーテル冷凍機、一八七八年のカール・リンデ（ドイツ）によるアンモニア冷凍機の発明で基礎が築かれた。人工的に作られた氷による食品の腐敗防止から一歩進んで冷蔵庫の発明にいたるまでにはそれほど時間はかからなかった。冷蔵庫は一八五三年アメリカ人ゴークによって発明されてから急速に発達した。

わが国に家庭用冷蔵庫がお目見えしたのは明治三十年（一八九七）で、神戸の外人住宅に設置されたのが最初であった。同三十二年鳥取県の中原孝太が営業用の冷蔵庫を作ったが、普及のきっかけは三十六年の内国勧業博覧会での冷蔵庫の展示であった。この年からは東京魚河岸で冷蔵庫の使用が始まり、四十一年には鮮魚の列車での冷蔵輸送テストが行われ、大正に入ると果実の冷蔵長距離輸送も可能になった。

大正十五年（一九二六）には肉屋・魚屋に冷蔵庫の設置が義務づけられ、昭和四年（一九二九）外国航路の客船に冷蔵庫が設置された。しかし、家庭用の小型冷蔵庫の普及は第二次世界大戦後のことであった。

戦争が終わると各家電メーカーは開発製造に着手し、昭和二十九年頃には、冷蔵庫は洗濯機・掃除機とともに電化製品の三種神器と称され家庭の必需品となった。昭和三十九年に国内出荷数は三〇〇万台を超え、普及率は五〇パーセント、四十七年には九七パーセントに達した。そして今度は、冷蔵庫の大型化・多機能化が始まるのである。

歴史的環境　れきしてきかんきょう

個別的な文化財だけではなく、それら文化財と一体となって形成されてきた周辺の環境、地域の人びとの生活や意識の中で意味を持つ祭りや年中行事、それらの舞台となった地域の文化財・遺跡・遺構などを包括して一体の環境を形成している民族の歴史的軌跡の総体を歴史的環境と呼ぶ。

昭和五十二年（一九七七）十一月に閣議決定された「第三次全国総合開発計画」は、主要計画課題の中に「歴史的環境の保全」を掲げ、「地域の開発に当たっては、歴史的環境の保全が開発の価値を高めるものであるとの認識の上に立って再評価を行い、その活用を図ることが必要」と、環境を総合的にとらえる視点を示した。

歴史的環境の一部を構成する文化財の保護については、明治時代以来一定の努力がなされてきた。明治維新直後の神仏分離に伴う廃仏毀釈運動により、寺院・仏像・経巻や図書・器物が破壊され、あるいは売り払われた。旧物破壊の風潮の中で多くの文化財が失われ、また海外に流失した。政府は太政官布告を出して古物の保存・保護を命じ、のち日清戦争を契機としておこったナショナリズムの高揚の中で、明治三十年（一八九七）六月「古社寺保存法」が制定された。大正十年（一九二一）頃から美術品の海外流失が多くなり、昭和四年（一九二九）に「国宝保存法」を、昭和八年（一九三三）には「重要美術品等ノ保存ニ関スル法律」を公布して保護することになった。おくれていた、史跡や名勝、天然記念物の保存対策強化のため大正八年（一九一九）「史蹟名勝天然記念物保存法」が公布された。第二次大戦がおこると、その末期、米軍機の空襲によって多くの文化財が破壊された。奈良・京都・鎌倉などの古都は攻撃をまぬがれたが、全国の国宝建造物一七四五棟のうち二〇九棟が焼失し、また各地で伝統的町並みが失われた。

敗戦後、社会的混乱のなか、山本有三や田中耕太郎らの尽力で、昭和二十五年（一九五〇）「文化財保護法」が公布された。この法律では、文化財を、①有形文化財、②無形文化財、③民俗資料、④記念物とし、文化財の概念を拡大して、集落・町並み、民俗資料・民俗芸能など、住民の生活に密着したものにまで文化財の評価の基準が広げられた。特に著しいのは埋蔵文化財の保護行政の進展である。日本列島全域に及ぶ開発と都市化による歴史環境破壊に対して、保護・保存運動も活発になった。昭和三十六年（一九六一）、旧平城宮《へいぜいきゅう》遺跡の一角に近畿日本鉄道が検車区を建設しようとしたことに端を発した平城宮跡を守る運動は、多くの国民各層の支持をえて、国を動かし、広域の土地を買いあげて保存することになった。遺跡の発掘が継続的に行われ、新しく多くの歴史的発見があった。大阪市内の旧難波宮《なにわのみや》の跡の場合は少数の人びとの個人的努力によってまず発掘が行われ、やがてそれが住民運動に広がり、ついには国を動かして、都市計画の一環として歴史的環境が保存、利用されるに至った。都市の再開発による歴史的建造物の消滅は著しいものがあり、一部は移築保存などが行われたものの、貴重な建造物がつぎつぎに失われた。特に昭和四十年代、列島改造計画の進行で、開発優先の資本の論理のもと、自然とともに歴史的景観も無造作に破壊されていった。これに対して国が歴史的環境の保全をうち出したのは昭和四十四年（一九六九）になってからであり、地域開発計画の中に歴史的環境の保全を組み込む姿勢を示すのは昭和五十二年（一九七七）からである。しかし、開発の進行の前に文化財は容赦なく破壊されている。たとえば各地で展開されたニュータウン構想による宅地造成など、「太陽と緑の空間の町づくり」などと謳いながら、遺跡をつぎつぎと破壊し、わずかにアリバイづくりのように「記録保存」が行われる。埋蔵文化財の発掘報告書がうず高く積まれれば積まれるほど、それは多くの遺跡が破壊されていることの証明でもある。昭和四十一年（一九六六）以来巨費を費やして行われている一県一か所の「風土記の丘」づくりも、選択保存によるアリバイづくりとなる可能性がある。たとえば、埼玉県のさきたま古墳群を中心とする武蔵国風土記の丘、富山県の立山風土記の丘、和歌山県の紀伊風土記の丘、岡山県の吉備路風土記の丘、島根県の八雲立風土記の丘など各地に遺跡公園、資料館・博物館がつくられる一方、指定から外れた地域では結果として破壊が黙認されることになった。

もともと、文化財は現地保存を基本とすべきものであるが、「風土記の丘」の資料館に他の地域からの出土品をも集めて展示し、多分に観光化を意識した施設ともなっている。遺跡公園が教育的機能を持たなければならぬことはもちろんであるが、素人うけを狙った過度な復原の試みはいましめるべきであろう。歴史的環境の保全は、地域や国家のレベルで狭く考えると、偏狭な郷土主義や愛国主義に陥る危険をはらんでいる。文化財の選択保存が行われるとき、その基準がどこに求められるかは重要な問題である。国家権力や自治体のエゴイズムで価値づけられることは避けなければならない。歴史的環境の保全は、文化財が人類共通の遺産であるという観点から、国際的な協力のもとで行われる必要がある。

歴史の画期　れきしのかっき

第二次世界大戦後の日本史学界において戦後早々、大きな衝撃を与えたのは、石母田正の『中世的世界の形成』(伊藤書店、一九四七年) と松本新八郎の「南北朝内乱の諸前提」(『歴史評論』二巻八号、一九四七年) であったと思う。後者、松本の論文は、彼の戦時中の業績、「土一揆の一断面」(『社会経済史学』九巻七号、一九三九年)、「室町末期の結城領」(『史蹟名勝天然記念物』一九四〇年頃)、「六波羅時代」(『日本歴史入門』一九四一年)、「郷村制度の成立」(『新講大日本史』一九四二年)、「名田経営の成立」(『生活と社会』一九四二年) などを踏まえて書かれたものであって、勿論一朝にして成ったものではなかった。

南北朝内乱を画期としてわが国が封建社会に入っていくことを社会の土台から説明してみせたこの論文は、このあと学界を震撼させる安良城盛昭の太閤検地論とともに、永く研究史に残る論文と称してよいであろう。

足利尊氏に始まる政権を以て武家政権の本格的成立とする認識は、しかし実は松本の独創ではない。十四世紀の戦乱を経て新しい時代が拓けるとする見方は、江戸時代知識人の常識であった。山鹿素行・熊沢蕃山・新井白石等を始め多くの論説がある (小沢栄一『近世史学思想史研究』吉川弘文館、一九七四年)。

松本が、江戸時代の南北朝内乱を画期とする諸説を意識していたか否かは別として、系譜的に言えば、江戸時代の諸説に連なるものである。

煉　瓦　れんが

レンガは、紀元前五〇〇〇年頃エジプトで作られた。

いわゆる日乾煉瓦である。メソポタミアでは焼成煉瓦が作られ、アッシリアでは紀元前七〇〇年頃、色彩を施した焼成煉瓦による建築物が造られている。

わが国には唐・宋の煉瓦についての知識は輸入されたであろうが、実用普及には至らなかった。たぶん、わが国が森に富むので、煉瓦づくりは発達しなかったものと思われる。

わが国の煉瓦は、安政二年（一八五五）江川英竜が反射炉を築くに際して耐火煉瓦を作ったのに始まる。この反射炉は現存する。また煉瓦建築の最初は、安政二年に幕府が長崎飽之浦に築いた製鉄所の建物であった。明治に入ってからの煉瓦づくりの建造物は枚挙にいとまない。なお、煉瓦のサイズは、普通煉瓦は21×10×6 cm、耐火煉瓦は23×11.4×6.5 cmが国際的な基準となっている。

「連帯」喪失の世代　れんたいそうしつのせだい

新学年が始まって、再び学生たちが大学構内を埋めるようになった。新入の一年生は、その大部分がまだ高校生らしい子どもっぽさを残した学生たちである。かれらは、曲がり角に来たといわれる共通一次試験の第五回めの入学生である。

共通一次試験以来、学生たちが変ったといわれる。確かにそのような感じもするけれども、それが果たして共通一次のせいなのか、実のところ定かではない。しかし、このところ明らかに変ったとみられるのは、学生たちが何となく幼くなったという点である。あるいは少しきつい表現かもしれないが、かれらは余りにも未熟である。幼児ならば、それは可愛いというべきであろうが、しかし、かれらは子どもではない。男子の平均身長は一七〇センチメートルを超え、私どもの世代から見ると、見あげるような大男ぞろいである。キャンパス内ですれ違う女子学生もまた、実にのびのびと育っている。背丈が伸びたために、かえつて幼さがめだつのかもしれないが。

入学試験また入学式・卒業式に父兄が付き添ってくることが話題となって久しい。昔の大学生はオトナであった。ところが、戦後に新制大学が発足してしばらくすると、父兄付添いが目につきはじめた。それが、この頃はいっそうひどい。一生に一度、わが子の晴れ姿を見ようという親心は十分に察せられるが、私どもにしてみると、息子や娘の方がよく黙っているなと思う。いや、しかし、ひょっとすると、近頃の若ものは意外に親孝行なのかなとも考える。尤も、少し違った見方もできないわけでもない。かれら新入生は、中学校・高等学校そして大学へと、激烈な「受験戦争」を勝ち抜いてきた「戦士」なのである。「戦争」といわれるように、かれらは独りで戦ってきたのではなく、家族ぐるみで受験戦争を戦ってきたのである。少し冗談がすぎるかもしれないが、それは「総力戦」なのであり、家族はいわばかれらの「戦友」なのである。首尾よく勝利をえて入学式に臨むとき、戦友たる父兄が出席することは当然すぎるほど当然である、と。

　しかし、こうした見方も実はかれらを買い被りすぎている。「戦争」を経験したかれらが、たくましい戦士であるかというと、まるでそうではない。わがままで、こらえ性がなく、初志を貫き通すなどという気魄は全く感じられない。危険なこと、苦労の多いことは避けて通り、努力をしないで自分の望みを達成しようとし、事が成就しないと、わが身の力不足や努力不足をかえりみることなく、他に責任を転嫁する。ルール違反を咎められると、「みんなやってる、俺だけじゃない」とかえって抗議したりする。幼児のときから過保護で、余り冷たい風に当たったことがないから、困難な事態に遭遇するとすぐギブアップする。ねばりがない、意志薄弱だ、――これだけ言われ放題に言われたら、ふつうの人間はたいてい大いに怒る筈だが、かれらは余り反応しない。相当に挑発しても、さっぱり感じない。人物ができていて怒らないのかというと、さにあらず、実は余り気にしないのである。鈍感で、恥かしいということを知らないのである。――とすると、やはり大物なのかなとも思う。

　少し以前の学生のなかには、「大学に入ったら、クラブ活動をいっしょうけんめいやろうと思います」などと、うそぶくのがいて教師たちをなげかせたものであった。近頃の学生は大学を何と心得ているのか、大学はレジャーランドではないぞ、最高学府の名が泣くなどと、大学の教師たちは慨歎したのである。ところが、近頃はさらに様子が変ってきた。かれらは、クラブ活動さえもやらないのである。野球部やテニス部・バスケットボール部など、運動部に入ると下級生は上級生にしごかれる。かれらはこれを嫌い、とにかく楽しくスポーツをやりたいというわけである。だから、テニス部ではなくて、テニス同好会とかテニス愛好会、楽しくテニスをする会などという新しいクラブが次つぎに誕生する。体力の限界まで耐えに耐えるなどというのは、およそ現代の若ものにはふさわしくないのである。

それとともに、これは右の情況と一体をなすものであるが、かれら若ものには、集団的な秩序に従うことを極端に嫌う傾向がある。およそ人間にとっては、群（むれ）を離れて生活するのはまことに不安であり、何らかの集団に帰属することによって安定をえているのである。小にしては家、学校、会社、村や町そして大きくは国家という単位であるが、その間にたとえば労働組合や同業組合もあり、あるいは暴走族グループだってある。何らかのグループに属していないと心配だし、拠りどころを持たないと落着かない筈である。昔からある芝居や映画の主人公の如き、一匹狼的な旅人の姿は、実に孤独であり、それだけに、耐える人間の真実のようなものが伝わってきて共感をよぶところがある。しかし、かつて評判だったテレビドラマ「木枯し紋次郎」の主人公は、「あっしには、かかわりあいのないことでござんす」といって組織や集団との関係を拒否するかの如き姿勢をとりながらも、結局は渡世の義理や人情にからまれて事件の渦中に入っていった。所詮、人は独りでは生きていけないのである。

現代の若ものたちは、集団への帰属意識が稀薄であり、若もの同志の連帯意識にも欠けている。ある意味において、これは頼もしいことである。孤独に耐える強さを保持しているならば、それは実にすばらしいことだといえる。しかし実際には、かれらはそれほど強くはない。困難に直面して独りで勇敢に立ち向かうかというと、そうでもない。沈黙したり退却したり、そして家（＝母親）のひさしの下に逃げ込むのである。独りでは何もできないくせに、徒党を組んで悪事を働く。要するに、個の確立に至らぬ個人主義的な人間の行動なのである。新しい「連帯」をどう組んでいくかが、緊急の課題である。

栳　ろう

元徳二年（一三三〇）十二月十五日付の上佐行宗名色々年貢注文（『鎌倉遺文』四十巻三一三一一号）に、

栲三十本免十五本定十五本

と見える。「栳」とは何か。『大漢和辞典』によると、音はラウ・ロウ、「栲栳は、柳行李」とある。また「簝」に同じ、「屈ㇾ竹為屈ㇾ之」とある。竹製である。栲はぬるでの木のことである。簝とは中国の祭器で、肉を盛るカゴである。

冒頭の史料、その数を三十本とあるので、柳行李の材料としての柳三十本ということになる。

蠟燭　ろうそく

紀元前三世紀頃のイタリアのエトルリアやポンペイの遺跡、また中国の河南省洛陽からも古い燭台が発見されている。わが国には六世紀半ば仏教の伝来と同時に伝わったものと思われる。中国伝来のものとは蜜蠟燭であり、宮廷・貴族・寺院などで用いられた。

室町時代末期には木蠟燭の製法が伝わり、戦国末期には国産の蠟燭がつくり出された。江戸時代には、前期には山城・越後・陸奥の各地が主産地で、後期には鳥取・出雲・山口・宇和島の各藩では専売制が行われ、江戸・大坂・京都などには大きな問屋も成立した。

ただし、蠟燭が灯火用に用いられたのは明治時代に西洋蠟燭が普及してからであり、それ以前は灯油に頼っていた。

〈一箱四〇本入りの小売価格〉

大正	五年	八〇銭
昭和	二年	八〇銭
	十年	一円二〇銭
	十五年	一円五〇銭
	二十五年	一七〇円
	四十年	七〇円
	六十二年	四八〇円

浪人　ろうにん

現代では、浪人といえば、上級学校の入学試験に失敗して、来年の受験を控えて勉学に励んでいる者をいう。一浪、二浪という語もある。

さかのぼると、江戸時代には浪人とは主家の没落などで禄を離れた武士が多かったが、かれらは武士身分を保持したものの、生活は町人と変わりなく、困窮する者が多かった。借家住まいでその日暮らしを余儀なくされていた。なかには町道場を開く者、寺子屋の師匠となる者もあった。幕末には政治運動に入るために脱藩し浪人として活動する者もあった。

さらにさかのぼると戦国時代、主家没落の憂目にあう者も多かったが、再仕官する機会もあった。しかし、関ヶ原以後は大量の浪人が生まれた。室町・鎌倉時代にも浪人は存在したはずであるが、その発生は政治上また社会上の問題とはならなかったのである。

「浪人」という言葉をさかのぼると古代律令の世界に到達する。律令制下では、本貫の地を離れて不法に他所へ流浪していることを浮浪といい、その人が浮浪人、浪人である。平安時代には、口分田を受けて耕作する者を土人、戸田と称し、口分田を班給されない者を浪人といって区別した。浮浪人の訓は「ウカレヒト」であって、これを「受かれ（合格）」にかけるのは、現代の浪人の願望でもある。

なお、「浪人」は「牢人」とも書く。禄を失って落魄することを「牢籠」といい、牢籠人→牢人となった。初見は『吾妻鏡』建保元年（一二一三）条にある。

〈参考文献〉岡木堅次『浮浪と盗賊』（教育社、一九八〇年）

わ　行

和　音　わおん

二つの意味がある。第一は「倭音」とも書き、漢字音のことをいう。平安時代までは漢音を正音としたが、呉音系の音が和（倭）音であった。また、漢音・呉音系以外の慣用音をいうこともある。たとえば「和尚」の訓みは三通りある。漢音ではカ（クワ）ジョウ、呉音ではワジョウ、慣用音ではオショウである。

第二は、音楽用語である。高さの異なる複数の音が同時に響いて合成された音のことである。第二次大戦中、音感教育の一環として和音を聴きわける訓練を受けたが、これは音楽教育というより、軍事目的であった。

わきさし

「わきざし」といえば、腰に差す小刀のことである。脇差刀である。江戸時代、武士は二振の刀を腰に差したが、刀は長さ二尺三寸五分、脇差は一尺六寸で、登城用の殿中差は一尺七寸三分と決まっていた。武士以外の者も脇差一振を帯びることは許されていたが、大脇差（＝長脇差）すなわち、一尺七寸～一尺九寸の脇差を用いる者が多かった。

「わきざし」「わきさし」には、いまひとつ別の意味もある。『日本国語大辞典』（小学館）は「かたわらにつきそうもの、侍者」と書き、『徒然草』百十五段を引く。それは、宿《しゅく》河原の「ぼろぼろ」*の話である。ぼろぼろとは、普化宗《ふげしゅう》の僧、のちの虚無僧《こむそう》である。ぼろぼろが集まっているところへ、一人のぼろぼろが「いろをし」という僧を尋ねてやってくる。自分の師がいろおしに殺された恨みを晴らそうというのである。その男は「しら梵字」というが、二人は前の河原で決闘することになる。いろおしは「あなかしこ、わきざしたち、いづかたをもみつぎ給《たもう》な」という。日本古典文学大系本は「決して、同行のみなさん、どちらにも加勢なさるな」と注解している。

「わきさし」について、『日本国語大辞典』は右の『徒然草』の文と『節用集』や『俚言集覧』を引用し、仏《ほとけ》の脇侍《わきじ》について述べる。

いまひとつは、『今昔物語集』（巻二十九—二十一）の坂上晴澄の話である。兵《つわもの》として不覚をとり恥をかいた晴澄は、「武者モ不立ズシテ脇垂ノ者ニ成テナム有ケル」という。日本古典文学大系本は「垂」を「插」の省文と見て「サス」と読み、「ワキサシ」とする。そして、「ワキサシは『徒然草』（一一五）に見えるごとく、侍者の意」とするが、『徒然草』の方は、先に見たように、従者ではなく「仲間」とする方がよい。

なお、ぼろぼろが決闘した宿河原とはどこか。大系本は武蔵国川崎の宿河原（多摩川）に比定しているようであるが、五味文彦は、都に近い場所であろうと、摂津国宿河原（現、茨木市）ではないかという（『徒然草』の歴史学』朝日新聞社、一九九七年）。ただ、現地比定に意味があるのではなく、兼好がおそらく実際には見ていない宿河原という地名からどのようなイメージを喚起したかを考えることこそ重要な意味をもつのだとの意見もある（稲田利得「『徒然草』の地名の注釈をめぐって」『国語と国文学』一九八〇年三月号）。

＊　ぼろぼろについては、細川涼一の「ぼろぼろ（暮《ぼ》露《ろ》）」（網野善彦ほか編『ことばの文化史』中世二、平凡社、一九六九年）参照。

わきまえる

漢字を宛てると「辨（弁）」である。①見わける、識別する、心得るの意で、『日本書紀』以来の用法である。『日葡辞書』は「センゴヲワキマエヌ」に「前後不覚である」との訳をつけている。②弁償する、返済するの意である。「若《もし》、この地にさうい《（相違）》できたらむときは、本ちき《（直）》をわきまう《（弁）》べきしやう《（状）》如件」と用いる。この用法は『今昔物語集』(1)にも見えるから、古代末期からの使われ方であろうか。現代では①の用法で使われる。

注

（1）　巻二十—三十一に「彼ノ母ノ借ル所、稲ヲ員ノ如ク弁ヘテ、母ヲ不令責ズ成ヌ」とあり、巻二十五—一に「玄明、対捍ヲ官トシテ、国司ニ不弁ズ」とある。

早稲田　わさだ

『万葉集』巻十―二二二〇番は、

さ男鹿の　妻呼ぶ山の　岡辺なる　早稲田は刈らじ
　霜は降るとも

である。「田令」田租条によると、田租は、九月～早、十月～中、十一月～晩の三期に分けて納入する。

早稲田は早く成熟する稲を植えた田であり、ふつうの稲よりも早く刈り取るのが当然である。鹿のために、霜が降っても刈り取るまいとした気持であるが、阿蘇瑞枝（『万葉集全注　巻第十』）もいうように、この歌の作者の意識は「実際に田を耕作している者の意識からかけはなれている」といわねばならない。それは、二二二一番の歌が、門田の稲穂を見て佐保の地の秋萩やすすきをなつかしく想い出すというのと同類で、農耕を仕事とする者の発想ではない。

以下は推測にすぎないが、作者は富裕な農民の出であって、ふだんは奈良の佐保の辺りに住んでおり、休暇で実家に帰ったのである。いずれにせよ、農耕から離れた人物の歌であることは間違いなかろう。

綿　わた

『万葉集』巻三―三三六番は、

しろぬひ　筑紫の綿は　身につけて　いまだは着ね
　ど　暖けく見ゆ

で、作者は沙弥満誓（造筑紫観音寺別当、俗姓笠朝臣麻呂）である。右の歌の「綿」が真綿であることは常識であるが、『日本三代実録』（巻四十五）元慶八年（八八四）五月一日条に、

大宰府年貢綿十万屯*、其内二万屯、以レ絹相博進レ之、彼府申請、春夏連雨、蚕養不レ利、作レ綿是乏、輸貢可レ闕、望二相換一進レ之、太政官処分、依レ請焉

とあるによって知られる。なお、木綿の伝来は延暦十八年（七七九）七月のこととされる。このとき参河国に漂着した崑崙人が綿種を伝えたという。

＊　綿の数量「屯」については、『延喜式』（巻二十四）に、「細屯綿一屯各三両一分、二銖為帖屯、綿二屯四両為屯」とあり、また庸綿については、「綿五両二分西海道諸国五両成屯」とある。なお「両」も地域によって差のあったことが判明する。種類により地域によって差のあったことが判明する。大両と小両（小両）は三・文匁＝一三・五グラムである。

両があり、大両は小両の三倍（約一〇匁）。

私田　わたくしでん

住吉の　小田を刈らす児《こ》　奴《やっこ》かもなき　奴あれど
妹がみためと　私田刈る（『万葉集』巻七―一二七五番）

問答体である、「あなたじしんが小田を刈っていますが、奴《やっこ》をお待ちではないのですか」「奴はいますが、あなたのために自ら刈っているのですよ」というのである。

小田は私田。私田は公田に対するものである。古代法では、私田とされたものは、口分田・位田・功田・賜田・墾田・郡司職田・見任国造田・采女田・職分田であって、いずれも輸租田である。上記以外は公田とされ、公田には不輸租田と輸地子田の二種があった（弥永貞三『日本古代社会経済史研究』岩波書店、一九八〇年）。

奴は奴隷である。古代日本の奴隷は労働奴隷ではなく家内奴隷であるとする理解が一般的である。

ここでは古代法における私田・公田の区別を持ちだしたが、しかし、厳密に考える必要はないかもしれない。

わらび

『万葉集』巻八―一四一八番の歌は、

石《いは》走る　垂水《たるみ》の上の　さわらびの　萌《も》え出ずる春に
なりにけるかも

である。志貴皇子の作である。歌中のわらび、『万葉集』全訳のうちここにしか見えない。「さ」は接頭語。伊藤博は「さわらび」は歌語であり、文書などにはあらわれないという（『萬葉集釈注』四）。

古代の辞書『和名抄』（巻十七）に「薇蕨」が見える。「和名、和良比《わらひ》」とある。しかし、わが国では「薇」はぜんまい、「蕨」はわらびとして区別する。両者は形が似ているので、しばしば混同される。蕨の根は砕いて水洗いし、糊《のり》にしたり、また餅にして食用とする。『延喜式』（巻三十九）には蕨の塩漬が見える。

野山で蕨を採取するのは貴族たちの遊山であるが、庶民にとっては命をつなぐ貴重品である。文亀三年（一五〇三）和泉国は炎干に見舞われ、穂の出た稲はそのまま枯れ始めた。手を尽くし、また祈祷を行うが、雨は殆ど降らない。八月に入って、やっと雨が降ったが、秋の収穫は昨年の五分の一にすぎなかった。

九条家領日根荘では、九月に紀州池田（現在の和歌山県打田町）辺の者が来て蕨を採っていた。蕨の根は水にさらして粉（デンプン）としたのである。飢えに迫られた者たちは蕨の根の粉を盗み処断された。日根荘内の巫女《みこ》と二人の息子で、残酷な話であった。永正元年（一五〇四）三月にも同様な事件が起こった。犯人は女二人であったが、他に子ども数人も盗みのかどで殺された。中世の在地での盗みに対する処分はきびしいものがあったのである。

わり

「割」とは歩合計算で一〇分の一のことである。また物と物との比率、割合のことである。古代の史料では五割の利息のことを「伍把之利」と記す。これは稲一束について五把、すなわち五〇％のことである。この標記の仕方は鎌倉時代にも続く（高橋久子「五把利から五割へ」『日本語と辞書』第一輯）。

五割、三割という記載は鎌倉時代から始まる。古辞書に「把《ワリ》」としたものもある。「わりがいい」「わりにあう」「わりがきく」という言葉は、たぶん江戸時代以来の用語であろうが、損得勘定でいえばプラスの面を示す。「わりをくう」「わりがわるい」「わりがよわい」はマイナスの面を表す用語である。

料理でいう「わりした」は、魚・鳥・獣などを煮るために、しょう油・砂糖・酒などを合わせておくものである。多くは、すき焼きのタレをいうが、正しくはワリシタジである。女房のことばで「おしたじ」といえば、しょう油のことである。

割箸　わりばし

杉の角箸に半ばくらいまで切れ目を入れ、食事のときは引き裂いて用いる。江戸時代、文政（一八一八～一八二九）頃、三都でうなぎ丼に添えられたのに始まるという。奈良県下市《しもいち》では明治十年（一八七七）から吉野の杉の残材で割箸の生産を始め、いまもわが国総生産の六割を占め日本一である。

大衆食堂にいたるまで、食卓には割箸が置かれ普及したが、戦争の時代になると、資源節約の観点から、昭和十六年（一九四一）外出のときには自分の箸を持参するよう呼びかける運動が起こった。十九年には駅弁の割箸は廃止された。

第二次世界大戦後また消費は拡大し、六十一年の年間消費量は二百億膳に及び、地球環境維持の立場から、割箸に対する風当たりが強い。

あとがき

私の専門は、どちらかといえば社会経済史であるが、「ことば」のせんさくが好きである。今まで、同成社からいくつかの書物を刊行しているが、「ことば」に関しては、『起源の日本史—近現代篇』（二〇〇七年四月二十五日刊）、『起源の日本史—前近代篇』（二〇〇八年十月二十五日刊）、『雑学ことばの日本史』（二〇〇九年一月十五日刊）以上の三冊である。この度、以上三冊で採りあげた全項目と、あちこちの雑誌などに書いた項目を合わせて一冊として刊行することになった。旧著の序にも書いたが、「ことば」は正しい意味を把握していてこそ「知識」となりうるのである。

阿部　猛　しるす

二〇一三年五月吉日

日本史雑学大辞典《にほんしざつがくだいじてん》

■著者略歴■

阿部　猛（あべ　たけし）

1927年山形県に生まれる。1951年東京文理科大学史学科卒業。東京教育大学講師、北海道教育大学助教授、東京学芸大学教授、同学長、帝京大学教授を経て、

現在、東京学芸大学名誉教授、文学博士。

〈著書〉『日本荘園成立史の研究』1960年、『律令国家解体過程の研究』1966年、『中世日本荘園史の研究』1967年、『尾張国解文の研究』1971年、『日本荘園史』1972年、『歴史と歴史教育』1973年、『平安前期政治史の研究』1974年、『中世日本社会史の研究』1980年、『平安貴族の実像』1993年、『鎌倉武士の世界』1994年、『万葉びとの生活』1995年、『歴史の見方考え方』1996年、『下剋上の社会』1998年、『太平洋戦争と歴史学』1999年、『日本荘園史の研究』2005年、『近代日本の戦争と詩人』2005年、『盗賊の日本史』2006年、『起源の日本史―近現代編―』2007年、『起源の日本史―前近代編―』2008年、『雑学ことばの日本史』2009年、『平安貴族社会』2009年、その他

2013年7月25日　発行

著　者　阿　部　　猛
発行者　山　脇　洋　亮
印　刷　(有)協　友　社
製　本　協栄製本(株)

発行所　東京都千代田区飯田橋4-4-8
(〒102-0072) 東京中央ビル　㈱同成社
TEL 03-3239-1467　振替00140-0-20618

ISBN978-4-88621-642-7 C1021